U0555466

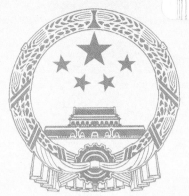

中华人民共和国

反腐败追逃追赃
条约法规汇编

G20反腐败追逃追赃研究中心·编

 中国政法大学出版社

2017·北京

图书在版编目（ＣＩＰ）数据

中华人民共和国反腐败追逃追赃条约法规汇编 ／ G20反腐败追逃追赃研究中心编. —北京：中国政法大学出版社，2017.1
　ISBN 978-7-5620-7316-1

　Ⅰ. ①中… Ⅱ. ①G… Ⅲ. ①国际刑法－司法协助－汇编　②廉政建设－法规－汇编－中国 Ⅳ. ①D997.9　②D922.119

　中国版本图书馆CIP数据核字(2017)第005112号

出 版 者	中国政法大学出版社
地　　址	北京市海淀区西土城路 25 号
邮寄地址	北京 100088 信箱 8034 分箱　邮编 100088
网　　址	http://www.cuplpress.com（网络实名：中国政法大学出版社）
电　　话	010-58908437(编辑室) 58908334(邮购部)
承　　印	北京华联印刷有限公司
开　　本	720mm×960mm　1/16
印　　张	55.75
字　　数	920 千字
版　　次	2017 年 2 月第 1 版
印　　次	2017 年 2 月第 1 次印刷
定　　价	198.00 元

　　追逃追赃是一种执法和司法行为，境外追逃追赃则需要依靠国际执法与司法合作。遵循法治原则开展活动是反腐败追逃追赃工作的根本途径，也是在国际执法与司法合作中获得信任、克服困难并取得持续成效的基本保障。"G20反腐败追逃追赃研究中心"自2016年9月成立以来，牢记二十国集团杭州峰会在反腐败国际合作问题上所重申的法治原则，把搜集、研究和介绍反腐败追逃追赃及其相关国际合作方面的法律信息作为自己的首要任务。为此，我们结合中国主管机关以及相关法律工作者在工作和研究中的具体需要，组织编辑了这部《中华人民共和国反腐败追逃追赃条约法规汇编》。

　　本汇编注重从国际法和国内法两个方面梳理相关的法律文献，不但收集了中国现已缔结、加入并批准的所有涉及反腐败追逃追赃国际合作的双边条约、多边公约或其他形式的法律文件，同时还将国内现行的涉及引渡、出入境管理（外国人遣返）、反洗钱、违法所得追缴等领域的法律、法规和司法解释予以汇集，其涵盖面是迄今为止同类法规汇编中最为宽广和最为全面的。需要说明的是，这里所说的"追逃"是广义的，包括引渡及其各种替代措施，如劝返、移民法遣返等，在这方面，我们在本书中收入了关于认定自首的法律文件和公安机关办理外国人行政违法案件执法程序的规范性文件；这里所说的"追赃"也是广义的，不仅包括刑事司法机关对犯罪资产的查封、冻结、扣押、没收、处置以及相关的执行程序，还包括纪检监察机关对涉案财物的追查与收缴。因而，这部汇编囊括了在中国为采取各种各样追逃追赃行动而可能适用的法律规范，既能够服务于中国主管机关在外国追逃追赃的工作，还能够满足外国请求中国主管机关协助其追逃追赃时的法律咨询需求。从一定意义上讲，对于所有打算与中国开展追逃追赃国际合作的国家以及希望研究中国相关法律制度的外国学者来说，这部汇编也不失为具有全面性和权威性的法律工具书。

根据《中华人民共和国缔结条约程序法》的规定，关于司法协助和引渡的国际条约须经全国人民代表大会常务委员会审议批准。基于这一规定，本汇编在收录此类条约时均以得到全国人大常委会批准作为选取条件。截至 2017 年 1 月 15 日，我国已与 59 个国家签署了含有刑事司法协助内容的双边条约（协定），与 48 个国家签署了双边引渡条约；截至 2017 年 1 月 15 日，已获得全国人大常委会批准的含有刑事司法协助内容的双边条约（协定）为 53 项，双边引渡条约为 37 项。在外交部条约法律司的帮助下，本汇编把分别于 2016 年 11 月 7 日和 12 月 25 日获得我国立法机关批准的《中华人民共和国和斯里兰卡民主社会主义共和国关于刑事司法协助的条约》《中华人民共和国政府和马来西亚政府关于刑事司法协助的条约》和《中华人民共和国和塔吉克斯坦共和国引渡条约》收入进来。这样一来，虽然本书在"追逃追赃"之前冠以"反腐败"，但我们可以肯定地说，这部汇编所收录关于刑事司法协助和引渡的双边条约是目前我国条约汇编类工具书和网站数据库中最全、最多的，对于反腐败刑事国际合作，并且对于为打击所有类型犯罪而开展的国际刑事司法合作，尤其是追逃追赃方面的国际合作来说，这部汇编都是极为有用的。

谈到国内法规的收录情况，我们不能不特别提及几天前（即 2017 年 1 月 5 日）正式发布并开始实施的《最高人民法院、最高人民检察院关于适用犯罪嫌疑人、被告人逃匿、死亡案件违法所得没收程序若干问题的规定》。在经过几年的摸索与研究之后，这一最新司法解释为依照《刑事诉讼法》的规定追缴违法所得及其他涉案财产推出了较为科学并且较具可操作性的细化规则。本书在及时收录上述关于特别没收程序的最新司法解释时，依然保留了 2012 年《最高人民法院关于适用〈中华人民共和国刑事诉讼法〉的解释》第二十二章犯罪嫌疑人、被告人逃匿、死亡案件违法所得的没收程序，以及 2012 年最高人民检察院《人民检察院刑事诉讼规则》第十三章特别程序第三节犯罪嫌疑人、被告人逃匿、死亡案件违法所得的没收程序，不仅是因为这两部司法解释就总体而言仍然是有效的，只是与 2017 年 1 月 5 日实施的最新司法解释规定不一致时，以最新司法解释的规定为准，而且这种保留可以让读者在对照中看到我国法制在犯罪资产追缴领域的不断进步与科学化的进程，尤其是在关于"逃匿"和"死亡"概念的含义、关于涉嫌犯罪证据标准的确定、关于应予追缴财产证明标准的确定、关于采用推定方式认定违法所得、关于保障相关人员知情权的补充送达程序、关于与外国开展资产保全刑事司法协助的程序、关于请求外国协助执行我国没收裁决等方面，看到我国刑事司法制度日臻成熟的发展进程。

准确、全面、客观地提供法律信息，是我们编辑本书的基本方针。在贯彻这一方针的同时，作为研究人员，我们也有义务客观地提醒读者注意到我国主管机关近几年在境外追逃追赃领域的一些成功经验与实践，这些经验与实践有的在现行法规中尚未得到充分体现，或者说，在一定程度上已经超越了某些现行的成文规定。例如，在逃往境外人员的自首认定问题上，只要外逃人员明确表示自愿接受引渡或遣返，即使其已被境外执法机关或司法机关采取了强制措施，于境外受到关押或者被限制人身自由，在司法实践中也会被认为符合"自动投案"的条件。我们针对外逃人员的"劝返"政策也一直保持连续性，事实上不受某些敦促自首公告所列举的时间期限的限制。因此，读者在查阅规范性文件的有关规定时，还需要更多地了解我国在追逃追赃国际合作领域的一些基本政策和已获司法实践认可的成功经验。当然，我们也期待着我国主管机关能够尽快地将相关政策和经验上升为成文法规，使其成为更加规范和有效的法律措施。

在法治的轨道上开展反腐败追逃追赃及其国际合作，在中国已经呈现出令人备受鼓舞的现实和前景。我们盼望着国家立法机关能够尽快审议并颁布已酝酿十余年的《中华人民共和国国际刑事司法协助法》，尽快批准首个关于被没收资产处置问题的双边协定，即《中国政府和加拿大政府关于分享和返还被追缴资产的协定》，以及其他十几个已经签署的双边刑事司法协助条约和引渡条约。我们相信，当几年后对这部汇编进行更新时，"G20反腐败追逃追赃研究中心"能够向读者奉上更为丰厚的法律信息资料。

G20反腐败追逃追赃研究中心

主任 黄 风

2017年1月16日于京师学堂222室

目录
CONTENTS

第一编

双边司法协助条约（协定）

一、民（商）刑事司法协助条约

中华人民共和国和波兰人民共和国关于民事和刑事司法协助的协定*

中华人民共和国和波兰人民共和国，在尊重国家主权、独立、平等和互惠的基础上，为加强两国在司法领域的友好合作关系，决定缔结本协定。为此目的，特议定下列各条：

第一章　总　则

第一条　司法保护

缔约一方的国民在缔约另一方境内，享有与缔约另一方国民同等的司法保护，有权在与缔约另一方国民同等的条件下，在缔约另一方法院或其他机关进行诉讼或提出请求。

第二条　诉讼费用保证金的免除

缔约一方的法院和主管民事案件其他机关，对于在缔约另一方境内有住所或居所的缔约另一方国民，不得令其提供民事诉讼费用保证金。

第三条　诉讼费用的预付

缔约一方的国民在缔约另一方境内，应在与缔约另一方国民同等的条件下和范围内预付民事诉讼费用。

第四条　法人

前三条规定亦适用于法人。

---

* 1987 年 6 月 5 日签署，1987 年 9 月 5 日第六届全国人民代表大会常务委员会第二十二次会议批准，1988 年 2 月 13 日生效，波兰共和国成立后继承了本协定。

第五条　诉讼费用的减免

缔约一方的国民在缔约另一方境内，可在与缔约另一方国民同等的条件下和范围内申请减交或免交民事诉讼费用。缔约一方的国民申请减免民事诉讼费用，应由其住所或居所所在地的主管机关出具证明书；如果该申请人在缔约双方境内均无住所或居所，亦可由其本国的外交或领事机关出具证明书。

第六条　司法协助的途径

一、缔约双方的法院和其他机关相互提供司法协助，由缔约双方的中央机关直接通知。

二、前款所述的中央机关由缔约双方通过外交途径指明。

第七条　司法协助请求书

一、申请司法协助应用请求书。司法协助请求书的内容应包括下列各项：请求和被请求机关的名称，当事人的姓名、国籍、职业、住所或居所，代理人的姓名和地址，请求提供司法协助的具体案由。执行该请求所必需的其他文件和资料也须随请求书一并提供。

二、请求刑事司法协助，应附该项请求涉及的犯罪事实的说明以及有关的法律规定。

三、上述请求书和文件应由缔约一方的请求机关签署和盖章。

第八条　语文

司法协助范围内来往的信件和递送的文件应用本国的文字书写，并附有对方的文字或英文的译文。

第九条　司法协助的费用

一、缔约双方应相互免费提供司法协助。

二、被通知到提出请求的缔约一方境内出庭的证人或鉴定人的旅费和食宿费，由提出请求的缔约一方承担。应本人要求，提出请求的缔约一方的主管机关应预付上述费用。

第十条　司法协助的拒绝

如果被请求的缔约一方认为提供司法协助有损于本国的主权、安全或公共秩序，可以拒绝提供司法协助，但应将拒绝的理由通知提出请求的缔约一方。

第十一条　司法协助适用的法律

一、被请求机关提供司法协助，适用本国法律。

二、被请求机关提供民事司法协助，亦可应请求适用缔约另一方的法律，但以不违背被请求的缔约一方法律的基本原则为限。

第十二条　定义

本协定中所指"民事案件"，也包括商法、婚姻法和劳动法等范围内有关财产权益和人身权利的案件。

第二章　民事方面的送达文书和调查取证

第十三条　范围

缔约双方应根据请求相互代为送达司法文书和司法外文书，询问当事人、证人和鉴定人，进行鉴定和司法勘验，以及收集其他证据。

第十四条　请求的执行

一、如果被请求的缔约一方的机关认为自己无权执行请求，则应将该项请求转送有权执行请求的主管机关，并通知请求机关。

二、被请求的缔约一方的机关如果无法按照请求书中所示的地址执行请求，应采取适当措施以确定准确的地址，完成请求事项，必要时可要求提出请求的缔约一方提供补充的情况。

三、如因无法确定地址或其他原因不能执行请求，被请求的缔约一方的机关应通知提出请求的缔约一方，说明具体原因，并退回提出请求的缔约一方所附的文件。

第十五条　通知执行情况

一、被请求的缔约一方的主管机关，应按照本协定第六条第一款规定的途径，将送达文书或调查取证的执行日期和地点通知提出请求的缔约一方的主管机关，并附送达回证或所得的证据材料。

二、送达回证应注明收件人收件日期和签名，送达机关和送达人的盖章和签名。如收件人拒收文件，应注明拒收的事由。

第三章　民事裁决的承认与执行

第十六条　范围

一、缔约双方应根据本协定规定的条件，在其境内承认或执行本协定生效后的缔约另一方境内作出的下列裁决：

（一）法院对民事案件作出的裁决；

（二）法院对刑事案件中有关赔偿请求所作出的裁决；

（三）主管机关对继承案件作出的裁决；

（四）仲裁庭作出的裁决。

二、本协定中所指"裁决"也包括调解书。

第十七条　请求应附的文件

请求承认与执行裁决，应附下列文件。

（一）与原本相符的裁决副本。如果副本中没有明确指出裁决已经生效和可以执行，则应附由法院出具的证明其已生效和可以执行的文件；

（二）送达回证或证明裁决已经送达的其他文件；

（三）法院证明败诉一方已经合法传唤，以及在其缺乏诉讼行为能力时已得到应有代理的文件；

（四）请求书和前三项所指文件经证明无误的被请求的缔约一方文字或英文的译文。

第十八条　承认与执行的程序

一、承认或执行裁决的请求，可由缔约一方法院依照本协定第六条第一款规定的途径向缔约另一方法院提出，亦可由当事人直接向将承认或执行裁决的缔约另一方有管辖权的法院提出。

二、在承认与执行裁决的程序中，法院只审查该裁决是否符合本协定所规定的条件。

第十九条　承认与执行的效力

缔约一方的裁决一经缔约另一方法院承认或执行，即与承认或执行裁决一方的法院作出的裁决具有同等效力。

第二十条　拒绝承认与执行

对本协定第十六条列举的裁决，有下列情形之一的，不予承认或执行：

（一）按照将承认或执行裁决的缔约一方的法律，裁决是由无管辖权的法院作出的；

（二）根据作出裁决的缔约一方的法律，该裁决尚未生效或不能执行；

（三）根据作出裁决的缔约一方的法律，败诉一方当事人未经法院合法传唤；

（四）当事人被剥夺了答辩的可能性，或在缺乏诉讼行为能力时被剥夺了应有的代理；

（五）将承认或执行裁决的缔约一方境内的法院对于相同当事人之间就同一

诉讼标的的案件已经作出了发生法律效力的裁决，或正在进行审理，或已承认了第三国法院对该案所作的发生法律效力的裁决；

（六）裁决的承认或执行有损于将承认或执行裁决的缔约一方法律的基本原则或公共秩序。

第二十一条　仲裁庭裁决的承认与执行

缔约双方应根据 1958 年 6 月 10 日在纽约签订的关于承认和执行外国仲裁裁决的公约，相互承认与执行在对方境内作出的仲裁裁决。

第四章　刑事方面的送达文书和调查取证

第二十二条　范围

缔约双方应根据请求，在刑事方面相互代为送达司法文书和司法外文书，听取当事人、嫌疑犯的陈述，询问证人、被害人和鉴定人，进行鉴定、检查和司法勘验，以及收集其他证据。

第二十三条　请求的执行和通知执行情况

本协定第十四条、第十五条的规定亦适用于刑事方面的送达文书和调查取证。

第二十四条　刑事司法协助的拒绝

被请求的缔约一方可根据下列理由之一拒绝提供刑事司法协助：

（一）如果被请求的缔约一方认为该项请求涉及的犯罪具有政治性质或为军事犯罪；

（二）按照被请求的缔约一方的法律，该项请求涉及的行为并不构成犯罪；

（三）该项请求涉及的嫌疑犯或罪犯是被请求的缔约一方国民，且不在提出请求的缔约一方境内。

第二十五条　刑事诉讼结果的通知

缔约双方应相互递送各自法院对缔约另一方国民所作的生效裁决的副本或案情摘要。

第五章　其他规定

第二十六条　交流法律情报

缔约双方应根据请求，按照本协定第六条第一款规定的途径相互提供本国有关的法律和司法实践的情报，交换法学出版物。

第二十七条　认证的免除

由缔约一方法院或其他主管机关制作或证明的并加盖印章的文件，不必经过认证，即可在缔约另一方境内使用。

第二十八条　证人和鉴定人的保护

一、对通过被请求的缔约一方通知前来出庭的证人或鉴定人，无论其国籍如何，提出请求的缔约一方不得因其入境前所犯的罪行或者因其证词、鉴定或其他涉及诉讼内容的行为而追究其刑事责任和以任何形式剥夺其自由。

二、如果证人或鉴定人在接到无须继续留在提出请求的缔约一方境内的通知后次日起 15 日内，有出境的可能而仍不出境的，即丧失前款给予的保护。

第二十九条　协定的执行

本协定执行过程中所产生的任何困难均应通过外交途径解决。

第六章　最后条款

第三十条　批准和生效

本协定须经批准，批准书在北京互换。本协定自互换批准书之日起第 30 天开始生效。

第三十一条　终止

缔约任何一方可书面通知另一方要求终止本协定。本协定在发出终止通知之日起 12 个月后失效，否则本协定永远有效。

本协定于 1987 年 6 月 5 日在华沙签订，一式两份，每份用中文和波兰文写出，两种文本具有同等效力。

缔约双方全权代表分别在本协定上签字盖章，以昭信守。

中华人民共和国代表　　　　　　　　波兰人民共和国代表
　　钱其琛　　　　　　　　　　　　杨·马耶夫斯基

中华人民共和国和蒙古人民共和国
关于民事和刑事司法协助的条约*

中华人民共和国和蒙古人民共和国（以上简称"缔约双方"），在相互尊重国家主权和平等互利的基础上，为发展并加强两国在司法领域的友好合作，决定缔结本条约。

为此目的，缔约双方议定下列各条：

第一章 总 则

第一条 司法保护

一、缔约一方国民在缔约另一方境内，享有与缔约另一方国民同等的司法保护。

为此目的，缔约一方国民可以在与缔约另一方国民同等的条件下，在缔约另一方法院进行诉讼或向其他主管机关提出请求。

二、本条第一款的规定亦适用于缔约双方的法人。

第二条 司法协助的提供

一、缔约双方的主管机关应按照本条约的规定，相互提供民事和刑事司法协助。

二、在本条约中，"主管机关"系指法院、检察院和其他主管民事或刑事案件的机关。

第三条 联系途径

一、除本条约另有规定外，缔约双方的主管机关在相互请求或提供司法协助时，应通过各自的中央机关相互联系。

二、本条第一款所指的"中央机关"在中华人民共和国方面系指中华人民共和国司法部和中华人民共和国最高人民法院，在蒙古人民共和国系指蒙古人

---

* 1989 年 8 月 31 日签署，1990 年 6 月 28 日第七届全国人民代表大会常务委员会第十四次会议批准，1990 年 10 月 29 日生效。

民共和国司法仲裁部和蒙古人民共和国最高法院。

第四条　请求书的内容和格式

一、请求司法协助应使用请求书。请求书应包括下列内容：

（一）请求机关和被请求机关的名称和地址；

（二）案件的名称；

（三）执行请求所需涉及的人的姓名、性别、国籍、出生地、出生日期、职业、住所或居所及其在诉讼中的身份，法人的名称和地址；

（四）必要时，当事人的代理人的姓名和地址；

（五）请求所涉及的案件的案情摘要；如请求刑事司法协助，还应写明该项请求所涉及的犯罪的罪名及犯罪事实；

（六）执行请求所需附具的其他材料；

（七）请求的内容。

二、请求书应由请求机关签署并加盖公章。

第五条　司法协助的费用

一、缔约双方提供司法协助时应相互免费。

二、被通知到提出请求的缔约一方境内出庭的证人或鉴定人的旅费和食宿费，由提出请求的缔约一方承担。此外，鉴定人还有权取得鉴定费。

被通知人有权取得的费用，应在出庭通知中注明。

发出通知的缔约一方的机关应根据被通知人的要求预付费用。

第六条　对证人和鉴定人的保护

一、对于按照缔约一方主管机关的通知前来出庭的证人或鉴定人，不论其国籍如何，不得因其入境前所犯的罪行或者因其证词、鉴定结论而追究刑事责任、进行审讯、逮捕、关押或采取其他强制措施。

二、证人或鉴定人在提出请求的缔约一方声明其无需继续停留之日起十五天内如能离开而仍未离开提出请求的缔约一方境内，即丧失本条第一款所给予的保护。但证人和鉴定人由于本人不能控制的原因而未离开提出请求的缔约一方境内的期间不包括在内。

三、不得强迫或威胁证人或鉴定人出庭。

第七条　文书的效力

一、缔约一方主管机关根据本国法律制作或证明的文书，无需认证，即可在缔约另一方境内使用。

二、缔约一方主管机关制作的官方文书在缔约另一方境内与缔约另一方主管机关制作的类似文书同等的效力。

第八条 文字

一、司法协助请求书及其附件应用提出请求的缔约一方的文字书写，并附有缔约另一方文字的经证明无误的正式译本或英文译本。

二、缔约一方主管机关向缔约另一方提供司法协助时，使用本国文字。

三、缔约双方的中央机关使用英文进行联系。缔约双方亦可使用以中文、蒙文和英文制作的表格，并交换表格样本。

第九条 司法协助的拒绝

如果被请求的缔约一方认真提供司法协助有损于本国的主权、安全或公共秩序，可以拒绝提供。但应将拒绝的理由通知提出请求的缔约一方。

第十条 司法协助适用的法律

被请求机关应依其本国法律执行请求。在不违背本国法律的情况下，被请求机关亦可根据请求机关的请求，适用提出请求的缔约一方的诉讼程序规则。

第二章 民事方面司法协助

第十一条 定义

在本条约中，"民事司法协助"亦包括在经济、婚姻和劳动等方面的司法协助。

第十二条 诉讼费用的减免

关于在缔约一方境内参加诉讼活动的缔约另一方国民在与该缔约一方国民同等的条件下和范围内减免与案件审理有关的诉讼费用问题，应根据其申请，由受理该申请的缔约一方法院依其本国法规规定。

第十三条 送达文书和调查取证

缔约双方应根据请求相互代为送达司法文书和司法外文书，询问当事人、证人和鉴定人，进行鉴定、勘验以及其他与调查取证有关的诉讼行为。

第十四条 请求的执行

一、如果被请求机关无权执行请求，应将该项请求转送有权执行的主管机关，并通知请求机关。

二、被请求机关如果无法按照请求书所示的地址执行请求，应依其本国法律采取适当措施确定地址，必要时可要求请求机关提供补充情况。

三、如因无法确定地址或由于其他原因不能执行请求，被请求机关应通知请求机关，说明妨碍执行的原因，并退回请求书及其所附的全部文件。

第十五条　通知执行情况

一、被请求的缔约一方应将执行请求的情况通知提出请求的缔约一方，并附送达回证或取得的证据材料。

二、送达回证应有送达机关的盖章、送达人和收件人的签名，以及送达的方式、日期和地点。如收件人拒收，应注明拒收的事由。

第十六条　外交或领事机关的职能

一、缔约一方可以通过本国派驻缔约另一方的外交或领事机关向在另一方境内的本国国民送达文书或调查取证。

二、缔约一方的外交或领事机关根据本条第一款的规定送达文书或调查取证时，不得违反缔约另一方的法律，亦不得采取任何强制措施。

第十七条　承认与执行裁决的范围

缔约双方应依照本条约规定的条件，承认与执行本条约生效后在缔约另一方境内作出的下列裁决：

（一）法院或其他主管机关对财产性或非财产性民事案件作出的裁决；

（二）法院就刑事案件中有关损害赔偿部分作出的裁决；

（三）法院对诉讼费用的裁决；

（四）法院就民事案件作出的调解书。

第十八条　承认与执行的拒绝

对本条约第十七条列举的裁决，除可按本条约第九条的规定拒绝承认与执行外，有下列情形之一的，也可拒绝承认与执行：

（一）根据作出裁决的缔约一方的法律，该裁决尚未生效或不能执行；

（二）根据被请求的缔约一方的法律，作出裁决的缔约一方法院对该案件无管辖权；

（三）根据作出裁决的缔约一方法律，未参加诉讼的败诉一方当事人未经合法传唤，或在没有诉讼行为能力时未能得到适当的代理；

（四）被请求的缔约一方法院对于相同当事人之间就同一标的的争讼案件已经作出了生效裁决；或已先受理了上述案件；或已承认了在第三国对该案件所作的生效裁决。

第十九条　承认与执行的程序

一、缔约一方法院应根据其本国法律规定的程序承认与执行缔约另一方主管机关的裁决；

二、被请求法院仅限于审查本条约所规定的条件是否具备。

第二十条　承认与执行的请求的提出

请求承认与执行裁决的请求书，应提交给对该案作出第一审裁决的主管机关，由该主管机关转交给本条约第三条规定的被请求的缔约一方的中央机关。如果提出请求的当事人在被请求的缔约一方境内有住所或居所，亦可由该当事人直接向有权承认与执行裁决的法院提出请求。

第二十一条　请求书应附的文件

请求承认与执行裁决的请求书应附下列文件：

（一）裁决书或经证明无误的裁决书副本。如果裁决书本身没有明确指出裁决已经发生法律效力和可以执行，还应附有证明裁决已经发生法律效力和可以执行的正式文件。

（二）证明未出庭的败诉一方已经合法传唤，以及在其没有诉讼行为能力时可得到适当代理的证明书。

第二十二条　承认与执行的效力

缔约一方的裁决一经缔约另一方法院承认或决定执行，即与缔约另一方法院作出的裁决具有同等效力。

第三章　刑事方面司法协助

第二十三条　司法协助的范围

缔约双方应根据请求，相互代为送达刑事方面的文书，询问当事人、嫌疑犯、罪犯证人、鉴定人和其他诉讼参与人，进行鉴定、检查、勘验以及其他与调查取证有关的诉讼行为。

第二十四条　请求的执行和通知执行情况

本条约第十四条、第二十五条的规定同样适用于刑事方面。

第二十五条　刑事司法协助的拒绝

除本条约第九条规定的理由外，被请求的缔约一方还可根据下列理由拒绝提供刑事司法协助：

（一）按照被请求的缔约一方法律，该项请求提及的行为不构成犯罪，或

（二）该项请求所涉及的罪犯或嫌疑犯具有被请求的缔约一方的国籍，且不在提出请求的缔约一方境内。

第二十六条 赃款赃物的移交

一、缔约一方应根据缔约另一方的请求，将在其境内发现的罪犯在缔约另一方境内犯罪时所获的赃款赃物移交给缔约另一方。但此项移交不得侵害与这些财物有关的第三者的合法权利。

二、如果上述赃款赃物对被请求的缔约一方境内未决刑事诉讼案件的审理是必不可少的，则被请求的缔约一方可暂缓移交。

第二十七条 判决及判刑情况的通报

一、缔约双方应每年相互通报各自法院对缔约另一方国民作出的已经发生法律效力的判决的情况。

二、如在缔约一方境内曾被判刑的人在缔约另一方境内被追究刑事责任，则该缔约一方应根据缔约另一方的请求提供以前判刑的情况。

第四章 其他规定

第二十八条 协商

一、缔约双方在执行本条约过程中的困难，应通过外交途径或通过本条约第三条所指的中央机关联系解决。

二、缔约双方可通过外交途径就扩大双方司法协助范围包括刑事犯的引渡和过境方面的合作，以及便利双方主管机关在司法协助方面的联系问题进行协商。

第二十九条 交换法律情报

缔约双方应根据请求的，相互通报各自国家的法律及其实施情况，并交换有关资料。

第三十条 户籍文件及其他文件的送交

为了实施本条约，缔约一方主管机关可根据缔约另一方的请求，通过本条约第三条规定的途径，将诉讼中所需的缔约另一方国民的户籍文件及其他文件送交缔约另一方。

第三十一条 物品的出境和金钱的汇出

根据本条约从缔约一方境内向缔约另一方境内寄出物品或汇出金钱时，应遵守本国关于物品的出境和金钱的汇出方面的法律规定。

第五章　最后条款

第三十二条　条约的批准和生效

本条约须经批准。批准书在北京互换。本条约自互换批准书之日起第三十天开始生效。

第三十三条　条约的有效期

本条约自缔约任何一方书面通知缔约另一方终止之日起六个月后失效，否则，本条约永远有效。

本条约于一九八九年八月三十一日在乌兰巴托签订，一式两份，每份均用中文和蒙文写成，两种文本具有同等效力。

中华人民共和国代表　　　　　　　　　　蒙古人民共和国代表

　　钱其琛　　　　　　　　　　　　　　　策·贡布苏伦

　　（签字）　　　　　　　　　　　　　　　（签字）

中华人民共和国和罗马尼亚
关于民事和刑事司法协助的条约 *

中华人民共和国和罗马尼亚（以下简称"缔约双方"），为继续发展两国之间的友好关系，并完善和加深在司法协助方面的合作，决定缔结本条约。

为此目的，缔约双方各委派全权代表如下：

中华人民共和国方面外交部副部长田曾佩

罗马尼亚方面副国务秘书特奥多尔·梅列什干努

缔约双方全权代表相互校阅全权证书，认为妥善后，议定下列各条。

第一章 总 则

第一条 定义

一、在本条约中：

（一）"民事案件"系指：民事法、婚姻法、商法和劳动法方面的案件；

（二）"主管机关"系指法院、检察院和其他主管民事和刑事案件的机关。

二、本条约有关缔约双方国民的条款，除本国法律另有规定外，亦适用于其依所在地缔约方法律建立的法人。

第二条 司法保护

一、缔约一方国民在缔约另一方境内，享有与该缔约另一方国民依其法律享有的同等的司法保护。为此目的，他们可以在与该缔约另一方国民同等的条件下，在缔约另一方主管机关进行诉讼或提出请求。

二、应缔约一方国民的请求，缔约另一方主管机关应帮助其寻求保护其合法权益的代理人。

第三条 司法协助的提供

缔约双方应根据请求，并按照本条约规定的条件，相互提供民事和刑事司

---

* 1991 年 1 月 16 日签署，1992 年 7 月 1 日第七届全国人民代表大会常务委员会第二十六次会议批准，1993 年 1 月 22 日生效。

法协助。

第四条 保证金的免除

缔约一方法院对缔约另一方国民，不得因其为外国人而令其交纳诉讼费用保证金。

第五条 诉讼费用的预付

缔约一方国民在缔约另一方境内，应在与该另一方国民同等的条件下预付诉讼费用。

第六条 诉讼费用及其预付款的减免

缔约一方国民在缔约另一方境内，得在与缔约另一方国民同等的条件下，申请减交或免交诉讼费用及其预付款。

第七条 减免诉讼费用的证明书

一、缔约一方国民提出第六条所指的申请时，应同时提交根据缔约双方各自法律规定出具的关于其收入和财产状况的证明书。

二、如果该申请人在缔约双方境内均无住所或居所，亦可由其本国外交或领事机关出具证明书。

第八条 联系途径

一、除本条约另有规定外，缔约双方主管机关的司法协助事务，应通过各自的中央机关相互通知。

二、前款所指"中央机关"，在中华人民共和国方面系指司法部和最高人民检察院，在罗马尼亚方面系指司法部和总检察院。

第九条 语文

一、缔约双方中央机关进行书面联系时，应使用本国语言并附英语译文。

二、司法协助请求书及其附件应使用请求一方的语言书写，并附有经证明无误的被请求一方语言或英文译文。

三、缔约双方可使用共同确定的中文、罗马尼亚文和英文制作的表格，用于司法协助请求书。

四、缔约一方主管机关向缔约另一方提供司法协助时，使用本国语言。

第十条 司法协助的费用

缔约双方提供司法协助时应相互免费。

第十一条 对证人和鉴定人的保护

一、对通过被请求一方法院或其他主管机关通知前来的人或鉴定人，不论其国籍如何，请求一方不得因其入境前所犯的罪行或者因其证词、鉴定而追究其刑事责任、予以逮捕或以任何形式剥夺其自由。

二、如果证人或鉴定人在接到无需其继续停留的法院或其他主管机关通知之日起三十天后仍不离开请求一方境内，即丧失第一款给予的保护。但此期间不包括证人或鉴定人由于本人不能控制的原因而未能离开请求一方境内的时间。

三、不得强制被通知人前往作证或鉴定。

第十二条　证人和鉴定人费用的补偿

一、证人和鉴定人与前往作证和鉴定有关的旅费、生活费以及因此而无法获得的收入的补偿由请求一方承担。

二、鉴定人有权收取鉴定费，证人或鉴定人有权获得的补偿，应在通知中注明。应证人或鉴定人的要求，请求一方应向其部分或全部预付上述费用。

第十三条　在押人员的作证

如果缔约一方法院或其他主管机关有必要对缔约另一方境内的在押人员作为证人加以讯问，本条约第八条规定的中央机关可就该人被移送到请求一方境内达成协议，条件是继续处于在押状态并在讯问后尽快送还。

第十四条　司法协助的拒绝

如果被请求一方认为执行请求将有损于本国的主权、安全和公共秩序，可以拒绝提供司法协助。

第十五条　司法协助适用的法律

一、被请求主管机关执行司法协助请求时，应适用其本国法律。

二、被请求主管机关可根据要求，适用请求书中所示的程序，但以不与其法律相冲突为限。

第十六条　司法协助的请求书

一、请求司法协助应使用请求书。请求书应载明下列内容：

（一）提出请求的主管机关的名称和地址；

（二）如可能，被请求机关的名称；

（三）诉讼当事人的姓名、性别、国籍、出生年月、职业、住所或居所及其在诉讼中的身份，法人则为其名称和所在地；

（四）必要时，诉讼代理人和其他诉讼参与人的姓名和地址；

（五）请求所涉及的诉讼标的；

（六）请求的事项。

二、请求送达文书，还应在请求书中写明收件人地址及所送达文书的种类。

三、请求刑事司法协助，还应在请求书中写明罪名和犯罪事实。

四、执行该请求所必需的其他文件和资料须随请求书一并提供。

五、请求书应由请求机关加盖公章。

第二章　民事方面送达文书和调查取证

第十七条　范围

缔约双方根据请求送达司法文书和司法外文书，询问当事人、证人和鉴定人，进行鉴定、司法勘验，确认事实以及其他与调查取证有关的诉讼行为。

第十八条　请求的执行

一、如果被请求机关无权执行请求，应将该项请求转送有权执行请求的机关，并通知请求一方。

二、被请求机关如果无法按照请求书中所示的地址找到请求书所述人员，应采取必要的措施以确定地址；必要时可要求请求一方提供补充情况。

三、被请求机关如果无法执行请求，应通知请求一方，说明妨碍执行的原因，并退回请求书及其附件。

第十九条　通知执行情况

一、被请求一方应将执行请求的情况通知请求一方，并附送回证或所取得的证据材料。

二、送达回证应包括收件人的签名、送达人的签名和送达机关的盖章，以及送达的方式、地点和日期；如收件人拒收，应注明拒收的事由。

第二十条　外交或领事机关的职能

缔约一方可以通过本国的外交和领事机关对在缔约另一方境内的本国国民送达司法文书和司法外文书，提取证词，但不得采取任何强制措施。

第三章　民事裁决的承认与执行

第二十一条　承认与执行裁决的范围

一、缔约双方应依照本条约规定的条件，在其各自境内承认与执行本条约生效后在缔约另一方境内作出的下列裁决：

（一）法院和其他主管机关对关于财产要求和非财产要求的民事案件作出的

裁决;

（二）法院就刑事案件中有关损害赔偿所作出的裁决;

（三）对诉讼费用的裁决;

（四）仲裁庭作出的裁决。

二、在本条约中，"裁决"一词也包括在法院制作的调解书。

第二十二条　拒绝承认与执行

一、对本条约第二十一条列举的裁决，除可按本条约第十四条的规定拒绝承认与执行外，有下列情况之一的，在被请求一方境内不予承认或执行:

（一）根据作出裁决一方法律，该裁决不具有法律效力和不能执行;

（二）根据被请求一方法律，作出裁决的一方法院或其他主管机关对该案件无管辖权;

（三）根据作出裁决一方法律，未参加诉讼的败诉一方当事人未经合法传唤，或在没有诉讼行为能力时未能得到适当代理;

（四）被请求一方法院或其他主管机关对于相同当事人之间就同一标的案件已经作出了生效裁决;或正在审理;或已先受理;或已承认了第三国对该案所作的生效裁决。

二、被请求一方应将拒绝承认与执行的理由通知请求一方。

第二十三条　承认与执行的程序

一、本条约第二十一条所规定的裁决的承认和执行，依照被请求一方法律规定的程序办理。

二、承认和执行裁决时，被请求法院仅限于审查本条约所规定的条件是否具备。

第二十四条　承认与执行的请求书

一、请求承认与执行裁决的请求书，应由当事人提交给作出裁决一方有管辖权的法院，该法院应按本条约第八条规定的途径将请求书转给被请求一方法院。该项请求书亦可由当事人直接提交给被请求一方有管辖权的法院。

二、请求书应附下列文件:

（一）裁决的副本或经证明无误的复印件。如果副本或复印件中没有明确指出裁决已经生效和可以执行，还应为此附有证明书一份;

（二）证明未出庭的败诉一方已经合法传唤，以及在其没有诉讼行为能力时可得到适当代理的证明书;

（三）请求书和第一、二项所指文件经证明无误的被请求一方文字或英文的译本。译本一式两份。

第二十五条　承认与执行的效力

裁决一经承认或决定执行，即与被请求一方法院或其他主管机关作出的裁决具有同等效力。

第二十六条　承认与执行的费用

承认与执行的费用，由被请求一方法院依其本国法律确定并向请求人收取。

第二十七条　仲裁裁决的承认与执行

缔约双方应根据一九五八年六月十日在纽约签订的关于承认和执行外国仲裁裁决的公约，相互承认与执行在对方境内作出的仲裁裁决。

第四章　刑事方面司法协助

第二十八条　范围

缔约双方根据请求，相互代为送达司法文书和司法外文书，讯问人犯和被告，询问证人和鉴定人，进行鉴定、搜查、司法勘验以及其他与调查取证有关的诉讼行为。

第二十九条　请求的执行和通知执行结果

本条约第十八条、第十九条的规定同样适用于刑事方面。

第三十条　刑事判决的通报

当缔约一方法院作出对缔约另一方国民的刑事终审判决时，应向缔约另一方通报该判决的情况，并应要求向其提供该判决的副本。

第三十一条　赃款赃物的移交

一、缔约一方应根据缔约另一方的请求，将在其境内发现的罪犯在缔约另一方境内犯罪时所获的赃款赃物移交给缔约另一方。但此项移交不得侵害与这些财物有关的被请求缔约一方或第三者的合法权利。

二、如果上述赃款赃物对被请求的缔约一方境内其他未决刑事诉讼案件的审理是必不可少的，则被请求的缔约一方可暂缓移交。

第三十二条　刑事司法协助的拒绝

一、除本条约第十四条规定的理由外，如按照被请求的缔约一方法律，请求提及的行为不构成犯罪，被请求的缔约一方可拒绝提供刑事司法协助。

二、被请求一方应将拒绝司法协助请求的理由通知请求一方。

第五章　其他规定

第三十三条　交流法律情报

缔约双方应根据请求，相互通报各自国家现行的或者过去实施的法律及其在司法实践中的应用情况。

第三十四条　认证的免除

缔约一方法院或其他主管机关制作或证明的证书，只要加盖公章，即可在缔约另一方法院和其他主管机关使用，无需认证。

第三十五条　户籍文件的送交

为了实施本条约，缔约一方主管机关可根据缔约另一方的请求，通过本条约第八条规定的途径，免费送交有关的户籍文件副本。但此项移交不得违反该缔约一方的法律。

第三十六条　物品的出境和货币的汇出

实施本条约关于裁决的承认与执行的规定时，应遵守裁决的执行地缔约一方关于物品出境和货币汇出方面的法律规定。

第六章　最后条款

第三十七条　争议的解决

本条约执行过程中所产生的任何争议，均通过外交途径解决。

第三十八条　条约的批准和生效

本条约须经批准，并自互换批准书之日起第三十天开始生效。批准书在布加勒斯特互换。

第三十九条　条约的有效期

一、本条约无限期有效。

二、本条约自缔约任何一方通过外交途径书面提出终止通知之日起一年后失效。

缔约双方全权代表在本条约上签字，以昭信守。

本条约于一九九一年一月十六日在北京签订，一式两份，每份都用中文和罗马尼亚文写成，两种文本具有同等效力。

中华人民共和国全权代表　　　　　　罗马亚全权代表
外交部副部长　　　　　　　　　副国务秘书
田曾佩　　　　　　　　特奥多尔·梅列什干努
（签字）　　　　　　　　　　（签字）

中华人民共和国和俄罗斯联邦
关于民事和刑事司法协助的条约[*]

中华人民共和国和俄罗斯联邦为了实现司法领域的合作，在尊重主权和互惠的基础上，决定互相提供民事和刑事方面的司法协助。为此目的，双方议定以下各条：

第一篇 总 则

第一条 司法保护

一、缔约一方的国民在缔约另一方的境内，在人身和财产权利方面享有与缔约另一方国民同等的司法保护，有权在与另一方国民同等的条件下，诉诸于缔约另一方的法院和其他主管民事和刑事案件的机关，有权在这些机关提出请求或进行其他诉讼行为。

二、本条第一款的规定亦适应于在缔约任何一方境内根据其法律成立的法人。

三、本条约所指的"民事案件"，亦包括商事、婚姻家庭和劳动案件。

第二条 司法协助的联系途径

一、除本条约另有规定外，缔约双方的法院和其他主管机关相互请求和提供民事和刑事司法协助，应通过各自的中央机关进行联系。

二、第一款中的中央机关，在中华人民共和国方面系指中华人民共和国司法部和中华人民共和国最高人民检察院，在俄罗斯联邦方面系指俄罗斯联邦司法部和俄罗斯联邦总检察院。

第三条 语文

一、缔约双方中央机关进行书面联系时应使用本国官方文字，并附有对方的官方文字或英文的译文。

二、司法协助请求书及其附件应使用提出请求的缔约一方的官方文字书写，

---

[*] 1992 年 6 月 19 日签署，1992 年 12 月 28 日第七届全国人民代表大会常务委员会第二十九次会议批准，1993 年 11 月 14 日生效。

并附有经证明无误的被请求的缔约一方的官方文字或英文的译文。

三、缔约一方主管机关向缔约另一方提供司法协助时，使用本国官方文字。

第四条　证人和鉴定人的保护

一、由提出请求的缔约一方法院或其他主管机关通过被请求的缔约一方通知前来的证人和鉴定人，不论其国籍如何，提出请求的缔约一方不得因其入境前的犯罪行为或者因其证言、鉴定或其他涉及诉讼内容的行为而追究其刑事责任或以任何形式剥夺其人身自由。

二、如果证人或鉴定人在接到提出请求的缔约一方关于其不必继续停留的通知十五日后仍不出境，则丧失第一款给予的保护，但由于本人不能控制的原因而未能及时离境者除外。

三、第一款所述的通知应通过第二条规定的途径转递。通知中不得以采取强制措施相威胁。

第五条　司法协助的费用

一、缔约双方应相互免费提供司法协助。

二、被通知到提出请求的缔约一方境内的证人或鉴定人的旅费和食宿费，由提出请求的缔约一方承担。此外，鉴定人有权取得鉴定的报酬。上述被通知人有权取得的报酬的种类，应在通知中注明。应上述被通知人的要求，提出请求的缔约一方的主管机关应向其预付上述费用。

第六条　司法协助的拒绝

如果被请求的缔约一方认为提供某项司法协助有损于本国的主权、安全或公共秩序，可以拒绝提供该项司法协助，但应将拒绝的理由通知提出请求的缔约一方。

第七条　司法协助适用的法律

一、被请求机关提供司法协助，适用本国法律。

二、被请求机关提供民事司法协助，亦可应请求适用缔约另一方的诉讼程序规范，但以不违背被请求的缔约一方法律的基本原则为限。

第二篇　民事司法协助

第一章　诉讼费用

第八条　诉讼费用保证金的免除

一、缔约一方法院不得因缔约另一方国民是外国人或在缔约一方境内没有住所或居所而令其提供诉讼费用保证金。

二、本条第一款的规定亦适用于在缔约任何一方境内根据其法律成立的法人。

第九条　诉讼费用的支付

一、缔约一方的国民在缔约另一方境内，应在与该缔约另一方国民同等的条件下和范围内支付诉讼费用，包括预付的部分。

二、本条第一款的规定亦适用于在缔约任何一方境内根据其法律成立的法人。

第十条　诉讼费用的免除

一、缔约一方国民在缔约另一方境内，可在与缔约另一方国民同等的条件下和范围内免除诉讼费用。

二、缔约一方国民申请免除诉讼费用，应由其住所或居所所在地的主管机关出具说明其身份及财产状况的证明书；如果该申请人在缔约双方境内均无住所或居所，亦可由其本国的外交或领事代表机关出具上述证明书。

第二章　送达文书和调查取证

第十一条　协助的范围

缔约双方应相互根据请求送达司法文书和司法外文书，询问当事人、证人和鉴定人，进行鉴定和勘验，以及完成其他与调查取证有关的诉讼行为。

第十二条　请求的提出

一、送达文书和调查取证的请求应以请求书的形式提出。请求书应包括下列内容：请求和被请求机关的名称；当事人及请求书中所涉及的其他人员的姓名、国籍、职业、住所或居所；代理人的姓名和地址；请求提供协助的案件的名称，以及请求协助的内容；应送达文书的名称，以及其他有助于执行请求的情况。执行该请求所必需的其他文件和材料也须随请求书一并提供。

二、上述请求书和文件应由缔约一方的请求机关签署和盖章。

第十三条　请求的执行

一、如果按照被请求的缔约一方法律，缔约另一方请求执行的事项不属于法院和其他主管机关的职权范围，可以说明理由，可以退回。

二、如果被请求机关无权执行请求，应将该项请求移送有权执行的主管机关，并通知提出请求的缔约一方。

三、被请求机关如果无法按照请求书中所示的地址执行请求，应采取适当措施以确定地址，或要求提出请求的缔约一方提供补充情况。

四、如因无法确定地址或其他原因不能执行请求，被请求的缔约一方应通知提出请求的缔约一方，说明妨碍执行的原因，并退回提出请求的缔约一方所附的全部文件的材料。

第十四条　通知执行结果

一、被请求的机关应将执行请求的结果按照本条约第二条规定的途径书面通知提出请求的机关，并附证明请求已完成的文件。

二、送达回证应有收件日期和收件人的签名，应由执行送达机关盖章和执行送达人签名。如收件人拒收，还应注明拒收的理由。

第十五条　外交或领事代表机关送达文书和调查取证

派驻在缔约另一方的任何缔约一方的外交或领事代表机关可以向其本国国民送达司法文书和司法外文书，询问当事人或证人，但不得使用强制措施，并不得违反驻在国的法律。

第三章　裁决的承认与执行

第十六条　应予承认与执行的裁决

一、缔约双方应依本条约规定的条件，在各自境内承认与执行本条约生效后在缔约另一方境内作出的下列裁决，其中依裁决性质应执行者，则予以执行：

（一）法院的民事裁决；

（二）法院对刑事案件中有关损害赔偿作出的裁决；

（三）仲裁庭作出的裁决。

二、本条约所指的"法院裁决"，在中华人民共和国方面系指法院作出的判决、裁定、决定和调解书；在俄罗斯联邦方面系指法院作出的判决、裁定、决定和法院批准的和解书，以及法官就民事案件的实体所作的决定。

第十七条　承认与执行法院裁决的请求

一、承认与执行法院裁决的请求由申请人向作出该项裁决的缔约一方法院提出，该法院按照本条约第二条规定的途径转交给缔约另一方法院。如果申请承认与执行裁决的当事人在裁决执行地所在的缔约一方境内有住所或居所，亦可直接向该缔约一方的法院提出申请。

二、请求书的格式应按照被请求的缔约一方的规定办理，并附有下列文件：

（一）经法院证明无误的裁决副本；如果副本中没有明确指出裁决已经生效和可以执行，还应附有法院为此出具的证明书一份；

（二）证明未出庭的当事一方已经合法传唤，或在当事一方没有诉讼行为能力时已取得适当代理的证明书；

（三）本条所述请求书和有关文件的经证明无误的译本。

第十八条　承认与执行法院裁决的程序

一、法院裁决的承认与执行，由被请求的缔约一方依照本国法律规定的程序进行。

二、被请求主管机关可以审查该裁决是否符合本条约的规定，但不得对该裁决作任何实质性的审查。

第十九条　承认与执行的法律效力

缔约一方法院的裁决一经缔约另一方法院承认或执行，即与承认或执行裁决一方法院作出的裁决具有同等效力。

第二十条　拒绝承认与执行

有下列情形之一的法院裁决，不予承认与执行：

（一）根据作出裁决的缔约一方的法律，该裁决尚未生效或不具有执行力；

（二）根据被请求承认与执行裁决的缔约一方的法律，被请求的缔约一方法院对该案件有专属管辖权；

（三）根据作出裁决的缔约一方的法律，未出庭的当事一方未经合法传唤，或在当事一方没有诉讼行为能力时未得到适当代理；

（四）被请求承认与执行裁决的缔约一方的法院对于相同当事人之间就同一标的案件已经作出了生效裁决，或正在进行审理，或已承认了在第三国对该案所作的生效裁决；

（五）承认与执行裁决有损于被请求一方的主权、安全或公共秩序。

第二十一条　仲裁裁决的承认与执行

缔约双方应根据一九五八年六月十日在纽约签订的关于承认与执行外国仲裁裁决的公约，相互承认与执行在对方境内作出的仲裁裁决。

第三篇　刑事司法协助

第二十二条　协助的范围

缔约双方应根据请求，在刑事方面相互代为询问证人、被害人、鉴定人和讯问刑事被告人，进行搜查、鉴定、勘验、检查以及其他与调查取证有关的诉讼行为；移交物证、书证以及赃款赃物；送达刑事诉讼文书；并通报刑事诉讼结果。

第二十三条　送达文书和调查取证

一、本条约第十二条至第十五条的规定亦适用于刑事方面的送达文书和调查取证。

二、提出上述请求时，还应在请求书中写明罪名、犯罪事实和有关的法律规定。

第二十四条　赃款赃物的移交

一、缔约一方应根据缔约另一方的请求，将在其境内发现的、罪犯在缔约另一方境内犯罪时获得的赃款赃物，移交给缔约另一方。但此项移交不得侵害与这些财物有关的第三者的权利。

二、如果上述赃款赃物对被请求的缔约一方境内其他未决刑事案件的审理是必不可少的，被请求的缔约一方可暂缓移交。

第二十五条　刑事司法协助的拒绝

除本条约第六条规定的情况外，被请求的缔约一方还可根据下列理由之一拒绝提供司法协助：

（一）按照被请求的缔约一方的法律，该项请求涉及的行为并不构成犯罪；

（二）该项请求涉及的嫌疑犯或罪犯是被请求的缔约一方国民，且不在提出请求的缔约一方境内。

第二十六条　刑事诉讼结果的通知

缔约双方应相互递送各自法院对缔约另一方国民所作的生效裁决副本。

第二十七条　关于以往犯罪的情报

如在缔约一方境内曾被判刑的人在缔约另一方境内被追究刑事责任，则该缔约一方应根据缔约另一方的请求免费提供以前判刑的情况。

第四篇　其他规定

第二十八条　交换法律情报

缔约双方应根据请求，相互通报各自国家现行的或者过去实施的法律和司法实践的情况。

第二十九条 文件的效力

一、缔约一方法院或其他主管机关制作或证明的文书，只要经过签署和正式盖章即为有效，就可在缔约另一方法院或其他主管机关使用，无需认证。

二、在缔约一方境内制作的官方文件，在缔约另一方境内也有同类官方文件的证明效力。

第三十条 户籍文件及其他文件的送交

为了实施本条约，缔约一方主管机关可根据缔约另一方通过外交途径提出的请求，将缔约另一方提起诉讼所需的涉及缔约另一方国民的户籍登记的摘录、关于其文化程度、工龄的证明及其他有关个人权利的文件，免费提供给缔约另一方，不附译文。

第三十一条 物品的出境和金钱的汇出

本条约的规定及其执行不得妨碍缔约双方各自执行其有关物品出境或金钱汇出的法律和规定。

第三十二条 争议的解决

有关解释和执行本条约所产生的争议，均应通过外交途径解决。

第五篇 最后条款

第三十三条 批准和生效

本条约须经批准，批准书在莫斯科互换。本条约自互换批准书之日起第三十日开始生效。

第三十四条 终止

本条约自缔约任何一方通过外交途径书面提出终止之日起六个月后失效，否则，本条约无限期有效。

本条约于一九九二年六月十九日在北京签订，一式两份，每份均用中文和俄文写成，两种文本具有同等效力。

中华人民共和国代表 　　　　　　　　　 俄罗斯联邦代表

　　蔡诚 　　　　　　　　　　　　　 尼·瓦·费多罗夫

　（签字） 　　　　　　　　　　　　　 （签字）

中华人民共和国和土耳其共和国
关于民事、商事和刑事司法协助的协定 *

中华人民共和国和土耳其共和国（以下简称"缔约双方"），在相互尊重主权和平等互利的基础上，愿意促进两国在司法领域的合作，决定缔结关于民事、商事和刑事司法协助的协定。

为此目的，缔约双方议定下列各条：

第一章 总 则

第一条 司法保护

缔约一方国民在缔约另一方境内，享有缔约另一方给予其国民的同等的司法保护，有权在与缔约另一方国民同等的条件下，在缔约另一方主管民事和商事案件的司法机关提起诉讼或提出请求。

第二条 司法协助的途径

缔约双方指定各自的司法部作为按照本协定相互提供司法协助的中央机关。但依本协定第十一条采取的措施除外。

第三条 文字

一、缔约双方中央机关书信联系使用各自本国文字，并附英文译文。

二、司法协助请求书及其附件应用提出请求的缔约一方的官方文字书写，并附有经证明的被请求的缔约一方的官方文字或英文的译文。上述文件均应一式两份。

第四条 司法协助的费用

缔约双方在本协定规定的范围内相互免费提供司法协助，但为鉴定人支付的费用除外。为鉴定人支付的费用应依被请求的缔约一方的规则和法规确定。

---

* 1992 年 9 月 28 日签署，1995 年 6 月 30 日第八届全国人民代表大会常务委员会第十四次会议批准，1995 年 10 月 26 日生效。

第五条　司法协助的拒绝

如果缔约一方认为提供司法协助有损其国家主权、安全或公共秩序，可以拒绝缔约另一方提出的司法协助请求，但应将拒绝的理由通知缔约另一方。

第六条　司法协助适用的法律

缔约双方提供司法协助适用各自的本国法律。缔约一方也可根据请求适用缔约另一方的程序规则，但不得违背其本国的基本法律原则。

第七条　交换法律和法规情报

缔约双方应根据请求，相互通报各自国家现行或曾经施行的法律和法规及其在司法实践中的适用情况。

第八条　认证的免除

缔约一方司法机关制作或证明的文书，只要经过签署和正式盖章，即可在缔约另一方司法机关使用，无须认证。

第九条　文书的证明效力

缔约一方官方机关签署的证书在缔约另一方境内具有同等的证明效力。

第十条　困难的解决

因实施或解释本协定所产生的任何困难均通过外交途径解决。

第十一条　外交或领事机构送达文书和调查取证

缔约一方可以通过派驻缔约另一方的外交或领事机构，在缔约另一方境内向其本国国民送达文书和调查取证，但不得违反缔约另一方法律，亦不得采取任何强制措施。

第二章　民事和商事司法协助

第一节

第十二条　司法协助的范围

缔约双方应根据本协定，相互提供下列司法协助：

（一）向在缔约另一方境内的有关人员转递和送达司法文书；

（二）通过请求书的方式调查取证；

（三）承认与执行法院和仲裁机构的裁决；

（四）本协定规定的其他协助。

第十三条　请求司法协助

一、司法协助的申请应以请求书的形式提出。请求书应包括：

（一）请求机关和被请求机关名称；

（二）诉讼的性质和案情简短摘要，以及需向被调查人提出的问题；

（三）当事人或其代理人的姓名、性别、年龄、国籍、职业、住所或居所、在诉讼中的身份，或法人的所在地；

（四）需履行的司法行为；

（五）被调查人的姓名和地址；

（六）需予检查的文件或其他财产；

（七）执行请求所需的其他文件。

二、上述请求书及其附件应由请求机关签署和盖章。

第十四条　免付诉讼费用担保

缔约一方国民在缔约另一方司法机关出庭时，不得仅因为其是外国国民或在该缔约一方境内没有住所或居所而要求其提供诉讼费用担保或保证金。上述规定同样适用于向司法机关提出申请时所需的任何付费。

第十五条　诉讼费用的预付

缔约一方国民在缔约另一方境内，应在与缔约另一方国民同等的条件下和范围内预付诉讼费用。

第十六条　法人

第一条、第十四和第十五条的规定同样适用于根据缔约一方法律和法规成立的法人。

第十七条　司法救助和诉讼费用的免除

缔约一方国民在缔约另一方境内，可以申请免除诉讼费用，或请求享受可适用于缔约另一方国民的司法救助。申请免除诉讼费用或请求司法救助，应由申请人住所或居所所在地的主管机关出具证明；如果申请人在缔约双方境内均无住所或居所，应由其本国的外交或领事机构出具证明。

第二节　送达文书和调查取证

第十八条　范围

缔约双方应根据请求相互送达文书和调查取证：

（一）送达文书系指送达司法文书和司法外文书；

（二）调查取证包括询问当事人、证人和鉴定人，获取与民事和商事诉讼有关的证据，进行鉴定和司法检查。

第十九条　请求的执行

一、如果被请求机关认为自己无权执行请求，应将该项请求转交有权执行该项请求的主管机关，并通知提出请求的缔约一方。

二、如果被请求的缔约一方的主管机关不能按照请求书中所示的地址执行请求，应采取适当措施以确定地址并执行请求，必要时可要求提出请求的缔约一方提供补充情况。

三、如果被请求的缔约一方因为不能确定地址或其他原因而不能执行请求，应将妨碍执行的理由通知提出请求的缔约一方，并应向其退还全部有关文书。

第二十条　通知执行结果

一、被请求的缔约一方的主管机关应通过第二条规定的途径，将执行请求的结果以书面形式通知提出请求的缔约一方。此类通知应附有送达回证或所需的证据材料。

二、送达回证应含有受送达人的签名和收件日期、送达机关和送达人的盖章和签名以及送达方式和地点。如果收件人拒收文书，还应注明拒收的理由。

第三节　裁决的承认与执行

第二十一条　适用范围

一、缔约一方应根据本协定规定的条件在其境内承认与执行缔约另一方的下列裁决：

（一）法院在民事案件中作出的裁决；

（二）法院在刑事案件中就损害赔偿作出的裁决；

（三）仲裁机构的裁决。

二、本协定中所指的"裁决"亦包括法院制作的调解书。

第二十二条　承认与执行的请求书

一、承认与执行裁决的请求书应由缔约一方法院通过第二条所规定的途径送交缔约另一方法院。

二、请求书应附有：

（一）与原本相符的裁决副本。如果裁决本身没有表明该裁决已经生效和可以执行，还应附有主管机关为此出具的证明书；

（二）说明未能出庭的败诉一方已经合法传唤，以及在其没有诉讼行为能力时已得到适当代理的证明书；

（三）请求承认与执行仲裁裁决，还应附有提交仲裁管辖的仲裁协议的副本。

第二十三条 拒绝承认与执行

在下列情况下，被请求法院对于第二十一条所列的裁决不予承认与执行：

（一）根据提出请求的缔约一方的法律，裁决尚未生效或者不能执行；

（二）根据被请求的缔约一方的法律，提出请求的缔约一方的司法机关对该案无管辖权；

（三）根据作出裁决的缔约一方的法律，未能参加诉讼的败诉一方未经适当传唤或被剥夺了答辩的权利或在其没有诉讼行为能力时被剥夺了得到适当代理的权利；

（四）被请求的缔约一方的法院或仲裁机构对于相同当事人之间就同一标的的案件已经作出了最终裁决，或正在进行审理，或已经承认了第三国对该案作出的最终裁决。

第二十四条 承认与执行的程序

一、裁决的承认与执行应由被请求的缔约一方的法院依其本国法律所规定的程序决定。

二、被请求法院仅限于审查本协定所规定的条件是否具备。

第二十五条 承认与执行的效力

缔约一方司法机关作出的裁决一经缔约另一方法院承认或执行，即与该缔约另一方法院作出的裁决具有同等效力。

第二十六条 仲裁机构裁决的承认与执行

除符合本章第三节的其他规定外，符合下列条件的仲裁裁决应予承认与执行：

（一）按照被请求的缔约一方的法律，该项仲裁裁决属于对契约性或非契约性商事争议作出的仲裁裁决；

（二）仲裁裁决是基于当事人关于将某一特定案件或今后由某一特定法律关系所产生的案件提交仲裁机构管辖的书面仲裁协议作出的，且该项仲裁裁决是上述仲裁机构在仲裁协议中所规定的权限范围内作出的；

（三）根据被请求的缔约一方的法律，提交仲裁机构管辖的协议是有效的。

第二十七条 有价物品的出境和资金的转移

本协定有关执行裁决的规定不得违反缔约双方有关资金转移和有价物品出境方面的法律和法规。

第三章 刑事案件中的相互协助

第二十八条 范围

一、缔约双方有义务依照本章的规定，在对提出协助请求时属于提出请求的缔约一方的司法机关有权处罚的犯罪进行诉讼时相互提供最广泛的互助措施。

二、刑事案件中的相互协助包括执行有关预审程序，获取被控告人、证人和鉴定人的陈述，搜查，扣押，移交文件和赃款赃物，送达文书和裁决书，以及其他协助。

第二十九条 拒绝刑事司法协助

除本协定第五条规定的理由外，在下列情况下亦可拒绝协助：

（一）被请求的缔约一方认为，该项请求所涉及的犯罪是一项政治犯罪或与之有关的犯罪，或是一项纯粹的军事犯罪。

（二）根据被请求的缔约一方的法律，该项请求中所提及的行为不构成犯罪。

第三十条 司法协助请求书

一、司法协助请求书应包括：

（一）提出请求的机关；

（二）请求的目的及理由；

（三）可能时，有关人员的身份与国籍；

（四）如果请求送达司法文书，受送达人的姓名和地址，或一切有助于确定其身份和地址的其他情况，包括有关需予送达的文书性质的情况。

二、此外，调查委托书应包括被指控的犯罪及其事实的概要。

第三十一条 请求的执行和请求结果的通知

本协定第十九条和第二十条的规定亦适用于刑事案件。

第三十二条 调查委托书

一、被请求的缔约一方应按照其本国法规定的方式，执行任何有关属于第二十一条第二款范围内的刑事案件、且由提出请求的缔约一方司法机关提交的调查委托书。

二、被请求的缔约一方可以递交被要求提供的记录或文件的经证明的副本或影印件；但在提出请求的缔约一方明示要求递交原件的情况下，被请求的缔约一方应尽可能满足此项要求。

三、递交给提出请求的缔约一方的情报只能被用于司法机关的请求中所限的目的。

第三十三条　归还证据

一、如果在未决刑事诉讼中需要被要求提供的物品、记录或文件，则被请求的缔约一方可延迟移交。

二、提出请求的缔约一方应将执行调查委托书时移交的任何物品，以及记录或文件的原件，尽快归还给被请求的缔约一方，但被请求的缔约一方放弃归还要求时除外。

第三十四条　证人和鉴定人的出庭

一、如果提出请求的缔约一方认为证人或鉴定人到其司法机关亲自出庭是重要的，则应在其要求送达传票的请求中予以提及，被请求的缔约一方应邀请证人或鉴定人出庭。

二、要求送达传票的请求应在要求有关人员到司法机关出庭之日的至少两个月之前递交给被请求的缔约一方。

三、被请求的缔约一方应将证人或鉴定人的答复通知提出请求的缔约一方。在本条第一款所规定的情况下，请求书或传票中应指明可支付的大约津贴数以及可偿付的旅费与食宿费用。

第三十五条　证人和鉴定人的费用

提出请求的缔约一方需付给证人或鉴定人的津贴（包括食宿费）以及旅费，自其居所地起算，且其数额至少应等于审讯举行地国家现行付费标准和规章所规定的数额。

第三十六条　证人和鉴定人的保护

一、提出请求的缔约一方对于传唤到其司法机关出庭的证人或鉴定人，不论其国籍如何，不得因其入境前所犯的罪行或者因其证词或鉴定结论而调查其刑事责任、予以逮捕或以任何形式剥夺其自由。

二、如果证人或鉴定人在提出请求的缔约一方的司法机关通知其不必继续停留之日起十五天后仍不离开该缔约一方境内，则丧失第一款给予的保护。但此期限不包括证人或鉴定人由于自己不能控制的原因而未能离开提出请求的缔约一方境内的期间。

三、不得对被传唤出庭作证或鉴定的人采取任何强制措施。

第三十七条　在押人员作证

如果缔约一方司法机关认为有必要将在缔约另一方境内受到拘禁的人作为

证人加以询问，本协定第二条所规定的缔约双方的中央机关可就将在押人员移交到提出请求的缔约一方境内一事达成协议，条件是该人应继续受到拘禁，且在询问完毕后尽快得以返回。

第三十八条　赃款赃物的移交

一、缔约一方应根据缔约另一方的请求，将在其境内发现的罪犯在缔约另一方境内犯罪时所获得的赃款赃物移交给缔约另一方。但此项移交不得损害被请求的缔约一方或与上述钱物有关的第三方的合法权利。

二、如果上述赃款赃物对于被请求的缔约一方境内其他未决刑事诉讼是必不可少的，被请求的缔约一方可延迟移交。

第三十九条　诉讼的转移

一、缔约一方有义务根据请求，按照其本国法律，对于在提出请求的缔约一方境内犯罪的本国国民提起刑事诉讼。

二、移交诉讼的请求应附有关于事实调查结果的现有文件。

三、被请求的缔约一方应将刑事诉讼的结果通知提出请求的缔约一方，并在已作出判决的情况下附送一份最终判决的副本。

第四十条　司法记录和刑事判决的通报

一、被请求的缔约一方应在能在类似案件中向其本国司法机关提供的同等范围内，向提出请求的缔约一方的司法机关提供所要求的刑事诉讼中需要的司法记录摘要或有关情况。

二、除本条第一款所规定的情况外，应按照被请求的缔约一方的法律或实践满足此项请求。

三、缔约双方应至少每年一次向缔约另一方通报有关缔约另一方国民的刑事定罪情况。

第四章　最后条款

第四十一条　批准和生效

本协定须经批准。批准书在安卡拉互换。本协定在互换批准书的三十天后生效。

第四十二条　终止

本协定自缔约任何一方通过外交途径书面提出终止通知之日后六个月期满后失效。否则，本协定永远有效。

　　本协定于一九九二年九月二十八日在北京签订，一式两份，每份均用中文、土耳其文和英文写成，三种文本同等作准。遇有分歧时，以英文文本为准。

　　缔约双方全权代表在本协定上签字，以昭信守。

中华人民共和国代表　　　　　　　　　　　土耳其共和国代表
　　杨福昌　　　　　　　　　　　　　　厄兹代姆·圣贝尔克

中华人民共和国和乌克兰
关于民事和刑事司法协助的条约[*]

中华人民共和国和乌克兰（以下简称缔约双方）为了实现司法领域的合作，在尊重主权和互惠的基础上，决定相互提供民事和刑事方面的司法协助。为此目的，双方议定以下各条：

第一章　总　则

第一条　司法保护

一、缔约一方的国民在缔约另一方的境内，在人身和财产权利方面享有与缔约另一方国民同等的司法保护，有权在与缔约另一方国民同等的条件下，诉诸于缔约另一方的法院和其他主管民事和刑事案件的机关，有权在这些机关提出请求或进行其他诉讼行为。

二、本条第一款的规定亦适用于在缔约任何一方境内根据其法律成立的法人。

三、本条约所指的"民事案件"，亦包括商事、经济、婚姻家庭和劳动案件。

第二条　司法协助的联系途径

一、除本条另有规定外，缔约双方的法院和其他主管机关相互请求的提供民事和刑事司法协助，应通过各自的中央机关进行联系。

二、第一款中的中央机关，在中华人民共和国方面系指中华人民共和国司法部、中华人民共和国最高人民法院和中华人民共和国最高人民检察院；在乌克兰方面系指乌克兰司法部、乌克兰最高法院和乌克兰总检察院。

---

* 1992 年 10 月 31 日签署，1993 年 7 月 2 日第八届全国人民代表大会常务委员会第二次会议批准，1994 年 1 月 19 日生效。

第三条　司法协助的范围

（1）执行代为送达文书的请求和进行本条约规定的其他民事与刑事诉讼行为；

（2）承认和执行法院裁决和仲裁机构的裁决；

（3）本条约规定的其他协助。

第四条　提供司法协助请求书的形式

一、在提供司法协助请求书中应写明：

1. 请求机关的名称；

2. 被请求机关的名称；

3. 请求司法协助案件的名称；

4. 被告或被审查人、被害人的姓名、国籍、职业和永久居住地或居留地；对于法人来说，则应提供其名称和所在地；

5. 他们的代理人的姓名和地址；

6. 请求书如涉及是刑事案件的，需注明犯罪事实和犯罪的种类。

二、上述请求书和其他文件应由缔约一方的请求机关签署和盖章。

第五条　请求的执行

一、如果按照被请求的缔约一方法律，缔约另一方请求执行的事项不属于法院和其他主管机关的职权范围，可以说明理由，予以退回。

二、如果被请求机关无权执行请求，应将该项请求移送有权执行的主管机关，并通知提出请求的缔约一方。

三、被请求机关如果无法按照请求书中所示的地址执行请求，应采取适当措施以确定地址，或要求提出请求的缔约一方提供补充情况。

四、如因无法确定地址或其他原因不能执行请求，被请求的缔约一方应通知提出请求的缔约一方，说明妨碍执行的原因，并退回提出请求的缔约一方所附的全部文件。

第六条　通知执行结果

一、被请求的机关应将执行请求的结果按照本条约第二条规定的途径书面通知提出请求的机关，并附证明请求已执行的文件。

二、送达回证应有收件日期和收件人的签名，应由执行送达机关盖章和执行送达人签名。如收件人拒收，还应注明拒收的理由。

第七条　语文

缔约双方在进行司法协助时，所有的文件均应使用本国文字，并附有准确无误的对方的文字或英文译文。

第八条　外交或领事代表机关送达文书和调查取证

根据主管机关的请求，派驻在缔约另一方的任何缔约一方的外交或领事代表机关可以向其本国国民送达司法文书和司法外文书，并进行询问，但不得使用强制措施，并不得违反驻在国的法律。

第九条　证人、被害人和鉴定人的保护

一、由提出请求的缔约一方法院或其他主管机关通过被请求的缔约一方通知前来的证人、被害人和鉴定人，不论其国籍如何，提出请求的缔约一方不得因其入境前的犯罪行为或者因其证言、鉴定或其他涉及诉讼内容的行为而追究其刑事责任或以任何形式剥夺其人身自由。

二、如果证人、被害人或鉴定人在接到提出请求的缔约一方关于其不必继续停留的通知十五日后仍不出境，则丧失第一款给予的保护，但由于本人不能控制的原因而未能及时离境者除外。

三、第一款所述的通知应通过第二条的途径转递。通知中不得对不到庭者以采取强制措施相威胁。

第十条　司法协助的费用

一、缔约双方应相互免费提供司法协助。

二、被通知到提出请求的缔约一方境内的证人、被害人或鉴定人的旅费和食宿费，由提出请求的缔约一方承担。此外，鉴定人有权取得鉴定的报酬。上述被通知人有权取得的报酬的种类，应以通知中注明。

三、被请求的司法机关应通知请求机关有关费用的数额。如请求机关向有义务付费者索取费用，则所获金额应付给执行请求的司法机关。

第十一条　司法协助的拒绝

如果被请求的缔约一方认为提供某项司法协助有损于本国的主权、安全、公共秩序或违反其法律的基本原则，可以拒绝提供该项司法协助，但应将拒绝的理由通知提出请求的缔约一方。

第十二条　司法协助适用的法律

一、被请求机关提供司法协助，适用本国法律。

二、被请求机关提供民事司法协助，亦可应请求适用缔约另一方的诉讼程序规范，但以不违背被请求的缔约一方法律的基本原则为限。

第十三条　交换法律情报

缔约双方应根据请求，相互通报各自国家现行的或者过去实施的法律和司法实践的情报。

第二章 民事司法协助

第十四条 协助范围

缔约双方应相互根据请求送达司法文书和司法外文书，询问当事人、证人和鉴定人，进行鉴定和勘验，以及完成其他与调查取证有关的诉讼行为。

第十五条 诉讼费用的支付

一、缔约一方的国民在缔约另一方境内，应在与该缔约另一方国民同等的条件下和范围内支付诉讼费用。

二、本条第一款的规定亦适用于在缔约任何一方境内根据其法律成立的法人。

第十六条 诉讼费用的免除

一、缔约一方的国民在缔约另一方境内，可在与缔约另一方国民同等的条件下和范围内免除诉讼费用。

二、缔约一方的国民申请免除诉讼费用，应由其住所或居所所在地的主管机关出具说明其身份及财产状况的证明书；如果该申请人在缔约双方境内均无住所或居所，亦可由其本国的外交或领事代表机关出具上述证明书。

三、法院根据请求做出免除诉讼费决定时可要求出具证明书的机关做补充说明。

第十七条 应予承认与执行的裁决

一、缔约双方应依本条约规定的条件，在各自境内承认与执行本条约生效后在缔约另一方境内作出的法律裁决和仲裁机构的裁决，其中依裁决性质应执行者，则予以执行。

二、本条约所指的"法院裁决"在中华人民共和国方面系指法院就民事作出的判决、裁定、决定和调解书及就刑事案件中有关损害赔偿作出的裁决；在乌克兰方面系指法院（法官）作出的刑事案件中有关损害赔偿的判决，民事判决、裁定、决定和调解书，以及仲裁法院作出的判决和裁定。

第十八条 承认与执行法院裁决的请求

一、承认与执行法院裁决的请求由申请人向作出该项裁决的缔约一方法院提出，该法院按照本条约第二条规定的途径转交给缔约另一方法院。如果申请承认与执行裁决的当事人在裁决执行地所在的缔约一方境内有住所或居所，亦可直接向该缔约一方法院提出申请。

二、请求书的格式应按照被请求的缔约一方的规定办理，并附有下列文件：

（一）经法院证明无误的裁决副本；如果副本中没有明确指出裁决已经生效和可以执行，还应附有法院为此出具的证明书一份；

（二）法院出具的有关在请求缔约一方境内执行裁决情况的证明书；

（三）证明未出庭的当事一方已经合法传唤，或在当事一方没有诉讼行为能力时已得到适当代理的证明书；

（四）本条所述请求书和有关文件的经证明无误的译本。

第十九条　承认与执行法院裁决的程序

一、法院裁决的承认与执行，由被请求的缔约一方依照本国法律规定的程序进行。

二、被请求主管机关可以审查该裁决是否符合本条约的规定，但不得对该裁决作任何实质性的审查。

第二十条　承认与执行的法律效力

缔约一方法院的裁决一经缔约另一方法院承认或执行，即与承认或执行裁决一方法院作出的裁决具有同等效力。

第二十一条　拒绝承认与执行

有下列情形之一的法院裁决，不予承认与执行：

（一）根据作出裁决的缔约一方的法律，该裁决尚未生效或不具有执行力；

（二）根据被请求承认与执行裁决的缔约一方的法律，被请求的缔约一方法院对该案件有专属管辖权；

（三）根据作出裁决的缔约一方法律，未出庭的当事一方未经合法传唤，或在当事一方没有诉讼行为能力时未得到适当代理；

（四）被请求承认与执行裁决的缔约一方的法院对于相同当事人之间就同一标的的案件已经作出了生效裁决，或正在进行审理，或已承认了在第三国对该案所作的生效裁决；

（五）承认与执行裁决有损于被请求一方的主权、安全和公共秩序。

第二十二条　仲裁裁决的承认与执行

缔约双方应根据一九五八年六月十日在纽约签订的关于承认与执行外国仲裁裁决的公约，相互承认与执行在对方境内作出的仲裁裁决。

第三章　刑事司法协助

第二十三条　协助的范围

一、缔约双方应根据请求，在刑事方面相互代为询问证人、被害人、鉴定人和讯问刑事被告人，进行搜查、鉴定、勘验、检查以及其他与调查取证有关的诉讼行为；移交物证、书证以及赃款赃物；送达刑事诉讼文书，并通报刑事诉讼结果。

二、缔约一方应根据本国法律，对缔约另一方涉嫌在其境内犯罪，并在被起诉时位于其境内的国民，提起刑事诉讼。

第二十四条 送达文书和调查取证

一、本条约第四条至第六条和第八条的规定亦适用于刑事方面送达文书和调查取证。

二、提出上述请求时，还应在请求书中写明犯罪事实、罪名和有关的法律规定。

第二十五条 赃款赃物的移交

一、缔约一方应根据缔约另一方的请求，将在其境内发现的、罪犯在缔约另一方境内犯罪时获得的赃款赃物，移交给缔约另一方。但此项移交不得侵害与这些财物有关的第三者的权利。

二、如果上述赃款赃物对被请求的缔约一方境内其他未决刑事案件的审查是必不可少的，被请求的缔约一方可暂缓移交。

第二十六条 刑事司法协助的拒绝

除本条约第十一条规定的情况外，被请求的缔约一方还可根据下列理由之一拒绝提供司法协助：

（一）按照被请求的缔约一方法律，该项请求涉及的行为并不构成犯罪；

（二）该项请求涉及的嫌疑犯或罪犯是被请求的缔约一方国民，且不在提出请求的缔约一方境内。

第二十七条 刑事诉讼结果的通知

缔约双方应相互递送各自法院对缔约另一方国民所作的生效裁决副本。

第二十八条 关于以往犯罪的情报

如在缔约一方境内曾被判刑的人在缔约另一方境内被追究刑事责任，则该缔约一方应根据缔约另一方的请求免费提供以前判刑的情况。

第四章 其他规定

第二十九条 文件的效力

一、缔约一方法院或其他主管机关制作或证明的文书，只要经过签署和正式盖章即为有效,就可在缔约另一方法院或其他主管机关使用,无需认证。

二、在缔约一方境内制作的官方文件,在缔约另一方境内也有同类官方文件的证明效力。

第三十条 户籍文件及其他文件的送交

为了实施本条约,缔约一方主管机关可根据缔约另一方通过外交途径提出的请求,将缔约另一方提起诉讼所需的涉及缔约另一国民的户籍登记摘录、关于其文化程度、工龄的证明及其他有关个人权利的文件,免费提供给缔约另一方,并附英文译文。

第三十一条 物品的出境和金钱的汇出

本条约的规定及其执行不得妨碍缔约双方各自执行其有关物品出境或金钱汇出的法律和规定。

第三十二条 争议的解决

有关解释和执行本条约所产生的争议,均应通过外交途径解决。

第五章 最后条款

第三十三条 批准和生效

本条约须经批准,批准书在基辅互换。本条约自互换批准书之日起第三十日开始生效。

第三十四条 终止

本条约自缔约任何一方通过外交途径书面提出终止之日起六个月后失效,否则,本条约无限期有效。

本条约于一九九二年十月三十一日在北京签订,一式两份,每份均用中文和乌克兰文写成,并附俄文译文,两种文本具有同等效力。

中华人民共和国代表　　　　　　　　　　　　乌克兰代表

钱其琛　　　　　　　　　　　　　　　　瓦·奥诺边科

（签字）　　　　　　　　　　　　　　　　　（签字）

中华人民共和国和古巴共和国
关于民事和刑事司法协助的协定*

中华人民共和国和古巴共和国（以下简称"缔约双方"）本着密切和加强两国人民之间友好关系的共同愿望，并认为两国在司法协助方面的合作十分重要，决定缔结本协定。

为此目的，缔约双方各委派全权代表如下：

中华人民共和国方面为外交部副部长刘华秋

古巴共和国方面为驻中华人民共和国特命全权大使何塞·阿·格拉

缔约双方全权代表互相校阅全权证书，认为妥善后议定下列各条：

第一章　总　则

第一条　司法保护

一、缔约一方国民在缔约另一方境内，在人身与财产权利方面享有与缔约另一方国民同等的司法保护。

二、缔约一方国民有权在与缔约另一方国民同等的条件下，诉诸缔约另一方法院和其他主管民事和刑事案件的机关，并在上述机关出庭、提出请求和进行其他诉讼行为。

三、前两款的规定亦适用于依其所在地的缔约一方的法律成立的法人。

第二条　司法协助的提供

缔约双方应根据请求，并按照本协定规定的条件，相互提供民事和刑事司法协助。

第三条　联系途径

除本协定另有规定外，缔约双方在履行本协定时，应通过各自的司法部进行联系。

---

* 1992 年 11 月 24 日签署，1993 年 9 月 2 日第八届全国人民代表大会常务委员会第三次会议批准，1994 年 3 月 26 日生效。

第四条 司法协助的范围

缔约双方应根据本协定，相互提供下列司法协助：

（一）送达文书和调查取证；

（二）承认与执行法院民事裁决和仲裁裁决；

（三）本协定规定的其他协助。

第五条 司法协助的请求书

一、司法协助的请求应以书面提出。请求书应由提出请求的缔约一方的主管官员签署，并加盖请求机关的公章。

二、请求书应载明下列内容：

（一）请求机关的名称和地址；

（二）如可能，被请求机关的名称；

（三）请求提供司法协助的案件内容摘要、请求的事项以及为执行请求所必需的其他情况；

（四）诉讼当事人以及其他与执行请求有关的人员的姓名、国籍、住所或居所、职业或就业种类以及其他有关情况；

（五）如可能，当事人的代理人或其他与执行请求有关的人员的代理人的姓名、住所或居所以及其他有关情况；

（六）请求刑事司法协助，还应包括对犯罪行为及其类别的详细说明、据以认定该项犯罪的刑事法律条文、该项犯罪造成损害的程序以及其他有关情况。

第六条 司法协助适用的法律

被请求的缔约一方在执行司法协助请求时，应适用其本国法律。

第七条 文书的效力

缔约一方主管机关依其本国法律制作的文书或证书，在缔约另一方境内与缔约另一方主管机关制作的同类文书或证书具有同等的法律效力和证据效力，无需认证。

第八条 婚姻状况文书和其他文书的送交

为了实施本协定，缔约一方可根据缔约另一方的请求，通过本协定第三条规定的途径，免费送交涉及缔约另一方国民的婚姻状况文书以及其他有关个人权利和利益的文书。

第九条 交流法律情报

缔约双方司法部应根据请求相互提供各自国内现行的或已失效的法律及其实施情况的资料，以及其他与本协定的内容有关的资料。

第十条 证人和鉴定人的出庭

一、经提出请求的缔约一方的主管机关通知到其境内出庭作证或进行鉴定的证人或鉴定人，不论其国籍如何，均应对其在进入作证或鉴定地的缔约一方国境前所犯的罪行享受豁免，不得追究其刑事责任、予以逮捕或临时拘留，亦不得因其就要求其出庭的案件所作的证词或鉴定结论而追究其刑事责任、予以逮捕或临时拘留。

二、如果证人或鉴定人在接到提出请求的缔约一方关于其不必继续停留的通知之日起十五天内仍不出境，则丧失第一款给予的豁免，但此期间不包括非因其本身过错而无法离开提出请求的缔约一方境内的时间。

三、证人和鉴定人因其应提出请求的缔约一方通知出庭而支付的旅费、在国外的食宿费以及因此而无法获得的收入，有权得到补偿，并由提出请求的缔约一方支付。此外，鉴定人还有权收取鉴定费。

四、在要求缔约一方国民到缔约另一方境内作为证人或鉴定人出庭的通知中，应注明他们有权获得的补偿种类。应证人或鉴定人的要求，请求一方应向其预付费用。

五、在要求缔约一方国民到缔约另一方境内作为证人或鉴定人出庭的通知中，不得包含将对不出庭的证人或鉴定人采取强制措施的威胁性内容。

六、如果被要求作为证人或鉴定人出庭的人在被请求的缔约一方境内已被逮捕或正在服刑或以其他方式被剥夺人身自由，则被请求的缔约一方可根据请求将其移送到提出请求的缔约一方，条件是被该人在提出请求的缔约一方境内应继续受到拘禁，且在不需要继续停留时被立即送还被请求的缔约一方。

第十一条 物品和金钱的转移

根据本协定将物品和金钱从缔约一方境内向缔约另一方境内转移时，应遵守缔约一方有关物品和金钱出境方面的法律。

第十二条 文字

一、缔约双方司法部进行书面联系时，应使用本国官方文字并附英文译文。

二、司法协助请求书及其附件应用提出请求的缔约一方的官方文字书写，并附有经证明无误的被请求的缔约一方的文字或英文的译文。

第十三条 司法协助的拒绝

如果被请求的缔约一方认为提出请求的缔约一方根据本协定提出的请求有损于本国的主权、安全、公共秩序或违背其法律的基本原则，可以拒绝提供司法协助，并向提出请求的缔约一方说明拒绝的理由。

第十四条 司法协助的费用

缔约双方应各自负担在本国境内根据本协定提供司法协助时支出的费用。

第十五条 诉讼费用保证金的免除

缔约一方法院对于缔约另一方国民和法人，不得因其是外国人或其在缔约一方境内没有住所或居所而令其交纳诉讼费用保证金。

第十六条 诉讼便利

一、缔约一方国民可在与缔约另一方国民同等的条件下和范围内申请减交或免交在缔约另一方境内进行诉讼的费用，并享受其他便利。

二、缔约一方国民申请享受第一款所规定的便利，应由其住所或居所所在地的主管机关出具说明其身份、家庭情况及财产状况的证明。

三、如果申请上述便利的人在缔约双方境内均无住所或居所，则应由其本国的外交或领事代表机关出具上述证明书。

四、为对上述申请作出决定，必要时，受理该申请的主管机关可要求出具证明书的机关提供补充材料。

五、缔约一方国民要求享受第一款所规定的便利的申请，可向其本国的主管机关提出，由其本国的主管机关按照本条第二款规定通过本协定第三条规定的途径提交缔约另一方主管机关；亦可直接向缔约另一方主管机关提出。

第二章 民事司法协助

第十七条 送达文书和调查取证

缔约双方应根据请求相互提供下列协助：

（一）送达司法文书和司法外文书；

（二）调查取证，以取得当事人陈述、证人证言、书证、鉴定结论和进行司法勘验，以及其他与调查取证有关的诉讼行为。

第十八条 送达和取证请求的执行

一、如果被请求机关无权受理和执行请求，应将该项请求移送有权执行该请求的主管机关。

二、如因请求书中所提供的地址不完全或不确切而无法执行请求，被请求的缔约一方应采取必要的措施以确定地址，或要求提出请求的缔约一方提供补充情况。

三、如果无法执行请求，被请求的缔约一方应通知提出请求的缔约一方，说明妨碍执行的原因，并退回提出请求的缔约一方所附的全部文件。

第十九条　通知送达与取证的结果

一、被请求的缔约一方应将执行请求的结果书面通知提出请求的缔约一方，并附送达回证或所取得的证据材料。

二、送达回证应包括收件人的签名、送达人的签名和送达机关的盖章，以及送达的方式、地点和日期；如收件人拒收，亦应予以注明。

第二十条　向本国国民送达文书和调查取证

缔约一方可以通过本国派驻缔约另一方的外交或领事代表机关依照缔约另一方法律，向在缔约另一方境内居住或停留的本国国民送达司法文书和司法外文书，调查取证。

第二十一条　裁决的承认与执行

一、缔约双方应依本协定规定的条件，在各自境内承认与执行本协定生效后在缔约另一方境内作出的下列裁决：

（一）法院对民事案件作出的裁决；

（二）法院就犯罪行为造成损害赔偿的民事责任作出的裁决；

（三）法院对诉讼费用的裁决；

（四）仲裁庭作出的裁决。

二、在本协定中，"裁决"一词也包括法院或仲裁庭制作的调解书。

第二十二条　承认与执行法院裁决的申请

一、请求承认与执行法院裁决的请求书，应由请求承认与执行裁决的当事人向裁决执行地缔约一方法院提出，亦可由作出该项裁决的缔约一方法院按照本协定第三条规定的途径转交给缔约另一方法院。

二、请求书的格式应按照执行地国的法律规定办理，并须附有下列文件：

（一）经法院证明无误的裁决副本，如果副本中没有明确指出裁决已经生效和可以执行，还应附有法院为此出具的证明书；

（二）证明未出庭的当事人已经及时合法传唤的证明书；

（三）证明没有诉讼行为能力的当事人已得到适当代理的证明书；

（四）本条所述请求书和所附文件和经证明无误的被请求的缔约一方官方文字或英文的译文。

第二十三条　承认与执行法院裁决的程序

一、法院裁决的承认与执行，依照被请求的缔约一方法律规定的程序办理。

二、被请求的缔约一方法院对提出请求的缔约一方法院作出的请求承认与执行的裁决的实质进行审查。

第二十四条　承认与执行的效力

缔约一方的法院裁决一经缔约另一方法院承认与同意执行，即与缔约另一方法院作出的裁决具有同等效力。

第二十五条　拒绝承认与执行

一、除本协定第十三条的规定外，如有下列情况，缔约一方亦可拒绝承认与执行缔约另一方的法院裁决：

（一）根据提出请求的缔约一方的法律，该裁决尚未生效或不能执行；

（二）根据被请求的缔约一方的法律，提出请求的缔约一方法院对该案件无管辖权；

（三）根据提出请求的缔约一方的法律，未出庭的当事人未经合法传唤，或在没有诉讼行为能力时未得到适当处理；

（四）被请求的缔约一方法院对于同一案件已经作出了生效裁决，或该缔约一方法院对于同一案件正在进行审理，或被请求的缔约一方已承认了在第三国对该案所作的生效裁决。

二、在前款所述情况下，被请求的缔约一方应将所收到的全部文件退还提出请求的缔约一方，并说明拒绝的理由。

第二十六条　仲裁裁决的承认与执行

缔约双方应根据一九五八年六月十日在纽约签订的关于承认和执行外国仲裁裁决的公约，相互承认与执行在对方境内作出的仲裁裁决。

第三章　刑事司法协助

第二十七条　送达文书和调查取证

一、根据缔约一方请求，缔约另一方应在刑事方面代为送达文书和进行必要的调查取证，诸如听取被告或嫌疑犯的陈述、询问证人、被害人和鉴定人，进行鉴定、司法勘验以及其他与调查取证有关的诉讼行为。

二、本协定第十七条至第十九条的规定亦适用于前款规定的送达文书和调查取证。

第二十八条　刑事判决的通报

缔约双方应根据请求相互免费通报对缔约另一方国民所作的生效刑事判决结果，并应提供判决书副本。

第二十九条　刑事档案的提供

缔约双方应根据请求，相互免费提供关于正在提出请求的缔约一方境内被追究刑事责任的人员曾在各自法院受过审判的刑事档案及情况。

第三十条　赃款赃物的移交

一、缔约一方应根据缔约另一方的请求，将在其境内发现的、罪犯在缔约另一方境内犯罪时所获得的赃款赃物，移交给缔约另一方。但此项移交不得侵害被请求的缔约一方或者与这些财物有关的第三者的合法权利。

二、如果上述赃款赃物对被请求的缔约一方境内其他未决刑事诉讼案件的审理是必不可少的，被请求的缔约一方可暂缓移交。

第三十一条　刑事司法协助的拒绝

一、除本协定第十三条的规定外，被请求的缔约一方如按照其法律认为该项请求所涉及的行为不构成犯罪，也可拒绝提供刑事司法协助。

二、被请求的缔约一方应将拒绝提供刑事司法协助的理由通知缔约另一方。

第四章　最后条款

第三十二条　争议的解决

有关本协定的解释或执行方面的争议，均通过外交途径解决。

第三十三条　批准和生效

本协定须经批准，批准书在哈瓦那互换。本协定自互换批准书之日起第三十天开始生效。

第三十四条　终止

本协定自缔约任何一方通过外交途径书面提出终止通知之日起一年后失效，否则，本协定永远有效。

本协定于一九九二年十一月二十四日在北京签订，一式两份，每份均用中文和西班牙文写成，两种文本同等作准。

缔约双方全权代表分别在本协定上签字，以昭信守。

中华人民共和国代表　　　　　　　　　　　　古巴共和国代表
　　　刘华秋　　　　　　　　　　　　　　　何塞·阿·格拉
　　（签字）　　　　　　　　　　　　　　　　（签字）

中华人民共和国和白俄罗斯共和国
关于民事和刑事司法协助的条约[*]

中华人民共和国和白俄罗斯共和国（以下简称缔约双方）为了实现司法领域的合作，在尊重主权和互惠的基础上，决定互相提供民事和刑事方面的司法协助。为此目的，双方议定以下各条：

第一章　总　则

第一条　司法保护

一、缔约一方的国民在缔约另一方境内，在人身和财产权利方面享有与缔约另一方国民同等的司法保护，有权在与缔约另一方国民同等的条件下，诉诸缔约另一方的法律和其他主管民事和刑事案件的机关，有权在这些机关提出请求或进行其他诉讼行为。

二、本条约第一款的规定亦适用于在缔约任何一方境内根据该国法律成立的法人。

三、本条约所指的"民事案件"，亦包括商事、经济、婚姻家庭和劳动案件。

第二条　司法协助的联系途径

一、除本条约另有规定外，缔约双方的法院和其他主管机关相互请求和提供民事与刑事司法协助，应通过双方各自的中央机关进行联系。

二、第一款中的中央机关，在中华人民共和国方面系指中华人民共和国司法部；在白俄罗斯共和国方面系指白俄罗斯共和国司法部。

第三条　司法协助的范围

司法协助包括：

（1）代为执行送达文书、调查取证和本条约规定的其他民事与刑事诉讼

　＊ 1993 年 1 月 11 日签署，1993 年 7 月 2 日第八届全国人民代表大会常务委员会第二次会议批准，1993 年 11 月 29 日生效。

行为；

(2) 承认和执行法院民事裁决；

(3) 本条约规定的其他协助。

第四条　司法协助请求书

一、请求司法协助应以请求书的形式提出，请求书中应写明：

1. 请求机关的名称；

2. 被请求机关的名称；

3. 请求司法协助案件的名称；

4. 请求书中所涉及的与诉讼有关的人员的姓名、国籍、职业和住所地或居所地；对于法人来说，则应提供其名称和所在地；

5. 他们的代理人的姓名和地址；

6. 请求书如涉及刑事案件，还需注明犯罪事实、罪名和所适用的法律规定。

二、上述请求书和其他文件应由缔约一方的请求机关正式盖章。

第五条　请求的执行

一、如果按照被请求的缔约一方法律，缔约另一方请求执行的事项不属于被请求的缔约一方法院和其他主管机关的职权范围，可以说明理由，予以退回。

二、如果缔约一方的被请求机关无权执行请求，应将该项请求移送有权执行的主管机关，并通知缔约另一方的请求机关。

三、被请求机关如果无法按照请求书中所示的地址执行请求，应采取适当措施以确定地址，或要求提出请求的缔约一方提供补充情况。

四、如因无法确定地址或其他原因不能执行请求，被请求的缔约一方应通知提出请求的缔约一方，说明妨碍执行的原因，并退回提出请求的缔约一方的全部文件。

第六条　通知执行结果

一、被请求的机关应将执行请求的结果按照本条约第二条规定的途径书面通知提出请求的机关，并附证明请求已执行的文件。

二、送达回证应有收件日期和收件人的签名，应由执行送达机关正式盖章和执行送达人签名。如收件人拒收，还应注明拒收的理由。

第七条　语文

缔约双方在进行司法协助时，所有的文件均应使用本国文字，并附有准确无误的对方的文字或英文或俄文译文。

第八条　外交或领事代表机关送达文书和调查取证

根据主管机关的请求，缔约一方派驻在缔约另一方的外交或领事代表机关可以向其本国国民送达司法文书和司法外文书，并进行询问，但不得使用强制措施，并不得违反驻在国的法律。

第九条　证人、被害人和鉴定人的保护

一、由提出请求的缔约一方法院或其他主管机关通过被请求的缔约一方通知前来的证人、被害人和鉴定人，不论其国籍如何，提出请求的缔约一方不得因其入境前的违法犯罪行为或者因其证言、鉴定或其他涉及诉讼内容的行为而给予行政处罚，或追究其刑事责任，或以任何形式剥夺其人身自由。

二、如果证人、被害人或鉴定人在接到提出请求的缔约一方关于其不必继续停留的通知十五日后仍不出境，则丧失第一款给予的保护，但由于本人不能控制的原因而未能及时离境者除外。

三、第一款所述的通知应通过第二条规定的途径转递。通知中不得以采取强制措施相威胁。

第十条　司法协助的费用

一、缔约双方应相互免费提供司法协助，但鉴定人的鉴定费除外。

二、被通知到提出请求的缔约一方境内的证人、被害人或鉴定人的旅费和食宿费，由提出请求的缔约一方承担。上述被通知人有权取得的各项费用，应在通知中注明。应上述被通知人的要求，提出要求的缔约一方的主管机关应当预付上述费用。

第十一条　司法协助的拒绝

如果被请求的缔约一方认为提供某项司法协助有损于本国的主权、安全、公共秩序或违反本国法律的基本原则，可以拒绝提供该项司法协助，并将拒绝的理由通知提出请求的缔约一方。

第十二条　司法协助适用的法律

一、被请求机关提供司法协助，适用本国法律。

二、被请求机关提供司法协助，亦可应请求适用缔约另一方的诉讼程序规范，但以不违背被请求的缔约一方法律的基本原则为限。

第十三条　交换法律情报

缔约双方应根据请求，相互通报各自国家现行的或者过去实施的法律和司法实践的情报。

第二章　民事司法协助

第十四条　协助范围

缔约双方应根据请求相互送达司法文书和司法外文书，询问当事人、证人和鉴定人，进行鉴定和勘验，以及完成其他与调查取证有关的诉讼行为。

第十五条　诉讼费用的支付

一、缔约一方的国民在缔约另一方境内，应在与该缔约另一方国民同等的条件下和范围内支付诉讼费用。

二、本条第一款的规定亦适用于在缔约任何一方境内根据该国法律成立的法人。

第十六条　诉讼费用的减免

一、缔约一方的国民在缔约另一方境内，可在与缔约另一方国民同等的条件下和范围内减免诉讼费用。

二、缔约一方的国民申请减免诉讼费用，应由其住所或居所所在地的主管机关出具说明其身份、家庭及财产状况的证明书；如果该申请人在缔约双方境内均无住所或居所，亦可由其本国的外交或领事代表机关确认或出具上述证明书。

三、法庭根据请求做出减免诉讼费用决定时，可要求出具证明书的机关做补充说明。

第十七条　应予承认与执行的裁决

一、缔约双方应依本条约规定的条件，在各自境内承认与执行本条约生效后在缔约另一方境内作出的法院裁决。其中依裁决性质应予以执行者，则予以执行。

二、本条约所指的"法院裁决"在中华人民共和国方面系指法院作出的民事判决、裁定、决定和调解书及刑事案件中有关损害赔偿的裁决。在白俄罗斯共和国方面系指法院（法官）（包括经济法院（法官））作出的已发生法律效力的民事判决、裁定、决定和调解书及刑事案件中有关损害赔偿的判决。

三、缔约一方也可以根据本国法律承认缔约另一方的其他主管机关所作出的依其性质不须执行的民事决定。

第十八条　承认与执行法院裁决的请求

一、承认与执行法院裁决的请求由申请人向作出该项裁决的缔约一方法院提出，该法院按照本条约第二条规定的途径转交给缔约另一方法院。申请承认与执行裁决的当事人亦可直接向该缔约另一方法院提出申请。

二、申请承认与执行法院裁决的请求书应附有下列文件：

（一）经法院证明无误的裁决副本；如果副本中没有明确指出裁决已经生效和可以执行，还应附有法院为此出具的文件；

（二）法院出具的有关在请求缔约一方境内执行裁决情况的文件；

（三）证明未出庭的当事一方已经合法传唤，或在当事一方没有诉讼行为能力时已得到适当代理的证明；

（四）本条所述请求书和所附文件的经证明无误的译本。

第十九条　承认与执行法院裁决的程序

一、法院裁决的承认与执行，由被请求的缔约一方法院依照本国法律规定的程序进行。

二、被请求法院只能审查该裁决是否符合本条约的规定。

三、被请求法院对于请求承认或执行的裁决，必要时可以要求作出裁决的法院提供补充材料。

第二十条　承认与执行的法律效力

缔约一方法院的裁决一经缔约另一方法院承认或执行，即与承认或执行该项裁决的缔约另一方法院作出的裁决具有同等效力。

第二十一条　拒绝承认与执行

有下列情形之一的法院裁决，不予承认与执行：

（一）根据作出裁决的缔约一方的法律，该裁决尚未生效或不具有执行力；

（二）根据被请求承认与执行裁决的缔约一方的法律，被请求的缔约一方法院对该案件有专属管理权；

（三）根据作出裁决的缔约一方法律，未出庭的当事一方未经合法传唤，或在当事一方没有诉讼行为能力时未得到适当代理；

（四）被请求承认与执行裁决的缔约一方的法院对于相同当事人之间就同一标的的案件已经作出了生效裁决，或正在进行审理，或已承认了在第三国对该案件所作的生效裁决；

（五）承认与执行裁决有损于被请求的缔约一方的主权、安全和公共秩序。

第三章 刑事司法协助

第二十二条 协助的范围

缔约双方应根据请求，在刑事方面相互代为询问证人、被害人、鉴定人、嫌疑人和被指控犯罪的人，进行搜查、鉴定、勘验、检查以及其他与调查取证有关的诉讼行为；移交物证、书证以及赃款赃物；送达刑事诉讼文书，并通报刑事诉讼结果。

第二十三条 送达文书和调查取证

一、本条约第四条至第六条和第八条的规定亦适用于刑事方面送达文书和调查取证。

二、提出上述请求时，还应在请求书中写明犯罪事实、罪名和所适用的法律规定。

第二十四条 赃款赃物的移交

一、缔约一方应根据缔约另一方的请求，将在其境内发现的、罪犯在缔约另一方境内犯罪时获得的赃款赃物，移交给缔约另一方。但此项移交不得侵害缔约一方或与这些财物有关的第三者的权利。

二、如果上述赃款赃物对被请求的缔约一方境内其他未决刑事案件的审理是必不可少的，被请求的缔约一方可暂缓移交。

第二十五条 刑事司法协助的拒绝

除本条约第十一条规定的情况外，被请求的缔约一方还可根据下列理由之一拒绝提供司法协助：

（一）按照被请求的缔约一方法律，该项请求涉及的行为并不构成犯罪；

（二）该项请求涉及的嫌疑犯或指控犯罪的人是被请求的缔约一方国民，且不在提出请求的缔约一方境内。

第二十六条 刑事诉讼结果的通知

缔约双方应相互递送各自法院对缔约另一方国民所作的生效裁决副本。

第二十七条 关于以往犯罪的情报

如在缔约一方境内曾被判刑的人在缔约另一方境内被追究刑事责任，则该缔约一方应根据缔约另一方的请求免费提供该人以前被判刑的情况。

第四章　其他规定

第二十八条　文件的效力

缔约一方法院或其他主管机关制作或证明的文书，只要经过有关主管机关正式盖章即为有效，就可在缔约另一方法院或其他主管机关使用，无需认证。

第二十九条　户籍文件及其他文件的送交

为了实施本条约，缔约一方主管机关可根据缔约另一方通过外交途径提出的请求，将缔约另一方提起诉讼所需的涉及缔约另一方国民的户籍登记摘录、关于其文化程度、工龄的证明及其他有关个人权利的文件，免费提供给缔约另一方，并附英文或俄文译本。

第三十条　物品的出境和金钱的汇出

本条约的规定及其执行不得妨碍缔约双方各自执行其有关物品出境或金钱汇出的法律和规定。

第三十一条　争议的解决

有关解释和执行本条约所产生的争议，均应通过外交途径解决。

第五章　最后条款

第三十二条　批准和生效

本条约须经批准，批准书在明斯克互换。本条约自互换批准书之日起第三十日开始生效。

第三十三条　终止

本条约自缔约任何一方通过外交途径书面提出终止之日起六个月后失效。否则，本条约无限期有效。

本条约于一九九三年一月十一日在北京签订，一式两份，每份均用中文和白俄罗斯文写成，并附俄文译文，两种文本同等作准。

中华人民共和国代表　　　　　　　　　白俄罗斯共和国代表

蔡诚　　　　　　　　　　　　　达舒克

（签字）　　　　　　　　　　　　（签字）

中华人民共和国和哈萨克斯坦共和国
关于民事和刑事司法协助的条约*

中华人民共和国和哈萨克斯共和国（以下简称缔约双方）为了实现司法领域的合作，在尊重主权和互惠的基础上，决定相互提供民事和刑事方面的司法协助。为此目的，双方议定以下各条：

第一章　总　则

第一条　司法保护

一、缔约一方的国民在缔约另一方境内，在人身和财产权利方面享有与缔约另一方国民同等的司法保护，有权在与缔约另一方国民同等的条件下，诉诸缔约另一方的法院检察机关和其他主管民事和刑事案件的机关，有权在这些机关提出请求或进行其他诉讼行为。

二、本条第一款的规定亦适用于在缔约任何一方境内根据该国法律成立的法人。

三、本条约所指的"民事案件"，亦包括婚姻家庭和劳动案件。

四、本条约也适用于商事和经济案件，但第三章的规定除外。

第二条　司法协助的联系途径

一、除本条约另有规定外，缔约双方的法院和其他主管机关相互请求和提供民事和刑事司法协助，应通过双方各自的中央机关进行联系。

二、第一款中的中央机关，在中华人民共和国方面系指中华人民共和国司法部和最高人民检察院；在哈萨克斯坦共和国方面系指哈萨克斯坦共和国司法部和总检察院。

第三条　司法协助的范围

司法协助包括：

---

*　1993 年 1 月 14 日签署，1993 年 7 月 2 日第八届全国人民代表大会常务委员会第二次会议批准，1995 年 7 月 11 日生效。

（1）代为执行送达文书、调查取证和本条约规定的其他民事与刑事诉讼行为；

（2）承认和执行法院民事裁决；

（3）本条约规定的其他协助。

第四条　司法协助请求书

一、请求司法协助应以请求书的形式提出，请求书中应写明：

1. 请求机关的名称；

2. 被请求机关的名称；

3. 请求司法协助案件的名称；

4. 请求书中所涉及的与诉讼有关的人员的姓名、性别、出生日期和地点、国籍、职业和住所地或居所地；对于法人来说，则应提供其名称和所在地；

5. 他们的代理人的姓名和地址；

6. 请求书如涉及刑事案件，还需注明犯罪事实、罪名和所适用的法律规定。

二、上述请求书和其他文件应由缔约一方的请求机关正式盖章。

第五条　请求的执行

一、如果按照被请求的缔约一方法律，缔约另一方请求执行的事项不属于被请求的缔约一方法院和其他主管机关的职权范围，可以说明理由，予以退回。

二、如果缔约一方的被请求机关无权执行请求，应将该项请求移送有权执行的主管机关，并通知缔约另一方的请求机关。

三、被请求机关如果无法按照请求书中所示的地址执行请求，应采取适当措施以确定地址，或要求提出请求的缔约一方提供补充情况。

四、如因无法确定地址或其他原因不能执行请求，被请求的缔约一方应通知提出请求的缔约一方，说明妨碍执行的原因，并退回提出请求的缔约一方的全部文件。

第六条　通知执行结果

一、被请求的机关应将执行请求的结果按照本条约第二条规定的途径书面通知提出请求的机关，并附证明请求已执行的文件。

二、送达回证应有收件日期和收件人的签名，并应由执行送达机关正式盖章和执行送达签名。如收件人拒收，还应注明拒收的理由。

第七条　语文

缔约双方在进行司法协助时，所有的文件均应使用本国文字，并附有准确无误的对方的文字或英文或俄文译文。

第八条　外交或领事代表机关送达文书和调查取证

根据主管机关的请求，缔约一方派驻在缔约另一方的外交或领事代表机关可以向其本国国民送达司法文书和司法外文书，并进行询问，但不得使用强制措施，并不得违反驻在国的法律。

第九条　证人、被害人和鉴定人的保护

一、由提出请求的缔约一方法院或其他主管机关通过被请求的缔约一方通知前来的证人、被害人和鉴定人，不论其国籍如何，提出请求的缔约一方不得因其入境前的违法犯罪行为或者因其证言、鉴定或其他涉及诉讼内容的行为而给予行政处罚，或追究其刑事责任，或以任何形式剥夺其人身自由。

二、如果证人、被害人或鉴定人在接到提出请求的缔约一方关于其不必继续停留的通知十五日后仍不出境，则丧失第一款给予的保护，但由于本人不能控制的原因而未能及时离境者除外。

三、第一款所述的通知应通过第二条规定的途径转递。通知中不得以采取强制措施相威胁。

第十条　司法协助的费用

一、缔约双方应相互免费提供司法协助，但鉴定人的鉴定费除外。

二、被通知到提出请求的缔约一方境内的证人、被害人或鉴定人的旅费和食宿费，由提出请求的缔约一方承担。上述被通知人有权取得的各项费用，应在通知中注明。应上述被通知人的要求，提出请求的缔约一方的主管机关应当预付上述费用。

第十一条　司法协助的拒绝

如果被请求的缔约一方认为提供某项司法协助有损于本国的主权、安全、公共秩序或违反本国法律的基本原则，可以拒绝提供该项司法协助，并将拒绝的理由通知提出请求的缔约一方。

第十二条　司法协助适用的法律

一、被请求机关提供司法协助，适用本国法律。

二、被请求机关提供司法协助，亦可应请求适用缔约另一方的诉讼程序规范，但以不违背被请求的缔约一方法律的基本原则为限。

第十三条　交换法律情报

缔约双方应根据请求，相互通报各自国家现行的或者过去实施的法律和司法实践的情报。

第二章 民事司法协助

第十四条　协助范围

缔约双方应根据请求相互送达司法文书和司法外文书，询问当事人、证人和鉴定人，进行鉴定和勘验，承认与执行法院裁决，包括采取措施向义务承担人追索扶养费，以及完成其他有关的诉讼行为。

第十五条　诉讼费用的支付

一、缔约一方的国民在缔约另一方境内，应在与该缔约另一方国民同等的条件下和范围内支付诉讼费用。

二、本条第一款的规定亦适用于在缔约任何一方境内根据该国法律成立的法人。

第十六条　诉讼费用的减免

一、缔约一方的国民在缔约另一方境内，可在与缔约另一方国民同等的条件下和范围内减免诉讼费用。

二、缔约一方的国民申请减免诉讼费用，应由其住所或居所所在地的主管机关出具说明其身份、家庭及财产状况的说明书。如果该申请人在缔约双方境内均无住所或居所，亦可由其本国的外交或领事代表机关确认或出具上述证明书。

三、法庭根据请求做出减免诉讼费用决定时，可要求出具证明书的机关做补充说明。

第十七条　应予承认与执行的裁决

一、缔约双方应依本条约规定的条件，在各自境内承认与执行本条约生效后在缔约另一方境内作出的发生法律效力的法律裁决，其中包括只须承认不须执行的法院裁决。

二、本条约所指的"法院裁决"在中华人民共和国方面系指法院作出的民事判决、裁定、决定和调解书及刑事案件中有关损害赔偿的裁决。在哈萨克斯坦共和国方面系指法院（法官）和仲裁法院（法官）作出的民事判决、裁定、决定和调解书及刑事案件中有关损害赔偿的判决。

第十八条　承认与执行法院裁决的请求

一、承认与执行法院裁决的请求由申请人向作出该项裁决的缔约一方法院提出，该法院按照本条约第二条规定的途径转交给缔约另一方法院。申请承认与执行裁决的当事人亦可直接向该缔约另一方法院提出申请。

二、申请承认与执行法院裁决的请求书应附有下列文件：

（一）经法院证明无误的裁决副本；如果副本中没有明确指出裁决已经生效和可以执行，还应附有法院为此出具的文件；

（二）法院出具的有关在请求缔约一方境内执行裁决情况的文件；

（三）证明未出庭的当事一方已经合法传唤，或在当事一方没有诉讼行为能力时已得到适当代理的证明；

（四）本条所述请求书和所附文件的经证明无误的译本。

第十九条　承认与执行法院裁决的程序

一、法院裁决的承认与执行，由被请求的缔约一方法院依照本国法律规定的程序进行。

二、被请求法院只能审查该裁决是否符合本条约的规定。

三、被请求法院对于请求承认与执行的裁决，必要时可以要求作出裁决的法院提供补充材料。

第二十条　承认与执行的法律效力

缔约一方法院的裁决一经缔约另一方法院承认或执行，即与承认或执行该项裁决的缔约另一方法院作出的裁决具有同等效力。

第二十一条　拒绝承认与执行

有下列情形之一的法院裁决，不予承认与执行：

（一）根据作出裁决的缔约一方的法律，该裁决尚未生效或不具有执行力；

（二）根据被请求承认与执行裁决的缔约一方的法律，被请求的缔约一方法院对该案件有专属管辖权；

（三）根据作出裁决的缔约一方法律，未出庭的当事一方未经合法传唤，或在当事一方没有诉讼行为能力时未得到适当代理；

（四）被请求承认与执行裁决的缔约一方的法院对于相同当事人之间就同一标的的案件已经作出了生效裁决，或正在进行审理，或已承认了在第三国对该案件所作的生效裁决；

（五）承认与执行裁决有损于被请求的缔约一方的主权、安全和公共秩序。

第三章　刑事司法协助

第二十二条　协助的范围

缔约双方应根据请求，在刑事方面相互代为询问证人、被害人、鉴定人、嫌疑人和被指控犯罪的人，进行搜查、鉴定、勘验、检查以及其他与调查取证有关的诉讼行为；移交物证、书证以及赃款赃物；送达刑事诉讼文书，并通报刑事诉讼结果。

第二十三条　送达文书和调查取证

一、本条约第四条至第六条和第八条的规定亦适用于刑事方面送达文书和调查取证。

二、提出上述请求时，还应在请求书中写明犯罪事实、罪名和所适用的法律规定。

第二十四条　赃款赃物的移交

一、缔约一方应根据缔约另一方的请求，将在其境内发现的、罪犯在缔约另一方境内犯罪时获得的赃款赃物，移交给缔约另一方。但此项移交不得侵害缔约一方或与这些财物有关的第三者的权利。

二、如果上述赃款赃物对被请求的缔约一方境内其他未决刑事案件的审查是必不可少的，被请求的缔约一方可暂缓移交。

第二十五条　刑事司法协助的拒绝

除本条约第十一条规定的情况下，被请求的缔约一方还可根据下列理由之一拒绝提供司法协助：

（一）按照被请求的缔约一方法律，该项请求涉及的行为并不构成犯罪；

（二）该项请求涉及的嫌疑犯或被指控犯罪的人是被请求的缔约一方国民，且不在提出请求的缔约一方境内。

第二十六条　刑事诉讼情况的通知

缔约双方应相互提供对缔约另一方国民进行刑事诉讼的情况，必要时还应提供各自法院对缔约另一方国民所作的判决的情况。

第二十七条　关于以往犯罪的情报

如在缔约一方境内曾被判刑的人在缔约另一方境内被追究刑事责任，则该缔约一方应根据缔约另一方的请求免费提供该人以前被判刑的情况。

第四章　其他规定

第二十八条　文件的效力

缔约一方法院或其他主管机关制作或证明的文书，只要经过有关主管机关正式盖章即为有效，就可在缔约另一方法院或其他主管机关使用，无需认证。

第二十九条 户籍文件及其他文件的送交

为了实施本条约，缔约一方主管机关可根据缔约另一方通过外交途径提出的请求，将缔约另一方提起诉讼所需的涉及缔约另一方国民的户籍登记摘录、关于其文化程度、工龄的证明及其他有关个人权利和财产状况的文件，免费提供给缔约另一方，并附英文或俄文译文。

第三十条 物品的出境和金钱的汇出

本条约的规定及其执行不得妨碍缔约双方各自执行其有关物品出境或金钱汇出的法律和规定。

第三十一条 争议的解决

有关解释和执行本条约所产生的争议，均应通过外交途径解决。

第五章 最后条款

第三十二条 条约的生效

缔约双方应按照各自国家的法律程序履行使本条约生效的法律手续，并通过外交途径相互书面通知。本条约自最后一方通知之日起第三十日开始生效。

第三十三条 条约的修改或补充

缔约双方对本条约的修改或补充均应通过外交途径进行协商，并按照各自国家的法律规定履行法律手续。

第三十四条 条约的终止

本条约自缔约任何一方通过外交途径书面提出终止之日起六个月后失效。否则，本条约无限期有效。

本条约于一九九三年一月十四日在北京签订，一式两份，每份均用中文和哈萨克文写成，并附俄文译文，两种文本同等作准。

中华人民共和国代表　　　　　　　　哈萨克斯坦共和国代表
蔡诚　　　　　　　　　　　　　叶尔让诺夫
（签字）　　　　　　　　　　　　（签字）

中华人民共和国和阿拉伯埃及共和国
关于民事、商事和刑事司法协助的协定*

中华人民共和国和阿拉伯埃及共和国（以下简称"缔约双方"），为了进一步加强两国之间的友好和合作关系，愿意在相互尊重主权和平等互利的基础上，进行民事、商事和刑事领域的司法协助，决定缔结本协定，并为此目的委派全权代表如下：

（1）中华人民共和国国务院副总理兼外交部部长钱其琛

（2）阿拉伯埃及共和国外交部部长阿姆鲁·穆萨

缔约双方全权代表相互校验全权证书，认为妥善后，议定以下各条：

第一章　总　　则

第一条　司法保护

一、缔约一方公民在缔约另一方境内，在人身和财产方面享有与缔约另一方公民同等的司法保护。

二、缔约一方公民有权在与缔约另一方公民相同的条件下，诉诸缔约另一方法院或其他主管机关。

三、本条第一款和第二款的规定亦适用于依照缔约一方法律在该方境内成立的法人。

第二条　诉讼费用的减免和法律援助

一、缔约一方公民在缔约另一方境内应在与缔约另一方公民相同的条件和范围内，免除交纳费用并获得无偿法律援助。

二、如果申请减免诉讼费用或申请法律援助取决于申请人的财产状况，关于申请人财产状况的证明书应由申请人的住所或居所所在地的缔约一方主管机关出具。如果申请人在缔约双方境内均无住所或居所，可由其本国的外交或领

＊ 1994年4月21日签署，1994年12月29日第八届全国人民代表大会常务委员会第十一次会议批准，1995年5月31日生效。

事代表机构出具证明书。

三、缔约一方公民根据本条第一款申请减免诉讼费用或申请法律援助时，可以向其居所或住所所在地的主管机关提交申请。该机关应将申请连同根据本条第二款出具的证明书一起转交给缔约另一方的主管机关。

第三条　联系方式

一、除本协定另有规定外，缔约双方请求和提供司法协助，应通过各自的中央机关进行联系。

二、缔约双方的中央机关应为各自的司法部。

第四条　文字

一、司法协助请求书及所附文件应用提出请求的缔约一方的语言制作，并附有被请求的缔约一方的文字或英文的译文。

二、请求书所附的译文应由提出请求的缔约一方的中央机关授权的人员证明无误。

第五条　司法协助的费用

除第十二条另有规定外，缔约双方不得要求偿还因提供司法协助所支出的有关费用。

第六条　向本国公民送达文书

一、缔约双方可以通过其外交或领事代表机关向中国公民送达文书。

二、此种送达不得采用任何强制措施。

第七条　司法协助请求书

司法协助请求书应包括下列内容：

一、请求机关的名称；

二、如已知道，被请求机关的名称；

三、请求司法协助所涉及案件的情况说明；

四、有关人员的姓名、住址、国籍、职业及出生地点和时间，如系法人，该法人的名称和住址；

五、有关人员如有法定代理人，该法定代理人的姓名；

六、请求的性质以及执行请求所需其他材料；

七、就刑事事项而言，犯罪行为的法律特征和详细情况；

第八条　司法协助请求的执行

一、在执行司法协助请求时，被请求机关应适用其本国的法律；根据请求机关的请求，它也可以采用请求书所特别要求的方式，但以不违反上述法律为限。

二、如果被请求机关无权执行此项请求，应将该项请求立即送交主管机关，并将此告知请求机关。

三、如果司法协助请求书所提供的地址不确切，或者有关人员不在所提供的地址居住，被请求机关应努力确定正确的地址。被请求机关在必要时可以要求提出请求的缔约一方提供补充材料。

四、如果司法协助请求无法执行，被请求机关应将文件退回请求机关，并说明妨碍执行的理由。

第九条 司法协助的拒绝

如果被请求的缔约一方认为执行司法协助请求可能损害其主权、安全、公共秩序或基本利益，则可以拒绝提供此项协助。但是，应将拒绝的理由通知缔约另一方。

第十条 请求证人和鉴定人出庭

如果提出请求的缔约一方认为证人或鉴定人亲自到其司法机关是特别需要的，它应在送达传票的请求书中予以说明，被请求的缔约一方应请证人或鉴定人出庭，并将证人或鉴定人的答复通知提出请求的缔约一方。

第十一条 证人和鉴定人的保护和豁免

一、即使在请求送达的出庭传票中包括一项关于刑罚的通知，证人或鉴定人不得因其未答复该项传票而受到惩罚或限制，除非他随后自愿进入提出请求的缔约一方境内并再次经适当传唤。如果证人或鉴定人拒绝出庭，被请求的缔约一方应通知提出请求的缔约一方。

二、经传唤在提出请求的缔约一方司法机关出庭的证人或鉴定人，不论其国籍如何，不得因其在离开被请求的缔约一方领土前的犯罪行为或被判定有罪而在提出请求的缔约一方境内被起诉、拘留，或者采取其他限制其人身自由的措施。对此种人员亦不得因其证词或鉴定而予以起诉、拘留或惩罚。

三、如经传唤机关告知已不再需要其出庭之日起连续三十日，证人或鉴定人有机会离开却仍在提出请求的缔约一方境内停留，或离开后又返回提出请求的缔约一方领土，前款规定的豁免则应予终止。上述期间不应包括证人或鉴定人因其所不能控制的原因而未离开提出请求的缔约一方领土的时间。

第十二条 证人和鉴定人费用的补偿

一、提出请求的缔约一方向证人或鉴定人支付的补贴（包括生活费）和偿还的旅费应自其居住地起算，并应按照至少等同于提出请求的缔约一方的标准和规则的规定进行计算。

二、提出请求的缔约一方应根据请求，向证人或鉴定人全部或部分预付其旅费和生活费。

第十三条 在押人员作证

一、如果缔约一方法院或其他主管机关认为有必要对缔约另一方境内的在押人员作为证人加以询问，本协定第三条规定的中央机关可就该人被移送到提出请求的缔约一方境内达成协议，条件是该人继续处于在押状态并在询问后尽快返回。

二、有下列情况之一的，可以拒绝前款所述的移送：

（一）在押人员本人拒绝；

（二）因对该人提起刑事诉讼而要求该人留在被请求的缔约一方；

（三）移送可能延长该人的羁押；

（四）存在不适合移送该人的特殊情况。

三、第一款所述的协议应包括对移送费用的详细规定。

四、不得因该人离开被请求的缔约一方领土前的犯罪行为、指控或判决而对该人提起诉讼。

第二章 民事和商事司法协助

第十四条 送达文书

缔约双方应根据一九六五年十一月十五日在海牙缔结的《关于向国外送达民事或商事司法文书或司法外文书的公约》，相互代为送达民事和商事司法文书和司法外文书。

第十五条 调查取证的范围

缔约双方应根据请求代为询问当事人、证人和鉴定人，进行鉴定和司法勘验并完成其他与调查取证有关的司法行为。

第十六条 调查取证请求书

一、调查取证请求书应具体说明：

（1）向被调查人所提的问题，或者关于调查的事由的陈述；

（2）被调查的文件或其他财产；

（3）关于作证是否应经宣誓，以及使用任何特殊形式作证的要求；

（4）适用第十八条所需的任何材料。

二、下列请求可予拒绝：

（1）调查所获证据并非准备用于已经开始或预期的司法程序；

（2）审判前对文件的调查。

第十七条　通知执行的时间和地点

被请求机关应根据请求将执行调查取证请求的时间和地点通知请求机关，以便有关当事人或其代理人可以依照被请求的缔约一方的法律，在被请求机关执行请求时在场。

第十八条　作证的拒绝

在执行请求时，有关人员遇下列有拒绝作证的特权或义务的任何一种情况时，可以拒绝作证：

一、根据被请求的缔约一方法律；

二、根据提出请求的缔约一方法律，并且此种特权或义务已在请求书中说明，或者应被请求机关的要求，请求机关已通过其他方式向被请求机关确认。

第十九条　通知执行情况

被请求机关应通过本协定第三条规定的途径，将执行请求的结果通知请求机关，并随附所获得的证据材料。

第三章　裁决的承认与执行

第二十条　范围

一、缔约一方应根据本协定规定的条件在其境内承认与执行缔约另一方作出的下列裁决：

（一）法院对民事案件作出的裁决；

（二）法院在刑事案件中所作出的有关损害赔偿的裁决；

（三）仲裁机构的裁决。

二、本协定所指的"裁决"亦包括法院制作的调解书。

第二十一条　承认与执行的拒绝

对于本协定第二十条列举的裁决，除可根据本协定第九条拒绝承认与执行外，有下列情形之一的，亦可拒绝承认与执行：

（一）根据作出裁决的缔约一方的法律，该裁决尚未生效或者不能执行；

（二）根据第二十二条的规定，裁决是由无管辖权的法院作出的；

（三）根据作出裁决的缔约一方的法律，在缺席判决的情况下败诉一方当事人未经合法传唤，或者在当事人无诉讼行为能力时未得到适当代理；

（四）被请求的缔约一方法院对于相同当事人之间关于同一标的的案件已经作出了生效裁决，或者已经承认了第三国对该案件作出的生效裁决；

（五）被请求的缔约一方认为该裁决有损于该方的主权、安全、公共秩序或基本利益。

第二十二条　管辖权

一、作出裁决的缔约一方法院遇有下列情况之一的，应被认为依照本协定对案件具有管辖权：

（一）在提起诉讼时，被告在该方境内有住所或居所；

（二）被告因其商业活动被提起诉讼时，在该方境内设有代表机构；

（三）被告已书面明示接受该方法院的管辖；

（四）被告就争议的实质进行了答辩，未就管辖权问题提出异议；

（五）在合同争议中，合同在该方境内签订，或者已经或应该在该方境内履行，或者诉讼标的物在该方境内；

（六）在合同外侵权案件中，侵权行为或结果发生在该方境内；

（七）在身份关系案件中，诉讼当事人在该方境内有住所或居所；

（八）在扶养义务案件中，债务人在该方境内有住所或居所；

（九）在继承案件中，被继承人死亡时其住所或者主要遗产在该方境内；

（十）诉讼标的是位于该方境内的不动产。

二、（一）第一款的规定不应影响缔约双方法律规定的专属管辖权。

（二）缔约双方应通过外交途径以书面形式相互通知各自法律中关于专属管辖权的规定。

第二十三条　请求的提出

承认与执行裁决的请求，可以由当事人直接向有权承认与执行该项裁决的法院提出，亦可由缔约一方法院通过本协定第三条规定的途径向缔约另一方有权承认与执行该项裁决的法院提出。

第二十四条　请求书应附的文件

承认与执行裁决请求书，应附下列文件：

（一）裁决的完整和真实的副本；

（二）证明裁决已经生效的文件，但在裁决中对此已予说明的除外；

（三）对于缺席判决，证明缺席判决的被告已经合法传唤的文件，但在裁决中对此已予说明的除外；

（四）证明无诉讼行为能力的当事人已得到适当代理的文件，但在裁决中对此已予以说明的除外；

（五）上述裁决和文件经证明无误的被请求缔约一方的文字或英文的译文。

第二十五条　承认与执行的请求

一、关于承认与执行裁决的程序，缔约双方适用各自本国的法律。

二、被请求的缔约一方法院应仅限于审查裁决是否符合本协定规定的条件，不应对裁决作实质性审查。

第二十六条　承认与执行的效力

缔约一方作出的裁决经缔约另一方法院承认或决定执行，即与缔约另一方法院作出的裁决具有同等效力。

第二十七条　仲裁裁决的承认与执行

缔约双方应根据一九五八年六月十日在纽约缔结的《关于承认和执行外国仲裁裁决的公约》，相互承认与执行仲裁裁决。

第四章　刑事司法协助

第二十八条　范围

缔约双方应根据请求，在刑事方面相互代为送达文书，询问证人、被害人、鉴定人，讯问被告人，进行鉴定、司法勘验以及完成其他与调查取证有关的司法行为，安排证人和鉴定人出庭，通报刑事判决。

第二十九条　刑事司法协助的拒绝

一、除可根据本协定第九条拒绝提供刑事司法协助外，有下列情况之一的，被请求的缔约一方亦可拒绝提供刑事司法协助：

（一）被请求的缔约一方认为请求所涉及的犯罪是一项政治犯罪；

（二）根据被请求的缔约一方法律，请求所涉及的行为不构成犯罪；

（三）在提出请求时，该项请求所涉及的罪犯或嫌疑人具有被请求的缔约一方的国籍，并且不在提出请求的缔约一方境内。

二、被请求的缔约一方应将拒绝提供刑事司法协助的理由通知提出请求的缔约一方。

第三十条　送达的证明

一、送达文书应根据被请求的缔约一方的送达规则予以证明。

二、送达证明应注明送达的时间、地点和受送达人。

第三十一条　调查取证

本协定第十七条、第十八条和第十九条亦适用于刑事方面的调查取证。

第三十二条　赃款赃物的移交

一、缔约一方应根据缔约另一方的请求，将在被请求的缔约一方境内发现的、罪犯在提出请求的缔约一方境内所获得的赃款赃物移交给提出请求的缔约一方。但此项移交不得侵害被请求的缔约一方或第三者与上述财物有关的合法权利。

二、如果上述赃款赃物对于被请求的缔约一方境内其他未决刑事诉讼案件的审理是必不可少的，则被请求的缔约一方可以暂缓移交。

第三十三条　刑事判决的通报

一、缔约双方应相互提供对对方公民所作的刑事判决的副本。

二、在可行的情况下，缔约双方应根据请求相互提供本条第一款所指人员的指纹。

第五章　其他规定

第三十四条　交换情报

一、缔约双方应相互提供关于在各自境内有效的法律与实践的情报。

二、提供情报的请求应说明提出请求的机关，以及请求提供的情报所涉及的案件的性质。

第三十五条　认证的免除

在适用本协定时，缔约一方法院或其他主管机关制作或证明的文件和译文，如经正式盖章，则无须任何形式的认证。

第三十六条　争议的解决

因解释或实施本协定所产生的任何争议均应通过外交途径解决。

第六章　最后条款

第三十七条　批准和生效

本协定须经批准。批准书在开罗互换。本协定自互换批准书后的第三十日起生效。

第三十八条　协定的有效期

一、本协定自生效之日起五年内有效。

二、如果缔约任何一方未在五年有效期届满前六个月通过外交途径通知缔约另一方终止本协定，本协定在随后的五年内继续有效。

本协定于一九九四年四月二十一日在北京签订，一式两份，每份均用中文、阿拉伯文和英文写成，三种文本同等作准。如有分歧，以英文本为准。

缔约双方全权代表在本协定上签字，以昭信守。

中华人民共和国代表　　　　　　　　　　阿拉伯埃及共和国代表

　　　钱其琛　　　　　　　　　　　　　　阿姆鲁·穆萨

中华人民共和国和希腊共和国
关于民事和刑事司法协助的协定 *

中华人民共和国和希腊共和国（以下简称"缔约双方"），为了加强两国之间的友好关系，促进两国在司法领域的合作，决定在相互尊重主权和平等互利的基础上缔结关于民事和刑事司法协助的协定，为此目的，双方指派全权代表如下：

中华人民共和国方面为外交部副部长姜恩柱

希腊共和国方面为外交部部长帕普利亚斯

双方全权代表相互校验全权证书，认为妥善后，议定下列各条：

第一章　总　　则

第一条　定义

一、在本协定中：

（一）"民事"一词包括由民法、商法、家庭法和劳动法调整的事项。

（二）"主管机关"一词包括法院、检察院和其他主管民事和刑事案件的机关。

二、本协定有关缔约双方国民的条款，除本协定第十二条的规定外，亦适用于根据缔约任何一方法律成立，且设在该缔约一方境内的法人。

第二条　司法保护

一、缔约一方国民在缔约另一方境内，在人身和财产权利方面享有与缔约另一方国民同等的司法保护。

二、缔约一方国民有权在与缔约另一方国民同等的条件下，在缔约另一方主管机关提起诉讼或提出请求。

---

* 1994 年 10 月 17 日签署，1995 年 8 月 29 日第八届全国人民代表大会常务委员会第十五次会议批准，1996 年 6 月 29 日生效。

第三条　联系方式

一、除本协定另有规定者外，请求和提供司法协助应通过缔约双方的中央机关进行。

二、缔约双方的中央机关为各自的司法部。

第四条　文字

司法协助请求书及其所附文件应用提出请求的缔约一方的文字制作，并附有被请求的缔约一方的文字或法文或英文的译文。

第五条　司法协助的拒绝

如果缔约一方认为执行缔约另一方提出的司法协助请求可能损害其国家的主权、安全或公共秩序，可以拒绝执行该项请求，但应尽快将拒绝的理由通知缔约另一方。

第六条　司法协助的费用

除本协定另有规定者外，缔约双方在本协定范围内相互免费提供司法协助。

第七条　认证的免除

为实施本协定的目的，由缔约一方主管机关制作或证明的任何文书，只要经过签署或盖章，即可在缔约另一方司法机关使用，无须认证。

第八条　文书的证明效力

缔约一方主管机关制作的官方文书，在缔约另一方境内，与该缔约另一方主管机关制作的同类官方文书具有同等的证明效力。

第九条　交换法律情报

缔约双方应根据请求，相互通报各自国家现行或曾经施行的法律和法规及其在实践中的适用情况。

第二章　民事司法协助

第一节　一般规定

第十条　民事司法协助的范围

缔约双方应根据本协定，相互提供下列司法协助：

（一）送达和转递司法文书和司法外文书，包括有关个人身份证明的文件；

（二）代为调查取证；

（三）承认和执行法院裁决和仲裁裁决。

第十一条　免予提供担保

缔约一方法院对于缔约另一方国民，不得仅因为其是外国国民或在该缔约一方境内没有住所或居所而要求其提供诉讼费用担保。

第十二条　诉讼费用的免除和司法救助提供

一、缔约一方国民在缔约另一方境内，可以在与缔约另一方国民同等的条件下和范围内，申请免除诉讼费用和享受免费司法救助。

二、本条第一款规定的优惠应适用于某一特定诉讼案件的全过程，包括裁决的承认与执行。

第十三条　免除诉讼费用和提供司法救助的申请

一、申请免除诉讼费用和提供免费司法救助，应由申请人住所或居所所在的缔约一方的主管机关出具有关其经济和家庭状况的证明书。

二、如果申请人在缔约双方境内均无住所或居所，该项证明应由其本国派驻在申请人有住所或居所的国家的外交或领事代理机构出具。

三、缔约一方法院可根据本协定第三条规定的途径，要求出具上述证明书的机关提供有关补充情况。

<h2 style="text-align:center">第二节　送达文书和调查取证</h2>

第十四条　送达文书

缔约双方应根据一九六五年十一月十五日订于海牙的《关于向国外送达民事或商事司法文书和司法外文书公约》，相互代为送达民事司法文书和司法外文书。

第十五条　转递个人身份证明书

缔约双方应根据请求，通过本协定第三条规定的途径，相互转递关于缔约另一方国民出生、死亡和婚姻状况的文书。

第十六条　调查取证的范围

缔约双方法院应根据请求相互代为询问当事人、证人、鉴定人，进行鉴定以及被请求的缔约一方法律允许的其他活动。

第十七条　调查取证的请求书

一、调查取证的请求书应包括下列内容：

（一）请求机关的名称；

（二）调查取证请求所涉及案件的案情；

（三）当事人的姓名和地址，如有代理人，代理人的姓名和地址；

（四）调查取证的内容及执行该请求所需的材料。

二、请求书及其附件应由请求机关签署或盖章。

第十八条　调查取证请求书的执行

一、被请求的缔约一方执行请求时，应适用其本国法；如果提出请求的缔约一方要求按照特殊方式执行请求，被请求的缔约一方在采用这种方式时以不违反其本国法为限。

二、如果提出请求的缔约一方提供的材料不够充分，以致无法执行请求，则被请求的缔约一方可以要求提出请求的缔约一方提供补充材料。

三、如果被请求的缔约一方因提出请求的缔约一方提供的材料不全而无法执行请求，应将妨碍执行的理由通知提出请求的缔约一方，并向其退还全部有关文书。

四、被请求的缔约一方应根据请求将其执行调查取证请求的时间和地点通知提出请求的缔约一方，以便有关当事人或其代理人到场，并遵守被请求的缔约一方的法律。

五、缔约一方可以通过本国派驻缔约另一方的外交或领事代表机构，直接向缔约另一方境内的本国国民调查取证，并遵守缔约另一方的法律，执行本规定时不得采取任何强制措施。

第十九条　通知执行结果

被请求的缔约一方的主管机关应通过本协定第三条规定的途径，将执行请求的结果以书面形式通知提出请求的缔约一方，并附执行所获得的证据材料。

第三节　裁决的承认与执行

第二十条　须承认与执行的裁决

在本协定生效后，缔约双方应根据本协定规定的条件在其境内予以承认与执行缔约另一方作出的：

（一）民事裁决；

（二）刑事判决中有关损害赔偿的部分；

（三）仲裁裁决、法院制作的调解书和仲裁调解书。

第二十一条　请求的提出

承认与执行裁决的请求书应由申请人向作出该裁决的缔约一方法院提出，该法院应通过本协定第三条所规定的途径将该请求转交给缔约另一方法院，申请人可直接向承认或/和执行该裁决的主管法院提出。

第二十二条 请求书所附的文件

一、承认与执行裁决的请求书应附下列文件：

（一）裁决书或经证明无误的裁决副本；

（二）证明裁决已经生效和可以执行的文件，除非裁决中对此已予以说明；

（三）证明在缺席判决的情况下，败诉一方当事人已经以适当方式得到合法传唤，无诉讼行为能力的当事人已得到合法代理的文件，除非裁决中对此已予以说明；

（四）证明诉讼程序开始的日期的文件。

二、上述文件应附被请求的缔约一方的官方文字或法文或英方的译文。

第二十三条 拒绝承认与执行

在下列情形下，被请求的缔约一方法院可以拒绝承认与执行裁决：

（一）如果根据被请求的缔约一方法律，该方法院对该案享有专属管辖权；

（二）如果根据提出请求的缔约一方法律，该裁决尚未生效或不能执行；

（三）如果根据提出请求的缔约一方法律，未曾出庭的败诉一方当事人未经合法传唤或被剥夺了答辩的权利，或在其没有诉讼行为能力时没有得到合法的代理；

（四）如果被请求的缔约一方的法院对于相同当事人之间就同一标的和同一事实的案件已经作出了终审裁决，或已经承认了第三国对该案作出的终审裁决；

（五）如果被请求的缔约一方的法院对于相同当事人之间就同一标的和同一事实的案件正在进行审理，且这一审理是先于提出请求的缔约一方法院开始的。

第二十四条 承认与执行的程序

一、裁决的承认与执行应适用被请求的缔约一方法律所规定的程序。

二、被请求的缔约一方法院可以审查该裁决是否符合本协定的规定，但不得对该裁决进行实质性审查。

三、如果裁决涉及多项内容且该裁决无法得到全部承认或/和执行，被请求的缔约一方法院可仅承认或/和执行部分裁决。

第二十五条 承认与执行的效力

缔约一方法院作出的裁决，一经缔约另一方法院承认或执行，即与该另一方法院作出的裁决具有同等的效力。

第二十六条 仲裁裁决的承认与执行

缔约一方应根据一九五八年六月十日在纽约签订的《关于承认与执行外国

仲裁裁决的公约》，承认与执行在缔约另一方境内作出的有关商事争议的仲裁裁决。

第二十七条　有价物品的出境和资金的转移

实施本协定有关承认与执行裁决的规定，不得违反缔约双方有关有价物品的出境和资金的转移方面的法律和法规。

第三章　刑事司法协助

第二十八条　刑事司法协助的范围

根据本协定的规定，缔约双方应相互提供以下各项刑事司法协助：

（一）送达文书；

（二）进行鉴定和司法勘验；

（三）向有关人员录取证词；

（四）搜查、扣押和移交文件、证物与赃款赃物；

（五）安排证人、鉴定人和在押人员出庭作证；

（六）刑事诉讼的转移；

（七）通报刑事判决。

第二十九条　刑事司法协助的拒绝

一、被请求的缔约一方可根据下列理由之一，拒绝提供司法协助：

（一）如果被请求的缔约一方认为请求所涉及的犯罪具有政治性质或为军事犯罪；

（二）请求所涉及的嫌疑犯或罪犯是被请求的缔约一方国民，且不在提出请求的缔约一方境内；

（三）根据被请求的缔约一方法律，请求所涉及的行为并不构成犯罪；

（四）被请求的缔约一方已对该请求所涉及的嫌疑犯或罪犯，就同一罪行作出了终审裁决。

二、如执行请求可能妨碍正在被请求的缔约一方境内审理的刑事诉讼，被请求的缔约一方可拒绝、推迟或在一定条件下执行请求。

三、被请求的缔约一方应及时将上述拒绝、推迟或在一定条件下执行请求的理由通知提出请求的缔约一方。

第三十条　司法协助请求书

一、司法协助的请求应以请求书的形式提出。请求书应包括以下内容：

（一）请求机关的名称；

（二）犯罪的性质与事实，以及所适用的请求一方的法律条文；

（三）请求中所涉及的人员的姓名、国籍、住所或居所及其他一切有关其身份的情况；

（四）请求的内容及需履行的司法行为；

（五）需予搜查、扣押和移交的文件与物品；

（六）请求方要求适用的特别程序及其理由；

（七）执行请求的时间限制；

（八）执行请求所需的其他材料。

二、上述请求书及其附件应由请求机关签署和/或盖章。

第三十一条　送达文书

一、提出请求的缔约一方要求送达的任何有关刑事诉讼的文件，被请求的缔约一方应根据其本国法予以送达。

二、被请求的缔约一方应以送达回证的方式证明已完成送达。送达回证应包含受送达人的签名和收件日期、送达机关的名称及其盖章和送达人的签名以及送达方式和地点。如果收件人拒收，还应说明拒收的理由。

第三十二条　调查取证请求的执行

提出请求的缔约一方可要求按特殊方式执行请求，被请求的缔约一方在采取这种特殊方式时以不违反其本国法律为限。

第三十三条　证据的提供

一、被请求的缔约一方应通过本协定第三条规定的途径移交调查取证所取得的证据材料。

二、被请求的缔约一方可以移交提出请求的缔约一方要求提供的文件的经证明无误的副本或影印件；但在提出请求的缔约一方明示要求移交原件的情况下，被请求的缔约一方应尽可能满足此项要求。

三、被请求的缔约一方应移交提出请求的缔约一方要求提供的作为证据的物品，但物品的移交不得侵犯被请求的缔约一方以及与这些物品有关的第三者的权利。

四、如果上述文件或物品对被请求的缔约一方境内其他未决刑事诉讼案件是不可缺少的，则被请求的缔约一方可暂缓提供。

五、根据本协定移交的任何文件或物品免征有关税费。

第三十四条　归还证据

提出请求的缔约一方应尽快归还被请求的缔约一方向其移交的任何物品或

文件的原件。但被请求的缔约一方放弃归还要求时除外。

第三十五条　证据的使用限制

移交给提出请求的缔约一方的文件或物品等只能被用于该司法协助请求中所限定的目的。

第三十六条　证人和鉴定人的出庭

一、如果提出请求的缔约一方认为证人或鉴定人有必要就有关刑事案件来到其主管机关，则应在其要求送达出庭通知的请求中予以提及，被请求的缔约一方应向有关的证人或鉴定人转达上述请求。

二、送达出庭通知的请求应在要求证人或鉴定人就有关刑事案件来到提出请求的缔约一方的主管机关之日的至少两个月之前递交给被请求的缔约一方。

三、被请求的缔约一方应将证人或鉴定人的答复及时通知提出请求的缔约一方。

四、提出请求的缔约一方应在请求书或出庭通知中说明可支付的大约补偿数以及可偿付的旅费与食宿费。应证人或鉴定人的要求，提出请求的缔约一方应向其全部或部分预付上述费用。

第三十七条　证人和鉴定人费用的标准

提出请求的缔约一方需付给证人或鉴定人的补偿、食宿费及旅费，应自证人和鉴定人离开其居所地起算，且其数额至少应等于提出请求的缔约一方的现行规章所规定的数额。

第三十八条　证人和鉴定人的保护

一、提出请求的缔约一方不得对拒绝按照本协定第三十六条的规定前往其境内作证或鉴定的人予以处罚，或以采取强制措施相威胁，或采取任何强制措施。

二、提出请求的缔约一方对于传唤到某司法机关的证人或鉴定人，不论其国籍如何，不得因其入境前所犯的罪行或者因其证词或鉴定结论而追究其刑事责任、予以逮捕或以任何形式剥夺其自由。

三、如果证人或鉴定人在提出请求的缔约一方主管机关通知其不必继续停留之日起十五天后仍不离开该缔约一方境内，则丧失第一款给予的保护。但此期限不包括证人或鉴定人由于自己不能控制的原因而未能离开提出请求的缔约一方境内的期间。

第三十九条　在押人员作证

一、如果缔约一方主管机关认为有必要将在缔约另一方境内的在押人员作为证人加以询问，本协定第三条所规定的缔约双方的中央机关可就将在押人员移交到提出请求的缔约一方境内一事达成协议，条件是该人应继续受到拘禁，且在询问完毕后尽快得以返回。

二、如果缔约一方主管机关认为有必要将在第三国的在押人员作为证人加以询问，被请求的缔约一方必须允许上述人员在其境内过境。

三、有下列情况之一的，可拒绝本条第一款所述的移送：

（一）在押人员本人不同意；

（二）移送可能延长该人的羁押时间；

（三）存在不允许移送该人的必要理由。

四、本条第一款所述的协议应包括有关移送费用的规定。

五、本协定第三十八条的规定同样适用于本条第一款和第二款所规定的情况。

第四十条　赃款赃物的移交

一、缔约一方应根据缔约另一方的请求，将罪犯在缔约另一方境内犯罪时所获得的赃款赃物移交给该缔约另一方。但此项移交不得损害被请求的缔约一方或与上述钱物有关的第三方的合法权利。

二、如果上述赃款赃物对于被请求的缔约一方其他未决刑事诉讼是必不可少的，被请求的缔约一方可延迟移交。

第四十一条　刑事诉讼的转移

一、缔约一方有义务根据请求，按照其本国法，对于在提出请求的缔约一方境内犯罪的本国国民提起刑事诉讼。

二、移交刑事诉讼的请求书应附上有关调查结果、现有的所有证明材料文件，以及根据请求方现行法律适用该罪行的刑法条款。

三、被请求的缔约一方应将本条第一款所述的刑事诉讼的结果通知提出请求的缔约一方，并在已作出判决的情况下附送一份终审判决的副本。

第四十二条　刑事判决的通报

缔约一方应向缔约另一方通报有关对缔约另一方国民所作生效刑事判决的结果，并应提供判决书的副本。

第四章　最后条款

第四十三条　分歧的解决

因解释或实施本协定所产生的分歧均通过外交途径解决。

第四十四条　批准、生效和终止

一、本协定须经批准。批准书在北京互换。本协定在互换批准书后第三十天起生效。

二、本协定无限期有效。缔约双方均可通过外交途径书面提出终止本协定。在此种情况下，本协定自收到通知之日起六个月期满后失效。

本协定于一九九四年十月十七日在雅典签订，一式两份，每份均用中文和希腊文写成，两种文本同一作准。

双方全权代表在本协定上签字，以昭信守。

中华人民共和国代表　　　　　　　　　希腊共和国代表
　　姜恩柱　　　　　　　　　　　卡罗洛斯·帕普利亚斯

中华人民共和国和塞浦路斯共和国
关于民事、商事和刑事司法协助的条约[*]

中华人民共和国和塞浦路斯共和国（以下简称"缔约双方"），为进一步加强两国在司法领域的合作，在相互尊重主权和平等互利的基础上，决定缔结关于民事、商事和刑事司法协助的条约。

为此目的，缔约双方委派全权代表如下：

（1）中华人民共和国司法部长肖扬

（2）塞浦路斯共和国司法及公共秩序部长阿莱科斯·伊凡杰罗

缔约双方全权代表相互校验全权证书，认为妥善后，议定下列各条：

第一章 总 则

第一条 司法保护

一、缔约一方公民在缔约另一方境内，在人身和财产的司法保护方面有与缔约另一方公民同等的权利。

二、缔约一方公民有权在与缔约另一方公民相同的条件下在缔约另一方司法机关进行诉讼或提出请求。

三、本条第一款和第二款的规定亦适用于依照缔约一方法律在其境内成立或组成的法人。

第二条 司法协助的范围

本条约规定的司法协助包括：

（一）在民事、商事和刑事方面送达文书和调查取证；

（二）法院裁决和仲裁裁决的承认与执行；

（三）本条约规定的其他司法和法律协助。

---

* 1995 年 4 月 25 日签署，1995 年 10 月 30 日第八届全国人民代表大会常务委员会第十六次会议批准，1996 年 1 月 11 日生效。

第三条 诉讼费用的减免和法律救助

经请求，缔约一方公民在缔约另一方境内应在与缔约另一方公民相同的条件下和相同的范围内，享受诉讼费用的减免和获得法律救助。

第四条 出具财产状况证明书

诉讼费用的减免取决于申请人财产状况的证明。该证明应由申请人住所或居所所在地缔约一方的主管机关出具。如果申请人在缔约双方境内均无住所或居所，亦可由其本国的外交或领事代表机构出具证明。

第五条 诉讼费用减免和法律救助的申请

根据第三条申请减免或法律救助的缔约一方公民可向其住所或居所所在地的主管机关提出申请，该主管机关应将申请连同根据第四条出具的证明一起转交缔约另一方的主管机关。

第六条 联系途径

一、除本条约另有规定外，缔约双方应通过各自的中央机关就请求和提供司法协助事宜进行联系。

二、缔约双方的中央机关为各自的司法部。

第七条 文字

一、司法协助的请求书及所附文件应使用提出请求的缔约一方的文字，并附有被请求的缔约一方的文字或英文的译文。

二、请求书所附的译文应经提出请求的缔约一方中央机关证明无误。

第八条 司法协助的费用

除第十一条第一款和第十五条规定外，缔约双方不得对提供司法协助所产生的费用要求双方予以补偿。

第九条 向本国公民送达文书

一、缔约一方可以通过其派驻缔约另一方的外交或领事代表向在该缔约另一方境内的本国公民送达文书。

二、此种送达不得采取任何强制措施。

第十条 司法协助请求书

请求提供司法协助应以请求书的形式提出。司法协助请求书应包括下列内容：

（一）请求机关的名称；

（二）如已知道，被请求机关的名称；

（三）司法协助请求所涉及案件的案情；

（四）当事人的姓名、住址、国籍、职业及出生时间和地点；如系法人，该法人的名称和住址；

（五）当事人如有法定代表人，法定代理人的姓名；

（六）请求的性质及执行请求所需的其他材料；

（七）就刑事事项而言，犯罪行为的法律特征和细节，以及据以认定行为构成犯罪的有关法律规定。

第十一条　司法协助请求的执行

一、在执行司法协助请求时，被请求机关应适用其本国的法律；但在不违反上述法律的情况下，也可根据请求机关的请求采用请求书所要求的特殊方式。被请求机关可要求对因使用特殊方式而产生的费用予以补偿。

二、如果被请求机关无权执行此项请求，应将该项请求立即送交主管机关，并将此通知请求机关。

三、如果司法协助请求书所提供的地址不确切，或者当事人不在所提供的地址居住，被请求机关应努力确定正确的地址。如有必要，被请求机关可要求请求机关提供补充材料。

四、如果司法协助请求无法执行，被请求机关应将文件退回请求机关，并说明妨碍执行的理由。

第十二条　司法协助的拒绝

如果被请求的缔约一方认为执行某项司法协助请求可能损害其主权、安全、公共秩序或基本利益，或违反其法律，则可以拒绝提供该项司法协助，但应将拒绝的理由通知提出请求的缔约一方。

第十三条　请求证人或鉴定人出庭

一、提出请求的缔约一方如果认为在被请求的缔约一方境内的证人或鉴定人亲自到其司法机关是特别需要的，应在送达传票的请求书中予以说明。被请求的缔约一方应请证人鉴定人出庭。

二、被请求的缔约一方应将有关证人或鉴定人的答复通知提出请求的缔约一方。

第十四条　证人和鉴定人的保护

一、即使在请求送达的出庭传票中包括一项关于刑罚的通知，证人或鉴定人不得因其未答复该项传票而受惩罚或被拘禁，除非其随后自愿进入提出请求的缔约一方境内并再次经适当传唤。如果证人或鉴定人拒绝出庭，被请求的缔约一方应通知提出请求的缔约一方。

二、对于根据第十三条的请求在提出请求的缔约一方司法机关出庭的证人或鉴定人，不论其国籍如何，该缔约一方不得因其在离开被请求的缔约一方领土前的犯罪行为或被判定有罪而在该方境内对其起诉、拘留，或者采取任何其他限制人身自由的措施，也不得因其证词或鉴定而对其起诉、拘留或惩罚。

三、如经传唤机关告知已无需其出庭之日起连续三十日，证人或鉴定人有机会离开却仍在提出请求的缔约一方境内停留，或离开后又自愿返回提出请求的缔约一方领土，则不适用前款规定的保护。上述期间不应包括证人或鉴定人因其所能控制的原因未能离开提出请求的缔约一方领土的时间。

第十五条　证人或鉴定人费用的补偿

一、根据第十三条提出请求的缔约一方，应向证人或鉴定人支付补贴（包括生活费）和偿还旅费。上述费用应自其居住地起算，且费率的计算至少等同于提出请求的缔约一方的标准和规则的规定。

二、提出请求的缔约一方应根据证人或鉴定人的请求，向其全部或部分预付上述旅费和生活费。

第二章　民事和商事司法协助

第十六条　送达文书

一、被请求机关应按照其国内法规定的方式，或在不违反其国内法的情况下按照请求书所要求的方式送达文书。

二、送达的文书应使用提出请求的缔约一方的文字并附被请求的缔约一方文字或英文的译文。

第十七条　送达的证明

一、送达文书应根据被请求的缔约一方的送达规则予以证明。

二、送达证明应注明送达的时间、地点和受送达人。

第十八条　调查取证

缔约双方应根据请求代为询问当事人、证人和鉴定人，进行鉴定以及采取任何与调查取证有关的其他措施。

第十九条　调查取证请求书

一、除符合第十条的规定外，有关调查取证的请求书还应说明：

（一）向被调查人所提的问题，或者关于调查的事由的陈述；

（二）被调查的文件或其他财产；

（三）关于证据是否应经宣誓，以及使用任何特殊形式作证的要求；

（四）适用第二十二条所需的材料。

二、下列请求可予拒绝：

（一）调查所获证据并非欲用于请求书中所提及的已经开始或者预期将开始的司法程序；

（二）审判前对文件的调查。

第二十条　通知执行请求的时间和地点

被请求机关应根据请求将执行请求的时间和地点通知请求机关，以便有关当事人或其任何代理人可在执行请求时在场。应请求机关请求，通知也可直接送达有关当事人或其代理人。

第二十一条　强制措施的适用

在执行请求时，被请求机关应在其本国法对执行本国主管机关的决定所规定的情形下和相同的范围内，采取适当的强制措施。

第二十二条　作证的拒绝

在执行请求时，当事人如果在下列情况下有拒绝作证的特权或义务，可以拒绝作证：

（一）根据被请求的缔约一方法律；或者

（二）根据提出请求的缔约一方法律，并且此种特权或义务已在请求书中说明，或者应被请求机关的要求，已由请求机关通过其他方式向被请求机关确认。

第二十三条　通知执行结果

被请求机关应根据请求，通过第六条规定的途径，将执行请求的地点和时间及时通知请求机关，并随附所获得的证据。

第三章　法院裁决和仲裁裁决的承认与执行

第二十四条　范围

一、缔约一方应根据第二十五条规定的条件在其境内承认与执行在缔约另一方境内作出的下列裁决：

（一）法院对民事案件作出的裁决；

（二）法院在刑事案件中作出的有关损害赔偿或诉讼费的裁决。

二、本条约所指的"裁决"亦包括中国法院作出的调解书和塞浦路斯法院所作出的协议判决。

第二十五条　承认与执行的条件

一、第二十四条所指的裁决在下列条件下应被承认与执行：

（一）根据作出裁决的缔约一方法律，该裁决是最终的和可执行的；

（二）据以作出裁决的案件不属于被请求的缔约一方法院的专属管辖；

（三）在缺席裁决的情况下，根据在其境内作出裁决的缔约一方的法律，未参加诉讼并被缺席裁决的一方当事人已被适当地通知应诉；

（四）被请求的缔约一方法院事先未就相同当事人之间的同一诉讼标的作出最终裁决；

（五）在作出该裁决的诉讼程序开始前，相同当事人未就同一诉讼标的在被请求的缔约一方法院提起诉讼；

（六）被请求的缔约一方认为裁决的承认或执行不损害其主权或安全；

（七）裁决的承认或执行不违反被请求的缔约一方的公共秩序或基本利益；

（八）根据被请求的缔约一方的法律，裁决不论基于何种理由，都不是不可执行的；

（九）裁决或其结果均不与被请求的缔约一方任何法律的基本原则相抵触；

（十）根据第二十六条的规定，裁决不是由无管辖权的法院作出的。

二、被请求的缔约一方的主管法院就裁决的承认或执行作出决定时，不应有任何不适当的迟延。

第二十六条　管辖权

一、就本条约而言，作出裁决的缔约一方法院在下列情况下应被认为对案件具有管辖权：

（一）在提起诉讼时，被告在该方境内有住所或居所；或者

（二）被告因其商业活动被提起诉讼时，在该方境内设有代表机构；或者

（三）被告已书面明示接受该方法院的管辖；或者

（四）被告就争议的实质进行了答辩，且未对法院的管辖权提出异议；或者

（五）在合同争议中，合同在该方境内签订，或者已经或应该在该方境内履行，或者诉讼标的物在该方境内；或者

（六）在合同外侵权案件中，侵权行为或其结果发生在该方境内；或者

（七）在身份关系案件中，诉讼当事人在该方境内有住所或居所；或者

（八）在抚养义务案件中，债权人在该方境内有住所或居所；或者

（九）在继承案件中，被继承人死亡时其住所或者主要遗产在该方境内；或者

（十）诉讼标的物是位于该方境内的不动产。

二、第一款的规定不应影响缔约双方法律中有关专属管辖权的规定。

第二十七条　承认与执行的申请

一、请求承认或执行裁决的申请，可以由一方当事人直接向被请求的缔约一方法院提交，也可以向作出一审裁决的缔约一方法院提交并由其按第六条规定的途径转交。

二、请求承认或执行的申请应附下列文件：

（一）裁决或其经证明无误的副本。除非裁决本身表明其是最终的，还应包括表明该裁决是最终的和可执行的文件；

（二）在缺席裁决的情况下，根据在其境内作出裁决的缔约一方的法律，未参加诉讼并被缺席裁决的一方已被适当地通知应诉，以及在其无行为能力的情况下已得到适当代理的证明文件。

三、前两款所指申请和文件也应附经证明无误的被请求的缔约一方的文字或英文的译文。

第二十八条　承认与执行裁决的程序

一、关于承认与执行裁决的程序，缔约双方适用各自本国的法律。

二、法院在对请求承认或执行裁决的申请作出决定时，应仅限于就是否符合第二十五条规定的条件进行审查。

第二十九条　承认与执行的效力

缔约一方法院作出的裁决经缔约另一方法院承认或同意执行，即与缔约另一方法院作出的裁决具有同等效力。

第三十条　仲裁裁决的承认与执行

一、缔约双方应根据一九五八年六月十日在纽约缔结的关于承认与执行外国仲裁裁决的公约，相互承认与执行仲裁裁决。

二、根据上述第一款所指公约第四条第二款提出的承认与执行的请求，就其所附文件的翻译而言，除经证明无误的仲裁裁决的译文外，只须提供原协议中的仲裁条款或仲裁协议的经证明无误的译文。

第四章　刑事司法协助

第三十一条　范围

缔约双方应根据请求，在刑事方面相互代为送达文书，向证人、被害人和鉴定人调查取证，讯问被告人，进行鉴定、勘验以及完成其他与调查取证有关的司法行为，安排证人或鉴定人出庭，通报刑事判决。

第三十二条 刑事司法协助的拒绝

除可根据第十二条拒绝提供刑事司法协助外，有下列情形之一的，被请求的缔约一方亦可拒绝提供刑事司法协助：

（一）被请求的缔约一方认为请求所涉及的犯罪具有政治性质；

（二）根据被请求的缔约一方法律，请求所涉及的行为不构成犯罪。

第三十三条 送达文书

第十六条第十七条的规定亦适用于在刑事方面的送达文书。

第三十四条 调查取证

第十九条第一款、第二十条、第二十二条和第二十三条的规定亦适用于刑事方面的调查取证。

第三十五条 赃款赃物的移交

一、缔约一方应根据缔约另一方的请求，将在缔约一方境内发现的、罪犯在缔约另一方境内犯罪时所获得的赃款赃物移交给缔约另一方。但此项移交不得侵害被请求的缔约一方或者与上述财物有关的任何第三者的合法权益。

二、如果上述赃款赃物对于被请求的缔约一方境内的其他刑事诉讼程序是必不可少的，该方可暂缓移交。

第三十六条 刑事判决的通报

一、缔约双方应相互提供对缔约另一方公民所作出的已生效刑事判决及刑期的副本。

二、如有可能，缔约双方应根据请求相互提供本条第一款所指人员的指纹资料。

第五章 其他规定

第三十七条 交换情报

一、缔约双方应根据请求相互提供在各自境内有效的法律和司法实践的情报。

二、提供情报的请求应说明提出请求的机关，以及请求提供的情报所涉及的案件的性质。

第三十八条 认证的免除

在适用本条约时，缔约一方法院或其他主管机关制作并经其盖章的文件和译文，只要经该方中央机关证明无误，则无须任何其他形式的认证。

第三十九条 与其他国际条约的关系

本条约的规定不影响缔约双方根据本条约生效前参加的任何其他国际条约所享受的权利和承担的义务。

第四十条 争议的解决

因解释或实施本条约所产生的任何争议均应通过外交途径解决。

第六章 最后条款

第四十一条 批准和生效

本条约须经批准。批准书在北京互换。本条约自互换批准书之日起第三十日开始生效。

第四十二条 条约的终止

本条约自缔约任何一方通过外交途径向缔约另一方书面提出终止通知之日起六个月后失效。

本条约于一九九五年四月二十五日在尼科西亚签订，一式两份，每份均用中文、希腊文和英文写成，三种文本同等作准。如有分歧，以英文本为准。

缔约双方全权代表在本条约上签字，以昭信守。

中华人民共和国代表　　　　　　　　塞浦路斯共和国代表
　　　肖扬　　　　　　　　　　阿莱科斯·伊凡杰罗
　　（司法部长）　　　　　　　　（司法及公共秩序部长）

中华人民共和国和吉尔吉斯共和国
关于民事和刑事司法协助的条约[*]

中华人民共和国和吉尔吉斯共和国（以下简称"缔约双方"），为了实现司法领域的合作，在尊重主权和互惠的基础上，决定互相提供民事和刑事方面的司法协助。为此目的，双方议定下列各条：

第一编　总　则

第一条　司法保护

一、缔约一方的国民在缔约另一方的境内，在人身权利和财产权利方面享有与缔约另一方国民同等的司法保护，有权在与缔约另一方国民同等的条件下，诉诸缔约另一方法院和其他主管民事和刑事案件的机关，有权在这些机关提出请求或进行其他诉讼行为。

二、本条第一款的规定亦适用于在缔约任何一方境内根据其法律成立的法人。

三、本条约所指的"民事案件"，亦包括商事、婚姻家庭和劳动案件。

第二条　司法协助的联系途径

一、除本条约另有规定外，缔约双方的法院或其他主管机关相互请求和提供民事和刑事司法协助，应通过各自的中央机关进行联系。

二、本条第一款中所指的中央机关，在中华人民共和国方面系指中华人民共和国司法部和中华人民共和国最高人民检察院；在吉尔吉斯共和国方面系指吉尔吉斯共和国司法部和吉尔吉斯共和国总检察院。

第三条　语文

一、缔约双方中央机关进行书面联系时应使用本国官方文字，并附有缔约另一方的官方文字或英文的译文。

---

* 1996 年 7 月 4 日签署，1997 年 2 月 23 日第八届全国人民代表大会常务委员会第二十四次会议批准，1997 年 9 月 26 日生效。

二、司法协助请求书及其附件应使用提出请求的缔约一方的官方文字书写，并附有经证明无误的被请求的缔约一方的官方文字或英文的译文。

三、缔约双方主管机关在执行司法协助请求时，使用本国官方文字。

第四条 证人和鉴定人的保护

一、对于由提出请求的缔约一方法院或其他主管机关通过被请求的缔约一方通知前来的证人和鉴定人，不论其国籍如何，提出请求的缔约一方不得因其入境前的犯罪行为或者因其证言、鉴定或其他涉及诉讼内容的行为而追究刑事责任或以任何形式剥夺其人身自由。

二、如果证人或鉴定人在接到提出请求的缔约一方关于其不必继续停留的通知十五日后仍不出境，则丧失本条第一款给予的保护，但由于其本人不能控制的原因而未能及时离境者除外。

三、本条第一款所述的通知应通过本条约第二条规定的途径转递。在证人或鉴定人不到场的情况下，通知中不得以采取强制措施相威胁。

第五条 司法协助的费用

一、缔约双方应相互免费提供司法协助。

二、被通知到提出请求的缔约一方境内的证人或鉴定人的旅费和食宿费，由提出请求的缔约一方承担。此外，鉴定人有权取得鉴定的报酬。上述被通知人有权取得的报酬的种类，应在通知中注明。应上述被通知人的要求，提出请求的缔约一方的主管机关应向其预付上述费用。

第六条 司法协助的拒绝

如果被请求的缔约一方认为提供某项司法协助有损于本国的主权、安全或公共秩序，可以拒绝提供该项司法协助，但应将拒绝的理由通知提出请求的缔约一方。

第七条 司法协助适用的法律

一、被请求机关在提供司法协助时，适用本国法律。

二、被请求机关提供民事司法协助时，在不违背本国法律基本原则的情况下，亦可应请求适用缔约另一方的诉讼程序规则。

第二编　民事司法协助

第一章　诉讼费用

第八条　诉讼费用保证金的免除

一、缔约一方法院不得因缔约另一方国民是外国人或在该缔约一方境内没有住所或居所而令其交纳诉讼费用保证金。

二、本条第一款的规定亦适用于在缔约任何一方境内根据其法律成立的法人。

第九条　诉讼费用的支付

一、缔约一方的国民在缔约另一方境内，应在与该缔约另一方国民同等的条件下和范围内支付诉讼费用，包括预付的部分。

二、本条第一款的规定亦适用于在缔约任何一方境内根据其法律成立的法人。

第十条　诉讼费用的免除

一、缔约一方国民在缔约另一方境内，可在与缔约另一方国民同等的条件下和范围内免除诉讼费用。

二、缔约一方国民申请免除诉讼费用，应由其住所或居所所在地的主管机关出具说明其身份及财产状况的证明书；如果该申请人在缔约双方境内均无住所或居所，亦可由其本国或该缔约一方委托的代表其利益的第三国的外交或领事代表机关出具上述证明书。

第二章　送达文书和调查取证

第十一条　协助的范围

缔约双方应根据请求，相互送达司法文书的司法外文书，询问当事人、证人和鉴定人，进行鉴定和实地勘验，以及完成其他与取证有关的诉讼行为。

第十二条　请求的提出

一、送达文书和调查取证的请求应以请求书的形式提出。请求书应包括下列内容：请求和被请求机关的名称；当事人及请求书中所涉及的其他人员的姓名、国籍、职业、住所或居所；代理人的姓名和地址；请求提供协助的案件的名称，以及请求协助的内容；应送达文书的名称，以及其他有助于执行请求的情况。执行该请求所必需的其他文件和材料也须随请求书一并提供。

二、上述请求书和文件应由缔约一方的请求机关签署和盖章。

第十三条　请求的执行

一、如果按照被请求的缔约一方法律，请求执行的事项不属于法院和其他主管机关的职权范围，可以说明理由，予以退回。

二、如果被请求机关无权执行请求，应将该项请求移送有权执行的主管机关，并通知提出请求的缔约一方。

三、被请求机关如果因请求书中所示的地址不详而无法执行请求，应采取适当措施以确定地址，或要求提出请求的缔约一方提供补充情况。

四、如因其他原因无法确定地址或执行请求，被请求的缔约一方应通知提出请求的缔约一方，说明妨碍执行的原因，并退回提出请求的缔约一方递交的全部文件和材料。

第十四条　通知执行结果

一、被请求机关应将执行请求的结果按照本条约第二条规定的途径书面通知提出请求的机关，并附证明请求已予执行的文件。

二、送达回证应有收件日期和收件人的签名，应由被请求的缔约一方的执行请求机关盖章和执行请求人签名。如收件人拒收，还应注明拒收的理由。

第十五条　通过外交或领事代表机关送达文书和调查取证

缔约任何一方派驻在缔约另一方的外交或领事代表机关可以向其本国国民送达司法文书和司法外文书，询问当事人或证人，但不得使用强制措施，并不得违反驻在国的法律。

第三章　裁决的承认与执行

第十六条　应予以承认与执行的裁决

一、缔约双方应依本条约的规定，在各自境内承认本条约生效后在缔约另一方境内作出的下列裁决，其中依裁决性质应予执行者，则予以执行；

（一）法院的民事裁决；

（二）法院对刑事案件中有关损害赔偿作出的裁决；

（三）仲裁裁决。

二、本章所指的"法院裁决"，在中华人民共和国方面系指法院作出的判决、裁定、决定和调解书；在吉尔吉斯共和国方面系指法院作出的判决、裁决、决定和法院批准的和解书，以及法官就民事案件的实质作出的决定。

第十七条 承认与执行法院裁决的请求

一、承认与执行法院裁决的请求应由申请人向作出该项裁决的缔约一方法院提出，由该法院按照本条约第二条规定的途径转交给缔约另一方法院。如果申请承认与执行裁决的当事人在裁决执行地所在的缔约一方境内有住所或居所，亦可直接向该缔约一方的法院提出申请。

二、请求书的格式应按照被请求的缔约一方的规定办理，并附有下列文件：

（一）经法院证明无误的裁决副本；如果副本中没有明确指出裁决已经生效和可以执行，还应附有法院为此出具的证明书一份；

（二）证明未出庭的当事一方已经合法传唤，或在当事一方没有诉讼行为能力时已得到适当代理的证明书；

（三）本条所述请求书和有关文件的经证明无误的译本。

第十八条 承认与执行法院裁决的程序

一、法院裁决的承认与执行，由被请求的缔约一方依照本国法律规定的程序进行。

二、被请求的主管机关可以审查该裁决是否符合本条约的规定，但不得对该裁决作任何实质性的审查。

第十九条 承认与执行的法律效力

缔约一方法院的裁决一经缔约另一方法院承认或执行，即与承认或执行裁决的缔约一方法院作出的裁决具有同等效力。

第二十条 拒绝承认与执行

有下列情形之一的法院裁决，不予承认与执行：

（一）根据作出裁决的缔约一方的法律，该裁决尚未生效或不具有执行力；

（二）根据被请求承认与执行裁决的缔约一方的法律，被请求的缔约一方法院对该案件有专属管辖权；

（三）根据作出裁决的缔约一方的法律，未出庭的当事一方未经合法传唤，或在当事一方没有诉讼行为能力时未得到适当代理；

（四）被请求承认与执行裁决的缔约一方的法院对于相同当事人之间就同一案件已经作出了生效裁决，或正在进行审理，或已承认了在第三国对该案所作的生效裁决；

（五）承认与执行裁决有损于被请求的缔约一方的主权、安全或公共秩序。

第二十一条　仲裁裁决的承认与执行

缔约双方应根据一九五八年六月十日在纽约签订的关于承认与执行外国仲裁裁决的公约，相互承认与执行在对方境内作出的仲裁裁决。

第三编　刑事司法协助

第二十二条　协助的范围

缔约双方应根据请求，在刑事方面相互代为询问证人、被害人、鉴定人，讯问犯罪嫌疑人和被告人；进行搜查、鉴定、勘验以及其他与调查取证有关的诉讼行为；移交物证、书证以及赃款赃物；送达刑事诉讼文书；并通报刑事诉讼结果。

第二十三条　送达文书和调查取证

一、本条约第十二条至第十五条的规定亦适用于刑事方面的送达文书和调查取证。

二、提出上述请求时，还应在请求书中写明罪名、犯罪事实和有关的法律规定。

第二十四条　赃款赃物的移交

一、缔约一方应根据缔约另一方的请求，将在其境内发现的、罪犯在缔约另一方境内犯罪时获得的赃款赃物，移交给缔约另一方。但此项移交不得侵害与这些财物有关的第三人的权利。

二、如果上述赃款赃物对被请求的缔约一方境内其他未决刑事案件的审理是必不可少的，被请求的缔约一方可暂缓移交。

第二十五条　刑事司法协助的拒绝

除本条约第六条规定的情形外，如果按照被请求的缔约一方的法律，该项请求涉及的行为不构成犯罪，被请求的缔约一方可以拒绝提供刑事司法协助。

第二十六条　刑事诉讼结果的通知

缔约双方应相互递送各自法院对缔约另一方国民所作的生效裁决副本。

第二十七条　关于以往犯罪的情报

如果在缔约一方境内曾被判刑的人在缔约另一境内被追究刑事责任，则该缔约一方应根据缔约另一方的请求免费提供以前判刑的情况。

第四编　其他规定

第二十八条　交换法律情报

缔约双方应根据请求，相互通报各自国家现行的或者过去实施的法律和司法实践的情报。

第二十九条　文件的效力

一、缔约一方法院或其他主管机关制作或证明、并通过本条约第二条规定的途径转递的文书，经过签署和正式盖章即有效，就可在缔约另一方法院或其他主管机关使用，无需认证。

二、在缔约一方境内制作的官方文件，在缔约另一方境内也有同类官方文件的证明效力。

第三十条　户籍文件及其他文件的送交

为了实施本条约，缔约一方主管机关可根据缔约另一方通过本条约第二条规定的途径提出的请求，将办理案件所需的缔约另一方国民的户籍登记的摘录、关于其文化程度、工龄的证明及其他有关个人权利的文件，免费提供给缔约另一方，无需译文。

第三十一条　物品的出境和金钱的汇出

本条约的规定及其执行不妨碍缔约双方各自执行其有关物品出境或金钱汇出的法律和规定。

第三十二条　争议的解决

有关解释和执行本条约所产生的争议，均应通过外交途径解决。

第三十三条　补充和修改

本条约经缔约双方协商可进行补充和修改。

第五编　最后条款

第三十四条　批准和生效

本条约须经批准，批准书在北京互换。本条约自互换批准书之日起第三十日开始生效。

第三十五条　终止

本条约自缔约任何一方通过外交途径书面提出终止之日起六个月后失效，

否则，本条约无限期有效。

　　本条约于一九九六年七月四日在比什凯克签订，一式两份，每份均用中文、吉文和俄文写成，三种文本同等作准。如对本条约的解释发生分歧，以俄文文本为准。

中华人民共和国代表　　　　　　　　　　吉尔吉斯共和国代表
钱其琛　　　　　　　　　　　　　　奥冬巴耶娃

中华人民共和国和塔吉克斯坦共和国
关于民事和刑事司法协助的条约[*]

中华人民共和国和塔吉克斯坦共和国，以下简称"缔约双方"，为了进一步加强两国友好关系，实现司法领域的合作，在尊重主权和互惠原则的基础上，愿意相互提供民事和刑事方面的司法协助，议定以下各条：

第一编 总 则

第一条 司法保护

一、缔约一方的国民在缔约另一方的境内，在人身权利和财产权利方面享有与缔约另一方国民同等的司法保护，有权在与缔约另一方国民同等的条件下，诉诸法院和其他主管民事和刑事案件的机关，有权在这些机关提出请求、提起诉讼和进行其他诉讼行为。

二、本条第一款的规定亦适用于在缔约任何一方境内根据其法律成立的法人。

三、本条约所指的"民事案件"，亦包括经济、婚姻家庭和劳动案件。

第二条 联系途径

一、除本条约另有规定外，缔约双方的法院或其他主管机关相互请求和提供民事和刑事司法协助，应通过各自的中央机关进行联系。

二、本条第一款中所指的中央机关系指缔约双方的司法部。

第三条 语文

一、缔约双方中央机关进行书面联系时应使用本国官方文字，并附有缔约另一方的官方文字或英文或俄文的译文。

二、司法协助请求书及其附件应使用提出请求的缔约一方的官方文字书写，并附有经证明无误的被请求的缔约一方的官方文字或英文或俄文的译文。

---

* 1996 年 9 月 16 日签署，1997 年 8 月 29 日第八届全国人民代表大会常务委员会第二十七次会议批准，1998 年 9 月 2 日生效。

三、缔约双方主管机关在执行司法协助请求时，使用本国官方文字。

第四条　证人和鉴定人的保护

一、对于由提出请求的缔约一方法院或其他主管机关通过被请求的缔约一方通知前来的证人和鉴定人，不论其国籍如何，不得因其入境前的犯罪行为或者因其证言、鉴定或其他涉及诉讼内容的行为而追究其刑事责任、逮捕或以任何形式剥夺其人身自由。

二、如果证人或鉴定人在接到提出请求的缔约一方关于其不必继续停留的通知十五日后仍不出境，则丧失本条第一款给予的保护，但由于其本人不能控制的原因而未能及时离境者除外。

三、本条第一款所述的通知应通过本条约第二条规定的途径转递。通知中不得以采取强制措施相威胁。

第五条　司法协助的费用

一、缔约双方应相互免费提供司法协助。

二、被通知到提出请求的缔约一方境内的证人或鉴定人的旅费和食宿费，由提出请求的缔约一方承担。此外，鉴定人有权取得鉴定的报酬。上述被通知人有权取得的报酬的种类，应在通知中注明。应上述被通知人的要求，提出请求的缔约一方的主管机关应向其预付上述费用。

第六条　司法协助的拒绝

如果被请求的缔约一方认为提供某项司法协助有损于本国的主权、安全或公共秩序，可以拒绝提供该项司法协助，但应将拒绝的理由通知提出请求的缔约一方。

第七条　司法协助适用的法律

一、被请求机关在提供司法协助时，适用本国法律。

二、被请求机关提供民事司法协助时，在不违背本国法律基本原则的情况下，亦可应请求机关的请求采用缔约另一方的诉讼程序。

第二编　民事司法协助

第一章　诉讼费用

第八条　诉讼费用保证金的免除

一、缔约一方法院不得因缔约另一方国民是外国人或在该缔约一方境内没有住所或居所而令其交纳诉讼费用保证金。

二、本条第一款的规定亦适用于在缔约任何一方境内根据其法律成立的法人。

第九条　诉讼费用的支付

一、缔约一方的国民在缔约另一方境内，应在与该缔约另一方国民同等的条件下和范围内支付诉讼费用，包括预付的部分。

二、本条第一款的规定亦适用于在缔约任何一方境内根据其法律成立的法人。

第十条　诉讼费用的免除

一、缔约一方国民在缔约另一方境内，可在与缔约另一方国民同等的条件下和范围内免除诉讼费用。

二、缔约一方国民申请免除诉讼费用，应由其住所或居所所在地的主管机关出具说明其身份及财产状况的证明书；如果该申请人在缔约双方境内均无住所或居所，亦可由其本国或缔约一方委托的代表其利益的第三国的外交或该领事代表机关出具上述证明书。

第二章　送达文书和调查取证

第十一条　协助的范围

缔约双方应根据对方请求，相互送达司法文书和司法外文书，询问当事人、证人和鉴定人，进行鉴定和实地勘验，以及完成其他与取证有关的诉讼行为。

第十二条　请求的提出

一、送达文书和调查取证的请求应以请求书的形式提出。请求书应包括下列内容：请求机关和被请求机关的名称；当事人及请求书中所涉及的其他人员的姓名、国籍、职业、住所或居所；代理人的姓名和地址；请求提供协助的案件的名称，以及请求协助的内容；应送达文书的名称，以及其他有助于执行请求的情况。执行该请求所必需的其他文件和材料也须随请求书一并提供。

二、上述请求书和文件应由缔约一方的请求机关签署和盖章。

第十三条　请求的执行

一、如果按照被请求的缔约一方法律，请求执行的事项不属于法院和其他主管机关的职权范围，可以说明理由，予以退回。

二、如果被请求机关无权执行请求，应将该项请求移送有权执行的主管机关，并通知提出请求的缔约一方。

三、被请求机关如果因请求书中所示的地址不详而无法执行请求，应采取适当措施以确定地址，或要求提出请求的缔约一方提供补充情况。

四、如因其他原因无法确定地址或执行请求，被请求机关应通知请求机关，说明妨碍执行的原因，并退回请求机关递交的全部文件和材料。

第十四条　通知执行结果

一、被请求机关应将执行请求的结果按照本条约第二条规定的途径书面通知请求机关，并附证明请求已予执行的文件。

二、送达回证应有收件日期和收件人的签名，应由被请求的执行请求机关盖章和执行请求人签名。如收件人拒收文书，还应注明拒收的理由。

第十五条　通过外交或领事代表机关送达文书和调查取证

缔约任何一方派驻在缔约另一方的外交或领事代表机关可以向其本国国民送达司法文书和司法外文书，询问当事人或证人，但不得使用强制措施，并不得违反驻在国的法律。

第三章　裁决的承认与执行

第十六条　应予承认与执行的裁决

一、缔约双方应依本条约的规定，在各自境内承认本条约生效后在缔约另一方境内作出的下列裁决，其中依裁决性质应予执行者，则予以执行：

（一）法院的民事裁决；

（二）法院对刑事案件中有关损害赔偿作出的裁决。

二、本章所指的"法院裁决"，在中华人民共和国方面系指法院作出的判决、裁决、决定和调解书；在塔吉克斯坦共和国方面系指法院（包括经济法院）作出的判决、裁决、决定和其批准的和解书。

第十七条　承认与执行法院裁决的请求

一、承认与执行法院裁决的请求应由申请人向作出该项裁决的缔约一方法院提出，由该法院按照本条约第二条规定的途径转交给缔约另一方法院。如果申请承认与执行裁决的当事人在裁决执行地所在的缔约一方境内有住所或居所，亦可直接向该缔约一方的法院提出申请。

二、请求书的格式应按照被请求的缔约一方的规定办理，并附有下列文件：

（一）经法院证明无误的裁决副本；如果副本中没有明确指出裁决已经生效

和可以执行，还应附有法院为此出具的证明书一份；

（二）证明未出庭的当事一方已经合法传唤，以及在当事一方没有诉讼行为能力时已得到适当代理的证明书；

（三）本条所述请求书和有关文件的经证明无误的译本。

第十八条　承认与执行法院裁决的程序

一、法院裁决的承认与执行，由被请求的缔约一方依照本国法律规定的程序进行。

二、被请求的主管机关可以审查该裁决是否符合本条约的规定，但不得对该裁决作任何实质性的审查。

第十九条　承认与执行的法律效力

缔约一方法院承认或执行缔约另一方法院的裁决，具有与承认或执行本国法院裁决同等的效力。

第二十条　拒绝承认与执行

有下列情形之一的法院裁决，不予承认与执行：

（一）根据作出裁决的缔约一方的法律，该裁决尚未生效或不具有执行力；

（二）根据被请求承认与执行裁决的缔约一方的法律，被请求的缔约一方法院对案件有专属管辖权；

（三）根据作出裁决的缔约一方的法律，未出庭的当事一方未经合法传唤，或在当事一方没有诉讼行为能力时未得到适当代理；

（四）被请求承认与执行裁决的缔约一方的法院对于相同当事人之间就同一案件已经作出了生效裁决，或正在进行审理，或已承认了在第三国对该案件所作的生效裁决；

（五）承认与执行裁决有损于被请求的缔约一方的主权、安全或公共秩序。

第三编　刑事司法协助

第二十一条　协助的范围

缔约双方应根据请求，在刑事方面相互代为询问证人、被害人、鉴定人，讯问犯罪嫌疑人和被告人；进行搜查、鉴定、勘验以及其他与取证有关的诉讼行为；移交物证、书证以及赃款赃物；送达刑事诉讼文书；通报刑事诉讼结果。

第二十二条　送达文书和调查取证

一、本条约第十二条至第十五条的规定亦适用于刑事方面的送达文书和调查取证。

二、提出上述请求时，还应在请求书中写明罪名、犯罪事实和有关的法律规定。

第二十三条 赃款赃物的移交

一、缔约一方应根据缔约另一方的请求，将在其境内发现的、罪犯在缔约另一方境内犯罪时获得的赃款赃物，移交给缔约另一方。但此项移交不得侵害与这些财物有关的第三人的权利。

二、如果上述赃款赃物对被请求的缔约一方境内其他未决刑事案件的审理是必不可少的，被请求的缔约一方可暂缓移交。

第二十四条 刑事司法协助的拒绝

除本条约第六条规定的情况外，如果按照被请求的缔约一方的法律，该项请求涉及的行为不构成犯罪，被请求的缔约一方可以拒绝提供该项刑事司法协助。

第二十五条 刑事诉讼结果的通知

缔约双方应相互递送各自法院对缔约另一方国民所作的生效裁决副本。

第二十六条 关于以往犯罪的情报

缔约双方应根据请求，相互免费提供审理刑事案件所必需的、曾被法院判刑的人的前科情况。

第四编 其他规定

第二十七条 交换法律情报

缔约双方应根据请求，相互通报各自国家现行的或者过去实施的法律和司法实践的情报。

第二十八条 文件的效力

一、缔约一方法院或其他主管机关制作或证明、并通过本条约第二条规定的途径转递的文书，经过签署和正式盖章即可由缔约另一方法院或其他主管机关接受，无需认证。

二、在缔约一方境内制作的官方文件，在缔约另一方境内也有同类官方文件的证明效力。

第二十九条 户籍文件及其他文件的送交

为了实施本条约，缔约一方主管机关可根据缔约另一方通过本条约第二条规定的途径提出的请求，将办理案件所需的缔约另一方国民的户籍登记的摘录、关于其文化程度、工龄的证明及其他有关个人权利的文件，免费提供给缔约另一方，无需译文。

第三十条　物品的出境和金钱的汇出

本条约的规定及其执行不妨碍缔约双方各自执行其有关物品出境和金钱汇出的法律和规定。

第三十一条　争议的解决

有关解释和执行本条约所产生的争议，均应通过外交途径解决。

第三十二条　补充和修改

经缔约双方协商，可对本条约进行补充和修改。

第五编　最后条款

第三十三条　批准和生效

本条约须经批准，批准书在杜尚别互换。本条约自互换批准书之日起第三十日开始生效。

第三十四条　终止

本条约自缔约任何一方通过外交途径书面提出终止之日起六个月内后失效，否则，本条约无限期有效。

本条约于一九九六年九月十六日在北京签订，一式两份，两份均用中文、塔文和俄文写成，三种文本同等作准。如对本条约的解释发生分歧，以俄文文本为准。

中华人民共和国代表　　　　　　　　　　塔吉克斯坦共和国代表
　　张德广　　　　　　　　　　　　　　　　纳扎罗夫

中华人民共和国和乌兹别克斯坦共和国
关于民事和刑事司法协助的条约[*]

中华人民共和国和乌兹别克斯坦共和国（以下简称"缔约双方"），根据相互尊重主权和平等互利的原则，为了加强在司法协助领域的合作，达成协议如下：

第一编 总 则

第一条 司法保护

一、缔约一方的国民在缔约另一方的境内，在人身权利和财产权利方面享有与缔约另一方国民同等的司法保护，有权在与另一方国民同等的条件下，诉诸缔约另一方法院和其他主管民事和刑事案件的机关，有权在这些机关提出请求或进行其他诉讼行为。

二、本条第一款的规定亦适用于在缔约任何一方境内根据其法律成立的法人。

三、本条约所指的"民事案件"，亦包括经济、婚姻家庭和劳动案件。

第二条 司法协助的提供

缔约双方的法院和其他主管机关根据请求，并按本条约的规定，相互提供民事和刑事司法协助。

第三条 司法协助的联系途径

一、除本条约另有规定外，缔约双方相互请求和提供民事和刑事司法协助，应通过各自的中央机关进行联系。

二、本条第一款所指的中央机关，在中华人民共和国方面系指中华人民共和国司法部和中华人民共和国最高人民检察院，在乌兹别克斯坦共和国方面系指乌兹别克斯坦共和国司法部和乌兹别克斯坦共和国检察院。

第四条 语文

一、缔约双方中央机关进行书面联系时应使用本国官方文字，并附对方的

---

* 1997 年 12 月 11 日签署，1998 年 4 月 29 日第九届全国人民代表大会常务委员会第二次会议批准，1998 年 8 月 29 日生效。

官方文字或英文或俄文的译文。

二、司法协助请求书及其附件应使用请求方的官方文字书写，并附对方的官方文字或英文或俄文的译文。

第五条 证人、被害人和鉴定人的保护

一、对于由请求方法院或其他主管机关通过被请求方通过前来的证人、被害人和鉴定人，不论其国籍如何，请求方不得因其入境前的犯罪行为或者因其证言、鉴定或其他涉及诉讼内容的行为而追究其刑事责任或以任何形式剥夺其人身自由。

二、如果证人、被害人或鉴定人在接到请求方关于其不必继续停留的通知十五日后仍不出境，则丧失本条第一款给予的保护，但由于其本人不能控制的原因而未能及时离境者除外。

三、本条第一款中所述的通知应通过本条约第三条规定的途径转递。通知中不得以采取强制措施相威胁。

第六条 费用

一、缔约双方应相互免费提供司法协助。

二、被通知到请求方境内的证人、被害人或鉴定人的旅费和食宿费，由请求方承担。此外，鉴定人有权取得鉴定的报酬。上述被通知人有权取得的报酬的种类，应在通知中注明。应上述被通知人的要求，请求方的主管机关应向其预付上述费用。

第七条 司法协助的拒绝

如果被请求方认为提供某项司法协助有损于本国的主权、安全或违背本国法律的基本原则，可以拒绝提供该项司法协助，但应将拒绝的理由通知请求方。

第八条 司法协助适用的法律

一、被请求机关在提供司法协助时，应适用本国法律。

二、被请求机关可应请求机关的请求，在执行方法和形式方面适用请求方的诉讼程序规则，但以不违背被请求方法律的基本原则为前提。

第二编 民事司法协助

第一章 诉讼费用

第九条 诉讼费用保证金的免除

一、缔约一方法院不得仅因缔约另一方国民是外国人或在缔约一方境内没有住所或居所而令其交纳诉讼费用保证金。

二、本条第一款的规定亦适用于在缔约任何一方境内根据其法律成立的法人。

第十条 诉讼费用的支付

一、缔约一方的国民在缔约另一方境内，应在与该缔约另一方国民同等的条件下和范围内支付诉讼费用，包括预付的部分。

二、本条第一款的规定亦适用于在缔约任何一方境内根据其法律成立的法人。

第十一条 诉讼费用的免除

一、缔约一方国民在缔约另一方境内，可在与缔约另一方国民同等的条件下和范围内免除诉讼费用。

二、缔约一方国民申请免除费用，应由其住所或居所所在地的主管机关出具说明其身份及财产状况的证明书；如果该申请人在缔约双方境内均无住所或居所，亦可由其本国的外交或领事代表机关出具上述证明书。

第二章 送达文书和调查取证

第十二条 协助的范围

缔约双方应根据请求相互送达司法文书和司法外文书，询问当事人、证人和鉴定人，进行鉴定和勘验，以及完成其他与调查取证有关诉讼行为。

第十三条 请求的提出

一、送达文书和调查取证的请求应以请求书的形式提出，请求书应载明下列内容：请求机关和被请求机关的名称；当事人及请求书中所涉及的其他人员的姓名、国籍、职业、住所或居所；代理人的姓名和地址；请求协助的案件的名称，以及请求协助的内容；应送达文书的名称，以及请求机关认为有助于执行请求的其他情况。执行该请求所必需的其他文件和材料也须随请求书一并提供。

二、上述请求书和文件应由缔约一方的请求机关签署和盖章。

第十四条 请求的执行

一、如果按照被请求方法律，缔约另一方请求执行的事项不属于法院和其他主管机关的职权范围，可以说明理由，予以退回。

二、如果被请求机关无权执行请求，应将该项请求移送有权执行的主管机关，并通知请求方。

三、被请求机关如果因请求书中所示的地址不确切而无法执行请求，应采取适当措施以确定地址，或要求请求方提供补充情况。

四、如因无法确定地址或其他原因无法执行请求，被请求方应通知请求方，说明妨碍执行的原因，并退回请求方递交的全部文件和材料。

五、根据请求机关的请求，被请求机关应及时将执行请求的时间和地点通知请求机关，以便请求机关在被请求方法律允许的情况下，在执行请求时到场。

第十五条　通知执行结果

一、被请求机关应按照本条约第三条规定的途径将执行请求的结果书面通知请求机关，并附证明请求已予执行的文件。

二、送达回证应有收件日期和收件人的签名，应由执行送达机关盖章和执行送达人签名。如收件人拒收，还应注明拒收的理由。

第十六条　通过外交或领事代表机关送达文书和调查取证

缔约任何一方派驻在缔约另一方的外交或领事代表机关可以向其本国国民送达司法文书和司法外文书，询问当事人或证人，但不得使用强制措施，并不得违反驻在国的法律。

第三章　裁决的承认与执行

第十七条　应予承认与执行的裁决

一、缔约双方应依本条约的规定，在各自境内承认本条约生效后在缔约另一方境内作出的下列裁决，其中依裁决性质应予执行者，则予以执行：

（一）法院的民事裁决；

（二）法院对刑事案件中有关损害赔偿作出的裁决；

（三）仲裁裁决。

二、本条约所指的法院裁决，在中华人民共和国方面系指法院作出的判决、裁定、决定和调解书；在乌兹别克斯坦共和国方面系指法院作出的民事判决、刑事判决、法院裁定、决定和法院核准的和解书，以及法官就民事案件的实质所作的决定。

第十八条　承认与执行法院裁决的请求

一、承认与执行法院裁决的请求应由申请人向作出该项裁决的缔约一方法院提出，由该法院按照本条约第三条规定的途径转给缔约另一方法院。如果申请承认与执行裁决的当事人在裁决执行地所在地的缔约一方境内有住所或居所，亦可直接向该缔约一方的法院提出申请。

二、请求书应按照被请求方规定的格式写成，并附下列文件：

（一）经法院证明无误的裁决副本；如果副本中没有明确指出裁决已经生效和可以执行，还应附有法院为此出具的证明书一份；

（二）证明未出庭的当事一方已经合法传唤，或没有诉讼行为能力的当事一方已得到适当代理的证明书；

（三）本条所述请求书和有关文件的经证明无误的译本。

第十九条　承认与执行法院裁决的程序

一、法院裁决的承认与执行，由被请求方依照本国法院规定的程序进行。

二、被请求的主管机关可以审查该裁决是否符合本条约的规定，但不得对该裁决作任何实质性的审查。

第二十条　承认与执行裁决的法律效力

经缔约一方法院承认或执行的缔约另一方法院的裁决，与缔约一方法院作出的裁决具有同等效力。

第二十一条　拒绝承认与执行

有下列情形之一的法院裁决，不予承认与执行：

（一）根据作出裁决的缔约一方的法律，该裁决尚未生效或不具有执行力；

（二）根据被请求承认与执行一方的法律，被请求方法院对案件有专属管辖权；

（三）根据作出裁决的缔约一方的法律，未出庭的当事一方未经合法传唤，或没有诉讼行为能力的当事一方未得到适当代理；

（四）被请求方的法院对于相同当事人之间就同一标的的案件已经作出生效裁决，或正在进行审理，或已承认在第三国对该案件所作的生效裁决；

（五）承认与执行裁决有损于被请求方的主权、安全或公共秩序。

第二十二条　仲裁裁决的承认与执行

缔约双方应根据一九五八年六月十日在纽约签订的关于承认和执行外国仲裁裁决的公约，相互承认与执行在对方境内作出的仲裁裁决。

第三编　刑事司法协助

第二十三条　协助的范围

缔约双方应根据请求，在刑事方面相互代为询问证人、被害人、鉴定人，讯问犯罪嫌疑人和被告人；进行搜查、鉴定、勘验、检查以及其他与调查取证有关的诉讼行为；移交物证、书证以及赃款赃物；送达刑事诉讼文书；通报刑事诉讼结果。

第二十四条 送达文书和调查取证

一、本条约第十三条至第十六条的规定亦适用于刑事方面的送达文书和调查取证。

二、提出上述请求时，还应在请求书中写明罪名、犯罪事实和有关的法律规定。

第二十五条 赃款赃物的移交

一、缔约一方应根据缔约另一方的请求，将在其境内发现的、罪犯在缔约另一方境内犯罪时获得的赃款赃物，移交给缔约另一方。但此项移交不得侵害被请求方以及与这些财物有关的第三人的权利。

二、如果上述赃款赃物对被请求方境内其他未决刑事案件的审理是必不可少的，被请求方可暂缓移交。

第二十六条 刑事司法协助的拒绝

除本条约第七条规定的情况外，如果按照被请求方的法律，该项请求涉及的行为不构成犯罪，被请求方亦可拒绝提供刑事司法协助。

第二十七条 刑事诉讼结果的通知

缔约双方应相互递送各自法院对缔约另一方国民所作的生效裁决副本。

第二十八条 关于以往犯罪的情况

缔约双方应根据请求，相互免费提供审理刑事案件所必需的曾被缔约另一方法院判刑的人员的前科情况。

第四编 其他规定

第二十九条 交换法律情报

缔约双方应根据请求，相互通报各自国家现行的或者过去实施的法律和司法实践的情报。

第三十条 文件的效力

一、缔约一方法院或其他主管机关制作或证明，并通过缔约双方中央机关转递的文书，经过签署和正式盖章即可在缔约另一方法院或其他主管机关使用，无需认证。

二、在缔约一方境内制作的官方文件，在缔约另一方境内也具有同类官方文件的证明效力。

第三十一条　户籍文件及其他文件的送交

为了实施本条约，缔约一方主管机关可根据缔约另一方通过中央机关提出的请求，将缔约另一方办理案件所需的涉及缔约另一方国民的户籍登记的摘录，关于其文化程度、工龄的证明及其他有关个人权利的文件，免费提供给缔约另一方，无需译文。

第三十二条　争议的解决

有关解释和执行本条约所产生的争议，均应通过外交途径解决。

第五编　最后条款

第三十三条　批准和生效

本条约须经批准，批准书在塔什干互换。本条约自互换批准书之日起第三十日开始生效。

第三十四条　终止

本条约自缔约任何一方通过外交途径书面提出终止之日起六个月后失效，否则，本条约无限期有效。

本条约于一九九七年十二月十一日在北京签订，一式两份，每份均用中文、乌兹别克文和俄文写成，三种文本同等作准。如对本条约的解释发生分歧，以俄文文本为准。

中华人民共和国代表　　　　　　　　乌兹别克斯坦共和国代表
　　钱其琛　　　　　　　　　　　　　阿·卡米洛夫
　　（签字）　　　　　　　　　　　　　（签字）

中华人民共和国和越南社会主义共和国
关于民事和刑事司法协助的条约[*]

中华人民共和国和越南社会主义共和国（以下简称"缔约双方"），在相互尊重主权和平等互利的基础上，为加强两国在司法协助领域的合作，愿意相互提供民事和刑事司法协助。

为此目的，缔约双方议定以下各条：

第一章 总 则

第一条 范围

一、缔约双方应根据本条约，在民事与刑事领域相互提供下列司法协助：

（一）送达文书；

（二）调查取证；

（三）承认与执行法院民事裁决和仲裁裁决；

（四）本条约规定的其他协助。

二、本条约所指的"民事"一词，应理解为亦包括商事、婚姻、家庭和劳动事项。

三、本条约所指的"主管机关"，应理解为包括法院、检察院和主管民事或刑事事项的其他机关。

第二条 司法保护

一、缔约一方公民在缔约另一方境内，在人身权利和财产权利方面享有与缔约另一方公司同等的司法保护，有权在与缔约另一方公民相同的条件下，诉诸缔约另一方法院或其他主管机关，并在这些机关进行其他诉讼行为。

二、本条第一款的规定亦适用于依照缔约一方法律在该方境内成立的法人和能够作为诉讼当事人的其他组织。

---

　　[*] 1998 年 10 月 19 日签署，1999 年 6 月 28 日第九届全国人民代表大会常务委员会第十次会议批准，1999 年 12 月 25 日生效。

第三条　诉讼费用的减免和法律援助

一、缔约一方公民在缔约另一方境内应在与缔约另一方公民相同的条件下和范围内，免除交纳诉讼费用并获得法律援助。

二、如果申请减免诉讼费用或申请法律援助取决于申请人的财产状况，关于申请人财产状况的证明书应由申请人的住所或居所所在地的缔约一方主管机关出具。如果申请人在缔约双方境内均无住所或居所，可由其本国的外交或领事代表机构出具上述证明书。

三、缔约一方公民根据本条第一款申请减免诉讼费用或申请法律援助时，可以向其居所或住所所在地的缔约一方主管机关提交申请。该机关应将申请连同根据本条第二款出具的证明书一起转交给缔约另一方的主管机关；缔约一方公民亦可直接向缔约另一方主管机关提出申请。

第四条　联系途径

一、除本条约另有规定外，缔约双方请求和提供司法协助，应通过各自的中央机关进行联系。

二、本条第一款所指的"中央机关"，在中华人民共和国方面系指中华人民共和国司法部和最高人民检察院；在越南社会主义共和国方面系指越南社会主义共和国司法部和最高人民检察院。

第五条　文字

根据本条约提出的司法协助请求书及其辅助文件，应附有经证明无误的被请求方官方文字或英文的译文。

第六条　司法协助的费用

一、缔约双方应相互免费提供司法协助。

二、根据本条约第十三条及第二十四条被通知到请求方境内的证人或鉴定人的旅费、食宿费和其他合理费用由请求方负担。请求方应根据请求，向证人或鉴定人全部或部分预付上述费用。

三、如果提供司法协助明显需要一项超常开支，缔约双方应协商决定提供该项协助的条件。

第七条　司法协助请求书

一、司法协助请求应以书面形式提出。请求书应包括下列内容：

（一）请求机关的名称和地址；

（二）如有可能，被请求机关的名称和地址；

（三）请求司法协助所涉及的案件和请求协助的事项的说明，以及执行请求所必需的其他说明；

（四）有关人员的姓名、性别、住址、国籍、职业及出生的地点和时间；如系法人，该法人的名称和地址；

（五）有关人员如有代理人，该代理人的姓名、住所等情况。

二、如果被请求方认为请求书中包括的资料尚不足以使其处理该请求，可要求请求方提供补充材料。

三、请求书及其所附文件应由请求机关签署并盖章。

第八条　司法协助请求的执行

一、被请求方应根据其本国法律执行司法协助请求。

二、被请求方可以按照请求方要求的方式执行司法协助请求，但以不违反其本国法律为限。

第九条　司法协助的拒绝

如果被请求方认为执行司法协助请求可能损害其主权、安全、公共秩序、基本利益或法律的基本原则，可以拒绝提供此项协助，并应将拒绝的理由通知请求方。

第十条　物品和金钱的转移

根据本条约将物品和金钱从缔约一方境内向缔约另一方境内转移时，应遵守该缔约一方关于物品和金钱出境方面的法规。

第二章　民事司法协助

第十一条　送达文书

一、被请求方应根据请求，送达司法文书和司法外文书。

二、被请求方在执行送达后，应向请求方出具送达证明。送达证明应包括送达日期、地点和执行方法的说明，并应由执行送达的机关签署并盖章。如不能执行送达，则应通知请求方，并说明理由。

第十二条　调查取证

一、缔约双方应根据请求，相互代为调查取证，以及进行与调查取证有关的必要诉讼行为。

二、调查取证请求书除应符合本条约第七条的规定之外，还应说明：

（一）为取得证言需向被调查人提出的问题，或者关于需询问的事项的说明；

（二）需检查的文件或者财产。

三、被请求方应将调查取证请求的执行结果书面通知请求方，并附所获得的证据材料。

第十三条　安排证人和鉴定人出庭

一、如果请求方认为证人或鉴定人到其司法机关出庭是必要的，则应在其要求送达诉讼通知的请求书中予以提及，该请求书中应同时说明可向该人支付的费用及支付的条件、期限情况。

二、送达诉讼通知的请求书应在要求该人出庭之日前至少六十天送交被请求方。

三、被请求方应向证人或鉴定人转达上述请求，并将其答复通知请求方。

第十四条　对证人和鉴定人的保护

一、对于拒绝按照本条约第十三条规定前往作证或提供鉴定的人员，请求方不得因此对其施加任何刑罚或强制措施，亦不得在诉讼通知中以刑罚或强制措施相威胁。

二、在请求方司法机关出庭的证人或鉴定人，不得因其在离开被请求方领土前的犯罪行为或被判定有罪而在请求方境内被追诉、拘留或采取限制其人身自由的其他措施；亦不得因其证词或鉴定结论而被追诉、拘留或惩罚。

三、如经主管机关告知已不再需要其出庭之日起十五日内，证人或鉴定人有机会离开却仍在请求方境内停留，或离开后又返回请求方领土，则对其不再给予第二款规定的保护。上述期间不应包括证人或鉴定人因其所不能控制的原因而未离开请求方领土的时间。

第三章　裁决的承认与执行

第十五条　范围

一、缔约一方应根据本条约规定的条件在其境内承认与执行在缔约另一方境内作出的下列裁决：

（一）法院对民事案件所作出的裁决；

（二）法院在刑事案件中所作出的有关民事损害赔偿的裁决；

（三）仲裁裁决。

二、本条约所指的"法院裁决"，在中华人民共和国方面系指法院的判决、裁定和调解书；在越南社会主义共和国方面系指法院的判决、决定和调解书。

第十六条 请求的提出

一、承认与执行法院裁决的请求，可以由当事人直接向有权承认与执行该项裁决的法院提出，亦可由作出裁决的缔约一方法院通过本条约第四条规定的途径向缔约另一方有权承认与执行该项裁决的法院提出。

二、承认与执行法院裁决的请求书除应符合本条约第七条的规定以外，还应附有：

（一）完整和经证明无误的裁决书副本，以及证明裁决已经生效的文件；

（二）如系缺席判决，证明缺席的败诉一方当事人已经合法传唤的文件或说明；

（三）如当事人系无诉讼行为能力人，证明其已得到适当代理的文件或说明。

第十七条 承认与执行的拒绝

对于本条约第十五条列举的法院裁决，除可根据本条约第九条拒绝承认与执行外，有下列情形之一的，亦可拒绝承认与执行：

（一）根据作出裁决的缔约一方的法律，该裁决尚未生效或不能执行；

（二）根据第十八条的规定，裁决是由无管辖权的法院作出的；

（三）根据作出裁决的缔约一方的法律，在缺席判决的情况下，缺席的败诉一方当事人未经合法传唤；或者无诉讼行为能力的当事人未得到适当代理；

（四）被请求方的法院对于相同当事人之间关于同一标的的案件已经作出了生效裁决或正在进行审理，或者已经承认了第三国对该案件作出的生效裁决。

第十八条 管辖权

一、为本条约的目的，有下列情况之一的，作出裁决的缔约一方法院应被认为依照本条约对案件具有管辖权：

（一）在提起诉讼时，被告在该方境内有住所或居所；

（二）在提起诉讼时，被告在该方境内设有代表机构；

（三）被告已书面明示接受该方法院的管辖；

（四）被告就争议的实质进行了答辩，并未就管辖权问题提出异议；

（五）在合同争议中，合同在该方境内签订，或者已经或应该在该方境内履行，或者诉讼标的物在该方境内；

（六）在合同外侵权案件中，侵权行为或结果发生在该方境内；

（七）在身份关系案件中，诉讼当事人在该方境内有住所或居所；

（八）在扶养义务案件中，债务人在该方境内有住所或居所；

（九）在继承案件中，被继承人死亡时其住所或者主要遗产在该方境内；

（十）诉讼标的物是位于该方境内的不动产。

二、本条第一款的规定不应影响双方法律规定的专属管辖权。缔约双方应通过外交途径以书面形式相互通知各自法律中关于专属管辖权的规定。

第十九条　承认与执行的程序

一、缔约一方承认与执行缔约另一方的法院裁决时，应适用其本国法律。

二、被请求方法院应仅限于审查裁决是否符合本条约所规定的条件，而不应对裁决作实质性审查。

第二十条　承认与执行的效力

缔约一方法院的裁决一经缔约另一方法院承认或决定执行，即应与缔约另一方法院的裁决具有同等效力。

第二十一条　仲裁裁决的承认与执行

缔约一方应根据一九五八年六月十日订于纽约的关于承认与执行外国仲裁裁决的公约，承认与执行在缔约另一方境内作出的仲裁裁决。

第四章　刑事司法协助

第二十二条　送达文书

一、被请求方应根据请求方的请求代为送达文书，但要求某人作为被指控犯罪的人出庭的文书例外。

二、本条约第十一条第二款的规定亦适用于送达刑事文书。

第二十三条　调查取证

一、缔约双方应根据请求相互代为调查取证，包括询问证人、被害人，讯问犯罪嫌疑人，进行鉴定、司法勘验以及进行与调查取证有关的其他诉讼行为。

二、刑事调查取证请求书除应符合本条约第七条的规定以外，还应包括有关犯罪行为的说明，以及据以认定犯罪的请求方刑法条文。

三、被请求方应将调查取证请求的执行结果书面通知请求方，并附所获得的证据材料。

四、除非双方另有协议，请求方对于被请求方提供的证据材料应予保密，且仅用于请求书中所表明的目的。

第二十四条　证人和鉴定人的出庭与保护

一、本条约第十三条及第十四条的规定亦适用于刑事事项。

二、如果缔约一方法院或其他主管机关认为有必要对缔约另一方境内的在押人员作为证人进行询问，本条约第四条规定的中央机关可就将该人移送到请求方境内作证达成协议，条件是使该人继续处于在押状态并在被询问后尽快送回。上述协议应包括对移送费用的详细规定。

三、如存在不适合移送本条第二款所述人员的特殊情况，被请求方可以拒绝移送。

第二十五条　赃款赃物的移交

一、缔约一方应根据缔约另一方的请求，在本国法律允许的范围内，将在被请求方境内发现的、罪犯在请求方境内所获得的赃款赃物移交给请求方。但此项移交不得侵害被请求方或第三人与上述赃款赃物有关的合法权利。

二、如果上述赃款赃物对于被请求方境内其他未决刑事诉讼案件的审理是必不可少的，被请求方可以暂缓移交。

第二十六条　刑事判决的通报

缔约双方应相互提供对对方公民所作的刑事判决书的副本。

第二十七条　刑事司法协助的拒绝

一、除可根据本条约第九条的规定拒绝提供刑事司法协助外，如果请求所针对的行为依被请求方法律不构成犯罪，被请求方亦可拒绝提供刑事司法协助。

二、被请求方应将拒绝提供刑事司法协助的理由书面通知请求方。

第五章　其他规定

第二十八条　交换法律情报

一、缔约双方应根据请求相互提供在各自境内有效的法律以及有关实践的情报。

二、请求提供情报应说明提出该项请求的机关及请求目的。

第二十九条　免除认证

在适用本条约时，缔约双方法院或其他主管机关制作或证明的文件和译文，如经正式签署并盖章，即无需任何形式的认证。

第三十条　向本国公民送达文书和调查取证

缔约一方可以通过其派驻缔约另一方的外交或领事官员向在该缔约另一方境内的本国公民送达文书和调查取证，但应遵守该缔约另一方的法律，并不得采取任何强制措施。

第三十一条　争议的解决

因解释或实施本条约所产生的任何争议均应通过外交途径解决。

第六章　最后条款

第三十二条　批准和生效

本条约须经批准，批准书在河内互换。本条约自互换批准书后第三十日起生效。

第三十三条　修改和补充

缔约双方对本条约的修改或补充均应通过外交途径进行协商，并按照各自的法律规定履行法律手续。

第三十四条　条约的有效期

本条约自缔约任何一方通过外交途径书面提出终止之日起六个月后失效，否则，本条约无限期有效。

本条约于一九九八年十月十九日在北京签订，一式两份，每份均用中文和越文写成，两种文本同等作准。

下列签字人经适当授权，在本条约上签字，以昭信守。

中华人民共和国代表　　　　　　　　越南社会主义共和国代表
　　　唐家璇　　　　　　　　　　　　　　阮庭禄

中华人民共和国和老挝人民民主共和国
关于民事和刑事司法协助的条约*

中华人民共和国和老挝人民民主共和国（以下简称"缔约双方"），在相互尊重主权和平等互利的基础上，为加强两国在司法协助领域的合作，决定缔结关于民事和刑事司法协助的条约。

为此目的，双方达成协议如下：

第一章　总　则

第一条　司法保护

一、缔约一方国民在缔约另一方境内，在人身和财产的司法保护方面享有与缔约另一方国民同等的权利。

二、缔约一方国民有权在与缔约另一方国民同等的条件下，在缔约另一方法院、检察院或其他主管民事和刑事案件的机关进行诉讼或提出请求。

三、本条第一款和第二款的规定亦适用于依照缔约任何一方法律在其境内成立的法人。

第二条　司法协助的范围

本条约规定的司法协助包括：

（一）在民事和刑事方面送达文书和调查取证；

（二）法院民事裁决、刑事案件中关于民事损害赔偿的裁决、关于诉讼费用的裁决和仲裁裁决的承认与执行；

（三）本条约规定的其他司法和法律协助。

第三条　诉讼费用的减免和法律援助

缔约一方国民在缔约另一方境内，可以在与缔约另一方国民相同的条件下和范围内，申请减免诉讼费用和获得法律援助。

---

* 1999年1月25日签署，2001年4月28日第九届全国人民代表大会常务委员会第二十一次会议批准，2001年12月15日生效。

第四条 出具财产状况证明

申请减免诉讼费用和法律援助，应出具申请人财产状况的证明。该证明应由申请人住所或居所所在地的缔约一方主管机关作出。如果申请人在缔约双方境内均无住所或居所，亦可由其本国的外交或领事代表机构作出证明。

第五条 诉讼费用的减免和法律援助的申请

根据第三条申请诉讼费用减免或法律援助的缔约一方国民，可向其住所或居所所在地的主管机关提出申请，该主管机关应将申请连同根据第四条出具的证明一起转交给缔约另一方的主管机关。

第六条 联系途径

一、除本条约另有规定外，缔约双方应通过各自的中央机关就请求和提供司法协助事宜进行联系。

二、本条第一款所指的中央机关为缔约双方各自的司法部。

第七条 文字

缔约双方中央机关进行书面联系时，应当使用本国文字，并附有对方文字或英文或法文的译文。

第八条 司法协助的拒绝

如果被请求方认为执行某项请求可能损害其主权或安全，可以拒绝提供协助，但应将拒绝的理由通知请求方。

第二章 民事案件送达文书与调查取证

第九条 协助的范围

缔约双方应当根据请求，在民事案件中代为送达司法文书和司法外文书，询问当事人、证人和鉴定人，进行鉴定和司法勘验，以及采取任何与调查取证有关的其他措施，但如取证并非为了已经开始或预期开始的司法程序，则不属于本条约适用范围。

第十条 请求书

一、送达文书和调查取证的请求应以请求书的形式提出。请求书应包括下列内容：

（一）请求机关的名称和地址；

（二）如已知道，被请求机关的名称和地址；

（三）请求所涉及的诉讼的性质和案情摘要；

（四）诉讼当事人及其他与执行请求有关的人员的姓名、性别、国籍、出生时间和地点、住所或居所、职业；如系法人，该法人的名称和地址；

（五）当事人如有法定代理人，法定代理人的姓名和地址；

（六）请求协助的内容；

（七）执行请求所需的其他文件和材料。

二、除符合前款的规定外，有关调查取证的请求书还应说明：

（一）向被调查人所提的问题，或者关于调查事由的陈述；

（二）被调查的文件或其他财产；

（三）关于证据是否应经宣誓，以及使用任何特殊形式作证的要求；

（四）适用第十四条所需的材料。

三、司法协助的请求书及所附文件应使用请求方的文字，并附有被请求方文字或英文或法文的译文。请求书所附的译文应经请求方中央机关证明无误。

第十一条　请求的执行

一、在执行送达文书或调查取证的请求时，被请求机关应适用其本国的法律；但在不违反上述法律的情况下，也可根据请求机关的请求采用请求书所要求的特殊方式。

二、如果被请求机关无权执行某项请求，应将该项请求立即送交有权执行的机关，并将此通知请求机关。

三、如果请求书所提供的地址不确切，或者当事人不在所提供的地址居住，被请求方应努力确定实际地址。如有必要，被请求方可要求请求方提供补充材料。

四、如果因无法确定地址等原因而不能执行请求，被请求方应将文件退回请求方，并说明阻碍执行的原因。

第十二条　通知执行请求的时间和地点

被请求方应根据请求将执行调查取证请求的时间和地点通知请求方，以便有关当事人或其代理人可在执行请求时在场。应请求方的请求，也可直接通知有关当事人或其代理人。

第十三条　强制措施的采取

在执行调查取证请求时，被请求方应在本国法对执行本国主管机关的决定所规定的情形下和范围内，采取适当的强制措施。

第十四条　作证的拒绝

在执行调查取证请求时，当事人如果在下列情况下有拒绝作证的特权和义务，可以拒绝作证：

（一）根据被请求方的法律；或者

（二）根据请求方的法律，并且此种特权或义务已在请求书中说明。

第十五条　通知执行结果

一、被请求方应根据请求，通过本条约第六条规定的途径，将执行请求的结果书面通知请求机关。

二、送达文书应根据被请求方的送达规则予以证明。送达证明应注明送达的时间、地点和受送达人。

三、通知调查取证的结果时，应随附所获取的证据。

第十六条　通过外交或领事代表机构送达文书和调查取证

一、缔约一方亦可通过其派驻缔约另一方的外交或领事代表机构，向在缔约另一方境内的本国国民送达文书和调查取证。

二、在通过此种方式送达文书和调查取证时，不得采取任何强制措施。

第十七条　证人或鉴定人的出庭

一、如果请求方认为被请求方境内的证人或鉴定人亲自到其司法机关是需要的，应在送达传票的请求书中予以说明。被请求方应将上述请求通知证人或鉴定人。

二、被请求方应将有关证人或鉴定人的答复通知请求方。

三、即使在请求送达的出庭传票中包括一项关于刑罚的通知，证人或鉴定人不得因其未答复该项传票或拒绝出庭而受惩罚。如果证人或鉴定人拒绝出庭，被请求方应将此通知请求方。

第十八条　证人和鉴定人的保护

一、对于根据第十七条的请求在缔约一方司法机关出庭的证人或鉴定人，不论其国籍如何，该缔约一方不得因其在离开缔约另一方领土前的犯罪行为或被判定的罪行而对其拘留、起诉或审判，或者采取任何其他限制人身自由的措施，也不得因其证词或鉴定而对其拘留、起诉或惩罚。

二、如经传唤机关告知已无需其出庭之日起连续三十日，证人或鉴定人有机会离开却仍在请求方境内停留，或离开后又自愿返回请求方领土，则不适用上述第一款规定的保护。上述期间不应包括证人或鉴定人由于其无法控制的原因未能离开请求方领土的时间。

第十九条　司法协助的费用

一、缔约双方应相互免费协助代为送达文书和调查取证，但根据第十一条使用特殊方式所产生的费用除外。

二、根据第十七条到请求方境内的证人或鉴定人，其旅费、食宿费及报酬由请求方支付。

三、请求方应根据证人或鉴定人的请求，向其预付全部或部分旅费和食宿费。

第三章　法院民事裁决和仲裁裁决的承认与执行

第二十条　范围

一、缔约一方应根据第二十一条规定的条件在其境内承认与执行在缔约另一方境内作出的下列裁决：

（一）法院对民事案件作出的裁决；

（二）法院在刑事案件中作出的关于民事损害赔偿或诉讼费的裁决；

（三）仲裁机构作出的裁决。

二、本条约所指的"裁决"包括法院作出的判决、裁定和调解书以及仲裁机构作出的裁决。

第二十一条　承认与执行法院裁决的条件

一、第二十条所指的裁决在下列条件下应予承认与执行：

（一）根据作出裁决的缔约方法律，该裁决是最终的和可执行的；

（二）据以作出裁决的案件不属于被请求方法院的专属管辖；

（三）在缺席判决的情况下，根据在其境内作出裁决的缔约一方的法律，未参加诉讼的当事人已被适当地通知应诉；

（四）被请求方法院此前未就相同当事人之间的同一诉讼标的作出最终裁决；

（五）在作出该裁决的诉讼程序开始前，相同当事人未就同一诉讼标的在被请求方法院提起诉讼；

（六）根据被请求方法律，裁决是可以执行的；

（七）被请求方认为裁决的承认与执行不损害其主权或安全；

（八）裁决的承认与执行不违反被请求方的公共秩序或基本利益；

（九）裁决或其结果均不与被请求方法律的任何基本原则相抵触；以及

（十）根据第二十二条的规定，裁决是由有管辖权法院作出的。

二、如无正当理由，被请求方的主管法院不应延迟就裁决的承认与执行作出决定。

第二十二条 法院的管辖权

一、就本条约而言，有下列情况之一的，作出裁决的缔约方法院应被认为对案件具有管辖权：

（一）在提起诉讼时，被告在该方境内有住所或居所；

（二）被告因其商业活动被提起诉讼时，在该方境内设有代表机构；

（三）被告已书面明示接受该方法院的管辖；

（四）被告就争议的实质事项进行了答辩，且未对法院的管辖权提出异议；

（五）在合同争议中，合同在该方境内签订，或者已经或应该在该方境内履行，或者诉讼标的物位于该方境内；

（六）合同外案件中的侵权行为或其结果发生在该方境内；

（七）在身份关系案件中，诉讼当事人在该方境内有住所或居所；

（八）在扶养义务案件中，被扶养人在该方境内有住所或居所；

（九）在继承案件中，被继承人死亡时其住所或者主要遗产在该方境内；

（十）作为诉讼标的物的不动产位于该方境内。

二、第一款的规定不应影响缔约双方法律关于专属管辖权的规定。

第二十三条 承认与执行的申请

一、请求承认与执行裁决的申请，可以由当事人直接向有权承认与执行裁决的被请求方法院提交，也可以由请求方法院通过第六条规定的途径转交给有权承认与执行裁决的被请求方法院。

二、请求承认与执行裁决的申请，应附下列文件：

（一）裁决或其证明无误的副本；

（二）证明裁决已经失效和可以执行的文件，除非裁决中对此已予说明；

（三）证明缺席判决的被告已经合法传唤的文件，除非裁决中对此已予说明；

（四）证明无诉讼行为能力的人已得到适当代理的文件，除非裁决中对此已予说明；

（五）上述裁决和文件的被请求方文字或英文或法文的经证明无误的译文。

第二十四条 承认与执行裁决的程序

一、关于承认与执行裁决的程序，缔约双方适用各自本国的法律。

二、法院在对请求承认与执行裁决的申请作出决定时，应仅审查是否符合第二十一条的规定。

第二十五条 承认与执行的效力

缔约一方法院作出的裁决一经缔约另一方法院承认或决定执行，即与缔约另一方法院作出的裁决具有同等效力。

第二十六条　仲裁裁决的承认与执行

缔约双方应根据一九五八年六月十日在纽约缔结的《承认与执行外国仲裁裁决公约》，相互承认与执行仲裁裁决。

第四章　刑事司法协助

第二十七条　范围

缔约双方应当根据请求，在刑事方面相互代为送达诉讼文书，向证人、被害人和鉴定人调查取证，讯问犯罪嫌疑人和被告人，进行鉴定、勘验以及完成其他与调查取证有关的司法行为，安排证人或鉴定人出庭，通报刑事判决，承认与执行刑事案件中关于民事损害赔偿和诉讼费的裁决。

第二十八条　刑事司法协助的拒绝

一、除可根据第八条拒绝提供刑事司法协助外，有下列情况之一的，被请求方亦可拒绝提供刑事司法协助：

（一）被请求方认为请求所涉及的犯罪具有政治性质或为军事犯罪；

（二）根据被请求方的法律，请求所涉及的行为不构成犯罪；

（三）提出请求时，请求所涉及的罪犯或犯罪嫌疑人为被请求方国民，并且不在请求方境内。

二、被请求方应将拒绝的理由通知请求方。

第二十九条　送达文书和调查取证

一、本条约第二章的规定亦适用于在刑事案件中送达文书和调查取证。

二、在刑事案件中送达文书和调查取证的请求书除须符合第十条的规定外，还应包括犯罪行为的描述以及据以认定该行为构成犯罪的有关法律规定。

第三十条　赃款赃物的移交

一、缔约一方应根据缔约另一方的请求，将在缔约一方境内发现的、罪犯在缔约另一方境内犯罪时所获得的赃款赃物移交给缔约另一方。但此项移交不得侵害被请求方或者与上述财物有关的任何第三人的合法权益。

二、如果上述赃款赃物对于被请求方境内的其他刑事诉讼程序是必不可少的，则可暂缓移交。

第三十一条　刑事判决的通报

缔约双方应相互提供对缔约另一方国民作出的已生效的刑事判决的副本。

第三十二条 承认与执行刑事案件中关于民事损害赔偿和诉讼费的裁决

缔约双方应相互承认与执行刑事案件中关于民事损害赔偿和诉讼费的裁决。上述法院裁决的承认与执行应根据本条约第二十一条进行。

第五章 其他规定

第三十三条 交换资料

缔约双方应根据请求，相互免费提供在各自境内有效的法律和司法实践的资料。

第三十四条 认证的免除

在适用本条约时，缔约一方法院或其他主管机关制作并经其盖章的文件和译文，只要经该方中央机关证明无误，则无须任何其他形式的认证。

第三十五条 争议的解决

因解释或实施本条约所产生的任何争议均应通过外交途径解决。

第六章 最后条款

第三十六条 批准和生效

本条约须经批准，批准书在万象互换。本条约自互换批准书之日起第三十日开始生效。

第三十七条 条约的终止

本条约自缔约任何一方通过外交途径向缔约另一方书面提出终止通知之日起六个月后失效。

本条约于一九九九年一月二十五日在北京签订，一式两份，每份均用中文和老挝文写成，两种文本同等作准。

缔约双方代表在本条约上签字，以昭信守。

中华人民共和国代表　　　　　　　老挝人民民主共和国代表

唐家璇　　　　　　　　　　　　宋沙瓦·凌沙瓦

（签字）　　　　　　　　　　　　（签字）

中华人民共和国和立陶宛共和国
关于民事和刑事司法协助的条约[*]

中华人民共和国和立陶宛共和国（以下简称"缔约双方"），在相互尊重主权和平等互利的基础上，为加强两国在司法协助领域的合作，愿意相互提供民事和刑事司法协助，并达成协议如下：

第一章 总 则

第一条 范围

一、缔约双方应当根据本条约，在民事与刑事领域相互提供下列司法协助：

（一）送达文书和调查取证；

（二）承认与执行法院民事裁决和仲裁裁决；

（三）本条约规定的其他协助。

二、本条约所指"民事"，包括商事、婚姻、家庭和劳动事项。

三、本条约所指"主管机关"，包括法院、检察院和其他主管民事和刑事案件的机关。

第二条 司法保护

一、缔约一方国民在缔约另一方境内，在人身和财产权利方面享有与缔约另一方国民同等的司法保护，有权在与缔约另一方国民相同的条件下，诉诸缔约另一方法院或其他主管机关。

二、本条第一款的规定亦适用于依照缔约任何一方法律在该方境内成立的法人。

第三条 诉讼费用的减免和法律援助

一、缔约一方国民在缔约另一方境内应有权在与另一方国民相同的条件下和范围内，减免交纳诉讼费用和获得免费法律援助。

---

* 2000 年 3 月 20 日签署，2000 年 8 月 25 日第九届全国人民代表大会常务委员会第十七次会议批准，2002 年 1 月 19 日生效。

二、如果对于减免诉讼费用或法律援助的申请应依申请人的财产状况作出决定，关于申请人财产状况的证明书应由申请人的住所或居所所在地的缔约一方主管机关出具。如果申请人在缔约双方境内均无住所或居所，可以由其本国的外交或领事代表机构出具证明书。

三、缔约一方国民根据本条第一款申请减免诉讼费用或申请法律援助，可以向其住所或居所所在地的缔约一方主管机关提交申请。该机关应当将申请连同根据本条第二款出具的证明书一起转交给缔约另一方的主管机关。该人亦可直接向缔约另一方主管机关提出申请。

第四条 联系途径

一、除本条约另有规定外，缔约双方请求和提供司法协助，应当通过各自的中央机关进行联系。

二、本条第一款所指的中央机关，在中华人民共和国方面为中华人民共和国司法部；在立陶宛共和国方面为立陶宛共和国司法部。

第五条 文字

根据本条约提出的请求书及其辅助文件，应当附有经证明无误的被请求方官方文字或英文译文。

第六条 司法协助的费用

一、缔约双方应当免费互相提供司法协助。

二、缔约一方的证人或鉴定人根据本条约第十三条或第二十三条到另一方境内出庭，其报酬、旅游和食宿费由请求方负担。请求方应当根据请求，向证人或鉴定人预付全部或部分上述费用。

三、如果执行请求明显需要超常开支，缔约双方应协商决定提供该项协助的条件。

第七条 司法协助请求书

一、司法协助请求应当以书面形式提出，并应当包括下列内容：

（一）请求机关的名称；

（二）如有可能，被请求机关的名称、地址；

（三）请求所涉案件和事项的情况说明，以及提供司法协助所需的其他必要资料；

（四）有关人员的姓名、性别、地址、国籍以及其他有关该人身份的情况；如系法人，该法人的名称和地址；

（五）有关人员如有代理人，该代理人的姓名和地址。

二、如果被请求方认为请求书中包括的资料尚不足以使其处理该请求，可以要求提供补充材料。

三、上述请求书及其辅助文件应当由请求机关签署或盖章。

第八条　请求的执行

一、被请求方应当根据本国法律执行司法协助请求。

二、被请求方可以按照请求方指明的方式执行司法协助请求，但应以不违反其本国法律为限。

三、如果收到司法协助请求的机关无权执行该请求，应当将该请求转交给主管机关，并通知请求方。

第九条　司法协助的拒绝

如果被请求方认为执行司法协助请求可能损害其主权、安全、公共秩序或重大利益，可以拒绝提供此项协助。被请求方应将拒绝的理由通知请求方。

第十条　物品和金钱的转移

根据本条约将物品和金钱从缔约一方境内向缔约另一方境内转移时，应当遵守各缔约方关于物品和金钱出境方面的法律和法规。

第二章　民事司法协助

第十一条　送达文书

一、被请求方应当根据请求，送达文书。

二、被请求方在执行送达后，应当向请求方出具送达证明，送达证明应当包括送达日期、地点和送达方式的说明，并应当由送达文书的机关签署或盖章。如无法执行送达。则应当将理由通知请求方。

第十二条　调查取证

一、缔约双方应当根据请求，相互代为调查取证，包括获取当事人陈述、证人证言、书证和物证，进行鉴定和司法勘验，以及其他与调查取证有关的司法行为。

二、调查取证请求除应符合本条约第七条的规定之外，还应当包括：

（一）需向被调查人所提的问题，或者关于需调查的事项的陈述；

（二）关于需检查的物品、文件或者其他财产的说明。

三、被请求方应当将执行调查取证的结果通知请求方，并转交所获得的证据材料。

四、请求方应当根据请求，对被请求方提供的证据材料予以保密，并仅用于请求书中所指的目的。

第十三条　证人和鉴定人出庭

一、如果请求方认为证人或鉴定人到其司法机关出庭是必要的，则可以在其要求送达诉讼通知的请求中予以提及，该请求应当同时说明可为证人或鉴定人出庭支付的费用。

二、送达上述诉讼通知的请求应当在要求该人到请求方司法机关出庭之日前至少六十天送交被请求方。

三、被请求方应当向有关人员转达上述请求，并将其答复通知请求方。

第十四条　对证人和鉴定人的保护

一、对于拒绝按本条约第十三条规定前往作证或提供鉴定的证人或鉴定人，请求方不得因此对其施加任何处罚或其他强制措施，也不得在请求中以此相威胁。

二、请求方对根据本条约到其司法机关出庭的证人或鉴定人，不得因其在离开被请求方领土前的犯罪行为或被判定有罪而对其予以拘留、起诉或采取其他限制人身自由的措施，也不得因其证词或鉴定而予以拘留、起诉或惩罚。

三、如果在主管机关告知已不再需要出庭之日后十五日内，证人或鉴定人未离开请求方领土，或离开后又自愿返回请求方领土，则对其不得再适用本条第二款规定的保护。上述期间不应包括证人或鉴定人因其所不能控制的原因而未能离开请求方领土的时间。

第十五条　民事司法协助的拒绝

一、除可根据本条约第九条的规定拒绝提供司法协助外，被请求方如有充分理由认为所需调取的证据并非意图用于已经开始或预期的司法程序，亦可拒绝提供民事司法协助。

二、被请求方应当将拒绝的理由通知请求方。

第三章　裁决的承认与执行

第十六条　范围

一、缔约一方应当根据本条约规定的条件在其境内承认与执行缔约另一方作出的下列裁决：

（一）法院对民事案件所作出的裁决；

（二）法院在刑事案件中所作的有关民事损害赔偿的裁决；

（三）仲裁机构的裁决。

二、本条约所指"裁决"亦包括法院制作的调解书。

第十七条　请求的提出

一、承认与执行裁决的请求，可以由当事人直接向有权承认与执行该项裁决的法院提出，亦可由缔约一方法院通过本条约第四条规定的途径向缔约另一方有权承认与执行该项裁决的法院提出。

二、承认与执行裁决请求除应符合本条约第七条的规定以外，还应当随附下列文件或说明：

（一）完整和经证明无误的裁决书副本，及证明裁决已经生效的文件；

（二）如系缺席裁决，证明缺席一方当事人已经合法传唤的文件或说明；

（三）证明无诉讼行为能力的当事人已得到合法代理的文件或说明。

第十八条　承认与执行的拒绝

对于本条约第十六条列举的裁决，除可根据本条约第九条拒绝承认与执行外，有下列情形之一的，亦可拒绝承认与执行：

（一）根据作出裁决的缔约一方的法律，该裁决尚未生效或不能执行；

（二）根据被请求方法律，裁决是由无管辖权的法院作出的；

（三）根据作出裁决的缔约一方的法律，在缺席裁决的情况下缺席的一方当事人未经合法传唤，或者无诉讼行为能力当事人未得到合法代理；

（四）被请求方的法院对于相同当事人之间关于同一标的的案件已经作出了有效裁决或正在进行法院程序，或者已经承认了第三国作出的裁决。

第十九条　承认与执行的程序

一、缔约一方承认与执行缔约另一方的法院裁决或仲裁裁决时，应当适用其本国法律。

二、被请求方法院应当仅审查是否符合本条约所规定的条件，而不应对法院裁决或仲裁裁决作实质性审查。

第二十条　承认与执行的效力

缔约一方作出的裁决经缔约另一方法院承认或执行，即应当与缔约另一方法院作出的裁决具有同等效力。

第二十一条　仲裁裁决的承认与执行

缔约双方应当根据一九五八年六月十日在纽约缔结的《承认及执行外国仲裁裁决公约》，相互承认与执行对方的仲裁裁决，但应当遵守缔约双方各自作出的声明或保留。

第四章　刑事司法协助

第二十二条　送达文书和调查取证

一、本条约第十一条和第十二条亦适用于刑事事项。

二、刑事调查取证请求还应当说明有关犯罪行为的详细情况，以及请求方刑法的有关条文。

第二十三条　证人和鉴定人出庭与保护

本条约第十三条及第十四条亦适用于刑事事项。

第二十四条　赃款赃物的移交

一、被请求方应当根据请求，在本国法律允许的范围内，将罪犯在请求方境内获得而在被请求方境内被发现的赃款赃物移交给请求方。但此项移交不得侵害被请求方或第三方与上述赃款赃物有关的合法权利。

二、如果上述赃款赃物对于被请求方境内其他未决刑事诉讼案件的审理是必不可少的，被请求方可以暂缓移交。

第二十五条　证据材料的移交

被请求方应当根据请求，在其法律允许的范围内，将刑事诉讼中作为证据的材料移交给请求方。请求方应当在刑事诉讼结束后将上述材料送还被请求方。

第二十六条　刑事判决的通报

缔约双方应当相互提供对对方公民所作的刑事判决书副本。

第二十七条　刑事司法协助的拒绝

一、除可根据本条约第九条的规定拒绝提供司法协助外，如果根据被请求方的法律，请求所涉及的行为不构成犯罪，被请求方亦可拒绝提供刑事司法协助。

二、被请求方应当将拒绝的理由通知请求方。

第五章　其他规定

第二十八条　交换法律资料

一、缔约双方应当根据请求相互提供在各自国内有效的法律与有关实践的资料。

二、请求提供资料应当说明提出该项请求的机关及请求目的。

第二十九条 免除认证

在适用本条约时，缔约任何一方法院或其他主管机关制作或证明的文件和译文，如经正式签署或盖章，即无需任何形式的认证。

第三十条 外交或领事官员送达文书和调查取证

缔约一方可以通过其派驻缔约另一方的外交或领事官员向在该缔约另一方境内的本国公民送达文书和调查取证，但应当遵守该缔约另一方的法律，并不得采取任何强制措施。

第六章 最后条款

第三十一条 争议的解决

因解释或适用本条约所产生的任何争议，均应通过外交途径解决。

第三十二条 与其他国际公约的关系

本条约不影响缔约双方根据任何其他有关民事和刑事司法协助的国际公约所享受的权利和承担的义务。

第三十三条 条约的修改或补充

缔约双方应当通过外交途径修改或补充本条约。修改和补充应自缔约双方各自完成其国内法律程序后生效。

第三十四条 生效和终止

一、本条约须经批准，批准书在维尔纽斯互换。本条约在互换批准书后第三十日起生效。

二、缔约任何一方可以随时通过外交途径，以书面形式通知缔约另一方终止本条约。终止自该缔约另一方收到该通知之日后六个月生效。

下列签署人经各自政府适当授权，签署本条约，以昭信守。

本条约于二〇〇〇年三月二十日在北京签订，一式两份，每份均用中文、立陶宛文和英文写成，三种文本同等作准。如对本条约的解释发生分歧，以英文文本为准。

中华人民共和国代表　　　　　　　　　　　立陶宛共和国代表

　　唐家璇　　　　　　　　　　　　　　　　绍达尔加斯

　（签字）　　　　　　　　　　　　　　　　（签字）

中华人民共和国和朝鲜民主主义人民共和国
关于民事和刑事司法协助的条约[*]

中华人民共和国和朝鲜民主主义人民共和国（以下简称"缔约双方"），在相互尊重主权和平等互利的基础上，为深入发展两国友好关系，加强司法领域的合作，达成协议如下：

第一章　总　　则

第一条　司法保护

一、缔约一方公民在缔约另一方境内，在人身和财产权利方面与缔约另一方公民享有同等的司法保护。

二、缔约一方公民在缔约另一方境内，可在与缔约另一方公民同等的条件下，自由地诉诸缔约另一方法院，或者向有权处理民事及刑事案件的其他机关提出请求。

三、本条第一款、第二款的规定亦适用于位于缔约一方境内并依该方法律成立的法人。

第二条　司法协助的联系途径

一、除本条约另有规定外，缔约双方的法院及有权处理民事和刑事案件的其他机关应当通过缔约双方的中央机关相互进行司法协助。

二、第一款所指的中央机关，在中华人民共和国方面为最高人民法院、最高人民检察院和司法部。在朝鲜民主主义人民共和国方面为中央裁判所和中央检察所。

第三条　司法协助的范围

本条约规定的司法协助包括：

（一）在民事和刑事方面送达司法文书；

---

[*] 2003 年 11 月 19 日签署，2005 年 8 月 28 日第十届全国人民代表大会常务委员会第十七次会议批准，2006 年 1 月 21 日生效。

（二）在民事方面的询问和其他调查取证，以及在刑事方面的讯问和其他调查取证；

（三）承认与执行法院裁决；

（四）本条约规定的其他司法协助。

第四条　诉讼费用的减免和法律援助

一、缔约一方公民在缔约另一方境内，可以在与缔约另一方公民同等的条件下和范围内获得诉讼费用减免和法律援助。

二、申请获得第一款规定的诉讼费用减免和法律援助，应当由申请人住所或者居所所在地的缔约一方主管机关出具关于该人财产状况的证明。如果申请人在缔约双方境内均无住所和居所，可以由该人国籍所属缔约一方的外交或者领事机关出具或者确认有关该事项的证明。

三、负责对诉讼费用减免和法律援助申请作出决定的司法机关或者其他主管机关可以要求提供补充材料。

第五条　司法协助费用的负担

一、被请求的缔约一方承担在本国境内提供司法协助时所产生的一切费用。

二、请求的缔约一方应当负担下列费用：

（一）有关人员按照本条约第八条的规定，前往、停留和离开请求的缔约一方的费用和津贴；

（二）鉴定人的费用和报酬。

第六条　司法协助适用的法律

被请求提供司法协助的机关在提供司法协助时应当适用各自的本国法。在与本国法律不相抵触的情况下，被请求机关亦可按照请求机关请求的方式执行。

第七条　语言

一、缔约双方的中央机关进行书面联系时，应当使用本国官方文字，并附缔约对方文字的译文。

二、司法协助请求书及其所附文件，应当使用请求的缔约一方的文字，并附被请求的缔约一方文字的译文。

第八条　证人、鉴定人出庭及其保护

一、缔约一方应当根据缔约另一方的请求，邀请证人、鉴定人前往缔约另一方境内出庭作证。缔约另一方在请求书中应当说明需向该人支付的津贴、费用的范围和标准。缔约一方应当将该人的答复迅速通知缔约另一方。

二、根据本条第一款提出的请求，应当在不迟于预定的出庭日六十天前递交给被请求的缔约一方。

三、请求的缔约一方对于到达其境内的证人或者鉴定人，不得因该人在入境前的任何作为或者不作为而予以起诉、羁押、处罚或者采取其他限制人身自由的措施，也不得要求该人在请求所未涉及的任何其他诉讼程序中作证。

四、如果上述人员在被正式通知无需继续停留后十五天内未离开请求的缔约一方，或者离开后又自愿返回，则不再适用本条第三款。但该期限不包括该人因本人无法控制的原因而未离开请求的缔约一方领土的期间。

五、对于拒绝接受根据本条第一款提出的邀请的人员，不得因此种拒绝而施加任何刑罚或者采取任何限制其人身自由的强制措施。

第九条　司法协助的拒绝

被请求的缔约一方如果认为提供司法协助将有损本国的主权、安全或者重大公共利益，或者违反其法律的基本原则，或者请求的事项超出本国司法机关的主管范围，可以拒绝提供司法协助，并应当说明拒绝理由。

第十条　交换法律资料

缔约双方应当根据请求，相互交换本条约涉及领域的本国现行法律或者司法实践的资料。

第十一条　认证的免除

为适用本条约的目的，由缔约双方法院或者其他主管机关制作或者证明，并且通过第二条规定的联系途径转递的文件，免除任何形式的认证。

第二章　民事方面的文书送达和调查取证

第十二条　协助范围

缔约双方应当根据请求，在民事案件中相互代为送达司法文书，询问当事人、证人和鉴定人，进行鉴定和司法勘验，以及采取任何与调查取证有关的其他措施。如果取证并非为了已经开始或者预期开始的司法程序，则不属于本条约适用范围。

第十三条　请求的内容和格式

送达司法文书和调查取证的请求应当以请求书的形式提出。请求书应当由请求机关签署或者盖章，并包括下列内容：

（一）请求机关的名称和地址；

（二）可能时，被请求机关的名称；

（三）请求所涉及人员的姓名、国籍以及地址；如果系法人，法人的名称和地址；

（四）必要时，当事人代理人的姓名和地址；

（五）请求所涉及的诉讼的性质和案情摘要；

（六）请求的事项；

（七）执行请求所需的其他材料。

第十四条　请求的执行

一、被请求的缔约一方应当根据本国法律规定的方式执行送达司法文书和调查取证的请求。

二、被请求机关如果无权执行请求，应当将该项请求移送有权执行的主管机关，以便执行。

三、被请求的缔约一方如果认为请求的缔约一方提供的材料不足以使其根据本条约的规定处理该请求，可以要求请求的缔约一方在九十天内提供补充材料。如果在上述期限内未能提供补充材料或者因为其他原因无法执行请求，被请求的缔约一方应当将请求书以及所附文件退回请求的缔约一方，并说明妨碍执行的原因。

第十五条　通知执行结果

一、被请求的缔约一方应当根据请求，通过本条约第二条规定的联系途径，将执行请求的结果书面通知请求机关。

二、送达文书应当根据被请求的缔约一方的送达规则予以证明。送达证明应当注明受送达人的姓名、身份、送达日期和地点以及送达方式。如果受送达人拒收，应当注明拒收的原因。

第十六条　通过外交或者领事代表机关送达文书和调查取证

缔约一方可以通过本国派驻缔约另一方的外交或者领事代表机关向在该缔约另一方领域内的本国公民送达司法文书和调查取证，但应当遵守该缔约另一方法律，并且不得采取任何强制措施。

第三章　法院裁决的承认与执行

第十七条　法院裁决的承认与执行的范围

一、缔约一方应当根据本条约规定的条件，在其境内承认与执行本条约生效后缔约另一方的下列裁决：

（一）法院在民事商事案件中作出的裁决；

（二）法院在刑事案件中作出的有关损害赔偿的裁决。

二、本条约所指的"裁决"亦包括法院制作的调解书。

第十八条　请求的提出

承认与执行法院裁决的请求，可以由当事人直接向有权承认与执行该裁决的法院提出，亦可以由缔约一方法院通过本条约第二条规定的联系途径向缔约另一方有权承认与执行该裁决的法院提出。

第十九条　请求应当附的文件

承认与执行裁决的请求，应当附下列文件：

（一）经证明无误的裁决书的副本；

（二）证明裁决是最终的和可以执行的文件；

（三）已向被缺席审判的当事人送达的经核实无误的传票的副本；

（四）证明无诉讼行为能力的人已得到合法代理的文件；

（五）上述法院裁决和文件的经证明无误的被请求的缔约一方文字的译文。

第二十条　裁决承认与执行的程序

一、缔约双方应当依照各自本国法律规定的程序承认与执行法院裁决。

二、被请求的缔约一方的法院可以审核请求承认与执行的法院裁决是否符合本条约的规定，但不得对该裁决作任何实质性审查。

第二十一条　裁决承认与执行的拒绝

法院裁决除可以根据本条约第九条的规定拒绝承认与执行外，有下列情形之一的，也可以拒绝承认与执行：

（一）根据作出裁决的缔约一方的法律，该裁决不是最终的或者不具有执行效力；

（二）根据被请求的缔约一方的法律，裁决是由无管辖权的法院作出的；

（三）根据作出裁决的缔约一方的法律，在缺席判决的情况下，败诉一方当事人未经合法传唤；或者在当事人无诉讼行为能力时没有得到合法代理；

（四）被请求的缔约一方法院对于相同当事人之间就同一标的的案件正在进行审理或者已经作出了最终裁决，或者已承认与执行了第三国对该案件作出的最终裁决。

第二十二条　承认与执行的效力

被承认与执行的裁决在被请求的缔约一方境内应当与被请求缔约一方法院

作出的裁决具有相同的效力。

第四章　刑事司法协助

第二十三条　协助范围

一、缔约双方应当根据请求，在刑事方面相互代为送达诉讼文书，向证人、被害人和鉴定人调查取证，讯问犯罪嫌疑人和被告人，进行鉴定、司法勘验以及完成其他与调查取证有关的司法行为，安排证人或者鉴定人出庭，通报刑事诉讼结果。

二、缔约一方应当根据请求，依据本国法律，对涉嫌在缔约另一方境内犯罪的本国公民提起刑事诉讼。

第二十四条　刑事司法协助的拒绝

一、除可根据本条约第九条拒绝提供司法协助外，有下列情形之一的，被请求的缔约一方亦可拒绝提供刑事司法协助：

（一）请求涉及的行为根据被请求的缔约一方法律不构成犯罪；

（二）被请求的缔约一方正在对请求所涉及的同一犯罪嫌疑人或者被告人就同一犯罪进行刑事诉讼，或者已经终止刑事诉讼，或者已经作出最终判决。

二、被请求的缔约一方应当将拒绝的理由通知请求的缔约一方。

第二十五条　送达文书和调查取证

一、本条约第二章第十三条、第十四条和第十五条的规定亦适用于在刑事案件中送达文书和调查取证。

二、在刑事案件中送达文书和调查取证的请求书除须符合本条约第十三条的规定外，还应当包括犯罪行为的描述以及据以认定该行为构成犯罪的有关法律规定。

第二十六条　证据的查询、搜查、扣押和移交

一、被请求的缔约一方应当在本国法律允许的范围内，执行查询、搜查、扣押和冻结作为证据的财物的请求。

二、被请求的缔约一方应当向请求的缔约一方提供其所要求的有关执行上述请求的结果，包括查询或者搜查的结果，扣押或者冻结的地点和状况以及有关财物随后被监管的情况。

三、如果请求的缔约一方同意被请求的缔约一方就移交所提出的条件，被请求的缔约一方可以将被扣押财物移交给请求的缔约一方。

第二十七条 犯罪所得的没收和移交

一、请求的缔约一方应当在请求中说明犯罪所得可能位于被请求的缔约一方境内的理由，被请求的缔约一方应当据此努力确定犯罪所得是否位于其境内，并且应当将调查结果通知请求的缔约一方。

二、如果根据本条第一款，犯罪所得已被找到，被请求的缔约一方应当根据请求，按照本国法律采取措施予以冻结、扣押和没收。

三、在本国法律允许的范围内及缔约双方商定的条件下，缔约一方可以根据缔约另一方的请求，将上述的犯罪所得的全部或者部分或者将其出售后所得资金移交给缔约另一方。

四、在适用本条时，被请求的缔约一方和第三人对这些财物的合法权利应当依被请求的缔约一方法律受到尊重。

第二十八条 通报刑事诉讼结果

一、缔约一方应当根据请求，向缔约另一方通报依照本条约第二十三条第二款提起的刑事诉讼的结果。

二、缔约一方应当根据请求，向缔约另一方通报其对该缔约另一方公民提起的刑事诉讼的结果。

第五章 最后条款

第二十九条 争议的解决

因解释或者实施本条约所产生的任何分歧，如果缔约双方中央机关不能达成协议，应当通过外交途径协商解决。

第三十条 生效和修正

一、本条约须经批准，批准书在平壤互换。本条约自互换批准书之日后第三十天生效。

二、本条约经缔约双方书面协议，可以随时予以修正。

第三十一条 条约的有效期

一、本条约自生效之日起五年内有效。

二、如果缔约任何一方未在五年有效期届满前六个月通过外交途径通知缔约另一方终止本条约，本条约在随后的五年内继续有效。

三、缔约任何一方根据本条第二款终止本条约，应当以书面方式通知缔约另一方，终止自通知发出之日起第一百八十天生效。

本条约于二〇〇三年十一月十九日在北京签订，一式两份，每份均以中文和朝鲜文制成，两种文本同等作准。

中华人民共和国代表　　　　　　　朝鲜民主主义人民共和国代表

张福森　　　　　　　　　　　　　金秉律

（签字）　　　　　　　　　　　　（签字）

二、刑事司法协助条约

中华人民共和国和加拿大关于刑事司法协助的条约[*]

中华人民共和国和加拿大（以下简称"双方"），在相互尊重主权和平等互利的基础上，为加强两国在刑事司法协助领域的密切合作，决定缔结本条约。

为此目的，双方议定下列各条：

第一章　总　　则

第一条　刑事司法协助

一、双方应根据本条约的规定，相互提供刑事司法协助。

二、司法协助系指被请求方为在请求方进行的刑事调查取证或诉讼所提供的任何协助，无论该协助是由法院或其他机关寻求或提供。

三、第一款所述"刑事"，在中华人民共和国方面系指全国人民代表大会及其常务委员会制定和颁布的法律所规定的与犯罪有关的调查取证或诉讼；在加拿大方面系指联邦议会法律所规定的与犯罪有关的调查取证或诉讼。

第二条　司法协助的范围

协助应包括：

（一）刑事诉讼文书的送达；

（二）调查取证和获取有关人员的陈述；

（三）搜查和扣押；

（四）获取和提供鉴定人鉴定；

---

* 1994 年 7 月 29 日签署，1995 年 2 月 28 日第八届全国人民代表大会常务委员会第十二次会议批准，1995 年 7 月 1 日生效。

（五）移交物证；

（六）提供犯罪记录和法庭记录；

（七）提供书证；

（八）准许或协助包括在押人员在内的有关人员赴请求方作证或协助调查取证；

（九）涉及赃款赃物和归还被害人财物的措施。

第三条　协助的途径

一、除本条约另有规定外，双方的法院和其他机关应通过各自的中央机关相互请求和提供司法协助。

二、前款所述"中央机关"，在中华人民共和国方面系指其司法部，在加拿大方面系指其司法部长或司法部长指定的官员。

第四条　司法协助适用的法律

一、被请求方应按照其本国法律提供协助。

二、在被请求方法律未予禁止的范围内，应按请求方要求的方式执行请求。

第五条　语言

协助请求书应用请求方的文字书写，请求书及其附件应附有被请求方官方文字的译文。

第六条　司法协助的费用

一、被请求方应支付提供司法协助的费用，但下列费用应由请求方负担：

（一）根据一项协助请求赴请求方的有关人员的旅费、膳食费和住宿费以及应向其支付的任何补助费。这些费用应按请求方的标准和规定支付。

（二）在请求方或被请求方的鉴定人的费用和酬金。

二、请求方应在请求中或所附文件中详细说明应付费用和酬金，若应当事人或鉴定人要求，请求方应预付这些费用和酬金。

三、如果执行请求明显需要一项巨大开支，双方应协商确定能够提供被请求的协助的费用和条件。

第七条　司法协助的拒绝

一、如有下列情况，被请求方可以拒绝协助：

（一）被请求方认为执行请求将损害其主权、安全、公共秩序或其他基本公共利益，或者认为案件在被请求方审理可能更为合适；

（二）按照被请求方的法律，请求书中提及的嫌疑犯、被告人或罪犯的行为在被请求方不构成犯罪；

（三）被请求方有充分的依据相信提供协助将便利对请求书所涉及的当事人基本种族、宗教、国籍或政治见解原因进行诉讼或处罚。

二、由于第一款所述原因或因为国内法律予以禁止而不能执行请求时，被请求方应迅速将请求和所附文件退回请求方，并应说明此项决定的理由。

三、在拒绝一项协助请求或暂缓提供此项协助前，被请求方应考虑是否可以根据它认为是必要的附加条件同意提供协助。如果请求方接受附加条件的协助，则应遵守这些条件。

第八条　认证

除第十六条规定的情况外，根据本条约转递的任何文件及其译文，无须任何形式的认证。

第二章　协助的请求

第九条　请求的内容

一、所有协助的请求均应包括以下内容：

（一）请求所涉及的进行调查取证或诉讼的主管机关的名称；

（二）对于调查取证或诉讼的说明，包括有关事实和法律的概述；

（三）提出请求的目的，以及所寻求协助的性质；

（四）是否有保密的需要，以及需要保密的理由；

（五）执行请求的时间限制。

二、协助的请求还应包括以下情况：

（一）如有可能，作为调查取证或诉讼对象的人员的身份、国籍和所在地；

（二）如有必要，对请求方希望予以遵守的特定程序或要求的详细说明及其理由；

（三）如果请求调查取证或者搜查和扣押，表明有根据相信在被请求方管辖范围内可能发现证据的陈述；

（四）如果请求向个人调查取证，是否需要其宣誓或不经宣誓而提供正式证词的陈述，以及对所寻求的证据或证言的说明；

（五）如遇转借证据的情况，保管证据的人员，证据将移送的地点，进行检验和归还证据的时间；

（六）如遇在押人员作证的情况，在移交期间实施拘押的人员的情况，移交在押人的地点和交还该人的时间。

三、如果被请求方认为请求中提供的材料不足以使该项请求得以执行，可以要求提供补充材料。

四、请求应以书面方式提出。在紧急情况下或在被请求方允许的其他情况下，请求也可以口头方式提出，但在此后应迅速以书面方式确认。

第十条　延期

如果执行请求将妨碍被请求方正在进行的调查取证或诉讼，被请求方可以暂缓提供协助，但应迅速将此通知请求方。

第十一条　通知执行结果

一、被请求方应通过本条约第三条规定的途径，将执行请求的结果以书面方式通知请求方。适当时，通知应附有送达证明或已获得的证据。

二、送达证明应包括日期、地点和送达方法的说明，并应由送达文件的机关和收件人签署。如果收件人拒绝签署，送达证明中应对此加以说明。

第十二条　在被请求方进行的协助

一、被请求方应当根据请求，将其执行协助请求的时间和地点通知请求方。

二、在被请求方法律不予禁止的范围内，被请求方应准许请求方与调查取证或诉讼有关的司法人员或其他人员在被请求方的主管机关根据一项请求进行调查取证或提供其他协助时到场，并按照被请求方同意的方式提问和进行逐字记录。

第十三条　在押人员作证

一、一方应根据另一方的请求将已在其境内被拘禁的人移交到请求方到场作证，但须经该人同意且有双方中央机关已就移交条件事先达成的书面协议。

二、根据被请求方的要求，请求方应对移交到其境内的上述人员继续予以拘禁，并在作证完毕或双方商定的期限内将其交还被请求方。

三、请求方接到被请求方有关无须对上述人员继续予以拘禁的通知时，应恢复该人的自由，并按照第十四条和第十五条有关提供协助或证据的人员的规定，给予其应有的待遇。

第十四条　在请求方境内作证或协助调查

一、请求方可以邀请被请求方境内的人员到请求方境内作证或协助调查。

二、被请求方应向被邀请人转交上述请求，并通知请求方该人是否同意接受此项请求。

第十五条　证人和鉴定人的保护

一、请求方对于到其境内作证的证人或进行鉴定的鉴定人，不得因其入境前的任何犯罪而追究其刑事责任、逮捕、拘留，或以任何其他方式剥夺或限制其人身自由，也不应强迫该人在与请求无关的任何诉讼中作证。

二、如果证人或鉴定人在接到请求方关于其不必继续停留的通知之日起十五天后仍未离境，或者离境后又自愿返回，则丧失第一款给予的保护。但是，证人或鉴定人因本人无法控制的原因而未离开请求方领土的时间不应包括在内。

三、双方均不应对未按照请求或传唤到请求方境内的人进行威胁或予以惩罚。

四、主管机关请求被请求方的证人前来作证明，应保证向证人充分说明其对法庭所负的责任和义务，以保证该证人避免因藐视法庭或类似的行为而被起诉。

五、本条不应妨碍第十三条第二款规定的交还已经被移交的在押人员的义务。

第十六条　文件和物品的转递

一、当协助的请求涉及转递文件和记录时，被请求方可以转递经证明无误的真实副本，除非请求方明示要求原件。

二、转递给请求方的记录或文件的原件和物品，应根据被请求方的要求尽快予以返还。

三、在被请求方法律不予禁止的范围内，转递文件、物品和记录应符合请求方要求的方式或附有其要求的证明，以使它们可根据请求方的法律得以接受。

第十七条　赃款赃物

一、一方可以根据请求，尽力确定因发生在另一方境内的犯罪而产生的赃款赃物是否在其境内，并将调查结果通知该另一方。为此，请求方应向被请求方提供据以确认赃款赃物在被请求方境内的情况和资料。

二、被请求方一旦发现前款所述赃款赃物，则应采取其法律所允许的措施对赃款赃物予以冻结，扣押或没收。

三、在法律允许的范围内，被请求方可以根据请求方的请求将上述赃款赃物移交给请求方。但此项移交不得侵害与这些财物的有关的第三者的权利。

四、如果上述赃款赃物对被请求方境内其他未决刑事案件的审理是必不可少的，被请求方得暂缓移交。

五、双方应在各自法律允许的范围内，在向被害人进行补偿的有关诉讼中相互协助。

第十八条　外交和领事官员送达文书和调查取证

一方可以通过其派驻在另一方的外交或领事官员向在该另一方境内的本国国民送达文书和调查取证，但不得违反驻在国法律，并不得采取任何强制措施。

第十九条　刑事诉讼结果的通报

一方应根据请求向另一方通报其对该另一方国民作出的刑事判决和裁定，并提供判决书和裁定书的副本。

第二十条　犯罪记录的提供

一方应根据请求，向另一方提供正在该另一方境内被追究刑事责任的人在前一方的犯罪记录和法院对其进行审判的有关情况。

第二十一条　保密和使用的限制

一、被请求方在与请求方协商后，可以要求对其所提供的情报、证据或者这些情报、证据的来源予以保密，或者仅在它所确定的条件和情况下予以公开或使用。

二、被请求方应根据请求，对一项请求及其内容、辅助文件和按照请求所采取的行动予以保密，但为执行该请求所必需时则不受此限制。

三、请求方在未事先得到被请求方同意时，不应超出请求书中所说明的目的公开或使用所提供的情报或证据。

第三章　最后条款

第二十二条　争议的解决

本条约执行中产生的任何争议均应通过外交途径解决。

第二十三条　其他协助

一、本条约不应损害双方根据其他条约、协定或在其他方面承担的义务，也不妨碍双方根据其他条约、协定或在其他方面相互提供或继续提供协助。

二、本条约适用于条约生效后提出的任何请求，即使该请求所涉及的行为或不行为发生在条约生效之前。

第二十四条　生效

本条约应自双方通过外交途径相互通知已经完成各自的法律手续之日起第二个月的第一天开始生效。

第二十五条　终止

本条约自任何一方通过外交途径书面提出终止之日起六个月后失效。否则，本条约应持续有效。

下列签署人经各自政府正式授权在本条约上签字，以昭信守。

　　本条约于一九九四年七月二十九日在北京签订，一式两份，每份均用中文、英文和法文写成，三种文本同等作准。

中华人民共和国代表
钱其琛
（签字）

加拿大代表
安德烈·乌莱特
（签字）

中华人民共和国和保加利亚共和国关于刑事司法协助的条约*

中华人民共和国和保加利亚共和国（以下简称"双方"），在相互尊重主权和平等互利的基础上，为加强两国在司法领域的密切合作，决定缔结关于刑事司法协助条约，并议定下列各条：

第一章 总 则

第一条 司法协助的范围

一、双方根据本条约的规定，相互提供刑事司法协助。有关"刑事"的定义，由双方根据各自的国内法确定。

二、提供的协助包括以下各项：

（一）送达刑事诉讼文书；

（二）查找和辨认有关人员；

（三）进行专家鉴定和现场司法勘验；

（四）向有关人员录取证词；

（五）搜查、扣押和移交书证、物证与赃款赃物；

（六）安排证人和鉴定人出庭作证；

（七）安排在押人员出庭作证；

（八）通报刑事诉讼结果；

（九）提供有关司法记录和交换法律资料。

第二条 司法协助的联系途径

请求和提供司法协助应直接通过双方中央机关，即各自的司法部进行联系。

第三条 司法协助的拒绝

一、被请求方可根据下列理由之一拒绝提供司法协助：

（一）提供协助将有损于本国的主权、安全或公共秩序，或与本国法律的基

---

* 1995 年 4 月 7 日签署，1995 年 10 月 30 日第八届全国人民代表大会常务委员会第十六次会议批准，1996 年 5 月 27 日生效。

本原则相违背；

（二）被请求方认为请求所涉及的犯罪具有政治性质或为军事犯罪；

（三）按照被请求方法律，请求所涉及的行为并不构成犯罪；

（四）请求所涉及的嫌疑犯或罪犯是被请求方的国民，而且不在请求方境内；

（五）被请求方对请求所涉及的嫌疑犯或罪犯，就同一罪行正在进行刑事诉讼，或已作出了终审裁决。

二、如执行请求可能妨碍正在被请求方境内进行的刑事诉讼，被请求方可拒绝、推迟或有条件地执行请求。

三、被请求方应及时将拒绝、推迟或有条件地执行请求的决定及其理由通知请求方。

第四条 司法协助适用的法律

一、被请求方执行请求时适用其本国法律。

二、请求方可要求以某种具体方式执行请求，被请求方应在与其国内法相符的情况下采用该方式。

第五条 司法协助的费用

双方应相互免费提供司法协助。但为实施本条约第十条、第十七条所产生的额外费用以及第十五条所指的费用则由请求方承担。

第六条 文字

一、双方进行联系时使用本国的官方文字并附英文译文。

二、司法协助请求书及其附件应使用请求方官方文字书写，并附有被请求方的官方文字或英文的正式译本。

三、一方主管机关向另一方提供司法协助时，使用本国官方文字以及经证明无误的英文译本。

第二章 司法协助的形式

第七条 司法协助请求书

一、司法协助的请求应以请求书的形式提出。请求书应包括以下内容：

（一）请求机关的名称；

（二）案件的性质和事实以及所适用的法律条文；

（三）请求中所涉及人员的姓名、国籍、住所或居所，以及其他一切有助于证明其身份的情况；

（四）请求的目的以及需履行的司法行为；

（五）请求予以搜查、扣押和移交的文件与物品的清单；

（六）要求被请求方适用特别程序的细节和理由，如果提出这样的要求；

（七）执行请求的时限；

（八）执行请求所需的其他材料。

二、请求书及其附件应由请求机关签署和盖章。

第八条　送达文书

一、请求方要求送达的任何文件，被请求方应予以尽快送达。

二、被请求方应以送达回证的方式证明已完成送达，送达回证应包括收件人的签名、收件日期、送达机关的盖章和送达人的签名以及送达方式和地点。如果收件人拒收，还应说明拒收的理由。

第九条　查找和辨认有关人员

被请求方应根据请求尽力查找请求书中所指人员的下落和辨认有关人员的身份。

第十条　调查取证时的人员到场

被请求方应根据请求将执行调查取证请求的时间和地点通知请求方，以便有关人员到场。到场的人员应当遵守被请求方法律。

第十一条　证据的提供

一、被请求方应通过第二条规定的途径移交调查取证所取得的证据材料。

二、被请求方可以移交请求方要求提供的记录或文件的经证明无误的副本或影印件；但在请求方明示要求移交原件的情况下，被请求方应尽可能满足此项要求。

三、被请求方应移交请求方要求提供的作为证据的物品，但物品的移交不得侵犯被请求方或第三方对这些物品的合法权利。

四、如果上述文件、记录或物品对被请求方境内其他未决刑事诉讼案件的审理是不可缺少的，被请求方可暂缓提供。但被请求方应及时向请求方通报暂缓提供的原因。

五、根据本条约移交的任何物品免征所有税费。

第十二条　归还证据

请求方应将被请求方移交的记录和文件的原件以及其他物品，尽快归还给被请求方，除非被请求方放弃归还要求。

第十三条 证据的使用限制

移交给请求方的文件、记录或物品只能被用于司法协助请求中所限的目的。

第十四条 证人和鉴定人的出庭

一、如果请求方认为证人或鉴定人到其司法机关亲自履行有关的诉讼行为是必要的，则应在其要求送达传票的请求中予以提及，被请求方应向有关的证人或鉴定人转达上述请求。

二、送达传票的请求应在要求有关人员到请求方司法机关履行有关诉讼行为之日的至少两个月前递交给被请求方。

三、被请求方应将证人或鉴定人的答复通知请求方。

四、请求方应在请求书或传票中说明可支付的大概津贴数以及可偿付的旅费与食宿费用。应证人或鉴定人的要求，请求方应向其部分或全部预付上述费用。

第十五条 证人和鉴定人费用的标准

请求方需付给证人或鉴定人的津贴（包括食宿费）以及旅费，自其离开其居所地之日起计算，且其数额至少应不少于请求方的现行付费标准和规定所规定的数额。

第十六条 证人和鉴定人的保护

一、请求方不得对拒绝按照第十四条规定前往作证或鉴定的人予以处罚，或采取任何强制措施，或以采取强制措施相威胁。

二、请求方对于传唤到其司法机关的证人或鉴定人，不论其国籍如何，不得因其入境前所犯的罪行或者因其证词或鉴定结论而追究其刑事责任或以任何形式剥夺其人身自由。

三、如果证人或鉴定人在请求方的司法机关通知其不必继续停留在该方境内之日起十五日内仍不离开，则丧失本条第二款给予的保护。但此期限不包括证人或鉴定人由于自己不能控制的原因而未能离开请求方境内的期间。

第十七条 在押人员的出境作证

一、如果一方司法机关认为有必要向在另一方境内的在押人员取证，只要该人本人同意前往作证，被请求方可根据请求把该人移交给请求方。为此目的，本条约第二条规定的双方中央机关可就移交该人的要求和条件事先达成协议。

二、请求方应继续在其领土内关押被移交的人，并在作证后将其交还给被请求方。

三、本条约第十六条规定的对证人的保护应在适当范围内适用于移交到请求方境内作证的在押人员。

第十八条　赃款赃物的移交

一、一方应将罪犯在请求方境内犯罪时非法获得的，但在被请求方境内发现的赃款赃物移交给另一方。但此项移交不得损害被请求方或第三方对上述财物的合法权利。

二、如果上述赃款赃物对于被请求方境内其他未结刑事诉讼是必不可少的，被请求方可延迟移交，但应及时通知请求方。

第三章　其他规定

第十九条　刑事诉讼结果的通报

一方应向另一方通报有关对另一方国民所作的生效刑事判决和裁定的结果，并应提供判决书和裁定书的副本，同时还应根据请求，就有关该判决和裁定的实质问题作出必要的说明。

第二十条　司法记录的提供

被请求方应根据请求免费提供关于正在请求方境内被追究刑事责任的人员的司法记录的摘要和有关情况。

第二十一条　交换法律和法规情报

双方应根据请求，相互通报各自国家现行或曾经施行的法律和法规及其在司法实践中的适用情况。

第二十二条　文件的效力

为实施本条约，一方主管机关颁发的正式文件，只要经过签署和盖章，即可在另一方境内使用，无须认证。

第二十三条　争议的解决

因解释和适用本条约所产生的任何争议均通过外交途径解决。

第四章　最后条款

第二十四条　批准和生效

本条约须经批准。批准书在北京互换。本条约自互换批准书之日起第三十天开始生效。

第二十五条　终止

本条约自一方通过外交途径向另一方发出书面终止通知之日起六个月期满后失效。否则，本条约一直有效。

本条约于一九九五年四月七日在索非亚签订，一式两份，每份均用中文、保加利亚文和英文写成，三种文本同一作准。遇有分歧时，以英文文本为准。

双方全权代表在本协定上签字，以昭信守。

中华人民共和国代表　　　　　　　　　　保加利亚共和国代表

　　钱其琛　　　　　　　　　　　　　　姆·切尔文尼亚科夫

中华人民共和国和大韩民国关于刑事司法协助的条约[*]

中华人民共和国和大韩民国（以下简称"缔约双方"），

愿意在相互尊重主权和平等互利的基础上，有效地促进两国在刑事司法协助领域的合作，

达成如下协议：

第一章 总 则

第一条 适用范围

一、缔约双方应根据本条约的规定，在刑事调查、起诉或诉讼方面，相互提供最广泛的协助。

二、为本条约的目的，刑事系指涉及缔约双方各自法律所规定的犯罪的调查、起诉或诉讼。

三、协助应包括：

（一）送达文书；

（二）向有关人员调取包括陈述在内的证据；

（三）提供资料、文件、记录和证据物品；

（四）查找或辨认人员或物品；

（五）获取和提供鉴定人的鉴定结论；

（六）执行搜查和扣押的请求；

（七）安排在押人员和其他人员作证或协助调查；

（八）采取措施在有关赃款赃物方面提供协助；

（九）被请求方法律不禁止的其他形式的协助。

四、本条约不适用于：

（一）对任何人的引渡；

（二）在被请求方执行请求方作出的刑事判决，但被请求方法律和本条约许

---

* 1998 年 11 月 12 日签署，1999 年 6 月 28 日第九届全国人民代表大会常务委员会第十次会议批准，2000 年 3 月 24 日生效。

可的除外；

（三）移交囚犯以便服刑；以及

（四）刑事诉讼的转移。

第二条　联系途径

一、为本条约的目的，缔约双方相互请求和提供司法协助，应直接通过各自指定的中央机关或通过外交途径联系。

二、第一款所指的"中央机关"，在中华人民共和国方面为司法部，在大韩民国方面为法务部长官或法务部长官指定的官员。

第三条　拒绝或推迟协助

一、如果被请求方认为存在下列情形，可拒绝提供协助：

（一）请求涉及政治犯罪或军事性质的犯罪；

（二）执行请求将损害其主权、安全、公共秩序或其他重大公共利益；

（三）有充分理由相信，请求是为基于某人的种族、性别、宗教、国籍或政治见解而对该人予以起诉或处罚，或该人的地位可能由于上述任何原因受到损害；或

（四）请求所针对的行为，根据被请求方法律不构成犯罪。

二、如果执行请求将妨碍正在被请求方进行的调查、起诉或诉讼，被请求方可推迟提供协助。

三、在拒绝一项请求或推迟执行该请求前，被请求方应考虑是否可在其认为必要的条件下准予协助。如果请求方接受附条件的协助，则应遵守这些条件。

四、如果被请求方拒绝或推迟协助，应将拒绝或推迟的理由通知请求方。

第二章　请求和协助

第四条　请求书的内容

一、协助请求书应包括：

（一）进行与请求有关的调查、起诉或诉讼的主管机关的名称；

（二）请求的目的和所需协助的说明；

（三）调查、起诉或诉讼的事项的说明，包括有关事实和法律的概述；和

（四）希望请求得以执行的期限。

二、在必要和可能的范围内，协助请求书还应包括：

（一）被取证人员的身份、国籍和所在地的资料；

（二）受送达人的身份和所在地、以及该人与诉讼的关系的资料；

（三）要查找的人员的身份和下落的资料；

（四）需搜查的地点和需扣押的物品的说明；

（五）希望执行请求时遵循的任何特别程序或要求的说明；

（六）被请求到请求方出庭的人员有权得到的津贴、费用和报酬的说明；

（七）保密的要求和理由；以及

（八）适当执行请求所必需的其他资料。

三、如果被请求方认为请求书中包括的资料尚不足以处理该请求，则可要求提供补充资料。

四、请求应以书面形式提出，并由请求机关签署或盖章。在紧急情形下，请求也可以其他形式提出，但应随后迅速以书面形式确认。

第五条　语文

根据本条约提出的请求书和辅助文件，应附有被请求方语文的译文或英文译文。

第六条　请求的执行

一、被请求方应按照本国法律及时执行协助请求。

二、在不违背被请求方法律的范围内，可按照请求方要求的方式执行协助请求。

第七条　向被请求方归还材料

如果被请求方提出要求，请求方应尽快归还依本条约提供的材料。

第八条　保密

如经请求，被请求方应对一项请求及其内容、辅助文件以及依该请求所采取的行动，尽力予以保密。如果不违反保密要求则无法执行请求，被请求方应将此情况通知请求方，请求方应随即决定是否仍应执行该请求。

第九条　限制使用

一、未经被请求方的事先同意，请求方不应将根据本条约所获得的资料或证据，用于除请求所表明的调查、起诉或诉讼以外的任何其他目的。

二、如经请求，请求方应对被请求方提供的资料和证据予以保密，除非为请求所表明的调查、起诉或诉讼的目的必须使用该资料和证据。

第十条　送达文书

一、被请求方应送达请求方为此目的递交的文件。

二、要求某人出庭的文件的送达请求，应在不迟于要求出庭日前 60 天递交给被请求方，除非在紧急情形下，被请求方同意较短期限。

三、被请求方完成送达后应向请求方出具送达证明，送达证明应包括送达日期、地点和方法的说明，并应由送达文书的机关签署或盖章。如果不能完成送达，则应通知请求方，并说明理由。

第十一条　调取证据

一、被请求方应根据其法律并依请求，调取证词，获得有关人员的陈述，或要求这些人员提供证据物品，以便转交给请求方。

二、被请求方应在其法律允许的范围内并依请求，允许请求中所指明的、与调查、起诉或诉讼有关的司法人员在执行请求时到场，并许可这些人员按照被请求方同意的方式向被调取证据的人员提问。在不允许直接提问的情况下，可许可这些人员提交问题单，通过被请求方向被调取证据的人员提出。

三、为第二款的目的，被请求方应根据请求，及时将执行请求的时间和地点通知请求方。

第十二条　拒绝作证

一、根据本条约被要求作证的人员，如果被请求方法律允许或要求该人在被请求方提起的诉讼中的类似情形下不作证，可拒绝作证。

二、如果根据本条约被要求作证的人员主张，依请求方法律有拒绝作证的权利或义务，被请求方可要求请求方提供有关存在该项权利或义务的证明书。

三、如果被请求方收到请求方提供的有关存在该人所声称的权利或义务的证明书，在无相反证据时，该证明书应为存在该项权利或义务的充分证据。

第十三条　查找或辨认人员或物品

被请求方应根据请求，尽力查找请求书中所指人员或物品的下落，辨认有关该人的身份。

第十四条　安排人员作证或协助调查

一、请求方可请求被请求方协助，邀请某人在诉讼中作为证人或鉴定人出庭或协助调查。该人应被告知可得到支付的费用、津贴和报酬。

二、被请求方应将该人的答复迅速通知请求方。

第十五条　安排在押人员作证或协助调查

一、经请求方请求，被请求方应将在其境内的在押人员临时移交至请求方协助调查、起诉或诉讼，但须该人同意，而且双方中央机关已就移交条件事先达成书面协议。

二、如果依被请求方法律该被移交人应予羁押，请求方应对该人予以羁押，并在该请求执行完毕后，将该人押送回被请求方。

三、如果被请求方通知不再需要羁押该被移交人，请求方应将该人释放并作为第十四条所指的人员对待。

四、为本条的目的，该被移交人在请求方被羁押的期间，应折抵在被请求方判处的刑期。

第十六条　证人和鉴定人的保护

一、请求方对于按照第十四条或第十五条的规定到达其境内的人员，不得因该人在入境前的任何作为或不作为，或该人在其境内提供的证词或鉴定结论，而予以起诉、羁押或对其人身自由施加任何其他限制；也不得要求该人在并非请求所涉及的任何调查、起诉或诉讼中提供证据或协助调查。

二、如果某人在被正式通知不再需要继续停留后15天内可自由离境，但未离开请求方，或在已离开后自愿返回，则不再适用本条第一款。但该期限不应包括该人因本人无法控制的原因而未离开请求方领土的期间。

三、请求方对于拒绝按照第十四条或第十五条的规定作证或协助调查的人员，不得因此对该人施加任何刑罚或强制措施，也不得在请求书、传票或类似文件中以刑罚或强制措施相威胁。

第十七条　搜查和扣押

一、被请求方应在其法律允许的范围内，执行有关搜查和扣押的请求，并将材料移交请求方，条件是该请求载有说明上述行动依被请求方法律为合法的资料。

二、被请求方应向请求方提供其所要求的有关搜查结果、扣押地点、扣押状况以及被扣押的材料随后被监管的情况。

三、被请求方可要求请求方同意为保护第三人对被移交物品的利益所必须附加的条件。

第十八条　赃款赃物

一、基于请求，被请求方应尽力确定赃款赃物是否位于其管辖范围内，并应将调查结果通知请求方。在提出这种请求时，请求方应将其认为上述赃款赃物可能位于被请求方管辖范围内的理由通知被请求方。

二、如果根据第一款，涉嫌的赃款赃物已被找到，被请求方应采取其法律许可的措施，限制和没收这些赃款赃物。

三、在适用本条时，第三人对这些财物的合法权利应依被请求方法律受到尊重。

四、管制被没收的赃款赃物的被请求方应根据其法律处理这些赃款赃物。在其法律允许的范围内，被请求方可以将上述被没收的赃款赃物移交给请求方。

第十九条 通报刑事诉讼结果

缔约一方应根据请求，向缔约另一方通报涉及该缔约另一方国民的刑事诉讼的结果。

第二十条 交换法律和法规情报

缔约双方应根据请求，相互通报各自国家现行的或者已废止的法律和法规以及司法实践的情报。

第二十一条 提供犯罪记录

如果在缔约一方境内曾被判刑的人在缔约另一方境内被追究刑事责任，则该缔约一方应根据缔约另一方的请求提供该人以前的犯罪记录。

第二十二条 证明和认证

一、在遵守第二款的条件下，协助请求书和辅助文件，以及为答复该请求提供的文件和其他资料，不应要求任何形式的证明或认证。

二、在被请求方法律未加禁止的范围内，文件、记录或其他资料应以请求方所要求的格式，或附请求方所要求的证明予以转交，以使其依请求方法律可被采纳。

第二十三条 费用

一、被请求方应负担提供协助的费用，但请求方应负担：

（一）有关人员按照第十一条第二款规定前往和离开被请求方的费用；

（二）应支付给按照第十四条或第十五条规定前往、离开和停留于请求方的有关人员的任何津贴和费用。这些津贴和费用应按照其发生地的缔约一方的标准和规定支付；以及

（三）鉴定人的费用和报酬。

二、如经要求，请求方应预付由其负担的津贴、费用和报酬。

三、如果执行请求明显地需要特殊性质的费用，缔约双方应协商决定提供被请求的协助的条件。

第二十四条 外交和领事官员送达文书和调取证据

缔约一方可以通过其派驻在缔约另一方的外交或领事官员向在该缔约另一方境内的本国国民送达文书和调取证据，但不得违反该缔约另一方法律，并不得采取任何强制措施。

第三章　最后条款

第二十五条　其他协议

本条约不影响缔约双方之间根据其他条约或协议等存在的义务，也不妨碍缔约双方根据其他条约或协议等相互提供或继续提供协助。

第二十六条　协商

缔约双方应根据任何一方的请求，及时通过外交途径，就有关本条约的解释、适用或实施进行协商。

第二十七条　生效和终止

一、本条约须经批准，批准书在汉城互换。本条约自互换批准书之日后第30 天生效。

二、本条约适用于其生效后提出的任何请求，即使有关作为或不作为发生于本条约生效前。

三、缔约任何一方可随时通过外交途径，以书面形式通知终止本条约。终止自该通知发出之日后 6 个月生效。

下列签署人经各自政府适当授权，签署本条约，以昭信守。

1998 年 11 月 12 日订于北京，一式两份，每份均以中文、韩文和英文制成，所有文本同等作准。遇有解释上的分歧，以英文本为准。

中华人民共和国代表　　　　　　　　　　　大韩民国代表

唐家璇　　　　　　　　　　　　　　　洪淳瑛

（签字）　　　　　　　　　　　　　　（签字）

中华人民共和国和哥伦比亚共和国关于刑事司法协助的条约*

中华人民共和国和哥伦比亚共和国，以下简称"缔约双方"，

认识到打击犯罪需要各国的一致行动，

考虑到两国之间的友好合作关系，

在遵守各自国家宪法、法律和法规，并尊重国际法原则的基础上，

重申相互尊重国家主权和平等互利的基本原则，

为促进和加强两国在刑事司法协助领域的合作，

达成协议如下：

第一条　适用范围

一、缔约双方有义务根据本条约以及各自法律的规定，相互提供最广泛的刑事司法协助。

二、本条约不适用于：

（一）引渡；

（二）执行刑事判决，包括移交被判刑人以便服刑。

三、本条约仅适用于缔约双方之间的司法协助。本条约的规定不给予任何个人以获取或排除证据，或妨碍执行请求的任何权利。

第二条　协助的内容

协助应包括：

（一）送达文书；

（二）获取有关人员的证言；

（三）提供作为证据的资料、文件、记录和物品；

（四）获取和提供鉴定人鉴定结论；

（五）查找或辨别有关人员；

（六）检查物品和场所；

（七）执行查询、搜查、冻结、扣押以及其他临时性措施的请求；

---

* 1999 年 5 月 14 日签署，2000 年 7 月 8 日第九届全国人民代表大会常务委员会第十六次会议批准，2004 年 5 月 27 日生效。

（八）在没收程序中提供协助；

（九）使有关人员，包括在押人员到请求方主管机关作证或协助调查；

（十）通报刑事诉讼结果，交换法律情报和提供犯罪记录；

（十一）不违背被请求方法律且符合本条约宗旨的其他任何形式的协助。

第三条　中央机关

一、根据本条约提出的协助请求及其答复应通过双方中央机关转递；双方中央机关应相互直接联系。

二、第一款所指的中央机关：

（一）在中华人民共和国方面为最高人民检察院和司法部；

（二）在哥伦比亚共和国方面，接收协助请求时为国家总检察院；提出协助请求时为国家总检察院或司法与法律部。

三、双方对中央机关的指定如有任何更改，应通过外交途径相互通知。

第四条　拒绝或推迟协助

一、如果被请求方认为存在下列情形，可拒绝提供协助：

（一）请求涉及政治犯罪或纯军事犯罪；

（二）执行请求将损害其主权、安全、公共秩序或其他重大公共利益；

（三）有充分理由相信，请求是为了基于某人的种族、性别、宗教、国籍、政治见解或社会地位而对该人进行侦查、起诉、处罚或其他诉讼程序，或予以任何方式的歧视；

（四）在被请求方境内，对于请求所涉及的被告人或犯罪嫌疑人正在就同一行为进行刑事诉讼，或已作出最终裁决；

（五）请求涉及的行为根据被请求方法律不构成犯罪。但双方可以商定，就某一特定犯罪或特定领域的犯罪提供协助，不论该行为是否根据双方境内的法律均构成犯罪。

二、如果执行请求将妨碍正在被请求方进行的侦查、起诉或诉讼，被请求方可推迟提供协助。

三、在拒绝一项请求或推迟执行该请求前，被请求方应考虑是否可以在其认为适宜的条件下准予协助。如果请求方接受附条件的协助，则应遵守这些条件。

四、如果被请求方拒绝或推迟协助，应将拒绝或推迟的理由通知请求方。

第五条　请求的内容

一、协助请求书应包括：

（一）提出请求的主管机关的名称；

（二）请求的目的和所需协助的说明；

（三）刑事诉讼的事项的说明，包括有关事实和法律的概述；以及

（四）希望请求得以执行的期限。

二、在必要或可能的范围内，协助请求书还应包括：

（一）被取证人员的身份和所在地的资料；

（二）受送达人的身份和所在地、以及该人与刑事诉讼的关系的资料；

（三）需搜查的地点和需查询、冻结、扣押或采取其他临时性措施的财物的说明；

（四）希望执行请求时得以遵循的任何特别程序或要求的说明；

（五）被请求到请求方出庭的人员有权得到的津贴、费用和报酬的资料；

（六）保密的要求和理由；以及

（七）适当执行请求所必需的其他资料。

三、如果被请求方认为请求书中包括的内容尚不足以处理该请求，则可要求提供补充资料。

四、请求应以书面形式提出，并由请求机关签署或盖章。在紧急情形下，请求也可以电传、传真或其他同等的形式提出，但请求方应随后迅速以经签署或盖章的请求原件的形式予以确认。

第六条 请求的执行

一、被请求方主管机关应按照本国法律执行协助的请求。

二、被请求方在不违背其本国法律的范围内，可按照请求方要求的方式执行协助请求。

三、如果不能全部或部分执行请求，被请求方中央机关应立即通知请求方中央机关，并说明不能执行的理由。

第七条 保密和限制使用资料

一、被请求方应对司法协助请求及其辅助文件以及提供协助的事实予以保密。如果不违反保密要求则无法执行请求，被请求方应将此情况书面通知请求方，请求方应随即决定是否仍应执行该请求。

二、被请求方可要求请求方按照其指定的条件，对依本条约获得的资料或证据予以保密。请求方应遵守这些条件；如请求方不能接受这些条件，则应通知被请求方，由被请求方决定是否仍执行该协助请求。

三、未经被请求方同意，请求方不得将被请求方提供的资料或证据用于或转让到请求所述以外的刑事诉讼之中。但在指控变更的情况下，只要所指控的犯罪属于根据本条约可就此提供相互协助的犯罪，则仍可使用所提供的材料。

第八条 送达文书

一、被请求方应根据请求方的请求，送达为此目的而转来的文书。

二、被请求方应在执行送达后向请求方出具送达证明，送达证明应包括送达日期、地点和方法的说明，并应由送达文书的机关签署或盖章。如果不能执行送达，则应通知请求方，并说明理由。

第九条 资料和证据

一、缔约双方可为刑事诉讼的目的，请求提供资料和证据。

二、根据本条给予的协助包括，但不限于：

（一）为请求方境内刑事诉讼的目的，提供资料和文件或其副本；

（二）获取证人或其他人员的证据，包括证言，提供文件、记录，收集其他证据物品，以便转递给请求方；

（三）搜查、扣押任何有关证据，并视情况所需，向请求方临时或永久移交这些证据，提供请求方所可能要求的、涉及扣押地点、扣押状况以及被扣押材料在移交前受监管方面的情况。

三、如果所请求提供的是被请求方境内刑事或民事诉讼所需的材料或证据，被请求方可推迟移交这些材料或证据。被请求方应根据请求，提供经证明的文件副本。

四、依本条提供的证据材料和依本条约提供的其他文件和物品，一旦就提供的目的而言不再需要，经被请求方要求，请求方应予以返还。

第十条 调取证据

一、被请求方应尽快通过双方中央机关将所取得的全部证据和资料转交给请求方。

二、被请求方在其本国法律允许的范围内，可根据请求方的请求，允许请求中所指明的司法人员在取证时到场。

三、为第二款的目的，被请求方应根据请求，及时将执行请求的时间和地点通知请求方。

第十一条 提供官方文件和资料

依请求方的请求，被请求方：

（一）应提供公开的官方文件、记录、资料的副本；

（二）可提供非公开的文件和资料的副本。如果拒绝按本项规定提供协助，被请求方不必说明拒绝的理由。

第十二条 有关人员到请求方出庭作证或协助调查

一、如果请求方请求某人到其境内出庭作证、提供资料或鉴定，被请求方应邀请该人前往请求方主管机关。

二、被请求前往请求方的人员是否同意出庭作证的答复，被请求方主管机关应予以书面记录，并立即将此答复通知请求方的中央机关。

三、请求方应告知上述人员可得到的由请求方支付的费用、津贴和报酬。

第十三条 在押人员到请求方出庭作证或协助调查

一、应请求方的请求，并且在被请求方同意或接受该请求的情况下，可以将在被请求方境内的在押人员临时移交至请求方作证或协助调查，但须该人同意。

二、有下列情形之一的，被请求方可拒绝移交：

（一）在押人员有必要在被请求方境内的刑事诉讼中出庭；

（二）移交可能导致对该人羁押期的延长；

（三）存在不宜移交的情形。

三、请求方应对被移交的人员予以羁押，并在其出庭已无必要时，在被请求方设定的期限内或在此之前将该人送回被请求方。

四、在押人员在请求方受到羁押的期间，应折抵其在被请求方的羁押期或服刑期。

五、如被请求方通知请求方不再需要羁押被移交人，请求方应将该人释放并按第十二条所指的人员对待。

第十四条 证人和鉴定人的保护

一、请求方对于按照第十二条和第十三条的规定到达其境内的人员，不得因该人在入境前的任何作为或不作为，或该人提供的证词或鉴定结论，而予以诉讼、羁押或其他任何对人身自由的限制；也不得强迫该人在并非请求所涉及的任何刑事诉讼中提供证据或协助。

二、如果上述人员在被正式通知不必继续停留后的十五天内未离开请求方，或在已离开后又自愿返回，则丧失本条第一款所给予的保护。但该人因不可抗力或意外情况而无法离开请求方领土的期间不应包括在内。

三、请求方对于拒绝按照第十二条和第十三条的规定出庭作证或协助调查的人员，不得因此对该人施加任何刑罚或强制措施。

第十五条 拒绝在被请求方作证

一、根据本条约的规定被要求作证的人员，如果被请求方法律允许或要求该人在被请求方提起的诉讼中的类似情形下不作证，可拒绝作证。

二、如果根据本条约被要求作证的人员，主张依请求方法律有拒绝作证的权利或义务，被请求方应要求请求方提供有关存在该项权利或义务的证明书。

三、如果被请求方收到请求方提供的有关存在该人所声称的权利或义务的证明书，在无相反证据时，该证明书应为存在该权利或义务的充分证据。

第十六条　针对犯罪所得或犯罪工具的措施

一、缔约一方可请求缔约另一方：

（一）为可能的没收，对犯罪所得或犯罪工具进行确认，采取冻结、查封、扣押或其他临时性措施；或

（二）确认和没收犯罪所得或犯罪工具。

二、根据本条提出的请求除应符合本条约第五条的规定外，还应包括：

（一）下令采取上述措施的决定副本；

（二）如有可能，对请求采取上述措施的财物的描述，这些财物的商业价值及其与诉讼的关系；

（三）请求方认为有关犯罪所得或犯罪工具可能位于被请求方境内的理由及有关其所在地的资料。

三、被请求方应在本国法律允许的范围内，按照本国法律规定的方式，采取请求方要求采取的本条所指的措施。

四、根据本条规定没收犯罪所得或犯罪工具的一方应按照其本国法律规定的方式处置上述财物。在其本国法律允许的范围内，一方可在根据具体情况商定的条件下，将没收的财物或出售这些财物的所得全部或部分移交给另一方。

五、被请求方应依法采取措施，保护无辜第三者对执行本条措施所涉及的财物的权利。

六、被请求方应将根据本条所提请求的处理结果迅速通知请求方。

第十七条　通报刑事诉讼结果

应缔约一方请求，缔约另一方应在其本国法律允许的范围内，通报提供协助所涉及的刑事诉讼结果。

第十八条　交换法律情报

缔约双方应根据请求，相互交换各自国家现行的或者过去实施的法律和司法实践的情报。

第十九条　提供犯罪记录

缔约一方应根据缔约另一方的请求，提供有关曾在其境内被诉讼和判刑的人的犯罪记录。

第二十条　语文

根据本条约提出的请求书和辅助文件，应附有被请求方语文的译文或英文译文。

第二十一条　证明和认证

为本条约的目的，协助请求书和辅助文件，以及为答复该请求提供的文件和其他资料，不应要求任何形式的证明或认证。

第二十二条　费用

一、被请求方应负担执行或处理请求的一般费用，但请求方应负担以下特殊费用：

（一）第十条第二款所指的人员前往和离开被请求方的费用；

（二）应支付给按照第十二条和第十三条规定前往、离开和停留于请求方的有关人员的津贴和费用。这些津贴和费用应按请求方的标准和规定支付；以及

（三）鉴定人的费用和报酬。

二、请求方应根据要求，预付由其负担的津贴、费用和报酬。

三、如果执行或处理请求需要任何其他特殊性质的费用，缔约双方应协商确定执行请求的条件。

第二十三条　与其他条约或协定的关系

本条约不影响缔约双方之间根据其他条约或协定存在的义务，也不妨碍缔约双方根据其他条约或协定相互提供或继续提供协助。

第二十四条　争议的解决

缔约双方之间就本条约的解释和适用所产生的任何争议，应由双方通过外交途径协商解决。

第二十五条　生效和终止

一、本条约须经批准，批准书在圣菲波哥大互换。本条约自互换批准书之日后第三十天生效。

二、本条约适用于其生效后提出的任何请求，即使有关作为或不作为发生于本条约生效前。

三、缔约任何一方可随时通过外交途径，以书面形式通知终止本条约。终止自收到该通知之日后六个月生效。

下列签字人经各自政府正式授权，签署本条约，以昭信守。

本条约于一九九九年五月十四日订于北京，一式两份，每份均以中文和西班牙文制成，两种文本同等作准。

中华人民共和国代表　　　　　　哥伦比亚共和国代表

唐家璇　　　　　　吉列尔莫·费尔南德斯·德索托

中华人民共和国和突尼斯共和国关于刑事司法协助的条约 *

中华人民共和国和突尼斯共和国（以下简称"缔约双方"），

在相互尊重国家主权和平等互利的基础上，本着促进和加强两国关系、特别是刑事司法协助领域的友好合作关系的愿望，

决定缔结本条约，并议定下列各条：

第一条　协助的内容和范围

一、缔约双方应根据本条约的规定，在涉及根据缔约双方法律均构成应予惩处的犯罪的行为的刑事程序方面相互提供司法协助。

二、为适用本条第一款的目的，在确定某项行为根据缔约双方法律是否均构成犯罪时，不应考虑双方是否把构成该犯罪的行为归入同一犯罪种类或使用同一罪名，以及双方在确定犯罪基本要素方面的差别。

三、司法协助应包括：

（一）送达刑事诉讼文书；

（二）获取证人或其他人员的证言或陈述；

（三）提供与刑事诉讼有关的文件、记录和物品；

（四）提供鉴定结论；

（五）为人员在请求方境内到场作证或协助调查提供便利；

（六）查找或辨认人员；

（七）执行搜查、冻结和扣押的请求；

（八）不违背被请求方法律的其他形式的协助。

四、本条约不适用于引渡。在拒绝引渡的情况下也可提供司法协助。

五、本条约不适用于执行羁押决定或刑事判决。

六、在对涉及税收、海关和外汇交易的犯罪进行追诉时，经双方逐一商定可提供司法协助。

第二条　司法协助的拒绝

一、被请求方如果认为存在下列情形之一，可拒绝提供司法协助：

---

* 1999 年 11 月 30 日签署，2000 年 7 月 8 日第九届全国人民代表大会常务委员会第十六次会议批准，2000 年 12 月 30 日生效。

（一）请求涉及的犯罪为政治犯罪或纯粹的军事犯罪；

（二）执行请求有损其主权、安全、公共秩序或其他基本利益；

（三）有充分的理由表明，请求司法协助的目的是基于某人的种族、宗教、国籍或政治见解而对该人提起刑事诉讼，或者该人的境况可能因上述任何原因而受到损害。

二、在拒绝司法协助请求前，被请求方应考虑是否可以在其认为必要的条件下同意协助。请求方如果接受附加条件，则应遵守这些条件。

三、被请求方如果全部或部分拒绝司法协助请求，应将拒绝的决定和理由尽快通知请求方。

四、为适用本条第一款第（一）项的目的，侵害任何缔约一方的国家元首、政府首脑或其家庭成员生命的犯罪不得被视为政治犯罪。

第三条　司法协助的推迟

如果执行协助请求将妨碍正在被请求方境内进行的侦查、起诉或审判程序，被请求方可推迟提供协助。

第四条　执行协助请求所适用的法律

一、被请求方应按照本国法律执行司法协助请求。

二、如果请求方明确要求，在不违背本国法律原则和不损害与请求所涉程序有关的各方利益的前提下，被请求方可按照请求方提出的方式执行司法协助请求。

第五条　请求书的内容

一、司法协助请求应以书面形式提出。请求书应由请求方主管机关签署并盖章，并包括以下内容和文件：

（一）请求机关和被请求机关的名称；

（二）请求的具体内容；

（三）请求涉及的罪名以及包括犯罪时间和地点在内的案情概述；

（四）与请求所涉程序有关的人员的身份、住址和国籍的说明；

（五）在请求搜查、冻结、扣押和移交物品时，应载有表明请求方法律允许采取这些措施的法律条文。

二、如果被请求方认为执行请求需要补充材料，请求方应向被请求方提供补充材料。

第六条　请求的执行

一、被请求方根据下列款项执行请求：

（一）应移交请求方所需的物品和文件。当请求涉及移交文件时，可移交与原件相符的影印件。如果请求方明确要求提供原件，被请求方应尽量满足这一要求；

（二）如果这些物品或文件对于正在被请求方境内进行的某些程序是必需的，可以拒绝或推迟移交；

（三）应将执行请求的结果通知请求方。

二、请求方应尽快返还被请求方为执行请求而移交的物品和文件，除非被请求方在不损害己方或其他人权利的前提下放弃这一要求。

第七条　刑事诉讼文书的送达

一、被请求方应送达由请求方为送达目的而递交的判决书或其他诉讼文书，但不包括要求某人作为被告人出庭的文书。

二、被请求方应将向被送达人送达文书的结果通知请求方。如果不能执行送达，被请求方应及时向请求方说明理由。

第八条　人员到场作证、鉴定或协助调查

一、请求方可请求被请求方协助，以便某人在请求方境内到场作证、鉴定或协助调查。

二、在确定符合下列条件的情形下，被请求方应同意本条第一款所述的请求：

（一）请求方采取必要措施保证被要求到场的人员的安全；

（二）被要求到场的人员自愿并以书面方式表示同意；

（三）要求到场的通知中不得包含采取任何强制措施或予以处罚的内容。

三、根据本条第一款提出的送达要求到场通知的请求，应提及需支付的费用和津贴。

四、送达到场通知的请求应在离预定到场之日至少六十天前递交给被请求方。在确定能够及时送达的情况下，被请求方可同意较短的期限。

第九条　安排在押人员作证或协助调查

一、如果被请求方法律允许，并且在其境内的在押人员同意，被请求方可应请求方的请求，同意将该在押人员临时移交到请求方作证或协助调查。

二、如果根据被请求方法律，被移交的人员应予羁押，请求方应羁押该人；在移交请求所涉事项处理完毕或该人无须在请求方境内继续停留时，应将该人押解归还被请求方。

三、如果被请求方通知请求方无须继续羁押被移交的人员，则该人应予释放并作为本条约第八条所提及的人员予以对待。

第十条　证人、鉴定人和协助调查的人员的保护

一、对于按照本条约第八条和第九条前往请求方境内的人员，请求方不应采取下列措施：

（一）因该人离开被请求方领土前的行为而羁押、追诉或处罚该人或对该人采取限制人身自由的其他措施；

（二）强制该人作出与请求所涉程序无关的陈述。

二、如果该人自其被通知无须在请求方境内继续停留之日起，在三十天内未离开请求方，或者离开后又自愿返回，本条第一款规定的保护即告终止。

三、本条第二款所述期限不包括该人因其无法控制的原因无法离开请求方领土的期间。

第十一条　犯罪所得和犯罪工具

一、经请求方请求，被请求方应在本国法律允许的范围内，尽力确定犯罪所得是否位于其境内，并应将调查结果通知请求方。在提出请求时，请求方应将其认为犯罪所得位于被请求方境内的理由通知被请求方。

二、被请求方应采取本国法律允许的必要措施，冻结或扣押因执行本条第一款所查获的犯罪所得。

三、被请求方在本国法律允许的范围内和缔约双方商定的条件下，将根据本条被冻结或扣押的犯罪所得移交给请求方。

四、在适用本条时，其他人对被冻结或扣押的财物的合法权利应受到保护。

五、本条的规定也适用于犯罪工具。

第十二条　保密和限制使用

一、根据请求方的请求，被请求方对司法协助请求及其内容、辅助文件以及协助过程应予以保密。如果不违反保密要求将无法执行请求，被请求方应将此情况通知请求方，请求方应随即决定是否应由被请求方继续执行请求。

二、根据被请求方的要求，请求方对被请求方提供的证据和资料应予保密，但请求所涉及的程序另有需要且被请求方予以同意的除外。

三、未经被请求方事先同意，请求方不得超出请求所涉及的目的使用所获得的证据和资料。

第十三条　相互提供先前犯罪记录

一、缔约双方应根据各自国家的法律，相互提供涉及任何缔约一方公民的刑事诉讼判决和其他决定的资料。

二、任何缔约一方均可请求缔约另一方提供涉及某人先前犯罪记录的资料，

但应说明请求的理由。被请求方应按照本国法律，将该请求视为本国主管机关提出的同类请求予以满足。

第十四条　联系途径

一、司法协助的请求和答复文件应通过缔约双方的中央机关递交。

二、本条第一款所指的中央机关为缔约双方各自的司法部。

第十五条　费用

一、被请求方应负担执行司法协助请求所产生的费用。但下列费用应由请求方负担：

（一）根据本条约第八条规定有关人员往返的津贴、鉴定人的报酬和其他支出，以及根据本条约第九条规定移交在押人员有关的费用，包括羁押费用；

（二）因请求方的要求，执行司法协助请求所产生的超常性质的费用。

二、请求方应根据被请求方的要求，预付本条第一款提及的津贴、费用的报酬。

第十六条　交换法律情报

缔约双方应根据请求，相互交换各自国家在本条约涉及的领域的现行法律或司法实践的情报。

第十七条　文字

按照本条约规定递交的司法协助请求书及其附件以及其他有关函件，均应以请求方文字写成，并附被请求方文字或法文的译文。

第十八条　认证的免除

为适用本条约的目的，由缔约双方法院或其他主管机关制作、提供或证明，并通过本条约第十四条规定的联系途径递交的文件，免除任何形式的认证。

第十九条　与国际条约的关系

本条约不影响缔约双方之间根据其他国际条约或协议等存在的义务，也不妨碍缔约双方根据其他国际条约或协议等相互提供协助。

第二十条　争议的解决

因解释或实施本条约所产生的任何分歧，均应通过外交途径解决。

第二十一条　生效和终止

一、本条约须经批准，批准书在突尼斯首都互换。本条约自互换批准书之日起第三十天生效。

二、任何缔约一方可以随时通过外交途径书面通知缔约另一方终止本条约，终止决定自该缔约另一方收到书面通知之日起六个月后生效。

下列签署人经各自政府适当授权，签署本条约，以昭信守。

本条约于一九九九年十一月三十日订于北京，一式两份，每份均以中文和阿拉伯文制成，两种文本同等作准。

中华人民共和国代表　　　　　　　　　　突尼斯共和国代表
杨文昌　　　　　　　　　　　　　　塔哈尔·希乌德

中华人民共和国政府和美利坚合众国政府
关于刑事司法协助的协定[*]

中华人民共和国政府和美利坚合众国政府，以下简称"双方"，

愿意在相互尊重主权和平等互利的基础上，促进两国在刑事司法协助方面的有效合作，

达成协议如下：

第一条　适用范围

一、根据本协定，双方应在与刑事案件有关的侦查、起诉和诉讼方面相互提供协助。

二、协助应包括：

（一）送达文书；

（二）获取人员的证言或陈述；

（三）提供文件、记录或证据物品的原件、经证明的副本或影印件；

（四）获取并提供鉴定结论；

（五）安排人员作证或协助调查；

（六）查找或辨别人员；

（七）执行查询、搜查、冻结和扣押证据的请求；

（八）在没收程序中提供协助；

（九）移送在押人员以便作证或协助调查；以及

（十）不违背被请求方境内法律的任何其他形式的协助。

三、本协定仅适用于双方之间的相互司法协助。本协定的规定，不给予任何私人当事方以取得、隐瞒或排除任何证据或妨碍执行请求的权利。

第二条　中央机关

一、双方应各自指定一个中央机关，负责依照本协定提出和接收请求。

二、在中华人民共和国方面，中央机关为司法部；在美利坚合众国方面，

---

[*] 2000 年 6 月 19 日签署，2000 年 12 月 28 日第九届全国人民代表大会常务委员会第十九次会议批准，2001 年 3 月 8 日生效。

中央机关为司法部长或由司法部长指定的人。

三、为本协定之目的，双方的中央机关应相互直接联系。

第三条　协助的限制

一、有下列情形之一的，被请求方中央机关可拒绝提供协助：

（一）请求涉及的行为根据被请求方境内的法律不构成犯罪；但双方可以商定，就某一特定犯罪或特定领域的犯罪提供协助，不论该行为是否根据双方境内的法律均构成犯罪；

（二）请求涉及的犯罪纯属军事犯罪；

（三）执行请求将会损害被请求方的主权、安全、公共秩序、重大公共政策或其他根本利益；

（四）请求涉及政治犯罪，或请求系出于政治动机，或有充足理由认为，请求的目的是基于某人的种族、宗教、国籍或政治见解而对该人进行侦查、起诉、处罚或其他诉讼程序；

（五）执行请求将有悖于被请求方宪法；

（六）被请求方已经对请求所涉及的同一犯罪嫌疑人或被告人就同一犯罪作出最终裁决；或

（七）请求提供的协助与案件缺乏实质联系。

二、在根据本条拒绝协助前，被请求方中央机关应与请求方中央机关协商，考虑可否在其认为必要的条件下给予协助。如果请求方接受附加条件的协助，则应遵守这些条件。

三、被请求方中央机关如果拒绝协助，应将拒绝的理由通知请求方中央机关。

第四条　请求的形式和内容

一、请求应包括以下内容：

（一）请求所涉及的侦查、起诉或诉讼的主管机关的名称；

（二）关于侦查、起诉或诉讼的事项及其性质的说明，包括有关事实的概述、有关法律规定和该事项所涉及的具体刑事犯罪，以及就每项犯罪可能给予的任何处罚；

（三）要求提供证据、资料或其他协助的目的和相关性；

（四）希望请求得以执行的时限；以及

（五）关于所要求提供的证据、资料或其他协助的说明。

二、在必要和可能的范围内，请求还应包括：

（一）关于任何被取证人员的姓名、性别、国籍、职业和所在地的资料；

（二）关于受送达人的姓名、性别、国籍、职业和所在地的资料，以及有关该人与诉讼的关系的资料；

（三）关于需搜查的地点或人员的准确说明；

（四）执行本协定第十四条所需要的资料；

（五）关于被要求前往请求方境内的人员有权得到的津贴和费用的资料；

（六）保密的需要及其理由；

（七）关于执行请求时应遵循的特定程序的说明；

（八）询问证人的问题单；

（九）关于需查找的人员的身份及其下落的资料；以及

（十）有助于执行请求的任何其他资料。

三、如果被请求方认为，请求中包括的内容不足以使其处理该请求，被请求方可要求提供补充资料。

四、协助请求应以书面形式提出，并由请求方中央机关签署或盖章，除非被请求方中央机关在紧急情况下接受其他形式的请求。在后一种情况下，该请求应在随后的十五天内以书面形式确认，但被请求方中央机关另行同意的除外。

五、协助请求及其辅助文件无需任何形式的证明或认证。

第五条　文字

根据本协定提出的请求及其辅助文件，应附有被请求方文字的译文，但双方中央机关另有约定的除外。

第六条　请求的执行和推迟执行

一、被请求方中央机关应迅速执行请求，或者安排通过适当的主管机关执行。被请求方应在其权力范围内尽最大努力执行请求。

二、被请求方中央机关应作出一切必要的安排，在被请求方境内因协助请求而产生的任何程序中为请求方提供代表并承担费用。

三、协助请求应按照被请求方境内的法律予以执行。在符合被请求方境内的法律的前提下，协助请求应按照请求方所要求的方式予以执行。

四、如果被请求方中央机关认为，请求的执行将会影响该方正在进行的刑事侦查、起诉或诉讼，可推迟执行，或在与请求方中央机关磋商后，在认定为必要的条件下予以执行。如果请求方接受附加条件的协助，则应遵守这些条件。

五、被请求方中央机关应对请求方中央机关就执行请求的进度所提出的合理要求作出回应。

六、被请求方中央机关应将执行请求的结果迅速通知请求方中央机关。如果不能提供或推迟提供所请求的协助，被请求方中央机关应将理由通知请求方中央机关。

第七条 保密和限制使用

一、如果请求方提出要求，被请求方应对请求及其内容，包括任何辅助文件，以及按照该请求所采取的任何行动予以保密。如果无法保证保密或者不违反保密要求则无法执行请求，被请求方中央机关应将此情况通知请求方中央机关。请求方中央机关应随即决定是否仍应执行该请求。

二、被请求方可以要求请求方对其所提供的资料或证据予以保密，或者仅在其指明的条件下使用。如果请求方同意在上述条件下接受资料或证据，则应遵守这些条件。为此目的，双方中央机关可就有关条件进行协商。

三、未经被请求方中央机关同意，请求方不得为了请求所述案件之外的任何其他目的使用根据本协定提供的任何资料或证据。

四、本协定的任何条款均不妨碍请求方在其宪法或法律基本原则下的义务范围内，在刑事诉讼中使用或披露资料。请求方应将任何此种披露事先通知被请求方。

五、已经根据第一、二款在一方境内公开的资料或证据，不再受保密或本条第三款的要求的限制。

第八条 送达文书

一、根据请求方的请求，被请求方应尽最大努力送达任何文书，但是对于要求某人作为被告人出庭的文书，被请求方不负有执行送达的义务。

二、要求某人在请求方的机关出庭的文书送达请求，请求方应在离预定的出庭日期至少四十五天前转交，除非被请求方同意在紧急情形下在较短期限内转交。

三、被请求方在执行送达后，应向请求方出具送达证明。送达证明应包括送达日期、地点和送达方式的说明，并应由送达文书的机关签署或盖章。如果在特定案件中需要改变上述要求，请求方应在请求中予以说明。如果不能执行送达，则应通知请求方，并说明理由。

第九条 在被请求方调取证据

一、对于根据本协定要求向其取证的被请求方境内的人，应在必要时，并在符合被请求方境内法律的情况下，强制其出庭并提供证言或出具证据，包括文件、记录或物品。

二、被请求方中央机关应根据请求，事先提供依本条取证的时间和地点方面的资料。

三、在不违背被请求方境内的法律的前提下，被请求方应允许请求中指明的人在执行请求过程中到场，并允许其按照被请求方同意的方式提出问题和进行逐字记录。

四、如果第一款提及的人主张，根据请求方境内的法律属无行为能力或享有豁免或特权，仍不妨碍取证的进行，但应将该人的主张告知请求方中央机关，由请求方的机关予以解决。

五、在不违背被请求方法律的前提下，根据本条提供的证据应按照请求方要求的形式或附加证明予以转递，以便使其可依请求方法律得以接受。

六、如果协助请求涉及转递文件或记录，被请求方可转递经证明的副本或影印件。但在请求方明确要求转递原件的情况下，被请求方应在可能的范围内满足这一要求。

第十条　政府机构记录

一、被请求方应向请求方提供被请求方境内的政府部门和机构所拥有的、已公开的记录的副本，包括任何形式的文件和资料的副本。

二、被请求方可以提供该方政府部门或机构所拥有的任何未公开的文件、记录或资料的副本。被请求方可自行酌定，全部或部分拒绝根据本款提出的请求。

三、在不违背被请求方法律的前提下，根据本条提供的证据应按照请求方要求的形式或附加证明予以转递，以便使其可依请求方法律得以接受。

第十一条　安排有关人员到请求方作证或协助调查

一、当请求方要求某人到其境内作证或协助调查时，被请求方应请该人前往请求方境内的有关机关。请求方应说明所付费用的范围。被请求方中央机关应将该人的答复迅速通知请求方中央机关。

二、被请求方可要求请求方承诺，对于根据本条被要求到请求方境内的人员，不得因该人进入请求方境内之前的任何作为或不作为或定罪而予以起诉、羁押、发出传票或以其他形式限制其人身自由，也不应强制该人在该请求所未涉及的任何其他侦查、起诉或诉讼中作证或协助调查，除非事先取得被请求方和该人的同意。如果请求方不能作出上述保证，则被要求前往的人可以拒绝接受要求。如果请求方作出上述保证，则还应具体说明该项保证的适用期限与条件。

三、对于拒绝接受按照本条提出的作证或协助调查要求的人，不得因此种拒绝而给予任何处罚或采取任何限制其人身自由的强制措施。

第十二条　移送在押人员以便作证或协助调查

一、如果为本协定规定的协助的目的而要求羁押在被请求方境内的人前往请求方，在该人及双方中央机关同意的情况下，可为此目的将该人从被请求方移送到请求方。

二、如果为本协定规定的协助的目的而要求羁押在请求方境内的人前往被请求方，在该人及双方中央机关同意的情况下，可将该人从请求方移送到被请求方。

三、为本条的目的：

（一）接收方有义务根据本国法律继续羁押被移送人，但移送方另有授权的除外；

（二）接收方应当在被移送人作证或协助调查完毕后或在双方商定的期限内，将被移送人送回移送方；

（三）接收方不得要求移送方就被移送人的送回提出引渡程序；并且

（四）被移送人在接收方受羁押的时间，应折抵在移送方被判处的服刑期。

第十三条　查找或辨认人员或物品

被请求方应根据请求，尽力查找或辨认请求中所指的人员或物品。为此目的，请求方应提供关于该人或物品在被请求方境内的可能所在地的资料。

第十四条　查询、搜查、冻结和扣押

一、被请求方应在本国法律允许的前提下，执行查询、搜查、冻结和扣押证据材料和物品的请求。

二、被请求方应向请求方提供其所要求的有关执行上述请求的结果以及有关资料和物品随后被监管的情况。

三、如果请求方同意被请求方就移交所提出的条件，被请求方应将被扣押的材料和物品移交给请求方。

四、被请求方中央机关可要求请求方同意其为了保护第三人对于被移交物品的利益而提出的必要条件。

五、在不违背被请求方法律的前提下，有关被扣押物品的监管、特征与状态方面的情况应按照请求方要求的形式出具证明，以便使其可依请求方法律得以接受。

第十五条　向被请求方归还文件、记录和证据物品

被请求方中央机关可要求请求方中央机关尽快归还根据本协定执行请求时向其提供的任何文件、记录或证据物品。

第十六条　没收程序中的协助

一、如果一方中央机关获悉，犯罪所得或犯罪工具处于另一方境内，并可能是可没收的或可予以扣押，前一方应将此情况通知该另一方中央机关。如果该另一方对此有管辖权，则可将此情况通知其主管机关，以便确定采取行动是否适当。上述主管机关应根据其本国境内的法律作出决定，并通过其中央机关向前一方通报所采取的行动。

二、双方在各自法律许可的范围内，应在没收犯罪所得和犯罪工具的程序中相互协助。其中可包括在等候进一步程序前为临时冻结、扣押犯罪所得或犯罪工具所采取的行动。

三、收管犯罪所得或犯罪工具的一方应依其本国法律，处置这些犯罪所得或犯罪工具。在其法律允许的范围内及双方商定的条件下，一方可将上述犯罪所得或犯罪工具的全部或部分或出售有关资产的所得移交给另一方。

四、在适用本条时，被请求方和任何第三人对这些财物的合法权利应依被请求方法律受到尊重。

第十七条　通报刑事诉讼结果

一方应根据请求，向另一方通报请求方先前根据本协定提出的请求所涉及的刑事诉讼的结果。

第十八条　情报交流

双方可根据请求，利用本协定，就刑事司法事宜进行磋商，包括相互通报各自国家现行的或者过去实施的法律和司法实践情况。

第十九条　犯罪记录

如果在请求方境内受到刑事侦查或起诉的人曾在被请求方境内受过刑事起诉，则被请求方应向请求方提供有关该人的犯罪记录和对该人判刑的情况。

第二十条　费用

一、被请求方应支付执行请求的费用，但请求方应负担：

（一）根据请求方的标准和规定，支付本协定第十一条和第十二条规定的人员的津贴或旅费；

（二）有关人员按照第九条第三款的规定，前往、停留和离开被请求方的费用；

（三）鉴定人的费用和报酬；以及

（四）笔译、口译及誊写费用。

二、如果执行请求明显地需要超常性质的费用，双方应协商决定请求可予执行的条件。

第二十一条　其他合作基础

本协定规定的协助和程序不妨碍任何一方通过其他可适用的国际协议中的

条款或通过本国法律的条款向另一方提供协助。双方也可根据任何其他可适用的安排、协议或惯例提供协助。

第二十二条 磋商与争议的解决

一、双方中央机关应在双方同意时进行磋商，以促进最有效地利用本协定。双方中央机关还可商定为便于实施本协定而必须采取的实际措施。

二、因本协定的解释和适用产生的争议，如果双方中央机关不能自行达成协议，应通过外交途径解决。

第二十三条 生效、修改和终止

一、双方依照各自法律完成使本协定生效的一切必要步骤后，应以外交照会相互通知。本协定自后一份照会发出之日起第三十天生效。本协定的有效期为三年，然后以五年期限连续延期，除非任何一方在上述任一期限届满日的六个月前书面通知另一方其希望就修改本协定任何条款而进行磋商。

二、任何一方可随时通过外交途径，以书面形式通知对方终止本协定。协定的终止自通知之日起的六个月后生效。

三、本协定经双方书面协议可随时进行修改。

四、本协定适用于其生效后提出的任何请求，即使有关犯罪发生于本协定生效前。

下列签署人经各自政府适当授权，签署本协定，以昭信守。

二〇〇〇年六月十九日订于北京，一式两份，每份均用中文和英文写成，两种文本同等作准。

中华人民共和国政府代表　　　　　美利坚合众国政府代表
　　　张业遂　　　　　　　　　　　马继贤
　　　（签字）　　　　　　　　　　（签字）

中华人民共和国和印度尼西亚共和国
关于刑事司法协助的条约*

中华人民共和国和印度尼西亚共和国（以下简称"双方"），在相互尊重主权和平等互利的基础上，为加强两国在司法领域的密切合作，决定缔结本刑事司法协助条约，并议定下列各条：

第一章 总 则

第一条 适用范围

一、双方应根据本条约在刑事侦查或诉讼方面相互提供司法协助。

二、就本条约而言，"刑事"系指根据双方各自国内法构成犯罪的任何作为或不作为。

三、所提供的协助应包括下列内容：

（一）调取证据和获得有关人员的陈述；

（二）提供法律文件和其他有关司法记录；

（三）查找和辨认人员；

（四）执行搜查和扣押请求，并移交书证物证；

（五）采取措施移交犯罪所得；

（六）征询有关人员同意作证或协助请求方进行的调查；若该人员在押，安排将其临时移交给请求方；

（七）送达文书；

（八）进行鉴定人鉴定，以及通报刑事诉讼结果。

第二条 其他协助

本条约不减损双方之间根据其他条约、安排等存在的义务，也不妨碍双方根据其他条约、安排等相互提供协助。

---

* 2000年7月24日签署，2001年2月28日第九届全国人民代表大会常务委员会第二十次会议批准，2006年7月28日生效。

第三条　中央机关

请求和提供司法协助应直接通过双方中央机关，即双方的司法部进行。

第四条　协助的拒绝

一、有下列情形之一的，可拒绝提供协助：

（一）请求涉及针对某人某项犯罪的侦查或诉讼，而被请求方将该项犯罪视为政治性质的犯罪或其国内法规定的军事犯罪；

（二）有充分理由相信，请求协助仅是为了基于某人的种族、性别、宗教、国籍或政治见解而对该人予以起诉或处罚，或该人的地位可能由于上述任何原因受到损害；

（三）被请求方认为，同意请求有损其主权、安全、国家利益或其它重大利益；

（四）提供所寻求的协助可能妨碍被请求方境内的侦查或诉讼，或有损任何人的安全，或对被请求方造成过重的负担；

（五）此种协助违背被请求方法律的基本原则。

二、在拒绝同意协助请求前，被请求方应考虑是否可以提供附加必要条件协助。如果请求方接受附加条件的协助，应遵守这些条件。

三、被请求方应将拒绝执行请求的决定尽快通知请求方，并说明理由。

第五条　司法协助适用的法律

一、被请求方在执行请求时适用其本国法律。

二、请求方可要求以某种特定方式执行请求，被请求方应在与其国内法相符的情况下采用该方式。

第六条　费用

一、被请求方应承担执行协助请求所产生的费用，但请求方应承担下列费用：

（一）有关人员依第十一条或第十二条提出的请求而往返于被请求方的有关费用，以及应支付给该人的在请求方境内期间的任何报酬、津贴或其他费用。请求方应向其部分或全部预付上述津贴和费用；

（二）与运输在押人员或押送官员有关的费用；

（三）被请求方根据第十七条的请求而支出的费用和报酬。

二、如果执行请求明显需要超常性质的费用，双方应协商确定在何种费用条件下提供协助。

第七条　文字

一、双方相互联系时，应使用其各自国家的官方文字，并附英文译文。

二、司法协助请求及其辅助文件应以请求方的官方文字写成，并附英文译文。

第二章　司法协助的形式

第八条　司法协助请求书

一、司法协助请求应以请求书的形式提出。请求书应包括下列内容：

（一）请求机关的名称；

（二）案件的性质和事实以及所适用的法律条文；

（三）请求所涉及人员的姓名、国籍、居所或住所，以及有助于确定其身份的其他材料；

（四）请求的目的和请求执行的司法行为；

（五）请求予以搜查、扣押和移交的文件和物品的清单；

（六）如果请求被请求方采用特定程序，该程序的细节和采用理由；

（七）希望请求得以执行的期限；

（八）执行请求所必需的其他材料；

（九）如有必要，明确指明需要对请求予以保密。

二、如果被请求方认为，根据本条约，请求所包含的内容不足以使请求得到处理，可要求提供补充材料。

三、请求书及其辅助文件应由请求方的有关机关签署和盖章。

第九条　送达文书

一、被请求方应尽快执行请求方所提出的送达文书的请求。

二、被请求方应向请求方提供文书送达回证，该送达回证包括受送达人的签名、签收日期、送达机关的印章、送达人的签名以及送达的方式和地点。如果无法完成送达，则应通知请求方，并说明理由。

第十条　调取证据

一、除本条约另有规定外，被请求方应对请求方请求的调取证据作出一切必要的安排。

二、如果请求系针对请求方境内的刑事诉讼提出，被请求方应根据请求，尽力调取证人证据，以便移交给请求方。

三、就本条中的请求而言，请求方应详细列出需向证人调查的事项，包括要提问的问题。

四、被请求方应在其法律允许的范围内并根据请求，向请求方通报执行请求的时间和地点，以便请求方国内法授权的有关人员在执行请求期间到场，并通过被请求方的有关人员提问。

五、根据本条被要求在被请求方作证的人员，遇有下列情形之一的，可拒绝作证：

（一）被请求方法律允许证人在被请求方境内提起的诉讼中的类似情形下拒绝作证；

（二）请求方法律允许证人在请求方境内的此种诉讼中拒绝作证。

六、如果有人主张根据请求方法律有权拒绝作证，请求方的中央机关应根据请求，向被请求方中央机关提供有关存在此种权利的证明。在无相反证据的情形下，该证明应构成存在此种权利的充分证据。

第十一条　证人和鉴定人的出庭

一、如果请求方认为确有必要让证人或鉴定人本人到其司法机关出庭以履行有关诉讼行为，则应在送达传票的请求中予以说明。被请求方应向有关证人或鉴定人转达上述请求，并说明可支付的费用、津贴和报酬。

二、送达传票的请求，应在所要求的有关人员到请求方司法机关履行诉讼行为之日的至少两个月前，送交给被请求方。在紧急情形下，被请求方可放弃上述要求。

三、被请求方应将证人或鉴定人的答复通知请求方。

第十二条　安排在押人员作证

一、如果一方的司法机关认为有必要向被请求方境内的在押人员取得证人证言，在该人同意的情况下，被请求方可根据请求把该人临时移交给请求方。

二、就第一款而言，本条约第三条规定的双方中央机关应就移交的条件事先达成协议。

三、如果被移交人依被请求方法律应被羁押，请求方应对该人予以羁押，并在根据本条第一款据以请求移交的事项终结后，或在不再需要该人出庭的最早时间内，将该人押送回被请求方。

四、请求方如果仍需要该人到庭，且该人同意，可请求延长该人停留的期限。

第十三条　对证人和鉴定人的保护

一、请求方不得对拒绝按照第十一条或第十二条作为证人或鉴定人到场的人员予以处罚，或采取任何措施及以采取措施相威胁。

二、第十一条和第十二条提及的证人或鉴定人，在请求方境内不得因为与其离开被请求方前的作为或不作为有关的任何犯罪而受到拘禁、起诉或处罚；

对于与此有关的任何民事诉讼，如该人不在请求方时不会受到约束，则不受此类民事诉讼的约束。

三、证人或鉴定人不得被要求在请求所涉及的诉讼或侦查以外的任何诉讼中提供证据或协助侦查。

四、如果证人或鉴定人在司法机关通知无需其继续停留之日起十五日内未离开请求方，或者离开后又自行返回的，则丧失第一款给予的保护。但该期间不包括证人或鉴定人由于其不可控制的原因而未能离开请求方的时间。

五、如果被请求方通知请求方，第十二条所指的被移交人员无需继续受羁押时，该人员应被释放并视为第十一条所指的人员。

第十四条　证据的提供

一、被请求方应通过第三条的途径，移交在侦查和取证中获得的证据资料。

二、对于请求方请求提供的记录或文件，被请求方可提供经证明无误的副本或影印件。然而，当请求方明确表示需要移交原件时，被请求方应尽可能满足这一要求。

三、对于请求方需要作为证据的物品，被请求方应予移交。但此种移交不得损害被请求方或第三人对该物品的合法权利。

四、如果上述文件、记录或物品对被请求方境内其他未决案件的刑事起诉是必不可少的，被请求方可暂缓提供。但被请求方应将延缓理由及时通知请求方。

第十五条　归还证据

请求方应将被请求方移交的记录和文件的原件、或其他物品，尽快归还给被请求方，除非被请求方放弃归还要求。

第十六条　证据和材料的保密及其使用限制

一、如经请求，被请求方应对协助请求、请求内容及其辅助文件、以及提供协助的事实予以保密。如果不违反保密要求则无法执行请求，被请求方应将此情况通知请求方，由请求方决定请求是否仍应执行。

二、如经请求，请求方对于被请求方提供的材料和证据，除用于请求中所提及的侦查和诉讼之外，应予以保密。

三、未经被请求方事先同意，请求方不得将所获得的材料或证据、以及任何派生材料用于请求以外的目的。

第十七条　搜查和扣押

一、被请求方应在其法律许可的范围内并在第三人权利受到保护的情况下，执行有关为了证据之目的而搜查、扣押和将资料送交请求方的请求，条件是所提供的材料，包括可能有的第八条第二款要求的补充材料，证明根据被请求方法律有理由采取上述行为。

二、被请求方应提供请求方可能需要的有关搜查结果、扣押地点、扣押状况和被扣押物品的监管方面的情况。

三、请求方应遵守被请求方就搜查和扣押施加的条件。

第十八条　犯罪所得的移交

一、一方应将罪犯在请求方境内犯罪时非法获得的、在被请求方境内发现的钱款和物品移交给另一方。但此项移交不得损害被请求方或第三人对上述财物的合法权利。

二、如果上述钱款和物品对被请求方境内的未决刑事诉讼是必不可少的，被请求方可推迟移交并及时通知请求方。

第三章　杂项规定

第十九条　刑事诉讼结果的通知

一方应根据请求，将针对请求方国民的、或为之提供司法协助的刑事诉讼最终判决和决定的结果通知另一方。

第二十条　刑事记录的提供

被请求方可根据请求，就请求方管辖权内被调查刑事责任的人员，免费提供与其有关的刑事记录及相关材料的摘要。

第二十一条　法律和法规信息的交换

双方应根据请求，相互通报各自国家现行的或已失效的法律和法规的信息。

第二十二条　文件的效力

就实施本条约而言，一方主管机关签发的官方文件，一经签署和盖章，在另一方使用时无需认证。

第二十三条　外交和领事官员送达文书和调查取证

一方可以通过其派驻在另一方的外交或领事官员向在该另一方境内的本国国民送达文书和调查取证，但不得违反另一方法律，并不得采取任何强制措施。

第二十四条　协商

双方应根据任何一方的请求，就本条约一般情况下或涉及特定案件时的解释和适用事宜，及时通过外交途径进行协商。

第四章　最后条款

第二十五条　生效和终止

一、双方应以书面形式相互通知各自使本条约生效所需的国内法要求已得到满足，本条约自上述通知之日后三十天起生效。

二、本条约有效期五年，此后连续自动延期五年，除非一方在期满前三个月书面通知终止本条约。

三、双方根据本条约同意的正在进行的事宜应予完成，不受条约终止影响。

本条约于二○○○年七月二十四日在雅加达签订，一式两份，每份均用中文、印度尼西亚文和英文写成。所有文本同等作准。如遇文字解释方面的分歧，以英文本为准。

下列签字人经各自政府适当授权，在本条约上签字，以昭信守。

中华人民共和国代表
　　陈士球

印度尼西亚共和国代表
罗姆利·阿特玛萨斯米达

中华人民共和国和爱沙尼亚共和国关于刑事司法协助的条约[*]

中华人民共和国和爱沙尼亚共和国（以下简称"双方"），

在相互尊重国家主权和平等互利的基础上，为促进两国在刑事司法协助领域的有效合作，决定缔结本条约，并达成协议如下：

第一条　适用范围

一、双方应当根据本条约的规定，相互提供刑事司法协助。

二、协助应当包括：

（一）送达刑事诉讼文书；

（二）获取人员的证言或者陈述；

（三）提供文件、记录和证据物品；

（四）获取和提供鉴定结论；

（五）查找或者辨认人员；

（六）进行司法勘验或者检查场所或者物品；

（七）安排有关人员作证或者协助调查；

（八）移送在押人员以便作证或者协助调查；

（九）查询、搜查、冻结和扣押；

（十）没收犯罪所得和犯罪工具；

（十一）通报刑事诉讼结果和提供犯罪记录；

（十二）交换法律资料；

（十三）不违背被请求方法律的其他形式的协助。

三、本条约不适用于：

（一）对人员的引渡；

（二）执行请求方所作出的刑事判决、裁定或者决定，但是被请求方法律和本条约许可的除外；

（三）移交被判刑人以便服刑；

（四）刑事诉讼的转移。

---

[*] 2002 年 6 月 12 日签署，2002 年 12 月 28 日第九届全国人民代表大会常务委员会第三十一次会议批准，2011 年 3 月 31 日生效。

四、本条约仅适用于双方之间的相互司法协助。本条约的规定，不给予任何私人当事方以取得或者排除任何证据或者妨碍执行请求的权利。

第二条 中央机关

一、为本条约的目的，双方相互请求和提供司法协助，应当通过各自指定的中央机关直接进行联系。

二、本条第一款所指的中央机关，在中华人民共和国方面为司法部，在爱沙尼亚共和国方面为司法部。

三、任何一方如果变更其对中央机关的指定，应当通过外交途径通知另一方。

第三条 拒绝或者推迟协助

一、存在下列情形之一的，被请求方可以拒绝提供协助：

（一）请求涉及的行为根据被请求方法律不构成犯罪；

（二）被请求方认为请求涉及的犯罪是政治犯罪；

（三）请求涉及的犯罪根据请求方法律纯属军事犯罪；

（四）被请求方有充分理由认为，请求的目的是基于某人的种族、性别、宗教、国籍或者政治见解而对该人进行侦查、起诉、处罚或者其他诉讼程序，或者该人的地位可能由于上述任何原因受到损害；

（五）被请求方正在对请求所涉及的同一犯罪嫌疑人或者被告人就同一犯罪进行刑事诉讼，或者已经终止刑事诉讼，或者已经作出终审判决；

（六）被请求方认为，请求提供的协助与案件缺乏实质联系；

（七）被请求方认为，执行请求将损害本国主权、安全、公共秩序或者其他重大公共利益，或者违背本国法律的基本原则。

二、如果提供协助将会妨碍正在被请求方进行的侦查、起诉或者其他诉讼程序，被请求方可以推迟提供协助。

三、在根据本条拒绝或者推迟提供协助前，被请求方应当考虑是否可以在其认为必要的条件下准予协助。请求方如果接受附条件的协助，则应当遵守这些条件。

四、被请求方如果拒绝或者推迟协助，应当将拒绝或者推迟的理由通知请求方。

第四条 请求的形式和内容

一、请求应当以书面形式提出，并且由请求机关/请求方中央机关签署或者盖章。在紧急情形下，被请求方可以接受其他形式的请求，请求方应当随后迅速以书面形式确认该请求，但是被请求方另行同意的除外。

二、请求应当包括以下内容：

（一）请求所涉及的侦查、起诉或者其他诉讼程序的主管机关的名称；

（二）对于请求所涉及的案件的性质和事实以及所适用的法律规定的说明；

（三）对于请求提供的协助及其目的的说明，包括对于请求提供的协助与案件的相关性的说明；

（四）希望请求得以执行的期限。

三、在必要和可能的范围内，请求还应当包括以下内容：

（一）关于被取证人员的身份和居住地的资料；

（二）关于受送达人的身份和居住地、以及该人与诉讼的关系的资料；

（三）关于需查找或者辨别的人员的身份及下落的资料；

（四）关于需勘验或者检查的场所或者物品的说明；

（五）希望在执行请求时遵循的特别程序及其理由的说明；

（六）关于搜查的地点和查询、冻结、扣押的财物的说明；

（七）保密的需要及其理由的说明；

（八）关于被邀请前往请求方境内作证或者协助调查的人员有权得到的津贴和费用的说明；

（九）有助于执行请求的其他资料。

四、被请求方如果认为请求中包括的内容尚不足以使其处理该请求，可以要求提供补充资料。

五、根据本条提出的请求和辅助文件，应当附有被请求方文字的译文或者英文译文。

第五条　请求的执行

一、被请求方应当按照本国法律及时执行协助请求。

二、被请求方在不违背本国法律的范围内，可以按照请求方要求的方式执行协助请求。

三、被请求方应当将执行请求的结果及时通知请求方。如果无法提供所请求的协助，被请求方应当将原因通知请求方。

第六条　保密和限制使用

一、如果请求方提出要求，被请求方应当对请求，包括其内容和辅助文件，以及按照请求所采取的行动予以保密。如果不违反保密要求则无法执行请求，被请求方应当将此情况通知请求方，请求方应当随即决定该请求是否仍然应当予以执行。

二、如果被请求方提出要求，请求方应当对被请求方提供的资料和证据予

以保密，或者仅在被请求方指明的条件下使用。

三、未经被请求方的事先同意，请求方不得为了请求所述案件以外的任何其他目的使用根据本条约所获得的资料或者证据。

第七条 送达文书

一、被请求方应当根据本国法律并依请求，送达请求方递交的文书。但是对于要求某人作为被指控犯罪的人员出庭的文书，被请求方不负有执行送达的义务。

二、被请求方在执行送达后，应当向请求方出具送达证明。送达证明应当包括送达日期、地点和送达方式的说明，并且应当由送达文书的机关签署或者盖章。如果无法执行送达，则应当通知请求方，并且说明原因。

第八条 调取证据

一、被请求方应当根据本国法律并依请求，调取证据并移交给请求方。

二、如果请求涉及移交文件或者记录，被请求方可以移交经证明的副本或者影印件；在请求方明示要求移交原件的情况下，被请求方应当尽可能满足此项要求。

三、在不违背被请求方法律的前提下，根据本条移交给请求方的文件和其他资料，应当按照请求方要求的形式予以证明，以便使其可以依请求方法律得以接受。

四、被请求方在不违背本国法律的范围内，可以同意请求中指明的人员在执行请求时到场，并允许这些人员通过被请求方司法人员向被调取证据的人员提问。为此目的，被请求方应当及时将执行请求的时间和地点通知请求方。

第九条 拒绝作证

一、根据本条约被要求作证的人员，如果被请求方法律允许该人在被请求方提起的诉讼中的类似情形下不作证，可以拒绝作证。

二、如果根据本条约被要求作证的人员，主张依请求方法律有拒绝作证的权利或者特权，被请求方应当要求请求方提供是否存在该项权利或者特权的证明书。请求方的证明书应当视为是否存在该项权利或者特权的充分证据，除非有明确的相反证据。

第十条 安排有关人员作证或者协助调查

一、被请求方应当根据请求方的请求，邀请有关人员前往请求方境内出庭作证或者协助调查。请求方应当说明需向该人支付的津贴、费用的范围。被请求方应当将该人的答复迅速通知请求方。

二、邀请有关人员在请求方境内出庭的文书送达请求，应当在不迟于预定的出庭日六十天前递交给被请求方。在紧急情形下，被请求方可以同意在较短期限内转交。

第十一条　移送在押人员以便作证或者协助调查

一、经请求方请求，被请求方可以将在其境内的在押人员临时移送至请求方境内以便出庭作证或者协助调查，条件是该人同意，而且双方已经就移送条件事先达成书面协议。

二、如果依被请求方法律该被移送人应当予以羁押，请求方应当对该人予以羁押。

三、作证或者协助调查完毕后，请求方应当尽快将该被移送人送回被请求方。

四、为本条的目的，该被移送人在请求方被羁押的期间，应当折抵在被请求方判处的刑期。

第十二条　证人和鉴定人的保护

一、请求方对于到达其境内的证人或者鉴定人，不得由于该人在入境前的任何作为或者不作为而进行侦查、起诉、羁押、处罚或者采取其他限制人身自由的措施，也不得要求该人在请求所未涉及的任何侦查、起诉或者其他诉讼程序中作证或者协助调查，除非事先取得被请求方和该人的同意。

二、如果上述人员在被正式通知无需继续停留后十五天内未离开请求方，或者离开后又自愿返回，则不再适用本条第一款。但是，该期限不应包括该人由于本人无法控制的原因而未离开请求方领土的期间。

三、对于拒绝根据第十条或者第十一条作证或者协助调查的人员，不得由于此种拒绝而施加任何刑罚或者采取任何限制其人身自由的强制措施。

第十三条　查询、搜查、冻结和扣押

一、被请求方应当在本国法律允许的范围内，执行查询、冻结、搜查和扣押作为证据的财物的请求。

二、被请求方应当向请求方提供其所要求的有关执行上述请求的结果，包括查询或者搜查的结果，冻结或者扣押的地点和状况以及有关财物随后被监管的情况。

三、如果请求方同意被请求方就移交所提出的条件，被请求方可以将被扣押财物移交给请求方。

第十四条　向被请求方归还文件、记录和证据物品

请求方应当根据被请求方的要求，尽快归还被请求方根据本条约向其提供的文件或者记录的原件和证据物品。

第十五条　犯罪所得和犯罪工具的没收

一、被请求方应当根据请求，努力确定犯罪所得或者犯罪工具是否位于其境内，并且应当将调查结果通知请求方。在提出这种请求时，请求方应当将其认为上述财物可能位于被请求方境内的理由通知被请求方。

二、如果根据本条第一款，涉嫌的犯罪所得或者犯罪工具已被找到，被请求方应当根据请求，按照本国法律采取措施冻结、扣押和没收这些财物。

三、在本国法律允许的范围内及双方商定的条件下，被请求方可以根据请求方的请求，将上述的犯罪所得或者犯罪工具的全部或者部分或者出售有关资产的所得移交给请求方。

四、在适用本条时，被请求方和第三人对这些财物的合法权利应当依被请求方法律受到尊重。

第十六条　通报刑事诉讼结果

一、曾根据本条约提出协助请求的一方，应当根据被请求方的要求，向被请求方通报请求方提出的协助请求所涉及的刑事诉讼的结果。

二、一方应当根据请求，向另一方通报其对该另一方国民提起的刑事诉讼的结果。

第十七条　提供犯罪记录

如果在请求方境内受到刑事侦查或者起诉的人在被请求方境内曾经受过刑事追诉，则被请求方应当根据请求，向请求方提供有关该人的犯罪记录和对该人判刑的情况。

第十八条　交流法律资料

双方可以根据请求，相互交流各自国家现行的或者曾经实施的与履行本条约有关的法律和司法实践的资料。

第十九条　证明和认证

为本条约的目的，根据本条约转递的任何文件，不应要求任何形式的证明或者认证，但是本条约另有规定的除外。

第二十条　费用

一、被请求方应当负担执行请求所产生的费用，但是请求方应当负担下列费用：

（一）有关人员按照第八条第四款的规定，前往、停留和离开被请求方的费用；

（二）有关人员按照第十条或者第十一条的规定，前往、停留和离开请求方的费用和津贴，这些费用和津贴应当根据费用发生地的标准和规定支付；

（三）鉴定人的费用和报酬；

（四）笔译和口译的费用和报酬。

二、请求方应当根据要求，预付由其负担的上述津贴、费用和报酬。

三、如果执行请求明显地需要超常性质的费用，双方应当相互协商决定可以执行请求的条件。

第二十一条 外交或者领事官员送达文书和调取证据

一方可以通过其派驻在另一方的外交或者领事官员向在该另一方境内的本国国民送达文书和调取证据，但是不得违反该另一方法律，并且不得采取任何强制措施。

第二十二条 其他合作基础

本条约不妨碍任何一方根据其他可适用的国际协议或者本国法律向另一方提供协助。双方也可以根据任何其他可适用的安排、协议或者惯例提供协助。

第二十三条 争议的解决

由于本条约的解释和适用产生的争议，如果双方中央机关不能自行达成协议，应当通过外交途径协商解决。

第二十四条 生效、修正和终止

一、本条约须经批准，批准书在北京互换。条约自互换批准书之日后第三十天生效。

二、本条约可以经双方书面协议随时予以修正。

三、任何一方可以随时通过外交途径，以书面形式通知终止本条约。终止自该通知发出之日后第一百八十天生效。

四、本条约适用于其生效后提出的请求，即使有关作为或者不作为发生于本条约生效前。

下列签署人经各自政府适当授权，签署本条约，以昭信守。

二〇〇二年六月十二日订于塔林，一式两份，每份均以中文、爱沙尼亚文和英文制成，三种文本同等作准。如果遇解释上的分歧，以英文本为准。

中华人民共和国代表　　　　　　　　　爱沙尼亚共和国代表

　　唐家璇　　　　　　　　　　　　　　　欧尤兰德

　（签字）　　　　　　　　　　　　　　　（签字）

中华人民共和国和南非共和国关于刑事司法协助的条约*

中华人民共和国和南非共和国（以下简称"缔约国"），通过缔结刑事司法协助条约以期在预防和制止犯罪领域建立更有效的合作；

确认相互尊重国家主权，平等互利，相互尊重各自法律体系和司法制度；

并达成协议如下：

第一条　适用范围

一、缔约国应当根据本条约的规定，相互提供刑事司法协助。

二、协助应当包括：

（一）送达刑事诉讼文书；

（二）获取人员的证言或者陈述；

（三）提供文件、记录和证据物品；

（四）获取和提供鉴定结论；

（五）查找或者辨认人员；

（六）进行司法勘验、检查场所或者物品；

（七）安排有关人员作证或者协助调查；

（八）移送在押人员以便作证或者协助调查；

（九）查询、搜查、冻结、管制和扣押；

（十）没收犯罪所得和犯罪工具；

（十一）通报刑事诉讼结果和提供犯罪记录；

（十二）交换法律资料；

（十三）不违背被请求国法律的其他形式的协助。

第二条　中央机关

一、为本条约的目的，缔约国相互请求和提供司法协助，应当通过各自指定的中央机关直接进行联系。

二、本条第一款所指的中央机关，在中华人民共和国方面为司法部，在南

---

* 2003 年 1 月 20 日签署，2003 年 8 月 27 日第十届全国人民代表大会常务委员会第四次会议批准，2004 年 11 月 17 日生效。

非方面为司法及宪法发展部长。

三、任一缔约国如果变更其对中央机关的指定，应当通过外交途径通知另一缔约国。

第三条　拒绝或者推迟协助

一、存在下列情形之一的，被请求国可以拒绝提供协助：

（一）请求涉及的行为根据被请求国法律不构成犯罪；

（二）被请求国认为请求涉及的犯罪是政治犯罪；

（三）请求涉及的犯罪根据请求国法律纯属军事犯罪；

（四）被请求国有充分理由认为，请求的目的是基于某人的种族、性别、宗教、国籍或者政治见解而对该人进行侦查、起诉、处罚或者其他诉讼程序，或者该人的地位可能由于上述任何原因受到损害；

（五）被请求国正在对请求所涉及的同一犯罪嫌疑人或者被告人就同一犯罪进行刑事诉讼，或者已经终止刑事诉讼，或者已经作出终审判决；

（六）被请求国认为，请求提供的协助与案件缺乏实质联系；

（七）被请求国认为，执行请求将损害本国主权、安全、公共秩序或者其他重大公共利益，或者违背本国法律的基本原则。

二、如果提供协助将会妨碍正在被请求国进行的侦查、起诉或者其他诉讼程序，被请求国可以推迟提供协助。

三、在根据本条拒绝或者推迟提供协助前，被请求国应当考虑是否可以在其认为必要的条件下准予协助。请求国如果接受附条件的协助，则应当遵守这些条件。

四、被请求国如果拒绝或者推迟协助，应当将拒绝或者推迟的理由通知请求国。

第四条　请求的形式和内容

一、请求应当以书面形式提出。在紧急情形下，被请求国可以接受其他形式的请求，请求国应当随后迅速以书面形式确认该请求，但是被请求国另行同意的除外。

二、请求应当包括以下内容：

（一）请求所涉及的侦查、起诉或者其他诉讼程序的主管机关的名称；

（二）对于请求所涉及的案件的性质和事实以及所适用的法律规定的说明；

（三）对于请求提供的协助及其目的的说明，包括对于请求提供的协助与案件的相关性的说明；

（四）希望请求得以执行的期限。

三、在必要和可能的范围内，请求还应当包括以下内容：

（一）关于被取证人员的身份和居住地的资料；

（二）关于受送达人的身份、居住地以及该人与诉讼的关系的资料；

（三）关于需查找或者辨别的人员的身份及下落的资料；

（四）关于需勘验、检查的场所或者物品的说明；

（五）希望在执行请求时遵循的特别程序及其理由的说明；

（六）关于搜查的地点和被查询、搜查、冻结、管制和扣押的财物的说明；

（七）保密的需要及其理由的说明；

（八）关于被邀请前往请求国境内作证或者协助调查的人员有权得到的津贴和费用的说明；

（九）有助于执行请求的其他资料。

四、被请求国如果认为请求中包括的内容尚不足以使其处理该请求，可以要求提供补充资料。

五、根据本条提出的请求和辅助文件，应当附有被请求国一种官方文字的译文。

第五条 请求的执行

一、被请求国应当按照本国法律及时执行协助请求。

二、被请求国在遵守本国法律的前提下，可以按照请求国要求的方式执行协助请求。

三、被请求国应当将执行请求的结果及时通知请求国。如果无法提供所请求的协助，被请求国应当将原因通知请求国。

第六条 保密和限制使用

一、如果请求国提出要求，被请求国应当根据其本国法律的基本原则，对请求，包括其内容和辅助文件，以及按照请求所采取的行动予以保密。如果不违反保密要求则无法执行请求，被请求国应当将此情况通知请求国，请求国应当随即决定该请求是否仍然应当予以执行。

二、如果被请求国提出要求，请求国应根据其本国法律的基本原则，对被请求国提供的资料和证据予以保密，或者仅在被请求国指明的条件下使用。如果保密要求以任何方式被违反，请求国应及时通知被请求国。

三、未经被请求国的事先同意，请求国不得为了请求所述案件以外的任何其他目的使用根据本条约所获得的资料或者证据。

第七条 送达文书

一、被请求国应当根据本国法律并依请求，送达请求国递交的文书。但是对于要求某人作为被告出庭的文书，被请求国不负有执行送达的义务。

二、被请求国在执行送达后，应当向请求国出具送达证明。送达证明应当包括送达日期、地点、送达方式及送达机关的说明。如果无法执行送达，则应当通知请求国，并且说明原因。

第八条　调取证据

一、被请求国应当根据本国法律并依请求，调取证据并移交给请求国。

二、如果请求涉及移交文件或者记录，被请求国可以移交经证明的副本或者影印件；在请求国明示要求移交原件的情况下，被请求国应当尽可能满足此项要求。

三、被请求国在遵守本国法律的前提下，根据本条移交给请求国的文件和其他资料，应当按照请求国要求的形式予以证明，以便使其可以依请求国法律得以接受。

四、被请求国在遵守本国法律的前提下，应当同意请求中指明的人员在执行请求时到场，并允许这些人员通过被请求国司法或执法人员向被调取证据的人员提问。为此目的，被请求国应当及时将执行请求的时间和地点通知请求国。

第九条　拒绝作证

一、根据请求被要求在被请求国内作证的人员，如果被请求国或请求国法律允许或要求该人拒绝作证的，可以拒绝作证。

二、如果被要求作证的人员主张依请求国法律有拒绝作证的权利或者义务，对此，被请求国应当将请求国主管机关的证明书视为该项权利或者义务是否存在的证据。

第十条　安排有关人员作证或者协助调查

一、被请求国应当根据请求国的请求，邀请有关人员前往请求国境内出庭作证或者协助调查。请求国应当说明需向该人支付的津贴、费用的范围。被请求国应当将该人的答复迅速通知请求国。

二、邀请有关人员在请求国境内出庭的文书送达请求，应当在不迟于预定的出庭日六十天前递交给被请求国，除非在紧急情形下，被请求国已经同意更短的期限。

第十一条　移送在押人员以便作证或者协助调查

一、经请求国请求，被请求国在其法律允许的范围内，可以将在其境内的在押人员临时移送至请求国境内以便出庭作证或者协助调查，条件是该人同意，而且缔约国已经就移送条件事先达成书面协议。

二、如果依被请求国法律该被移送人应当予以羁押，请求国应当对该人予以羁押。

三、作证或者协助调查完毕后，请求国应当尽快将该被移送人送回被请求国。

四、为本条的目的，该被移送人在请求国被羁押的期间，应当折抵在被请求国判处的刑期。

第十二条　证人和鉴定人的保护

一、请求国对于到达其境内的证人或者鉴定人，不得由于该人在入境前的任何作为或者不作为而进行侦查、起诉、羁押、处罚或者采取其他限制人身自由的措施，也不得要求该人在请求所未涉及的任何侦查、起诉或者其他诉讼程序中作证或者协助调查，除非事先取得被请求国和该人的同意。

二、如果上述人员在被正式通知无需继续停留后三十天内未离开请求国，或者离开后又自愿返回，则不再适用本条第一款。但是，该期限不应当包括该人由于本人无法控制的原因而未离开请求国领土的期间。

三、对于拒绝根据本条约第十条或者第十一条作证或者协助调查的人员，不得由于此种拒绝而对其施加任何刑罚或者任何限制其人身自由的强制措施。

第十三条　查询、搜查、冻结、管制或者扣押

一、被请求国应当在遵守本国法律的前提下，执行查询、搜查、冻结、管制或者扣押作为证据的财物的请求。

二、被请求国应当向请求国提供其所要求的有关执行上述请求的结果，包括查询或者搜查的结果，冻结、管制或者扣押的地点和状况以及有关财物随后被监管的情况。

三、如果请求国同意被请求国就移交所提出的条件，被请求国可以将被扣押财物移交给请求国。

第十四条　向被请求国归还文件、记录和证据物品

请求国应当根据被请求国的要求，尽快归还被请求国根据本条约向其提供的文件或者记录的原件和证据物品。

第十五条　犯罪所得和犯罪工具

一、被请求国应当根据请求，努力确定犯罪所得或者犯罪工具是否位于其境内，并且应当将调查结果通知请求国。在提出这种请求时，请求国应当将其认为上述财物可能位于被请求国境内的理由告知被请求国。

二、如果根据本条第一款，涉嫌的犯罪所得或者犯罪工具已被找到，被请

求国应当根据请求，按照本国法律采取措施冻结、管制、扣押和没收这些财物。

三、在本国法律允许的范围内及双方商定的条件下，被请求国可以根据请求国的请求，将上述的犯罪所得或者犯罪工具的全部或者部分或者出售有关资产的所得移交给请求国。

四、在适用本条时，被请求国和第三人对这些财物的合法权利应当依照被请求国法律受到尊重。

第十六条　通报刑事诉讼结果

一、曾根据本条约提出协助请求的缔约国，应当根据被请求国的要求，向被请求国通报请求国提出协助的请求所涉及的刑事诉讼的结果。

二、任一缔约国应当根据请求，向另一缔约国通报其对该另一缔约国国民提起的刑事诉讼的结果。

第十七条　提供犯罪记录

如果在请求国境内受到刑事侦查或者起诉的人在被请求国境内曾经受过刑事追诉，则被请求国应当根据请求，向请求国提供有关该人的犯罪记录和对该人判刑的情况。

第十八条　交流法律资料

缔约国应当根据请求，相互交流各自国家与履行本条约有关的法律、司法及执法实践的资料。

第十九条　认证

为本条约的目的，根据本条约转递的任何文件，不应要求任何形式的认证，但是本条约另有规定的除外。

第二十条　费用

一、被请求国应当负担执行请求所产生的费用，但是请求国应当负担下列费用：

（一）有关人员按照本条约第八条第四款的规定，前往、停留和离开被请求国的费用；

（二）有关人员按照本条约第十条或者第十一条的规定，前往、停留和离开请求国的费用和津贴，这些费用和津贴应当根据费用发生地的标准和规定支付；

（三）鉴定人的费用和报酬；

（四）笔译和口译的费用和报酬。

二、请求国应当根据要求，预付由其负担的上述津贴、费用和报酬。

三、如果执行请求明显地需要超常性质的费用，缔约国应当相互协商决定可以执行请求的条件。

第二十一条　外交或者领事官员送达文书和调取证据

任一缔约国可以通过其派驻在另一缔约国的外交或者领事官员向在该另一缔约国境内的本国国民送达文书和调取证据，但是不得违反该另一缔约国的法律，并且不得采取任何强制措施。

第二十二条　其他合作基础

本条约不妨碍任一缔约国根据其他可适用的国际协议或者本国法律向另一缔约国提供协助。缔约国也可以根据任何其他可适用的安排、协议或者惯例提供协助。

第二十三条　争议的解决

由于本条约的解释和适用产生的争议，如果缔约国中央机关不能自行达成协议，应当通过外交途径协商解决。

第二十四条　生效、修正和终止

一、本条约须经批准，批准书应当在缔约国商定的地点互换。条约自互换批准书之日后第三十天生效。

二、本条约可以经双方书面协议随时予以修正。

三、任一缔约国可以随时通过外交途径，以书面形式通知终止本条约。终止自该通知发出之日后第一百八十天生效。

四、本条约适用于其生效后提出的请求，即使有关作为或者不作为发生于本条约生效前。

下列签署人经各自政府适当授权，签署本条约，以昭信守。

本条约于二〇〇三年一月二十日订于比勒陀利亚，一式两份，每份均以中文和英文制成，两种文本同等作准。

中华人民共和国代表
王毅
（签字）

南非共和国代表
佩纽尔·马杜纳
（签字）

中华人民共和国和泰王国关于刑事司法协助的条约[*]

中华人民共和国和泰王国（以下简称"双方"），

在相互尊重国家主权和平等互利的基础上，为促进两国在刑事司法协助领域的有效合作，达成协议如下：

第一条 适用范围

一、双方同意，根据本条约的规定，就刑事方面的侦查、起诉以及其他诉讼程序，向对方提供最广泛的相互司法协助，无论该协助是由法院还是由其他机构请求或提供。

二、协助应当包括：

（一）送达刑事诉讼文书；

（二）在被请求方获取人员的证言或者陈述；

（三）提供文件、记录和证据物品；

（四）获取和提供鉴定结论；

（五）查找和辨认人员；

（六）进行司法勘验或者检查场所或者物品；

（七）为作证的目的，移交在押人员或者安排其他人员在请求方出庭；

（八）查询、搜查、冻结和扣押；

（九）采取措施查找、冻结、扣押和没收犯罪所得；

（十）通报刑事判决或裁定和提供犯罪记录；

（十一）交换法律资料；

（十二）不违背被请求方法律的其他形式的协助。

三、本条约不适用于：

（一）对人员的引渡；

（二）执行请求方所作出的刑事判决、裁定或者决定，但是被请求方法律和本条约允许的除外；

（三）移交被判刑人以便服刑；

---

[*] 2003 年 6 月 21 日签署，2003 年 12 月 27 日第十届全国人民代表大会常务委员会第六次会议批准，2005 年 2 月 20 日生效。

（四）刑事诉讼的转移；

（五）逮捕令的执行。

四、本条约仅适用于双方之间的相互司法协助。本条约的规定，不给予任何私人当事方以取得或者排除任何证据或者妨碍执行请求的权利。

五、本条约不适用于军事犯罪。

第二条 中央机关

一、为本条约的目的，双方相互请求和提供司法协助，应当通过各自指定的中央机关直接进行联系。

二、本条第一款所指的中央机关，在中华人民共和国方面为司法部，在泰王国方面为检察总长或其指定的人员。

三、任何一方如果变更其对中央机关的指定，应当通过外交途径通知另一方。

第三条 拒绝或者推迟协助

一、存在下列情形之一的，被请求方可以拒绝提供协助：

（一）请求涉及的行为根据被请求方法律不构成犯罪；

（二）被请求方认为请求涉及政治犯罪；

（三）被请求方有充分理由认为，请求的目的是基于某人的种族、性别、宗教、国籍或者政治见解而对该人进行侦查、起诉、处罚或者其他诉讼程序，或者该人的地位可能由于上述任何原因受到损害；

（四）被请求方已对请求所涉及的同一被告人就同一犯罪作出终审判决；

（五）被请求方认为，执行请求将损害本国主权、安全、公共秩序或者其他重大公共利益。

二、如果执行请求将会妨碍正在被请求方进行的侦查、起诉或者其他诉讼程序，被请求方可以推迟提供协助。

三、在根据本条拒绝或者推迟提供协助前，被请求方应当考虑是否可以在其认为必要的条件下准予协助。请求方如果接受附条件的协助，则应当遵守这些条件。

四、被请求方如果拒绝或者推迟提供协助，应当将拒绝或者推迟的理由通知请求方。

第四条 请求的形式和内容

一、请求应当以书面形式提出，并且由请求方中央机关签署或者盖章。在紧急或者被请求方同意的其他情形下，请求可以传真形式提出，但应当随后迅速以书面形式确认。

二、请求应当包括以下内容：

（一）请求所涉及的侦查、起诉或者其他诉讼程序的主管机关的名称；

（二）对于请求所涉及的案件的性质和事实以及所适用的法律规定的说明；

（三）对于请求提供的协助及其目的的说明，以及对于请求提供的协助与案件的相关性的说明。

三、在必要和可能的范围内，请求还应当包括以下内容：

（一）关于被取证人员的身份和居住地的资料；

（二）关于受送达人的身份和居住地以及该人与诉讼的关系的资料；

（三）关于需查找或者辨别的人员的身份及下落的资料；

（四）关于需勘验或者检查的场所或者物品的说明；

（五）关于取得和记录证言或者陈述的方式的说明；

（六）如果请求向个人调查取证，关于是否需要其宣誓或不经宣誓而提供正式证词的陈述，以及对所寻求的证据或者陈述的主题说明；

（七）希望在执行请求时遵循的特别程序及其理由的说明；

（八）关于需搜查的地点和需查询、冻结、扣押的财物的说明；

（九）需证人回答的问题的清单；

（十）保密的需要及其理由的说明；

（十一）关于被邀请前往请求方境内作证或者协助调查的人员有权得到的津贴和费用的说明；

（十二）有助于执行请求的其他资料。

四、被请求方如果认为请求中包括的内容尚不足以使其处理该请求，可以要求提供补充资料。

五、根据本条提出的请求和辅助文件，应当附有被请求方文字或者英文的译文。

第五条　请求的执行

一、协助请求应当根据被请求方的法律，在不违反该方法律的范围内按照请求方所要求的方式，及时得到执行。

二、被请求方应当将执行请求的结果及时通知请求方。如果无法提供所请求的协助，被请求方应当将原因通知请求方。

第六条　保密和限制使用

一、如果请求方提出要求，被请求方应当对请求，包括其内容和辅助文件，以及按照请求所采取的行动予以保密。如果不违反保密要求则无法执行请求，被请求方应当将此情况通知请求方，请求方应当随即决定该请求是否仍然应当予以执行。

二、被请求方可以要求，对其所提供的资料和证据及其来源，根据其提出的条件予以保密。在此情况下，请求方应遵守这些条件，除非在上述资料或证据为公开审判所需的范围内，且该公开审判由请求中表明的侦查、起诉或诉讼程序所引起。

三、未经被请求方的事先同意，请求方不得为了请求所述案件以外的任何其他目的使用根据本条约所获得的资料或者证据。

第七条　送达文书

一、被请求方应当根据本国法律并依请求，送达请求方递交的文书。但是对于要求某人作为被指控犯罪的人员出庭的文书，被请求方不负有执行送达的义务。

二、被请求方在执行送达后，应当向请求方出具送达证明。送达证明应当包括送达日期、地点和送达方式的说明，并且应当由送达文书的机关签署或者盖章。如果无法执行送达，则应当通知请求方，并且说明原因。

第八条　在被请求方调取证言、陈述和其他证据

一、如果请求要求某人在被请求方提供证言、作出陈述或提供文件、记录或物品，可以根据被请求方法律的规定强制该人作出上述行为。

二、如果本条第一款所指的人员，依请求方法律主张豁免、无行为能力或者特权，被请求方应当要求请求方提供上述豁免、无行为能力或者特权是否有效的证明书。请求方的证明书应当视为该项豁免、无行为能力或者特权是否有效的充分证据，除非有明确的相反证据。

三、被请求方应当根据请求，提前通知有关调取证据的时间和地点。

四、被请求方在不违背本国法律的范围内，应当同意请求中指明的人员在执行请求时到场，并允许这些人员通过被请求方主管机关的人员向被调取证据的人员提问。

第九条　移交记录、文件或物品以及认证

一、如果协助请求涉及移交记录、文件或物品，被请求方可以移交原件或经证明真实的副本。

二、请求方应当根据要求，尽快归还执行请求过程中移交的记录、文件的原件以及物品。

三、在被请求方法律不禁止的范围内，移交记录、文件或物品，应当按照请求方要求的形式或附有请求方所要求的证明，以便使其依请求方法律得以接受。

四、除第三款规定外，根据本条约移交的证据或文件不需任何认证。

第十条　安排有关人员作证或者协助调查

一、被请求方应当根据请求方的请求，邀请有关人员前往请求方境内出庭作证或者协助调查。请求方应当说明需向该人支付的津贴、费用的范围。被请求方应当将该人的答复迅速通知请求方。

二、要求有关人员在请求方境内出庭的文书送达请求，应当在预定出庭之日前的合理期限内递交给被请求方。

第十一条　移送在押人员以便作证

一、经请求方请求，被请求方可以将在其境内的在押人员临时移送至请求方境内以便出庭作证，条件是该人同意，而且双方已经就移送条件事先达成书面协议。

二、如果依被请求方法律该被移送人应当予以羁押，请求方应当对该人予以羁押。

三、作证完毕后，请求方应当尽快将该被移送人送回被请求方。

四、为本条的目的，该被移送人在请求方被羁押的期间，应当折抵在被请求方判处的刑期。

第十二条　证人和鉴定人的保护

一、请求方对于到达其境内的证人或者鉴定人，不得由于该人在入境前的任何作为或者不作为而进行侦查、起诉、羁押、处罚或者采取其他限制人身自由的措施，也不得要求该人在请求所未涉及的任何侦查、起诉或者其他诉讼程序中作证或者协助调查，除非事先取得被请求方和该人的同意。

二、如果上述人员在被正式通知无需继续停留后十五天内未离开请求方，或者离开后又自愿返回，则不再适用本条第一款。但是，该期限不应包括该人由于本人无法控制的原因而未离开请求方领土的期间。

三、根据第七条被送达法律文书，要求在请求方出庭的人员，即使文书中含有处罚通知，也不得因未出庭而被处以民事或刑事上的没收、其他法律处罚或限制措施。

第十三条　搜查、冻结和扣押

被请求方应当在其本国法律允许的范围内，执行关于搜查、冻结、扣押和向请求方交付物品的请求。

第十四条　犯罪所得

一、被请求方应当根据请求，努力确定犯罪所得是否位于其管辖范围内，并且应当将调查结果通知请求方。请求方在提出这种请求时，应当将其认为上述所得可能位于被请求方管辖范围内的理由通知被请求方。

二、如果根据本条第一款，涉嫌的犯罪所得已被找到，被请求方应当根据请求，采取其法律允许的措施，冻结、扣押和没收这些所得。

三、在本国法律允许的范围内及双方商定的条件下，被请求方可以根据请求方的请求，将上述的犯罪所得的全部或者部分，或者出售有关资产的所得移交给请求方。

四、在适用本条时，被请求方和第三人对这些财物的合法权利应当依被请求方法律受到尊重。

第十五条　通报刑事判决或裁定

曾根据本条约提出协助请求的一方，应当根据被请求方的要求，向被请求方通报协助请求所涉及的刑事案件的判决或裁定。

第十六条　提供犯罪记录

如果在请求方境内受到刑事侦查或者起诉的人在被请求方境内曾经受过刑事追诉，则被请求方可以根据请求，向请求方提供有关该人的犯罪记录和对该人判刑的情况。被请求方可以自由裁量完全或部分拒绝该项请求。

第十七条　交流法律资料

双方应当根据请求，相互交流各自国家现行的或者曾经实施的与履行本条约有关的法律和司法实践的资料。

第十八条　费用

一、被请求方应当负担执行请求所产生的费用，但是请求方应当负担下列费用：

（一）有关人员按照第八条第四款的规定，前往、停留和离开被请求方的费用；

（二）有关人员按照第十条或者第十一条的规定，前往、停留和离开请求方的费用和津贴，这些费用和津贴应当根据费用发生地的标准和规定支付；

（三）鉴定人的费用和报酬；

（四）笔译和口译的费用和报酬。

二、如果执行请求明显地需要超常性质的费用，双方应当相互协商决定可以执行请求的条件。

第十九条　其他合作基础

本条约不妨碍任何一方根据其他可适用的国际协议或者本国法律向另一方

提供协助。双方也可以根据任何其他可适用的安排、协议或者惯例提供协助。

第二十条 争议的解决

由于本条约的解释和适用产生的争议，如果双方中央机关不能自行达成协议，应当通过外交途径协商解决。

第二十一条 生效、修正和终止

一、本条约须经批准，批准书在北京互换。条约自互换批准书之日后第三十天生效。

二、本条约可以经双方书面协议随时予以修正。

三、任何一方可以随时通过外交途径，以书面形式通知终止本条约。终止自该通知发出之日后第一百八十天生效。

四、本条约适用于其生效后提出的请求，即使有关作为或者不作为发生于本条约生效前。

下列签署人经各自政府适当授权，签署本条约，以昭信守。

本条约于二〇〇三年六月二十一日订于清迈，一式两份，每份均以中文、泰文和英文制成，三种文本同等作准。如遇解释上的分歧，以英文本为准。

中华人民共和国代表　　　　　　　　　　泰王国代表

　　李肇星　　　　　　　　　　　　素拉杰·沙田泰

　（签字）　　　　　　　　　　　　　　（签字）

中华人民共和国和拉脱维亚共和国关于刑事司法协助的条约 *

中华人民共和国和拉脱维亚共和国（以下简称"双方"），

在相互尊重国家主权和平等互利的基础上，为促进两国在刑事司法协助领域的有效合作，

决定缔结本条约，并达成协议如下：

第一条　适用范围

一、双方应当根据本条约的规定，在有关刑事程序中相互提供司法协助。

二、本条约不适用于：

（一）对人员的引渡；

（二）执行请求方作出的刑事判决、裁定或者决定，但是被请求方法律和本条约许可的除外；

（三）移交被判刑人以便服刑；

（四）刑事诉讼的转移。

三、本条约仅适用于双方之间的相互司法协助。本条约的规定，不给予任何私人当事方以取得或者排除任何证据或者妨碍执行请求的权利。

第二条　中央机关

一、为本条约的目的，双方指定的中央机关应当为相互请求和协助直接进行联系。

二、本条第一款所指的中央机关，在中华人民共和国方面是司法部和最高人民检察院，在拉脱维亚共和国方面是内务部、总检察长办公室和司法部。

三、任何一方如果变更其指定的中央机关，应当通过外交途径将该变更通知另一方。

第三条　拒绝或者推迟协助

一、存在下列情形之一的，被请求方可以拒绝提供协助：

（一）请求涉及的行为根据被请求方法律不构成犯罪；

---

* 2004 年 4 月 15 日签署，2005 年 7 月 1 日第十届全国人民代表大会常务委员会第十六次会议批准，2005 年 9 月 18 日生效。

（二）被请求方认为请求涉及的犯罪是政治犯罪；

（三）请求涉及的犯罪根据被请求方法律纯属军事犯罪；

（四）被请求方有充分理由认为，请求的目的是基于某人的种族、性别、宗教、国籍或者政治见解而对该人进行侦查、起诉、处罚或者其他诉讼程序，或者该人的地位可能由于上述任何原因受到损害；

（五）被请求方已就请求所涉及的同一犯罪对同一人作出最终裁决；

（六）被请求方认为，执行请求将损害本国主权、安全、公共秩序或者其他重大公共利益，或者违背本国法律的基本原则。

二、如果执行请求将会妨碍正在被请求方进行的侦查、起诉或者其他诉讼程序，被请求方可以推迟提供协助。

三、在根据本条拒绝或者推迟提供协助前，被请求方应当考虑是否可以在其认为必要的条件下准予协助。请求方如果接受附条件的协助，则应当遵守这些条件。

四、被请求方如果拒绝或者推迟提供协助，应当将拒绝或者推迟的理由通知请求方。

第四条 请求的形式和内容

一、请求应当以书面形式提出，并且由请求方的请求机关签署或者盖章。在紧急情形下，被请求方可以接受其他形式的请求，请求方应当随后迅速以书面形式确认该请求，但是被请求方另行同意的除外。

二、请求应当包括以下内容：

（一）请求所涉及的进行侦查、起诉或者其他诉讼程序的主管机关的名称；

（二）对于请求所涉及的案件的性质、案情概要以及可适用的法律规定的说明；

（三）对于请求提供的协助、协助的目的以及与案件相关性的说明；

（四）希望请求得以执行的期限。

三、在必要和可能的范围内，请求还应当包括：

（一）任何诉讼程序涉及的人员，包括被取证人员、受送达人以及需查找或者辨别的人员的身份、居住地以及该人与诉讼的关系的资料；

（二）关于需勘验或者检查的地点或者物品的说明；

（三）在执行请求时需遵循的特别程序及其理由的说明；

（四）关于需搜查的地点以及需查询、冻结、扣押的财物的说明；

（五）保密的需要及其理由的说明；

（六）关于被邀请前往请求方境内作证或者协助调查的人员有权得到的津贴

和费用的说明；

（七）有助于执行请求的其他资料。

四、被请求方如果认为请求中包括的内容尚不足以使其处理该请求，可以要求提供补充资料。

五、根据本条提出的请求和辅助文件，应当附有被请求方文字或者英文的译文。

第五条　请求的执行

一、被请求方应当按照本国法律迅速执行协助请求。

二、被请求方在不违背本国法律的范围内，可以按照请求方要求的方式执行协助请求。

三、被请求方应当将执行请求的结果迅速通知请求方。如果无法提供所请求的协助，被请求方应当将原因通知请求方。

第六条　保密和限制使用

一、如果请求方提出要求，被请求方应当对请求，包括其内容和辅助文件，以及按照请求所采取的行动予以保密。如果不违反保密要求就无法执行请求，被请求方应当将此情况通知请求方，请求方应当随后决定该请求是否仍然应当执行。

二、如果被请求方提出要求，请求方应当对被请求方提供的资料和证据予以保密，或者仅在被请求方指明的条件下使用。

三、未经被请求方事先同意，请求方不得将根据本条约所获得的资料或者证据用于请求所述案件以外的其他任何目的。

第七条　送达文书

一、被请求方应当根据本国法律并依请求，送达请求方递交的文书。但是对于要求某人作为被指控犯罪的人员出庭的文书，被请求方不负有执行送达的义务。

二、被请求方在执行送达后，应当向请求方出具送达证明。送达证明应当包括送达日期、地点和送达方式的说明，并且应当由送达文书的机关签署或者盖章。如果无法送达，则应当通知请求方，并且说明原因。

第八条　调取证据

一、被请求方应当根据本国法律并依请求，调取证据并移交给请求方。

二、如果请求涉及移交文件或者记录，被请求方可以移交经证明的副本或者影印件；在请求方明示要求移交原件的情况下，被请求方应当尽可能满足此项要求。

三、在不违背被请求方法律的范围内，根据本条移交给请求方的文件和其他资料，应当按照请求方要求的形式予以证明，使其可以依请求方法律得以接受。

四、被请求方在不违背本国法律的范围内，可以同意请求中指定的人员在执行请求时到场，并允许这些人员通过被请求方主管机关的官员向被取证人员提问。为此目的，被请求方应当迅速将执行请求的时间和地点通知请求方。

第九条 拒绝作证

一、根据本条约被要求作证的人员，如果被请求方法律允许该人在被请求方提起的诉讼中的类似情形下不作证，则可以拒绝作证。

二、如果根据本条约被要求作证的人员，主张依请求方法律有拒绝作证的权利或者特权，被请求方应当要求请求方提供是否存在该项权利或者特权的证明书。请求方的证明书应当视为是否存在该项权利或者特权的充分证据。

第十条 安排有关人员作证或者协助调查

一、被请求方应当根据请求方的请求，邀请有关人员前往请求方境内出庭作证或者协助调查。请求方应当说明需向该人支付的津贴和费用的范围。被请求方应当迅速通知请求方该人是否同意作证或者协助调查。

二、要求有关人员到请求方境内出庭的文书送达请求，应当在不迟于预定的出庭日六十天前递交给被请求方。在紧急情形下，被请求方可以同意在较短期限内递交。

第十一条 移送在押人员以便作证或者协助调查

一、经请求方请求，被请求方可以将在其境内的在押人员临时移送至请求方境内以便出庭作证或者协助调查，条件是该人同意，而且双方已经就移送条件事先达成书面协议。

二、如果依被请求方法律该被移送人应当予以羁押，请求方应当对该人予以羁押。

三、请求方应当在被移送人作证或者协助调查完毕后，尽快将该人送回被请求方。

四、为本条的目的，该被移送人在请求方被羁押的期间，应当折抵在被请求方判处的刑期。

第十二条 证人和鉴定人的保护

一、请求方对于到达其境内的证人或者鉴定人，不得针对该人在入境前的任何作为或者不作为进行侦查、起诉、羁押、处罚或者采取其他限制人身自由的措施，也不得要求该人在请求未涉及的任何侦查、起诉或者其他诉讼程序中作证或者协助调查，除非事先取得被请求方和该人的同意。

二、如果上述人员在被正式通知无需继续停留后十五天内未离开请求方，或者离开后又自愿返回，则本条第一款不再适用。但是，该期限不包括该人由于本人无法控制的原因而未离开请求方的期间。

三、对于拒绝根据第十条或者第十一条作证或者协助调查的人员，不得由于此种拒绝而施加任何刑罚或者采取任何限制其人身自由的强制措施。

第十三条　查询、搜查、冻结和扣押

一、被请求方应当在本国法律允许的范围内，执行查询、搜查、冻结和扣押作为证据的财物的请求。

二、被请求方应当根据请求方的请求向其提供执行上述请求的结果，包括查询或者搜查的结果，冻结或者扣押的地点和状况以及有关财物随后被监管的情况。

三、如果请求方同意被请求方就移交所提出的条件，被请求方可以将被扣押财物移交给请求方。

第十四条　向被请求方归还文件、记录和证据物品

请求方应当根据被请求方的要求，尽快归还被请求方根据本条约向其提供的文件或者记录的原件和证据物品。

第十五条　犯罪所得和犯罪工具

一、被请求方应当根据请求，努力确定犯罪所得或者犯罪工具是否位于其境内，并且应当将调查结果通知请求方。请求方在提出这种请求时，应当将其认为上述犯罪所得或者犯罪工具可能位于被请求方境内的理由通知被请求方。

二、如果根据本条第一款，涉嫌的犯罪所得或者犯罪工具已被找到，被请求方应当根据请求，按照本国法律采取措施冻结、扣押和没收上述犯罪所得或者犯罪工具。

三、在本国法律允许的范围内并依照双方商定的条件，被请求方可以根据请求方的请求，将上述犯罪所得、犯罪工具的全部或者部分，或者出售有关资产的所得移交给请求方。

四、在适用本条时，被请求方和第三人对上述犯罪所得或者犯罪工具的合法权益应当根据被请求方法律受到尊重。

第十六条　通报刑事诉讼结果

一、曾根据本条约提出协助请求的一方，应当根据被请求方的要求，向被

请求方通报协助请求所涉及的刑事诉讼的结果。

二、一方应当根据请求，向另一方通报其对该另一方国民提起的刑事诉讼的结果。

第十七条　提供犯罪记录

如果在请求方境内受到刑事侦查或者起诉的人在被请求方境内曾经受过刑事追诉，则被请求方应当根据请求，向请求方提供该人的犯罪记录和对该人判刑的情况。

第十八条　交流法律资料

双方可以根据请求，相互交流各自国家现行的或者曾经实施的与履行本条约有关的法律和司法实践的资料。

第十九条　证明和认证

为本条约的目的，根据本条约转递的任何文件，不应要求任何形式的证明或者认证，但是本条约另有规定的除外。

第二十条　费用

一、被请求方应当负担执行请求所产生的费用，但是请求方应当负担下列费用：

（一）有关人员按照第八条第四款的规定，前往、停留和离开被请求方的费用；

（二）有关人员按照第十条或者第十一条的规定，前往、停留和离开请求方的费用和津贴，这些费用和津贴应当根据费用发生地的标准和规定支付；

（三）鉴定人的费用和报酬；

（四）笔译和口译的费用和报酬。

二、请求方应当根据要求，预付由其负担的上述津贴、费用和报酬。

三、如果执行请求明显地需要超常性质的费用，双方应当协商决定可以执行请求的条件。

第二十一条　外交或者领事官员送达文书和调取证据

一方可以通过其派驻在另一方的外交或者领事官员向在该另一方境内的本国国民送达文书和调取证据，但是不得违反该另一方法律，并且不得采取任何强制措施。

第二十二条　其他合作基础

本条约不妨碍任何一方根据其他可适用的国际协议或者本国法律向另一方提供协助。双方也可以根据任何其他可适用的安排、协议或者惯例提供协助。

第二十三条　争议的解决

因本条约的解释和适用产生的争议，如果双方中央机关不能自行达成协议，应当通过外交途径协商解决。

第二十四条　生效、修订和终止

一、本条约须经批准，批准书在里加互换。条约自互换批准书之日后第三十天生效。

二、双方可以随时通过换文修订本条约。该修订自通过外交途径收到后一份书面通知之日后第三十天生效。

三、任何一方可以随时通过外交途径，以书面形式通知终止本条约。终止自该通知发出之日后第一百八十天生效。

四、本条约适用于其生效后提出的请求，即使有关作为或者不作为发生于本条约生效前。

下列签署人经各自政府适当授权，签署本条约，以昭信守。

本条约于二〇〇四年四月十五日订于北京，一式两份，每份均以中文、拉脱维亚文和英文制成，三种文本同等作准。如果对本条约的解释发生分歧，以英文文本为准。

中华人民共和国代表　　　　　　　　　　拉脱维亚共和国代表

戴秉国　　　　　　　　　　　　维涅塔·姆伊日涅采

（签字）　　　　　　　　　　　　　（签字）

中华人民共和国和巴西联邦共和国关于刑事司法协助的条约[*]

中华人民共和国和巴西联邦共和国（以下简称"双方"），

在相互尊重国家主权和平等互利的基础上，为促进两国在刑事司法协助领域的有效合作，

达成协议如下：

第一条　协助范围

一、双方应当根据本条约的规定，在侦查、起诉以及其他刑事诉讼程序方面相互提供司法协助。

二、协助应当包括：

（一）送达文书；

（二）获取人员的证言或者陈述；

（三）获取和提供鉴定结论；

（四）提供文件、记录和证据物品，包括银行、金融、公司或者商业记录；

（五）查找或者辨认人员、资产以及证据物品；

（六）进行司法勘验，检查场所或者物品；

（七）安排有关人员作证或者协助调查；

（八）移送在押人员以便获取证言或者证据；

（九）执行查询、搜查、冻结和扣押的请求；

（十）犯罪所得和犯罪工具的处置；

（十一）通报刑事诉讼结果，提供犯罪记录以及其他记录；

（十二）交流法律资料；

（十三）被请求方法律不禁止的其他任何形式的协助。

三、被请求方可以非双重犯罪为由拒绝提供本条规定的司法协助。但是，被请求方可以在其认为适当时在斟酌决定的范围内提供协助，不论该行为根据其本国法律是否构成犯罪。

＊ 2004 年 5 月 24 日签署，2005 年 7 月 1 日第十届全国人民代表大会常务委员会第十六次会议批准，2007 年 10 月 26 日生效。

第二条　中央机关

一、双方应当指定中央机关根据本条约递交和接收请求。为本条约的目的，双方中央机关应当直接联系。

二、在中华人民共和国方面，中央机关为司法部。在巴西联邦共和国方面，中央机关为司法部。

三、任何一方如果变更其指定的中央机关，应当通过外交途径将该变更通知另一方。

第三条　协助的限制

一、有下列情形之一的，被请求方可以拒绝协助：

（一）请求涉及军事犯罪；

（二）被请求方认为，执行请求将损害本国主权、安全、公共秩序或者其他重大公共利益；

（三）被请求方已就请求涉及的同一犯罪对同一人员作出最终裁决；

（四）请求涉及政治犯罪；

（五）被请求方有充分理由认为，请求的目的是基于某人的种族、性别、宗教、国籍或者政治见解而对该人进行侦查、起诉、处罚或者其他诉讼程序，或者该人的地位可能由于上述任何原因受到损害；

（六）请求的提出不符合本条约的规定。

二、如果执行请求会妨碍被请求方正在进行的侦查、起诉或者其他诉讼程序，被请求方可以推迟提供协助。

三、在根据本条规定拒绝或者推迟协助前，被请求方中央机关应当与请求方中央机关协商，考虑是否可以在其认为必要的条件下给予协助。如果请求方接受附条件的协助，则应当遵守这些条件。

四、被请求方中央机关如果拒绝或者推迟协助，应当将拒绝或者推迟的理由通知请求方中央机关。

第四条　请求的形式和内容

一、协助请求应当以书面形式提出，除非被请求方中央机关在紧急情形下接受其他形式的请求。在这种紧急情形下，如果请求不是以书面形式提出，则应当在十五天内以书面形式确认，但被请求方中央机关另行同意的除外。

二、请求应当包括以下内容：

（一）请求所涉及的进行侦查、起诉或者其他诉讼程序的机关的名称；

（二）对请求事项以及侦查、起诉或者其他诉讼程序的性质的说明，包括请求涉及案件所适用的法律规定；

（三）对于请求提供的协助、协助的目的以及与案件相关性的说明；

（四）希望请求得以执行的期限。

三、在必要和可能的范围内，请求还应当包括以下内容：

（一）被取证人员的身份和所在地的资料；

（二）被送达人的身份和所在地的资料，该人与诉讼的关系以及送达的方式；

（三）需查找人员的身份和下落的资料；

（四）关于需搜查的地点或者人员以及需冻结或者扣押的证据物品或者资产的说明；

（五）关于需勘验或者检查的地点或者物品的说明；

（六）关于获取和记录证言或者陈述的方式的说明；

（七）需向证人询问的问题清单；

（八）在执行请求时需遵循的特别程序的说明；

（九）保密的需要及其理由的说明；

（十）关于被要求在请求方出庭的人员有权得到的津贴和费用的资料；

（十一）其他任何可以向被请求方提供的便于执行请求的资料。

四、被请求方如果认为请求中包括的内容尚不足以使其处理该请求，可以要求提供补充资料。

第五条　文字

一、根据本条约提出的请求以及提交的辅助文件应当附有被请求方官方文字的译文。

二、在向请求方提供协助时，被请求方可以使用其官方文字。

三、双方中央机关可以使用英文联系。

四、本条所指的译文无需证明。

第六条　请求的执行

一、被请求方应当根据本国法律即时执行协助请求。

二、被请求方在不违背本国法律的范围内，可以按照请求方要求的方式执行协助请求。

三、被请求方中央机关应当作出一切必要安排，在被请求方因根据本条约提出的协助请求而产生的诉讼程序中为请求方提供代表。

四、被请求方应当将执行请求的结果即时通知请求方。如果无法提供所请求的协助，被请求方应当将原因通知请求方。

第七条 保密和限制使用

一、如果请求方提出要求，被请求方应当对请求，包括其内容和辅助文件，以及根据请求所采取的行动予以保密。如果不违反保密要求就无法执行请求，被请求方应当将此情况通知请求方，请求方应当随后决定该请求是否仍然应当执行。

二、如果被请求方提出要求，请求方应当对被请求方提供的资料和证据予以保密，或者仅在被请求方指明的条件下使用。

三、未经被请求方事先同意，请求方不得将根据本条约所获得的资料或者证据，用于请求所述案件以外的其他任何目的。

第八条 费用

一、被请求方应当负担在其境内执行请求的所有通常费用，但是请求方应当负担下列费用：

（一）鉴定人的费用和报酬；

（二）为本条约的目的，从一方境内前往另一方境内的人员的旅费和其他费用；

（三）笔译、口译和抄录费用。

二、请求方应当按照要求，预付由其负担的津贴、费用和报酬。

三、如果请求的处理需要超常费用，双方应当协商确定提供协助的条件。

第九条 送达文书

一、被请求方应当根据本国法律并依请求，送达请求方递交的文书。

二、被请求方在执行送达后，应当向请求方出具送达证明。送达证明应当包括送达日期、地点和送达方式的说明，并且应当由送达文书的机关签署或者盖章。如果无法送达，则应当通知请求方，并且说明原因。

第十条 调取证据

一、被请求方应当根据本国法律并依请求，调取证据并移交给请求方。

二、如果请求涉及移交文件或者记录，被请求方可以移交经证明的副本或者影印件。在请求方明确要求移交原件的情况下，被请求方应当尽可能满足此项要求。

三、在不违背被请求方本国法律的范围内，根据本条移交给请求方的文件和其他资料，应当按照请求方要求的形式予以证明，使其可以依请求方本国法律得以接受。

四、被请求方在不违背本国法律的范围内，可以同意请求中指明的人员在执行请求时到场，并允许这些人员通过被请求方司法人员向被取证人员提问。为此目的，被请求方应当即时将执行请求的时间和地点通知请求方。

第十一条　拒绝作证

一、根据本条约被要求作证的人员，如果被请求方法律允许该人在被请求方提起的诉讼中的类似情形下不作证，则可以拒绝作证。

二、如果根据本条约被要求作证的人员主张根据请求方本国法律无行为能力、享有豁免或者享有特权，该取证仍然应当进行，同时该主张应当被告知请求方中央机关，由请求方机关处理。

第十二条　在请求方作证和协助调查

一、如果请求方要求某人作为证人或者鉴定人在该方出庭，被请求方应当邀请该人前往请求方出庭。请求方应当说明其负担费用的范围。被请求方中央机关应当将该人的答复立即通知请求方中央机关。

二、邀请有关人员在请求方出庭的文书送达请求，应当在不迟于预定的出庭日六十天前递交给被请求方，除非被请求方中央机关在紧急情形下同意在较短期限内递交。

第十三条　移送在押人员

一、如果需要在被请求方的在押人员到请求方提供本条约规定的协助，只要该人同意且双方中央机关达成一致，则应当将该人从被请求方移送至请求方提供协助。

二、如果需要在请求方的在押人员到被请求方提供本条约规定的协助，只要该人同意且双方中央机关达成一致，则可以将该人从请求方移送至被请求方提供协助。

三、为本条的目的，

（一）除非移送方另有授权，接收方应当对被移送的人员予以羁押；

（二）在取证完毕或者在双方中央机关同意的其他情况下，接收方应当将被移送的人员尽快交还移送方羁押；

（三）接收方不得为交还被移送的人员，要求移送方提起引渡程序；

（四）该人在接收方被羁押的时间，应当折抵其在移送方被判处的刑期。

第十四条　证人和鉴定人的保护

一、请求方对于到达其境内的证人或者鉴定人，不得针对该人在入境前的任何作为或者不作为进行侦查、起诉、羁押、处罚或者采取其他限制人身自由的措施，也不得要求该人在请求未涉及的任何侦查、起诉或者其他诉讼程序中作证或者协助调查，除非事先取得被请求方中央机关和该人的同意。

二、如果上述人员在被正式通知无需继续停留后十五天内未离开请求方，或者离开后又自愿返回，则不再适用本条第一款。但是，该期限不包括该人由于本人无法控制的原因而未能离开请求方的期间。

三、对于拒绝根据本条约第十二条或者第十三条作证或者协助调查的人员，不得由于此种拒绝而施加任何刑罚或者采取任何限制其人身自由的强制措施。

第十五条　查找或者辨认人员、资产或者证据物品

被请求方应当尽力查找或者辨认请求中指明的人员、资产或者证据物品。

第十六条　查询、搜查、冻结和扣押

一、被请求方应当在本国法律允许的范围内，执行查询、冻结、搜查和扣押作为证据的财物的请求。

二、被请求方应当按照请求方的要求，向请求方提供有关执行上述请求的结果，包括查询或者搜查的结果，冻结或者扣押的地点和状况以及有关财物随后被监督的情况。

三、如果请求方同意被请求方针对移交所提出的条件，被请求方可以将被扣押财物移交给请求方。

第十七条　向被请求方归还文件、记录和证据物品

请求方应当按照被请求方中央机关的要求，尽快归还被请求方根据本条约向其提供的文件或者记录的原件和证据物品。

第十八条　犯罪所得和犯罪工具

一、被请求方应当根据请求，努力确定犯罪所得或者犯罪工具是否位于其境内，并且应当将调查结果通知请求方。在提出这种请求时，请求方应当将其认为上述犯罪所得或者犯罪工具可能位于被请求方境内的理由通知被请求方。

二、如果根据本条第一款，涉嫌的犯罪所得或者犯罪工具已被找到，被请求方应当根据请求方的请求，按照本国法律采取措施冻结、扣押和没收上述犯罪所得或者犯罪工具。

三、在本国法律允许的范围内并依照双方商定的条件，被请求方可以根据请求方的请求，将上述犯罪所得、犯罪工具的全部或者部分，或者出售有关资产的所得移交给请求方。

四、在适用本条时，被请求方和第三人对上述所得或者工具的合法权益应当根据被请求方本国法律受到尊重。

第十九条　通报刑事诉讼结果

一、曾根据本条约提出协助请求的一方，应当按照被请求方的要求，向被请求方通报协助请求所涉及的刑事诉讼的结果。

二、一方应当根据请求，向另一方通报其对该另一方国民提起的刑事诉讼的结果。

第二十条　提供犯罪记录和其他记录

一、如果在请求方被刑事侦查或者起诉的人在被请求方曾经受过刑事追诉，则被请求方应当根据请求，向请求方提供该人的犯罪记录和对该人判刑的情况。

二、被请求方应当向请求方提供其主管机关拥有的任何形式的公开记录、文件或者资料的副本。

三、被请求方可以将其机关拥有的任何形式的非公开的记录、文件或者资料的副本，在与本国执法或者司法机关可以获得的相同范围内并依相同条件提供给请求方。被请求方可以自行决定全部或者部分拒绝根据本款提出的请求。

第二十一条　交流法律资料

双方可以根据请求，相互交流各自国家现行的或者曾经实施的与履行本条约有关的法律和司法实践的资料。

第二十二条　证明和认证

为本条约的目的，根据本条约转递的任何文件，不要求任何形式的证明或者认证，但是本条约另有规定的除外。

第二十三条　其他安排

本条约规定的协助和程序不妨碍任何一方根据其他可适用的国际协议或者其本国法律向另一方提供协助。双方也可以根据其他任何可适用的双边安排、协议或者惯例相互提供协助。

第二十四条　协商

双方中央机关应当在适当时进行协商，以促进本条约的有效实施。为便利本条约的执行，双方中央机关还可以就必要的实施措施达成协议。

第二十五条　争议的解决

因本条约的解释和适用产生的争议，如果双方中央机关不能自行达成协议，应当通过外交途径协商解决。

第二十六条　适用

本条约适用于条约生效后提出的任何请求，即使构成犯罪的作为或者不作为发生在条约生效前。

第二十七条　批准、生产、修订和终止

一、本条约须经批准，条约自互换批准书之日后第三十天生效。

二、双方可以通过协议修订本条约。双方在完成修订生效所需的全部国内程序后，通过外交途径互换书面通知，该修订即告生效。

三、任何一方可以通过外交途径，以书面形式通知终止本条约。终止自通知之日后第一百八十天生效。

下列签署人经各自政府适当授权，签署本条约，以昭信守。

本条约于二〇〇四年五月二十四日订于北京，一式两份，每份均以中文、葡萄牙文和英文制成，三种文本同等作准。如遇解释上的分歧，以英文文本为准。

中华人民共和国代表　　　　　　　　巴西联邦共和国代表

李肇星　　　　　　　　　　　塞尔索·阿莫林

（签字）　　　　　　　　　　　　（签字）

中华人民共和国和墨西哥合众国关于刑事司法协助的条约*

中华人民共和国和墨西哥合众国（以下简称双方），

为促进双方在友好关系框架内的有效合作及提供刑事司法协助；

在相互尊重国家主权及平等互利的基础上；

达成协议如下：

第一条　适用范围

一、双方应当根据本条约的规定，相互提供刑事司法协助。

二、司法协助应当包括：

（一）送达刑事诉讼文书；

（二）获取人员的证言或者陈述；

（三）提供文件、记录和证据物品；

（四）获取和提供鉴定结论；

（五）查找或者辨认人员；

（六）进行司法勘验或者检查场所或者物品；

（七）安排有关人员作证或者协助调查；

（八）移送在押人员以便作证或者协助调查；

（九）查询、搜查、冻结和扣押；

（十）没收犯罪所得和犯罪工具；

（十一）通报刑事诉讼结果和提供犯罪记录；

（十二）交换法律资料；

（十三）在不违反被请求方法律的情况下，双方同意的其他协助。

三、本条约不适用于：

（一）对人员的引渡；

（二）执行请求方所作出的刑事判决、裁定或者决定，但是被请求方法律和本条约许可的除外；

（三）移交被判刑人以便服刑；

---

* 2005 年 1 月 24 日签署，2006 年 6 月 29 日第十届全国人民代表大会常务委员会第二十二次会议批准，2006 年 12 月 30 日生效。

（四）刑事诉讼的转移。

四、本条约仅适用于双方之间的相互司法协助。本条约的规定，不给予任何私人当事方以取得、隐瞒或者排除任何证据或者妨碍执行请求的权利。

第二条　中央机关

一、为本条约的目的，双方指定的中央机关应当就司法协助请求的事项，相互直接联系。

二、本条第一款所指的中央机关，在中华人民共和国方面为最高人民检察院和司法部，在墨西哥合众国方面为总检察院。

三、任何一方如果变更其指定的中央机关，应当通过外交途径通知另一方。

第三条　拒绝或者推迟协助

一、存在下列情形之一的，被请求方可以拒绝提供协助：

（一）请求涉及的行为根据被请求方法律不构成犯罪；

（二）被请求方认为请求涉及的犯罪是政治犯罪；

（三）请求涉及的犯罪根据请求方法律纯属军事犯罪；

（四）被请求方有充分理由认为，请求的目的是基于某人的种族、性别、宗教、国籍或者政治见解而对该人进行侦查、起诉、处罚或者是其他诉讼程序；

（五）被告人已经因请求涉及的犯罪被最终宣告无罪、赦免、被判刑，或者基于判决所产生的惩罚和义务已经灭失；

（六）被请求方认为，执行请求将损害本国的公共秩序、其他重大公共利益、主权、安全，或者违背本国法律的基本原则。

二、如果提供协助将会妨碍正在被请求方进行的侦查、起诉或者其他诉讼程序，被请求方可以推迟提供协助。

三、在根据本条拒绝或者推迟执行协助请求前，被请求方应当考虑是否可以在其认为必要的条件下准予协助。请求方如果接受附条件的协助，则应当遵守这些条件。

四、被请求方如果拒绝或者推迟提供协助，应当将拒绝或者推迟的理由通知请求方。

第四条　请求的形式和内容

一、请求应当以书面形式提出，并且由请求方中央机关签署或者盖章。在紧急情形下，在被请求方正式确认已经收悉有关请求的前提下，被请求方可以接受通过其他方式提出的请求。请求方应当尽快以书面形式确认该请求。

二、请求应当包括以下内容：

（一）请求所涉及的进行侦查、起诉或者其他诉讼程序的主管机关的名称；

（二）对于请求所涉及的案件的性质和事实以及所适用的法律规定的说明；

（三）对于请求提供的协助及其目的的说明；

（四）在紧急情况下，请求得以执行的期限。

三、在可能的范围内，请求应当包括以下内容：

（一）关于被取证人员的身份和居住地的资料；

（二）关于受送达人的身份、居住地以及该人与诉讼的关系的资料；

（三）关于需查找或者辨别的人员的身份及下落的资料；

（四）关于需勘验或者检查的场所或者物品的说明；

（五）在执行请求时须遵循的特定程序及其理由的说明；

（六）关于搜查的地点和查询、冻结、扣押的财物的说明；

（七）保密的需要及其理由的说明；

（八）关于被邀请前往请求方境内作证或者协助调查的人员有权得到的津贴和费用的说明；

（九）有助于执行请求的其他资料。

四、被请求方如果认为请求中包括的内容尚不足以使其处理该请求，可以要求提供补充资料。

五、根据本条提出的请求和辅助文件，应当附有被请求方文字的译文或者英文译文。

第五条 请求的执行

一、被请求方应当按照本国法律及时执行请求。

二、被请求方在不违背本国法律的范围内，可以按照请求方要求的方式执行请求。

三、被请求方应当将执行请求的结果及时通知请求方。如果无法提供所请求的全部或者部分协助，被请求方应当将原因通知请求方。

第六条 保密和限制使用

一、如果请求方提出要求，被请求方应当对请求，包括其内容和辅助文件，以及按照请求所采取的行动予以保密。如果不违反保密要求则无法执行请求，被请求方应当将此情况通知请求方，请求方应当随即决定该请求是否仍然应当予以执行。

二、如果被请求方提出要求，请求方应当对被请求方提供的资料和证据予以保密，或者仅在被请求方指明的条件下使用。

三、未经被请求方的事先书面同意，请求方不得为了请求所述案件以外的任何其他目的，使用根据本条约所获得的资料或者证据。

第七条 送达文书

一、被请求方应当根据本国法律并依请求，送达请求方递交的文书。但是对于要求某人作为被指控犯罪的人员出庭的文书，被请求方不负有执行送达的义务。

二、被请求方在执行送达后，应当向请求方出具送达证明。送达证明应当包括送达日期、地点和送达方式的说明，并且应当由送达文书的机关签署或者盖章。如果无法执行送达，则应当通知请求方，并且说明原因。

第八条 调取证据

一、被请求方应当根据本国法律并依请求，调取证据并移交给请求方。

二、如果请求涉及移交文件或者记录，被请求方可以移交经证明的副本或者影印件，在请求方明示要求移交原件的情况下，被请求方应当尽可能满足此项要求。

三、在不违背被请求方法律的前提下，根据本条移交给请求方的文件和其他资料，应当按照请求方要求的形式予以证明。

四、被请求方在不违背本国法律的范围内，可以同意请求方主管机关的人员以观察员的身份在执行请求时到场，并允许其通过被请求方行政或者司法人员向被调取证据的人员提问。为此目的，被请求方应当及时将执行请求的时间和地点通知请求方。

第九条 拒绝作证

一、根据本条约被要求作证的人员，如果被请求方法律允许该人在被请求方提起的诉讼中的类似情形下不作证，可以拒绝作证。

二、如果根据本条约被要求作证的人员，主张依请求方法律有拒绝作证的权利或者特权，被请求方应当要求请求方提供是否存在该项权利或者特权的证明书。请求方的证明书应当视为是否存在该项权利或者特权的充分证据，除非有明确的相反证据。

第十条 安排有关人员作证或者协助调查

一、被请求方应当根据请求方的请求，邀请有关人员前往请求方境内出庭作证或者协助调查。请求方应当说明需向该人支付的津贴、费用的范围。被请求方应当将该人的答复及时通知请求方。

二、邀请有关人员在请求方境内出庭的文书送达请求，应当在不迟于预定的出庭日六十天前递交给被请求方，除非在紧急情形下，被请求方已经同意在较短期限内转交。

第十一条　移送在押人员以便作证或者协助调查

一、经请求方请求，被请求方可以将在其境内的在押人员临时移送至请求方境内以便出庭作证或者协助调查，条件是该人同意，而且双方已经就移送条件事先达成书面协议。

二、如果根据被请求方法律被移送人应当予以羁押，请求方应当对该人予以羁押。

三、须移送在押人员的诉讼程序完毕后，请求方应当尽快将该人送回被请求方。

四、除本条第一款所指书面协议规定的条件外，请求方不应当要求被请求方为确保送回在押人员而提出引渡或者任何其他程序。

五、为本条的目的，该被移送人在请求方被羁押的期间，应当折抵在被请求方判处的刑期。

第十二条　证人和鉴定人的保护

一、除非事先取得被请求方和本人同意，请求方对于到达其境内的证人或者鉴定人员，不得由于该人在入境前的任何作为或者不作为，对其进行侦查、起诉、羁押、处罚或者采取其他限制人身自由的措施，也不得要求该人在请求所未涉及的任何侦查、起诉或者其他诉讼程序中作证或者协助调查。

二、如果上述人员在被正式通知无需继续停留后三十天内未离开请求方，或者离开后又自愿返回，则不再适用本条第一款。但是，该期限不应当包括该人由于本人意志以外的原因而未离开请求方领土的期间。

三、对于拒绝根据第十条或者第十一条作证或者协助调查的人员，请求方不得因此种拒绝而施加任何刑罚或者采取任何限制其人身自由的强制措施，但第十一条规定的措施除外。

第十三条　查询、搜查、冻结和扣押

一、被请求方应当在本国法律允许的范围内，执行查询、冻结、搜查和扣押作为证据的财物的请求，条件是此项请求所针对的行为仅限于根据被请求方的法律构成犯罪的行为。

二、被请求方应当向请求方说明执行请求的方式和结果，包括查询或者搜查的结果，冻结或者扣押的地点和状况以及有关财物随后被监管的情况。

三、如果请求方同意被请求方就移交提出的条件，被请求方应当将被扣押财物移交给请求方。

第十四条　向被请求方归还文件、记录和证据物品

请求方应当根据被请求方的要求，尽快归还被请求方根据本条约向其提供的文件或者记录的原件和证据物品。

第十五条　犯罪所得和犯罪工具的没收

一、被请求方应当根据请求，努力确定犯罪所得或者犯罪工具是否位于其境内，并且应当将调查结果通知请求方。在提出这种请求时，请求方应当将其认为上述财物可能位于被请求方境内的理由通知被请求方。

二、如果根据本条第一款，涉嫌的犯罪所得或者犯罪工具已被找到，被请求方应当根据请求，按照本国法律采取措施冻结、扣押和没收这些财物。

三、在本国法律允许的范围内及双方商定的条件下，被请求方可以根据请求方的请求，将全部或者部分犯罪所得、犯罪工具或者出售有关资产的所得移交给请求方。

四、在适用本条时，被请求方和第三人对这些财物的合法权利应当依被请求方法律受到尊重。

第十六条　通报刑事诉讼结果

一、一方根据本条约向另一方提供协助后，该另一方应当根据请求向对方通报有关刑事诉讼的结果。

二、一方应当根据请求，向另一方通报其对该另一方国民提起的刑事诉讼的结果。

第十七条　提供犯罪记录

如果在请求方境内受到刑事侦查或者起诉的人在被请求方境内曾经受过刑事追诉，被请求方则应当根据请求，向请求方提供有关该人的犯罪记录和对该人判刑的情况。

第十八条　交流法律资料

双方可以根据请求，相互交流各自国家现行的或者曾经实施的与履行本条约有关的法律和司法实践的资料。

第十九条　证明和认证

为本条约的目的，除非一方提出要求，根据本条约转递的任何文件，不需要任何形式的证明或者认证。

第二十条　费用

一、被请求方应当负担执行请求所产生的费用，但是请求方应当负担下列费用：

（一）有关人员按照第八条第四款的规定，前往、停留和离开被请求方的费用；

（二）有关人员按照第十条或者第十一条的规定，前往、停留和离开请求方的费用和津贴，这些费用和津贴应当根据费用发生地的标准和规定支付；

（三）鉴定人的费用和报酬；

（四）笔译和口译的费用和报酬。

二、请求方应当根据要求，预付由其负担的上述津贴、费用和报酬。

三、如果执行请求明显地需要超常性质的费用，双方应当相互协商决定可以执行请求的条件。

第二十一条　外交或者领事官员送达文书和调取证据

一方可以通过其派驻在另一方的外交或者领事官员向在该另一方境内的本国国民送达文书和调取证据，但是不得违反该另一方法律，并且不得采取任何强制措施。

第二十二条　其他合作基础

本条约不妨碍任何一方根据其他可适用的国际协议、安排、惯例或者本国法律向另一方提供协助。

第二十三条　争议的解决

由于本条约的解释、适用或者违反而产生的争议，应当由中央机关直接协商解决，如果未能解决，则应当通过外交途径解决。

第二十四条　生效、修正和终止

一、本条约须经批准。本条约自互换批准书之日后第三十天生效。

二、本条约适用于其生效后提出的请求，即使有关作为或者不作为发生于本条约生效前。

三、本条约可以书面协议随时修正，有关修正自双方通过外交途径通知完成国内生效程序之日后第三十天生效。

四、任何一方可以通过外交途径以书面形式随时通知终止本条约。终止自该通知发出之日后第一百八十天生效。即使本条约已经终止，在本条约终止时已经受理的请求应当予以执行。

本条约于二〇〇五年一月二十四日订于墨西哥城，一式两份，每份均以中文、西班牙文和英文制成，三种文本同等作准。如遇解释上的分歧，以英文本为准。

中华人民共和国代表　　　　　　　　　墨西哥合众国代表

周文重　　　　　　　　　　　拉斐尔·马塞多·德拉孔查

中华人民共和国和秘鲁共和国关于刑事司法协助的条约*

中华人民共和国和秘鲁共和国（以下简称"双方"），

在相互尊重国家主权和平等互利的基础上，为促进两国在刑事司法协助领域的有效合作，决定缔结本条约，并达成协议如下：

第一条　适用范围

一、双方应当根据本条约的规定，相互提供刑事司法协助。

二、协助应当包括：

（一）送达司法文书；

（二）获取人员的证言或者陈述；

（三）提供文件、记录和证据物品；

（四）获取和提供鉴定结论；

（五）查找或者辨认人员；

（六）进行司法勘验或者检查场所或者物品；

（七）安排有关人员作证或者协助调查；

（八）移送在押人员以便作证或者协助调查；

（九）查询、搜查、冻结和扣押；

（十）移交犯罪所得和犯罪工具；

（十一）通报刑事诉讼结果和提供犯罪记录；

（十二）交换法律资料；

（十三）不违背被请求方法律的其他形式的协助。

三、本条约不适用于：

（一）对人员的引渡；

（二）执行请求方所作出的刑事判决、裁定或者决定，但是被请求方法律和本条约许可的除外；

（三）移交被判刑人以便服刑；

（四）刑事诉讼的转移。

---

* 2005 年 1 月 27 日签署，2005 年 12 月 29 日第十届全国人民代表大会常务委员会第十九次会议批准，2009 年 3 月 18 日生效。

四、本条约仅适用于双方之间的相互司法协助。本条约的规定，不给予任何私人当事方以取得或者排除任何证据或者妨碍执行请求的权利。

第二条　中央机关

一、为本条约的目的，双方相互请求和提供司法协助，应当通过各自指定的中央机关直接进行联系。

二、本条第一款所指的中央机关，在中华人民共和国方面为司法部，在秘鲁共和国方面为外交部。

三、任何一方如果变更其对中央机关的指定，应当通过外交途径通知另一方。

第三条　拒绝或者推迟协助

一、存在下列情形之一的，被请求方可以拒绝提供协助：

（一）请求涉及的行为根据被请求方法律不构成犯罪；

（二）被请求方认为请求涉及的犯罪是政治犯罪；

（三）请求涉及的犯罪根据被请求方法律纯属军事犯罪；

（四）被请求方有充分理由认为，请求的目的是基于某人的种族、性别、宗教、国籍或者政治见解而对该人进行侦查、起诉、处罚或者其他诉讼程序，或者该人的地位可能由于上述任何原因受到损害；

（五）被请求方正在对请求所涉及的同一犯罪嫌疑人或者被告人就同一犯罪进行刑事诉讼，或者已经终止刑事诉讼，或者已经作出终审判决；

（六）被请求方认为，请求提供的协助与案件缺乏实质联系；

（七）被请求方认为，执行请求将损害本国主权、安全、公共秩序或者其他重大公共利益，或者违背本国法律的基本原则。

二、如果提供协助将会妨碍正在被请求方进行的侦查、起诉或者其他诉讼程序，被请求方可以推迟提供协助。

三、在根据本条拒绝或者推迟提供协助前，被请求方应当考虑是否可以在其认为必要的条件下准予协助。请求方如果接受附条件的协助，则应当遵守这些条件。

四、被请求方如果拒绝或者推迟协助，应当将拒绝或者推迟的理由通知请求方。

第四条　请求的形式和内容

一、请求应当以书面形式提出，并且由请求方中央机关签署或者盖章。在紧急情形下，被请求方可以接受其他形式的请求，请求方应当随后迅速以书面形式确认该请求，但是被请求方另行同意的除外。

二、请求应当包括以下内容：

（一）请求所涉及的侦查、起诉或者其他诉讼程序的主管机关的名称；

（二）对于请求所涉及的案件的性质和事实以及所适用的法律规定的说明；

（三）对于请求提供的协助及其目的的说明，包括对于请求提供的协助与案件的相关性的说明；

（四）希望请求得以执行的期限。

三、在必要和可能的范围内，请求还应当包括以下内容：

（一）关于被取证人员的身份和居住地的资料；

（二）关于受送达人的身份和居住地以及该人与刑事诉讼的关系的资料；

（三）关于需查找或者辨别的人员的身份及下落的资料；

（四）关于需勘验或者检查的场所或者物品的说明；

（五）希望在执行请求时遵循的特别程序及其理由的说明；

（六）关于搜查的地点和查询、冻结、扣押的财物的说明；

（七）保密的需要及其理由的说明；

（八）关于被请求前往请求方境内作证或者协助调查的人员有权得到的津贴和费用的说明；

（九）有助于执行请求的其他资料。

四、被请求方如果认为请求中包括的内容尚不足以使其处理该请求，可以要求提供补充资料。

五、根据本条约提出的请求和辅助文件，应当附有被请求方文字的译文。

第五条　请求的执行

一、被请求方应当按照本国法律及时执行协助请求。

二、被请求方在不违背本国法律的范围内，可以按照请求方要求的方式执行协助请求。

三、被请求方应当将执行请求的结果及时通知请求方。如果无法提供所请求的协助，被请求方应当将原因通知请求方。

第六条　保密和限制使用

一、如果请求方提出要求，被请求方应当对请求，包括其内容和辅助文件，以及按照请求所采取的行动予以保密。如果不违反保密要求则无法执行请求，被请求方应当将此情况通知请求方，请求方应当随即决定该请求是否仍然应当予以执行。

二、如果被请求方提出要求，请求方应当对被请求方提供的资料和证据予以保密，或者仅在被请求方指明的条件下使用。

三、未经被请求方的事先同意，请求方不得为了请求所述案件以外的任何其他目的使用根据本条约所获得的资料或者证据。

第七条 送达文书

一、被请求方应当根据本国法律并依请求，送达请求方递交的文书。

二、被请求方在执行送达后，应当向请求方出具送达证明。送达证明应当包括送达日期、地点和送达方式的说明，并且应当由送达文书的机关签署或者盖章。如果无法执行送达，则应当通知请求方，并且说明原因。

第八条 调取证据

一、被请求方应当依请求并根据本国法律，调取证据并移交给请求方。

二、如果请求涉及移交文件或者记录，被请求方可以移交经证明的副本或者影印件；在请求方明示要求移交原件的情况下，被请求方应当尽可能满足此项要求。

三、在不违背被请求方法律的前提下，根据本条移交给请求方的文件和其他资料，应当按照请求方要求的形式予以证明，以便使其可以依请求方法律得以接受。

四、被请求方在不违背本国法律的范围内，可以同意请求中指明的人员在执行请求时到场，并允许这些人员通过被请求方司法人员向被调取证据的人员提问。为此目的，被请求方应当及时将执行请求的时间和地点通知请求方。

第九条 拒绝作证

一、根据本条约被要求作证的人员，如果被请求方法律允许该人不作证，可以拒绝作证。

二、如果根据本条约被要求作证的人员，主张依请求方法律有拒绝作证的权利或者特权，被请求方应当要求请求方提供是否存在该项权利或者特权的证明书。请求方的证明书应当视为是否存在该项权利或者特权的充分证据。

第十条 安排有关人员作证或者协助调查

一、请求方可以请求被请求方境内的人员到请求方境内作证或者协助调查。请求方应当说明需向该人支付的津贴、费用的范围。被请求方应当将该人的答复迅速通知请求方。

二、请求本条第一款所指人员出庭的文书，应当在不迟于预定的出庭日六十天前递交给被请求方。在紧急情形下，被请求方可以同意在较短期限内转交。

第十一条 移送在押人员以便作证或者协助调查

一、经请求方请求，被请求方可以将在其境内的在押人员临时移送至请求方境内以便出庭作证或者协助调查，条件是该人同意，而且双方已经就移送条件事先达成书面协议。

二、如果依被请求方法律该被移送人应当予以羁押，请求方应当对该人予以羁押。

三、作证或者协助调查完毕后，请求方应当尽快将该被移送人送回被请求方。

四、为本条的目的，该被移送人在请求方被羁押的期间，应当折抵在被请求方判处的刑期。

第十二条　证人和鉴定人的保护

一、请求方对于到达其境内的证人或者鉴定人，不得由于该人在入境前的任何作为或者不作为而进行侦查、起诉、羁押、处罚或者采取其他限制人身自由的措施，也不得要求该人在请求所未涉及的任何侦查、起诉或者其他诉讼程序中作证或者协助调查，除非事先取得被请求方和该人的同意。

二、如果上述人员在被正式通知无需继续停留后十五天内未离开请求方，或者离开后又自愿返回，则不再适用本条第一款。但是，该期限不应当包括该人由于本人无法控制的原因而未离开请求方领土的期间。

三、对于拒绝根据第十条或者第十一条作证或者协助调查的人员，不得由于此种拒绝而施加任何刑罚或者采取任何限制其人身自由的强制措施。

第十三条　查询、搜查、冻结和扣押

一、被请求方应当在本国法律允许的范围内，执行查询、冻结、搜查和扣押作为证据的财物的请求。

二、被请求方应当向请求方提供其所要求的查询或者搜查的结果，冻结或者扣押的地点和状况以及有关财物随后被监管的情况。

三、如果请求方同意被请求方就移交所提出的条件，被请求方可以将被扣押财物移交给请求方。

第十四条　向被请求方归还文件、记录和证据物品

请求方应当根据被请求方的要求，尽快归还被请求方根据本条约向其提供的文件或者记录的原件和证据物品。

第十五条　犯罪所得和犯罪工具的扣押和移交

一、被请求方应当根据请求，努力确定犯罪所得或者犯罪工具是否位于其境内，并且应当将调查结果通知请求方。在提出这种请求时，请求方应当将其认为上述财物可能位于被请求方境内的理由通知被请求方。

二、如果根据本条第一款，涉嫌的犯罪所得或者犯罪工具已被找到，被请求方应当根据请求，按照本国法律采取措施冻结、扣押和移交这些财物。

三、在本国法律允许的范围内及双方商定的条件下，被请求方可以根据请求方的请求，将上述的犯罪所得或者犯罪工具的全部或者部分或者出售有关资产的所得移交给请求方。

四、在适用本条时，被请求方和第三人对这些财物的合法权利应当依被请求方法律受到尊重。

第十六条　通报刑事诉讼结果

一、曾根据本条约提出协助请求的一方，应当根据被请求方的要求，向被请求方通报请求方提出的协助请求所涉及的刑事诉讼的结果。

二、一方应当根据请求，向另一方通报其对该另一方国民提起的刑事诉讼的结果。

第十七条　提供犯罪记录

如果在请求方境内受到刑事侦查或者起诉的人在被请求方境内曾经受过刑事追诉，则被请求方应当根据请求，向请求方提供有关该人的犯罪记录和对该人判刑的情况。

第十八条　交流法律资料

双方可以根据请求，相互交流各自国家现行的或者曾经实施的与履行本条约有关的法律和司法实践的资料。

第十九条　证明和认证

为本条约的目的，中央机关根据本条约转递或者以传真传递的任何文件，不应当要求任何形式的证明或者认证，但是本条约另有规定的除外。

第二十条　费用

一、被请求方应当负担执行请求所产生的费用，但是请求方应当负担下列费用：

（一）有关人员按照第八条第四款的规定，前往、停留和离开被请求方的费用；

（二）有关人员按照第十条或者第十一条的规定，前往、停留和离开请求方的费用和津贴，这些费用和津贴应当根据费用发生地的标准和规定支付；

（三）鉴定人的费用和报酬；

（四）笔译和口译的费用和报酬。

二、请求方应当根据要求，预付由其负担的上述津贴、费用和报酬。

三、如果执行请求需要超常性质的费用，双方应当相互协商决定可以执行请求的条件。

第二十一条　外交或者领事官员送达文书和调取证据

一方可以通过其派驻在另一方的外交或者领事官员向在该另一方境内的本国国民送达文书和调取证据，但是不得违反该另一方法律，并且不得采取任何强制措施。

第二十二条　其他合作基础

本条约不妨碍双方根据其他可适用的国际协议或者本国法律相互提供协助。双方也可以根据任何其他可适用的安排、协议或者惯例提供协助。

第二十三条　争议的解决

由于本条约的解释和适用产生的争议，如果双方中央机关不能自行达成协议，应当通过外交途径协商解决。

第二十四条　生效、修正和终止

一、本条约须根据各自国内法予以批准，批准书在利马互换。条约自互换批准书之日后第三十天生效。

二、本条约可以经双方书面协议随时予以修正。

三、任何一方可以随时通过外交途径，以书面形式通知终止本条约。终止自该通知发出之日后第一百八十天生效。

四、本条约适用于其生效后提出的请求，即使有关作为或者不作为发生于本条约生效前。

下列签署人经各自政府适当授权，签署本条约，以昭信守。

本条约于二〇〇五年一月二十七日订于利马，一式两份，每份均以中文和西班牙文制成，两种文本同等作准。

中华人民共和国代表　　　　　　　　　　秘鲁共和国代表
　　周文重　　　　　　　　　　　　罗德里格斯·夸德罗斯

中华人民共和国政府和法兰西共和国政府
关于刑事司法协助的协定[*]

中华人民共和国政府和法兰西共和国政府（以下简称"双方"），

在相互尊重国家主权和平等互利的基础上，为有效地促进两国在刑事司法协助领域的合作，

兹达成协定如下：

第一条　适用范围

一、双方应当根据本协定的规定，就请求方法律规定的刑事犯罪的侦查、起诉以及相关诉讼程序，相互提供最广泛的司法协助。

二、协助应当包括符合本协定目的并且与被请求方法律不相抵触的所有形式，特别是：

（一）辨认和查找人员；

（二）送达司法文书；

（三）提供、出借或者移交证据、物品或者文件；

（四）执行搜查和扣押的请求；

（五）询问证人和鉴定人，讯问被指控犯罪的人；

（六）临时移送在押人员以便出庭作证；

（七）提供有关人员的犯罪记录；

（八）查找、冻结和没收犯罪所得和工具。

三、双方可以根据本协定，就违反税收、关税、外汇管制或其他税务法律的刑事犯罪提供协助。

四、本协定不适用于执行逮捕决定和判决。此项规定不妨碍双方就没收事宜开展合作。

第二条　中央机关

一、根据本协定提出的请求，应当由请求方中央机关直接递交被请求方中

---

* 2005 年 4 月 18 日签署，2006 年 4 月 29 日第十届全国人民代表大会常务委员会第二十一次会议批准，2007 年 9 月 20 日生效。

央机关，答复通过相同的途径进行。请求应当以书面形式提出。在紧急情况下，中央机关可以采取任何其他留有文字记载的方式转交请求，但是须按通常的方式予以确认。

二、被请求方中央机关应当迅速执行请求，或者视情将请求移交主管机关以便执行。

三、中方的中央机关为司法部，法方的中央机关为司法部。

第三条　协助的限制

一、有下列情形之一的，被请求方应当拒绝提供协助：

（一）被请求方认为，执行请求会损害本国主权、安全、公共秩序或者其他根本利益，或者与国内法的基本原则相抵触；

（二）请求涉及政治性质的犯罪；

（三）被请求方有充分理由认为，请求将导致某人由于其种族、宗教、国籍或者政治见解而受到损害；

（四）请求涉及军事犯罪。

二、有下列情形之一的，被请求方可以拒绝提供协助：

（一）请求中涉及的犯罪行为如果发生在被请求方管辖范围内，根据其法律并不构成犯罪；

（二）当请求涉及就一犯罪行为起诉某人，而此人已因该犯罪行为在被请求方被判有罪、无罪或者已被赦免，或者因追诉时效已过而不会再受到追究。

三、被请求方不得以银行保密为由拒绝提供协助。

四、如果执行请求将妨碍被请求方正在进行的刑事诉讼，被请求方可以推迟提供协助。

五、在根据本条拒绝或者推迟提供协助前，被请求方应当通过其中央机关：

（一）迅速通知请求方其考虑拒绝或者推迟协助的理由；

（二）征求请求方意见，以确定是否可以按照被请求方认为必要的要求和条件提供协助。

六、如果请求方同意协助按照第五款第（二）项所规定的要求和条件进行，则应当遵守这些要求和条件。

七、如果被请求方拒绝提供协助，应当以书面形式说明理由。

第四条　请求

一、请求应当包含以下内容：

（一）提出请求机关的名称；

（二）关于请求的目的和需要提供协助的性质的说明；

（三）关于侦查、起诉、犯罪或者刑事案件的性质的说明；

（四）关于相关法律和事实的简要陈述；

（五）各项保密要求；

（六）请求方希望采取的任何特殊程序的详细说明；

（七）执行请求的期限；

（八）执行请求所需的其他任何材料。

二、请求书应当由中央机关签字或者盖章。请求书和辅助文件应当附有被请求方官方文字的译文。

第五条　请求的执行

一、请求应当按照被请求方的法律执行。如果被请求方法律未予禁止，应当在可能的范围内按照请求中提出的要求予以执行。

二、被请求方应当迅速通知请求方可能导致请求的执行发生重大迟延的所有情况。

三、被请求方应当迅速通知请求方导致请求无法全部或者部分执行的所有情况。

第六条　保密和特定原则

一、被请求方应当尽可能对请求及其内容保密，除非请求方另行许可。

二、被请求方可以要求对其提供的资料或者证据保密，或者只能按照其提出的要求和条件予以披露或者使用。如果被请求方拟援引此项规定，应当事先通知请求方。如果请求方接受这些要求和条件，应当予以遵守。否则，被请求方可以拒绝提供协助。

三、未经被请求方事先同意，请求方不得为了请求所述目的以外的其他目的，披露或者使用其获得的资料或者证据。

第七条　人员到场

如果请求方明确提出要求，被请求方应当通知请求方执行请求的时间和地点。如果被请求方同意，请求方中央机关指定人员、主管机关代表和与案件有关的人员可以在执行请求时到场。

第八条　询问人员

一、请求方应当尽可能在请求中列明在询问时须提出的问题。

二、被请求方主管机关必要时可以主动或者应本协定第七条所提及人员的请求，提出未按第一款规定列明的其他问题。

三、如果请求方希望有关人员宣誓作证，应当明确就此提出要求。被请求方应当在不违反本国法律的前提下满足此项要求。

第九条 移交物品、案卷和文件

一、被请求方可以只移交所要求的经证明无误的案卷或者文件副本。但是如果请求方明确要求提供原件，被请求方应当尽可能满足此项要求。

二、在被请求方提出要求时，移交请求方的物品以及案卷和文件的原件应当尽快退还被请求方。

第十条 送达诉讼文书

一、被请求方应当送达由请求方为送达之目的递交的诉讼文书和司法裁决。

二、请求方应当在不迟于确定的出庭日期六十天前将要求有关人员在其境内出庭的文书转交被请求方。

三、送达应当以被请求方法律规定的形式进行，或者应请求方的明确要求，以与被请求方法律不相抵触的特殊方式进行。

四、送达证明可以是由收件人注明日期并签名的送达回证，或者是被请求方记录送达事实、形式和日期的声明。如果被请求方无法送达，应当将原因告知请求方。

第十一条 认证的免除

根据本协定移交的材料和文件免除一切认证手续。

第十二条 移送在押人员

一、如果请求方依照本协定，要求在被请求方羁押的有关人员前往请求方作证，被请求方应当向请求方移送该在押人员，但是双方须事先就移送条件达成书面协议，被请求方和该在押人员也须同意移送。此外，请求方还须在被请求方规定的期限内将该在押人员送回被请求方。

二、被移送人员在请求方境内应当处于羁押状态，除非被请求方要求将其释放。

三、根据本条规定到请求方出庭的人员享有本协定第十四条规定的豁免。

第十三条 证人、鉴定人在请求方境内出庭

一、如果请求方认为，证人或者鉴定人为协助之目的有必要亲自出庭，请求方应当通知被请求方。被请求方应当邀请该证人或者鉴定人出庭，并将其答复告知请求方。

二、如果根据第一款提出请求，请求方应当说明将支付的津贴的大概数额，特别是旅行和住宿费用的大概数额。

三、有关在请求方出庭的要求，根据第一款送达证人或者鉴定人后，如果此人不服从，即使出庭要求有相关规定，也不得对其施以任何惩罚或者强制措施；除非此人其后自愿前往请求方，收到合法通知后仍不出庭。

第十四条　豁免

一、任何接受传票到请求方司法机关出庭的证人或者鉴定人，无论其国籍为何，均不得因其在离开被请求方领土前的事项或者处罚，在请求方领土上被起诉、羁押或者受到任何人身自由的限制。

二、任何前往请求方司法机关以便就本人受到起诉的事项进行答辩的人员，无论其国籍为何，均不能因其在离开被请求方领土前、且传票未涉及的事项或者处罚，被起诉、羁押或者受到任何人身自由的限制。

三、当司法机关不再要求其继续停留后，证人、鉴定人或者被起诉的人员曾有连续三十天时间可以离开被请求方领土，但却滞留在被请求方领土或者在离开后又返回时，本条规定的豁免不再适用。

第十五条　搜查、扣押和冻结财产

一、被请求方应当在本国法律允许的范围内，执行搜查、冻结财产和扣押物证的请求。

二、被请求方应当通知请求方执行上述请求的结果。

三、请求方应当遵守被请求方为移交扣押物品向其提出的所有条件。

第十六条　犯罪所得

一、被请求方应当根据请求，尽力确定违反请求方法律的犯罪所得是否处于其管辖范围内，并且将查找结果通知请求方。请求方应当在请求中向被请求方说明确信上述所得可能处于被请求方管辖范围内的理由。

二、如果犯罪所得根据第一款已被找到，在请求方法院就该犯罪所得作出最终裁决前，被请求方应当采取本国法律允许的必要措施，以防止对该犯罪所得进行交易、转移或者转让。

三、被请求方应当按照本国法律执行以没收犯罪所得为目的的协助请求。

四、应请求方请求，被请求方应当在本国法律允许的范围内优先考虑将相关的犯罪所得归还请求方，特别是为了对受害人进行赔偿或者归还合法所有人，但是不得妨碍善意第三人的权益。

五、犯罪所得包括用于实施犯罪的工具。

第十七条　交换犯罪记录信息

为便利请求方司法机关的刑事诉讼，被请求方应当根据请求，向请求方通报其司法机关在相同情况下亦能够得到的犯罪记录摘要和与犯罪记录有关的所有情报。

第十八条　相互通报刑事判决

双方应当相互通报涉及对方国民的并且已记入犯罪记录的刑事判决。

上述通报应当通过中央机关每年至少进行一次。

第十九条　交换法律资料

双方中央机关应当根据请求，交换各自国家有关刑事立法和司法实践的资料。

第二十条　费用

一、被请求方应当负担所有与在其境内执行请求有关的通常费用，但不包括下列费用：

（一）鉴定人的报酬；

（二）翻译费用；

（三）证人、鉴定人、被移送的在押人员及其押送人员的旅行费用和出差津贴。

上述费用应当由请求方负担，其数额按照请求方法律确定。

二、如果在执行请求过程中发现需要超常性质的费用，双方应当协商确定可以继续执行请求的要求和条件。

第二十一条　争议的解决

由于本协定的解释、执行或者适用而产生的争议，如果双方中央机关不能达成一致，应当通过外交途径解决。

第二十二条　生效和终止

一、一方应当通过外交照会通知对方，已按照本国法律完成使本协定生效所需的所有程序。

本协定在最后通知发出之日后第三十日生效。

二、本协定适用于协定生效后提出的所有协助请求，即使请求涉及的犯罪发生在本协定生效前。

三、任何一方可随时通知对方终止本协定。上述终止自收到通知之日起一年后生效。但在本协定终止生效前收到的协助请求，应当继续按照协定的规定予以处理。

下列签署人经各自政府适当授权，签署本协定，以昭信守。

二〇〇五年四月十八日订于巴黎，一式两份，每份均以中文和法文制成，两种文本同等作准。

中华人民共和国政府代表　　　　　　法兰西共和国政府代表
　　　　张福森　　　　　　　　　　多米尼克·佩尔贝恩

中华人民共和国和西班牙王国关于刑事司法协助的条约*

中华人民共和国和西班牙王国（以下简称"双方"），

在相互尊重国家主权和平等互利的基础上，为促进两国在刑事司法协助领域的有效合作，决定缔结本条约，并达成协议如下：

第一章　总则

第一条　适用范围

一、双方应当根据本条约的规定，相互提供刑事司法协助。

二、协助应当包括：

（一）送达刑事诉讼文书；

（二）获取人员的证言或者陈述；

（三）提供文件、记录和证据物品；

（四）获取和提供鉴定结论；

（五）查找和辨认人员；

（六）进行司法勘验或者检查场所或者物品；

（七）安排有关人员作证或者协助调查；

（八）移送在押人员以便作证或者协助调查；

（九）查询、搜查、冻结和扣押；

（十）没收犯罪所得和犯罪工具；

（十一）为提起刑事诉讼的目的交换有关犯罪行为的信息；

（十二）通报刑事诉讼结果和提供犯罪记录；

（十三）交换法律资料；

（十四）不违背被请求方法律的其他形式的协助。

三、双方应当根据本条约的规定，就涉及违反有关税收、关税、外汇管制及其他财税法律的犯罪的请求提供协助。

---

* 2005 年 7 月 21 日签署，2006 年 4 月 29 日第十届全国人民代表大会常务委员会第二十一次会议批准，2007 年 4 月 15 日生效。

四、本条约不适用于：

（一）对人员的引渡；

（二）执行请求方所作出的刑事裁决，但为执行本条约第十五条规定的措施除外；

（三）移交被判刑人以便服刑。

五、本条约仅适用于双方之间的相互司法协助。本条约的规定，不给予任何私人当事方以取得或者排除任何证据或者妨碍执行请求的权利。

第二条　中央机关

一、双方应当各自指定一个中央机关，以负责按照本条约的规定处理有关司法协助请求。

二、为本条约的目的，双方相互请求和提供司法协助，应当通过各自指定的中央机关直接进行联系。

三、本条第一款所指的中央机关，在中华人民共和国方面为司法部，在西班牙王国方面为司法部。

四、任何一方如果变更其对中央机关的指定，应当通过外交途径通知另一方。

第三条　拒绝或者推迟协助

一、有下列情形之一的，被请求方可以拒绝提供协助：

（一）请求涉及的行为根据被请求方法律不构成犯罪，但是，被请求方可以在其认为适当时在斟酌决定的范围内提供协助，不论该行为根据其本国法律是否构成犯罪；

（二）被请求方认为请求涉及的犯罪是政治犯罪。为此目的，恐怖主义犯罪和双方均为缔约国的国际公约不认为是政治犯罪的行为均不视为政治犯罪；

（三）请求涉及的犯罪根据被请求方法律纯属军事犯罪；

（四）被请求方有充分理由认为，请求的目的是基于某人的种族、性别、宗教、国籍或者政治见解而对该人进行侦查、起诉、处罚或者其他诉讼程序，或者该人的地位可能由于上述任何原因受到损害；

（五）被请求方正在对请求所涉及的同一犯罪嫌疑人或者被告人就同一犯罪进行刑事诉讼，或者已经终止刑事诉讼，或者已经作出终审判决；

（六）被请求方认为，请求提供的协助与案件缺乏实质联系；

（七）请求方不能遵守本条约第六条关于保密或者限制使用的要求；

（八）被请求方认为，执行请求将损害本国主权、安全、公共秩序或者其他重大公共利益，或者违背本国法律的基本原则。

二、如果提供协助将会妨碍正在被请求方进行的侦查、起诉或者其他诉讼程序，被请求方可以推迟提供协助。

三、在根据本条拒绝或者推迟提供协助前，被请求方应当考虑是否可以在其认为必要的条件下准予协助。请求方如果接受附条件的协助，则应当遵守这些条件。

四、被请求方如果拒绝或者推迟协助，应当将拒绝或者推迟的理由通知请求方。

第四条　请求的形式和内容

一、请求应当以书面形式提出，并且由请求方中央机关签署或者盖章。在紧急情形下，请求方可以以电传、传真、电子邮件或者其他书面形式提出请求，但应当在十日之内以原始文件书面确认。

二、请求应当包括以下内容：

（一）请求所涉及的侦查、起诉或者其他诉讼程序的主管机关的名称；

（二）对于请求所涉及的案件的性质和事实以及所适用的法律规定的说明；

（三）对于请求提供的协助及其目的的说明，包括对于请求提供的协助与案件的相关性的说明。

三、在必要和可能的范围内，请求还应当包括以下内容：

（一）关于被取证人员的身份和居住地的资料；

（二）关于受送达人的身份、居住地以及该人与诉讼的关系的资料；

（三）关于需查找或者辨别的人员的身份及下落的资料；

（四）关于需勘验或者检查的场所或者物品的说明；

（五）希望在执行请求时遵循的特别程序及其理由的说明；

（六）关于搜查的地点和查询、冻结、扣押的财物的说明；

（七）保密的需要及其理由的说明；

（八）关于被邀请前往请求方境内作证或者协助调查的人员有权得到的津贴和费用的说明；

（九）询问证人的问题或者事项；

（十）希望请求得以执行的期限；

（十一）有助于执行请求的其他资料。

四、被请求方如果认为请求中包括的内容尚不足以使其处理该请求，可以要求提供补充资料。

五、根据本条提出的请求和辅助文件，应当附有被请求方文字的译文。

第五条　请求的执行

一、被请求方应当按照本国法律及时执行协助请求。

二、被请求方在不违背本国法律的范围内，可以按照请求方要求的方式执行协助请求。

三、对于任何可能对答复请求造成延误的情况，被请求方应当尽快通知请求方。

四、被请求方应当将执行请求的结果及时通知请求方。如果无法全部或者部分提供所请求的协助，被请求方应当将原因通知请求方。

第六条　保密和限制使用

一、如果请求方提出要求，被请求方应当对请求，包括其内容和辅助文件，以及按照请求所采取的行动予以保密。如果不违反保密要求则无法执行请求，被请求方应当将此情况通知请求方，请求方应当随即决定该请求是否仍然应当予以执行。

二、如果被请求方提出要求，请求方应当对被请求方提供的资料和证据予以保密，或者仅在被请求方指明的条件下使用。

三、未经被请求方的事先同意，请求方不得为了请求所述案件以外的任何其他目的使用根据本条约所获得的资料或者证据。

第二章　协助方式

第七条　送达文书

一、被请求方应当根据本国法律并依请求，送达请求方递交的文书。

二、被请求方在执行送达后，应当向请求方出具送达证明。送达证明应当包括送达日期、地点和送达方式的说明，并且应当由送达文书的机关签署或者盖章。如果无法执行送达，则应当通知请求方，并且说明原因。

第八条　调取证据

一、被请求方应当根据本国法律并依请求，调取证据并移交给请求方。

二、如果请求涉及移交文件或者记录，被请求方可以移交经证明的副本或者影印件；在请求方明示要求移交原件的情况下，被请求方应当尽可能满足此项要求。

三、在不违背被请求方法律的前提下，根据本条移交给请求方的文件和其他资料，应当按照请求方要求的形式予以证明，以便使其可以依请求方法律得以接受。

四、被请求方在不违背本国法律的范围内，可以同意请求中指明的人员在执行请求时到场，并允许这些人员通过被请求方司法人员向被调取证据的人员提问。为此目的，被请求方应当及时将执行请求的时间和地点通知请求方。

第九条　拒绝作证

一、根据本条约被要求作证的人员，如果被请求方法律允许该人在被请求方提起的诉讼中的类似情形下不作证，可以拒绝作证。

二、如果根据本条约被要求作证的人员，主张依请求方法律有拒绝作证的权利或者特权，被请求方应当要求请求方提供是否存在该项权利或者特权的证明书。请求方的证明书应当视为是否存在该项权利或者特权的充分证据，除非有明确的相反证据。

第十条　安排有关人员作证或者协助调查

一、被请求方应当根据请求方的请求，邀请有关人员前往请求方境内出庭作证或者协助调查。请求方应当说明需向该人支付的津贴、费用的范围。被请求方应当将该人的答复迅速通知请求方。

二、邀请有关人员在请求方境内出庭的文书送达请求，应当在不迟于预定的出庭日六十天前递交给被请求方。在紧急情形下，被请求方可以同意在较短期限内递交。

三、在可能且不违反任何一方法律规定的情况下，双方可以根据具体情况约定通过视频会议获取证词。

第十一条　移送在押人员以便作证或者协助调查

一、经请求方请求，被请求方可以将在其境内的在押人员临时移送至请求方境内以便出庭作证或者协助调查，条件是该人同意，而且双方已经就移送条件事先达成书面协议。

二、被移送人在请求方领域内应当予以羁押，除非被请求方允许该人被释放。在后一种情况下，该人应当被作为本条约第十条所指的人对待。

三、作证或者协助调查完毕后，请求方应当尽快将该被移送人送回被请求方。

四、为本条的目的，该被移送人在请求方被羁押的期间，应当折抵在被请求方判处的刑期。

第十二条　证人和鉴定人的保护

一、请求方对于到达其境内的证人或者鉴定人，不得由于该人在入境前的任何作为或者不作为而进行侦查、起诉、羁押、处罚或者采取其他限制人身自由的措施，也不得要求该人在请求所未涉及的任何侦查、起诉或者其他诉讼程序中作证或者协助调查，除非事先取得被请求方和该人的同意。

二、如果上述人员在被正式通知无需继续停留后十五天内未离开请求方，或者离开后又自愿返回，则不再适用本条第一款。但是，该期限不应包括该人由于本人无法控制的原因而未离开请求方的期间。

三、对于拒绝根据本条约第十条或者本条约第十一条作证或者协助调查的人员，不得由于此种拒绝而施加任何刑罚或者采取任何限制其人身自由的强制措施。

四、对于任何同意按照本条约第十条和本条约第十一条作证的人，不得因其证词对其进行追诉，除非该人作伪证。

第十三条 查询、搜查、冻结和扣押

一、被请求方应当在本国法律允许的范围内，执行查询、冻结、搜查和扣押作为证据的材料、物品和财产的请求。

二、被请求方应当向请求方提供其所要求的有关执行上述请求的结果，包括查询或者搜查的结果，冻结或者扣押的地点和状况以及有关材料、物品和财产随后被监管的情况。

三、如果请求方同意被请求方就移交所提出的条件，被请求方应当将被扣押的材料、物品和财产移交给请求方。

第十四条 向被请求方归还文件、记录和证据物品

请求方应当根据被请求方的要求，尽快归还被请求方根据本条约向其提供的文件或者记录的原件和证据物品。

第十五条 犯罪所得和犯罪工具的没收

一、被请求方应当根据请求，努力确定犯罪所得或者犯罪工具是否位于其境内，并且应当将调查结果通知请求方。

二、如果根据本条第一款，涉嫌的犯罪所得或者犯罪工具已被找到，被请求方应当根据请求，按照本国法律采取措施冻结、扣押和没收这些财物。

三、在本国法律允许的范围内及双方商定的条件下，被请求方可以根据请求方的请求，将上述的犯罪所得或者犯罪工具的全部或者部分或者出售有关资产的所得移交给请求方。

四、在适用本条时，被请求方和第三人对这些财物的合法权益应当依被请求方法律受到尊重。

第十六条 为提起刑事诉讼交换信息

一、缔约任何一方可以未经事先请求，向另一方提供信息或者证据，以便在该另一方提起刑事诉讼。

二、获得上述信息或者证据的一方应当将其采取的措施告知另一方，并提交其有关决定的副本。

第十七条　通报刑事诉讼结果和提供犯罪记录

一、曾根据本条约提出协助请求的一方，应当根据被请求方的要求，向被请求方通报请求方提出的协助请求所涉及的刑事诉讼的结果。

二、一方应当根据请求，向另一方通报其对该另一方国民提起的刑事诉讼的结果。

三、如果在请求方境内受到刑事侦查或者起诉的人在被请求方境内曾经受过刑事追诉，则被请求方应当根据请求，向请求方提供有关该人的犯罪记录和对该人判刑的情况。

第十八条　交流法律资料

双方应当根据请求，相互交流各自国家现行的或者曾经实施的与履行本条约有关的法律和司法实践的资料。

第十九条　证明和认证

为本条约的目的，根据本条约转递的任何文件，不应要求任何形式的证明或者认证。

第二十条　费用

一、被请求方应当负担执行请求所产生的费用，但是请求方应当负担下列费用：

（一）有关人员按照本条约第八条的规定，前往、停留和离开被请求方的费用；

（二）有关人员按照本条约第十条或者本条约第十一条的规定，前往、停留和离开请求方的费用和津贴，这些费用和津贴应当根据费用发生地的标准和规定支付；

（三）鉴定人的费用和报酬；

（四）笔译和口译的费用和报酬。

二、请求方应当根据要求，预付由其负担的上述津贴、费用和报酬。

三、如果执行请求明显需要超常性质的费用，双方应当相互协商确定可以执行请求的条件。

第二十一条　外交或者领事官员送达文书和调取证据

一方可以通过其派驻在另一方的外交或者领事官员向在该另一方境内的本国国民送达文书和调取证据，但是不得违反该另一方法律，并且不得采取任何强制措施。

第三章　最后条款

第二十二条　其他合作基础

本条约不妨碍任何一方根据其他可适用的国际条约或者本国法律向另一方提供协助。双方也可以根据任何其他可适用的协议或者惯例提供协助。

第二十三条　磋商

为促进本条约的有效执行，双方中央机关可以进行磋商，并商定为便于实施本条约而必须采取的实际措施。

第二十四条　争议的解决

因本条约的解释和适用产生的争议，如果双方中央机关不能自行达成协议，应当通过外交途径协商解决。

第二十五条　生效、修正和终止

一、本条约须经批准，批准书在马德里互换。本条约自互换批准书之日后第三十天生效。

二、本条约无限期有效。

三、本条约可以经双方书面协议随时予以修正。修正的生效程序与本条第一款规定的程序相同。

四、任何一方可以随时通过外交途径，以书面形式通知终止本条约。终止自该通知发出之日后第一百八十天生效。

五、本条约适用于其生效后提出的请求，即使有关作为或者不作为发生于本条约生效前。

下列签署人经各自政府适当授权，签署本条约，以昭信守。

本条约于二〇〇五年七月二十一日订于北京，一式两份，每份均以中文和西班牙文制成，两种文本同等作准。

中华人民共和国代表　　　　　　西班牙王国代表

　　吴爱英　　　　　　米格尔·安赫尔·莫拉蒂诺斯·库亚乌百

中华人民共和国和葡萄牙共和国关于刑事司法协助的协定 *

中华人民共和国和葡萄牙共和国（以下简称"缔约国"），

在相互尊重国家主权和平等互利的基础上，为促进两国在刑事司法协助领域的有效合作，决定缔结本协定，并达成协议如下：

第一条　适用范围

一、缔约国应当根据本协定的规定，相互提供刑事司法协助。

二、协助应当包括：

（一）送达刑事诉讼文书；

（二）获取人员的证言或者陈述；

（三）提供文件、记录和证据物品；

（四）获取和提供鉴定结论；

（五）查找和辨认人员；

（六）进行司法勘验或者检查场所或者物品；

（七）安排有关人员作证或者协助调查；

（八）移送在押人员以便作证或者协助调查；

（九）查询、搜查、冻结和扣押；

（十）没收犯罪所得和犯罪工具；

（十一）通报刑事诉讼结果和提供犯罪记录；

（十二）交换法律资料；

（十三）不违背被请求国法律的其他形式的协助。

三、本协定仅适用于缔约国之间的相互司法协助。本协定的规定，不给予任何私人以取得或者排除任何证据或者妨碍执行请求的权利。

第二条　中央机关

一、各缔约国应当指定中央机关，负责提交、接收和转递本协定规定的司法协助请求。

---

* 2005 年 12 月 9 日签署，2006 年 12 月 29 日第十届全国人民代表大会常务委员会第二十五次会议批准，2009 年 5 月 15 日生效。

二、本条第一款所指的中央机关，在中华人民共和国方面为最高人民检察院和司法部，在葡萄牙共和国方面为共和国总检察院。

三、任何缔约国如果变更其对中央机关的指定，应当通过外交途径通知另一缔约国。

第三条 拒绝或者推迟协助

一、存在下列情形之一的，被请求国可以拒绝提供协助：

（一）请求涉及的行为根据被请求国法律不构成犯罪；

（二）被请求国认为请求涉及政治犯罪；

（三）请求涉及的犯罪根据被请求国法律纯属军事犯罪；

（四）被请求国有充分理由认为，请求的目的是基于某人的种族、性别、宗教、国籍或者政治见解而对该人进行侦查、起诉、处罚或者其他诉讼程序，或者该人的地位可能由于上述任何原因受到损害；

（五）被请求国正在对请求所涉及的同一犯罪嫌疑人或者被告人就同一犯罪进行刑事诉讼，或者已经终止刑事诉讼，或者已经作出终审判决；

（六）被请求国认为，执行请求将损害本国主权、安全、公共秩序或者其他重大公共利益，或者违背本国法律的基本原则。

二、缔约国均为当事方的任何国际条约、公约或者协定不认为是政治犯罪的行为，不得被视为政治犯罪。

三、如果提供协助将会妨碍正在被请求国进行的侦查、起诉或者其他诉讼程序，被请求国可以推迟提供协助。

四、在根据本条拒绝或者推迟提供协助前，被请求国应当考虑是否可以在其认为必要的条件下准予协助。请求国如果接受附条件的协助，则应当遵守这些条件。

五、被请求国如果拒绝或者推迟协助，应当将拒绝或者推迟的理由通知请求国。

第四条 请求的形式和内容

一、请求应当以书面形式提出，并且由请求机关签署或者盖章。在紧急情形下，被请求国可以接受其他形式的请求，请求国应当随后迅速以书面形式确认该请求，但是被请求国另行同意的除外。

二、请求应当包括以下内容：

（一）请求所涉及的侦查、起诉或者其他诉讼程序的主管机关的名称；

（二）对于请求所涉及的案件的性质、事实概要以及所适用的法律规定的说明；

（三）对于请求提供的协助、协助目的以及与案件相关性的说明；

（四）希望请求得以执行的期限。

三、在必要和可能的范围内，请求还应当包括以下内容：

（一）关于被取证人员的身份和居住地的资料；

（二）关于受送达人的身份、居住地以及该人与诉讼的关系的资料；

（三）关于需查找或者辨别的人员的身份及下落的资料；

（四）关于需勘验或者检查的场所或者物品的说明；

（五）希望在执行请求时遵循的特别程序及其理由的说明；

（六）关于需搜查的地点和需查询、冻结、扣押的财物的说明；

（七）保密的需要及其理由的说明；

（八）关于被邀请前往请求国境内作证或者协助调查的人员有权得到的津贴和费用的说明；

（九）有助于执行请求的其他资料。

四、被请求国如果认为请求中包括的内容尚不足以使其处理该请求，可以要求提供补充资料。

五、根据本条提出的请求和辅助文件，应当附有被请求国文字的译文。

六、根据本协定转递的任何文件，不要求任何形式的认证。

第五条　请求的执行

一、被请求国应当按照本国法律及时执行协助请求。

二、被请求国在不违背本国法律的范围内，可以按照请求国要求的方式执行协助请求。

三、被请求国应当将执行请求的结果及时通知请求国。如果无法提供所请求的协助，被请求国应当将原因通知请求国。

第六条　保密和限制使用

一、如果请求国提出要求，被请求国应当对请求，包括其内容和辅助文件，以及按照请求所采取的行动予以保密。如果不违反保密要求则无法执行请求，被请求国应当将此情况通知请求国，请求国应当随即决定该请求是否仍然应当予以执行。

二、如果被请求国提出要求，请求国应当对被请求国提供的资料和证据予以保密，或者仅在被请求国指明的条件下使用。

三、未经被请求国的事先同意，请求国不得为了请求所述案件以外的任何其他目的使用根据本协定所获得的资料或者证据。

第七条　送达文书

一、被请求国应当根据本国法律并依请求，送达请求国递交的文书。但是对于要求某人作为被告人出庭的文书，被请求国不负有送达的义务。

二、被请求国在完成送达后，应当向请求国出具送达证明。送达证明应当包括送达日期、地点和送达方式的说明，并且应当由送达文书的机关签署或者盖章。如果无法完成送达，则应当通知请求国，并且说明原因。

第八条　调取证据

一、被请求国应当根据本国法律并依请求，调取证据并移交给请求国。

二、如果请求涉及移交文件或者记录，被请求国可以移交经证明的副本或者影印件；在请求国明示要求移交原件的情况下，被请求国应当尽可能满足此项要求。

三、在不违背被请求国法律的前提下，根据本条移交给请求国的文件和其他资料，应当按照请求国要求的形式予以证明，以便使其可以依请求国法律得以接受。

四、被请求国在不违背本国法律的范围内，应当同意请求中指明的人员在执行请求时到场，并允许这些人员通过被请求国司法人员向被调取证据的人员提问。为此目的，被请求国应当及时将执行请求的时间和地点通知请求国。

五、根据本协定被要求作证的人员，如果被请求国法律允许该人在被请求国提起的诉讼中的类似情形下不作证，可以拒绝作证。

第九条　安排有关人员作证或者协助调查

一、被请求国应当根据请求国的请求，邀请有关人员前往请求国境内出庭作证或者协助调查。请求国应当说明将向该人支付的津贴、费用的范围。被请求国应当将该人的答复迅速通知请求国。

二、请求国邀请有关人员到其境内出庭的文书送达请求，应当在不迟于预定的出庭日六十天前递交给被请求国。在紧急情形下，被请求国可以同意在较短期限内转交。

第十条　移送在押人员以便作证或者协助调查

一、经请求国请求，被请求国可以将在其境内的在押人员临时移送至请求国境内以便出庭作证或者协助调查，条件是该人同意，而且缔约国已经就移送条件事先达成书面协议。

二、如果依被请求国法律该被移送人应当予以羁押，请求国应当对该人予以羁押。

三、作证或者协助调查完毕后，请求国应当尽快将该被移送人送回被请求国。

四、为本条的目的，该被移送人在请求国被羁押的期间，应当折抵在被请求国判处的刑期。

第十一条　证人和鉴定人的保护

一、请求国对于到达其境内的证人或者鉴定人，不得由于该人在入境前的任何作为或者不作为而进行侦查、起诉、羁押、处罚或者采取其他限制人身自由的措施，也不得要求该人在请求所未涉及的任何侦查、起诉或者其他诉讼程序中作证或者协助调查，除非事先取得被请求国和该人的同意。

二、如果上述人员在被正式通知无需继续停留后四十五天内未离开请求国，或者离开后又自愿返回，则不再适用本条第一款。但是，该期限不包括该人由于本人无法控制的原因而未离开请求国领土的期间。

三、对于拒绝根据第九条或者第十条作证或者协助调查的人员，不得由于此种拒绝而施加任何刑罚或者采取任何限制其人身自由的强制措施。

第十二条　查询、搜查、冻结和扣押

一、被请求国应当在本国法律允许的范围内，执行查询、冻结、搜查和扣押作为证据的财物的请求。

二、被请求国应当向请求国提供其所要求的有关执行上述请求的结果，包括查询或者搜查的结果，冻结或者扣押的地点和状况以及有关财物随后被监管的情况。

三、如果请求国同意被请求国就移交所提出的条件，被请求国可以将被扣押财物移交给请求国。

第十三条　向被请求国归还文件、记录和证据物品

请求国应当根据被请求国的要求，尽快归还被请求国根据本协定向其提供的文件或者记录的原件和证据物品。

第十四条　犯罪所得和犯罪工具的没收

一、被请求国应当根据请求，努力确定犯罪所得或者犯罪工具是否位于其境内，并且应当将调查结果通知请求国。在提出这种请求时，请求国应当将其认为上述财物可能位于被请求国境内的理由告知被请求国。

二、如果根据本条第一款，涉嫌的犯罪所得或者犯罪工具已被找到，被请求国应当根据请求国的请求，按照本国法律采取措施冻结、扣押和没收这些财物。

三、在本国法律允许的范围内及缔约国商定的条件下，被请求国可以根据请求国的请求，将上述的犯罪所得或者犯罪工具的全部或者部分或者出售有关资产的所得移交给请求国。

四、在适用本条时，被请求国和第三人对这些财物的合法权益应当依被请求国法律受到尊重。

第十五条　通报刑事诉讼结果

一、根据本协定提出协助请求的缔约国，应当根据被请求国的要求，向被请求国通报请求国提出的协助请求所涉及的刑事诉讼的结果。

二、缔约国应当根据请求，向另一缔约国通报其对该另一缔约国国民提起的刑事诉讼的结果。

第十六条　提供犯罪记录

如果在请求国境内受到刑事侦查或者起诉的人在被请求国境内曾经受过刑事追诉，则被请求国应当根据请求，向请求国提供有关该人的犯罪记录和对该人判刑的情况。

第十七条　交流法律资料

缔约国应当根据请求，相互交流各自国家现行的或者曾经实施的法律和司法实践的资料。

第十八条　费用

一、被请求国应当负担执行请求所产生的费用，但是请求国应当负担下列费用：

（一）有关人员按照第八条第四款的规定，前往、停留和离开被请求国的费用；

（二）有关人员按照第九条或者第十条的规定，前往、停留和离开请求国的费用和津贴，这些费用和津贴应当根据费用发生地的标准和规定支付；

（三）鉴定人的费用和报酬。

二、请求国应当根据要求，预付由其负担的上述津贴、费用和报酬。

三、如果执行请求明显地需要超常性质的费用，缔约国应当相互协商决定可以执行请求的条件。

第十九条　其他合作基础

本协定不妨碍任何缔约国根据其他可适用的国际协议或者本国法律向另一缔约国提供协助。缔约国也可以根据任何其他可适用的安排、协议或者惯例提供协助。

第二十条　争议的解决

由于本协定的解释和适用产生的争议，应当通过协商解决。

第二十一条　时际适用

本协定适用于其生效后提出的请求，即使有关作为或者不作为发生于本协定生效前。

第二十二条　生效、修正和终止

一、本协定自通过外交途径收到关于完成各自宪法或者法律规定生效程序的最后一份书面通知之日起的三十天后生效。

二、本协定可以经缔约国书面协议随时予以修正。

三、任何缔约国可以随时通过外交途径，以书面形式通知终止本协定。终止自该通知发出之日后第一百八十天生效。

下列签署人经各自政府适当授权，签署本协定，以昭信守。

本协定于二〇〇五年十二月九日订于里斯本，一式两份，每份均以中文、葡萄牙文和英文制成，三种文本同等作准。如遇解释上的分歧，以英文本为准。

　　中华人民共和国代表　　　　　　　　葡萄牙共和国代表
　　　　　张业遂　　　　　　　司法部助理国秘　罗德里格斯

中华人民共和国和澳大利亚关于刑事司法协助的条约 *

中华人民共和国和澳大利亚（以下简称双方）

在相互尊重国家主权和平等互利的基础上，为在打击犯罪方面相互提供最广泛的合作，

决定缔结本条约，并达成协议如下：

第一条　适用范围

一、双方应当根据本条约，在刑事侦查、起诉和诉讼方面相互提供最广泛的合作。

二、"刑事"亦包括与触犯涉及税收、关税以及其他财税方面法律的犯罪有关的事项。

三、此类协助应当包括：

（一）调取证据或者获取人员的陈述；

（二）提供文件、记录和证据物品；

（三）查找和辨认人员；

（四）执行搜查和扣押请求；

（五）查找、限制和没收犯罪工具和犯罪所得的措施；

（六）征询有关人员同意到请求方作证或者协助刑事侦查，并为此作出安排；如果此类人员在押，安排将其临时移交给请求方；

（七）送达刑事方面的文书；

（八）获取和提供鉴定结论；

（九）在不违背被请求方法律的范围内对场所或者物品进行勘验或者检查；

（十）通报刑事诉讼结果和提供犯罪记录；

（十一）交换法律资料；以及

（十二）与本条约目的相符且不违背被请求方法律的其他形式的协助。

四、协助不包括：

（一）对人员的引渡；

---

* 2006 年 4 月 3 日签署，2006 年 10 月 31 日第十届全国人民代表大会常务委员会第二十四次会议批准，2007 年 3 月 28 日生效。

（二）在被请求方执行请求方作出的刑事判决、裁定或者决定，但是被请求方法律和本条约许可的除外；

（三）移交被判刑人以便服刑；以及

（四）刑事诉讼的转移。

五、本条约的规定，不为任何私人创设按照本条约取得或者排除证据的任何权利。

第二条　其他协议

本条约不减损双方根据其他国际协定所承担的义务，也不妨碍双方根据其他国际协定相互提供协助。

第三条　中央机关

一、为本条约的目的，双方指定的中央机关应当就司法协助事项直接进行联系。

二、本条第一款所指的中央机关，在中华人民共和国方面为司法部，在澳大利亚方面为联邦司法部。

三、任何一方如果变更其对中央机关的指定，应当通过外交途径通知另一方。

四、协助请求应当通过中央机关提出和接收。

第四条　拒绝或者推迟协助

一、存在下列情形之一的，应当拒绝提供协助：

（一）请求涉及就某项犯罪起诉或者处罚某人，而被请求方认为该项犯罪是：

1. 政治犯罪；或者

2. 仅构成军事犯罪；

（二）请求涉及就某项犯罪起诉某人，而该人已因该项犯罪由被请求方定罪、无罪释放或者赦免，或者服刑完毕或者正在服刑；

（三）有充分理由认为，请求协助的目的是基于某人的种族、性别、宗教、国籍或者政治见解而对该人进行起诉或者处罚，或者该人的地位可能由于上述任何原因受到损害；或者

（四）被请求方认为，准予协助请求将损害本国的主权或者安全。

二、存在下列情形之一的，可以拒绝提供协助：

（一）请求涉及的作为或者不作为按照被请求方法律不构成犯罪；

（二）提供协助会损害被请求方的侦查、起诉或者诉讼；

（三）请求涉及就某项犯罪对某人进行侦查、起诉或者处罚，而就该项犯罪

可能判处的刑罚可能与被请求方的根本利益相冲突；或者

（四）被请求方认为执行请求将损害其国家利益或者其他根本利益。

三、如果执行请求会妨碍正在被请求方进行的侦查、起诉或者诉讼，被请求方可以推迟提供协助。

四、在拒绝准予某项协助请求或者推迟执行请求之前，被请求方应当考虑是否可以在其认为必要的条件下准予协助。请求方如果接受附条件的协助，则应当遵守这些条件。

五、被请求方如果拒绝或者推迟提供协助，应当将拒绝或者推迟的理由通知请求方。

第五条　请求的形式和内容

一、请求应当以书面形式提出，并且由请求方中央机关签署或者盖章。在紧急情形下，请求可以通过能出具书面记录并能使被请求方确认其真实性的其他形式提出。在此种情况下，请求方应当随后迅速以书面形式确认该请求，但是被请求方另行同意的除外。

二、涉及采用强制措施或者没收犯罪所得的协助请求的辅助文件和材料，应当由请求方主管机关签署、盖章或者证明。

三、协助请求应当包括下列内容：

（一）请求的目的以及对所需协助的描述；

（二）请求涉及的侦查、起诉或者诉讼的主管机关的名称；

（三）对犯罪性质的描述，包括对相关法律的说明；

（四）对被指控构成犯罪的作为、不作为或者事实的描述；

（五）请求方希望遵循的特别程序或者要求的细节，包括对请求方证据可接受性要求的说明；

（六）需要时，保密的要求及其理由；以及

（七）希望请求得以执行的期限。

四、在必要的范围内和可能的情况下，协助请求还应当包括以下内容：

（一）请求对象或者与执行请求有关的其他人员的身份、国籍和所在地方面的资料；

（二）关于应邀到请求方作证或者协助侦查的人员有权得到的津贴和费用方面的资料；

（三）关于需勘验或者检查的场所或者物品的说明；

（四）关于需搜查的场所和需扣押的财产的说明；

（五）可能有助于查找、限制或者冻结犯罪工具或者犯罪所得的资料；

（六）关于需讯问或者询问有关人员的事项的资料，包括需提出的问题；以及

（七）有助于执行请求的其他资料。

五、根据本条提出的请求和辅助文件，应当使用请求方文字并附有被请求方文字的译文。

六、被请求方如果认为请求中的资料不足以使其处理该请求，可以要求提供补充资料。

第六条　请求的执行

一、被请求方应当按照本国法律迅速执行协助请求。在不违反本国法律的情况下，被请求方可以按照请求方要求的方式执行协助请求。

二、如果请求涉及转递文件或者记录，被请求方可以转递经证明的副本或者影印件；但在请求方明示要求转递原件的情况下，被请求方应当尽可能满足此项要求。

三、在可能且不违反各自法律的范围内，双方可以在具体情况下商定使用视频会议获取证人证言。

四、被请求方一旦知道存在可能使执行请求严重拖延的情形，应当迅速通知请求方。

五、如果执行请求明显需要支付超常费用，或者将对被请求方的资源造成过分负担，双方应当协商决定执行请求的条件。

六、如果被请求方认为执行请求会危及任何证人、执法官员或者与上述人员有关的其他人员的人身安全和其他合法权益，双方应当协商决定执行请求的条件。

七、被请求方应当将执行请求的结果迅速通知请求方。如果无法提供所请求的协助，被请求方应当将原因通知请求方。

第七条　向被请求方归还文件、记录或者证据物品

如果被请求方提出要求，请求方应当尽快将根据本条约提供的文件、记录或者证据物品归还被请求方。

第八条　对证据和资料的保密和限制使用

一、如果请求方提出要求，被请求方应当对请求，包括其内容、辅助文件和按照请求所采取的任何行动予以保密。如果不违反保密要求则无法执行请求，被请求方应当将此情况通知请求方，由请求方决定该请求是否仍然应当予以执行。

二、如果被请求方提出要求，请求方应当对被请求方提供的资料和证据予

以保密，或者仅在被请求方指明的条件下使用。

三、未经被请求方事先同意，请求方不得将根据本条约所获得的资料或者证据用于请求所述之外的目的。

第九条　送达文书

一、被请求方应当根据本国法律并依请求，尽最大努力送达请求方所转递的文书。但是对于要求某人作为被告人出庭的文书，被请求方不负有执行送达的义务。

二、请求方要求有关人员到其境内出庭的文书送达请求，应当在不迟于预定的出庭日 60 天前转递给被请求方。在紧急情形下，被请求方可以同意在较短期限内转递。

三、被请求方在完成送达后，应当向请求方出具送达证明。送达证明应当包括送达日期、地点和送达方式的说明，并且应当由送达文书的机关签署或者盖章。

第十条　调取证据

一、如果为了请求方刑事诉讼的目的而提出请求，被请求方应当根据请求向有关人员调取证据并转递给请求方。

二、为本条约的目的，提供或者调取证据应当包括录取口头证词、出具文件、记录或者其他材料。

三、被请求方在不违反本国法律的范围内，应当同意请求中指明的人员在执行请求时到场，并允许这些人员按照被请求方同意的方式向被调取证据的人员提问。为此目的，被请求方应当将执行请求的时间和地点迅速通知请求方。

四、在下列情况下，在被请求方被要求作证的人员可以拒绝作证：

（一）被请求方法律允许该证人在被请求方提起的诉讼中的类似情形下拒绝作证；或者

（二）请求方法律允许该证人在请求方的此类诉讼中拒绝作证。

五、如果任何人主张依请求方法律有拒绝作证的权利，请求方中央机关应当根据请求，向被请求方中央机关提供是否存在该项权利的证明。除非有相反证据，该证明应当视为是否存在该项权利的充分证据。

第十一条　获取人员的陈述

被请求方应当根据请求，努力获取请求方刑事侦查、起诉或者诉讼所需的人员陈述。

第十二条　移交在押人员以便作证或者协助侦查

一、经请求方请求，被请求方可以在本人同意，而且双方已经就移交条件事先达成书面协议的条件下，将在其境内的在押人员临时移交给请求方，以便作证或者协助侦查。

二、如果依被请求方法律应当对该被移交人予以羁押，请求方应当对该人予以羁押，并在一旦不需该人继续在其境内停留时，迅速将其送回被请求方。

三、如果被请求方告知请求方不再要求羁押被移交人，该人应被释放并按第十三条所指人员对待。

四、为本条的目的，被移交人在请求方被羁押的期间，应当折抵在被请求方判处的刑期。

第十三条 安排其他人员作证或者协助侦查

一、请求方可以要求被请求方协助获取有关人员对下列事项的同意：

（一）在请求方的刑事诉讼中作为证人出庭，除非该人是被告人；或者

（二）在请求方的刑事侦查中提供协助。

二、被请求方如果对请求方为有关人员的安全作出的安排满意，应当请该人同意就有关诉讼出庭作证或者协助有关侦查。被请求方应当将该人的答复迅速告知请求方。

第十四条 对作证或者协助侦查人员的保护

一、在不违背本条第二款规定的情况下，如果某人根据第十二条或者第十三条提出的请求到达请求方：

（一）该人不得由于在其离开被请求方前的任何作为或者不作为所涉及的犯罪受到侦查、羁押、起诉、处罚或者受到人身自由方面的任何其他限制；

（二）在未取得该人同意的情况下，不得要求该人在请求所未涉及的任何诉讼中作证或者协助侦查；

（三）如果该人不在请求方境内时无法对其进行某项民事诉讼，则不得对该人进行此类民事诉讼。

二、如果上述人员在被正式通知无需继续停留后30天内可以自由离开但并未离开请求方，或者离开后又自愿返回，则不再适用本条第一款。

三、根据本条约第十二条或者第十三条提出的请求到请求方出庭的人员，应当服从该方有关藐视法庭、伪证和虚假陈述方面的法律，但除此之外，不得基于上述证据受到起诉。

四、要求被请求方的证人前来作证的主管机关应当确保向证人充分说明其对法庭所负的责任和义务，以确保该证人不会因藐视法庭或者类似情况受到追诉。

五、对于拒绝根据第十二条或者第十三条作证或者协助侦查的人员，不得

由于此种拒绝而施加任何刑罚或者采取任何限制其人身自由的强制措施。

六、本条不应妨碍第十二条规定的交还已经被移交的在押人员的义务。

第十五条　提供公开及官方文件

一、被请求方应当提供其公共登记或者其他方面的可公开的或者可供公众购买的文件和记录的副本。

二、被请求方可以提供任何官方文件或者记录的副本。被请求方可以自行决定全部或者部分拒绝根据本款提出的请求。

第十六条　证据的可接受性

在不违反被请求方法律的前提下，为答复依本条约提出的请求所提供的文件和材料，应当按照请求方要求的形式提供，以便使其可以依请求方法律得以接受。

第十七条　证明和认证

根据本条约转递的任何文件，不应要求任何形式的证明或者认证，但是本条约另有规定的除外。

第十八条　搜查和扣押

一、被请求方应当在本国法律允许的范围内，执行请求方有关搜查、扣押和向请求方转交有关文件或者材料的请求，条件是该请求所包含的资料能够表明被请求方依其法律有正当理由采取这些行动。

二、被请求方应当提供请求方可能要求的有关搜查结果、扣押地点和状况以及被扣押文件或者材料被监管情况的资料。

三、请求方应当遵守被请求方就有关向请求方转递的被扣押文件或者材料所附加的条件。

第十九条　犯罪工具和犯罪所得

一、被请求方应当根据请求，调查犯罪工具或者犯罪所得，包括银行账户，是否位于其管辖区内，并且应当将调查结果通知请求方。请求方在提出请求时，应当将其认为犯罪工具或者犯罪所得可能位于被请求方管辖区内的理由告知被请求方。

二、如果犯罪工具或者犯罪所得被发现，或者确信其处于被请求方管辖区内，被请求方应当根据请求方的请求，在本国法律允许的范围内采取措施，防止对上述犯罪工具或者犯罪所得进行交易、转移或者处置，这些措施包括但不限于执行请求方法院的命令。

三、在本国法律允许的范围内及双方商定的条件下，被请求方可以根据请求方的请求，将上述犯罪工具或者犯罪所得的全部或者部分，或者出售有关资产的所得，移交给请求方。

四、在适用本条时，被请求方和善意第三人的合法权益应当依被请求方法律受到尊重。

五、本条约所称"犯罪工具"，是指用于或者意图用于实施犯罪或者与实施犯罪有关的财产。

六、本条约所称"犯罪所得"，是指涉嫌或者由法院认定的因实施犯罪而直接或者间接获得或者实现的财产，或者能体现因实施犯罪所获得的财产或者其他利益的价值的财产。

第二十条　提供犯罪记录

如果某人正在请求方受到侦查或者起诉，被请求方应当根据请求，提供该人在被请求方的犯罪记录。

第二十一条　交流法律资料

双方应当根据请求，相互交流各自国家现行的或者曾经实施的与履行本条约有关的法律和司法实践的资料。

第二十二条　通报刑事诉讼结果

根据请求，一方应当向另一方通报协助请求所涉及的刑事诉讼的结果。

第二十三条　辅助协议

双方中央机关可以达成与本条约目的及双方法律相符的辅助协议。

第二十四条　代表和费用

一、除非本条约另有规定，被请求方应当作出一切必要安排，在因请求而产生的任何诉讼中代表请求方，并以其他方式代表请求方的利益。

二、被请求方应当负担执行请求所产生的费用，但是请求方应当负担下列费用：

（一）有关人员按照第十二条或者第十三条的规定，前往、停留和离开请求方的费用和津贴，这些费用和津贴应当根据费用发生地的标准或者规定支付；

（二）有关人员按照第十条第三款的规定，前往、停留和离开被请求方的费用；

（三）根据第六条第五款协商后，请求方同意支付的超常费用；

（四）鉴定人的费用和报酬；以及

（五）笔译和口译的费用和报酬。

三、根据请求，请求方应当事先支付其应承担的费用、津贴和报酬。

第二十五条 协商和争议的解决

一、关于本条约的解释、适用或者实施，无论是一般性问题还是关于具体案件，如果任何一方提出要求，双方应当迅速展开磋商。

二、由于本条约的解释、适用或者实施所产生的争议，如果双方中央机关不能自行达成协议，应当通过外交途径协商解决。

第二十六条 生效

一、各方根据本国法律完成为本条约生效所需的一切必要程序后，应当通过外交照会通知另一方。本条约自后一份照会发出之日起第三十天生效。

二、本条约适用于其生效后提出的请求，即使有关作为或者不作为发生于本条约生效前。

第二十七条 修正

一、本条约可以经双方书面协议随时予以修正。此类修正按照第二十六条第一款规定的相同程序生效，并构成本条约的一部分。

二、任何修正均不得损害在其生效前或者生效时由于或者基于本条约所产生的权利和义务。

第二十八条 终止

一、任何一方可以随时通过外交途径，以书面形式通知终止本条约。本条约自该通知发出之日后第一百八十天失效。

二、本条约的终止不得损害由于或者基于本条约所产生的权利和义务，也不影响本条约终止前或者终止时依本条约提出的请求的执行。

下列签署人经各自政府适当授权，签署本条约，以昭信守。

本条约于二〇〇六年四月六日订于堪培拉，一式两份，每份均以中文和英文制成，两种文本同等作准。

中华人民共和国代表　　　　　　　　　　　澳大利亚代表
　　李肇星　　　　　　　　　　　　　　亚历山大·唐纳

中华人民共和国和新西兰关于刑事司法协助的条约*

中华人民共和国和新西兰（双方），

在相互尊重国家主权和平等互利的基础上，为促进两国在刑事司法协助领域的有效合作，决定缔结本条约，并达成协议如下：

第一条　适用范围

一、双方应当根据本条约的规定，在刑事调查、起诉或者其他诉讼方面相互提供协助。

二、第一款所述"刑事"，在中华人民共和国方面系指全国人民代表大会及其常务委员会制定和颁布的法律所规定的与犯罪有关的调查、起诉或者其他诉讼，在新西兰方面系指国会制定的法律所规定的与犯罪有关的调查、起诉或者其他诉讼。

三、协助应当包括：

（一）向人员调取证据或者获取人员的陈述；

（二）提供信息、文件、记录和证据物品；

（三）查找或者辨认人员或者物品；

（四）送达刑事方面的文书；

（五）执行搜查和扣押请求；

（六）安排有关人员在请求方作证或者协助调查；

（七）查找、冻结、扣押和没收犯罪所得和犯罪工具；

（八）交换法律资料；以及

（九）与本条约宗旨相符且不违背被请求方法律的其他协助。

四、本条约不适用于：

（一）对人员的引渡；

（二）执行请求方所做出的刑事判决及裁定，但是被请求方法律和本条约许可的除外；

（三）移交被判刑人以便服刑；

---

* 2006 年 4 月 6 日签署，2007 年 6 月 29 日第十届全国人民代表大会常务委员会第二十八次会议批准，2008 年 1 月 1 日生效。

（四）刑事诉讼的转移。

五、本条约仅涉及双方之间的相互司法协助。

第二条　中央机关

一、双方在任何时候均应指定某人或者某一机关作为转递和接收本条约请求的中央机关。

二、任何一方应当在本条约生效后立即通过外交途径通知另一方其指定的中央机关。此后关于中央机关的任何变更应当以同样方式通知另一方。

三、双方相互协助的请求应当根据本条约的规定向中央机关提出。

第三条　拒绝或者推迟协助

一、存在下列情形之一的，被请求方可以拒绝提供协助：

（一）请求涉及的行为根据被请求方法律不构成犯罪；

（二）请求涉及的犯罪是政治或者军事犯罪；

（三）被请求方有充分理由认为，请求的目的是基于某人的种族、性别、宗教、国籍或者政治见解而对该人进行调查、起诉、处罚或者采取其他诉讼程序，或者该人的地位可能由于上述任何原因受到损害；

（四）被请求方正在对请求所涉及的同一犯罪嫌疑人或者被告人就同一犯罪进行刑事诉讼，或者已经终止刑事诉讼，或者已经作出终审判决；

（五）被请求方认为，请求提供的协助与案件缺乏实质联系；

（六）被请求方认为，执行请求将损害本国主权、安全、公共秩序或者其他重大公共利益。

二、如果因为本条第一款提及的原因不能执行请求，或者执行请求将违背被请求方的基本法律原则，被请求方应当迅速将该请求及其所附文件退还请求方，并说明做出此决定的理由。

三、如果提供协助将会妨碍正在被请求方进行的调查、起诉或者其他诉讼程序，被请求方可以推迟提供协助。

四、在根据本条拒绝或者推迟提供协助前，被请求方应当考虑是否可以在其认为必要的条件下准予协助。请求方如果接受附条件的协助，则应当遵守这些条件。

五、被请求方如果推迟协助，应当将推迟的理由通知请求方。

第四条　请求的形式和内容

一、请求应当以书面形式提出，并且由请求方的中央机关签署或者盖章。在紧急情形下，被请求方可以接受其他形式的请求，请求方应当随后迅速以书面形式确认该请求，但是被请求方另行同意的除外。

二、请求应当包括以下内容：

（一）请求所涉及的调查、起诉或者其他诉讼程序的主管机关的名称；

（二）对于请求所涉及的犯罪的性质和事实摘要，以及所适用的法律规定的说明；

（三）对于请求提供的协助及其目的的说明，包括对于请求提供的协助与案件的相关性的说明；

（四）希望请求得以执行的期限；以及

（五）关于调查、起诉或者其他诉讼程序当前状况的陈述。

三、在必要和可能的范围内，请求还应当包括以下内容：

（一）关于被取证人员的身份和居住地的资料；

（二）关于受送达人的身份、居住地以及该人与诉讼的关系的资料；

（三）关于需查找或者辨认的人员的身份及下落的资料；

（四）关于需勘验或者检查的场所或者物品的说明；

（五）请求方规定或者希望执行请求时遵循的特别要求或者程序的说明，包括将提供信息、证据、文件或者物品的方式或者形式的说明；

（六）当请求系与犯罪所得有关时，

1. 请求方认为犯罪所得可能在其管辖区内的理由的描述；以及

2. 如果有需执行的有权机关做出的法律文书，该文书及其当前状况的描述；

（七）保密的需要及其理由的说明；

（八）关于被邀请前往请求方境内作证或者协助调查的人员有权得到的津贴和费用的说明；

（九）对所询问事宜的描述，包括请求方希望向被询问人提出的问题；

（十）要求提供的任何文件、记录或者证据物品的描述，以及被要求提供上述物品的适当人员的描述；

（十一）如果第八条第五款提及的人员因请求相关的事项前往被请求方，关于该人访问的目的、拟停留时间及旅程安排的说明；

（十二）有助于执行请求的其他资料。

四、被请求方如果认为请求中包括的内容尚不足以使其处理该请求，可以要求提供补充资料。

五、根据本条提出的请求和辅助文件，应当附有被请求方文字的译文。

第五条　请求的执行

一、被请求方应当按照本国法律及时执行协助请求，并在不违背本国法律的范围内，按照请求方要求的方式执行协助请求。

二、如果被请求方的刑事或者民事诉讼需要所请求的材料，则被请求方可以推迟提供有关材料。被请求方应当依请求提供有关文件经核实的副本。

三、被请求方一旦知道存在可能使执行请求严重拖延的情形，应当迅速通知请求方。

四、被请求方应当将执行请求的结果迅速通知请求方。

第六条　保密和限制使用

一、如果请求方提出要求，被请求方应当对请求，包括其内容和辅助文件，以及按照请求所采取的行动在本国法律允许的范围内予以保密。如果不违反保密要求则无法执行请求，被请求方应当将此情况通知请求方，请求方应当随即决定该请求是否仍然应当予以执行。

二、如果被请求方提出要求，请求方应当对被请求方提供的资料和证据予以保密，或者仅在被请求方指明的条件下使用。

三、未经被请求方事先同意，请求方不得为了请求所述案件以外的任何其他目的使用根据本条约所获得的资料或者证据。

第七条　送达文书

一、被请求方应当根据本国法律并依请求，执行请求方送达有关刑事诉讼文书的请求。

二、请求送达传唤某人在请求方作为证人出庭的文书，应当在不迟于预定的出庭日六十天前递交给被请求方。在紧急情况下，被请求方可以放弃这项要求。

三、被请求方应当向请求方出具送达证明。送达证明应当包括送达日期、地点和送达方式的说明，并且应当由送达文书的机关签署或者盖章。如果无法执行送达，则应当通知请求方，并且说明原因。

第八条　调取证据

一、被请求方应当根据本国法律，执行刑事诉讼中调取证据的请求，并移交给请求方。

二、如果请求涉及移交文件或者记录，被请求方可以移交经证明的副本或者影印件；在请求方明示要求移交原件的情况下，被请求方应当尽可能满足此项要求。

三、如果有必要并且符合被请求方的法律，在被请求方境内根据本条约被请求作证的人员，应当予以强制出庭作证或者提供证据，包括文件、记录或物品。

四、在不违背被请求方法律的前提下，根据本条移交给请求方的文件和其他资料，应当按照请求方要求的形式予以证明，以便使其可以依请求方法律得以接受。

五、被请求方在不违背本国法律的范围内，可以同意请求中指明的人员在执行请求时到场，并允许这些人员通过被请求方司法人员向被调取证据的人员提问。为此目的，被请求方应当及时将执行请求的时间和地点通知请求方。

六、根据本条约被要求作证的人员，如果被请求方法律允许该人在被请求方提起的诉讼中的类似情形下不作证，可以拒绝作证。

七、如果根据本条约被要求作证的人员，主张依请求方法律有拒绝作证的权利或者特权，被请求方应当要求请求方提供是否存在该项权利或者特权的证明书。除非有明确的相反证据，请求方的证明书应当视为是否存在该项权利或者特权的充分证据。

第九条 获取人员的陈述

被请求方应当根据请求，努力获取涉及请求方刑事事项的人员的陈述。

第十条 安排人员作证或者协助调查

一、请求方可以请求被请求方安排移交本条约第十一条以外的人员前往请求方，就请求方的有关刑事事项作证或者提供协助。

二、被请求方如果对请求方为该人安全所做的安排满意，应当邀请该人同意到请求方作证或者提供协助。该人应当被告知其可获支付的费用和津贴。被请求方应将该人的答复迅速通知请求方，并且在该人同意的情况下，为便利请求采取一切可能措施。

第十一条 移送在押人员以便作证或者协助调查

一、经请求方请求，被请求方可以将在其境内的在押人员临时移送至请求方境内以便出庭作证，或者在符合被请求方法律的情况下协助调查，条件是该人同意，而且双方已经就移送条件事先达成书面协议。

二、如果依被请求方法律该被移送人员应当予以羁押，请求方应当对该人予以羁押。

三、作证或者协助调查完毕后，请求方应当尽快将该被移送人送回被请求方。

四、本条所指被移送人员在请求方被羁押的期间，应当折抵在被请求方判处的刑期。

第十二条 作证和协助调查人员的保护

一、对根据本条约第十条提出的请求到达请求方境内的任何人，不得由于该人在入境前的任何作为或者不作为而进行调查、起诉、羁押、处罚或者采取其他限制人身自由的措施，或者提起民事诉讼，也不得要求该人在请求所未涉及的任何调查、起诉或者其他诉讼程序中作证或者协助调查，除非事先取得被请求方和该人的同意。

二、本条第一款的规定同样适用于第十一条所述的在押人员，只要该规定不违背双方根据第十一条第一款就移交问题达成的条件。

三、如果上述人员在被正式通知无需继续停留后十五天内未离开请求方，或者离开后又自愿返回，则不再适用本条第一款。但是，该期限不应包括该人由于本人无法控制的原因而未离开请求方领土的期间。

四、对于拒绝根据第十条或者第十一条前往及作证、或者协助调查的人员，不得由于此种拒绝而采取任何限制其人身自由的强制措施或者施以任何刑罚。

五、根据本条约第十条或者第十一条提出的请求在请求方出庭的人员，不应因为提供此种证据而受到起诉，但应当遵守该国有关藐视法庭、伪证罪和提供虚假声明方面的法律。

六、请求被请求方的证人前来作证的主管机关应确保向证人充分说明其对法庭所负的责任和义务，以保证该证人避免因藐视法庭或者类似的行为而被起诉。

七、本条不应妨碍第十一条规定的交还已经被移交的在押人员的义务。

第十三条　搜查和扣押

一、被请求方应当在本国法律允许的范围内，执行辨认、搜查、扣押和保管证据材料、物品和资产的请求。

二、被请求方应当向请求方提供其所要求的有关执行上述请求的结果，包括辨认、搜查、扣押的结果以及有关财物随后被监管的情况。

三、如果请求方同意被请求方就移交所提出的条件，被请求方可以将被扣押财物移交给请求方。

第十四条　向被请求方归还材料

如果被请求方要求，请求方应当尽快归还根据本条约提供的材料。

第十五条　犯罪所得

一、被请求方应当根据请求，努力确定犯罪所得或者犯罪工具，包括银行账户是否位于其管辖区内，并且应当将调查结果通知请求方。在提出这种请求时，请求方应当将其认为上述财物可能位于被请求方境内的理由通知被请求方。

二、如果根据本条第一款，涉嫌的犯罪所得已被找到，被请求方应当采取本国法律允许的措施，冻结或者没收这些财物。

三、在本国法律允许的范围内及双方商定的条件下，被请求方可以根据请求方的请求，将上述的犯罪所得或者犯罪工具的全部或者部分或者出售有关资产的所得移交给请求方。

四、在适用本条时，被请求方和任何第三方对这些财物的合法权利和利益应当依被请求方法律予以尊重。

第十六条　提供信息

被请求方可以在本国法律允许的范围内，以向其本国执法部门或者司法机关提供任何文件或者记录的副本相同的方式并在相同的条件下，向请求方提供任何文件或犯罪记录的副本。

第十七条　交流资料

双方可以根据请求，就刑事司法问题进行磋商，包括通报各自国家现行法律或者曾经实施的法律和司法实践的资料。

第十八条　其他合作

本条约不妨碍任何一方根据其他可适用的国际协议或者本国法律向另一方提供协助。双方也可以根据其他可适用的安排、协议或者惯例提供协助。

第十九条　证明和认证

为本条约的目的，根据本条约转递的任何文件，不应当要求任何形式的证明或者认证，但是本条约另有规定或者双方就个案另有约定者除外。

第二十条　费用

一、被请求方应当负担执行请求所产生的费用，但是请求方应当负担下列费用：

（一）有关人员按照第八条第五款的规定，前往、停留和离开被请求方的费用；

（二）有关人员按照第十条或者第十一条的规定，前往、停留和离开请求方的费用和津贴，这些费用和津贴应当根据费用发生地的标准和规定支付；

（三）鉴定人的费用和报酬；

（四）笔译和口译的费用和报酬。

二、请求方应当根据要求，预付由其负担的上述津贴、费用和报酬。

三、如果执行请求明显地需要超常性质的费用，双方应当相互协商决定可以执行请求的条件。

第二十一条　争议的解决

由于本条约的解释和适用产生的争议，如果双方中央机关不能自行达成协议，应当通过外交途径协商解决。

第二十二条　生效和终止

一、本条约自双方以书面形式相互通知完成各自为本条约生效所要求的法律程序之日起三十天后生效。

二、本条约适用于本条约生效后提出的请求，不论与请求相关的作为或者不作为是否发生于本条约生效前。

三、任何一方可以随时以书面形式通过外交途径通知终止本条约。本条约自另一方收到该通知之日起一百八十天后终止。根据本条发出终止本条约的通知时，任何在终止前提出的协助请求应当继续办理，如同本条约仍然有效，除非请求方撤销该请求。

下列签署人经各自政府适当授权，签署本条约，以昭信守。

本条约于二〇〇六年四月六日订于惠灵顿，一式两份，每份均以中文和英文写成，两种文本同等作准。

中华人民共和国代表　　　　　　　　　　　　新西兰代表
　　李肇星　　　　　　　　　　　　　　　　　　卡伦

中华人民共和国和纳米比亚共和国关于刑事司法协助的条约 *

中华人民共和国和纳米比亚共和国（以下称双方）；

在相互尊重国家主权和平等互利的基础上，希望通过最广泛的合作措施和刑事司法协助，增进两国在侦查、起诉和打击犯罪方面的效能；

意识到将从相互紧密合作以及保持友好关系中受益；

兹达成协议如下：

第一条　适用范围

一、双方应当根据本条约，相互提供最广泛的刑事司法协助。

二、协助应当包括：

（一）送达刑事诉讼文书；

（二）获取人员的证言或者陈述；

（三）提供文件、记录和证据物品；

（四）获取和提供鉴定结论；

（五）查找和辨认人员；

（六）进行司法勘验或者检查场所或者物品；

（七）安排有关人员作证或者协助侦查；

（八）移交在押人员以便作证或者协助侦查；

（九）查询、搜查、冻结或者限制和扣押；

（十）收缴或者没收犯罪所得和犯罪工具；

（十一）通报刑事诉讼结果和提供犯罪记录；

（十二）交换法律资料；

（十三）不违背被请求方法律的其他形式的协助。

第二条　中央机关

一、为本条约的目的，双方相互请求和提供司法协助，应当通过各自指定的中央机关直接进行联系。

＊ 2006 年 5 月 26 日签署，2008 年 8 月 29 日第十一届全国人民代表大会常务委员会第四次会议批准，2009 年 9 月 19 日生效。

二、本条第一款所指的中央机关在中华人民共和国方面为司法部，在纳米比亚共和国方面为司法部常务书记官长。

三、如果任何一方变更其已指定的中央机关，应当通过外交途径通知另一方。

第三条　拒绝或者推迟协助

一、存在下列情形之一的，被请求方可以拒绝提供协助：

（一）根据被请求方法律，请求涉及的行为不构成犯罪；

（二）被请求方认为请求涉及的犯罪是政治犯罪；

（三）请求涉及的犯罪纯属军事犯罪；

（四）被请求方有充分理由认为，请求的目的是基于某人的种族、性别、宗教、国籍或者政治见解而对该人进行侦查、起诉、处罚或者启动其他诉讼程序，或者该人的地位可能由于上述任何原因受到损害；

（五）被请求方对请求所提及的同一犯罪嫌疑人或者被告人就同一犯罪正在进行刑事诉讼，或者已经终止刑事诉讼，或者已经作出终审判决；

（六）被请求方认为，请求提供的协助与案件缺乏实质联系；

（七）被请求方认为，执行请求将损害本国主权、安全、公共秩序或者其他重大公共利益，或者违背其国内法的基本原则。

二、如果执行请求将会妨碍正在被请求方进行的侦查、起诉或者其他诉讼程序，被请求方可以推迟协助。

三、在拒绝某项请求或者推迟其执行之前，被请求方应当考虑是否可以在其认为必要的条件下准予协助。请求方如果接受附条件的协助，则应当遵守这些条件。

四、被请求方如果拒绝或者推迟协助，应当将拒绝或者推迟的理由通知请求方。

第四条　请求的形式和内容

一、请求应当以书面形式提出，并且由请求方中央机关加盖印章。在紧急情形下，被请求方可以接受其他形式的请求，请求方应当随后迅速以书面形式确认该请求，但是被请求方另行同意的除外。

二、请求应当包括以下内容：

（一）请求协助涉及的侦查、起诉或者其他诉讼程序的主管机关的名称；

（二）对于请求所涉及的案件的性质的说明，案件事实以及所适用的法律规定的简要说明；

（三）对于请求提供的协助及其目的的说明，以及请求提供的协助与案件相关性的说明；

（四）请求应当得以执行的期限。

三、在必要和可能的范围内，请求还应当包括以下内容：

（一）关于被取证人员的身份和居住地的资料；

（二）关于受送达人的身份和居住地的资料，以及该人与诉讼的关系；

（三）关于需查找或者辨认的人员的身份及下落的资料，以及该人与诉讼的关系；

（四）关于需勘验或者检查的场所或者物品的说明；

（五）在执行请求时遵循的特别程序及其理由的说明；

（六）关于搜查地点的说明，以及对查询、搜查、勘验、冻结、限制、扣押的财物的说明；

（七）保密程度及其理由；

（八）关于应邀到请求方作证或者协助调查的人员有权得到的津贴和费用方面的资料；

（九）有助于执行请求的其他资料。

四、被请求方如果认为请求中所载内容尚不足以使其处理该请求，可以要求提供补充资料。

五、根据本条提出的请求和辅助文件，应当附有被请求方官方文字的译文。

第五条　请求的执行

一、被请求方应当按照国内法律及时执行协助请求。

二、被请求方依据其国内法律，可以按照请求方要求的方式执行协助请求。

三、被请求方应当将执行请求的结果迅速通知请求方。如果无法提供所请求的协助，被请求方应当将原因通知请求方。

四、被请求方不得以银行保密为由拒绝执行请求。

第六条　保密和限制使用

一、如果请求方提出要求，被请求方应当依据其国内法律的基本原则对请求，包括其内容、辅助文件和根据请求所采取的任何行动予以保密。如果不违反保密要求则无法执行请求，被请求方应当将此情况通知请求方，由请求方决定该请求是否仍然应当予以执行。

二、如果被请求方提出要求，请求方应当依据其国内法律的基本原则对被请求方提供的资料和证据予以保密，或者仅在被请求方指明的条件下使用。

三、未经被请求方事先同意，请求方不得将根据本条约所获得的资料或者证据用于请求所述案件以外的任何目的。

第七条　送达文书

一、被请求方应当根据国内法律，送达请求方转递的文书。但是对于要求某人作为被告出庭的文书，被请求方不负有执行送达的义务。

二、关于在请求方境内答问或者出庭的文书送达请求，请求方应当在预定答问或者出庭日期之前的合理期间转递。

三、被请求方在实施送达后，应当向请求方出具送达证明。送达证明应当包括送达日期、地点和送达方式的说明，并且应当由送达文书的机关加盖印章。如果无法送达，应当通知请求方，并且说明原因。

第八条　调取证据

一、被请求方应当根据国内法律并依请求，调取证据并转递给请求方。

二、如果请求涉及转递文件或者记录，被请求方可以转递经证明的副本或者影印件；在请求方明示要求转递原件的情况下，被请求方应当尽可能满足此项要求。

三、依据被请求方国内法律，根据本条转递给请求方的文件和其他资料应当按照请求方要求的形式予以证明，以便使其可以依请求方法律得以接受。

四、被请求方依据其国内法律，应当同意请求中指明的人员在执行请求时到场，并允许这些人员向被调取证据的人员提问。为此目的，被请求方应当将执行请求的时间和地点迅速通知请求方。

五、经被请求方同意，第四款所述在执行请求时到场的人员，可以对程序作逐字记录并为此目的使用技术手段。

六、被请求方在其法律允许的范围内，可以通过电视、卫星或者其他技术手段在被请求方执行调查取证请求并提供给请求方。

第九条　拒绝作证

一、如果任何一方的法律允许或者要求其拒绝作证，被要求在被请求方作证的人员可以拒绝作证。

二、如果根据本条约被要求作证的人员认为依请求方法律有拒绝作证的权利或者义务，被请求方应当以请求方主管机关提供的证明书作为该项权利或者义务是否存在的证据。

第十条　安排有关人员作证或者协助侦查

一、被请求方应当根据请求方的请求，邀请有关人员前往请求方境内出庭作证或者协助侦查。请求方应当说明需向该人支付的津贴、费用的范围。被请求方应当将该人的答复迅速通知请求方。

二、请求方要求有关人员到其境内出庭的文书送达请求，应当在不迟于预定的出庭日六十天前转递给被请求方。在紧急情形下，被请求方可以同意在较短期限内转递。

第十一条 移交在押人员以便作证或者协助侦查

一、应请求方请求，被请求方可以在本人同意，而且双方已经就移交条件事先达成书面协议的条件下，将在其境内羁押的人员临时移交给请求方以便作证或者协助侦查。

二、如果依被请求方法律应当对被移交人予以羁押，则请求方应当对该人予以羁押。

三、作证或者协助侦查完毕后，请求方应当尽快将该被移交人送回被请求方。

四、为本条的目的，该被移交人在请求方被羁押的期间，应当折抵在被请求方判处的刑期。

五、如果刑期已满，或者被请求方告知请求方不再要求羁押被移交人员，此人应当被释放，并被视为根据一项寻求有关人员出庭的请求而到请求方的人员。

第十二条 证人和鉴定人的保护

一、请求方对于到达其境内的证人或者鉴定人，不得因该人入境前的任何作为或者不作为对其进行侦查、起诉、羁押、处罚，或者采取其他限制人身自由的措施。除非事先取得被请求方和该人的同意，也不得要求该人在请求所未涉及的任何侦查、起诉或者其他诉讼程序中作证或者协助侦查。

二、如果上述人员在被正式通知无需继续停留后三十天内未离开请求方，或者离开后又自愿返回，则不再适用本条第一款。但是，该期限不应当包括该人由于本人无法控制的原因而未离开请求方领土的期间。

三、拒绝根据第十条或者第十一条作证或者协助侦查的人员，不得因为此种拒绝而受到任何处罚，或者对其采取任何限制人身自由的强制措施。

第十三条 查询、搜查、冻结或者限制和扣押

一、被请求方应当依据其国内法律，执行查询、搜查、冻结或者限制和扣押作为证据的财物的请求。

二、被请求方应当向请求方提供所要求的有关执行上述请求结果的资料，包括查询或者搜查的结果，冻结、限制或者扣押的地点和状况，以及有关财物随后被监管的情况。

三、如果请求方同意被请求方就移交所提出的条件，被请求方可以将被扣

押财物移交给请求方。

第十四条　向被请求方归还文件、记录和证据物品

请求方应当根据被请求方的要求，尽快归还被请求方根据本条约向其提供的文件或者记录的原件和证据物品。

第十五条　犯罪所得和犯罪工具

一、被请求方应当根据请求，努力确定犯罪所得或者犯罪工具是否位于其境内，并且应当将调查结果通知请求方。请求方在提出请求时，应当将其认为上述财物可能位于被请求方境内的理由通知被请求方。

二、如果根据本条第一款，涉嫌的犯罪所得或者犯罪工具被发现，被请求方应当根据请求，按照国内法律采取措施冻结或者限制、扣押、收缴或者没收这些财物。

三、在国内法律允许的范围内及双方商定的条件下，被请求方可以根据请求方的请求，将上述的犯罪所得或者犯罪工具的全部或者部分，或者出售有关资产的所得，移交给请求方。

四、在适用本条时，被请求方和第三人对这些犯罪所得或者犯罪工具的合法权利应当依被请求方法律受到尊重。

第十六条　通报刑事诉讼结果

一、根据本条约提出协助请求的一方，应当根据被请求方的请求向其通报协助请求所涉及的刑事诉讼的结果。

二、根据请求，一方应当向另一方通报其对该另一方国民可能提起的刑事诉讼的结果。

第十七条　提供犯罪记录

如果在请求方境内受到刑事侦查或者起诉的人在被请求方境内也曾经受到起诉，则被请求方应当根据请求，向请求方提供有关该人的犯罪记录和对该人判刑的情况。

第十八条　交流法律资料

双方应当根据请求，相互交流各自国家与履行本条约有关的法律和司法以及执法实践的资料。

第十九条　认证

为本条约的目的，根据本条约转递的任何文件，不应要求任何形式的认证，但是本条约另有规定的除外。

第二十条 费用

一、被请求方应当负担执行请求所产生的费用，但是请求方应当负担下列费用：

（一）有关人员按照第八条第四款的规定，前往、停留和离开被请求方的费用；

（二）有关人员按照第十条或者第十一条的规定，前往、停留和离开请求方的费用和津贴，这些费用和津贴应当根据费用发生地的标准或者规定支付；

（三）鉴定人的费用和报酬；

（四）笔译、口译和文本的费用和报酬；

（五）通过电视、卫星或者其他技术手段在被请求方执行调查取证请求并提供给请求方的相关费用。

二、根据要求，请求方应当预先支付其应承担的费用、津贴和报酬。

三、如果执行请求明显地需要超常性质的费用，双方应当协商决定可以执行请求的条件。

第二十一条 外交或者领事官员送达文书和调取证据

一方可以通过其派驻在另一方的外交或者领事官员向在该另一方境内的本国国民送达文书和调取证据，但是不得违反该另一方国内法律，并且不得采取任何强制措施。

第二十二条 与其他条约或者安排相一致

本条约不妨碍任何一方根据其他可适用的国际协议或者国内法律向另一方提供协助。双方也可以根据任何其他可适用的安排、协议或者惯例提供协助。

第二十三条 争议的解决

由于本条约的解释和适用产生的争议，如果双方中央机关不能自行达成协议，应当通过外交途径协商解决。

第二十四条 生效、修正和终止

一、本条约须经批准，批准书在双方决定的地点互换。条约自互换批准书之日后第三十天生效。

二、本条约可以经双方书面协议随时予以修正。

三、任何一方可以随时通过外交途径，以书面形式通知终止本条约。终止自该通知发出之日后第一百八十天生效。

四、本条约适用于其生效后提出的请求，即使有关作为或者不作为发生于本条约生效前。

下列签署人经各自政府适当授权，签署本条约，以昭信守。

本条约于二〇〇六年五月二十六日订于北京，一式两份，每份均以中文和英文制成，两种文本同等作准。

中华人民共和国代表　　　　　　　　　纳米比亚共和国代表
　　吴爱英　　　　　　　　　彭杜克妮·伊武拉－伊塔纳

中华人民共和国和阿尔及利亚民主人民共和国
关于刑事司法协助的条约 *

中华人民共和国和阿尔及利亚民主人民共和国（以下简称双方），

在相互尊重主权和平等互利的基础上，为促进两国在刑事司法协助领域的有效合作，

决定缔结刑事司法协助条约，并达成协议如下：

第一条　适用范围

一、双方应当根据本条约的规定，在侦查、起诉和审判程序中相互提供最广泛的刑事司法协助。

二、协助应当包括：

（一）送达刑事诉讼文书；

（二）获取人员的证言或者陈述；

（三）提供文件、记录和证据物品；

（四）获取和提供鉴定结论；

（五）查找或者辨认人员；

（六）进行勘验或者检查；

（七）安排有关人员在请求方作证；

（八）移送在押人员以便作证；

（九）查询、搜查、冻结和扣押；

（十）犯罪所得和犯罪工具的处置；

（十一）通报刑事诉讼结果和提供犯罪记录；

（十二）交流法律资料；

（十三）不违背被请求方法律的其他形式的协助。

第二条　中央机关

一、双方应当指定中央机关，中央机关应当为执行本条约直接进行联系。

---

* 2006 年 11 月 6 日签署，2008 年 6 月 26 日第十一届全国人民代表大会常务委员会第三次会议批准，2009 年 9 月 22 日生效。

二、本条第一款所指的中央机关，在中华人民共和国方面为司法部，在阿尔及利亚民主人民共和国方面为司法部。

三、任何一方如果变更其对中央机关的指定，应当通过外交途径通知另一方。

第三条 协助的拒绝或者推迟

一、存在下列情形之一的，被请求方可以拒绝提供协助：

（一）请求涉及的行为根据被请求方法律不构成犯罪；

（二）请求涉及的犯罪是政治犯罪，但恐怖主义犯罪和双方均为缔约国的国际公约不认为是政治犯罪的除外；

（三）请求涉及的犯罪纯属军事犯罪；

（四）被请求方有充分理由认为，请求的目的是基于某人的种族、性别、宗教、国籍或者政治见解而对该人进行侦查、起诉、处罚或者其他诉讼程序，或者该人在司法程序中的地位将会因为上述任何原因受到损害；

（五）被请求方已经就请求涉及的犯罪对该人进行侦查、起诉、定罪或者宣告无罪；

（六）被请求方认为执行请求将损害本国主权、安全或者公共秩序。

二、如果提供协助将会妨碍正在被请求方进行的侦查、起诉或者审判程序，被请求方可以推迟提供协助。

三、在拒绝或者推迟提供协助前，被请求方应当考虑是否可以在其认为合适的条件下提供协助。请求方如果接受附条件的协助，则应当遵守这些条件。

四、被请求方如果拒绝或者推迟协助，应当将拒绝或者推迟的理由通知请求方。

第四条 请求的形式和内容

一、请求应当以书面形式提出，并且由请求方中央机关签署或者盖章。在紧急情形下，被请求方可以接受具有书面效果的其他形式的请求。

二、请求应当包括以下内容：

（一）请求所涉及的侦查、起诉或者审判程序的主管机关的名称；

（二）对于请求所涉及的案件的性质和事实以及所适用的法律规定的说明；

（三）请求事项和理由。

三、在必要和可能的范围内，请求还应当包括以下内容：

（一）关于被取证人员的身份和居住地的资料；

（二）关于受送达人的身份和居住地的资料；

（三）关于需查找或者辨认的人员的身份及下落的资料；

（四）关于需勘验或者检查的对象的说明；

（五）执行请求时应遵循的特别程序及其理由的说明；

（六）关于侦查、搜查、冻结或扣押的对象的说明；

（七）保密的需要及其理由的说明；

（八）关于给予被邀请前往请求方作证的人员的津贴和费用的说明；

（九）有助于执行请求的其他资料。

四、被请求方如果认为请求中包括的内容不足以使其作出决定，可以要求提供补充资料。

五、根据本条提出的请求和辅助文件，应当附有英文译文。

第五条　请求的执行

一、被请求方应当按照本国法律及时执行协助请求。

二、被请求方在不违背本国法律的范围内，可以按照请求方要求的方式执行协助请求。

三、被请求方应当将执行请求的结果及时通知请求方。如果无法提供所请求的协助，被请求方应当将原因通知请求方。

第六条　保密和限制使用

一、如果请求方提出要求，被请求方应当对请求，包括其内容和辅助文件，以及按照请求所采取的行动予以保密。如果不违反保密要求则无法执行请求，被请求方应当将此情况通知请求方，请求方应当随即决定该请求是否仍然应当予以执行。

二、如果被请求方提出要求，请求方应当对被请求方提供的资料和证据予以保密，或者仅在被请求方指明的条件下使用。

三、未经被请求方事先同意，请求方不得为了请求所述案件以外的任何其他目的使用按照本条约所获得的资料或者证据。

第七条　送达文书

一、被请求方应当根据本国法律并依请求，送达请求方递交的文书。

二、送达要求某人出庭的文书的请求，应当在不迟于其出庭日六十天前向被请求方提出。在紧急情形下，被请求方可以同意较短的期限。

三、被请求方应当根据本国法律执行送达请求。应请求方明确要求，也可在其法律允许的情况下，以请求方要求的方式执行送达请求。

四、被请求方应当向请求方提供送达证明，其中载明送达的事实、方式和日期；如有必要，可以采用由受送达人签名并注明日期的送达回证方式。如无法送达，应当及时通知请求方并告知妨碍送达的理由。

第八条　调取证据

一、被请求方应当根据本国法律并依请求，调取证据并移交给请求方。

二、如果请求涉及移交文件或者记录，被请求方可以移交经证明的副本或者影印件；在请求方明示要求移交原件的情况下，被请求方应当尽可能满足此项要求。

三、在不违背被请求方法律的前提下，根据本条移交给请求方的文件和其他证明材料，应当按照请求方要求的形式予以证明，以便使其可以依请求方法律得以接受。

四、被请求方在不违背本国法律的范围内，可以同意请求中指明的人员在执行请求时到场，并允许这些人员通过被请求方主管机关人员向被取证人员提问。为此目的，被请求方应当及时将执行请求的时间和地点通知请求方。

第九条　拒绝作证

一、根据本条约被要求作证的人员，如果被请求方法律允许该人在被请求方提起的诉讼中的类似情形下不作证，可以拒绝作证。

二、如果根据本条约被要求作证的人员主张，依请求方法律有拒绝作证的权利或者特权，仍不妨碍取证的进行，但应将该人的主张告知请求方中央机关。

第十条　安排有关人员作证

被请求方应当根据请求方的请求，邀请有关人员前往请求方境内出庭作证。请求方应当说明需向该人支付的津贴、费用的范围。被请求方应当将该人的答复迅速通知请求方。

第十一条　移送在押人员以便作证

一、在符合下列条件的情况下，被请求方可以根据请求方请求，将在其境内的在押人员临时移送至请求方境内以便出庭作证：

（一）该人同意；

（二）双方已经就移送条件达成书面协议。

二、如果依被请求方法律该被移送人应当予以羁押，请求方应当对该人予以羁押。

三、作证完毕后，请求方应当尽快将该被移送人送回被请求方。

四、为本条的目的，该被移送人在请求方被羁押的期间，应当折抵在被请求方判处的刑期。

第十二条　证人和鉴定人的保护

一、请求方对于根据第十条和第十一条的规定到达其境内的证人或者鉴定人，不得由于该人在入境前的任何作为或者不作为而进行侦查、起诉、羁押、处罚或者采取其他限制人身自由的措施，也不得要求该人在请求所未涉及的任何侦查、起诉或者其他诉讼程序中作证，除非事先取得被请求方和该人的同意。

二、如果上述人员在被正式通知无需继续停留后十五天内未离开请求方，或者离开后又自愿返回，则不再适用本条第一款。但是，该期限不应包括该人由于本人无法控制的原因而未离开请求方领土的期间。

三、对于拒绝根据第十条或者第十一条作证或者协助调查的人员，不得由于此种拒绝而施加任何刑罚或者采取任何限制其人身自由的强制措施。

第十三条　查询、搜查、冻结和扣押

一、被请求方应当在本国法律允许的范围内，执行查询、搜查、冻结和扣押作为证据的财物的请求。

二、被请求方应当向请求方提供其所要求的有关执行上述请求的结果，包括查询或者搜查的结果，冻结或者扣押的地点和状况以及有关财物随后被监管的情况。

三、如果请求方同意被请求方就移交所提出的条件，被请求方可以将被扣押财物移交给请求方。

第十四条　归还文件、记录和证据物品

请求方应当根据被请求方的要求，尽快归还被请求方根据本条约第八条和第十三条向其提供的文件或者记录的原件和证据物品。

第十五条　犯罪所得和犯罪工具的处置

一、被请求方应当根据请求，努力确定犯罪所得或者犯罪工具是否位于其境内，并且应当将结果通知请求方。在提出这种请求时，请求方应当将其认为上述财物可能位于被请求方境内的理由通知被请求方。

二、如果根据本条第一款，涉嫌的犯罪所得或者犯罪工具已被找到，被请求方应当根据请求，按照本国法律采取措施冻结、扣押和没收这些财物。

三、在本国法律允许的范围内及双方商定的条件下，被请求方可以根据请求方的请求，将上述的犯罪所得或者犯罪工具的全部或者部分或者出售有关资产的所得移交给请求方。

四、在适用本条时，被请求方和第三人对这些财物的合法权益应当依被请求方法律受到尊重。

第十六条　通报刑事诉讼结果

根据本条约的规定，请求方应当根据被请求方的要求，向被请求方通报协

助请求所涉及的刑事诉讼的结果。

第十七条　提供犯罪记录

一、双方中央机关应当相互通报本国法院对另一方国民所作的定罪方面的情况。

二、在请求方对被请求方国民进行刑事侦查和诉讼的情况下，被请求方应当根据请求方的请求，向请求方提供该人的犯罪记录。

第十八条　交流法律资料

双方可以根据请求，相互交流各自国家与履行本条约有关的法律和司法实践的资料。

第十九条　证明和认证

为本条约的目的，根据本条约转递的任何文件，无需进行任何形式的证明或者认证。

第二十条　费用

一、被请求方应当负担执行请求所产生的费用，但是请求方应当负担下列费用：

（一）有关人员按照本条约第八条的规定，前往、停留和离开被请求方的费用；

（二）有关人员按照本条约第十条或者第十一条的规定，前往、停留和离开请求方的费用和津贴，这些费用和津贴应当根据费用发生地的标准和规定支付；

（三）鉴定的费用；

（四）翻译，包括笔译和口译的费用。

二、请求方应当根据要求，预付由其负担的部分上述费用。

三、如果执行请求明显地需要超常性质的费用，双方应当协商决定可以执行请求的条件。

第二十一条　其他协议

本条约不影响双方均为缔约国的其他条约或者协议所产生的权利和义务。

第二十二条　协商

应一方要求，双方应当就本条约的解释和适用方面产生的争议以及其他具体事项迅速进行协商。

第二十三条　批准

本条约须经双方根据各自国内法律程序予以批准。

第二十四条 生效、修订和终止

一、本条约自互换批准书之日起三十天后生效。

二、本条约可以经双方书面协议随时予以修订。

三、任何一方可以随时通过外交途径，以书面形式通知另一方终止本条约。本条约自该通知发出之日起一百八十天后终止。

四、本条约适用于其生效后提出的任何请求，即使有关犯罪发生于本条约生效前。

下列签署人经各自政府适当授权，签署本条约，以昭信守。

本条约于二〇〇六年十一月六日订于北京，一式两份，每份均用中文和阿拉伯文写成，两种文本同等作准。

中华人民共和国代表　　　　　阿尔及利亚民主人民共和国代表
　　　李肇星　　　　　　　　　　　　贝贾维

中华人民共和国政府和巴基斯坦伊斯兰共和国政府
关于刑事司法协助的协定[*]

中华人民共和国政府和巴基斯坦伊斯兰共和国政府（以下称双方），

希望进一步加强两国间的友好关系，

确认相互尊重主权和平等互利，

忆及两国于二○○三年十一月三日缔结的引渡条约，

忆及两国于二○○五年四月五日缔结的关于打击恐怖主义、分裂主义和极端主义的合作协定，

深切关注国内和跨国有组织犯罪在全球范围内的不断加剧，

希望通过缔结刑事司法协助协定，促进在预防和打击犯罪方面的有效合作，

达成协议如下：

第一条　一般原则

双方应当根据各自的本国法律和本协定的规定相互提供刑事司法协助。

第二条　适用范围

一、双方应当在刑事侦查、起诉和审判程序中相互提供司法协助。

二、根据本协定提供的司法协助包括：

（一）向包括在押人员在内的人员调取证据；

（二）送达文书；

（三）进行查询、搜查、冻结和扣押；

（四）进行勘验或者检查；

（五）提供信息和移交证据物品；

（六）提供相关文件和记录的原件或者经证明的副本；

（七）提供有关请求方国民被判处刑罚的信息；

（八）协助包括在押人员在内的人员赴请求方国内作证或者协助侦查；

（九）采取与犯罪所得和向被害人或者请求方返还资产有关的措施；

---

* 2007 年 4 月 17 日签署，2008 年 8 月 29 日第十一届全国人民代表大会常务委员会第四次会议批准，2010 年 8 月 6 日生效。

（十）协助获取专家鉴定；

（十一）查找和辨认人员；

（十二）交流法律资料；

（十三）不违背被请求方本国法律的其他形式的协助。

第三条　中央机关

一、为履行本协定之目的，指定如下中央机关：

（一）在中华人民共和国方面为司法部和公安部；

（二）在巴基斯坦伊斯兰共和国方面为内政部。

二、双方应当通过中央机关提出司法协助请求、提供司法协助和交流信息。在紧急情况下，双方在告知中央机关后，可以通过相关机构、其他双边安排或者外交途径交流信息。

三、任何一方如果变更其指定的中央机关，应当通过外交途径通知另一方。

第四条　拒绝协助

一、存在下列情形之一的，被请求方可以拒绝提供协助：

（一）被请求方认为，执行请求将损害本国主权、安全、公共秩序或者其他根本利益；

（二）根据被请求方的本国法律，请求书中提及的犯罪嫌疑人、被告人或者被定罪人的行为不构成犯罪；

（三）被请求方有充分理由认为，请求旨在基于某人的种族、性别、宗教、国籍或者政治见解而对其进行侦查、起诉、处罚或者其他程序，或者该人的地位可能由于上述任何原因受到损害；

（四）请求涉及政治犯罪；

（五）请求涉及的犯罪仅构成军事犯罪；

（六）被请求方正在对请求所涉及的同一犯罪嫌疑人或者被告人就同一犯罪进行刑事诉讼，或者已经终止刑事诉讼，或者已经作出终审判决。

二、被请求方如果拒绝提供协助，应当立即将拒绝的理由通知请求方，并且根据请求，将请求书及其附件退还给请求方。

三、在拒绝协助请求前，被请求方应当考虑可否在符合其认为必要的条件下提供协助。如果请求方接受附有条件的协助，则应当遵守这些条件。

第五条　请求的内容

一、协助请求应当包括以下内容：

（一）请求机关的名称和进行与请求有关的侦查、起诉或者审判程序的主管机关的名称；

（二）请求的目的，对所需协助的简要说明和对相关案情和法律的概述；

（三）在必要的情况下，受送达人的姓名、身份和地址；

（四）如有可能，作为侦查或者诉讼对象的人的身份、国籍和所在地；

（五）对希望在某一时间期限内执行请求的说明；

（六）在必要的情况下，对请求方希望遵循的特别程序或者要求及其理由的详细说明；

（七）如系请求调取证据、查询、搜查、冻结或者扣押，对认为可以在被请求方境内发现证据的理由的说明；

（八）如系请求向人员调取证据，关于对该人进行讯问或者询问的事项的说明，包括要提出的问题；

（九）在必要的情况下，关于需勘验或者检查的对象的说明；

（十）对保密要求及其理由的说明；

（十一）如系安排在押人员协助，移交期间的看管人员或其类别、在押人员被转移到的场所和其返回的日期；

（十二）适当执行请求所必需的其他信息。

二、被请求方如果认为请求中包含的信息不足以使其执行该请求，可以要求请求方提供补充资料。

三、请求应当以书面形式提出，并且由请求方中央机关签署或者盖章。在紧急情形下或者经被请求方同意，请求可以口头提出，但应当随后立即以书面形式确认。

四、协助请求书可以用请求方文字写成。请求书及其附件应当附有被请求方官方文字的译文。本款不妨碍双方中央机关就文件翻译问题相互协商，以达成双方均可接受的安排。

第六条　请求的执行

一、被请求方应当按照本国法律和惯例及时执行协助请求。被请求方在不违背本国法律和惯例的范围内，应当按照请求方指定的方式执行请求。

二、被请求方应当将执行请求的结果及时通知请求方。如果无法提供请求的协助，被请求方应当将原因通知请求方。

第七条　推迟

如果执行请求可能影响被请求方正在进行的侦查或者起诉，被请求方可以推迟提供协助，但是应当迅速将推迟通知请求方。

第八条　通报刑事诉讼结果

根据本协定向另一方提出请求的一方，应当根据另一方的要求，通报协助请求所涉及的刑事诉讼的结果。

第九条 交流资料

一、双方应当根据请求，相互交流各自国家与履行本协定有关的本国法律和司法实践的资料。

二、一方应当根据请求向另一方通报对另一方国民作出的刑事判决或者裁定，并提供判决或者裁定的副本。

第十条 限制使用和保密

一、未经被请求方事先书面同意，请求方不得将根据本协定获得的资料或者证据用于请求所述目的之外的任何其他目的。

二、根据请求：

（一）被请求方应当尽最大努力对协助请求、其内容、辅助文件和同意协助的事实保密。如果不违反保密要求则无法执行请求，被请求方应当将此情况通知请求方，请求方应当随即决定该请求是否仍然应当予以执行。

（二）请求方应当对被请求方提供的证据、资料以及获得协助的事实予以保密，除非有关证据和资料系用于请求所述的侦查、起诉或者审判程序。

第十一条 送达文书

一、对于请求方为了送达而转递的文件，被请求方应当送达。但是对于要求某人作为被告人出庭的文书，被请求方不负有送达的义务。

二、送达文书的请求应当在当事人被要求出庭之日至少六十日前向被请求方提出。在紧急情况下，被请求方可放弃时间要求。

三、被请求方应当通过本协定第三条规定的途径，以书面形式通知请求方文书已送达。适当时，通知应当附有送达证明。

四、送达证明应当包括送达日期、地点和送达方式的说明。送达证明应当由送达文书的机关和受送达人签字。如果受送达人拒绝签字，应当由有关机关签署一份声明，说明上述情况。

第十二条 调取证据

一、被请求方应当根据本国法律并依请求，调取证据并移交给请求方。

二、被请求方在符合本国法律的条件下。应当同意请求中指明的人员在执行请求时到场，并允许这些人员通过被请求方主管机关人员向被取证人提问。为此目的，被请求方应当及时将执行请求的时间和地点通知请求方。

第十三条 外交领事官员送达文书和调取证据

一方可以通过其派驻另一方的外交或者领事官员向另一方境内的本国国民

送达文书和调取证据，但是不得违反另一方的本国法律，并且不得采取任何强制措施。

第十四条　拒绝作证

一、有下列情形之一的，在被请求方或者请求方国内被要求作证的人员可以拒绝作证：

（一）被请求方的本国法律允许或者要求该人在被请求方提起的诉讼中的类似情形下拒绝作证；

（二）请求方的本国法律允许或者要求该人在请求方提起的诉讼中的类似情形下拒绝作证。

二、如果某人主张根据另一方法律有拒绝作证的权利或者义务，该人在其境内的一方在处理此事时，应当将另一方中央机关的证明作为该权利或者义务是否存在的证据。

第十五条　安排在押人员作证或者协助侦查

一、根据请求方的请求，在被请求方同意并且其本国法律允许的情况下，在被请求方国内的在押人员可以在其本人同意的条件下，被暂时移交到请求方作证或者协助侦查。

二、如果被请求方的本国法律要求羁押该被移交人员，请求方应当对该人予以羁押，并在请求移交有关的事项结束后，或者在此前不需该人继续停留时，或者在双方商定的期限内将其押送回被请求方国内。

三、如果被请求方通知请求方不必继续羁押被移交人员，该人应当被释放并作为第十六条所述人员对待。

第十六条　安排其他人员作证或者协助侦查

一、请求方可以请求被请求方协助，邀请某人：

（一）在请求方国内的刑事诉讼中出庭，但该人作为被指控人时除外；

（二）在请求方国内协助刑事侦查。

二、被请求方可以邀请某人作为证人或者鉴定人出庭或者协助侦查，并通知请求方该人是否同意协助。在适当情况下，被请求方应当确信已对该人的安全和返回其国内作出满意的安排。

三、请求中应当说明请求方可支付的津贴、旅费和生活费用的大致数额。

第十七条　对作证或者协助侦查人员的保护

一、在不违反本条第二款的条件下，如果有关人员是按照依本协定第十五条或者第十六条提出的请求而处于请求方国内：

（一）该人不得由于其在离开被请求方前的任何作为、不作为或者定罪而在请求方国内被羁押、起诉、处罚或者以任何其他方式限制其人身自由；

（二）在未征得被请求方和该人同意的情况下，不得要求该人在请求未涉及的任何诉讼或者侦查中作证或者协助侦查。

二、如果上述人员在被正式书面通知无需继续停留后连续三十天内，或者双方商定的任何更长期限内，可以自由离开但并未离开请求方国内，或者离开后又自愿返回，则不再适用本条第一款。

三、对于拒绝依第十五条提出的请求或者不接受依第十六条发出的邀请的人员，不得因此在双方国内受到任何惩罚或者被采取强制措施，即使请求中有相反的表述。

四、要求被请求方的证人前来作证的主管机关应当确保向证人充分说明其对法庭所负的责任和义务，以确保该证人不会因藐视法庭或者类似情况受到追诉。

五、本条不影响第十五条第二款规定的交还被移交的在押人员的义务。

第十八条 移交文件和物品

一、在被请求方本国法律不禁止的情况下，应当按照请求方要求的形式移交文件、物品和记录，或者附有请求方要求的证明，以便使其可以根据请求方的本国法律得以接受。

二、如果协助请求涉及移交记录或者文件，被请求方可以移交经证明的真实副本，除非请求方明示要求移交原件。

三、移交给请求方的记录或者文件的原件以及物品应当尽快归还被请求方，除非被请求方书面放弃要求归还的权利。

第十九条 查询、搜查、冻结和扣押

被请求方应当在本国法律允许的范围内，执行查询、搜查、冻结和扣押以及向请求方移交可作为证据的任何物品的请求，但善意第三人的权利应当受到保护。

第二十条 犯罪所得

一、本条所称"犯罪所得"，是指任何涉嫌或者由法院认定的因实施犯罪而直接或者间接获得或者实现的财产，或者财产价值以及其他因实施犯罪而获得的利益。

二、被请求方应当根据请求，努力确定被指控犯罪的所得是否位于其境内，并且应当将查询结果通知请求方。在提出请求时，请求方应当告知被请求方其认为上述犯罪所得可能位于被请求方境内的理由。

三、按照依本条第二款提出的请求，被请求方应当努力追查资产，侦查金融交易，并且获取有助于追回犯罪所得的其他信息或者证据。

四、一旦根据本条第二款发现的涉嫌的犯罪所得，被请求方应当根据请求并在本国法律允许的范围内，采取措施阻止交易、转移或者处分上述涉嫌的犯罪所得。

五、被请求方在本国法律允许的范围内并根据双方商定的条件，可以应请求方的请求，将犯罪所得的全部或者部分或者出售上述资产的所得移交给请求方。

六、双方应当确保在适用本条时尊重善意第三人的权利。

七、双方应当在各自本国法律允许的范围内相互协助向被害人返还犯罪所得。

第二十一条　证明和认证

除非本协定另有规定，根据本协定转递的文件无需证明或者认证。

第二十二条　费用

一、被请求方应当负担提供司法协助所产生的费用，但是请求方应当负担下列费用：

（一）根据协助请求赴请求方的人员的旅费、食宿费用和该人可获得的津贴。上述费用应当按照请求方的标准或者规定支付；

（二）鉴定人的支出和费用；

（三）翻译的费用。

二、请求方应当在请求或者辅助文件中说明可支付的费用，经有关人员或者鉴定人要求，应当预先支付上述费用。被请求方可以根据请求向有关人员或者鉴定人预先垫付应当由请求方偿还的费用。

三、如果执行请求明显地需要超常性质的费用，双方应当协商决定提供所请求的协助的条件。

第二十三条　争议的解决

由于本协定的解释或者适用而产生的争议，如果双方中央机关不能达成协议，应当通过外交途径解决。

第二十四条　其他合作基础

本协定不妨碍任何一方根据其他可适用的国际协议或者本国法律向另一方提供协助。双方也可以根据任何其他可适用的安排、协议或者惯例提供协助。

第二十五条　修订

经双方书面协商一致，本协定可以随时予以修订。

第二十六条　生效、效力和终止

一、本协定须经批准。批准书应在双方同意的地点和日期互换。本协定自互换批准书之日后第三十日起生效。

二、本协定应当适用于其生效后提出的请求，即使有关作为或者不作为发生于本协定生效日前。

三、本协定非经终止一直有效。

四、任何一方可以随时通过外交途径，以书面形式通知另一方终止本协定。终止自发出通知之日后第一百八十天起生效。协定有效期内提出的请求应当继续受协定规定的约束，直到请求得以执行或者被拒绝。

下列签署人经各自政府适当授权，签署本协定，以昭信守。

本协定于二〇〇七年四月十七日订于北京，一式两份，每份均以中文和英文制成，两种文本同等作准。

中华人民共和国政府代表　　　　巴基斯坦伊斯兰共和国政府代表

李肇星　　　　　　　　　赛义德·沙里夫丁·皮尔扎达

中华人民共和国和日本国关于刑事司法协助的条约 *

中华人民共和国和日本国（以下称双方），

愿意在相互尊重主权和平等互利的基础上，在刑事司法协助领域建立两国间更有效的合作，

希望此类合作有助于两国打击犯罪，

达成协议如下：

第一条

一、一方应另一方请求，应当根据本条约的规定，在侦查、起诉和其他刑事诉讼程序方面提供最广泛的司法协助（以下称协助）。

二、协助应当包括：

（一）获取包括证言、陈述、文件、记录和物品在内的证据；

（二）执行搜查和扣押；

（三）进行专家鉴定以及对人员、场所、文件、记录或者物品进行检查和勘验；

（四）查找或者辨认人员、场所、文件、记录或物品；

（五）提供被请求方立法、行政或者司法机关及地方机关持有的文件、记录或者物品；

（六）邀请有关人员前往请求方作证或者在侦查、起诉或者其他诉讼程序中提供协助；

（七）移送在押人员以便作证或者在侦查、起诉或者其他诉讼程序中提供协助；

（八）送达刑事诉讼文书；

（九）为有关没收犯罪所得或者犯罪工具的程序以及其他有关措施提供协助；

（十）提供犯罪记录；

（十一）被请求方法律许可并由双方中央机关商定的其他协助。

---

* 2007 年 12 月 1 日签署，2008 年 8 月 29 日第十一届全国人民代表大会常务委员会第四次会议批准，2008 年 11 月 23 日生效。

第二条

一、双方应当指定中央机关，履行本条约规定的职能。在中华人民共和国方面，中央机关为司法部或者公安部。在日本国方面，中央机关为法务大臣或者国家公安委员会或者由他们指定的人。

二、本条约规定的协助请求应当由请求方中央机关向被请求方中央机关提出。

三、为本条约的目的，双方中央机关应当直接相互联系。

四、对中央机关指定的变更可以由双方通过外交途径书面商定，无须修正本条约。

第三条

一、如果被请求方认为有下列情况之一，被请求方中央机关可以拒绝提供协助：

（一）请求与政治犯罪有关；

（二）执行请求将损害被请求方主权、安全、公共秩序或者其他重大利益；

（三）请求不符合本条约的要求；

（四）有充分理由认为，请求协助的目的是基于某人的种族、宗教、国籍、族裔、政治见解或者性别而对该人进行调查、起诉或者处罚，或者该人的地位可能由于上述任何原因受到损害；

（五）在请求方进行的侦查、起诉或者其他诉讼程序所针对的行为依据被请求方法律不构成犯罪。

二、拒绝协助之前，被请求方中央机关应当与请求方中央机关协商，以便考虑是否可在满足被请求方认为必要的条件下提供协助。如果请求方接受上述条件，则应当遵守。

三、如果拒绝协助，被请求方中央机关应当将拒绝理由通知请求方中央机关。

第四条

一、请求方中央机关应当以书面方式提出请求，并由请求方中央机关签名或者盖章。经被请求方中央机关认为适当，请求方中央机关也可以通过其他可靠联系方式提出请求。在此情形下，除非双方中央机关另行商定，请求方中央机关应当随后迅速以书面形式确认该请求。请求书应当附有被请求方文字的译文或者在紧急情况下附有英文译文，除非双方中央机关另行约定。

二、请求书应当包括以下内容：

（一）负责进行侦查、起诉或者其他诉讼程序的主管机关的名称；

（二）侦查、起诉或者其他诉讼程序所涉案件的事实；侦查、起诉或者其他诉讼程序的性质和阶段；请求方的有关法律文本；

（三）关于请求提供的协助的说明；

（四）关于请求提供协助的目的的说明。

三、在必要和可能的范围内，请求还应当包括以下内容：

（一）关于被调取证据的人员的身份和所在地的资料；

（二）获取或者记录证据的方式；

（三）向被调取证据的人员询问的问题单；

（四）关于被搜查的人员或者场所以及查找的文件、记录或者物品的准确说明；

（五）关于被检查的人员、场所、文件、记录或者物品的资料；

（六）关于对人员、场所、文件、记录或者物品进行检查或者对上述检查予以记录的方式的说明，包括关于检查的任何书面记录格式；

（七）关于被查找或者辨认的人员、场所、文件、记录或者物品的资料；

（八）关于受送达人的身份和地址、该人与诉讼的关系及送达方式的情况；

（九）关于认为犯罪所得或者犯罪工具可能位于被请求方境内的理由的说明；

（十）关于执行请求时希望遵循的特别程序及其理由的说明；

（十一）关于被邀请前往请求方境内作证或者为调查、起诉或者其他诉讼程序提供协助的人员有权得到的津贴和费用的说明；

（十二）关于对请求予以保密的理由的说明；

（十三）关于希望请求得以执行的时限的说明；

（十四）其他应当提请被请求方注意或者有助于执行请求的信息。

四、被请求方如果认为请求中包括的内容未能满足本条约规定的使该请求得以执行的条件，被请求方中央机关可以要求提供补充资料。

第五条

一、被请求方应当按照本条约的有关规定及时执行协助请求。被请求方的主管机关应当在其职权范围内采取一切可能措施执行请求。

二、协助请求应当按照被请求方本国法律规定的方式或者程序予以执行。在不违背被请求方本国法律并且被请求方认为适当的范围内，应当按照请求书中说明的方式或者特定程序执行请求。

三、被请求方中央机关如果认为执行请求将妨碍在被请求方境内正在进行的侦查、起诉或者其他诉讼程序，可以推迟执行，或者在经双方中央机关协商后认为必要的条件下执行请求。如果请求方接受上述条件，则应当遵守。

四、如果请求方中央机关提出保密要求，被请求方除为执行请求的需要外，应当对请求、请求的内容以及执行请求的结果予以保密。如果不能保证保密或者不披露这些情况则不能执行请求，被请求方中央机关应当通知请求方中央机关，由请求方中央机关决定是否仍应执行请求。

五、被请求方中央机关应当答复请求方中央机关关于请求执行情况的合理询问。

六、被请求方中央机关应当将执行请求的结果及时通知请求方中央机关，并且向请求方中央机关提供通过执行请求获取的证据，包括说明执行请求结果的文件。

七、如果推迟执行请求或者不能全部或者部分执行请求，被请求方中央机关应当将理由告知请求方中央机关。

第六条

一、除非双方中央机关另行商定，被请求方应当承担执行请求的费用，但是请求方应当负担下列费用：

（一）有关人员按照第十三条或者第十四条的规定，前往、停留和离开请求方的津贴和费用；

（二）专家鉴定的费用；

（三）笔译和口译的费用。

二、请求方可以根据要求，预付应当由其负担的费用。

三、如果执行请求明显地需要超常性质的费用，双方中央机关应当相互协商决定可以执行请求的条件。

第七条

一、未经被请求方中央机关的事先同意，请求方不得将根据本条约提供的证据用于除请求所述的侦查、起诉或者其他诉讼程序以外的目的。

二、如果被请求方中央机关提出要求，请求方应当对根据本条约提供的证据予以保密，或者仅在被请求方中央机关指明的条件下使用该证据。

第八条

一、被请求方中央机关可以要求请求方按照被请求方中央机关指明的条件运送和保存根据本条约提供的文件、记录或者物品，包括被请求方认为保护善意第三方的权益必须遵守的条件。

二、被请求方中央机关可以要求请求方在为请求所述目的完成使用根据本条约提供的文件、记录或者物品后，按照被请求方中央机关指明的条件返还上述文件、记录或者物品。

三、请求方应当遵守根据第一款或第二款提出的要求。

第九条

一、被请求方应当调取证据。如果有必要采取强制措施，并且请求中包含表明根据被请求方法律有理由采取这些措施的信息，被请求方应当采取包括搜查和扣押在内的强制措施。

二、被请求方应当在不违背本国法律的范围内，尽最大努力允许请求中指明的调取证据的人员在执行请求时到场，并且允许这些人员询问被调取证据的人。如果不允许直接询问，这些人员可以向被调取证据的人书面提问。

三、为第二款的目的，被请求方中央机关应当根据请求，将执行请求的日期和地点提前通知请求方中央机关。

四、（一）如果根据本条被调取证据的人员，根据请求方法律主张豁免、无行为能力或者特权，仍然应当调取证据。

（二）如果根据第（一）项调取证据，这些证据应当连同该项中提及的主张一并向请求方中央机关提供，由请求方主管机关解决该主张。

五、当请求涉及移交文件或者记录时，被请求方可以移交经证明无误的副本或者影印件。但是，当请求方明确要求移交原件时，被请求方应当尽可能满足该要求。

第十条

一、被请求方应当进行专家鉴定以及对人员、场所、文件、记录或者物品进行检查和勘验。如果有必要采取强制措施，并且请求中包含表明根据被请求方法律有理由采取这些措施的信息，被请求方应当采取强制措施。

二、被请求方应当尽最大努力允许请求中指明的对人员、场所、文件、记录或者物品进行检查、勘验或者鉴定的人员在执行请求时到场。

第十一条

被请求方应当尽最大可能查找或者辨认人员、场所、文件、记录或者物品。

第十二条

一、被请求方应当向请求方提供被请求方立法、行政或者司法机关以及地方机关持有并且可为公众知悉的文件、记录或者物品。

二、被请求方可以向请求方提供被请求方立法、行政或者司法机关以及地方机关持有并且不为公众知悉的文件、记录或者物品。

第十三条

一、被请求方应当根据请求方的请求，邀请被请求方的有关人员前往请求方作证或者在侦查、起诉或者其他诉讼程序中提供协助。请求方中央机关应当向被请求方中央机关说明请求方将向该人支付的津贴和费用的范围。被请求方中央机关应当将该人的答复迅速通知请求方中央机关。

二、同意根据第一款提及的邀请前往请求方主管机关的证人或者鉴定人，在请求方境内不得由于该人在离开被请求方之前的任何行为或者定罪而被起诉、羁押、处罚或者被施加限制人身自由的措施，也不得被要求在请求所未涉及的程序或者侦查中作证或者协助调查。

三、（一）在下列之一情况下，根据第二款向同意应第一款提及的邀请、前往请求方主管机关的证人或者鉴定人提供的安全保障应当停止：

1. 自主管机关通知证人或者鉴定人不再需要作证后已过 15 天。但是，该期限不应包括该人由于本人无法控制的原因而未离开请求方领土的期间。

2. 该证人或者鉴定人离开请求方后自愿返回请求方。

3. 该证人或者鉴定人由于并非本人无法控制的原因而未在规定的日期出庭，并且自此后已过 15 天。

（二）根据第（一）项第 1 目作出通知或根据第（一）项第 2 目或者第 3 目停止安全保障时，请求方中央机关应当毫无延迟地立即通知被请求方中央机关。

四、不同意根据第一款提及的邀请前往请求方的人员不得因此在请求方受到处罚或者被采取强制措施，即便请求中有与此相反的说明。

第十四条

一、如果需要被请求方被羁押的人员前往请求方作证或者在侦查、起诉或者其他诉讼程序中提供协助，在该被羁押人同意以及双方中央机关达成一致并且被请求方法律允许时，应当为此目的将该人移交至请求方。

二、（一）除非被请求方另行许可，请求方应当羁押根据第一款被移交的人员。

（二）请求方应当按照双方中央机关事先的约定，立即将被移交人员送还给被请求方。

（三）该被移交人员在请求方被羁押的期间，应当折抵在被请求方判处的刑期。

三、根据本条被移交给请求方的人应当在请求方享有第十三条规定的安全保障，直至返回被请求方，除非该人同意并且双方中央机关商定其他措施。

四、不同意根据本条规定被移交的人不得因此在请求方内受到处罚或者被采取强制措施，即便请求中有与此相反的说明。

第十五条

一、被请求方应当根据本国法律并基于请求，送达请求方转递的刑事诉讼文书。但是，对于要求某人作为被指控犯罪的人员出庭的文书，被请求方不负有执行送达的义务。

二、要求某人前往请求方主管机关作证或者提供协助的文书送达请求，应当在不少于规定之日前 60 日内交至被请求方。紧急情况下，被请求方可以免除此项要求。

三、根据第五条第六款规定通知执行送达刑事诉讼文书请求的结果时，被请求方中央机关应当将已经执行送达的事实以及送达的日期、地点和方式书面通知请求方中央机关。

四、对于不同意根据本条送达的刑事诉讼文书的要求前往请求方主管机关的人，不得因此在请求方受到处罚或者被采取强制措施，即便请求中有与此相反的说明。

第十六条

一、被请求方应当在本国法律允许的范围内，为有关没收犯罪所得或者犯罪工具的诉讼程序提供协助。该协助包括临时冻结犯罪所得或者犯罪工具直至下一诉讼程序。

二、被请求方如果因为根据第一款提供协助而保管犯罪所得或者犯罪工具，可以在本国法律允许的范围内并在其认为适当的条件下，将全部或者部分的犯罪所得或者犯罪工具，包括出售这些资产的所得，移交给请求方。

三、适用本条时，应当根据被请求方法律尊重善意第三方的合法权益。

第十七条

如果某人在请求方受到刑事调查或者起诉，并且该人在被请求方曾被判处有罪，被请求方应当向请求方提供该人的犯罪记录。

第十八条

任何一方中央机关根据本条约转递的文件经该方主管机关或者中央机关签字或者盖章后，无须认证或者其他证明。但是，被请求方根据请求方的请求，可以在不违背本国法律的范围内，按照请求中指明的格式对根据本条约向请求方转递的文件予以证明。

第十九条

本条约不妨碍任何一方根据其他可适用的国际协定或者可适用的本国法律向另一方请求或者提供协助。

第二十条

一、双方中央机关应当进行协商，以促进根据本条约进行快捷和有效的协助。

二、由于本条约的解释和实施而产生的争议应当通过外交途径协商解决。

第二十一条

一、本条约须经批准。

二、本条约自互换批准书之日后第三十日生效。

三、本条约适用于其生效之日及以后提出的请求，不论与请求有关的行为发生于本条约生效当日、之前或者之后。

四、任何一方可以随时通过外交途径以书面形式通知终止本条约。终止自该通知发出之日后第一百八十天生效。

下列签署人经各自政府适当授权，签署本条约，以昭信守。

本条约于 2007 年 12 月 1 日订于北京，一式两份，每份均以中文、日文和英文制成，三种文本同等作准。如遇解释上的分歧，以英文本为准。

　　中华人民共和国　　　　　　　　　　　　　　日本国
　　　　杨洁篪　　　　　　　　　　　　　　　　高村正彦

中华人民共和国和阿拉伯联合酋长国
关于刑事司法协助的条约*

中华人民共和国和阿拉伯联合酋长国（以下称双方），

在双方友好关系的指引下，在相互尊重主权和平等互利的基础上，认识到需要促进最广泛的刑事司法协助，

决定缔结本条约，并达成协议如下：

第一条　适用范围

一、双方应当根据本条约的规定，相互提供刑事司法协助。

二、为本条约的目的，协助应当包括：

（一）送达文书；

（二）获取人员的证言或者陈述；

（三）提供文件、记录和证据物品；

（四）获取和提供鉴定结论、报告；

（五）查找和辨认人员或者物品；

（六）进行查询、勘验或者检查场所或者物品；

（七）安排有关人员作证或者在请求方境内协助侦查；

（八）移送在押人员以便作证或者协助侦查；

（九）执行搜查和扣押的请求；

（十）冻结、没收犯罪所得和犯罪工具；

（十一）在查封和没收资产的程序中提供协助；

（十二）本条约范围内不违背被请求方法律的其他形式的合作。

三、本条约应当仅适用于双方之间的司法协助。本条约的规定，不应当赋予任何私人当事方取得或者排除任何证据或者妨碍执行请求的任何权利。

第二条　联系途径

一、为本条约的目的，双方相互请求和提供司法协助，应当通过各自指定

---

* 2008 年 4 月 3 日签署，2008 年 12 月 27 日第十一届全国人民代表大会常务委员会第六次会议批准，2011 年 5 月 14 日生效。

的中央机关直接联系，或者在任何一方国内法要求的情况下，通过外交途径联系。

二、本条第一款所指的中央机关，在中华人民共和国方面为司法部，在阿拉伯联合酋长国方面为司法部。

三、任何一方如果变更其对中央机关的指定，应当通过外交途径通知另一方。

第三条　拒绝或者推迟协助

一、有下列情形之一的，被请求方可以拒绝提供协助：

（一）请求涉及的行为根据被请求方的法律不构成犯罪；

（二）被请求方认为请求涉及政治犯罪；

（三）请求涉及的犯罪根据被请求方的法律纯属军事犯罪；

（四）被请求方有充分理由认为，请求的目的是基于某人的种族、性别、宗教、国籍或者政治见解而对该人进行侦查、起诉、处罚或者其他诉讼程序，或者该人的地位可能由于上述任何原因受到损害；

（五）被请求方认为，执行请求将损害本国主权、安全、公共秩序或者其他重大公共利益，或者违背本国法律的基本原则。

二、如果提供协助将会妨碍正在被请求方进行的侦查、起诉或者其他诉讼程序，被请求方可以推迟提供协助。

三、在拒绝或者推迟提供协助前，被请求方应当考虑是否可以在其认为必要的条件下准予协助。请求方如果接受附条件的协助，则应当遵守这些条件。

四、被请求方中央机关如果拒绝或者推迟提供协助，应当将拒绝或者推迟的理由通知请求方中央机关。

第四条　请求的形式和内容

一、请求应当以书面形式提出。在紧急情形下，被请求方可以接受其他形式的请求，请求方应当在随后10日内以书面形式确认该请求，但是被请求方另行同意的除外。

二、请求应当包括以下内容：

（一）请求所涉及的侦查、起诉或者其他诉讼程序的主管机关的名称；

（二）对于请求所涉及案件的性质和事实以及所适用的法律规定的说明；

（三）关于人员的身份和人员或者物品可能所在地的资料；

（四）对于需搜查的人员和需扣押的物品所在地的准确说明。

三、在必要和可能的范围内，请求还应当包括以下内容：

（一）关于被取证人员的身份和所在地的资料；

（二）关于受送达人的身份、所在地以及该人与诉讼的关系的资料；

（三）关于需查找或者辨认的人员的身份及其下落的资料；

（四）关于需勘验或者检查的场所或者物品的说明；

（五）希望在执行请求时遵循的特别程序及其理由的说明；

（六）关于搜查的地点和查询、冻结、扣押的财物的说明；

（七）关于保密的需要及其理由的说明；

（八）关于被邀请前往请求方境内作证或者协助侦查的人员有权得到的津贴和费用的说明；

（九）有助于执行请求的其他资料。

四、被请求方如果认为请求所包括的内容尚不足以使其处理该请求，可以要求提供补充资料。

五、根据本条提出的请求和辅助文件应当由请求机关或者中央机关签字和盖章，并且应当附有被请求方文字的译文或者英文译文。

第五条　请求的执行

一、被请求方应当按照本国法律执行协助请求。

二、被请求方在不违背本国法律的范围内，可以按照请求方要求的方式执行协助请求。

三、被请求方应当将执行请求的结果通知请求方。如果无法提供所请求的协助，被请求方应当将原因通知请求方。

第六条　保密和限制使用

一、如果请求方提出要求，被请求方应当对请求，包括其内容和辅助文件，以及按照请求所采取的行动予以保密。如果不违反保密要求则无法执行请求，被请求方应当将此情况通知请求方，由请求方决定该请求是否仍然应当予以执行。

二、如果被请求方提出要求，请求方应当对被请求方提供的资料和证据予以保密，或者仅在被请求方指明的条件下使用。

三、未经被请求方事先同意，请求方不得为了请求所述案件以外的任何其他目的使用根据本条约所获得的资料或者证据。

四、已经在请求方以符合本条规定的方式予以公开的资料或者证据，可以用于任何目的。

第七条　送达文书

一、被请求方应当根据本国法律并依请求，送达请求方递交的文书。

二、被请求方在送达后，应当向请求方出具送达证明。送达证明应当包括对送达日期、地点和送达方式的说明，并且应当由送达文书的机关盖章和签字。如果无法送达，则应当通知请求方，并且说明原因。

第八条　调取证据

一、被请求方应当根据本国法律并依请求，调取证据并移交给请求方。

二、如果请求涉及移交文件或者记录，被请求方可以移交经证明的副本或者影印件；在请求方明示要求移交原件的情况下，被请求方应当尽可能满足此项要求。

三、在不违背被请求方法律的范围内，根据本条移交给请求方的文件和其他资料，应当按照请求方要求的形式予以证明，以便其可以在请求方被接受为证据。

四、被请求方在不违背本国法律的范围内，可以同意请求中指明的人员在执行请求时到场。此种到场应当适用被请求方法律规定的程序。

第九条　政府机构记录

一、被请求方应当依请求，向请求方提供政府部门或者机构掌握的已经公开的记录副本，包括文件和资料。

二、被请求方可以依请求，向请求方提供政府部门或者机构掌握的未公开的任何形式的记录，包括文件和资料。

三、根据本条提供的记录应当由被请求方主管机关证明。

第十条　拒绝作证

一、根据本条约被要求作证的人员，如果被请求方法律允许该人在被请求方提起的诉讼程序中的类似情形下不作证，可以拒绝作证。

二、如果根据本条约被要求作证的人员主张根据请求方法律可以免于作证或者无行为能力，仍然应当调取有关证言或者证据，并且应当将该主张告知请求方中央机关，以便请求方加以解决。

第十一条　安排有关人员作证或者协助侦查

一、被请求方应当根据请求方的请求，邀请有关人员前往请求方境内出庭作证或者协助侦查。被请求方应当将该人的答复迅速通知请求方。

二、请求方应当说明将向该人支付的津贴、费用的范围。

三、邀请有关人员在请求方境内出庭的文书送达请求，应当在不迟于预定的出庭日90天前递交给被请求方。在紧急情况下，被请求方可以同意在较短期限内转交。

第十二条　移送在押人员

一、被请求方的在押人员可以被临时移送给请求方羁押，以便根据本条约协助作证，条件是该人同意，并且双方中央机关就移送条件达成一致。

二、除非被请求方另外授权，请求方应当对被移送人予以羁押。

三、在作证或者协助侦查完毕后，请求方应当按照本条第一款提及的条件尽快将被移送人送回被请求方羁押。

四、被移送人在请求方被羁押的期间，应当折抵在被请求方判处的刑期。

第十三条　在押人员过境

一、被请求方可以同意需前往请求方出庭的在押人员过境。

二、被请求方在其国内法有规定的情况下，应当对在押人员在过境期间予以羁押。

第十四条　证人和鉴定人的保护

一、请求方对于根据第十一条和第十二条到达其境内的证人或者鉴定人，不得由于该人在入境前的任何作为或者不作为，或者因其证言而对其进行侦查、起诉、羁押、处罚或者采取其他限制人身自由的措施，也不得要求该人在请求所未涉及的任何侦查、起诉或者其他诉讼程序中作证或者协助侦查，除非事先取得被请求方和该人的同意。

二、如果本条第一款所述人员在被正式通知无需继续停留后30天内未离开请求方，或者离开后又自愿返回，则不再适用本条第一款。但是，该期限不应当包括该人由于本人无法控制的原因而未离开请求方领土的期间。

三、不论请求中是否有任何相反声明，不接受根据第十一条提出的邀请的人员或者不同意根据第十二条提出的请求的人员，不得因此受到任何处罚或者被采取任何强制措施。

第十五条　查找或者辨认人员或者物品

如果请求方要求在被请求方境内查找或者辨认人员或者物品，被请求方应当根据其法律尽力查找或者辨认人员或者物品。

第十六条　查询、搜查、冻结和扣押

一、被请求方应当根据本国法律执行请求，以便冻结财产，搜查、扣押或者移交与请求方侦查的犯罪有关的物品。

二、在可能的情况下，被请求方的监管被扣押物品的官员可以填写表格，证明物品的特性和状况，以及其种类、数量、重量和编码。上述表格无须进一步的证明。

三、如果请求方同意被请求方就移交所提出的条件，被请求方可以将被扣押财物移交给请求方。

第十七条　向被请求方归还

文件、记录和证据物品如果被请求方中央机关提出要求，请求方中央机关应当归还根据本条约为执行请求而向其提供的包括文件和记录在内的物品。

第十八条　犯罪所得和犯罪工具的没收

一、如果一方中央机关获悉犯罪所得或者犯罪工具位于另一方境内，并且根据该另一方法律可以被没收或者扣押，则可以将此情况通知另一方中央机关。如果另一方对此有管辖权，则可以将该信息转交有关机关以便其就此作出决定。有关机关应当根据本国法律作出决定并将所采取的措施通知对方。

二、双方应当在各自法律允许的范围内就没收犯罪所得和犯罪工具有关的程序相互协助。

三、监管犯罪所得或者犯罪工具的一方应当根据本国法律处置这些财物。任何一方可以在其法律允许的范围内并在其认为适当的条件下，将上述犯罪所得或者犯罪工具的全部或者部分或者出售有关资产的所得移交给另一方。

四、在适用本条时，被请求方和第三人对这些财物的合法权利应当依被请求方法律受到尊重。

第十九条　交流法律资料

双方可以相互交流各自国家与履行本条约有关的现行法律和司法实践的资料。

第二十条　证明和认证

为本条约的目的，对于根据本条约签字、盖章或者证明的任何文件，不应当要求任何形式的证明或者认证，除非请求方另有要求。

第二十一条　费用

一、被请求方应当负担执行请求所产生的费用，但是请求方应当负担下列费用：

（一）根据第八条第四款规定产生的所有津贴和费用；

（二）根据第十一条第一款或者第十二条第一款规定产生的所有津贴和费用，这些津贴和费用应当根据其发生地的标准和规定支付；

（三）鉴定人的费用和报酬；

（四）笔译和口译的费用和报酬。

二、请求方应当依请求，预付应当由其负担的津贴、费用和报酬。

三、如果执行请求明显地需要超常性质的费用，双方应当协商决定可以执行请求的条件。

第二十二条　其他规定

本条约不妨碍任何一方根据其他可适用的国际协议或者本国法律向另一方提供协助。双方也可以根据商定的任何其他安排提供协助。

第二十三条　争议的解决

由于本条约的解释和适用产生的争议，如果双方中央机关不能自行达成协议，应当通过外交途径协商解决。

第二十四条　生效、修订和终止

一、本条约须经批准，批准书应当互换。本条约自互换批准书之日后第 30 天生效。

二、双方可以随时以书面协议修订本条约。该修订应当根据本条第一款规定的程序生效。

三、任何一方可以随时通过外交途径，以书面形式通知另一方终止本条约。终止自该通知发出之日后第 180 天生效。终止不影响终止前已经开始的程序。

下列签署人经各自政府适当授权，签署本条约，以昭信守。

本条约于二〇〇八年四月三日订于北京，一式两份，每份均以中文、阿拉伯文和英文制成，三种文本同等作准。如遇解释上的分歧，以英文本为准。

　　中华人民共和国代表　　　　　　　阿拉伯联合酋长国代表

　　　　杨洁篪　　　　　　　阿卜杜拉·本·扎耶德·阿勒纳哈扬

中华人民共和国和委内瑞拉玻利瓦尔共和国
关于刑事司法协助的条约 *

中华人民共和国和委内瑞拉玻利瓦尔共和国，以下称双方，

在相互尊重国家主权和平等互利的基础上，为促进两国在刑事司法协助领域的有效合作，

达成协议如下：

第一条　适用范围

一、双方应当根据本条约和各自国内法的规定，相互提供刑事司法协助。

二、协助应当包括：

（一）送达刑事诉讼文书；

（二）获取人员的证言或者陈述；

（三）提供文件、记录和证据物品；

（四）获取和提供鉴定结论；

（五）查找和辨认人员；

（六）进行司法勘验或者检查场所或者物品；

（七）安排有关人员作证或者协助调查；

（八）移送在押人员以便作证或者协助调查；

（九）查询、搜查、冻结资产以及扣押证据材料和物品；

（十）没收犯罪所得和犯罪工具；

（十一）通报刑事诉讼结果和提供犯罪记录；

（十二）交换法律资料；

（十三）不违背被请求方法律的其他形式的协助。

三、本条约不适用于：

（一）请求引渡人员；

（二）移交被判刑人以便服刑；

---

* 2008 年 9 月 24 日签署，2009 年 4 月 24 日第十一届全国人民代表大会常务委员会第八次会议批准，2009 年 6 月 12 日生效。

（三）刑事诉讼的转移。

四、本条约仅适用于双方之间的相互司法协助。本条约的规定，不给予任何私人当事方以取得或者排除任何证据或者妨碍执行请求的权利。

第二条 中央机关

一、为本条约的目的，双方指定的中央机关应当就相互请求和提供协助直接进行联系。这项要求不应影响双方通过外交途径进行联系的权利。

二、本条第一款所指的中央机关，在中华人民共和国方面为司法部和最高人民检察院，在委内瑞拉玻利瓦尔共和国方面为总检察院。

三、任何一方如果变更其对中央机关的指定，应当通过外交途径通知另一方。

第三条 拒绝或者推迟协助

一、存在下列情形之一的，被请求方可以拒绝提供协助：

（一）请求涉及的行为根据被请求方法律不构成犯罪；但是，被请求方可以在其认为适当时在其斟酌决定的范围内提供协助，而不论该行为按被请求方本国法律是否构成犯罪；

（二）被请求方认为请求涉及政治犯罪；

（三）请求涉及的犯罪纯属军事犯罪；

（四）被请求方有充分理由认为，请求的目的是基于某人的种族、性别、宗教、国籍或者政治见解而对该人进行侦查、起诉、处罚或者进行其他司法程序，或者该人的地位可能由于上述任何原因受到损害；

（五）被请求方正在或已经对被调查人或被指控人就请求所涉及的同一犯罪进行刑事诉讼，或者已经作出终审判决；

（六）被请求方认为，请求提供的协助与案件缺乏直接联系；

（七）被请求方认为，执行请求可能损害本国主权、安全、公共秩序或者其他重大利益，或者违背本国法律的基本原则。

二、如果执行请求将会妨碍正在被请求方进行的侦查、起诉或者其他诉讼程序，被请求方可以推迟提供协助。

三、在拒绝或者推迟执行请求前，被请求方应当考虑是否可以在其认为必要的条件下准予协助。请求方如果接受附条件的协助，则应当遵守这些条件。

四、被请求方如果拒绝或者推迟协助，应当将拒绝或者推迟的理由通知请求方。

第四条 请求的形式和内容

一、请求应当以书面形式提出，并且由请求机关签署或者盖章。在紧急情形下，被请求方可以接受其他形式的请求，请求方应当随后迅速以书面形式确认该请求，但是被请求方另行同意的除外。

二、协助请求应当包括以下内容：

（一）请求所涉及的侦查、起诉或者其他诉讼程序的主管机关的名称；

（二）对于请求所涉及的案件的性质和事实以及所适用的法律规定的说明；

（三）对于请求提供的协助及其目的以及请求提供的协助与案件相关性的说明；

（四）希望请求得以执行的期限。

三、在必要和可能的范围内，请求还应当包括以下内容：

（一）关于被取证人员的身份和确切地址的资料；

（二）为调取证据的目的拟向当事人提问的问题单；

（三）关于受送达人的身份和确切地址，以及该人与诉讼的关系的资料；

（四）关于需查找或者辨别的人员的身份及下落的资料；

（五）关于需勘验或者检查的场所或者物品的说明；

（六）希望在执行请求时遵循的特别程序及其理由的说明；

（七）关于搜查的地点和查询、冻结、扣押的财物的说明；

（八）关于保密的需要及其理由的说明；

（九）关于被邀请前往请求方境内作证或者协助调查的人员有权得到的津贴和费用的说明；

（十）有助于执行请求的其他资料。

四、被请求方如果认为请求中包括的内容尚不足以使其处理该请求，可以要求提供补充资料。

五、根据本条提出的请求和辅助文件，应当附有被请求方文字的译文。

第五条　请求的执行

一、被请求方应当按照本国法律及时执行协助请求。

二、被请求方在不违背本国法律的范围内，可以按照请求方要求的方式执行协助请求。

三、被请求方应当将执行请求的结果立即通知请求方。如果无法提供请求的协助，被请求方应当将原因通知请求方。

四、向请求方提供协助时，被请求方可以使用本国官方语文。

第六条　保密和限制使用

一、如果请求方提出要求，被请求方应当对请求，包括其内容和辅助文件，以及按照请求所采取的行动予以保密。如果不违反保密要求就无法执行请求，被请求方应当将此情况通知请求方，请求方应当随即决定请求是否仍然应当予以执行。

二、如果被请求方提出要求，请求方应当对被请求方提供的资料和证据予以保密，或者仅在被请求方指明的条件下使用。

三、未经被请求方的事先同意，请求方不得为了请求所述案件以外的任何其他目的使用根据本条约所获得的资料或者证据。

第七条　送达文书

一、被请求方应当根据本国法律并依请求，送达请求方递交的文书。

二、被请求方在执行送达后，应当向请求方出具送达证明。送达证明应当包括对送达日期、地点和送达方式的说明，并且应当由送达文书的机关签署或者盖章。如果无法执行送达，则应当通知请求方，并且说明原因。

第八条　调取证据

一、被请求方应当根据本国法律并依请求，调取证据并移交给请求方。

二、如果请求涉及移交文件或者记录，被请求方可以移交经证明的副本。但是，在请求方明确要求移交原件的情况下，被请求方应当尽可能满足该要求。

三、在不违背被请求方法律的情况下，根据本条移交请求方的文件和其他资料，应当按照请求方要求的形式予以证明，以便使其可以根据请求方法律得以接受。

四、被请求方在不违背本国法律的情况下，可以同意请求中指明的人员在执行请求时到场，并允许这些人员通过被请求方主管官员向被调取证据的人员提问。为此目的，被请求方应当及时将执行请求的时间和地点通知请求方。

第九条　向有关人员调取证据

应请求方请求，任何在被请求方境内的人员应当根据被请求方法律提供证言或提供文件、记录或者证据。

第十条　拒绝作证

一、根据本条约被要求作证的人员，如果被请求方法律允许该人在被请求方提起的诉讼中的类似情形下不作证，可以拒绝作证。

二、如果根据本条约被要求作证的人员，主张依请求方法律有拒绝作证的权利或者特权，被请求方应当要求请求方提供是否存在该项权利或者特权的证明书。请求方的证明书应当视为是否存在该项权利或者特权的充分证据，除非有确凿的相反证据。

第十一条　安排有关人员作证或者协助调查

一、如果请求方请求有关人员到其境内作证或者协助调查，被请求方应当邀请有关人员前往请求方境内出庭。请求方应当说明需向该人支付的津贴、费用的范围。

二、被请求方主管机关应书面记录下该人是否同意前往请求方，并将该人的答复立即通知请求方中央机关。

三、关于邀请有关人员到请求方境内出庭的文书送达请求，请求方应当在不迟于预定的出庭日六十天前递交被请求方，除非在紧急情形下，被请求方已同意一个较短的期限。

第十二条　移送在押人员作证或者协助调查

一、应请求方请求，被请求方可以将其境内的在押人员临时移送至请求方以便出庭作证或者协助调查，条件是该人同意，而且双方已经就移送条件事先达成书面协议。

二、如果根据被请求方法律该被移送人应当予以羁押，请求方应当对该人予以羁押。

三、作证或者协助调查完毕后，请求方应当尽快将该被移送人送回被请求方。

四、为本条的目的，该被移送人在请求方被羁押的期间，应当折抵在被请求方判处的刑期。

第十三条　证人和鉴定人的保护

一、请求方对于在其境内的证人或者鉴定人，不得由于该人在入境前的任何作为或者不作为而进行侦查、起诉、羁押、处罚或者采取其他限制人身自由的措施，也不得要求该人在请求所未涉及的任何侦查、起诉或者其他诉讼程序中作证或者协助调查，除非事先取得被请求方和该人的同意。

二、如果本条第一款所述人员在被正式通知无需继续停留后十五天内仍留在请求方境内，或者离开后又自愿返回，则不再适用本条第一款。但是，该期限不应当包括该人由于其无法控制的原因而未离开请求方领土的期间。

三、对于拒绝根据第十一条或者第十二条作证或者协助调查的人员，不得由于此种拒绝而施加任何刑罚或者采取任何限制其人身自由的强制措施。

第十四条　查询、搜查、冻结和扣押

一、被请求方应当在本国法律允许的范围内，执行查询、搜查、冻结资产和扣押证据材料和物品的请求。

二、被请求方应当向请求方提供其所要求的有关执行请求的结果，包括查询或者搜查的结果，冻结或者扣押的地点和状况以及有关材料、物品或者资产随后被监管的情况。

三、如果请求方同意被请求方就移交所提出的条件，被请求方可以将被扣押的材料、物品或者资产移交给请求方。

第十五条　向被请求方归还文件、记录和证据物品

请求方应当根据被请求方的要求，尽快归还被请求方根据本条约向其提供的文件或者记录的原件和证据物品。

第十六条　犯罪所得和犯罪工具的没收

一、被请求方应当根据请求，努力确定犯罪所得或者犯罪工具是否位于其境内，并且应当将调查结果通知请求方。在提出请求时，请求方应当向被请求方说明其认为犯罪所得和犯罪工具可能位于被请求方境内的理由。

二、如果根据本条第一款，涉嫌的犯罪所得或者犯罪工具已被找到，被请求方应当根据请求方的请求，按照本国法律采取措施冻结、扣押和没收这些财物。

三、根据请求方的请求，被请求方可以在本国法律允许的范围内及双方商定的条件下，将犯罪所得或者犯罪工具的全部或者部分或者出售上述资产的所得移交给请求方。

四、在适用本条时，被请求方和任何第三方对犯罪所得或者犯罪工具的合法权益应当根据被请求方法律受到尊重。

五、为本条约的目的：

（一）"犯罪工具"是指用于或者准备用于实施犯罪或者与实施犯罪有关的任何财产；

（二）"犯罪所得"是指通过犯罪直接或间接产生或者获得的任何财产。

第十七条　通报刑事诉讼结果

一、曾根据本条约提出协助请求的一方，应当根据被请求方的请求，向被请求方通报协助请求所涉及的刑事诉讼的结果。

二、一方应当根据请求，向另一方通报其对另一方国民提起的刑事诉讼的结果。

第十八条　提供犯罪记录

如果在请求方境内受到刑事侦查或者起诉的人在被请求方境内曾经受过刑事追诉，则被请求方应当根据请求，向请求方提供有关该人的犯罪记录和对该人判刑的情况。

第十九条　交流法律资料

双方应当根据请求，相互交流各自国家现行的或者曾经实施的与刑事司法协助有关的法律和司法实践的资料。

第二十条 认证

为本条约的目的，根据本条约转递的任何文件无须任何形式的认证。

第二十一条 费用

一、被请求方应当负担执行请求所产生的费用，但是请求方应当负担下列费用：

（一）有关人员按照第八条第四款的规定，前往、停留和离开被请求方领土的费用；

（二）有关人员按照第十一条或者第十二条的规定，前往、停留和离开请求方领土的津贴和费用，这些津贴和费用应当根据发生地的标准和规定支付；

（三）鉴定人的费用和报酬；

（四）笔译和口译的费用和报酬。

二、请求方可以根据要求，预付由其负担的费用、津贴和报酬。

三、如果执行请求明显地需要超常性质的费用，双方应当协商决定可以执行请求的条件。

第二十二条 其他合作基础

本条约不妨碍任何一方根据其他可适用的国际协议、本国法律、或者任何可适用的安排或者惯例向另一方提供协助。

第二十三条 争议的解决

一、由于本条约的解释和适用产生的任何争议，应当由双方中央机关协商解决。

二、如果双方中央机关不能达成协议，有关争议应当通过外交途径，由双方谈判解决。

第二十四条 生效、修正和终止

一、一方根据本国宪法和法律完成为本条约生效所需的一切必要程序后，应当通过外交照会通知另一方。本条约自后一份照会发出之日起第三十天生效。

二、本条约可以经双方书面协议随时予以修正。此类修正按照本条第一款规定的相同程序生效，并构成本条约的一部分。

三、任何一方可以随时通过外交途径，以书面形式通知另一方终止本条约。终止自该通知发出之日后第一百八十天生效。

四、本条约适用于其生效后提出的请求，即使有关作为或者不作为发生于本条约生效前。

下列签署人经各自政府适当授权，签署本条约，以昭信守。

本条约于二〇〇八年九月二十四日订于北京，一式两份，每份均以中文、西班牙文和英文制成，三种文本同等作准。如遇解释上的分歧，以英文本为准。

中华人民共和国代表   委内瑞拉玻利瓦尔共和国代表

  李金章   尼古拉斯·马杜罗·莫罗斯

中华人民共和国和马耳他关于刑事司法协助的条约 *

中华人民共和国和马耳他，以下简称双方，

在相互尊重主权和平等互利的基础上，并根据本条约的规定，为了通过刑事司法协助，促进两国在侦查、起诉、审判和处罚罪犯以及其他相关刑事诉讼程序中的有效合作，

达成协议如下：

第一条　适用范围

一、双方承诺根据本条约的规定，在刑事诉讼程序中相互提供尽可能广泛的协助。

二、协助应当包括：

（一）送达刑事诉讼文书；

（二）获取人员的证言或者陈述；

（三）提供文件、记录和证据物品；

（四）获取和提供鉴定结论；

（五）查找和辨认人员；

（六）进行勘验或者检查场所或者物品；

（七）便利有关人员作证或者协助调查；

（八）移送在押人员以便作证或者协助调查；

（九）实施查询、追查资产、搜查、冻结和扣押；

（十）没收犯罪所得和犯罪工具；

（十一）通报刑事诉讼结果和提供以往刑事定罪记录；

（十二）交换法律资料；

（十三）不违背被请求方法律的任何其他形式的协助。

三、本条约不适用于有关下列事项的请求：

（一）逮捕；

（二）引渡；

---

* 2009 年 2 月 22 日签署，2009 年 12 月 26 日第十一届全国人民代表大会常务委员会第十二次会议批准，2012 年 1 月 11 日生效。

（三）执行请求方所作出的刑事判决、裁定或者决定，但是被请求方法律和本条约许可的除外；

（四）移交被判刑人以便服刑；

（五）刑事诉讼的转移；

（六）对纯军事犯罪采取的措施。

四、本条约仅适用于双方之间的刑事司法协助。本条约的规定，不给予任何私人取得、隐藏或者排除证据或者妨碍执行请求的权利，也不扩大或者限制其依国内法获得的权利。

第二条　中央机关

一、为本条约的目的，双方相互请求和提供司法协助，应当通过各自指定的中央机关直接进行联系。

二、在中华人民共和国方面中央机关为司法部，在马耳他方面中央机关为总检察长。

三、根据本条约提出的请求和相关通信应当由请求方中央机关转递给被请求方中央机关。

四、任何一方如果变更其指定的中央机关，应当通过外交途径通知另一方。

第三条　拒绝或推迟协助

一、存在下列情形之一的，被请求方可以拒绝提供协助：

（一）被请求方认为执行请求将损害其主权、安全、公共秩序或者其他根本利益；

（二）被请求方正在对请求所涉及的同一犯罪嫌疑人或者被告人就同一犯罪行为进行刑事诉讼，或者已经作出终审判决；

（三）被请求方认为请求涉及的犯罪是政治性质的犯罪；

（四）被请求方认为，请求的目的是基于某人的种族、性别、肤色、宗教、出生地、国籍或者政治见解而对该人进行调查、起诉、审判、惩罚或者其他刑事诉讼程序，或者该人的地位可能由于上述任何原因受到损害；

（五）请求涉及的行为根据被请求方法律不构成犯罪；

（六）被请求方认为请求提供的协助与案件缺乏实质联系。

二、如果执行请求将妨碍正在被请求方进行的侦查、起诉、审判、处罚或者其他刑事诉讼程序，被请求方可以推迟提供协助。

三、在根据本条拒绝或者推迟提供协助前，被请求方中央机关应当与请求方中央机关协商，考虑是否可以在其认为必要的条件下准予协助。请求方如果接受附条件的协助，则应当遵守这些条件。

四、被请求方如果拒绝或者推迟提供协助，应当将拒绝或者推迟所依据的本条约的规定通知请求方。

第四条　请求的形式和内容

一、请求应当以书面形式提出，并且由请求方中央机关签署或者盖章。在紧急情况下，被请求方可以接受其他形式的请求，请求方应当随后尽快以书面形式确认该请求，但是被请求方另行同意的除外。

二、协助请求应当包括以下内容：

（一）执行请求所涉及的诉讼程序的机关的名称；

（二）关于诉讼程序的目的和性质以及该案所适用的法律规定的说明；

（三）关于引发请求的相关事实的说明；

（四）关于请求提供的协助及其目的和与案件相关性的说明；

（五）希望请求得以执行的期限。

三、在必要和可能的范围内，请求还应当包括以下内容：

（一）被取证人员的身份、出生日期和住址或者所在地，以及获取和记录证言或者陈述的方式的说明和询问证人的问题单；

（二）受送达人的身份、出生日期和住址或者所在地，该人与诉讼的关系，以及希望送达得以执行的方式；

（三）已掌握的需查找或者辨别的人员的身份及下落的资料；

（四）关于需勘验或者检查的场所或者物品的说明；

（五）关于为取证目的需搜查的人员或者扣押的物品的说明；

（六）关于为取证目的的搜查的地点和需冻结或者扣押的物品的说明；

（七）可适用的关于保密的需要及其理由的声明；

（八）在执行请求时应遵循的特定程序及其理由的说明；

（九）关于被邀请前往请求方境内的人员有权得到的津贴和费用的说明；

（十）有助于被请求方执行请求的任何其他资料。

四、被请求方中央机关如果认为请求中包含的内容尚不足以使其处理该请求，可以要求请求方中央机关提供补充资料。

五、请求和辅助文件应当附有被请求方文字或者英文译文。

第五条　请求的执行

一、为本条约目的，被请求方应当根据本国法律和实践，采取任何其认为必要的措施执行请求方的请求。

二、当执行请求需要中央机关之外的其他机关采取行动时，被请求方中央机关应当将请求转递给有关机关。

三、被请求方在不违背本国法律和实践的范围内，可以按照请求中指定的方式执行协助请求。

四、如果被请求方认为执行请求会危及任何证人、执法官员或者与上述人员有关的其他人员的人身安全和其他合法权益，双方应当协商决定可以执行请求的条件。

五、请求方中央机关应当将导致不适宜执行请求或者需要变更被请求的行动的任何情况，尽快通知被请求方中央机关。

六、被请求方中央机关应当将执行请求的结果尽快通知请求方中央机关。

第六条　费用

一、被请求方应当负担执行请求所产生的费用，但是下列费用应由请求方负担：

（一）有关人员按照第十一条第四款的规定，前往、停留和离开被请求方的费用；

（二）有关人员按照第十三条或者第十四条的规定，前往、停留和离开请求方的津贴或者费用；

（三）鉴定人的费用和报酬；

（四）笔译和口译的费用和报酬。

二、如果执行请求明显地需要超常性质的费用，双方应当相互协商决定可以执行请求的条件。

第七条　保密和限制使用

一、如果请求方提出要求，被请求方应当对请求，包括已提出或者答复请求这一事实，请求内容和辅助文件，以及按照请求所采取的行动予以保密。如果不违反保密要求就无法执行请求，被请求方应当将此情况通知请求方，请求方应当决定该请求执行的范围。

二、在未事先征得被请求方同意的情况下，请求方不应为了请求所述诉讼以外的任何其他目的，使用或者披露任何根据本条约获得的信息或者证据。

第八条　个人信息的保护

一、请求方仅可以将被请求方提供的个人信息用于请求所述的诉讼目的或者按照被请求方规定的条件用于其他目的。

二、被请求方应当努力确保所提供的有关个人信息资料的准确。

第九条　送达文书

一、被请求方应当根据本国法律并依请求，尽可能送达请求方递交的文书，但是对于要求某人作为被告人出庭的文书，被请求方不负有送达的义务。

二、请求方中央机关应当在预定出庭日期之前的合理期限内，转递任何要求有关人员在请求方境内出庭的送达文书请求。

三、即使被送达的文书中有相反的规定，送达任何要求有关人员在请求方境内出庭的文书也不应使该人承担任何履行该文书的义务。

四、被请求方应当以请求中指定的方式，或者在不能以此方式的情况下，应当以国内法律规定的方式，向请求方提供送达证明。如果不能送达，送达证明应当包括不能送达的原因。

第十条 查找或者辨认人员

一、被请求方应当尽最大努力查明请求中指明人员的所在地或者身份。

二、被请求方中央机关应当尽快将查询结果通知请求方中央机关。

第十一条 调取证据

一、被请求方应当根据本国法律并在其允许的范围内，依请求调取证据并移交给请求方。

二、如果请求涉及移交文件或者记录，被请求方可以移交经证明的副本或者影印件；但是，在请求方明确要求移交原件的情况下，被请求方应当尽可能满足该要求。

三、在不违背被请求方法律的前提下，根据本条移交给请求方的文件和其他资料，应当按照请求方要求的形式予以证明，以便使其可以依请求方法律得以接受。

四、被请求方在不违背本国法律的前提下，应当允许请求中指明的人员在执行请求时在场，并允许这些人员通过被请求方主管机关向被取证人员提问。为此目的，被请求方中央机关应当尽快将执行请求的时间和地点通知请求方中央机关。

第十二条 拒绝作证

一、根据本条约被要求作证的人员，如果被请求方法律允许该人在被请求方提起的诉讼中的类似情形下不作证，可以拒绝作证。

二、如果根据本条约被要求作证的人员，主张依请求方法律有拒绝作证的权利或者特权，被请求方应当要求请求方提供该人是否享有该权利或者特权的证明书。请求方提供的证明书应当视为是否存在该项权利或者特权的充分证据，除非有明确的相反证据。

第十三条 安排有关人员作证或者协助调查

一、被请求方应当根据请求方的请求，邀请有关人员前往请求方境内出庭作证或者协助调查。请求方应当说明将向该人支付的津贴和费用的范围。被请求方应当将该人的答复迅速通知请求方。

二、请求方应当在不迟于预定的出庭日六十天前，将要求有关人员在其境内出庭的文书送达请求递交被请求方。在紧急情况下，被请求方可以同意在较短期限内递交。

第十四条　移送在押人员以便作证或者协助调查

一、经请求方请求，被请求方可以将在其境内的在押人员临时移送至请求方境内以便出庭作证或者协助调查，条件是该人同意，而且双方已经就移送条件事先达成书面协议。

二、如果依被请求方法律该被移送人应当予以羁押，请求方应当羁押该人。

三、作证或者协助调查完毕后，请求方应当尽快将该被移送人送回被请求方。

四、为本条的目的，该被移送人在请求方被羁押的期间，应当折抵在被请求方判处的刑期。

第十五条　证人和鉴定人的保护

一、请求方对于到达其境内的证人或者鉴定人，不得由于该人在入境前的任何作为或者不作为而进行侦查、起诉、羁押、处罚或者采取其他限制人身自由的措施，也不得要求该人在请求所未涉及的任何侦查、起诉或者其他诉讼程序中作证或者协助调查，但被请求方和该人事先同意的除外。

二、如果本条第一款所述人员在被正式通知无须继续停留后十五天内未离开请求方，或者离开后又自愿返回的，则不再适用本条第一款。但是，该期限不应包括该人由于其无法控制的原因未离开请求方的期间。

三、对于拒绝根据第十三条或者第十四条作证或者协助调查的人员，不得由于此种拒绝而施加任何刑罚或者采取任何限制其人身自由的强制措施。

第十六条　提供犯罪和其他记录

一、如果在请求方境内受到刑事侦查或者起诉的人在被请求方境内曾经受过刑事追诉，则被请求方应当根据请求，向请求方提供有关该人的犯罪记录和对该人判刑的情况。

二、被请求方应当向请求方提供可以公开获得的政府部门和机构的记录副本。

三、被请求方可以提供其政府部门或者机构持有，但不能公开获得的任何记录或者信息的副本。被请求方可以全部或部分地拒绝依据本款提出的请求。

第十七条　查询、追查、搜查、冻结和扣押

一、被请求方应当在本国法律允许的范围内，执行查询、追查、搜查、冻结和扣押作为证据的资料和财物的请求。

二、被请求方应当向请求方提供其所要求的有关执行请求的结果。

三、如果请求方同意被请求方就移交所提出的条件，包括为保护任何第三方对该被移交物品的权利所必要的条件，被请求方可以将被扣押的资料和财物移交给请求方。

第十八条　返还文件和物品

请求方中央机关应当尽快返还根据本条约执行请求而向其提供的任何文件或者物品，但被请求方中央机关不要求返还的情况除外。

第十九条　犯罪所得和犯罪工具的没收

一、被请求方应当根据请求，努力确定犯罪所得或者犯罪工具是否在其境内，并且应当将调查结果通知请求方。在提出请求时，请求方应当向被请求方说明其认为上述财物可能位于被请求方境内的理由。

二、如果根据本条第一款，涉嫌的犯罪所得或者犯罪工具已被找到，被请求方应当根据请求方的请求，按照本国法律采取措施冻结、扣押和没收这些财物。

三、在本国法律允许的范围内及双方商定的条件下，被请求方可以根据请求方的请求，将犯罪所得或者犯罪工具的全部或者部分或者出售上述资产的所得移交给请求方。

四、在适用本条时，被请求方和任何第三人对这些财物的合法权利和利益应当根据被请求方法律受到尊重。

第二十条　通报刑事诉讼结果

一、根据本条约提出协助请求的一方，应当根据被请求方的要求，向被请求方通报协助请求所涉及的刑事诉讼的结果。

二、一方应当根据请求，向另一方通报其对该另一方国民提起的刑事诉讼的结果。

第二十一条　协商与交流法律资料

一、应任何一方要求，双方或者双方中央机关应当迅速就本条约实施中的问题展开磋商，不论是一般性问题还是具体案件。

二、双方可以根据请求，相互提供各自国家与履行本条约有关的法律规定和司法实践的资料。

第二十二条　证明和认证

为本条约的目的，根据本条约转递的任何文件，不应要求任何形式的证明或者认证，但是本条约另有规定的除外。

第二十三条　其他合作基础

本条约不妨碍任何一方根据其他可适用的国际协议或者本国法律向另一方提供协助。双方也可以根据任何其他可适用的安排、协议或者惯例提供协助。

第二十四条　适用

本条约适用于其生效后提出的请求，即使有关作为或者不作为发生于本条约生效前。

第二十五条　争议的解决

由于本条约的解释和适用产生的争议，如果双方中央机关不能自行达成协议，应当通过外交途径协商解决。

第二十六条　生效和修正

一、本条约须经批准，批准书将通过正常外交途径互换。本条约自互换批准书之日后第三十天生效。

二、本条约可以经双方书面协议随时予以修正。

第二十七条　终止

一、任何一方可以通过书面形式通知终止本条约。终止自该通知发出之日起六个月后生效。

二、在本条第一款所述的通知发出之日前提出的协助请求，应当继续按照本条约的规定处理。

下列签署人经各自政府适当授权，签署本条约，以昭信守。

本条约于二〇〇九年二月二十二日订于马耳他瓦莱塔，一式两份，每份均以中文和英文制成，两种文本同等作准。

中华人民共和国代表　　　　　　　　　　　马耳他代表
　　李金章　　　　　　　　　卡梅罗·米夫苏德·鲍尼奇

中华人民共和国政府和意大利共和国政府关于刑事司法协助的条约[*]

中华人民共和国政府与意大利共和国政府（以下称双方），在相互尊重国家主权和平等互利的基础上，为促进两国在刑事司法协助领域的有效合作，决定缔结本条约，并达成协议如下：

第一条 适用范围

一、双方根据本条约的规定，相互提供最广泛的刑事司法协助。

二、相关协助包括：

（一）送达刑事诉讼文书；

（二）获取证言或者陈述；

（三）获取和提供鉴定结论；

（四）提供文件、记录和证据；

（五）查找和辨认人员；

（六）进行司法勘验或者检查场所或者物品；

（七）移送在押人员以便作证或者参与其他诉讼活动；

（八）进行调查、搜查、冻结和扣押财物；

（九）没收犯罪所得和犯罪物品；

（十）通报刑事诉讼结果和提供司法记录信息；

（十一）交流法律信息；

（十二）不违背被请求方法律的其他任何形式的协助。

三、本条约不适用于：

（一）对于人员的引渡；

（二）执行请求方所作出的刑事裁决和决定，但是被请求方法律和本条约允许的情况除外；

（三）移交被判刑人以便服刑；

（四）刑事诉讼的转移。

---

[*] 2010 年 10 月 7 日签署，2011 年 12 月 31 日第十一届全国人民代表大会常务委员会第二十四次会议批准，2015 年 8 月 16 日生效。

四、本条约仅适用于双方之间的相互司法协助。

第二条 中央机关

一、为本条约的目的，双方指定的中央机关应相互转递请求，并就司法协助事项直接进行联系。

二、中央机关在中华人民共和国方面为司法部，在意大利共和国方面为司法部。

三、任何一方如变更其对中央机关的指定，应当通过外交途径通知另一方。

第三条 拒绝或者推迟协助

一、存在下列情形之一的，被请求方可以拒绝提供协助：

（一）请求涉及的行为根据被请求方法律不构成犯罪；

（二）被请求方认为请求涉及的犯罪是政治性质的犯罪，但恐怖主义犯罪和双方均为缔约方的国际公约不认为是政治犯罪的除外；

（三）根据请求方法律，请求涉及的犯罪纯属军事性质的犯罪；

（四）被请求方有充分理由认为，请求的目的是基于某人的种族、性别、宗教、国籍或者政治见解而对该人进行侦查、起诉、处罚或者其他诉讼程序，或者该人的地位可能由于上述任何原因受到损害；

（五）被请求方正在对请求所涉及的同一犯罪嫌疑人或者被告人就同一犯罪进行刑事诉讼，或者已经终止刑事诉讼，或者已经作出终审判决；

（六）被请求方认为，接受请求将损害本国主权、安全、公共秩序或者其他重大公共利益，或者其后果与本国法律的基本原则相抵触。

二、如果提供协助将会妨碍正在被请求方进行的刑事诉讼程序，被请求方可以推迟提供协助。

三、在根据本条拒绝或者推迟协助前，被请求方应当考虑是否可以在其认为必要的条件下准予协助。请求方如果接受附条件的协助，则应当遵守这些条件。

四、被请求方如果拒绝或者推迟协助，应当将拒绝或者推迟的理由通知请求方。

第四条 请求的形式和内容

一、请求应当以书面形式提出，并且由请求机关根据本国法律规定签署或者盖章。

二、请求应包括以下内容：

（一）请求所涉及刑事诉讼程序的主管机关的名称；

（二）请求所涉及犯罪的性质的说明和事实的描述以及可适用的法律规定；

（三）对于请求提供的协助事项的说明。

三、在必要和可能的范围内，请求还应当包括以下内容：

（一）关于被取证人员的身份和居住地的信息；

（二）关于受送达人的身份、居住地以及该人在诉讼中的身份的信息；

（三）关于需查找或者辨别的人员的身份及下落的信息；

（四）关于需勘验或者检查的场所或者物品的说明；

（五）希望在执行请求时遵循的特别程序及理由的说明；

（六）关于搜查的地点和查询、冻结、扣押的财物的说明；

（七）保密需要及其理由的说明；

（八）关于被邀请前往请求方境内的证人或者鉴定人有权得到的津贴和费用的说明；

（九）有助于执行请求的其他信息。

四、如果被请求方认为请求所含内容不能满足本条约规定的条件，可要求获得进一步信息。

五、根据本条提出的请求和辅助文件，应当附有被请求方文字的译文。

第五条　请求的执行

一、被请求方应当按照本国法律及时执行请求。

二、被请求方在不违背本国法律的范围内，可以按照请求方要求的方式执行请求。

三、在可能且不违反各自法律的范围内，双方可以在具体情况下商定使用视频会议获取证人证言。

四、被请求方应当将执行请求的结果及时通知请求方。如果无法提供所请求的协助，被请求方应当立即将原因通知请求方。

第六条　保密和特定用途

一、如果请求方提出要求，被请求方应当对请求包括其内容和辅助文件，以及在执行请求时所获取的文件予以保密。如果不违反保密要求则无法执行请求，被请求方应当将此情况通知请求方，由请求方决定该项请求是否仍应予以执行。

二、如果被请求方提出要求，请求方应当对被请求方提供的信息和证据予以保密，或者仅在被请求方指明的条件和方式下使用。

三、未经被请求方的事先同意，请求方不得为了请求所述案件以外的任何其他目的使用根据本条约所获得的信息或者证据。

第七条 送达文书

一、被请求方应当根据本国法律并依请求，送达请求方递交的文书。

二、被请求方在执行送达后，应当向请求方出具证明。送达证明应当包括送达日期、地点和送达方式的说明，并且应当由送达文书的机关签署或者盖章。如果无法执行送达，则应当通知请求方，并且说明原因。

第八条 调取证据

一、被请求方应当根据本国法律调取证据并移交给请求方。

二、如果请求涉及移交文件或者记录，被请求方可以移交经证明的副本或者影印件；在请求方明示要求移交原件的情况下，被请求方应当尽可能满足此项要求。

三、在不违背被请求方法律的前提下，根据本条移交给请求方的文件和其他物品，应当按照请求方要求的形式予以证明，以便使其可以依请求方法律得以接受。

四、请求方应当根据被请求方的要求，尽快向其归还被移交的文件或记录的原件以及物品。

五、被请求方在不违背本国法律的范围内，可以准许请求中指明的人员到场，并允许这些人员通过被请求方的主管机关就与司法协助有关的事项提问。为此目的，被请求方应当及时将执行请求的时间和地点通知请求方。

第九条 拒绝作证

一、根据本条约被要求作证的人员，如果被请求方法律允许该人在被请求方提起的诉讼中的类似情形下不作证，可以拒绝作证。

二、根据本条约被要求作证的人员，也可以在请求方法律允许的所有情形下拒绝作证，只要该方在请求书中予以明确说明。

第十条 证人和鉴定人在请求方作证

一、被请求方应当根据请求方的请求，邀请有关人员作为证人和鉴定人在请求方主管机关作证。请求方应当说明需向该人支付的津贴、费用的范围。被请求方应当将该人的答复迅速通知请求方。

二、邀请在请求方境内作证的文书送达请求，应当在不迟于预定出庭日期六十天前递交给被请求方。在紧急情形下，被请求方可以同意在较短期限内转交。

第十一条 在押人员的临时移送

一、经请求方请求，被请求方可以将在其境内的在押人员临时移送至请求方境内以便在主管机关作证或者参与其他诉讼活动，条件是该人同意，而且双方已经就移送事项及相关条件事先达成书面协议。

二、请求方应当对被移送人进行羁押。

三、在本条第一款所述活动结束后，请求方应当尽快将该被移送人送回被请求方。

四、为本条的目的，该被移送人在请求方被羁押的期间，应当折抵在被请求方判处的刑期。

第十二条　证人和鉴定人的保护

一、请求方对于到达其境内的证人或者鉴定人，不得由于该人在入境前的任何作为或者不作为对其进行侦查、起诉、逮捕或者采取其他限制人身自由的措施，也不得强迫该人在请求所未涉及的诉讼程序中作证或者参与其他任何活动，除非事先取得被请求方和该人的同意。

二、如果上述人员在被正式通知无需继续停留后十五天内未离开请求方，或者离开后又自愿返回，则不再适用本条第一款。但是，该期限不应包括由于该人无法控制的原因而未能离开请求方领土的期间。

三、对于拒绝根据第十条或第十一条作证或者参与其他诉讼活动的人员，不得由于此种拒绝而施加任何刑罚或者采取任何限制其人身自由的强制措施。

第十三条　调查、搜查、冻结和扣押

一、被请求方应当根据本国法律并在可能的范围内，执行调查财物、搜查、冻结和扣押犯罪证据材料和相关物品的请求。

二、被请求方应当向请求方提供执行本条第一款所述请求的有关情况。

三、在保证善意第三人的权利和返还合法所有人的可能性的情况下，被请求方根据请求方的要求，可以将根据本国法律扣押的财物移交给请求方。如果被请求方就移交提出条件，请求方应当遵守这些条件。

第十四条　银行信息查询

一、被请求方应当根据请求方的要求迅速查询某一作为犯罪嫌疑人或者被告人的自然人或法人是否在其境内银行持有一个或者多个银行账户。被请求方应当立即向请求方通报有关查询结果。

二、双方不能以银行保密为由拒绝提供本条规定的协助。

第十五条　扣押和没收犯罪所得及物品

一、被请求方应当根据请求确定犯罪所得或者犯罪物品是否位于其境内，并且应当将调查结果通知请求方。在提出这种请求时，请求方应当将其认为上述犯罪所得及物品可能位于被请求方境内的理由通知被请求方。

二、如果本条第一款所指的犯罪所得或者犯罪物品已被找到，被请求方应当根据请求，按照本国法律的规定采取措施，以便冻结、扣押和没收这些犯罪所得及物品。

三、在双方商定的条件下，被请求方可以根据请求方的请求，将犯罪所得或者物品的全部或者部分，或者出售这些资产的所得，移交给请求方。

四、在适用本条时，被请求方和第三人对这些财物的合法权利应当受到尊重。

第十六条 交换刑事诉讼情况

为在请求方进行的刑事诉讼之目的，被请求方应当向请求方提供请求方国民在被请求方境内涉及的刑事诉讼、以前的犯罪记录及所受处罚的情况。

第十七条 交流法律信息

双方可以根据请求，相互交流各自国家现行的或者曾经有效的与履行本条约有关的法律和司法实践的信息。

第十八条 免除认证

根据本条约转递的文件无需任何形式的认证。

第十九条 费用

一、被请求方应当负担执行请求所产生的费用。但是，请求方应当负担下列费用：

（一）有关人员按照第八条第五款的规定，旅行和在被请求方停留的费用；

（二）有关人员按照第十条的规定，旅行和在请求方停留的费用和津贴；

（三）执行第十一条所规定的请求的费用；

（四）鉴定人的费用和报酬；

（五）笔译和口译的费用和报酬；

（六）监管和移交财物的费用。

二、如果执行请求明显地需要超常性质的费用，双方应当进行协商，以便确定执行请求的条件以及费用分摊的标准。

第二十条 其他合作基础

本条约不妨碍双方依照其他可适用的国际协定或本国法律提供相互协助。

第二十一条 争议的解决

由于本条约的解释和适用产生的争议，应当由双方中央机关协商解决。如果双方不能达成协议，则应当通过外交途径协商解决。

第二十二条　生效和终止

一、本条约须经批准，批准书在罗马互换。

二、条约自互换批准书之日后第三十天生效。

三、任何一方可以随时通过外交途径，以书面形式通知终止本条约。终止自该通知发出之日后第一百八十天生效。

四、本条约适用于其生效后提出的请求，即使有关作为或者不作为发生于本条约生效前。

下列签署人经各自政府适当授权、签署本条约，以昭信守。

本条约于二〇一〇年十月七日订于罗马，一式两份，每份均以中文、意文和英文制成，三种文本同等作准。如遇解释上的分歧，以英文本为准。

中华人民共和国政府代表　　　　　　　意大利共和国政府代表

　　　杨洁篪　　　　　　　　　　　安杰利诺·阿尔法诺

中华人民共和国和阿根廷共和国关于刑事司法协助的条约*

中华人民共和国和阿根廷共和国（以下称双方），

在相互尊重主权和平等互利的基础上，为促进两国在刑事司法协助领域的有效合作，

决定缔结本条约，并达成协议如下：

第一条　适用范围

一、双方应当根据本条约的规定，在侦查、起诉和审判程序中相互提供最广泛的刑事司法协助。

二、双方应根据本条约的规定，就涉及违反有关税收、关税、外汇管制及其他财税法律的犯罪的请求提供协助。

三、协助应当包括：

（一）送达刑事诉讼文书；

（二）获取人员的证言或者陈述；

（三）提供文件、记录和证据物品；

（四）获取和提供鉴定结论；

（五）查找和辨认人员；

（六）进行勘验或者检查；

（七）安排有关人员作证或者协助调查；

（八）移送在押人员以便作证或者协助调查；

（九）查询、搜查、冻结和扣押；

（十）有关犯罪所得和犯罪工具的处置；

（十一）通报刑事诉讼结果和提供犯罪记录；

（十二）交流法律资料；

（十三）不违背被请求方法律的其他形式的协助。

四、本条约仅适用于双方之间的相互司法协助。本条约的规定，不给予任何私人当事方以取得、隐瞒或者排除任何证据的权利或者妨碍执行请求的权利。

＊ 2012 年 6 月 25 日签署，2014 年 4 月 24 日第十二届全国人民代表大会常务委员会第八次会议批准，2015 年 3 月 6 日生效。

第二条　中央机关

一、为本条约的目的，双方指定的中央机关应当直接递交和接收协助请求和答复。

二、本条第一款所指的中央机关，在中华人民共和国方面为司法部，在阿根廷共和国方面为外交和宗教事务部。

三、任何一方如果变更其对中央机关的指定，应当通过外交途径通知另一方。

第三条　协助的限制

一、存在下列情形之一的，被请求方可以拒绝提供协助：

（一）请求涉及的行为根据被请求方法律不构成犯罪；

（二）被请求方认为，请求涉及政治犯罪；

（三）请求涉及的犯罪仅构成军事犯罪；

（四）被请求方有充分理由认为，请求的目的是基于某人的种族、性别、宗教、国籍或者政治见解而对该人进行侦查、起诉、处罚或者其他诉讼程序，或者该人在司法程序中的处境可能由于上述任何原因受到损害；

（五）被请求方正在对请求所涉及的同一犯罪嫌疑人或者被告人就同一犯罪进行刑事诉讼，或者已经终止刑事诉讼，或者已经作出生效判决；

（六）被请求方认为，执行请求将损害本国主权、安全、公共秩序或者其他重大公共利益。

二、如果执行请求将会妨碍正在被请求方进行的侦查、起诉或者审判程序，被请求方可以推迟提供协助。

三、在根据本条拒绝或者推迟提供协助前，被请求方应当考虑是否可以在其认为必要的条件下准予协助。请求方如果接受附条件的协助，则应当遵守这些条件。

四、被请求方如果拒绝或者推迟协助，应当将拒绝或者推迟的理由通知请求方。

第四条　请求的形式和内容

一、协助请求应当以书面形式提出，并且由请求方中央机关签署或者盖章。在紧急情形下，请求方可以其他形式提出请求，并应当随后迅速以书面形式确认该请求。

二、协助请求应当包括以下内容：

（一）请求所涉及的侦查、起诉或者审判程序的主管机关的名称；

（二）对于请求所涉及的案件性质的说明，以及该案的事实概要和可适用的法律规定；

（三）对于请求提供的协助、协助的目的及其与案件相关性的说明；

（四）希望请求得以执行的期限。

三、在必要和可能的范围内，协助请求还应当包括以下内容：

（一）关于被取证人员的身份和居住地的资料；

（二）关于受送达人的身份、居住地以及该人与诉讼的关系的资料；

（三）关于需查找或者辨认的人员的身份及下落的资料；

（四）关于需勘验或者检查的对象的说明；

（五）关于查询、搜查、冻结和扣押的对象的说明；

（六）希望在执行请求时遵循的特别程序及其理由的说明；

（七）保密的需要及其理由的说明；

（八）关于被邀请前往请求方境内作证或者协助调查的人员有权得到的津贴和费用的说明；

（九）拟提出问题的清单；

（十）有助于执行请求的其他资料。

四、被请求方如果认为请求中包括的内容不足以使其处理该请求，可以要求提供补充资料。

五、根据本条提出的请求和辅助文件，应当附有被请求方文字的译文。

第五条 请求的执行

一、被请求方应当按照本国法律及时执行协助请求。

二、被请求方在不违背本国法律的范围内，可以按照请求方要求的方式执行协助请求。

三、被请求方应当将执行请求的结果及时通知请求方。如果无法提供所请求的协助，被请求方应当将原因通知请求方。

第六条 保密和限制使用

一、如果请求方提出要求，被请求方应当对请求，包括其内容和辅助文件，以及按照请求所采取的行动予以保密。如果不违反保密要求就无法执行请求，被请求方应当将此情况通知请求方，请求方应当随即决定该请求是否仍然应当予以执行。

二、如果被请求方提出要求，请求方应当对被请求方提供的资料和证据予以保密，或者仅在被请求方指明的条件下使用。

三、未经被请求方事先同意，请求方不得为了请求所述案件以外的任何其他目的使用根据本条约所获得的资料或者证据。

第七条　送达文书

一、被请求方应当根据本国法律并依请求，送达请求方递交的文书。

二、被请求方完成送达后，应当向请求方出具送达证明。送达证明应当载明送达日期、地点和送达方式，并且应当由送达文书的机关签署或者盖章。

第八条　移交文件

如果请求涉及移交文件或者记录，被请求方可以移交经证明的副本或者影印件；在请求方明示要求移交原件的情况下，被请求方应当尽可能满足此项要求。

第九条　请求方人员到场

被请求方在不违背本国法律的范围内，应当同意请求中指明的人员在执行请求时到场，并允许这些人员通过被请求方主管机关人员向被取证人员提问。为此目的，被请求方应当及时将执行请求的时间和地点通知请求方。

第十条　拒绝作证

一、根据本条约被要求作证的人员，如果被请求方法律允许该人在被请求方提起的诉讼中的类似情形下不作证，可以拒绝作证。

二、根据本条约被要求作证的人员，如果主张依请求方法律有拒绝作证的权利或者特权，被请求方应当将该人的主张告知请求方，要求请求方说明是否存在该权利或者特权。

第十一条　安排人员作证或者协助调查

一、如果请求方请求某人到其境内作证或者协助调查，被请求方应当邀请该人前往请求方有关机关出庭。请求方应当说明需向该人支付的津贴、费用的范围。被请求方应当将该人的答复迅速通知请求方。

二、邀请有关人员到请求方境内作证或者协助调查的请求，应当在不迟于预定的到场日60天前向被请求方提出。在紧急情形下，被请求方可以同意较短的期限。

第十二条　移送在押人员以便作证或者协助调查

一、在符合下列条件的情况下，被请求方可以根据请求方请求，将在其境内的在押人员临时移送至请求方境内以便作证或者协助调查：

（一）该人同意；

（二）双方已经就移送条件事先达成书面协议。

二、如果依被请求方法律应当对该被移送人予以羁押，请求方应当对该人予以羁押。

三、作证或者协助调查完毕后，请求方应当尽快将该被移送人送回被请求方。

四、为本条的目的，该被移送人在请求方被羁押的期间，应当折抵在被请求方被判处的刑期。

五、如被请求方通知请求方不再需要羁押被移送人，请求方应将该人释放，并按第十一条所指的人员对待。

第十三条　证人和鉴定人的保护

一、请求方对于到达其境内的证人或者鉴定人，不得由于该人在入境前的任何作为或者不作为而进行侦查、起诉、羁押、处罚或者采取其他限制人身自由的措施，也不得强迫该人在请求所未涉及的任何侦查、起诉或者其他诉讼程序中作证或者提供协助。

二、如果上述人员在被正式通知无需继续停留后 15 天内未离开请求方，或者离开后又自愿返回，则不再适用本条第一款。但是，该期限不包括该人由于其无法控制的原因而未离开请求方的期间。

三、对于拒绝根据第十一条或者第十二条作证或者协助调查的人员，不得由于此种拒绝而施加任何刑罚或者采取任何限制其人身自由的强制措施。

第十四条　查询、搜查、冻结和扣押

一、被请求方应当在本国法律允许的范围内，执行查询、搜查、冻结和扣押作为证据的财物的请求。

二、被请求方应当向请求方提供其所要求的有关执行上述请求的结果，包括查询或者搜查的结果，冻结或者扣押的地点和状况以及有关财物随后被监管的情况。

三、如果请求方同意被请求方就移交所提出的条件，被请求方可以将被扣押财物移交给请求方。

第十五条　归还文件、记录和证据物品

请求方应当根据被请求方的要求，尽快归还被请求方根据本条约第八条和第十四条向其提供的文件或者记录的原件和证据物品。

第十六条　犯罪所得和犯罪工具的处置

一、被请求方应当根据请求，努力确定犯罪所得或者犯罪工具是否位于其境内，并且应当将结果通知请求方。在提出这种请求时，请求方应当将其认为上述财物可能位于被请求方境内的理由通知被请求方。

二、一旦根据本条第一款找到涉嫌的犯罪所得或者犯罪工具，被请求方应当根据请求方的请求，按照本国法律采取措施冻结、扣押和没收这些财物。

三、在本国法律允许的范围内以及双方商定的条件下，被请求方可以根据请求方的请求，将上述的犯罪所得或者犯罪工具的全部或者部分或者出售有关资产的所得移交给请求方。

四、在适用本条时，善意第三方对这些财物的合法权益应当依被请求方法律受到尊重。

第十七条　通报刑事诉讼结果

请求方应当根据被请求方的要求，向被请求方通报协助请求所涉及的刑事诉讼的结果。

第十八条　提供犯罪记录

如果某人正在请求方受到侦查或者起诉，被请求方应当根据请求，提供该人在被请求方的犯罪记录。

第十九条　交流法律资料

双方可以根据请求，相互交流各自国家与履行本条约有关的法律和司法实践的资料。

第二十条　认证

为本条约的目的，根据本条约转递的任何文件无须进行任何形式的认证。

第二十一条　费用

一、被请求方应当负担执行请求所产生的费用，但是请求方应当负担下列费用：

（一）有关人员按照本条约第九条的规定，前往、停留于和离开被请求方的费用；

（二）有关人员按照本条约第十一条和第十二条的规定，前往、停留于和离开请求方的费用和津贴，这些费用和津贴应当根据发生地的标准和规定支付；

（三）鉴定人鉴定的费用；

（四）翻译的费用。

二、请求方应当根据要求，预付由其负担的上述费用。

三、如果执行请求明显地需要超常性质的费用，双方应当相互协商决定可以执行请求的条件。

第二十二条　其他合作基础

本条约不妨碍任何一方根据其他可适用的国际协议或者本国法律向另一方提供协助。

第二十三条　争议的解决

由于本条约的解释和适用产生的争议，如果双方中央机关不能自行达成协议，应当通过外交途径协商解决。

第二十四条　生效、修订和终止

一、本条约须经批准，并在交换批准书后第 30 天生效。

二、本条约可以经双方书面协议随时予以修订。此类修订应当按照本条第一款规定的相同程序生效，并构成本条约的一部分。

三、任何一方可以随时通过外交途径，以书面形式通知另一方终止本条约。终止自该通知发出之日后第 180 天生效。但在本条约终止时正在办理的协助请求仍应予以执行，即使本条约已终止。

四、本条约适用于其生效后提出的请求，即使有关作为或者不作为发生于本条约生效前。

本条约于二〇一二年六月二十五日订于布宜诺斯艾利斯，一式两份，每份均以中文、西班牙文和英文制成，三种文本同等作准。如遇解释上的分歧，以英文本为准。

中华人民共和国代表　　　　　　　　　　　阿根廷共和国代表
　　杨洁篪　　　　　　　　　　　　　　　　蒂梅尔曼
　（签字）　　　　　　　　　　　　　　　（签字）

中华人民共和国和菲律宾共和国关于刑事司法协助的条约[*]

中华人民共和国和菲律宾共和国，以下简称"双方"，

在相互尊重国家主权和平等互利的基础上，为促进两国在刑事司法协助领域的有效合作，达成协议如下：

第一条 协助范围

一、双方应当根据本条约的规定，在刑事犯罪的侦查、起诉及其他刑事诉讼程序中相互提供协助。

二、协助应当包括：

（一）送达文书；

（二）辨认或者查找人员；

（三）获取证据、物品或者文件；

（四）获取人员的证言或者陈述；

（五）执行搜查和扣押的请求；

（六）便利人员作证；

（七）暂时移交在押人员以便作证；

（八）获取司法或者官方记录的原件或者副本；

（九）追查、限制、追缴和没收犯罪活动收益和工具，包括限制处分或者冻结被指称与刑事事项有关的财产；

（十）提供和交换法律资料、文件和记录；

（十一）借出证物；

（十二）获取和提供鉴定结论；

（十三）进行司法勘验或者检查场所或者物品；

（十四）通报刑事诉讼结果和提供犯罪记录；

（十五）符合本条约宗旨且不违反被请求方法律的其他形式的协助。

三、本条约不适用于：

（一）对人员的引渡；

---

[*] 2000 年 10 月 16 日签署，2001 年 4 月 28 日第九届全国人民代表大会常务委员会第二十一次会议批准，2012 年 11 月 17 日生效。

（二）执行请求方所作出的刑事判决、裁定或者决定，但被请求方法律和本条约许可的除外。

四、本条约仅适用于双方和相互提供协助的情形。本条约的规定，并不给予任何私人当事方以取得、隐藏或者排除任何证据或者妨碍执行请求的权利。

第二条　中央机关

一、为本条约的目的，双方各自指定的中央机关应当直接进行联系。

二、在中华人民共和国方面，中央机关系指司法部。在菲律宾共和国方面，中央机关系指司法部。

三、任何一方如果变更其对中央机关的指定，应当通过外交途径通知另一方。

第三条　拒绝或者推迟协助

一、存在下列情形之一的，被请求方可以拒绝提供协助：

（一）请求涉及的行为根据被请求方法律不构成犯罪；

（二）被请求方认为请求系针对政治犯罪提出；

（三）请求涉及的犯罪纯属军事犯罪；

（四）被请求方有充分理由认为，请求的目的是基于某人的种族、性别、宗教、国籍或者政治见解而对该人进行侦查、起诉、处罚或者其他诉讼程序，或者该人的地位可能由于上述任何原因受到损害；

（五）被请求方正在对请求所涉及的同一犯罪嫌疑人或者被告人就同一犯罪进行刑事诉讼，或者已经终止刑事诉讼，或者已经作出终审判决；

（六）被请求方认为，请求提供的协助与案件缺乏实质联系；

（七）被请求方认为，执行请求将损害本国主权、安全、公共秩序或者其他重大公共利益，或者违背本国法律的基本原则；

（八）协助请求涉及对某人的起诉，而假若有关的犯罪是在被请求方管辖区内实施的，该人会因时效期限届满或者任何其他原因而不能再被起诉；

（九）请求方不能遵守任何关于保密或者限制使用所提供材料的条件；

（十）提供所请求的协助会危害任何人的安全，或者对被请求方的资源造成过分的负担。

二、如果提供协助将会妨碍正在被请求方进行的侦查、起诉或者其他诉讼程序，被请求方可以推迟提供协助。

三、在拒绝或者推迟提供协助前，被请求方应当考虑是否可以在其认为必要的条件下准予协助。请求方如果接受附条件的协助，则应当遵守这些条件。

四、被请求方如果拒绝或者推迟协助，应当将拒绝或者推迟的理由通知请求方。

第四条　请求的形式和内容

一、请求应当以书面形式提出，并且由请求方中央机关签署或者盖章。在紧急情形下，被请求方可以接受其他形式的请求，请求方应当随后迅速以书面形式确认该请求。

二、请求应当包括以下内容：

（一）请求所涉及的侦查、起诉或者其他诉讼程序的主管机关的名称；

（二）对于请求所涉及的案件的性质和事实以及所适用的法律规定的说明；

（三）对于请求提供的协助及其目的的说明，包括对于请求提供的协助与案件的相关性的说明；

（四）希望请求得以执行的期限。

三、在必要和可能的范围内，请求还应当包括以下内容：

（一）关于被取证人员的身份和居住地的资料；

（二）关于受达达人的身份和居住地、以及该人与诉讼的关系的资料；

（三）关于需查找或者辨别的人员的身份及下落的资料；

（四）关于需勘验或者检查的场所或者物品的说明；

（五）希望在执行请求时遵循的特别程序及其理由的说明；

（六）关于搜查的地点和查询、冻结、扣押的财物的说明；

（七）保密的需要及其理由的说明；

（八）关于被邀请前往请求方境内作证或者协助调查的人员有权得到的津贴和费用的说明；

（九）有助于执行请求的其他资料。

四、被请求方如果认为请求中包括的内容尚不足以使其处理该请求，可以要求提供补充资料。

五、根据本条提出的请求和辅助文件，应当附有被请求方文字的译文。然而应请求，上这请求和辅助文件也可以使用英文。

第五条　请求的执行

一、协助请求应当根据被请求方法律及时地予以执行，并且在被请求方法律不禁止的范围内，在切实可行的情况下，按照请求所述指示予以执行。

二、被请求方应当将执行请求的结果及时通知请求方。如果无法提供所请求的协助，被请求方应当将原因通知请求方。

第六条　保密和限制使用

一、如果请求方提出要求，被请求方应当对请求，包括其内容和辅助文件，以及按照请求所采取的行动予以保密。如果不违反保密要求将无法执行请求，被请求方应当将此情况通知请求方，请求方应当随即决定该请求是否仍然应当予以执行。

二、如果被请求方提出要求，请求方应当对被请求方提供的资料和证据予以保密，或者仅在被请求方指明的条件下使用。

三、未经被请求方事先的书面同意，请求方不得为了请求所述案件以外的任何其他目的使用根据本条约所获得的资料或者证据。

第七条　送达文书

一、被请求方应当根据本国法律并依请求，送达请求方递交的文书。但是对于要求某人作为被告人出庭的文书，被请求方不负有执行送达的义务。

二、被请求方在执行送达后，应当向请求方出具送达证明。送达证明应当包括送达日期、地点和送达途径或方式，并且应当由送达文书的机关签署或者盖章。如果无法执行送达，则应当通知请求方，并且说明原因。

第八条　调取证据

一、被请求方应当根据本国法律并依请求，调取证据并移交给请求方。

二、如果请求涉及移交文件或者记录，被请求方可以移交经证明的副本或者影印件。在请求方明确要求移交原件的情况下，被请求方应当尽可能满足此项要求。

三、在不违背被请求方法律的前提下，根据本条移交给请求方的文件和其他资料，应当按照请求方要求的形式予以证明，以便使其可以依请求方法律得以接受。

四、在不违背本国法律的前提下，被请求方应当同意请求中指明的人员在执行请求时到场，并且应当允许这些人员通过被请求方司法人员向被调取证据的人员提问。为此目的，被请求方应当及时将执行请求的时间和地点通知请求方。

第九条　拒绝作证

一、根据本条约被要求作证的人员，如果被请求方法律允许该人在被请求方提起的诉讼中的类似情形下不作证，可以拒绝作证。

二、如果根据本条约被要求作证的人员，主张依请求方法律有拒绝作证的权利或者特权，被请求方应当要求请求方提供产生该项权利或者特权的法律依据的证明书。请求方的证明书应当被视为关于该项权利或者特权的充分证据，除非有明确的相反证据。

第十条　安排有关人员作证或者协助调查

一、被请求方应当根据请求方的请求，邀请有关人员前往请求方境内适当机构作证或者协助调查。请求方应当说明拟向该人支付的津贴和费用的范围。被请求方应当将该人的答复迅速通知请求方。

二、邀请有关人员在请求方境内出庭的文书送达请求，应当在不迟于预定的出庭日六十天前递交给被请求方。但被请求方在紧急情形下已同意在较短期限内转交的除外。

第十一条　移送在押人员以便作证或者协助调查

一、经请求方请求，被请求方可以将在其境内的在押人员临时移送至请求方境内以便出庭作证或者协助调查，条件是该人同意，而且双方已经就移送条件事先达成书面协议。

二、如果依被请求方法律该被移送人应当予以羁押，请求方应当羁押该人。

三、作证或者协助调查完毕后，请求方应当立即将该被移送人送回被请求方。

四、为本条的目的，该被移送人在请求方被羁押的期间，应当折抵在被请求方判处的刑期。

第十二条　证人和鉴定人的保护

一、请求方对于到达其境内的证人或者鉴定人，不得由于该人在入境前的任何作为或者不作为而进行侦查、起诉、羁押、处罚或者采取其他限制人身自由的措施，也不得要求该人在请求所未涉及的任何侦查、起诉或者其他诉讼程序中作证或者协助调查，除非事先取得被请求方和该人的同意。

二、如果上述人员在被正式通知无需继续停留后十五天内未离开请求方，或者离开后又自愿返回，则不再适用本条第一款。但是，该期限不应包括该人由于本人无法控制的原因而未离开请求方领土的期间。

三、对于拒绝根据第十条或者第十一条作证或者协助调查的人员，不得由于此种拒绝而施加任何刑罚或者采取任何限制其人身自由的强制措施。

第十三条　搜查和扣押

一、被请求方应当在本国法律允许的范围内，执行查询、冻结、搜查和扣押作为证据的财物的请求。

二、被请求方应当向请求方提供其所要求的有关执行上述请求的结果，包括查询或者搜查的结果，冻结或者扣押的地点和状况以及有关财物随后被监管的情况。

三、如果请求方同意被请求方就移交所提出的条件，被请求方可以将被扣押财物移交给请求方。

第十四条　向被请求方归还文件、记录和证据物品

请求方应当根据被请求方的要求，或者当请求方不再需要根据本条约向其提供的文件或者记录的原件和证据物品时，尽快将上述原件和物品归还被请求方。

第十五条　犯罪所得和犯罪工具的没收

一、被请求方应当根据请求，努力确定犯罪所得或者犯罪工具是否位于其境内，并且应当将调查结果通知请求方。在提出这种请求时，请求方应当将其认为上述财物可能位于被请求方境内的理由通知被请求方。

二、如果根据本条第一款，涉嫌的犯罪所得或者犯罪工具已被找到，被请求方应当根据请求，按照本国法律采取措施冻结、扣押和没收这些财物。

三、在本国法律允许的范围内及双方商定的条件下，被请求方可以根据请求方的请求，将上述的犯罪所得或者犯罪工具的全部或者部分或者出售有关资产的所得移交给请求方。

第十六条　通报刑事诉讼结果

请求方应当根据请求，向被请求方通报请求方先前根据本条约提出的请求所涉及的刑事诉讼的结果。

第十七条　犯罪记录

如果在被请求方境内存在关于在请求方境内受到侦查或者起诉的人先前的犯罪记录和被判刑的情况，被请求方应当根据请求，向请求方提供。

第十八条　交流法律资料

双方应当根据请求，相互交流各自国家与履行本条约有关的法律和司法实践。

第十九条　文件的证明和认证

为本条约的目的，根据本条约转递的任何文件，不应要求任何形式的证明或者认证，但是本条约另有规定的除外。

第二十条　费用

一、被请求方应当负担执行请求所产生的费用，但是请求方应当负担下列费用：

（一）有关人员按照第八条第四款的规定，前往、停留和离开被请求方的必要而合理的费用；

（二）有关人员按照第十条或者第十一条的规定，前往、停留和离开请求方

的必要而合理的费用和津贴，这些费用和津贴应当根据发生地的标准和规定支付；

（三）鉴定人必要而合理的费用和报酬；

（四）笔译和口译的费用和报酬。

二、请求方应当根据要求，预付由其负担的上述津贴、费用和报酬。

三、如果执行请求明显地需要超常性质的费用，双方应当相互协商决定可以执行请求的条件。

第二十一条 外交或者领事官员送达文书和调取证据

一方可以通过其派驻在另一方的外交或者领事官员向在该另一方境内的本国国民送达文书和调取证据，但是不得违反该另一方法律，并且不得采取任何强制措施。

第二十二条 其他合作基础

本条约不妨碍任何一方根据其他可适用的国际协议或者本国法律向另一方提供协助。双方也可以根据任何其他可适用的安排、协议或者惯例提供协助。

第二十三条 协商

双方应当根据另一方的请求，就本条约的一般性或涉及个案的解释、适用或者执行，通过各自的中央机关或者外交途径及时进行协商。

第二十四条 生效、修正和终止

一、本条约须经批准，批准书在马尼拉互换。条约自互换批准书之日后第三十天生效。

二、本条约可以经双方书面协议随时予以修正。

三、任何一方可以随时通过外交途径，以书面形式通知终止本条约。终止自该通知发出之日后第一百八十天生效。

四、本条约适用于其生效后提出的请求，即使有关作为或者不作为发生于本条约生效前。

下列签署人经各自政府适当授权，签署本条约，以昭信守。

二〇〇〇年十月十六日订于北京，一式两份，每份均以中文和英文制成，两种文本同等作准。

中华人民共和国代表　　　　　　菲律宾共和国代表
高昌礼　　　　　　　　　　阿尔泰米欧·图奎罗
（签字）　　　　　　　　　　（签字）

中华人民共和国和波斯尼亚和黑塞哥维那
关于刑事司法协助的条约*

中华人民共和国和波斯尼亚和黑塞哥维那（以下称双方），

在相互尊重主权和平等互利的基础上，为促进两国在刑事司法协助领域的有效合作，决定缔结本条约，并达成协议如下：

第一条　适用范围

一、双方应当根据本条约的规定，相互提供刑事司法协助。

二、协助应当包括：

（一）送达刑事诉讼文书；

（二）获取有关人员的证言或者陈述；

（三）提供文件、记录和证据物品；

（四）获取和提供鉴定结论；

（五）查找、辨认人员；

（六）进行司法勘验或者对地点或物品进行检查；

（七）安排有关人员作证或者协助调查；

（八）移送在押人员以便作证或者协助调查；

（九）查询、搜查、冻结和扣押；

（十）没收犯罪所得和犯罪工具；

（十一）通报刑事诉讼结果和提供犯罪记录；

（十二）交流法律资料；

（十三）不违背被请求方法律的其他形式的协助。

三、本条约不适用于：

（一）对任何人的引渡；

（二）执行请求方作出的判决、裁定或决定，除非被请求方法律和本条约允许；

---

* 2012 年 12 月 18 日签署，2014 年 6 月 27 日第十二届全国人民代表大会常务委员会第九次会议批准，2014 年 10 月 12 日生效。

（三）移管被判刑人以执行刑罚。

四、本条约仅适用于双方之间的相互司法协助。本条约的规定，不赋予任何个人取得或者排除任何证据或者妨碍执行请求的权利。

第二条 中央机关

一、为本条约的目的，双方相互请求和提供司法协助，应当通过各自指定的中央机关直接联系。

二、本条第一款所指的中央机关，在中华人民共和国方面为中华人民共和国司法部，在波斯尼亚和黑塞哥维那方面为波斯尼亚和黑塞哥维那司法部。

三、任何一方如果变更其对中央机关的指定，应当通过外交途径通知另一方。

第三条 协助的拒绝或推迟

一、存在下列情况之一的，被请求方可以拒绝提供协助：

（一）请求涉及的行为根据被请求方法律不构成犯罪；

（二）被请求方认为请求涉及的犯罪是政治犯罪；

（三）请求涉及的犯罪根据请求方法律是单纯的军事犯罪；

（四）被请求方有充分理由认为，请求的目的是基于某人的种族、性别、宗教、国籍或者政治见解而对该人进行侦查、起诉、处罚或者其他诉讼程序，或者该人的地位可能由于上述任何原因受到损害；

（五）被请求方正在对请求所涉及的同一犯罪嫌疑人或者被告人就同一犯罪进行刑事诉讼，或者已经终止刑事诉讼，或者已经作出生效判决；

（六）被请求方认为请求提供的协助与案件缺乏实质性联系；

（七）被请求方认为，执行请求将损害本国主权、安全、公共秩序或者其他重大公共利益，或违背其本国法律的基本原则。

二、如果执行请求将会妨碍被请求方正在进行的、请求所涉事项以外的侦查、起诉或者其他程序，被请求方可以推迟提供协助。

三、在根据本条拒绝或者推迟提供协助前，被请求方应当考虑是否可以在其认为必要的条件下提供协助。请求方如果接受附条件的协助，则应当遵守这些条件。

四、被请求方如果拒绝或者推迟协助，应当将拒绝或者推迟的理由通知请求方。

第四条 请求的形式和内容

一、协助请求应当以书面形式提出，并且由请求方请求机关或者中央机关签署或者盖章。在紧急情形下，被请求方可以接受其他形式提出请求。除非被请求方另行同意，请求方随后应当迅速以书面形式确认该请求。

二、协助请求应当包括以下内容：

（一）请求所涉及的侦查、起诉或者其他程序的主管机关的名称；

（二）对于相关案件性质的说明，以及请求涉及的案件的事实概要和可适用的法律规定；

（三）对于请求协助的事项、协助的目的及请求协助事项相关性的说明；

（四）希望请求得以执行的期限。

三、在必要和可能的范围内，请求还应当包括以下内容：

（一）被取证人员的身份和居住地的资料；

（二）受送达人的身份、居住地以及该人与诉讼关系的资料；

（三）需查找或者辨认的人员身份及下落的资料；

（四）需勘验或者检查的场所或对象的说明；

（五）希望在执行请求时遵循的特别程序及理由；

（六）关于搜查的场所和查询、冻结、扣押的财产的说明；

（七）保密需要及理由；

（八）关于被邀请前往请求方作证或者协助调查的人员有权得到的津贴和费用的说明；

（九）有助于执行请求的其他资料。

四、被请求方如果认为请求中包括的内容不足以使其处理该请求，可以要求提供补充资料。

五、根据本条提出的请求和辅助文件均应附有被请求方语言的译文。

第五条　请求的执行

一、被请求方应当按照本国法律及时执行协助请求。

二、被请求方在不违背本国法律的范围内，可以按照请求方要求的方式执行协助请求。

三、被请求方应当将执行请求的结果及时通知请求方。如果无法提供所请求的协助，被请求方应当及时通知请求方。

第六条　保密和限制使用

一、如果请求方提出要求，被请求方应当对请求，包括其内容和辅助文件，以及按照请求所采取的行动予以保密。如果请求无法在不违反保密要求的情况下执行，被请求方应当将此情况通知请求方，请求方应当决定是否仍然执行该请求。

二、如果被请求方提出要求，请求方应当对被请求方提供的资料和证据予

以保密，或者仅在被请求方指明的条件下使用。

三、未经被请求方事先同意，请求方不得为办理请求所述案件以外的任何其他目的使用根据本条约获得的资料或者证据。

第七条　送达文书

一、被请求方应当根据本国法律并依请求送达请求方递交的文书。被请求方对于要求某人作为被告人出庭的文书不负有送达的义务。

二、被请求方完成送达后，应当向请求方出具送达证明。送达证明应当包括对送达日期、送达地点和送达方式的说明，并且应当附有送达文书的机关的签署或者盖章。如未能完成送达，应告知请求方并说明原因。

第八条　调取证据

一、被请求方应当根据本国法律并依请求调取证据并移交给请求方。

二、如果请求涉及移交文件或者记录，被请求方可以移交经证明的副本或者影印件；在请求方明示要求移交原件的情况下，被请求方应当尽可能满足此项要求。

三、根据本条移交给请求方的文件和其他资料，在不违背被请求方法律的前提下，可以按照请求方要求的形式予以证明，以便使其可以根据请求方法律得以采用。

四、被请求方在不违背本国法律的前提下，应当同意请求中指明的人员在执行请求时到场，并允许这些人员通过被请求方司法人员向被取证人员提问。为此，被请求方应当及时将执行请求的时间和地点通知请求方。

第九条　拒绝作证

一、根据本条约被要求作证的人员，如果被请求方法律允许该人在被请求方提起的诉讼中的类似情形下不作证，可以拒绝作证。

二、根据本条约被要求作证的人员，如果主张依请求方法律有拒绝作证的权利或者特权，被请求方应当要求请求方提供该权利或者特权有效性的证明。除非有确切的相反证据，请求方的证明应当被视为关于该权利或者特权的结论性证据。

第十条　安排人员作证或者协助调查

一、如果请求方要求有关人员在请求方境内作证或协助调查，被请求方应当邀请该人前往请求方境内作证或者协助调查。请求方应当说明需向该人支付的津贴、费用的范围。被请求方应当将该人的答复迅速通知请求方。

二、请求方要求有关人员到其境内出庭的文书送达请求，应当在不迟于预定的出庭日 60 天前转递给被请求方。除非被请求方同意在较短期限内转递。

第十一条 移送在押人员以便作证或者协助调查

一、被请求方可以根据请求方请求，将在其境内的在押人员临时移送至请求方境内以便作证或者协助调查，条件是该人同意，并且双方已经就移送条件事先达成书面协议。

二、如果根据被请求方法律应当对该被移送人员保持羁押，请求方应当对该人予以羁押。

三、作证或者协助调查完毕后，请求方应当尽快将该被移送人送回被请求方。

四、为本条的目的，该被移送人在请求方被羁押的期间，应当折抵在被请求方被判处的刑期。

第十二条 证人和鉴定人的保护

一、请求方对于到达其境内的证人或者鉴定人，不得由于该人在入境前的任何作为或者不作为而进行侦查、起诉、羁押、处罚或者采取其他限制人身自由的措施。请求方也不得强迫该人在请求未涉及的任何侦查、起诉或者其他诉讼程序中作证或者协助调查，但事先征得被请求方和该人同意的除外。

二、如果本条第一款所指人员在被正式通知无需继续停留后 15 天内未离开请求方，或者离开后又自愿返回，则不再适用本条第一款的规定。但该期限不包括该人由于本人无法控制的原因而未离开请求方的期间。

三、拒绝根据本条约第十条或者第十一条作证或者协助调查的人员，不得因此而被施加任何刑罚或者限制人身自由的强制措施。

第十三条 查询、搜查、冻结和扣押

一、被请求方应当在本国法律允许的范围内，执行查询、搜查、冻结和扣押作为证据的财物的请求。

二、被请求方应当向请求方提供有关执行上述请求的结果的信息，包括查询或者搜查的结果，冻结或者扣押的地点和状况以及有关财物随后被监管的情况的信息。

三、如果请求方同意被请求方就移交被扣押财物及事后返还所提出的条件，被请求方可以将被扣押财物移交给请求方。

第十四条 向被请求方归还文件、记录和证据物品

请求方应当根据被请求方的要求，尽快归还被请求方根据本条约向其提供的文件或者记录的原件和证据物品。

第十五条 犯罪所得和犯罪工具的没收

一、被请求方应当根据请求，努力确定犯罪所得或者犯罪工具是否位于其境内，并将查询结果通知请求方。在提出这种请求时，请求方应当将其认为上述财物可能位于被请求方境内的理由告知被请求方。

二、一旦根据本条第一款发现涉嫌的犯罪所得或者犯罪工具，被请求方应当根据请求方的请求，根据本国法律采取措施冻结、扣押、没收这些犯罪所得或者犯罪工具。

三、在本国法律允许的范围内，被请求方可以根据请求方的请求，将犯罪所得、犯罪工具的全部或者部分，或者出售这类资产的所得移交给请求方。

四、在适用本条时，被请求方和任何第三人对这些财物的合法权益应当根据被请求方法律受到尊重。

第十六条 通报刑事诉讼结果

一、根据本条约提出协助请求的一方，应当根据被请求方的请求向其通报协助请求所涉及的刑事诉讼的结果。

二、根据请求，一方应当向另一方通报其对该另一方国民可能提起的刑事诉讼的结果。

第十七条 提供犯罪记录

如果在请求方境内受到刑事侦查或者起诉的人在被请求方境内也曾经受到起诉，则被请求方应当根据请求，向请求方提供有关该人的犯罪记录和对该人判刑的情况。

第十八条 交流法律资料

双方应当根据请求，相互交流各自国家与履行本条约有关的现行法律或曾经有效的法律和司法实践的资料。

第十九条 公证和认证

为本条约的目的，根据本条约转递的任何文件，无需进行任何形式的公证和认证，但本条约另有规定的除外。

第二十条 费用

一、被请求方应当负担执行请求所产生的费用，但是请求方应当负担下列费用：

（一）有关人员按照第八条第四款的规定，前往、停留和离开被请求方的费用；

（二）有关人员按照第十条或者第十一条的规定，前往、停留和离开请求方的费用或津贴，该费用和津贴应当根据费用发生地的标准或规定支付；

（三）鉴定人的费用和报酬。

二、请求方应当根据请求，预付应当由其负担的费用和津贴。

三、如果执行请求明显需要超常性质的费用，双方应当相互协商决定可以执行请求的条件。

第二十一条　其他合作基础

本条约不妨碍任何一方根据其他可适用的国际条约或者本国法律向另一方提供协助。双方也可以根据任何其他可适用的安排、协议或者实践提供协助。

第二十二条　争议的解决

由于本条约的解释和适用产生的争议，如果双方中央机关不能自行达成协议，应当通过外交途径协商解决。

第二十三条　生效、修订和终止

一、双方在完成使条约生效的必要国内程序后，应当通过外交照会通知对方。本条约自后一份照会收到之日起第 30 天生效。

二、本条约可以经双方书面协议随时予以修订。

三、任何一方可以随时通过外交途径以书面形式通知终止本条约。终止自该通知发出之日后第 180 天生效。

四、本条约适用于其生效后提出的请求，即使有关作为或者不作为发生于本条约生效前。

下列签署人经各自政府适当授权，签署本条约，以昭信守。

本条约于二〇一二年十二月十八日订于北京，一式两份，每份均以中文、波斯尼亚文、克罗地亚文、塞尔维亚文和英文制成，五种文本同等作准。如遇解释上的分歧，以英文本为准。

中华人民共和国代表　　　　　　　　波斯尼亚和黑塞哥维那代表

吴爱英　　　　　　　　　　　　巴里沙·乔拉克

（签字）　　　　　　　　　　　　（签字）

中华人民共和国和大不列颠及北爱尔兰联合王国
关于刑事司法协助的条约[*]

中华人民共和国和大不列颠及北爱尔兰联合王国（以下称双方），

在相互尊重主权和平等互利的基础上，为促进两国在刑事司法协助领域的有效合作；

充分尊重人权和法治；

决定缔结本条约，并达成协议如下：

第一条　适用范围

一、双方应当根据本条约的规定，在刑事侦查、起诉和审判程序中相互提供最广泛的司法协助，包括限制、冻结、扣押和没收犯罪所得和犯罪工具。

二、协助应当包括：

（一）送达刑事诉讼文书；

（二）获取有关人员的证言或者陈述；

（三）提供文件、记录和证据物品；

（四）获取和提供鉴定结论；

（五）查找和辨认人员；

（六）进行勘验或者检查；

（七）安排有关人员作证或者协助调查；

（八）进行查询、搜查、冻结和扣押；

（九）获取银行资料；

（十）涉及犯罪所得和犯罪工具的协助；

（十一）通报刑事诉讼结果和提供犯罪记录；

（十二）交流法律资料；

（十三）不违背被请求方法律的其他形式的协助。

三、本条约仅适用于双方之间的相互司法协助，本条约的规定，不赋予任

---

[*] 2013年12月2日签署，2015年8月29日第十二届全国人民代表大会常务委员会第十六次会议批准，2016年1月15日生效。

何个人以取得、排除任何证据的权利或者妨碍执行请求的权利。

第二条　中央机关

一、为本条约的目的，双方相互请求和提供司法协助，应当通过各自指定的中央机关直接联系。

二、本条第一款所指的中央机关，在中华人民共和国方面为司法部和公安部。

三、本条第一款所指的中央机关，在大不列颠及北爱尔兰联合王国方面为：

（一）发出请求的中央机关是：

1. 内阁大臣；

2. 苏格兰总检察长（负责与苏格兰相关的事宜）。

（二）接收请求的中央机关是：

1. 内阁大臣；

2. 苏格兰总检察长（负责与苏格兰相关的事宜）；

3. 英国税务海关总署。

四、任何一方如果变更其对中央机关的指定，应当通过外交途径以外交照会的形式通知另一方。

第三条　协助的限制

一、有下列情形之一的，被请求方可以拒绝提供协助：

（一）请求涉及的行为根据被请求方法律不构成犯罪，但是被请求方可以在其认为适当时，可以酌情决定提供协助，而不论该行为根据被请求方本国法律是否构成犯罪；

（二）被请求方认为请求涉及的犯罪是政治犯罪，但恐怖主义犯罪和双方均为缔约国的国际公约不认为是政治犯罪的除外；

（三）请求涉及的犯罪仅构成军事犯罪；

（四）被请求方有充分理由认为，请求的目的是基于某人的种族、性别、宗教、国籍或者政治见解而对该人进行侦查、起诉、处罚或者其他诉讼程序，或者该人在司法程序中的地位可能由于上述任何原因受到损害；

（五）被请求方正在对请求所涉及的同一犯罪嫌疑人或者被告人就同一犯罪进行刑事诉讼，或者已经终止刑事诉讼，或者已经作出生效判决；

（六）被请求方认为请求提供的协助与案件缺乏实质联系；

（七）被请求方认为，执行请求将损害本国主权、安全、公共秩序或者其他重大公共利益。

二、如果执行请求将会妨碍被请求方正在进行的侦查、起诉或者审判程序，被请求方可以推迟提供协助。

三、如果被请求方根据本条第一款考虑拒绝提供协助，可以首先根据第四条第四款的规定要求请求方提供补充资料，以便使请求得以执行。

四、在拒绝或者推迟提供协助前，被请求方应当考虑是否可以在其认为必要的条件下准予协助。请求方如果接受附条件的协助，则应当遵守这些条件。

五、被请求方如果拒绝或者推迟协助，应当迅速将拒绝或者推迟的理由通知请求方。

第四条 请求的形式和内容

一、协助请求应当以传真和电子邮件等书面形式提出，并且由请求方中央机关签署或者盖章。除非被请求方另行同意，请求方应当迅速以书面形式提交正式请求的原件。

二、协助请求应当包括以下内容：

（一）请求涉及的侦查、起诉或者审判程序的主管机关的名称和地址；

（二）为请求目的进行的侦查、起诉或者审判程序的案由和性质；

（三）请求所依据的信息摘要，包括事实概要和所适用的法律规定；

（四）对所需证据或者其他请求协助事项、协助的目的及其与案件相关性的说明；

（五）希望请求得以执行的期限。

三、在必要和可能的范围内，请求还应包括：

（一）被取证人的身份、出生日期、国籍和所在地；

（二）被送达人的身份、出生日期、国籍和所在地，该人与诉讼的关系以及送达方式；

（三）需查找或确认的人员的身份和下落方面的信息；

（四）关于需勘验或者检查的地点或者对象的说明；

（五）关于需搜查的地点和需扣押的物品的说明；

（六）关于需作出的查询和需冻结的财产的说明；

（七）关于获取或记录证言或陈述的方式的说明；

（八）询问证人或鉴定人的问题清单；

（九）在执行请求时需遵循的特别程序及理由的说明；

（十）关于被邀请前往请求方境内作证或协助调查的人员有权得到的津贴和费用的信息；

（十一）保密的要求及其理由的说明；

（十二）有助于执行请求的其他信息。

四、被请求方如果认为请求中包括的内容不足以使其处理该请求，可以要求提供补充资料。

第五条 文字

根据本条约提出的请求以及提交的辅助文件应当附有被请求方官方文字的译文，但双方另有约定的除外。

第六条 请求的执行

一、被请求方应当按照本国法律执行协助请求。

二、被请求方在不违背本国法律的范围内，可以按照请求方要求的方式和形式执行协助请求。

三、被请求方应当将执行请求的结果迅速通知请求方。如果无法提供所请求的协助，被请求方应当迅速将理由通知请求方。

第七条 主动提供的资料

一、一方中央机关，如果认为有关资料可能有助于另一方启动或者进行侦查、起诉或者审判程序，或者可能使另一方根据本条约提出请求，可以未经事先请求，向另一方中央机关转递该资料。

二、接收资料的一方可以自行斟酌决定是否接受根据本条第一款转递的资料。

三、如果接收资料的一方决定接受根据本条第一款转递的资料，其可以将该资料用于任何目的，但应受到提供资料的一方指明的条件限制。

第八条 保密和限制使用

一、如果请求方提出要求，被请求方应当对请求，包括其内容、辅助文件以及根据请求所采取的行动予以保密。如果不违反保密要求无法执行请求，被请求方应当将此情况通知请求方，请求方应当随即决定该请求是否仍然应当予以执行。

二、如果被请求方提出要求，请求方应当对被请求方提供的资料和证据予以保密，或者仅在被请求方指明的条件下使用该资料和证据。

三、未经被请求方事先同意，请求方不得为除请求中所列案件之外的任何其他目的，使用根据本条约所获得的任何资料或者证据。

四、如果根据请求方法律，为了进行审判程序有义务使用或者披露有关资料，则本条规定不妨碍在上述义务范围内使用或披露此类资料。请求方应当尽可能在披露前通知被请求方。

五、在一方境内已根据本条约的规定予以公开的资料或者证据，不再受保密或者本条第三款的要求所限。

六、因执行根据本条约提出的请求而提供个人数据的一方，可以要求接收数据的一方向其提供此类数据的使用情况。

第九条　送达文书

一、被请求方应当根据本国法律并依请求，送达请求方递交的文书。但是对于要求送达对象作为被告人出庭的文书，被请求方不负有送达的义务。

二、在请求送达的是要求某人出庭的传票或通知时，如该人未能出庭，即使传票包含了处罚通知，该人也不应当受到任何处罚或者限制措施。

三、被请求方完成送达后，应当向请求方出具送达证明。送达证明应当载明送达日期、送达地点和送达方式，并且应当由送达文书的机关签署或者盖章。

第十条　移交文件或者其他材料

一、如果请求涉及移交文件或者记录，被请求方可以移交经证明的副本或者影印件。但是在请求方明示要求移交原件的情况下，被请求方应当尽可能满足此项要求。

二、在不违背被请求方法律的前提下，根据本条移交给请求方的文件和其他材料应当按照请求方要求的形式予以证明，以便可以依请求方法律得到采用。

第十一条　请求方人员的到场

被请求方在不违背本国法律的情况下，应当同意请求中指明的人员在执行请求时到场，并可以为这些人员的参与提供便利，包括允许这些人员通过被请求方主管机关人员向被取证人员提问。为此目的，被请求方应当迅速将执行请求的时间和地点通知请求方。

第十二条　因特权或者豁免拒绝作证

一、根据本条约被要求作证的人员，如果被请求方法律允许该人在被请求方提起的诉讼中的类似情形下不作证，可以拒绝作证。

二、根据本条约被要求作证的人员，如果主张依请求方法律有拒绝作证的特权或者豁免，被请求方应当将该人的主张告知请求方，要求请求方提供是否存在该特权或者豁免的证明。请求方的证明应当视为是否存在该特权或者豁免的充分证据。

第十三条　安排人员作证或者协助调查

一、在符合第十四条规定的情况下，被请求方应当根据请求方的请求，邀请有关人员前往请求方境内的有关机关作证或者协助调查。被请求方应当将该人的答复迅速通知请求方。

二、有关人员到请求方境内作证或者协助调查的请求，应当在不迟于预定的作证或者协助调查日期 60 天前向被请求方提出。紧急情况下，被请求方可以同意较短期限。

第十四条　证人和鉴定人的保护

一、请求方可以作出安排，尽可能确保根据第十三条规定前往请求方境内的人员，不因其离开被请求方之前在请求方境内实施的任何行为或者定罪而被送达司法文书、被羁押或者受到任何人身自由的限制。

二、被请求方可以要求获得保证，有关人员不应当因其离开被请求方之前，在请求方境内实施的任何行为或定罪被送达司法文书、被羁押或者受到任何人身自由的限制。

三、请求方应当根据其法律规定，尽可能地向被请求方，以及在被要求的情况下，向有关人员作出上述保证。请求方还应当通知被请求方，以及在被要求的情况下，通知有关人员，其不能作出哪些保证。

四、请求方应当告知被请求方和有关人员，如果在有关人员根据第十三条进入请求方境内后，第三国提出针对有关人员的引渡请求，根据请求方法律将如何处理该引渡请求。

五、如果请求方不能提供令被请求方满意的保证，被请求方可以拒绝邀请有关人员前往请求方境内有关机关作证。

六、如果有关人员在被正式通知无需继续留在请求方境内后十五天仍未离开，或者离开后又自愿返回，本条第一款至第五款不再适用。该期限不应当包括有关人员由于其不能控制的原因无法离开请求方境内的时间。

七、对于拒绝根据第十三条作证或者协助侦查的人员，不得由于此种拒绝遭受任何刑罚或者任何限制其人身自由的强制措施。

第十五条　通过视频会议取证

一、一方可以请求另一方允许在被请求方境内的有关人员通过视频会议，在请求方刑事侦查、起诉和审判程序中作证。

二、被请求方在可能并且不违反被请求方法律的范围内，可以接受请求方根据本条第一款提出的请求。

三、双方可以就通过视频会议取证适用的条件和程序达成一致。

第十六条　查询、搜查、冻结和扣押

一、被请求方应当在本国法律允许的范围内，执行查询、搜查、冻结和扣押证据材料和物品的请求。

二、被请求方应当向请求方提供执行上述请求的结果，包括查询或者搜查

的结果，冻结或者扣押的地点和状况以及有关材料和物品随后被监管的情况。

三、如果请求方同意被请求方就移交所提出的条件，被请求方可以将被扣押的材料和物品移交给请求方。

第十七条 银行资料

一、被请求方可以在可能的范围内，根据请求，向请求方提供：

（一）账户持有人资料；

（二）账户资料。

二、请求方请求提供账户持有人资料时，除第四条所要求的资料外，还应当尽可能向被请求方提供以下资料：

（一）账户持有人的姓名和其他任何有助于确认身份的资料；

（二）据信保有账户持有人资料的金融机构名称和账号；

（三）与请求提供账户持有人资料有关的罪行所适用的法律规定，包括最高刑；

（四）与请求提供账户持有人资料有关的案件事实摘要；

（五）请求提供的账户持有人资料与刑事侦查、起诉或者审判程序的相关性的说明。

三、请求方请求提供账户资料时，应当尽可能向被请求方提供以下资料：

（一）本条第二款载明的资料，特别包括账户持有人的姓名、金融机构的名称和账号；

（二）需查询或者跟踪账户的期间。

四、为本条的目的，

（一）"账户持有人资料"是指关于某人在某一金融机构是否持有或者已经持有账户的信息，以及在持有账户时的下列信息：

1. 账户号码；

2. 该人的全名；

3. 该人的出生日期；

4. 该人提供给金融机构的身份证件种类和证件所载信息；

5. 该人的任何地址；

6. 开立账户的日期；

7. 该人停止持有该账户的日期（如有此种情况）；

8. 该人在该金融机构持有的任何其他账户；

9. 如果该账户不是以自然人的名义开立，账户持有人的性质和金融机构持有的关于该账户持有人的任何其他资料；

10. 如果该账户为共同持有，与其他共同持有人有关的第二至第五目事项的详细内容。

（二）"账户资料"是指通过查询和跟踪由金融机构持有的账户而获得的资料。

（三）"金融机构"的含义和范围应当根据被请求方法律确定。

第十八条 归还文件、记录和证据物品

请求方应当根据被请求方的要求，尽快归还被请求方根据本条约第十条和第十六条向其提供的文件或者记录的原件和证据物品。

第十九条 犯罪所得和犯罪工具

一、双方应当根据被请求方法律，在涉及确认、追查、限制、冻结、扣押和没收犯罪所得和犯罪工具的程序中相互协助。

二、除第四条规定的内容外，限制、冻结、扣押或者没收程序的协助请求还应当尽可能包括：

（一）请求合作涉及的财产的详细信息；

（二）财产的所在地及其与请求事项的联系；

（三）如有，财产和犯罪之间的联系；

（四）任何第三方对财产所享有的权益的详细信息；

（五）法院或其他主管机关作出的限制令、冻结令、扣押令或者没收令经证明无误的复印件；如果此种文书中未列明理由，则还需提供作出上述文书的理由的说明。

三、在适用本条时，被请求方和任何第三方对犯罪所得或工具的合法权益应当受到尊重。

第二十条 返还和分享资产

一、持有被没收资产的被请求方可以在其法律允许的范围内，向请求方返还或者与请求方分享该资产或者出售该资产的收益。返还或者分享该资产的条件和安排以及返还和分享的比例由双方商定。

二、当被请求方没收的资产是公共资金时，且这些资产是从请求方贪污、挪用所得，无论这些资金是否已被洗钱，被请求方应当将没收的资产或出售该资产的收益返还请求方，但应扣除合理的变现费用。

第二十一条 通报刑事诉讼结果

请求方应当根据被请求方的要求，向被请求方通报协助请求所涉及的刑事诉讼的结果。

第二十二条 提供犯罪记录

如果某人正在请求方受到侦查或者起诉，被请求方应当根据请求，提供该人在被请求方的犯罪记录。

第二十三条 可公开获取文件和官方文件的提供

一、被请求方应当根据请求，向请求方提供由被请求方机关持有的、可公开获得的记录的副本。

二、被请求方可以根据请求提供官方文件或者记录的副本。被请求方可以自行斟酌决定全部或者部分拒绝根据本款提出的请求。

第二十四条 交流法律资料

双方应当根据请求，相互交流各自国家与履行本条约有关的法律和司法实践的资料。

第二十五条 认证

为本条约的目的，根据本条约转递的任何文件，无需任何形式的认证，但本条约另有规定的除外。

第二十六条 费用

一、被请求方应当负担执行请求所产生的费用，但是请求方应当负担下列费用：

（一）有关人员按照本条约第十一条的规定，前往、停留于和离开被请求方的费用；

（二）有关人员按照本条约第十三条的规定，前往、停留于和离开请求方的费用和津贴，这些费用和津贴应当根据费用发生地的标准和规定支付；

（三）鉴定的费用。

二、请求方应当根据要求，预付由其负担的上述费用。

三、如果执行请求明显需要超常性质的费用，双方应当相互协商决定可以执行请求的条件。

第二十七条 其他合作基础

本条约不妨碍任何一方根据其他可适用的国际条约或者本国法律向另一方提供协助。双方也可以根据任何其他可适用的安排、协议或者实践提供协助。

第二十八条 争议的解决

由于本条约的解释和适用产生的争议，如果双方中央机关不能自行达成协议，应当通过外交途径协商解决。

第二十九条 领土的延伸

经双方互换照会，本条约应当延伸适用于由大不列颠及北爱尔兰联合王国负责其国际关系的任何领土。任何一方可以提前 6 个月通过外交途径向另一方发出书面通知终止该延伸适用。

第三十条 生效、修订和终止

一、双方根据本国法律完成本条约生效所需的一切必要程序后，应当通过外交照会通知另一方。本条约自后一份照会发出之日起第 30 天生效。

二、本条约可以经双方书面协议随时予以修订。此类修订应当按照本条第一款规定的相同程序生效，并构成本条约的一部分。

三、任何一方可以随时通过外交途径，以书面形式通知终止本条约。终止自该通知发出之日后第 180 天生效。

四、本条约适用于其生效后提出的请求，即使有关作为或者不作为发生于本条约生效前。

下列签署人经各自政府适当授权，签署本条约，以昭信守。

本条约于二〇一三年十二月二日订于北京，一式两份，每份均以中文和英文制成，两种文本同等作准。

中华人民共和国代表　　　　大不列颠及北爱尔兰联合王国代表

谢杭生　　　　　　　　　　雨果·斯瓦尔

（签字）　　　　　　　　　　（签字）

中华人民共和国和比利时王国关于刑事司法协助的条约*

中华人民共和国和比利时王国（以下称双方），

在相互尊重主权和平等互利的基础上，为促进两国在刑事司法协助领域的有效合作，决定缔结本条约，并达成协议如下：

第一条　适用范围

一、双方应当根据本条约的规定，在刑事侦查、起诉和审判程序中相互提供最广泛的刑事司法协助。

二、协助应当包括：

（一）送达刑事诉讼文书；

（二）获取有关人员的证言或者陈述；

（三）提供文件、记录和证据物品；

（四）获取和提供鉴定意见；

（五）查找、辨认人员；

（六）进行勘验或者检查；

（七）安排有关人员作证或者协助调查；

（八）临时移送在押人员以便作证或者协助调查；

（九）查询、搜查、冻结和扣押；

（十）有关犯罪所得和犯罪工具的处置；

（十一）通报刑事诉讼结果和提供犯罪记录；

（十二）交流法律资料；

（十三）不违背被请求方法律的其他形式的协助。

三、本条约仅适用于双方之间的相互司法协助。本条约的规定，不赋予任何个人以取得、隐瞒或者排除任何证据的权利或者妨碍执行请求的权利。

第二条　中央机关

一、为本条约的目的，双方相互请求和提供司法协助，应当通过各自指定

---

* 2014年3月31日签署，2015年8月29日第十二届全国人民代表大会常务委员会第十六次会议批准，2016年4月22日生效。

的中央机关直接联系，必要时可通过外交渠道联系。

二、本条第一款所指的中央机关，在中华人民共和国方面为司法部，在比利时王国方面为司法部。

三、任何一方如果变更其对中央机关的指定，应当通过外交途径通知另一方。

第三条　协助的限制

一、有下列情形之一的，被请求方应当拒绝提供协助：

（一）被请求方认为，执行请求将损害本国主权、安全、公共秩序或者其他重大公共利益，或者将违背本国法律基本原则；

（二）被请求方认为，请求涉及的犯罪是政治性质的犯罪，但恐怖主义犯罪和双方均为缔约国的国际公约不认为是政治犯罪的除外；

（三）被请求方有充分理由认为，请求的目的是基于某人的种族、性别、宗教、国籍或者政治见解而对该人进行侦查、起诉、处罚或者其他诉讼程序，或者该人在司法程序中的地位可能由于上述任何原因受到损害；

（四）请求涉及的犯罪仅构成军事犯罪。

二、有下列情形之一的，被请求方可以拒绝提供协助：

（一）请求涉及的行为根据被请求方法律不构成犯罪；

（二）被请求方正在对请求所涉及的同一犯罪嫌疑人或者被告人就同一犯罪进行刑事诉讼，或者已经终止刑事诉讼，或者已经作出生效判决。

三、被请求方不得以银行保密为由拒绝提供协助。

四、如果执行请求将会妨碍被请求方正在进行的侦查、起诉或者审判程序，被请求方可以推迟提供协助。在此种情况下，应当通知请求方，并告知其请求可能被准予的时间。

五、在拒绝或者推迟提供协助前，被请求方应当考虑是否可以在其认为必要的条件下准予协助。请求方如果接受附条件的协助，则应当遵守这些条件。

六、被请求方如果拒绝或者推迟协助，应当将拒绝或者推迟的理由通知请求方。

第四条　请求的形式和内容

一、协助请求应当以书面形式提出，并且由请求方中央机关签署或者盖章。在紧急情形下，请求方可以通过电传、传真、电子邮件等被请求方接受的其他形式提出请求，但应当随后迅速以书面形式确认该请求。

二、协助请求应当包括以下内容：

（一）请求所涉及的侦查、起诉或者审判程序的主管机关的名称；

（二）对于请求所涉及的案件性质的说明，以及该案的事实概要和可适用的法律规定；

（三）对于请求协助的事项、协助的目的及其与案件相关性的说明；

（四）希望请求得以执行的期限。

三、在必要和可能的范围内，协助请求还应当包括以下内容：

（一）所有被涉及人员的身份、地址或者下落、国籍以及该人与诉讼的关系；

（二）关于需勘验或者检查的对象的说明；

（三）关于查询、搜查、冻结和扣押的对象的说明；

（四）希望在执行请求时遵循的特别程序及其理由的说明；

（五）保密的需要及其理由的说明；

（六）关于被邀请前往请求方境内作证或者协助调查的人员有权得到的津贴和费用的说明；

（七）询问证人的问题清单；

（八）有助于执行请求的其他资料。

四、被请求方如果认为请求中包括的内容不足以使其处理该请求或者请求提供的协助与案件缺乏实质联系，可以要求提供补充资料。

第五条　文字

根据本条约提出的请求以及提交的辅助文件应当附有被请求方官方文字或者其中一种官方文字的译文，但双方另有约定的除外。

第六条　请求的执行

一、被请求方应当按照本国法律执行协助请求。

二、被请求方在不违背本国法律的范围内，可以按照请求方要求的方式执行协助请求。

三、被请求方应当将执行请求的结果及时通知请求方。如果无法提供所请求的协助，被请求方应当及时将原因通知请求方。

第七条　保密和限制使用

一、如果请求方提出要求，被请求方应当对请求，包括其内容和辅助文件，以及按照请求所采取的行动予以保密。如果不违反保密要求则无法执行请求，被请求方应当将此情况通知请求方，请求方应当随即决定该请求是否仍然应当予以执行。

二、如果被请求方提出要求，请求方应当对被请求方提供的资料和证据予以保密，或者仅在被请求方指明的条件下使用。

三、未经被请求方事先同意，请求方不得将根据本条约所获得的资料或者证据用于请求所述案件以外的任何目的。

第八条　送达文书

一、被请求方应当根据本国法律并依请求，送达请求方递交的文书。

二、被请求方完成送达后，应当向请求方出具送达证明。送达证明应当载明送达日期、送达地点和送达方式，并且应当由送达文书的机关签署或者盖章。

第九条　调取证据

一、被请求方应当根据本国法律并依请求，调取证据并移交给请求方。

二、如果请求涉及移交文件或者记录，被请求方可以移交经证明的副本或者影印件；在请求方明示要求移交原件的情况下，被请求方应当尽可能满足此项要求。

三、根据本条移交给请求方的文件和其他资料，在不违背被请求方法律的前提下，可以按照请求方要求的形式予以证明，以便使其可以依请求方法律得到采用。

四、被请求方在不违背本国法律的前提下，应当同意请求中指明的人员在执行请求时到场，并允许这些人员通过被请求方主管机关人员向被取证人员提问。为此目的，被请求方应当及时将执行请求的时间和地点通知请求方。

五、如果请求方希望证人或者鉴定人宣誓作证，应当就此提出明确请求，被请求方在不违背本国法律的前提下应予以同意。

第十条　通过视频会议获取证言或者陈述

当请求方主管机关需要听取身处被请求方领土上的人员作为证人或者鉴定人的证词，且被取证人员不可能或者不宜亲自到请求方领土上作证时，被请求方可以应请求方的要求，在可能且符合本国法律基本原则的情况下，允许根据双方商定的条件和方式通过视频会议获取证言或者陈述。

第十一条　安排人员作证或者协助调查

一、被请求方应当根据请求方的请求，邀请有关人员前往请求方境内有关机关作证或者协助调查。请求方应当说明需向该人支付的津贴、费用的范围。被请求方应当将该人的答复迅速通知请求方。

二、邀请有关人员到请求方境内作证或者协助调查的请求，应当在不迟于预定的到场日 60 天前向被请求方提出。在紧急情形下，被请求方可以同意在较短期限内提出。

第十二条　临时移送在押人员以便作证或者协助调查

一、被请求方可以根据请求方请求，将在其境内的在押人员临时移送至请求方境内以便作证或者协助调查，条件是该人同意，并且双方已经就移送条件事先达成书面协议。请求方应在协议规定的期限内将该人送回被请求方。

二、如果依被请求方法律应当对该被移送人予以羁押，请求方应当对该人予以羁押。

三、为本条的目的，该被移送人在请求方被羁押的期间，应当折抵在被请求方被判处的刑期。

第十三条　证人和鉴定人的保护

一、请求方对于到达其境内的任何证人或者鉴定人，包括第十二条所指的人员，不得由于该人在入境前的任何作为或者不作为而进行侦查、起诉、羁押、处罚或者采取其他限制人身自由的措施。请求方也不得强迫该人在请求所未涉及的任何侦查、起诉或者其他诉讼程序中作证或者协助调查，但事先征得被请求方和该人同意的除外。

二、如果上述人员在被正式通知无需继续停留后15天内未离开请求方，或者离开后又自愿返回，则不再适用本条第一款的规定。但是，该期限不包括该人由于本人无法控制的原因而未离开请求方的期间。

三、对于拒绝根据第十一条或者第十二条作证或者协助调查的人员，不得由于此种拒绝而施加任何刑罚或者采取任何限制其人身自由的强制措施。

第十四条　查询、搜查、冻结和扣押

一、被请求方应当在本国法律允许的范围内，执行查询、搜查、冻结和扣押作为证据的财物的请求。

二、被请求方应当向请求方提供有关执行上述请求的结果，包括查询或者搜查的结果，冻结或者扣押的地点和状况以及有关财物随后被监管的情况。

三、如果请求方同意被请求方就移交所提出的条件，被请求方可以将被扣押财物移交给请求方。

第十五条　物品和文件的移交

一、为执行协助请求而移交的证据物品以及记录和文件的原件将由请求方保存。

二、请求方应当根据被请求方的要求，尽快归还被请求方根据本条约向其提供的材料。

三、出于正在进行的刑事诉讼程序需要，被请求方可推迟移交请求方要求的证据物品、记录或者文件。

第十六条　犯罪所得和犯罪工具的处置

一、被请求方应当根据请求，努力确定犯罪所得及孳息或者犯罪工具是否位于其境内，并将结果通知请求方。在提出这种请求时，请求方应当将其认为上述财物可能位于被请求方境内的理由通知被请求方。

二、一旦根据本条第一款找到涉嫌的犯罪所得及孳息或者犯罪工具，被请求方应当按照本国法律采取措施冻结、扣押、没收这些财物。

三、在本国法律允许的范围内以及双方商定的条件下，被请求方应当保管并可根据请求方的请求，将上述犯罪所得及孳息、犯罪工具的全部或者部分，或者出售有关资产的所得移交给请求方。

四、在适用本条时，被请求方和第三人对这些财物的合法权益应当受到尊重。

第十七条　通报刑事诉讼结果

请求方应当根据被请求方的要求，向被请求方通报协助请求所涉及的刑事诉讼的结果。

第十八条　提供犯罪记录

如果某人正在请求方受到侦查或者起诉，被请求方应当根据请求，提供该人在被请求方的犯罪记录。

第十九条　交流法律资料

双方应当根据请求，相互交流各自国家与履行本条约有关的法律和司法实践的资料。

第二十条　相互通报刑事判决

双方应当根据请求相互通报涉及对方国民的并且已记入犯罪记录的刑事定罪判决。

第二十一条　认证

根据本条约移交的证据和文件免除一切认证手续，除非任何一方明确提出要求。

第二十二条　费用

一、被请求方应当负担执行请求所产生的费用，但是请求方应当负担下列费用：

（一）有关人员按照本条约第九条第四款的规定，前往、停留于和离开被请求方的费用；

（二）有关人员按照本条约第十一条或者第十二条的规定，前往、停留于和离开请求方的费用和津贴，应当根据费用发生地的标准和规定支付；

（三）鉴定人鉴定的费用；

（四）翻译的费用。

二、请求方应当根据要求，预付由其负担的上述费用。

三、如果执行请求明显需要超常性质的费用，双方应当相互协商决定可以执行请求的条件。

第二十三条　其他合作基础

本条约不妨碍任何一方根据其他可适用的国际条约或者本国法律向另一方提供协助，双方也可以根据任何其他可适用的安排、协议或者惯例提供协助。

第二十四条　磋商

一、根据任何一方要求，双方应当立即就本条约的解释和适用进行磋商。

二、因解释和适用本条约所产生的争议，如果双方中央机关不能达成一致，应当通过外交途径解决。

第二十五条　生效、修订和终止

一、双方根据本国法律完成本条约生效所需的一切必要程序后，应当通过外交照会通知另一方。本条约自后一份照会发出之日起第 30 天生效。

二、本条约可以经双方书面协议随时予以修订。此类修订应当按照本条第一款规定的相同程序生效，并构成本条约的一部分。

三、任何一方可以随时通过外交途径，以书面形式通知终止本条约。终止自该通知发出之日后第 180 天生效。

四、本条约的适用于其生效后提出的请求，即使有关作为或者不作为发生于本条约生效前。

下列签署人经各自政府适当授权，签署本条约，以昭信守。

本条约于二〇一四年三月三十一日订于布鲁塞尔，一式两份，两份均以中文、荷兰文、法文和英文制作，四种文本同等作准。如遇解释上的分歧，参照英文文本。

中华人民共和国代表　　　　　　　　　比利时王国代表

王毅　　　　　　　　　　　安娜米·杜特尔博姆

（签字）　　　　　　　　　　（签字）

中华人民共和国和斯里兰卡民主社会主义共和国
关于刑事司法协助的条约[*]

中华人民共和国和斯里兰卡民主社会主义共和国（以下称双方），

在两国友好关系的指导下，

意识到需要促进尽可能广泛的刑事司法协助措施；

重申主权、领土完整和不干涉国家内政原则；

深度关切有组织犯罪的增长趋势及扩散，决心有效打击国内及跨国刑事犯罪；

意识到刑事司法协助条约在有效应对新型犯罪和新领域犯罪所带来的复杂因素及严重后果方面的重要性；

期待通过加强预防、侦查、起诉以及审判程序方面的合作以在打击犯罪方面相互提供尽可能广泛的协助；

达成协议如下：

第一条　适用范围

一、双方应当根据本条约的规定，在刑事侦查、起诉和审判程序中相互提供最广泛的刑事司法协助。

二、协助应当包括：

（一）送达刑事诉讼文书；

（二）获取有关人员的证言或者陈述；

（三）提供证据，包括但不限于物证、书证、视听资料、电子数据；

（四）获取和提供鉴定意见；

（五）查找、辨认人员；

（六）进行检查或者勘验场所或物品；

（七）安排有关人员作证或者协助调查；

（八）临时移送在押人员以便作证或者协助调查；

（九）查询、搜查、查封、冻结和扣押；

---

[*] 2016 年 11 月 7 日经第十二届全国人民代表大会常务委员会第二十四次会议批准。

（十）与犯罪所得和犯罪工具有关的协助；

（十一）通报刑事诉讼结果和提供犯罪记录；

（十二）交流法律资料；以及

（十三）不违背被请求方法律的其他形式的协助。

三、本条约仅适用于双方之间的相互司法协助。本条约的规定，不赋予任何个人以取得、隐瞒或者排除任何证据或者妨碍执行请求的权利。

第二条　中央机关

一、为本条约的目的，双方相互请求和提供司法协助，应当通过各自指定的中央机关直接联系。

二、本条第一款所指的中央机关，在中华人民共和国方面为司法部，在斯里兰卡民主社会主义共和国方面为司法部常秘。

三、任何一方如果变更其对中央机关的指定，应当通过外交途径通知另一方。

第三条　协助的拒绝

一、有下列情形之一的，被请求方可以拒绝提供协助：

（一）请求涉及的行为根据被请求方法律不构成犯罪。但是被请求方可以同意对特定的请求提供协助，无论该行为根据被请求方法律是否构成犯罪；

（二）被请求方认为请求涉及的犯罪是政治犯罪。适用本条约时，以下犯罪不应视为政治犯罪：

1. 与恐怖主义有关的犯罪；

2. 双方均为缔约国的国际公约不认为是政治犯罪；

3. 针对国家元首、政府首脑或者他们直系亲属生命或人身的犯罪；

（三）请求涉及的犯罪仅构成军事犯罪；

（四）被请求方有充分理由认为，请求的目的是基于某人的种族、性别、宗教、国籍或者政治见解而对该人进行侦查、起诉、处罚或者其他诉讼程序，或者该人的地位可能由于上述任何原因受到损害；

（五）被请求方已经对同一犯罪嫌疑人或者被告人就同一犯罪终止刑事诉讼或者已经作出生效判决；

（六）被请求方认为，执行请求将损害本国主权、领土完整、安全、公共秩序或者公共政策。

二、如果执行请求将会妨碍被请求方正在进行的侦查、起诉或者审判程序，被请求方可以推迟提供协助。

三、在拒绝或者推迟提供协助前，被请求方应当考虑是否可以在其认为必要的条件下准予协助。请求方如果接受附条件的协助，则应当遵守这些条件。

四、被请求方如果拒绝或者推迟协助，应当将拒绝或者推迟的理由通知请求方。

第四条　请求的形式和内容

一、协助请求应当以书面形式提出，并且由请求方中央机关签署或者盖章。在紧急情形下，请求方可以通过电传、传真、电子邮件等被请求方接受的其他形式提出请求，但随后应当迅速以书面形式确认该请求。

二、协助请求应当包括以下内容：

（一）请求所涉及的侦查、起诉或者审判程序的主管机关的名称；

（二）对于请求所涉及的案件性质和事实的说明，以及所适用的法律条款；

（三）对于请求协助的事项、协助的目的及其与案件相关性的说明；

（四）希望请求得以执行的期限。

三、在必要和可能的范围内，协助请求还应当包括以下内容：

（一）关于被取证人员的身份和居住地的资料；

（二）关于受送达人的身份、居住地以及该人与诉讼关系的资料；

（三）关于需查找或者辨认的人员身份及下落的资料；

（四）关于需检查或者勘验的对象的说明；

（五）关于需查询、搜查、查封、冻结或者扣押的财产的说明；

（六）希望在执行请求时遵循的特别程序及其理由的说明；

（七）保密要求及其理由；

（八）被邀请前往请求方境内作证或者协助调查的人员有权得到的津贴和费用的说明；

（九）询问证人的问题清单；

（十）有助于执行请求的其他资料。

四、被请求方如果认为请求的内容不足以使其处理该请求，可以要求提供补充资料。

五、根据本条约提出的请求和辅助文件均应一式两份。

第五条　文字

根据本条约提出的请求以及提交的辅助文件应当附有被请求方官方文字的译文或者英文。

第六条　请求的执行

一、被请求方应当按照本国法律执行协助请求。

二、被请求方在不违背本国法律的情况下，可以按照请求方要求的方式执行协助请求。

三、被请求方应当将执行请求的结果及时通知请求方。如果无法提供或者无法在请求方指明的时限内提供所请求的协助，被请求方应当及时将理由通知请求方。

第七条 保密和限制使用

一、如果请求方提出要求，被请求方应当对请求，包括其内容和辅助文件，以及按照请求所采取的行动予以保密。如果不违反保密要求则无法执行请求，被请求方应当将此情况通知请求方，请求方应当随即决定该请求是否仍然应当予以执行。

二、如果被请求方提出要求，请求方应当对被请求方提供的资料和证据予以保密，或者仅在被请求方指明的条件下使用。

三、未经被请求方事先同意，请求方不得为了请求所述案件之外的任何目的使用根据本条约所获得的资料或者证据。

第八条 送达文书

一、被请求方应当根据本国法律并依请求，送达请求方递交的文书。但是对于要求某人作为被告人出庭的文书，被请求方不承担送达义务。

二、被请求方完成送达后，应当向请求方出具送达证明。送达证明应当载明送达日期、送达地点和送达方式，并且应当由送达文书的机关签署和（或）盖章。

第九条 调取证据

一、被请求方应当根据本国法律并依请求，调取证据并移交给请求方。

二、如果请求涉及移交文件或者记录，被请求方可以移交经证明的副本或者影印件；在请求方明示要求移交原件的情况下，被请求方应当尽可能满足此项要求。

三、根据本条移交给请求方的文件和其他资料，在不违背被请求方法律的前提下，应当按照请求方要求的形式予以证明，以便使其可以依请求方法律作为证据得到采用。

四、被请求方在不违背本国法律的前提下，应当同意请求中指明的人员在执行请求时到场，并可以允许这些人员通过被请求方主管机关人员向被取证人员提问。为此目的，被请求方应当及时将执行请求的时间和地点通知请求方。

第十条 拒绝作证

一、根据本条约被要求作证的人员，如果任何一方法律允许该人在类似情形下不作证，可以拒绝作证。

二、根据本条约被要求作证的人员，如果主张依请求方法律有拒绝作证的权利或者特权，被请求方应当将该人的主张告知请求方，并要求请求方提供是否存在该权利或者特权的证明。请求方的证明应当视为是否存在该权利或者特权的充分证据，除非有明确的相反证据。

第十一条　安排人员作证或者协助调查

一、被请求方应当根据请求方的请求，邀请有关人员前往请求方境内有关机关作证或者协助调查。请求方应当说明需向该人支付的津贴、费用的范围。被请求方应当将该人的答复迅速通知请求方。

二、邀请有关人员到请求方境内作证或者协助调查的请求，应当在不迟于预定的到场日 60 天前向被请求方提出。紧急情形下，被请求方可以同意在较短期限内提出。

第十二条　移送在押人员以便作证或者协助调查

一、被请求方可以根据请求方请求，将在其境内的在押人员临时移送至请求方境内以便作证或者协助调查，条件是该人同意，并且双方已经就移送条件事先达成书面协议。

二、如果依被请求方法律应当对该被移送人予以羁押，请求方应当对该人予以羁押。

三、作证或者协助调查完毕后，请求方应当尽快将该被移送人送回被请求方。

四、为本条的目的，该被移送人在请求方被羁押的期间，应当折抵在被请求方被判处的刑期。

第十三条　证人和鉴定人的保护

一、请求方对于根据本条约到达其境内的证人或者鉴定人，不得由于该人在入境前的任何作为或者不作为而进行侦查、起诉、羁押、处罚或者采取其他限制人身自由的措施。请求方也不得强迫该人在请求所未涉及的任何侦查、起诉或者其他诉讼程序中作证或者协助调查，但事先征得被请求方和该人同意的除外。

二、如果上述人员在被正式通知无需继续停留后 15 天内未离开请求方，或者离开后又自愿返回，则不再适用本条第一款的规定。但是，该期限不包括该人由于本人无法控制的原因而未离开请求方的期间。

三、对于拒绝根据第十一条或者第十二条作证或者协助调查的人员，不得由于此种拒绝而施加任何刑罚或者采取任何限制其人身自由的强制措施。

第十四条　查询、搜查、查封、冻结和扣押

一、被请求方应当在本国法律允许的范围内，执行查询、搜查、查封、冻结和扣押作为证据的财物的请求。

二、被请求方应当向请求方提供有关执行上述请求的结果，包括查询或者搜查的结果，查封、冻结或者扣押的地点和状况以及有关财物随后被监管的情况。

三、如果请求方同意被请求方就移交所提出的条件，被请求方可以将被扣押财物移交给请求方。

第十五条　归还文件、记录和证据物品

请求方应当根据被请求方的要求，尽快归还被请求方根据本条约第九条和第十四条向其提供的文件或者记录的原件和证据物品。

第十六条　犯罪所得和犯罪工具的处置

一、被请求方应当根据请求，努力确定犯罪所得及孳息或者犯罪工具是否位于其境内，并将结果通知请求方。在提出这种请求时，请求方应当将其认为上述财物可能位于被请求方境内的理由通知被请求方。

二、一旦根据本条第一款找到涉嫌的犯罪所得及孳息或者犯罪工具，被请求方应当根据请求方的请求，按照本国法律采取措施查封、冻结、扣押或者没收这些财物。

三、在本国法律允许的范围内以及双方商定的条件下，被请求方可以根据请求方的请求，将上述的犯罪所得及孳息、犯罪工具的全部或者部分，或者出售有关资产的所得移交给请求方。

四、在适用本条时，被请求方和第三人对这些财物的合法权益应当受到尊重。

第十七条　通报刑事诉讼结果

请求方应当根据被请求方的要求，向被请求方通报协助请求所涉及的刑事诉讼的结果。

第十八条　提供犯罪记录

如果某人正在请求方受到侦查或者起诉，被请求方应当根据请求，提供该人在被请求方的犯罪记录。

第十九条　交流法律资料

双方可以根据请求，相互交流各自国家与履行本条约有关或者任何其他相关事项的法律和司法实践的资料。

第二十条　认证

为本条约的目的，根据本条约转递的任何文件，无需进行任何形式的认证，但是本条约另有规定的除外。

第二十一条　费用

一、被请求方应当承担执行请求所产生的费用，但是请求方应当承担下列费用：

（一）有关人员按照本条约第九条第四款的规定，前往、停留于和离开被请求方的费用；

（二）有关人员按照本条约第十一条或者第十二条的规定，前往、停留于和离开请求方的费用和津贴，这些款项应当根据费用发生地的标准和规定支付；

（三）鉴定人鉴定的费用；

（四）翻译的费用。

二、请求方应当根据要求，预付由其负担的上述费用。

三、如果执行请求明显需要额外费用，双方应当相互协商决定可以执行请求的条件。

第二十二条　其他合作基础

本条约不妨碍任何一方根据其他可适用的国际条约或者本国法律向另一方提供协助。双方也可以根据任何其他可适用的安排、协议或者惯例提供协助。

第二十三条　争议的解决

由于本条约的解释和适用产生的争议，如果双方中央机关不能自行达成协议，应当通过外交途径协商解决。

第二十四条　生效、修订和终止

一、本条约须经批准，批准书在科伦坡互换。本条约自双方互换批准书之日后第 30 天生效。

二、本条约可以经双方书面协议随时予以修订。此类修订应当按照本条第一款规定的相同程序生效，并构成本条约的一部分。

三、任何一方可以随时通过外交途径，以书面形式发出通知终止本条约。终止自该通知发出之日后第 180 天生效。在本条约终止前收到的协助请求应当按照本条约条款予以处理。

四、本条约适用于其生效后提出的请求，即使有关作为或者不作为发生于本条约生效前。

　　下列签署人经各自政府适当授权，签署本条约，以昭信守。

　　本条约于二○一四年九月十六日订于科伦坡，一式两份，每份均以中文、僧伽罗文和英文制成，三种文本同等作准。如遇解释上的分歧，以英文本为准。

　　　中华人民共和国代表　　　　　斯里兰卡民主社会主义共和国代表

　　　　　王毅　　　　　　　　　加米尼·拉克什曼·佩里斯

中华人民共和国政府和马来西亚政府
关于刑事司法协助的条约 *

中华人民共和国政府和马来西亚政府（以下单独提及时称"一方"，同时提及时称"双方"），在相互尊重主权和平等互利的基础上，为促进两国在刑事司法协助领域的有效合作，达成协议如下：

第一条　协助范围

一、双方应当根据本条约和各自法律规定，在侦查、起诉或者其他刑事诉讼程序中相互提供最广泛的司法协助。

二、刑事司法协助应当包括：

（一）获取证据，包括：

1. 获取人员的证言或者陈述；

2. 提供有关文件、记录，包括银行、金融、公司或者商业的记录，以及证据物品和其他证据材料；

3. 获取和提供鉴定意见；

（二）查找和辨认人员；

（三）就有关人员作证或者协助刑事侦查，包括移送在押人员，作出必要安排；

（四）搜查和扣押；

（五）对物品、场所、人身或尸体进行勘验或检查；

（六）辨认、查找、限制、冻结、扣押和没收犯罪所得和犯罪工具；

（七）送达文书；

（八）不违背被请求方法律的其他形式的协助。

三、本条约仅适用于双方之间的相互司法协助。本条约的规定不赋予任何私人以取得、隐瞒或者排除任何证据的权利或者妨碍执行任何协助请求的权利。

第二条　不适用的情形

一、本条约不适用于：

---

* 2016 年 12 月 25 日经第十二届全国人民代表大会常务委员会第二十五次会议批准。

（一）人员的引渡，包括为引渡目的逮捕或者拘留人员；

（二）在被请求方执行请求方作出的刑事判决，但本条约和被请求方法律许可的除外；

（三）移交被判刑人以便服刑；

（四）刑事诉讼程序转移。

二、本条约不赋予任何一方在另一方境内行使管辖权或者履行另一方机关法定专属范围职能的权利。

第三条　中央机关

一、各方应当指定一个中央机关通过外交途径提出和接收根据本条约作出的请求。为本条约的目的，双方中央机关应当就执行请求事宜直接联系。

二、在中华人民共和国方面，中央机关为司法部。

三、在马来西亚方面，中央机关为总检察长或者总检察长指定的人员。

四、任何一方如果变更其对中央机关的指定，应当通过外交途径尽快通知另一方。

第四条　协助的限制

一、双方拒绝根据本条约提出的协助请求时，应当符合各自法律，拒绝的理由应当包括以下情形：

（一）请求涉及的行为根据被请求方法律不构成犯罪；

（二）被请求方认为请求涉及政治犯罪，但恐怖主义犯罪和双方均为缔约国的国际公约不认为是政治犯罪的不应当视为政治犯罪；

（三）请求涉及的犯罪仅构成军事犯罪；

（四）被请求方有充分理由认为，请求旨在基于某人的种族、性别、宗教、族裔、国籍或者政治见解而对其进行侦查、起诉或者其他刑事诉讼程序；

（五）请求涉及就某项犯罪起诉某人，而该人已因该项犯罪由被请求方定罪、无罪释放或者赦免，或者已经服刑完毕或者正在服刑；

（六）提供协助将损害被请求方主权、安全、公共秩序或者其他重大公共利益。

二、如果立即执行请求将会妨碍被请求方正在进行的侦查、起诉或者其他刑事诉讼程序，被请求方可以推迟执行请求。

三、在拒绝请求或者推迟执行请求前，被请求方应当考虑是否可以在其认为必要的条件下准予协助。请求方如果接受附条件的协助，则应当遵守这些条件。

四、被请求方如果拒绝或者推迟协助，被请求方中央机关应当将拒绝或者推迟的理由立即通知请求方中央机关。

五、协助不应仅以银行或类似金融机构的保密为由或者以犯罪亦被视为涉及财政事项为由而被拒绝。

第五条　请求的形式

协助请求应当以书面形式提出，并且由请求方中央机关签署或者盖章。在紧急情形下，请求方可以通过传真或者电子邮件等被请求方接受的其他形式提出请求，请求方应当随后迅速以书面形式确认该请求。

第六条　请求的内容

一、协助请求应当包括以下内容：

（一）请求所涉及的进行侦查、起诉或者其他刑事诉讼程序的主管机关的名称；

（二）请求的目的和请求提供协助的性质；

（三）关于请求所涉及的案件性质的说明、案情概要以及可适用的法律规定的文本；

（四）关于需调取的证据、信息或者其他协助的说明；

（五）希望请求得以执行的期限的说明；

（六）妥善执行请求所需要的其他信息。

二、在必要情况下，协助请求还可以包括以下信息：

（一）被调取证据的人员的身份和所在地；

（二）受送达人员的身份和所在地，以及该人与刑事诉讼的关系；

（三）需查找或者需核实身份人员的身份和下落；

（四）需勘验或者检查的物品、场所、人身或者尸体的说明；

（五）需搜查和扣押的物品的说明以及采取此类措施正当性的说明；

（六）需辨认、查找、限制、冻结、扣押和没收的犯罪所得和犯罪工具的说明；

（七）请求方希望遵循的任何特别程序或者要求的理由和具体内容；

（八）任何保密的特别要求及其理由；

（九）询问证人的问题清单；

（十）与协助请求有关的法院判决或者裁定以及其已生效的说明。

三、被请求方如果认为请求包括的内容不足以使其处理该请求，可以要求提供补充资料。

四、提交请求和辅助文件，应当一式两份。

第七条 语言

一、马来西亚向中华人民共和国提出的请求和辅助文件应当使用英文，并附有中文译文。

二、中华人民共和国向马来西亚提出的请求和辅助文件应当使用中文，并附有英文译文。

第八条 请求的执行

一、被请求方应当按照本国法律执行协助请求。

二、被请求方在不违背本国法律的范围内，可以按照请求方要求的方式执行协助请求。

三、在提供协助时，被请求方应当在协助请求产生的任何程序中，代表请求方的利益。应请求方要求，被请求方中央机关可以作出其他安排，为请求方在该程序中提供代表。

四、被请求方应当将执行请求的结果迅速通知请求方。如果无法提供协助，被请求方应当将原因迅速通知请求方。

第九条 保密和限制使用

一、如果请求方提出要求，被请求方应当对请求，包括其内容和辅助文件，以及按照请求所采取的任何行动予以保密。如果不违反保密要求则无法执行请求，被请求方应当将此情况通知请求方，请求方应当随即决定该请求是否仍然应当予以执行。

二、请求方应当对被请求方提供的证据和资料保密，除非该证据和资料需要在请求所述的侦查、起诉和其他刑事诉讼程序中使用。

三、未经被请求方事先同意，请求方不得为请求所述案件以外的任何其他目的使用根据本条约所获得的资料或者证据。

四、尽管本条第三款有规定，在起诉罪名变更的情况下，提供的资料或者证据可以用于针对由请求所涉及的同一犯罪行为构成的罪名的指控。

第十条 调查取证

一、被请求方应当依请求并根据本国法律，调取证据并移交给请求方。

二、如果请求涉及移交文件或者记录，被请求方可以移交经证明无误的副本或者影印件。在请求方明示要求移交原件的情况下，被请求方应当尽可能满足此项要求。

三、根据本条约移交给请求方的文件和其他资料，在不违背被请求方法律的前提下，应当按照请求方要求的形式予以证明，以便使其可以依请求方法律得到采用。

四、被请求方在不违背本国法律的前提下，应当同意请求中指明的人员在执行请求时在场，并允许这些人员通过被请求方主管机关人员向被取证人员提问。为此目的，被请求方应当迅速将执行请求的时间和地点通知请求方。

第十一条　拒绝作证

一、根据本条约被要求作证的人员，如果被请求方法律允许或要求该人在被请求方提起的诉讼中的类似情形下不作证，可以拒绝作证。

二、根据本条约被要求作证的人员，如果主张依请求方法律有免于作证的权利或者特权，被请求方应当将该人的主张告知请求方，并要求请求方提供是否存在该权利或者特权的证明。请求方的证明应当视为是否存在该权利或者特权的充分证据，除非有明确的相反证据。

三、本条不妨碍被要求作证的人员放弃免于作证的权利或特权，自愿作证。

第十二条　查找和辨认人员

被请求方应当依请求尽其最大努力查明请求中所述的，并有合理理由相信在被请求方境内的人员的下落和身份。

第十三条　安排人员去请求方作证

一、被请求方可以依请求，协助安排在其境内的人员到请求方作证，这种安排须得到作证人员的同意：

（一）在请求方的刑事侦查中提供协助；

（二）在请求方刑事诉讼程序中出庭，除非该人是被告人。

二、被请求方应当邀请有关人员在刑事诉讼程序中作为证人或者专家出庭，或者协助侦查。在适当的情况下，被请求方关于为有关人员提供安全保障措施的要求应当得到满足。被请求方应当迅速告知请求方该人的答复。

三、如果有关人员被要求在请求方境内作证，请求应当包括以下事项的信息：

（一）该人有权得到的报酬、津贴和费用；

（二）为该人前往、离开请求方和在请求方境内旅行期间的安全所作的任何安排；

（三）该人在请求方的住宿安排。

第十四条　移送在押人员去请求方作证

一、被请求方可以依请求，将在其境内的在押人员临时移送至请求方境内以便作证或者协助调查，条件是该人同意，并且双方已经就移送条件事先达成协议。

二、请求方应当对该被移送人予以羁押。在移送所为事宜完成或者已经不再需要该人在请求方继续停留时，请求方应当将该被移送人在羁押状态下送回被请求方。

三、如果被请求方告知请求方无需继续羁押被移送人，则该人应当被释放，并且将其按照第十三条所指的人员对待。

第十五条　作证或协助调查的人员的保护

一、在不违背本条第二款规定的情况下，对于根据本条约第十三条或第十四条到达请求方的人员：

（一）该人不得由于其离开被请求方前的任何被指控违反请求方法律的行为或定罪，而在请求方被羁押、起诉、惩罚或受到任何其他人身自由限制；

（二）未经被请求方和该人同意，除了请求相关的刑事诉讼程序或者调查外，该人不得被要求在请求方为任何刑事诉讼程序作证或者协助调查。

二、如果上述人员在被正式通知无需继续停留后 15 天内未离开请求方，或者离开后又自愿返回，则不再适用本条第一款的规定。但该期限不包括该人由于本人无法控制的原因不能离开请求方的期间。

三、根据本条约第十三条或第十四条提出的请求到达请求方的人员，应当遵守该方有关藐视法庭、伪证和虚假陈述方面的法律，但除此之外，不得基于上述证据受到起诉。

四、要求被请求方的证人前来作证的主管机关应当确保向证人充分说明其对法庭所负的责任和义务。

五、如果上述人员拒绝根据本条约第十三条或第十四条提出的请求出庭、作证或者协助侦查，不得由于其拒绝而处以任何刑罚或者强制性限制人身自由。

第十六条　视频会议取证

一、一方可以请求另一方允许在被请求方境内的有关人员通过视频会议，在请求方刑事侦查、起诉和其他刑事诉讼程序中作证。

二、被请求方在可能并且不违反本国法律的范围内，可以接受请求方根据本条第一款提出的请求。

三、双方可以就视频会议取证适用的条件和程序达成一致。

第十七条　搜查和扣押

一、在善意第三方的权利得到保护的条件下，被请求方应当根据请求，搜查、扣押和向请求方交付有合理理由相信具有刑事证据性质的文件、记录或物品。

二、被请求方应当向请求方提供有关执行请求的结果，包括搜查的结果、扣押的地点和状况，以及有关文件、记录或者物品随后被监管的情况。

三、如果被请求方在其认为必要时为保护被扣押并可能被交付的文件、记录或物品而提出条件，请求方应当遵守这些条件。

第十八条 证据的返还

请求方应当依请求，向被请求方归还根据本条约提出的请求所获得的文件、记录或者物品的原件。

第十九条 文书的送达

一、被请求方应当依请求并根据本国法律，送达请求方转递的文书。但是对于要求某人作为被告人出庭的文书，被请求方不负有送达的义务。

二、请求方要求作出回应或到其境内出庭的送达文书请求，应当在不迟于预定的回应或出庭日期的 60 天前提交。在紧急情况下，被请求方可以同意较短的期限。

三、被请求方完成送达后，应当向请求方出具送达证明。送达证明应当载明送达日期、送达地点和送达方式，并且应当由送达文书的机关签署或者盖章。

第二十条 犯罪所得和犯罪工具

一、被请求方应当依请求并在其法律允许的范围之内，努力查找、追踪、限制、冻结、扣押和没收犯罪所得和犯罪工具。

二、被请求方应当在其法律允许的范围内，在有关没收犯罪所得和犯罪工具的程序中向请求方提供协助。这种协助可以包括在未决诉讼程序中，冻结或扣押犯罪所得或犯罪工具。

三、请求方请求协助执行关于限制、冻结、扣押或没收财产或资产的命令时，请求应当附有命令的原件或者经证明无误的复印件。

四、被请求方应当根据本国法律，处置其根据本条所控制的财产或资产。在本国法律允许的范围内，在双方商定的条件下，被请求方可以向请求方移交上述财产或资产的全部或者部分，或者出售有关财产或资产的所得。

五、在适用本条时，善意第三方的权利应当受到尊重。

第二十一条 证明和认证

为本条约的目的，根据本条约转递的任何文件，无需进行任何形式的证明或认证，但本条约或请求另有要求的除外。

第二十二条 费用

一、被请求方应当承担执行请求所产生的正常费用，但是请求方应当负担下列费用：

（一）有关人员按照本条约第十条第四款的规定，前往、停留于和离开被请求方的费用；

（二）有关人员按照本条约第十三条或者第十四条的规定，前往、停留于和离开请求方的报酬、津贴和费用，以及有关押送或护送人员的费用；

（三）鉴定的费用；

（四）笔译、口译、誊写的费用；

（五）与视频取证有关的费用。

二、如果执行请求明显需要超常性质的费用，双方应当相互协商决定可以执行或继续执行请求的条件。

第二十三条　磋商

一、双方中央机关应当在双方同意的时间进行磋商，以促进最有效地利用本条约。

二、双方中央机关可以采取必要的实用措施便利本条约的实施。

第二十四条　其他安排

本条约不妨碍双方根据其他条约、安排或者各自国内法互相提供协助。

第二十五条　争议的解决

由于本条约的解释和适用产生的争议，双方应当通过外交途径友好磋商或谈判解决，而不提交任何第三方或国际法庭。

第二十六条　生效、修订和终止

一、双方根据本国法律完成本条约生效所需的一切必要程序后，应当通过外交照会通知另一方。本条约自后一份外交照会收到之日起第 30 天生效。

二、本条约可以经双方书面协议随时予以修订。任何修订应当按照本条第一款规定的相同程序生效，并构成本条约的一部分。

三、任何修订不影响在修订生效之前或者生效当天根据本条约产生的权利和义务。

四、任何一方可以随时通过外交途径，以书面形式通知另一方终止本条约。终止自该通知发出之日后第 180 天生效。

五、本条约适用于其生效后提出的请求，即使有关行为发生于本条约生效前。

六、本条约的终止不影响在终止前根据或者基于本条约产生的权利和义务，也不影响本条约终止前或者终止时依本条约提出请求的执行。

下列签署人经各自政府适当授权，签署本条约，以昭信守。

本条约于二〇一五年十一月二十三日订于布特拉加亚，一式两份，每份均以中文、马来文和英文制成，三种文本同等作准。如遇解释上的分歧，以英文本为准。

中华人民共和国政府代表　　　　　　　　马来西亚政府代表

王毅　　　　　　　　　　　　　阿尼法

双边引渡条约

中华人民共和国和泰王国引渡条约 *

中华人民共和国和泰王国（以下简称"缔约双方"）在互相尊重主权和平等互利的基础上，为促进两国在惩治犯罪方面的有效合作，缔结本引渡条约，并达成协议如下：

第一条　引渡义务

缔约双方有义务根据本条约的规定，相互引渡在缔约一方境内发现、在缔约另一方境内被追诉的人，以便就可引渡的犯罪对其提起诉讼、进行审判或执行刑罚。

第二条　可引渡的犯罪

一、就本条约而言，可引渡的犯罪是指根据缔约双方法律可处一年以上监禁或其他形式的拘禁或任何更重刑罚的犯罪。

二、如果引渡请求所涉及的人因任何可引渡的犯罪被请求方法院判处监禁或其他形式拘禁，只有在该判决尚未执行的刑期至少为六个月时，方可予以引渡。

三、就本条而言，在决定某一犯罪根据缔约双方法律是否均构成犯罪时，不应因缔约双方法律是否将构成该项犯罪的行为归入同一犯罪种类或使用同一罪名而产生影响。

四、对被请求引渡人因一项可引渡犯罪予以引渡时，如果该项引渡请求还涉及其他犯罪，只要其符合除本条第一、二款规定的刑罚或其他形式拘禁的期限以外的全部条件，也可因这些犯罪引渡该人。

第三条　应当拒绝引渡的情形

有下列情形之一的，不应根据本条约予以引渡：

（一）被请求方认为请求方提出的引渡请求所涉及的犯罪属于政治犯罪，但政治犯罪不应包括谋杀或企图谋杀国家元首、政府首脑或其家庭成员；

（二）被请求方有充分理由认为请求方提出的引渡请求旨在对被请求引渡人因其种族、宗教、国籍、政治见解等原因而提起刑事诉讼或者执行刑罚，或者

---

* 此条约于 1993 年 8 月 26 日签署，于 1994 年 3 月 5 日批准，于 1999 年 3 月 7 日生效。

被请求引渡人在司法程序中的地位将会因上述原因受到损害；

（三）引渡请求所涉及的犯罪只是请求方军事法规中所规定的犯罪，而根据该方普通刑法不构成犯罪；

（四）根据缔约任何一方法律，包括其关于时效的法律，对引渡所涉及的犯罪已不予追诉或执行刑罚；

（五）在提出引渡请求前，被请求方已对被请求引渡人就同一犯罪作出判决。

第四条　可以拒绝引渡的情形

有下列情形之一的，可拒绝根据本条约予以引渡：

（一）根据被请求方法律，该方对引渡请求所涉及的犯罪具有管辖权，并应对被请求引渡人提起诉讼；

（二）特殊情况下，在考虑犯罪的严重性及请求方利益的同时，如果被请求方认为由于被请求引渡人的个人情况，引渡不符合人道主义精神；

（三）被请求方正在对被请求引渡人就同一犯罪进行诉讼。

第五条　国民的引渡

一、缔约双方有权拒绝引渡其本国国民。

二、如果根据本条第一款不同意引渡，被请求方应根据请求方的请求，将该案提交其主管机关以便起诉。为此目的，请求方应向被请求方提交与该案有关的文件和证据。

三、尽管有本条第二款的规定，如果被请求方对该项犯罪无管辖权，被请求方不应被要求将该案提交其主管机关以便起诉。

第六条　联系途径

为实施本条约的目的，缔约双方应通过外交途径进行联系，但本条约另有规定者除外。

第七条　引渡请求及所需文件

一、引渡请求应以书面形式提出，并附有：

（一）足以表明被请求引渡人的身份及其可能所在地址的文件、说明或其他证据；

（二）关于该案事实的说明；

（三）说明引渡请求所涉及的犯罪的要件和罪名的法律规定；

（四）说明对该项犯罪所处刑罚的法律规定；

（五）说明有关该项犯罪诉讼时效或执行刑罚时限的法律。

二、旨在对被请求引渡人提起诉讼而提出的引渡请求还应附有：

（一）请求方法官或其他主管机关签发的逮捕证的副本；

（二）表明应当逮捕并羁押该人以便进行审判的证据，包括证明被请求引渡人就是逮捕证所指的人的证据。

三、对已被定罪的人提出的引渡请求，除本条第一款所要求的项目外，还应附有：

（一）请求方法院判决书的副本；

（二）证明被请求引渡人就是判决所指的人的证据；

（三）有关服刑情况的说明。

四、请求方根据本条约的规定所提交的所有文件，应经正式签署或盖章，并应附有被请求方文字或英文的译文。

第八条　补充材料

如果被请求方认为，根据本条约的规定引渡请求所附材料不足以使其同意引渡，该方可以要求请求方在指定的时间内提交补充材料。如果请求方未在该期限内提交补充材料，应视为自动放弃请求，但不妨碍请求方就同一事项再次提出请求。

第九条　临时羁押

一、在紧急情况下，缔约一方可以请求缔约另一方临时羁押被请求引渡人。此种请求可通过外交途径或国际刑警组织以书面方式提出。

二、请求书应包括：对被请求引渡人的说明；已知的该人的地址；对案情的简要说明；对该人已签发第七条所指的逮捕证或已作出第七条所指的判决的说明；以及将对被请求引渡人提出引渡请求的说明。

三、被请求方应将该项请求的处理结果立即通知请求方。

四、在羁押被请求引渡人后六十天内，如果被请求方的主管机关未收到正式引渡请求及第七条所要求的有关文件，临时羁押应予撤销。

五、如果请求方后来提交了引渡请求及第七条所要求的有关文件，则根据本条第四款对临时羁押的撤销应不影响其对被请求引渡人的引渡。

第十条　移交被请求引渡人

一、被请求方应通过外交途径将其对引渡请求所作出的决定立即通知请求方。

二、如果同意引渡，被请求方和请求方应协商约定执行引渡的有关事宜。

三、被请求方应说明部分拒绝或全部拒绝引渡请求的理由。

四、除本条第五款另有规定者外，如果请求方自约定执行引渡之日起十五天内不接受被请求引渡人，则应被视为放弃引渡请求。被请求方应立即释放该人，并且可以拒绝就同一犯罪进行引渡。

五、如果缔约一方因其无法控制的原因不能在约定执行引渡的期限内移交或接受被请求引渡人，该方应将此通知另一方。缔约双方应重新协商约定执行引渡的有关事宜，并适用本条第四款的规定。

第十一条　暂缓移交和临时移交

一、如果被请求方正在对被请求引渡人因引渡请求所涉及的犯罪以外的犯罪提起诉讼或执行判决，被请求方可以移交被请求引渡人，或者暂缓移交直至诉讼终结或全部或部分判决执行完毕。被请求方应将暂缓移交通知请求方。

二、如果认为某人可以引渡，被请求方可以在其法律允许的范围内，根据缔约双方商定的条件，将被请求引渡人临时移交给请求方以便起诉。临时移交后返回被请求方的人，可以根据本条约的规定被最终移交给请求方，以执行判决。

第十二条　数国提出的引渡请求

被请求方对缔约另一方及一个或一个以上第三国对同一人提出的引渡请求，有权决定优先接受其中任何一个国家的请求。

第十三条　特定原则

一、根据本条约被引渡的人，除引渡所涉及的犯罪外，不得在请求方境内因其他犯罪而被拘禁、审判或处罚，或者由该方引渡给第三国，但下列情况除外：

（一）该人在引渡后已离开请求方领土但又自愿返回；

（二）该人未在其可自由离开请求方之日起三十天内离开请求方领土；

（三）被请求方同意对引渡所涉及的犯罪以外的犯罪拘禁、审判或处罚该人或将其引渡给第三国。为此目的，被请求方可以要求提交第七条所述的文件和说明，包括被引渡人就有关犯罪所作的陈述。

二、此种规定不适用于引渡之后实施的犯罪行为。

第十四条　财物的移交

一、被请求方应在其法律允许的范围内，根据请求方的请求，扣押并在引渡时移交下列财物：

（一）可被作为证据的财物；

（二）作为犯罪所得的财物，以及在逮捕被请求引渡人时或在此之后发现由该人占有的财物。

二、在同意引渡后，如果因被请求引渡人死亡、失踪或脱逃而不能执行引渡，本条第一款所指的财物仍应予移交。

三、如果上述财物在被请求方境内应依法予以扣押或没收，被请求方可因未决刑事诉讼临时保留该项财物，或以返还为条件移交该项财物。

四、被请求方或任何国家或个人可能对上述财物已取得的权利，应予保留。如果存在该项权利，则应根据其请求在审判后尽快将该项财物无偿返还被请求方。

第十五条　过境

一、缔约一方从第三国引渡的人需经过缔约另一方领土时，前一缔约方应向后者提出允许过境的请求。如果使用航空运输且未计划在缔约另一方境内降落，则无需后者同意。

二、在不违反其法律的情况下，被请求方应同意缔约另一方提出的过境请求。

第十六条　结果的通报

请求方应向被请求方及时通报对被引渡人起诉、审判、执行刑罚或者再引渡给第三国的情况。

第十七条　协助和费用

一、被请求方应代表请求方出庭，进行和执行由引渡请求而产生的诉讼。

二、被请求方应承担移交被引渡人之前在其境内因引渡所产生的费用。

第十八条　与多边国际公约的关系

本条约不影响缔约双方根据多边国际公约所承担的义务和享有的权利。

第十九条　争议的解决

因执行和解释本条约所产生的任何争议，均通过协商和谈判解决。

第二十条　批准、生效和有效期

一、本条约须经批准，批准书在曼谷互换。本条约自互换批准书之日后第三十天开始生效。

二、缔约任何一方可以通过外交途径书面通知缔约另一方终止本条约。本条约自缔约另一方收到上述通知次日起六个月后失效，否则本条约无限期有效。本条约的终止不应影响任何在本条约终止前已经开始的引渡程序。

下列人员经各自国家适当授权，签署本条约，以昭信守。

本条约于1993年8月26日在北京签订，一式两份，每份均用中文、泰文和英文写成，三种文本同等作准。如在解释上遇有分歧，以英文本为准。

中华人民共和国代表   泰王国代表

（签字）   （签字）

钱其琛   巴颂·顺西里

（国务院副总理兼外交部长）   （外交部长）

中华人民共和国和白俄罗斯共和国引渡条约*

中华人民共和国和白俄罗斯共和国（以下简称"缔约双方"）在尊重主权和平等互利的基础上，为加强两国在打击犯罪方面的合作，通过缔结本引渡条约，达成协议如下：

第一条　引渡义务

缔约双方有义务根据本条约的规定，根据请求相互相引渡在本国境内的人员，以便追究其刑事责任或执行刑事判决。

第二条　可引渡的犯罪

一、本条约所述"可引渡的犯罪"，系指根据缔约双方法律均构成犯罪，且：

（一）依照中华人民共和国法律，可处一年以上有期徒刑或者更重刑罚；

（二）依照白俄罗斯共和国法律，可处一年以上剥夺自由的刑罚或者其他更重刑罚。

二、在符合本条第一款规定的条件下，对请求的缔约一方为执行刑事判决而提出的引渡请求，被请求的缔约一方只有在该判决尚未执行的刑期不少于六个月时，方可予以引渡。

三、在决定引渡及确定某一行为根据缔约双方法律是否构成犯罪时，不应因缔约双方法律是否将这一行为归入同一犯罪种类或者使用同一罪名而产生影响。

四、如果引渡请求涉及几项犯罪，并至少其中一项是可引渡的犯罪，则可根据引渡请求中所述的其他犯罪引渡被请求引渡人，即使这些犯罪不符合本条第一款和第二款有关刑罚期限规定的条件。

第三条　应当拒绝引渡的情况

有下列情形之一的，不应予以引渡：

（一）被请求引渡人系被请求的缔约一方国民；

（二）被请求的缔约一方已根据本国法律给予被请求引渡人受庇护权；

---

* 此条约于 1995 年 6 月 22 日签署，于 1996 年 3 月 1 日批准，于 1998 年 5 月 7 日生效。

（三）被请求的缔约一方有充分理由认为，引渡请求旨在对被请求引渡人因其种族、宗教、民族、国籍、政治信仰等原因而追究其刑事责任或者执行刑事判决，或者被请求引渡人在诉讼过程中的地位会因上述任何一种原因而受到损害；

（四）引渡请求所涉及的犯罪，纯系军人犯罪或者只是请求的缔约一方的军事法规中所规定的犯罪，而根据该方的普通刑法不构成犯罪；

（五）在收到引渡请求时，由于被请求的缔约一方法律所规定的起诉或者处罚的时效已过，不可能对被请求引渡人进行刑事追诉或者执行刑事判决；

（六）在收到引渡请求时，被请求的缔约一方主管机关已对被请求引渡人就同一犯罪行为作出发生法律效力的判决或者诉讼程序已经终止。

第四条 可以拒绝引渡的情况

有下列情形之一的，可以拒绝引渡：

（一）根据被请求的缔约一方法律，该方对被请求引渡人或者引渡请求所涉及的犯罪具有管辖权。在此情况下，如被请求的缔约一方拒绝引渡，则应根据请求对被请求引渡人提起刑事诉讼；

（二）被请求的缔约一方虽然考虑到犯罪的性质及严重性、请求的缔约一方的利益，但认为由于被请求引渡人的年龄、健康或者其他个人情况，引渡不符合人道主义原则；

（三）被请求的缔约一方正在对被请求引渡人就同一犯罪行为进行刑事诉讼。

第五条 不引渡本国国民的后果

被请求的缔约一方如果根据本条约第三条第（一）项拒绝引渡本国国民，在遵守本条约第二条规定的情况下，该方应根据请求的缔约一方的请求将该案件提交本国主管机关审理，以便根据被请求的缔约一方的法律对该国民提起刑事诉讼。为此目的，请求的缔约一方应向被请求的缔约一方移交与该案有关的文件和证据。

被请求的缔约一方应将引渡请求的处理结果通报请求的缔约一方。

第六条 联系途径

除本条约另有规定者外，为实施本条约，缔约双方应通过其指定的主管机关进行联系。在各自指定主管机关前，缔约双方应通过外交途径进行联系。

第七条 语文

在执行本条约时，缔约双方应使用本国的官方文字并附有对方的官方文字或英文译文。

第八条　引渡请求及所需的文件

一、引渡的请求应以书面形式提出，并应包括：

（一）请求机关的名称；

（二）被请求引渡人的姓名、国籍、住所地或居所地的材料和其他关于其身份的说明，如有可能，有关其外表的描述、照片和指纹；

（三）关于犯罪行为和后果，包括物质损失的概述；

（四）请求的缔约一方认定该行为构成犯罪并应处刑罚的法律规定；

（五）追究刑事责任的时效或者执行刑事判决时限的法律规定。

二、旨在对被请求引渡人追究刑事责任而提出的引渡请求，除本条第一款规定者外，还应附有请求的缔约一方主管机关签发的羁押令或者逮捕证的副本。

三、旨在执行刑事判决而提出的引渡请求，除本条第一款规定者外，还应附有：

（一）已发生法律效力的判决书的副本；

（二）有关已服刑期的证明。

四、缔约双方根据本条约的规定所提交的文件，均应经正式签署并由主管机关盖章。

第九条　补充材料

如果被请求的缔约一方认为根据本条约的规定，引渡请求所附材料不够充分，可以要求请求的缔约一方在两个月内提交补充材料。如经事先说明正当理由，这一期限还可延长十五天。如果请求的缔约一方未在上述期限内提交补充材料，应被视为放弃请求，已被羁押的被请求引渡人应予以释放。但是，这种情况不妨碍请求的缔约一方就同一犯罪对该人再次提出引渡请求。

第十条　为引渡而羁押

被请求的缔约一方收到引渡请求后，除根据本条约规定不得引渡的情形外，应立即采取措施羁押被请求引渡人。

第十一条　收到引渡请求前的羁押

一、在紧急情况下，请求的缔约一方可以请求被请求的缔约一方在其收到本条约第八条所指的引渡请求前羁押被请求引渡人。此种请求可以书面方式通过本条约第六条规定的途径或者缔约双方同意的其他途径，以任何通讯手段提出。

二、请求书应包括第八条第一款第（一）、（二）、（三）项、第二款和第三款所述内容，并说明引渡请求将立即发出。

三、被请求的缔约一方应将对该项请求的处理结果及时通知请求的缔约一方。

四、在请求的缔约一方收到羁押通知之日起三十天内，如果被请求的缔约一方未收到本条约第八条所指的引渡请求及有关文件，应释放被羁押人。如有充分理由，根据请求的缔约一方的请求，提出引渡请求的期限可延长十五天。

五、如果请求的缔约一方在此后根据本条约第八条的规定提出引渡请求，则根据本条第四款对被羁押人的释放并不影响对该人的引渡。

第十二条　移交被引渡人

一、被请求的缔约一方应将其对引渡请求所作出的决定立即通知请求的缔约一方。如果同意引渡请求，被请求的缔约一方和请求的缔约一方应商定移交被引渡人的时间和地点等有关事宜。如拒绝引渡请求，被请求的缔约一方应说明理由。

二、如果请求的缔约一方自商定移交之日起十五天内不接受被引渡人，则应被视为放弃引渡请求，被请求的缔约一方应释放该人，并可拒绝请求的缔约一方就同一犯罪对该人再次提出的引渡请求。

三、如果缔约一方因其无法控制的原因不能在商定的期限内移交或接受被引渡人，该方应及时通知缔约另一方。缔约双方应重新商定新的移交日期，并适用本条第二款的规定。

第十三条　暂缓移交和临时移交

一、如果被请求引渡人在被请求的缔约一方境内因另一犯罪被追究刑事责任或服刑，则被请求的缔约一方可暂缓移交该人直至刑事诉讼终结、服刑期满或提前释放，并应将此通知请求的缔约一方。

二、如果本条第一款规定的暂缓移交可能导致超过追究刑事责任的时效或难以对被请求引渡人所犯罪行进行调查，则被请求的缔约一方可根据请求的缔约一方提出的请求及理由，临时移交该人。临时被引渡的人应在诉讼终结后立即归还给被请求的缔约一方。

第十四条　数国提出的引渡请求

缔约一方对包括缔约另一方在内的数国对同一人提出的引渡请求，有权自行决定将其引渡给其中哪一国家。

第十五条　特定原则

一、未经被请求的缔约一方同意，请求的缔约一方不得对已经移交的被引渡人在移交前所犯的任何非引渡所涉及的罪行追究刑事责任或者执行刑事判决，也不得将该人引渡给任何第三国。

根据本条提出的征求被请求的缔约一方同意的请求，应按本条约第八条的规定办理，并附被引渡人对请求中所指的犯罪所作的任何陈述的法律记录。

如请求所涉及罪行本身根据本条约的规定应予引渡，则应予同意。

二、下列情况无需经被请求的缔约一方同意：

1. 被引渡人在刑事诉讼终结、服刑期满或者提前释放后三十天内，尽管有机会却未离开请求的缔约一方领土。被引渡人由于其无法控制的原因不能离开请求的缔约一方领土的时间，不计算在此期限内；或

2. 被引渡人在离开请求的缔约一方领土后又自愿返回。

第十六条　移交与犯罪有关的物品

一、被请求的缔约一方应在其法律允许的范围内，根据请求的缔约一方的请求向其移交被引渡人的犯罪工具、作为证据的物品或犯罪所得的赃物。如果因被引渡人死亡、脱逃或其它原因而不能执行引渡，这些物品仍应移交。

二、为审理其他未决刑事诉讼案件，被请求的缔约一方可暂缓移交上述物品直至诉讼终结。

三、被请求的缔约一方和任何第三者对上述物品的合法权益仍应予保留。请求的缔约一方应在诉讼终结后尽快将该物品无偿归还被请求的缔约一方，以便转交物品的所有人。

第十七条　过境

一、缔约一方从第三国引渡的人需经过缔约另一方领土时，缔约一方应向缔约另一方提出允许其过境的请求。如果使用航空运输且未计划在缔约另一方境内降落，则无需该方同意。

二、在不违反本国法律的情况下，缔约一方应同意缔约另一方提出的过境请求。如根据本条约的规定不能引渡，被请求的缔约一方可拒绝过境请求。

第十八条　通报结果

请求的缔约一方应及时向被请求的缔约一方通报对被引渡人进行刑事诉讼或执行刑事判决的结果，以及将该人引渡给第三国的情况，并根据被请求的缔约一方的请求向其提供终审判决书的副本。

第十九条　与引渡有关的费用

缔约一方承担在其境内因引渡而产生的费用。缔约一方因从第三国引渡而在缔约另一方境内产生的过境费用，由请求过境的缔约一方承担。

第二十条　与其他国际条约的关系

本条约不影响缔约双方根据各自参加的其他国际条约所享有的权利和承担的义务。

第二十一条　争议的解决

因解释或者执行本条约所产生的任何争议均应通过协商和谈判解决。

第二十二条　批准和生效

本条约须经批准，批准书在北京互换。本条约自互换批准书之日起第三十天开始生效。

第二十三条　终止

本条约自缔约任何一方通过外交途径书面通知终止之日起六个月后失效，否则，本条约无限期有效。本条约的终止不应影响在本条约终止前已经开始的引渡程序的完成。

本条约于一九九五年六月二十二日在明斯克签订，一式两份，每份均用中文、白俄罗斯文和俄文写成，三种文本同等作准。在对本条约条款的解释产生分歧时，以俄文本为准。

　　中华人民共和国代表　　　　　　　　　　　白俄罗斯共和国代表
　　　　　吴邦国　　　　　　　　　　　　　　米亚斯尼科维奇

中华人民共和国与俄罗斯联邦引渡条约[*]

中华人民共和国和俄罗斯联邦在尊重主权和平等互利的基础上，为加强两国在打击犯罪方面的合作，达成协议如下：

第一条 引渡的义务

缔约双方有义务按照本条约的规定，根据请求相互引渡在本国境内的人员，以便追究其刑事责任或者执行刑事判决。

第二条 可引渡的犯罪

一、本条约所称"可引渡的犯罪"，系指根据缔约双方法律均构成犯罪，且：

1. 依照中华人民共和国法律，可处一年以上有期徒刑或者其他更重刑罚；

2. 依照俄罗斯联邦法律，可处一年以上剥夺自由的刑罚或者其他更重刑罚。

二、如果被请求引渡人因任何可引渡的犯罪已由请求的缔约一方法院处以本条第一款规定的刑罚，只有在尚未执行的刑期至少为六个月时，方可予以引渡，以便执行判决。

三、在决定引渡及确定某一行为根据缔约双方法律是否均构成犯罪时，不应因缔约双方法律是否均构成该犯罪的行为归入同一犯罪种类或者使用同一罪名而产生影响。

四、如果引渡某人的请求涉及几个行为，每个行为根据缔约双方法律均应处以刑罚，但其中有些行为不符合本条第一、二款规定的条件，在该人至少因一个可引渡的行为而被允许引渡时，被请求的缔约一方也可因这些犯罪行为允许引渡该人。

第三条 应当拒绝引渡的情形

有下列情形之一的，不予引渡：

1. 被请求引渡人系被请求的缔约一方国民；

2. 被请求的缔约一方已给予被请求引渡人受庇护的权利；

3. 在收到引渡请求时，根据被请求的缔约一方法律，由于时效或者其他法

---

* 此条约于 1995 年 6 月 26 日签署，于 1996 年 3 月 1 日批准，于 1997 年 1 月 10 日生效。

律理由不能提起刑事诉讼或者执行判决；

4. 在收到引渡请求前，被请求的缔约一方主管机关已对被请求引渡人就同一犯罪行为作出发生法律效力的判决，或者已经终止有关的刑事诉讼程序；

5. 根据缔约一方的法律，受害者告诉才受理的刑事案件；

6. 根据被请求的缔约一方的法律规定，不予引渡。

第四条　可以拒绝引渡的情形

有下列情形之一的，可以拒绝引渡：

1. 根据被请求的缔约一方法律，该方对被请求引渡人或者引渡请求所涉及的犯罪具有管辖权。在这种情况下，被请求的缔约一方应根据请求的缔约一方的请求，对该人提起刑事诉讼；

2. 被请求的缔约一方虽然考虑到犯罪的性质和请求的缔约一方利益，但认为在该刑事案件中，由于被请求引渡人的年龄、健康或者其他个人情况，引渡不符合人道主义原则；

3. 被请求的缔约一方正在对被请求引渡人就同一犯罪行为进行刑事诉讼。

第五条　不引渡本国国民的后果

在根据本条约第三条第 1 项拒绝引渡的情况下，被请求的缔约一方应根据请求的缔约一方的请求，依照本国法律对该人提起刑事诉讼。为此目的，请求的缔约一方应向被请求的缔约一方移交其所掌握的材料和证据。

第六条　联系途径

为实施本条约，缔约双方应通过其指定的主管机关进行联系。在各自指定主管机关前，缔约双方应通过外交途径进行联系。

第七条　语文

在执行本条约时，缔约双方应使用本国的官方文字，并附有对方官方文字或者英文的译文。

第八条　引渡请求及所需文件

一、引渡请求应以书面方式提出，并应包括：

1. 请求机关的名称；

2. 被请求引渡人的姓名、国籍、住所地和居所地的材料以及其他关于其身份的说明，如有可能，关于其外表的描述、照片和指纹；

3. 关于犯罪行为和后果，包括物质损失的概述；

4. 请求的缔约一方认定该行为构成犯罪的法律规定，包括对该项犯罪所处刑罚的规定；

5. 追究刑事责任的时效或者执行判决时限的法律规定。

二、为了进行刑事诉讼而提出引渡请求时，除本条第一款规定的材料外，还应附有请求的缔约一方主管机关签发的羁押决定或者逮捕证的副本。

三、为了执行判决而提出引渡请求时，除本条第一款规定的材料外，还应附有：

1. 已发生法律效力的刑事判决书的副本；

2. 关于已服刑的证明。

四、缔约双方所提交的文件均应经签署和盖章。

第九条　补充材料

如果被请求的缔约一方认为根据本条约的规定，引渡请求所附材料不够充分，可以要求请求的缔约一方在两个月内提交补充材料。如经事先说明正当理由，这一期限还可延长十五天。如果请求的缔约一方未在上述期限内提交补充材料，应被视为放弃请求，已被羁押的人应予释放。但这种情况不妨碍请求的缔约一方就同一犯罪对该人再次提出引渡请求。

第十条　为引渡而羁押

被请求的缔约一方收到引渡请求后，除根据本条约规定不得引渡的情形外，应立即采取措施羁押被请求引渡人。

第十一条　收到引渡请求前的羁押

一、在紧急情况下，缔约一方可以请求缔约另一方在收到本条约第八条所指的引渡请求前，羁押被请求引渡人。此种请求可以书面方式通过本条约第六条规定的途径或者缔约双方同意的其他途径，以任何通讯手段提出。

二、请求书应包括：被请求引渡人的情况；已知的该人住所地和居所地；案情的简要说明；已签发羁押决定或者逮捕证的说明，或者已作出发生法律效力的判决的说明；以及即将提出引渡请求的说明。

三、被请求的缔约一方应将对该项请求的处理结果及时通知请求的缔约一方。

四、被请求引渡人被羁押后三十天内，如果请求的缔约一方未送达本条约第八条所指的引渡请求及文件，则根据本条第一款被羁押的人应予以释放。在上述期限届满以前，如果请求的缔约一方说明理由并提出请求，这一期限可延长十天。

五、如果请求的缔约一方在此后根据本条约第八条的规定提出引渡请求并提交所需文件，则根据本条第四款释放被羁押人并不影响以后对该人的引渡。

第十二条　移交被引渡人

一、被请求的缔约一方应将其对引渡请求所作出的决定立即通知请求的缔约一方。如果同意该引渡请求，缔约双方应商定移交被引渡人的时间和地点，以及与执行引渡有关的其他事宜。如果部分或者全部拒绝引渡请求，被请求的缔约一方应说明理由。

二、如果请求的缔约一方自商定移交之日起十五天内不接受被引渡人，应被视为放弃该项引渡请求，被请求的缔约一方应立即释放该人，并可以拒绝请求的缔约一方就同一犯罪对该人再次提出的引渡请求。

三、如果缔约一方因其无法控制的原因不能在商定执行引渡的期限内移交或者接受被引渡人，该缔约一方应及时通知缔约另一方。缔约双方应重新商定移交被引渡人的有关事宜，该项移交应在原定期限届满后十五天内进行。

第十三条　暂缓引渡和临时引渡

一、如果被请求引渡人在被请求的缔约一方境内因另一犯罪被追究刑事责任或者服刑，被请求的缔约一方可以暂缓引渡直至诉讼终结、服刑期满或者提前释放，并应将此通知请求的缔约一方。

二、如果本条第一款规定的暂缓引渡可能导致超过刑事追诉时效或者难以对犯罪进行调查，被请求的缔约一方可以根据请求的缔约一方提出的请求及理由，临时引渡被请求引渡人。

三、请求的缔约一方在诉讼终结后，应立即归还临时被引渡的人。

第十四条　数国提出的引渡请求

缔约一方收到缔约另一方和任何第三国对同一人提出的引渡请求时，有权自行决定将该人引渡给其中哪一个国家。

第十五条　特定原则

一、未经被请求的缔约一方同意，请求的缔约一方不得对已经移交的被引渡人在引渡前所犯的非准予引渡的罪行追究刑事责任或者执行刑罚。未经被请求的缔约一方同意，也不得将该人引渡给任何第三国。

二、下列情况无需经被请求的缔约一方同意：

1. 被引渡人在刑事诉讼终结、服刑期满或者提前释放后三十天内，尽管可以离开却未离开请求的缔约一方领土。被引渡人由于其无法控制的原因不能离开请求的缔约一方领土的时间，不计算在此期限内；

2. 被引渡人在离开请求的缔约一方领土后又自愿返回。

第十六条　移交与犯罪有关的物品

一、被请求的缔约一方应在其法律允许的范围内，根据请求的缔约一方的请求向其移交被引渡人的犯罪工具，以及作为证据的物品或者犯罪所得的赃物。

二、如果因被引渡人死亡、脱逃或者其他原因而不能执行引渡，上述物品仍应移交。

三、如果被请求的缔约一方需要将本条第一款所指的物品用作刑事案件的物证，则可以暂缓移交直至案件的诉讼程序终结。

四、第三者对被移交给请求的缔约一方的物品所拥有的权利仍应保留。在案件的诉讼程序终结后，请求的缔约一方应将这些物品归还给在其境内的物品所有人。如果上述人员在被请求的缔约一方境内，请求的缔约一方应将物品归还给被请求的缔约一方，由其转交。如果物品所有人在第三国境内，应由请求的缔约一方负责物品的移交事宜。

五、移交与犯罪有关的物品和钱款，应在被请求的缔约一方法律规定的范围内进行。

第十七条　过境

一、缔约一方从第三国引渡的人需要经过缔约另一方领土时，该缔约一方应向缔约另一方请求允许该人从其领土过境。

二、本条第一款的规定不适用于使用航空运输且未计划在缔约另一方境内降落的情况。

三、根据本条约的规定不予引渡的人，缔约双方可以拒绝其过境。

第十八条　通报结果

请求的缔约一方应及时向被请求的缔约一方通报对被引渡人进行刑事诉讼或者执行判决的结果，以及是否已向第三国引渡该人的情况，并根据被请求的缔约一方的请求向其提供最终的刑事裁决的副本。

第十九条　与引渡有关的费用

缔约一方承担在其境内因引渡而产生的费用。因从第三国引渡而在缔约一方过境所产生的费用，由请求过境的缔约一方承担。

第二十条　与其他国际条约的关系

本条约不影响缔约双方根据各自参加的其他国际条约所享有的权利和承担的义务。

第二十一条　争议的解决

因解释或者执行本条约所产生的任何争议，均应通过协商和谈判解决。

第二十二条　批准和生效

本条约须经批准，批准书在北京互换。本条约自互换批准书之日起第三十天开始生效。

第二十三条　终止

一、本条约无限期有效。但本条约自缔约任何一方通过外交途径书面通知终止之日后六个月后失效。

二、本条约的终止不影响完成在本条约终止前开始的引渡程序。

本条约于一九九五年六月二十六日在莫斯科签订，一式两份，每份均用中文和俄文写成，两种文本同等作准。

　　中华人民共和国代表　　　　　　　　　　俄罗斯联邦代表
　　　　　吴邦国　　　　　　　　　　　　瓦·阿·科瓦廖夫

中华人民共和国和保加利亚共和国引渡条约[*]

中华人民共和国和保加利亚共和国（以下简称"缔约双方"），在相互尊重主权和平等互利的基础上，为发展引渡领域的司法合作，议定下列各条：

第一条　引渡义务

缔约双方有义务根据本条约的规定和条件，经适当请求，相互引渡在缔约一方境内发现而被缔约另一方司法机关通缉的人员，以便对其进行刑事诉讼或者根据已生效的判决执行监禁。

第二条　可引渡的犯罪

一、本条约中所指的"可引渡的犯罪"，系指根据缔约双方法律均可处以至少一年监禁或者更重刑罚的犯罪。

二、在符合本条第一款规定的相同条件下，如果引渡请求旨在执行刑罚，则只在尚未执行的刑期至少为六个月时才可同意引渡。

三、如果对被请求引渡人的判决是在其缺席的情况下作出的，则有关的引渡请求应被视为旨在进行追诉的引渡请求。

四、就本条而言，在决定某一犯罪是否属于触犯缔约双方法律的犯罪时，不应因缔约双方法律是否将构成该项犯罪的行为归入同一犯罪种类或使用同一罪名而产生影响。

五、如果引渡请求涉及若干不同的行为，而其中有的行为在处罚程度方面不符合本条第一款和第二款的要求，仍应就符合上述条件的行为准予引渡，此项引渡亦扩及到符合本条约其他条件的行为。

第三条　拒绝引渡的强制性理由

有下列情形之一的，不得予以引渡：

（一）在就引渡作出决定时，被请求引渡人为被请求方国民；

（二）被请求方根据本国法律，已给予被请求引渡人受庇护的权利；

（三）被请求方有充分理由认为，请求方提出的引渡请求旨在对被请求引渡人因其种族、宗教、国籍或政治见解而提起刑事诉讼或执行刑罚，或者被请求

---

[*]　此条约于 1996 年 5 月 20 日签署，于 1997 年 2 月 23 日批准，于 1997 年 7 月 3 日生效。

引渡人在司法程序中的地位将会因上述某项原因而受到损害；

（四）根据请求方法律，引渡请求所依据的犯罪纯属军事犯罪；

（五）在收到引渡请求时，被请求方根据本国法律，包括时效和赦免方面的法律，已就引渡请求所依据的犯罪对被请求引渡人不再予以追诉或执行刑罚；

（六）在收到引渡请求之前，被请求方主管机关已对被请求引渡人就同一犯罪作出终审判决或终止司法程序；

（七）被请求方法律不允许的引渡。

第四条　拒绝引渡的任择性理由

有下列情形之一的，可拒绝引渡：

（一）被请求方根据本国法律，对引渡请求所依据的犯罪具有管辖权；

（二）被请求方正在对被请求引渡人就引渡请求所依据的犯罪进行追诉。

第五条　在被请求方境内提起刑事诉讼的义务

如果被请求方根据本条约第三条第（一）项和第四条第（一）项不同意引渡，该方应根据请求方的请求，将被请求引渡人转交主管机关，以便予以追诉。为此目的，请求方应向被请求方提交与该案有关的文件和证据。

第六条　联系途径

为实施本条约，缔约双方应通过各自根据本国法律指定的机关进行联系，亦可通过外交途径进行联系。

第七条　语言

在执行本条约时，缔约双方应使用本国官方语言，并应附有缔约另一方官方语言或英文的译文。

第八条　引渡请求及所需文件

一、引渡请求应以书面提出，并附有：

（一）请求机关的名称；

（二）有关被请求引渡人姓名、国籍、住所地或居所地的情况及有关其身份的其他资料，如有可能，有关其外表的描述、照片和指纹；

（三）关于犯罪及其后果，包括其所导致的物质损失的概述；

（四）请求方法律中规定该项犯罪的有关条文，或者在必要时，对涉及该项犯罪的法律及就该项犯罪可判处的刑罚的说明；以及规定对该项犯罪予以追诉或执行刑罚的时效的有关法律条文。

二、除本条第一款规定者外，旨在对被请求引渡人进行追诉的引渡请求还应附有请求方主管机关签发的逮捕证的副本。

三、除本条第一款规定者外，旨在对被请求引渡人执行刑罚的引渡请求还应附有：

（一）终审判决书的副本；

（二）关于已执行刑期情况的说明。

四、请求方根据本条约的规定所提交的文件，应经正式签署或盖章。

五、为实施本条约，所转交的文书和文件的原件及其经证明的副本应免除任何形式的认证。

第九条 补充材料

如果被请求方认为，根据本条约规定，为支持引渡请求所提交的材料不足以使其作出同意引渡的决定，该方可要求请求方在两个月内提交补充材料；如有正当理由，上述期限可延长十五天。如果请求方未在上述期限内提交补充材料，应视为其自动放弃请求，被请求方可释放被请求引渡人。但这不妨碍请求方就同一犯罪重新提出引渡请求。

第十条 为引渡而羁押

收到引渡请求后，除根据本条约的规定不应予以引渡的情形外，被请求方应立即采取措施羁押被请求引渡人。

第十一条 临时羁押

一、在紧急情况下，缔约一方可以请求缔约另一方在收到本条约第八条所规定的引渡请求前，羁押被请求引渡人。此种请求可以通过外交途径或通过国际刑警组织书面提出。

二、请求书应包括本条约第八条第一款第（一）、（二）、（三）项以及该条第二款或第三款规定的材料，并说明对被请求引渡人的引渡请求即将发出。

三、被请求方应及时将处理该项请求的结果通知请求方。

四、在请求方收到羁押通知后三十天内，如果被请求方未收到正式引渡请求和本条约第八条所要求的有关文件，请求方应释放被羁押人。如有充分理由，被请求方应根据请求将上述期限延长十五天。

五、如果请求方后来提交了引渡请求和本条约第八条所规定的有关文件，被请求方根据本条第四款将被羁押人的释放不应影响对该人的引渡。

第十二条 移交被引渡人

一、被请求方应将其对引渡请求所作的决定及时通知请求方。缔约双方应协商约定移交的时间、地点等有关事宜。如拒绝引渡，被请求方应说明拒绝的理由。

二、如果请求方在约定之日起二十天内不接受被引渡人，则应被视为放弃引渡请求，被请求引渡方可释放该人，并可拒绝请求方就同一犯罪再次提出的引渡请求。

三、如果缔约一方因其无法控制的原因不能在约定的期限内移交或接受被引渡人，该方应及时通知缔约另一方。缔约双方应重新协商确定移交日期，并适用本条第二款的规定。

第十三条　暂缓移交和临时移交

一、如果被请求引渡人在被请求方境内因引渡请求所依据的犯罪以外的犯罪被提起刑事诉讼或服刑，被请求方可在就引渡请求作出决定后，暂缓移交被请求引渡人，以便进行刑事诉讼或执行刑罚。在此情况下，被请求方应将此通知请求方。

二、如果本条第一款规定的暂缓移交会造成追诉时效期满或妨碍对犯罪进行调查，被请求方可根据请求临时移交被请求引渡人。请求方应在诉讼终结后立即归还被临时移交的人。

第十四条　数国提出的引渡请求

如果缔约一方和第三国就同一人请求引渡，被请求方可决定将被请求引渡人引渡到哪个国家。在作此决定时，应考虑各种因素，特别是犯罪的严重性及犯罪地点、被请求引渡人的国籍及其居所、将该人再引渡的可能性以及收到引渡请求的日期。

第十五条　特定规则

一、除引渡请求所依据的犯罪外，未经被请求方同意，请求方不能对根据本条约而被引渡的人就其在引渡前所犯的其他罪行进行追诉或判刑，也不能将其再引渡给第三国。

二、有下列情况之一的，无需经被请求方同意：

（一）被引渡人在离开请求方领土后又自愿返回；

（二）被引渡人在其可自由离开之日起三十天内未离开请求方领土。但被引渡人由于其无法控制的原因未能离开请求方领土的时间不计算在此期限内。

第十六条　移交财物

一、被请求应在其法律允许的范围内，根据请求方的请求，向其移交犯罪中使用的可作为证据的物品以及犯罪所得的财物。即使因被引渡人死亡、逃脱或其他原因而不能执行引渡，上述物品和财物仍应予移交。

二、为审理其他未决刑事诉讼案件，被请求方可暂缓移交上述物品和财物，直至诉讼终结。

三、被请求方以及任何其他国家或个人对上述物品或财物所拥有的合法权利应予保留。在存在此种权利时，请求方应在审理完毕后尽快并免费将该物品或财物返还被请求方。

第十七条　过境

一、缔约一方从第三国引渡的人需经过缔约另一方境内时，前一缔约方应向后者提出允许其过境的请求。如果使用航空运输且未计划在缔约另一方境内降落，则无需后者同意。

二、在不违反其法律的情况下，被请求方应同意请求方提出的过境请求。

第十八条　通报结果

请求方应及时向被请求方通报其对被引渡人进行刑事诉讼和执行刑罚的情况，或将该人再引渡给第三国的情况。

第十九条　费用

引渡费用应由该费用产生地的缔约一方承担。但与引渡有关的空中交通费和过境费用应由请求方承担。

第二十条　争议的解决

因解释或适用本条约所产生的任何争议，均应通过协商和谈判解决。

第二十一条　最后条款

一、本条约须经批准。批准书在索非亚互换。本条约自互换批准书之日后第三十天开始生效。

二、本条约自缔约任何一方通过外交途径书面提出终止之日起六个月期限届满后失效，否则本条约无限期有效。本条约的终止不应影响在本条约终止前已经开始的引渡程序。

下列签字人经各自政府正式授权，签署本条约，以昭信守。

本条约于一九九六年五月二十日订于北京，一式两份，每份均用中文、保文和英文写成，三种文本同等作准。如遇解释上的分歧，则以英文本为准。

中华人民共和国代表　　　　　　　　　保加利亚共和国代表
　　张德广　　　　　　　　　　　阿塔纳斯·帕帕利佐夫

中华人民共和国和罗马尼亚引渡条约 *

中华人民共和国和罗马尼亚（以下简称"缔约双方"）在尊重主权、平等和互利的基础上，为加强两国在惩治犯罪方面的合作，达成协议如下：

第一条　引渡的义务

缔约双方有义务按照本条约的规定，根据请求相互引渡在本国境内的人员，以便对其追究刑事责任或执行刑罚。

第二条　可引渡的犯罪

一、就本条约而言，可引渡的犯罪是指根据缔约双方法律均构成犯罪，并可处至少一年有期徒刑。

二、在前款规定为犯罪的情况下，对旨在执行刑罚而提出的引渡请求，只有在被请求引渡人尚未执行的刑期至少为六个月时，才可予以引渡。

三、在确定某一行为是否根据缔约双方法律均构成犯罪时，不应因缔约双方法律是否将该行为归入同类犯罪或使用同一罪名而产生影响。

四、如果引渡请求涉及两个以上根据缔约双方法律均可处罚的犯罪，只要其中有一项犯罪符合第一、二款规定的有关刑罚期限的条件，也可因这些犯罪引渡该人。

五、就财税犯罪而言，被请求方不得以其法律未规定与请求方法律同类的捐税或关税，或者无同样的有关捐税、关税、海关或货币汇兑的法规为由拒绝引渡。

第三条　应当拒绝引渡的情形

有下列情形之一的，应当拒绝引渡：

（一）被请求引渡人为被请求方的国民；

（二）被请求方认为请求方引渡请求所涉及的犯罪属于政治性质的犯罪；

（三）被请求方有充分理由认为请求方提出的引渡请求旨在对被请求引渡人因其种族、宗教、国籍、政治见解等原因而提起刑事诉讼或者执行刑罚，或者被请求引渡人在司法程序中的地位将会因上述原因受到损害；

---

* 此条约于 1996 年 7 月 1 日签署，于 1997 年 2 月 23 日批准，于 1999 年 1 月 16 日生效。

（四）引渡请求所涉及的犯罪只是军事性质的犯罪，而根据普通刑法不构成犯罪；

（五）根据缔约任何一方的法律，被请求引渡人获得了追究和审判豁免权，或根据包括时效或赦免的法律，获得了免予刑罚的豁免权；

（六）在收到引渡请求前，被请求方已对被请求引渡人就同一犯罪提起诉讼、作出终审判决或终止诉讼。

第四条　可以拒绝引渡的情形

有下列情形之一的，可以拒绝引渡：

（一）根据请求方法律，引渡请求所涉及的犯罪全部或部分发生在其境内或发生在被认为是其境内的地方；

（二）犯罪发生在请求方境外，并且被请求方的法律不允许对其境外的这种犯罪进行刑事诉讼；

（三）如果同意引渡将与被请求方法律的一些基本原则相抵触。

第五条　依法进行刑事诉讼的义务

一、根据本条约第三条第（一）项和第四条第（一）项规定的理由拒绝引渡时，如果引渡请求涉及的行为按照被请求方法律构成犯罪，则根据请求方的请求，被请求方应将其移交主管司法机关以便追究刑事责任。

二、请求应通过本条约第六条规定的途径以书面形式提出，并附本条约第八条规定的有关文件和证据。

三、被请求方应及时向请求方通知审判结果。

第六条　联系途径

为实施本条约，缔约双方应通过外交途径进行联系，但本条约另有规定者除外。

第七条　语文

在执行本条约时，缔约双方应使用本国官方文字并附有对方的官方文字或英文译文。

第八条　引渡请求及所附文件

一、引渡请求应以书面形式提出，并载明下列内容：

（一）请求机构的名称；

（二）被请求引渡人的姓名、国籍以及其他已知的与其身份有关的情况及其居所；

（三）关于犯罪事实的说明，包括犯罪的时间、地点以及犯罪造成的物质损失；

（四）关于认定犯罪及该项犯罪所处刑罚的法律规定。

二、引渡请求应附下列材料：

（一）如有可能，有关被请求引渡人特征的材料，包括照片、指纹及任何能证明其身份、国籍和居所的其他材料；

（二）有关物质损失的材料以及任何物质损失的性质、数量及重要性的说明；

（三）有关法律条文的副本或说明，包括认定犯罪、所处刑罚和追诉时效的法律规定。

三、旨在对被请求引渡人提起诉讼而提出的引渡请求，还应附有请求方主管机关签发的逮捕证原件或副本或其他具有同等效力的文件。

四、旨在对被请求引渡人执行刑罚而提出的引渡请求，还应附有请求方法院终局判决书的原件或经证明无误的副本以及关于未服刑期的说明。

五、引渡请求所附文件均应经主管机关正式盖章，无须认证。

第九条　补充材料

被请求方如果认为引渡请求所附材料不够充分，可以要求请求方在六十天内提交补充材料。经请求方的合理要求，这一期限还可延长十五天。如果请求方未在上述期限内提交补充材料，应视为自动放弃请求，已被羁押的被请求引渡人应予释放，但不妨碍请求就同一犯罪再次提出引渡请求。

第十条　为引渡而逮捕

收到引渡请求后，除根据本条约不能引渡的情形外，被请求方应立即逮捕被请求引渡人。

第十一条　临时逮捕

一、在紧急情况下，请求方可以请求被请求方在其收到引渡请求前临时逮捕准备请求引渡的人。此种请求可以书面形式通过外交途径或国际刑警组织途径以任何被请求方接受的通讯方式提出。

二、请求书应包括本条约第八条第一款的内容，并说明对该人已签发了逮捕证或已作出了刑事判决以及将尽快对该人提出引渡请求。

三、被请求方应将对该项请求的决定及有关情况及时通知请求方。

四、被请求方在对被请求引渡人逮捕后三十天内，如未收到本条约第八所指的引渡请求及文件，可释放临时被逮捕的人。上述期限可经请求方的合理要求延长十五天，但仅限一次。

五、如果请求方随后提交了引渡请求及文件，则对临时被逮捕人的释放不应影响对该人的重新逮捕和引渡。

第十二条　移交被引渡人

一、被请求方应立即将其对引渡请求所作出的决定通知请求方。

二、如果部分或全部拒绝引渡请求，被请求方应说明理由。

三、如果同意引渡请求，被请求方应确定一个合理的移交期限，缔约双方应在该期限内商定移交被引渡人的时间、地点；同时，被请求方应告知请求方有关被请求引渡人已被拘留的时间。

四、如果请求方自商定执行引渡之日起十五天内不接收被引渡人，应被视为放弃该项引渡请求，被请求方应立即释放该人，并可拒绝请求方就同一犯罪对该人再次提出的引渡请求。

五、如果缔约一方因其无法控制的原因不能在商定执行引渡的期限内移交或接收被引渡人，该方应及时通知另一方。缔约双方应重新商定移交被引渡人的有关事宜。

第十三条　暂缓移交和临时移交

一、如果被引渡人正在被请求方境内因请求引渡的犯罪以外的其他犯罪受审或服刑，被请求方可以暂缓移交该人，直至诉讼终结、服刑期满或提前释放，并应将此通知请求方。

二、如果前款规定的暂缓移交可能导致超过刑事追诉时效或难以对犯罪进行调查，被请求方可以根据请求方的请求，临时移交被引渡人。

三、请求方在完成有关诉讼行为后，应立即将被临时移交的人归还被请求方。

第十四条　重新引渡

如果被引渡人逃避刑事追诉、审判或执行刑罚，并自愿返回被请求方境内，被请求方应根据请求方的请求将其再次引渡。在这种情况下，请求方无需提交本条约第八条规定的文件。

第十五条　数国提出的引渡请求

如果包括请求方在内的数国对同一人就同一行为或不同行为提出引渡请求，被请求方有权决定将该人引渡给其中任何一个国家。被请求方在决定引渡时，应考虑各种情况，特别是有无条约关系、犯罪的严重性、犯罪行为地、提出请求的时间、被请求引渡人的国籍以及再引渡的可能性。

第十六条　特定原则

请求方不得对已移交的被引渡人在引渡前所犯的非准予引渡的罪行追究刑

事责任或执行刑罚或限制其人身自由，也不得将该人再引渡给第三国，但下列情况除外：

（一）被请求方同意。为此，请求方应通过本条约第六条规定的途径以书面方式提出请求，并附本条约第八条规定的有关文件和被引渡人陈述的法律记录。如请求引渡所涉及的罪行本身根据本条约应予引渡，则应予同意；

（二）被引渡人在刑事审判终结或刑罚执行完毕后三十天内可以自由离开请求方领土而未离开，或离开后又自愿返回。但被引渡人由于其无法控制的原因不能离开请求方领土的时间不计入此期限。

第十七条　财物的移交

一、被请求方应在其法律允许的范围内，应请求方的请求向其移交已查获的被引渡人在据以引渡的犯罪中获得的财物和作为证据的财物。

二、在同意引渡后，如果因被引渡人死亡、逃脱或其他原因而不能执行引渡，本条第一款所指的财物仍应予以移交。

三、如果被请求方需要将本条第一款所指的财物用作正在进行的其他刑事案件的证据，可以暂缓移交直至案件诉讼程序终结。在此情况下，被请求方应通知请求方。

四、被请求方或任何第三方对本条第一款所指财物的权利，应予保留。如果存在该项权利，则应在审判终结后尽快将该项财物无偿归还被请求方。

第十八条　过境

一、根据缔约另一方的请求，缔约一方应允许缔约另一方从第三国引渡的人经过其领土。如果使用空运且未计划在缔约一方境内降落，则无需其同意。

二、过境请求应通过本条约第六条规定的途径以书面方式提出，并附本条约第八条规定的有关文件。

三、根据本条约规定不应引渡的人，被请求方可以拒绝其过境。

第十九条　通报

请求方应向被请求方及时通报对被引渡人刑事诉讼、执行刑罚或者再引渡给第三国的情况。

第二十条　处理引渡请求适用的法律

除本条约另有规定外，被请求方根据其本国法处理与引渡有关的请求。

第二十一条　费用

一、被请求方应承担移交被引渡人之前在其境内因引渡所产生的费用。

二、与过境有关的费用由过境请求方负担。

第二十二条 争议的解决

因解释和适用本条约所产生的任何争议，均通过外交途径解决。

第二十三条 批准和生效

本条约须经批准，批准书在北京互换。本条约自互换批准书之日起第三十天开始生效。

第二十四条 终止

一、本条约自缔约任何一方通过外交途径书面通知另一方终止之日起六个月后失效，否则，本条约无限期有效。

二、本条约的终止不应影响在本条约终止前已经开始的引渡程序。

缔约双方全权代表本条约上签字，以昭信守。

本条约于一九九六年七月一日在布加勒斯特签订，一式两份，每份均用中文和罗文写成，两种文本同等作准。

中华人民共和国代表　　　　　　　　　　　罗马尼亚代表

　　钱其琛　　　　　　　　　　　　　　　梅列什卡努

中华人民共和国和哈萨克斯坦共和国引渡条约 *

中华人民共和国和哈萨克斯坦共和国（以下简称"缔约双方"），在尊重主权和平等互利的基础上，为加强两国在打击犯罪方面的合作，达成协议如下：

第一条 引渡义务

缔约双方有义务根据本条约的规定，经请求相互引渡在本国境内的人员，以便追究其刑事责任或者执行发生法律效力的刑事判决。

第二条 可引渡的犯罪

一、本条约所称"可引渡的犯罪"，系指根据缔约双方法律均构成犯罪并可处以下刑罚的犯罪：

（一）依照中华人民共和国法律，可处至少一年有期徒刑或者更重刑罚；

（二）依照哈萨克斯坦共和国法律，可处至少一年剥夺自由的刑罚或者其他更重刑罚。

二、如果被请求引渡人因任何可引渡的犯罪已由提出请求的缔约一方法院处以本条第一款规定的刑罚，只有在尚未执行的刑期至少为六个月时，方可予以引渡，以便执行判决。

三、在决定引渡及确定某一行为根据缔约双方法律是否均构成犯罪时，不受该行为所属的犯罪种类和罪名的影响。

四、如果引渡某人的请求涉及数项行为，每项行为根据缔约双方法律均应处以刑罚，但其中有些行为不符合本条第一、二款规定的条件，在该人至少因一项可引渡的犯罪而被允许引渡时，被请求的缔约一方也可因这些行为允许引渡该人。

第三条 应当拒绝引渡的情形

有下列情形之一的，不予引渡：

（一）被请求引渡人系被请求的缔约一方的国民；

（二）被请求的缔约一方已根据本国法律给予被请求引渡人以受庇护权；

（三）被请求的缔约一方有充分理由认为提出请求的缔约一方提出的引渡请

---

* 此条约于 1996 年 7 月 5 日签署，于 1997 年 2 月 23 日批准，于 1998 年 2 月 10 日生效。

求旨在对被请求引渡人因其种族、宗教信仰、国籍、政治见解等原因而提起刑事诉讼或者执行刑罚，或者被请求引渡人在司法程序中的地位将会因上述原因受到损害；

（四）根据提出请求的缔约一方法律，引渡请求所涉及的犯罪纯属军事犯罪；

（五）在收到引渡请求时，根据被请求的缔约一方的法律，由于时效或者其他法律理由不能提起刑事诉讼或者执行刑罚；

（六）在收到引渡请求前，被请求的缔约一方主管机关已对被请求引渡人就同一犯罪作出发生法律效力的判决或者诉讼程序已经终止；

（七）根据缔约一方的法律，属于受害人告诉才受理的刑事案件。

第四条 可以拒绝引渡的情形

有下列情形之一的，可以拒绝引渡：

（一）根据被请求的缔约一方法律，该方对被请求引渡人或引渡请求所涉及的犯罪具有管辖权。在此情况下，如被请求的缔约一方拒绝引渡，则应对被请求引渡人提起刑事诉讼；

（二）特殊情况下，在考虑犯罪的严重性及提出请求的缔约一方利益的同时，如果被请求的缔约一方认为由于被请求引渡人的个人情况，引渡不符合人道主义精神；

（三）被请求的缔约一方正在对被请求引渡人就同一犯罪进行刑事诉讼。

第五条 不引渡本国国民的后果

如果根据本条约第三条第（一）项不同意引渡，在遵守本条约第二、三条规定的情况下，被请求的缔约一方应根据提出请求的缔约一方的请求将该人提交本国主管机关，以便根据被请求的缔约一方的法律对其提起刑事诉讼。为此目的，提出请求的缔约一方有义务向被请求的缔约一方移交与该案有关的文件和证据。

第六条 联系途径

为实施本条约，缔约双方应通过中华人民共和国经由外交途径通知的指定机关和哈萨克斯坦共和国司法部和总检察院进行联系；亦可通过外交途径进行联系。

第七条 语文

在执行本条约时，缔约双方应使用本国的官方文字，并附有缔约另一方的官方文字或者英文或者俄文的译文。

第八条 引渡请求及所需文件

一、引渡请求应以书面形式提出，并包括：

（一）请求机关的名称；

（二）被请求引渡人的姓名、国籍、住所地或居住地的材料和其他关于其身份的情况，如有可能，提供有关其外表的描述、照片和指纹；

（三）关于犯罪行为和后果，包括导致的物质损失的描述；

（四）提出请求的缔约一方法律中有关该行为构成犯罪以及应处刑罚的规定；

（五）追究刑事责任的时效或者执行刑罚时限的法律规定。

二、除本条第一款规定者外，旨在对被请求引渡人提起刑事诉讼而提出的引渡请求还应附有提出请求的缔约一方主管机关签发的逮捕证或者羁押决定的副本。

三、旨在执行刑罚而提出的引渡请求，除本条第一款规定者外，还应附有：

（一）已发生法律效力的判决书的副本；

（二）有关已服刑期的证明。

四、提出请求的缔约一方根据本条约的规定所提交的文件，应经提出请求的主管机关正式签署和盖章。

第九条 补充材料

如果被请求的缔约一方认为，根据本条约的规定，引渡请求所附材料不够充分，可以要求提出请求的缔约一方在两个月内提交补充材料。如经事先说明正当理由，这一期限还可以延长十五天。如果提出请求的缔约一方未在上述期限内提交补充材料，应被视为放弃请求，已被羁押的人应予释放。但这种情况不妨碍提出请求的缔约一方就同一犯罪对该人再次提出引渡请求。

第十条 为引渡而羁押

收到引渡请求后，除根据本条约规定不能引渡的情形外，被请求的缔约一方应当立即采取措施羁押被请求引渡人。

第十一条 收到引渡请求前的羁押

一、在紧急情况下，缔约一方可以请求缔约另一方在收到本条约第八条所指的引渡请求前羁押被请求引渡人。此种请求可以书面方式通过本条约第六条规定的途径或者缔约双方同意的其他途径，以任何通讯手段提出。

二、请求书应包括本条约第八条第一款第（一）、（二）、（三）项、第二款和第三款所述内容，并说明引渡请求即将发出。

三、被请求的缔约一方应将对该项请求的审查结果及时通知提出请求的缔约一方。

四、在提出请求的缔约一方收到羁押通知后三十天内,如果被请求的缔约一方未收到正式引渡请求及本条约第八条所要求的有关文件,应释放被羁押人。如有充分理由,被请求的缔约一方应根据请求将这一期限延长十五天。

五、如果提出请求的缔约一方后来提交了引渡请求以及本条约第八条规定的有关文件,则根据本条第四款对被羁押人的释放不影响对该人的引渡。

第十二条 移交被引渡人

一、被请求的缔约一方应将其对引渡请求所作出的决定立即通知提出请求的缔约方。如果同意引渡,被请求的缔约一方和提出请求的缔约一方应协商约定移交的时间和地点等有关事宜。如拒绝引渡请求,被请求的缔约一方应说明理由。

二、如果提出请求的缔约一方自商定移交之日起十五天内不接受应予引渡的人,应被视为放弃该项引渡请求,被请求的缔约一方应当立即释放该人,并可以拒绝提出请求的缔约一方就同一犯罪对该人再次提出的引渡请求。

三、如果缔约一方因其无法控制的原因不能在商定的期限内移交或接受被引渡人,该缔约方应及时通知缔约另一方。缔约双方应在商定的移交之日起的十五天内重新商定新的移交日期,并适用本条第二款的规定。

第十三条 暂缓引渡和临时引渡

一、如果被请求引渡人在被请求的缔约一方境内因另一犯罪被追究刑事责任或者服刑,被请求的缔约一方可暂缓引渡该人直至诉讼终结、服刑期满或提前释放,并应将此通知提出请求的缔约一方。

二、如果本条第一款规定的暂缓引渡会造成刑事追诉时效丧失或妨碍对犯罪进行调查,被请求的缔约一方可根据请求临时引渡被请求引渡人。提出请求的缔约一方应在事先商定的期限内归还被临时引渡人。

第十四条 数国提出的引渡请求

缔约一方在收到包括缔约另一方在内的数国对同一人提出的引渡请求后,有权自主决定将该人引渡给哪个国家。

第十五条 特定规则

一、除引渡请求所涉及的犯罪外,未经被请求的缔约一方同意,提出请求的缔约一方不能对被引渡人因其在引渡前实行的犯罪追究刑事责任或判刑,也不能将其引渡给第三国。

二、有下列情况的，无需被请求的缔约一方同意：

（一）被引渡人在离开提出请求的缔约一方领土后又自愿返回；

（二）被引渡人在其可自由离开提出请求的缔约一方之日起十五天内未离开提出请求的缔约一方领土。被引渡人由于其无法控制的原因不能离开提出请求的缔约一方领土的时间不计算在此期限内。

第十六条　移交与犯罪有关的物品

一、被请求的缔约一方应在其法律允许的范围内根据提出请求的缔约一方的请求向其移交被引渡人的犯罪工具、作为证据的物品以及犯罪所得的物品。如果因被引渡人死亡、逃脱或其他原因而不能执行引渡，上述物品仍应予移交。

二、为审理其他未决刑事诉讼案件，被请求的缔约一方可暂缓移交上述物品直至诉讼终结。

三、任何第三人对上述物品的合法权益应予保留。提出请求的缔约一方应在诉讼终结后尽快将该物品返还被请求的缔约一方，以便转交物品所有人。在特定情况下，如果不影响调查，亦可在诉讼终结之前将这些物品归还其所有人。如果物品所有人在提出请求的缔约一方境内，该缔约一方经被请求的缔约一方同意，有权直接将上述物品归还其所有人。

第十七条　过境

一、缔约一方从第三国引渡的人需要经过缔约另一方领土时，该缔约一方应向缔约另一方请求允许该人从其领土过境。

二、本条第一款的规定不适用于使用航空运输且未计划在缔约另一方境内降落时的情况。

三、根据本条约的规定不予引渡的人，缔约双方可以拒绝其过境。

第十八条　通报结果

提出请求的缔约一方应及时向被请求的缔约一方通报对被引渡人进行刑事诉讼或执行判决的结果，以及再引渡给第三国的情况，并根据被请求的缔约一方的请求向其提供终审判决书的副本。

第十九条　与引渡有关的费用

与引渡有关的费用由费用产生地的缔约一方承担。因缔约一方从第三国引渡而在缔约另一方境内过境产生的费用，由请求过境的缔约一方承担。

第二十条　与其他国际条约的关系

本条约不影响缔约双方根据其参加的其他国际条约所享有的权利和承担的义务。

第二十一条 争议的解决

因解释或执行本条约所产生的任何争议均应由缔约双方通过协商和谈判解决。

第二十二条 修改和补充

对本条约的修改和补充须经缔约双方同意，并在缔约双方根据本国法律完成法律程序后生效。

第二十三条 批准和生效

本条约须经批准。批准书在北京互换。本条约自互换批准书之日起第三十天开始生效。

第二十四条 终止

本条约自缔约任何一方通过外交途径书面通知终止之日起六个月后失效，否则本条约无限期有效。本条约的失效不应影响在本条约失效前已经开始的引渡程序的完成。

本条约于一九九六年七月五日订于阿拉木图，一式两份，每份均用中文、哈文和俄文写成，三种文本同等作准。如对本条约的解释发生分歧，以俄文文本为准。

中华人民共和国代表　　　　　　　　哈萨克斯坦共和国代表
钱其琛　　　　　　　　　　　　　卡·托卡耶夫
　　　　　　　　　　　　　　　　　　（外长）

中华人民共和国和蒙古国引渡条约 *

中华人民共和国和蒙古国（以下简称"缔约双方"），在相互尊重主权和平等互利的基础上，为发展在引渡领域的司法合作，达成协议如下：

第一条　引渡义务

缔约双方有义务根据本条约的规定，经适当请求，相互引渡在缔约一方境内发现而被缔约另一方司法机关通缉的人员，以便对其进行刑事诉讼或者根据已生效的判决执行刑罚。

第二条　可引渡的犯罪

一、就本条约而言，"可引渡的犯罪"系指根据缔约双方法律均为可处以至少一年有期徒刑或者更重刑罚的犯罪。

二、在符合本条第一款规定的条件下，如果引渡请求旨在执行刑罚，则仅在尚未执行的刑期至少为六个月时方可准予引渡。

三、就本条而言，在确定某一犯罪是否属于触犯缔约双方法律的犯罪时，不应因缔约双方法律是否将构成该项犯罪的行为归入同一犯罪种类或使用同一罪名而产生影响。

四、如果引渡请求涉及若干犯罪行为，且每一项犯罪行为按照缔约双方法律均为可处罚的犯罪，但其中某些犯罪行为并不符合本条第一款和第二款规定的其他条件，只要被请求引渡人犯有至少一项可引渡的犯罪，即可就该项犯罪准予引渡。

第三条　拒绝引渡的强制性理由

有下列情形之一的，不予引渡：

（一）被请求引渡人为被请求方国民；

（二）被请求方根据本国法律，已给予被请求引渡人受庇护的权利；

（三）被请求方有充分理由认为，请求方提出的引渡请求旨在对被请求引渡人因其种族、宗教、国籍、性别或政治见解而提起刑事诉讼或执行刑罚，或者被请求引渡人在诉讼程序中的地位将会因上述任何一项原因而受到损害；

---

* 此条约于 1997 年 8 月 19 日签署，于 1998 年 6 月 26 日批准，于 1999 年 1 月 10 日生效。

（四）根据请求方法律，引渡请求所依据的犯罪纯属军事犯罪；

（五）根据被请求方法律，由于时效或赦免等法律原因被请求引渡人已被免予追诉或执行刑罚；

（六）被请求方主管机关已对被请求引渡人就同一犯罪作出终审判决或终止司法程序。

第四条　拒绝引渡的任择性理由

有下列情形之一的，可以拒绝引渡：

（一）被请求方根据本国法律，对引渡请求所依据的犯罪具有管辖权；

（二）被请求方正在对被请求引渡人就引渡请求所依据的犯罪进行刑事诉讼。

第五条　被请求方进行刑事诉讼的义务

如果被请求方根据本条约第三条第（一）项和第四条第（一）项不同意引渡，该方应根据请求方的请求，将被请求引渡人转交其主管机关，提起刑事诉讼。为此目的，请求方应向被请求方提交与该案有关的文件和证据。

第六条　联系途径

为本条约之目的，除另有规定者外，缔约双方应通过各自指定的机关进行联系，亦可通过外交途径进行联系。

第七条　语文

在执行本条约时，缔约双方应使用本国官方语文，并应附有缔约另一方官方语文或英文的译文。

第八条　引渡请求及所附文件

一、引渡请求应以书面形式提出，并附下列文件：

（一）请求机关的名称；

（二）有关被请求引渡人姓名、国籍、住所地或居所地的情况及有关其身份的其他资料，如有可能，有关其外表的描述，该人的照片和指纹；

（三）关于犯罪及其后果，包括其所导致的物质损失的概述；

（四）有关的法律条文，包括认定犯罪、可处刑罚和追诉时效的法律规定。

二、除本条第一款规定者外，旨在对被请求引渡人进行追诉的引渡请求还应附有请求方主管机关签发的逮捕证副本。

三、除本条第一款规定者外，旨在对被请求引渡人执行刑罚的引渡请求还应附有下列文件：

（一）已发生法律效力的刑事判决书或裁定书的副本；

（二）关于已执行刑期的情况说明。

四、请求方根据本条约规定所提交的文件，应经正式签署并盖章。

五、为本条约之目的，所提交的引渡请求及所附文件的原件及经证明的副本应免除任何形式的认证。

第九条　补充材料

如果被请求方认为，根据本条约的规定，引渡请求所附的材料不充分，该方可要求请求方提交补充材料。请求方应在收到该要求后两个月内提交补充材料。如有正当理由，这一期限可延长十五天。如果请求方未在上述期限内提交补充材料，应视为已自愿放弃请求，被请求方可释放被请求引渡人。但这并不妨碍请求方就同一犯罪重新提出引渡请求。

第十条　为引渡而羁押

收到引渡请求后，除根据本条约的规定不允许引渡的情形外，被请求方应立即采取措施羁押被请求引渡人。

第十一条　临时羁押

一、在紧急情况下，缔约一方可以请求缔约另一方在收到引渡请求前临时羁押被请求引渡人。此种请求可通过外交途径或通过国际刑事警察组织以书面形式提出。

二、请求书应包括本条约第八条第一款第（一）、（二）、（三）项所规定的材料，请求方主管机关签发的逮捕证或羁押决定的副本，或本条约第八条第三款规定的材料，并说明对被请求引渡人的引渡请求即将发出。

三、被请求方应及时将处理该项请求的结果通知请求方。

四、如果被请求方自根据该项请求采取羁押措施之日起三十日内，未收到正式引渡请求和本条约第八条所要求的文件，应释放被羁押人。如有充分理由，被请求方可根据请求将上述期限延长十五天。

五、如果被请求方随后收到了引渡请求和本条约第八条所规定的文件，即使该方根据本条第四款将被羁押人释放，也不影响对该人的引渡。

第十二条　暂缓移交

如果被请求引渡人在被请求方境内因引渡请求所依据的犯罪以外的犯罪被提起刑事诉讼或服刑，被请求方可在作出引渡的决定后，暂缓移交被请求引渡人，以便进行刑事诉讼或执行刑罚。在此情况下，被请求方应通知请求方。

第十三条　对请求作出决定

一、被请求方应根据其本国法律处理引渡请求，并应迅速将其决定通知请求方。

二、全部或部分拒绝引渡请求，均应说明理由。

第十四条　移交被引渡人

一、在请求方得到被请求方关于同意引渡请求的通知后，缔约双方应商定移交的时间、地点及其他有关事宜。

二、如果请求方在约定移交之日起十五天内不接受被引渡人，应被视为放弃引渡请求，被请求方应释放该人，并可拒绝请求方就同一犯罪再次提出的引渡请求。

三、如果缔约一方因其无法控制的原因不能在约定的期限内移交或接受被引渡人，应及时通知缔约另一方。缔约双方应重新商定移交日期，并适用本条第二款的规定。

第十五条　移交财物

一、被请求方应在其法律允许的范围内，并在不损害第三方合法权利的情况下，根据请求方的请求，向其移交犯罪中使用的可作为证据的物品和犯罪所得的财物。即使因被引渡人死亡、逃脱或其他原因而不能执行引渡，上述物品和财物仍应予以移交。

二、为审理其他未决刑事案件，被请求方可暂缓移交上述财物直到诉讼终结。

三、如果根据被请求方的法律，或为保护第三方的权利，所移交的财物应退还被请求方，则在被请求方提出这一要求时，请求方应当在诉讼终结后免费退还上述财物。

第十六条　数国提出的请求

如果缔约一方和第三国对同一人提出引渡请求，被请求方可决定将被请求引渡人引渡到哪一个国家。在作出决定时，应考虑各种因素，特别是犯罪的严重性及犯罪地点、被请求引渡人的国籍及其住所、将该人再引渡的可能性以及收到引渡请求的日期。

第十七条　特定规则

一、除引渡请求所依据的犯罪外，未经被请求方同意，请求方不得对根据本条约引渡的人就其在引渡前所犯的其他罪行进行追诉或判刑，也不能将其再引渡给第三国。

二、下列情况无须被请求方同意：

（一）被引渡人在离开请求方领土后又自愿返回；

（二）被引渡人在可自由离开之日起三十日内未离开请求方领土，但由于其无法控制的原因未能离开请求方领土的时间不计算在此期限内。

第十八条 过境

一、缔约一方经缔约另一方领土从第三国引渡某人时，前一缔约方应向后一缔约方提出允许其过境的请求。如果使用航空运输且未计划在被请求方领土内降落，则无需该方同意。

二、在不违反其法律的情况，被请求方应同意请求方的过境请求。

第十九条 通报结果

请求方应及时向被请求方通报其对被引渡人进行刑事诉讼或执行刑罚或将该人再引渡到第三国的情况。

第二十条 费用

因引渡发生的费用应由支出费用方承担。但与引渡有关的交通费用和过境费用应由请求方承担。

第二十一条 争议的解决

因解释或执行本条约所产生的任何争议，应由缔约双方通过外交途径解决。

第二十二条 与其他条约的关系

本条约不影响缔约双方根据其他条约所享有的权利和承担的义务。

第二十三条 最后条款

一、本条约需经批准。批准书在北京互换。

二、本条约自互换批准书之日后第三十日开始生效。

三、本条约自缔约任何一方通过外交途径书面提出终止之日起六个月期限届满后失效，否则，本条约无限期有效。本条约的终止不影响本条约终止前已经开始的引渡程序。

下列签字人经各自政府正式授权，签署本条约，以昭信守。

本条约于一九九七年八月十九日订于乌兰巴托，一式两份，每份均用中文、蒙文和英文写成，三种文本同等作准。遇有解释上的分歧，以英文本为准。

中华人民共和国代表　　　　　　　　　　　　　　蒙古国代表

钱其琛　　　　　　　　　　　　　　　　阿勒坦格列尔

（签字）　　　　　　　　　　　　　　　　（签字）

中华人民共和国和吉尔吉斯共和国引渡条约[*]

中华人民共和国和吉尔吉斯共和国（以下简称缔约双方）在相互尊重主权和平等互利的基础上，为加强两国在打击犯罪领域内的合作，达成协议如下：

第一条　引渡义务

缔约双方有义务根据本条约的规定，经请求，相互引渡在本国境内的人员，以便追究其刑事责任或根据已生效的判决执行刑罚。

第二条　可引渡的犯罪

一、就本条约而言，可引渡的犯罪系指根据缔约双方法律均构成犯罪并可处以以下刑罚的犯罪：

（一）依照中华人民共和国法律可处以至少一年有期徒刑或更重的刑罚。

（二）依照吉尔吉斯共和国法律可处以至少一年剥夺自由的刑罚或更重的刑罚。

二、如果被请求引渡人因任何可引渡的犯罪已由请求方法院处以本条第一款规定的刑罚，只有在尚未执行的刑期至少为六个月时，方可予以引渡，以执行判决。

三、在决定引渡及确定某一行为根据缔约双方法律是否均构成犯罪时，不受该行为是否属于同一犯罪种类或同一罪名的影响。

四、如果引渡某人的请求涉及数项犯罪行为，每项犯罪行为根据缔约双方法律均应处以刑罚，但其中有些犯罪行为不符合本条第一、二款规定的条件，在这种情况下，只要该人犯罪行为中有一项为可引渡的犯罪，被请求方即可就这些犯罪行为准予引渡。

第三条　应当拒绝引渡的情形

有下列情形之一的，不予引渡：

（一）被请求引渡人系被请求方国民。

（二）被请求方根据本国法律，已给予被请求引渡人受庇护的权利。

（三）在收到引渡请求时，根据被请求方的法律，由于时效或者其它法律理

_* 此条约于 1998 年 4 月 27 日签署，于 1998 年 11 月 4 日批准，于 2004 年 4 月 27 日生效。

由被请求引渡人已被免予追诉或执行刑罚。

（四）在收到引渡请求前，被请求方主管机关已对被请求引渡人就同一犯罪作出发生法律效力的判决或者诉讼程序已经终止。

第四条　可以拒绝引渡的情形

有下列情形之一的，可以拒绝引渡：

（一）根据被请求方法律，该方对引渡请求所涉及的犯罪具有管辖权。在此情况下，被请求方应根据请求方的请求对被请求引渡人提起刑事诉讼。

（二）如果被请求方在兼顾到引渡请求所涉及的犯罪的性质和请求方利益的同时认为，因被请求引渡人的年龄、健康或其它个人原因，引渡该人不符合人道主义原则。

（三）被请求方正在对被请求引渡人就同一犯罪进行刑事诉讼。

（四）根据缔约一方的法律，属于受害人告诉才受理的刑事案件。

第五条　不引渡本国国民的后果

如果根据本条约第三条第一项不同意引渡，则被请求方应根据请求方的请求按照本国法律对该人提起刑事诉讼。为此，请求方有义务向被请求方移交与该案有关的文件和证据。

第六条　联系途径

为实施本条约，缔约双方应通过各自指定的主管机关进行联系。在确定主管机关前，双方应通过外交途径联系。

第七条　语文

在执行本条约时，缔约双方应使用本国官方文字，并应附有缔约另一方的官方文字或英文译文。

第八条　引渡请求及所需文件

一、引渡请求应以书面形式提出，并包括：

（一）请求机关名称；

（二）被请求引渡人的姓名、性别、年龄、国籍、住所地或居住地的材料和其他关于其身份的情况，如有可能，提供其外貌特征、照片和指纹；

（三）犯罪行为和后果，包括物质损失的情况；

（四）有关追诉时效或者执行刑罚时限的法律规定；

（五）认定该行为构成犯罪的法律规定，并指出依据该法所应给予的处罚方式。

二、除本条第一款规定外，旨在提起刑事诉讼的引渡请求还应附有请求方主管机关签发的逮捕证的副本。

三、旨在执行刑罚的引渡请求，除本条第一款规定者外，还应附有：

（一）已发生法律效力的判决书或裁定书的副本；

（二）有关已服刑时间的证明。

四、请求方提交的文件，应经其主管机关正式签署并盖章。

第九条 补充材料

如被请求方认为根据本条约的规定，引渡请求所附材料不够充分，可以要求请求方在接到要求提供补充材料通知后两个月内提交补充材料。如经事先说明正当理由，这一期限可以延长十五天。如果请求方未在上述期限内提交补充材料，应被视为放弃请求，已被羁押人应予释放。但这种情况不妨碍请求方对该人就同一犯罪再次提出引渡请求。

第十条 为引渡而羁押

除根据本条约规定不能引渡的情形外，被请求方收到引渡请求后，应当立即采取措施羁押被请求引渡人。

第十一条 收到引渡请求前的羁押

一、在紧急情况下，缔约一方可请求缔约另一方在收到本条约第八条所规定的引渡请求前羁押被请求引渡人。书面申请可以通过本条约第六条规定的途径或缔约双方同意的其他途径以任何通讯手段提出。

二、如请求方知道被引渡人的住所地、居住地，申请书中应予以注明。申请书还应包括案情简介、逮捕证或已发生法律效力的判决书或裁定书等材料，并注明引渡请求随即发出。

三、被请求方应将对该项请求的审查结果及时通知请求方。

四、根据本条第一款的规定被羁押的对象，如果在其被羁押三十天内，请求方未提供本条约第八条所规定的引渡请求和相关文件，则应予以释放。如在上述期限届满前，请求方说明理由并提出申请，则这一期限可延长十五天。

五、如果请求方随后根据本条约第八条规定提交了引渡请求及有关文件，则根据本条第四款对被羁押人的释放不影响对该人的引渡。

第十二条 移交被引渡人

一、被请求方应将其对引渡请求所作出的决定立即通知请求方。如同意引渡，则双方商定移交的日期、地点及其他有关事项。如全部或部分拒绝引渡请求，则被请求方应告知理由。

二、如果请求方自商定移交之日起十五天内不接收被引渡人，应视为放弃该项引渡请求，被请求方应当立即释放该人，并可以拒绝请求方就同一犯罪对该人再次提出的引渡请求。

三、如果缔约一方因其无法控制的原因不能在商定的期限内移交或接收被引渡人，该缔约方应及时通知缔约另一方。缔约双方应在不迟于第一次商定的移交之日起十五天之内重新商定新的移交日期，并适用本条第二款的规定。

第十三条　暂缓引渡和临时引渡

一、如果被请求引渡人在被请求方境内因另一犯罪被追究刑事责任或者服刑，被请求方可在作出同意引渡的决定后，暂缓引渡该人直至诉讼终结、服刑期满或提前释放，并应将此通知请求方。

二、如果本条第一款规定的暂缓引渡会造成刑事追诉时效丧失或妨碍对犯罪进行调查，被请求方可根据请求方理由充分的申请临时引渡被请求引渡人。

三、请求方应在诉讼终结后立即送还临时被引渡人。

第十四条　数国提出的引渡请求

缔约一方同时接到缔约另一方和第三国对同一人的引渡请求时，被请求方有权自行决定向其中的任一国家引渡该人。

第十五条　特定规则

一、未经被请求方同意，请求方不得对被引渡人因其在引渡前实施的其他犯罪追究刑事责任或判刑，也不能将其引渡给第三国。

二、有下列情况的，无需被请求方同意：

（一）在诉讼终结、服刑期满或提前释放后三十天内，被引渡人可离开但未离开请求方领土。被引渡人由于其无法控制的原因未能离开请求方领土的时间不计算在此期限内；

（二）被引渡人在离开请求方领土后自愿返回。

第十六条　移交与犯罪有关的物品

一、被请求方应在其法律允许的范围内根据请求方的请求向其移交被引渡人的犯罪工具、作为证据的物品以及犯罪所得的赃物。

二、如果因被引渡人死亡、逃脱或其他原因而不能执行引渡，上述物品仍应予以移交。

三、如被请求方需要本条第一款中所指的物品作为审理刑事案件的物证，则这些物品可暂缓移交直至诉讼终结。

四、被请求方和任何第三人对上述物品的合法权益仍应予保留。请求方应在诉讼终结后尽快将该物品无偿归还被请求方。如对该物品享有合法权益的第三人在请求方境内，则请求方经被请求方同意，可将这些物品直接归还该人。

第十七条 过境

一、如缔约一方经缔约另一方领土从第三国引渡人员，该缔约一方应向缔约另一方提出允许该人员过境的请求。

二、本条第一款的规定不适用于使用空中运输且未计划在缔约另一方境内降落的情况。

三、根据本条约的规定不予引渡的人，被请求过境的缔约一方可以拒绝其过境。

第十八条 通报结果

请求方应及时向被请求方通报对被引渡人进行刑事诉讼或执行刑罚的结果，以及再引渡给第三国的情况，并根据被请求方的请求向其提供终审判决书的副本。

第十九条 费用

被请求方承担在其境内因引渡请求涉及的任何程序所产生的费用，以及因扣押和移交财产、羁押被请求引渡人所产生的费用；请求方承担从被请求方领土押解该人所产生的费用；因缔约一方从第三国引渡而在缔约另一方境内过境所产生的费用，由请求过境的缔约一方承担。

第二十条 与其它国际条约的关系

本条约不影响缔约双方根据其参加的其他国际条约所享有的权利和承担的义务。

第二十一条 争议的解决

因解释或执行本条约所产生的任何争议，均应由缔约双方通过外交途径协商和谈判解决。

第二十二条 批准和生效

本条约须经批准。批准书在比什凯克互换。本条约自互换批准书之日起第三十日开始生效。

第二十三条 终止

一、本条约自缔约任何一方通过外交途径书面通知终止之日起六个月后失效，否则本条约无限期有效。

二、本条约的失效不影响在本条约失效前已经开始的引渡程序的完成。

本条约于一九九八年四月二十七日订于北京，一式两份，每份均用中文、吉尔吉斯文和俄文写成，三种文本同等作准。

中华人民共和国代表   吉尔吉斯共和国代表

（签字）   （签字）

张德广   阿勃德尔达耶夫

（外交部副部长）   （吉副外长）

中华人民共和国和乌克兰引渡条约[*]

中华人民共和国和乌克兰（以下简称"缔约双方"）在相互尊重主权、平等和维护共同利益的基础上，为加强两国在打击犯罪领域内的合作，达成协议如下：

第一条　引渡义务

缔约双方有义务根据本条约的规定，经请求，相互引渡在其境内的人员，以便追究其刑事责任或根据已生效的判决执行刑罚。

第二条　可引渡的犯罪

一、就本条约而言，可引渡的犯罪系指根据缔约双方法律均构成犯罪并可处以以下刑罚的犯罪：

（一）依照中华人民共和国法律可处以至少一年有期徒刑或更重的刑罚；

（二）依照乌克兰法律可处以至少一年剥夺自由的刑罚或更重的刑罚。

二、如果被请求引渡人因任何可引渡的犯罪已由请求方法院处以本条第一款规定的刑罚，只有在尚未执行的刑期至少为六个月时，方可予以引渡，以执行判决。

三、在决定引渡及确定某一行为根据缔约双方法律是否均构成犯罪时，不受该行为是否属于同一犯罪种类或同一罪名的影响。

四、如果引渡某人的请求涉及数项犯罪行为，每项犯罪行为根据缔约双方法律均应处以刑罚，但其中有些犯罪行为不符合本条第一、二款规定的条件，在这种情况下，只要该人犯罪行为中有一项为可引渡的犯罪，被请求方即可就这些犯罪行为准予引渡。

第三条　应当拒绝引渡的情形

有下列情形之一的，不予引渡：

一、被请求引渡人系被请求方国民；

二、被请求方根据其法律，已给予被请求引渡人受庇护的权利；

三、在收到引渡请求时，根据被请求方的法律，由于时效或者其它法律理由，被请求引渡人已被免于追诉或执行刑罚；

---

[*] 此条约于 1998 年 12 月 10 日签署，于 1999 年 6 月 28 日批准，于 2000 年 7 月 13 日生效。

四、在收到引渡请求前，被请求方在其境内已对被请求引渡人就同一犯罪作出发生法律效力的判决或者刑事诉讼程序已经终止；

五、根据缔约一方的法律，属于受害人告诉才处理的刑事案件。

第四条　可以拒绝引渡的情形

有下列情形之一的，被请求方可以拒绝引渡：

一、根据被请求方法律，该方对引渡请求所涉及的犯罪具有管辖权；

二、如果被请求方在兼顾到引渡请求所涉及的犯罪的性质和请求方利益的同时认为，因被请求引渡人的年龄、健康或其它个人原因，引渡该人不符合人道主义原则；

三、被请求方正在对被请求引渡人就同一犯罪进行刑事诉讼。

第五条　拒绝引渡的后果

一、拒绝引渡的缔约方应向请求方说明拒绝的理由。

二、如果根据本条约第三条第一项及第四条第一、二项拒绝引渡，则被请求方应根据请求方的请求按照本国法律追究该人的刑事责任。为此，请求方应向被请求方移交其掌握的与该案有关的文件和证据。

第六条　联系途径

为实施本条约，缔约双方应通过各自指定的中央机关进行联系。在确定中央机关前，双方应通过外交途径联系。

第七条　语文

在执行本条约时，缔约双方应使用本国官方文字，并应附有缔约另一方的官方文字或英文或俄文译文。

第八条　引渡请求及所需文件

一、引渡请求应以书面形式提出，并包括：

（一）请求机关名称；

（二）被请求引渡人的姓名、性别、年龄、国籍、住所地或居住地的材料和其它关于其身份的情况，如有可能，提供其外貌特征、照片和指纹；

（三）犯罪行为和后果，包括物质损失的情况；

（四）有关追诉时效或者执行刑罚时限的法律规定；

（五）认定该行为构成犯罪的法律规定，并指出依据该法所应给予的处罚方式。

二、除本条第一款规定外，旨在提起刑事诉讼的引渡请求还应附有请求方主管机关签发的逮捕证的副本。

三、旨在执行刑罚的引渡请求，除本条第一款规定者外，还应附有：

（一）已发生法律效力的判决书或裁定书的副本；

（二）有关已服刑时间的证明。

四、请求方提交的文件，应经其主管机关正式签署并盖章。

第九条　补充材料

如被请求方认为根据本条约的规定，引渡请求所附材料不够充分，可以要求请求方在两个月内提交补充材料。如经事先说明正当理由，这一期限可以延长十五天。如果请求方未在上述期限内提交补充材料，应被视为放弃请求，已被羁押人应予释放。但这种情况不妨碍请求方对该人就同一犯罪再次提出引渡请求。

第十条　为引渡而羁押

除根据本条约规定不予引渡的情形外，被请求方收到引渡请求后，应当立即采取措施羁押被请求引渡人。

第十一条　收到引渡请求前的羁押

一、在紧急情况下，缔约一方可请求缔约另一方在收到本条约第八条所规定的引渡请求前羁押被请求引渡人。书面申请可以通过中央机关、国际刑事警察组织或外交途径以任何通讯手段提出。

二、如请求方知道被引渡人的住所地、居住地，申请书中应予以注明。申请书还应包括案情简介、逮捕证或已发生法律效力的判决书或裁定书等材料，并注明引渡请求随即发出。

三、被请求方应将对该项请求的审查结果及时通知请求方。

四、根据本条第一款的规定被羁押的对象，如果在其被羁押三十天内，请求方未提供本条约第八条所规定的引渡请求和相关文件，则应予以释放。如在上述期限届满前，请求方说明理由并提出申请，则这一期限可延长十五天。

五、如果请求方随后根据本条约第八条规定提交了引渡请求及有关文件，则根据本条第四款对被羁押人的释放不影响对该人的引渡。

第十二条　移交被引渡人

一、被请求方应将其对引渡请求所作出的决定立即通知请求方。如同意引渡，则双方商定移交的日期、地点及其他有关事项。

二、如果请求方自商定移交之日起十五天内不接收被引渡人，被请求方应当立即释放该人，并可以拒绝请求方就同一犯罪对该人再次提出的引渡请求。

三、如果缔约一方因其无法控制的原因不能在商定的期限内移交或接收被引渡人，该缔约方应及时通知缔约另一方。缔约双方应在不迟于第一次确定的移交之日起十五天之内重新商定新的移交日期，并适用本条第二款的规定。

第十三条　暂缓引渡和临时引渡

一、如果被请求引渡人在被请求方境内因另一犯罪被追究刑事责任或者服刑，被请求方可在作出同意引渡的决定后，暂缓引渡该人直至诉讼终结、服刑期满或提前释放，并应将此通知请求方。

二、如果本条第一款规定的暂缓引渡会造成刑事追诉时效丧失或妨碍对犯罪进行调查，被请求方可根据请求方理由充分的申请，在双方商定的条件下临时引渡被请求引渡人。

第十四条　数国提出的引渡请求

缔约一方同时接到缔约另一方和第三国对同一人的引渡请求时，被请求方有权自行决定向其中的任一国家引渡该人。

第十五条　特定规则

一、未经被请求方同意，请求方不得对被引渡人因其在引渡前实施的其他犯罪追究刑事责任或判刑，也不能将其引渡给第三国。

二、有下列情况的，无需被请求方同意：

（一）在诉讼终结、服刑期满或提前释放后三十天内，被引渡人可离开但未离开请求方领土。被引渡人由于其无法控制的原因未能离开请求方领土的时间不计算在此期限内；

（二）被引渡人在离开请求方领土后自愿返回。

第十六条　移交与犯罪有关的物品

一、被请求方应在其法律允许的范围内根据请求方的请求向其移交被引渡人的犯罪工具、作为证据的物品以及犯罪所得的赃物。

二、如果因被引渡人死亡、逃脱或其它原因而不能执行引渡，本条第一款所指物品仍应予以移交。

三、如被请求方需要本条第一款中所指的物品作为审理刑事案件的物证，则这些物品可暂缓移交直至诉讼终结。

四、被请求方和任何第三人对上述物品的合法权益仍应予保留。请求方应在诉讼终结后尽快将该物品无偿归还被请求方。如对该物品享有合法权益的第三人在请求方境内，则请求方经被请求方同意，可将这些物品直接归还该人。

第十七条　过境

一、如缔约一方经缔约另一方领土从第三国引渡人员，该缔约一方应向缔约另一方提出允许该人员过境的请求。要求允许过境的请求应以与引渡请求同样的程序提出。

二、根据本条约的规定不予引渡的人，被请求过境的缔约一方可以拒绝其过境。

第十八条 通报结果

请求方应及时向被请求方通报对被引渡人进行刑事诉讼或执行刑罚的结果，以及再引渡给第三国的情况。根据被请求方的请求，应向其提供终审判决书的副本。

第十九条 费用

一、各方承担在其境内因引渡请求涉及的任何程序所产生的费用，本条第二、三款规定的情况除外。

二、请求方承担从被请求方领土押解被引渡人所产生的费用。

三、因缔约一方从第三国引渡而在缔约另一方境内过境所产生的费用，由请求过境的缔约一方承担。

第二十条 与其它国际条约的关系

本条约不影响缔约双方根据其参加的其它国际条约所享有的权利和承担的义务。

第二十一条 争议的解决

因解释或执行本条约所产生的任何争议，均应由缔约双方通过外交途径协商和谈判解决。

第二十二条 批准和生效

本条约须经批准。批准书在基辅互换。本条约自互换批准书之日起第三十日开始生效。

第二十三条 终止

一、本条约自缔约任何一方通过外交途径书面通知终止之日起六个月后失效，否则本条约无限期有效。

二、如在本条约失效前已作出引渡的决定，则本条约的失效不影响引渡该人的程序的完成。

本条约于一九九八年十二月十日订于北京，一式两份，每份均用中文、乌克兰文和俄文写成，三种文本同等作准。双方在发生分歧时将参照俄文文本。

中华人民共和国代表　　　　　　　　　　乌克兰代表

唐家璇　　　　　　　　　　　　　鲍·伊·塔拉修克

（签字）　　　　　　　　　　　　　（签字）

中华人民共和国和柬埔寨王国引渡条约 *

中华人民共和国和柬埔寨王国（以下简称"缔约双方"），

愿意在相互尊重主权和平等互利的基础上，通过缔结引渡条约促进两国在打击犯罪方面的有效合作，

达成协议如下：

第一条　引渡义务

缔约双方有义务根据本条约的规定，相互引渡在缔约一方境内发现的被通缉人员，以便在缔约另一方境内就可引渡的犯罪对其进行起诉、审判、判处或执行刑罚。

第二条　可引渡的犯罪

一、就本条约而言，可引渡的犯罪指根据缔约双方的法律均可处以一年以上徒刑或其它形式拘禁或任何更重刑罚的犯罪。

二、如果引渡请求涉及因任何可引渡的犯罪已被请求方法院判处徒刑或其他形式拘禁的人员，只有在尚未执行的刑期至少为六个月的情况下，才应同意引渡。

三、就本条而言，在确定一项犯罪是否违反缔约双方法律时，缔约双方法律是否将构成该项犯罪的行为归入同一犯罪种类或使用同一罪名不应产生任何影响。

四、在已同意就一项可引渡的犯罪予以引渡时，如果引渡请求中所列的其它犯罪符合除本条第一款和第二款规定的刑期或拘禁期限之外的全部其它引渡条件，也可就这些犯罪同意引渡。

第三条　应该拒绝引渡的理由

有下列情形之一的，应根据本条约不予引渡：

（一）被请求方认为请求方据以提出引渡请求的犯罪为政治犯罪。政治犯罪不应包括谋杀、企图谋杀或伤害国家元首、政府首脑或其家庭成员；

（二）被请求方有充分理由认为，请求方提出的引渡请求旨在对被请求引渡

---

* 此条约于 1999 年 2 月 9 日签署，于 2000 年 3 月 1 日批准，于 2000 年 12 月 13 日生效。

人因其种族、宗教、国籍或政治见解而提起刑事诉讼或执行刑罚，或者该人在司法程序中的地位将会因上述任何原因受到损害；

（三）据以提出引渡请求的犯罪根据请求方法律纯属军事犯罪；

（四）由于任一缔约方的法律、包括有关时效的法律所规定的原因，不允许对请求引渡所针对的犯罪提起诉讼或执行刑罚；

（五）在引渡请求提出前，被请求方已对被请求引渡人就同一犯罪作出判决；

（六）如果请求方的判决为缺席判决，被判定有罪的人没有得到有关审判的充分通知或未得到安排辩护的机会，而且已没有机会或将没有机会使该案件在其出庭的情况下得到重新审理。

第四条　可以拒绝引渡的理由

有下列情形之一的，可根据本条约拒绝引渡：

（一）被请求方根据其法律对据以提出引渡请求的犯罪具有管辖权并将对被请求引渡人提起诉讼；

（二）被请求方正在对被请求引渡人就同一犯罪进行诉讼；

（三）在特殊情况下，被请求方在考虑到犯罪的严重性和请求方利益的同时，认为由于被请求引渡人的个人情况，引渡不符合人道主义考虑；

（四）被请求引渡人已在请求方境内被特别或临时法院或法庭判刑，或可能受到特别或临时法院或法庭的审判或判刑。

第五条　国民的引渡

一、任一缔约方均有权拒绝引渡其本国国民。

二、如果根据本条第一款不同意引渡，被请求方应根据请求方的要求将此案提交其主管机关以便起诉。为此目的，请求方应向被请求方提交与此案有关的文件和证据。

三、尽管有本条第二款的规定，如果被请求方对该犯罪无管辖权，则其不应被要求将该案件提交其主管机关以便起诉。

第六条　联系途径

为本条约的目的，缔约双方应通过外交途径进行联系，本条约另有规定的除外。

第七条　引渡请求及所需文件

一、引渡请求应以书面形式提出，并附有：

（一）足以表明被请求引渡人身份及其可能所在地点的文件、说明或其他证据；

（二）有关案情的说明；

（三）对据以请求引渡的犯罪的要件和罪名予以说明的法律规定；

（四）对该犯罪所处刑罚予以说明的法律规定；

（五）在有规定的情形下，有关该犯罪的诉讼时效和执行刑罚时限的法律规定。

二、涉及对被请求引渡人提起诉讼的引渡请求还应附有：

（一）请求方法官或其他主管机关签发的逮捕证的副本；

（二）证明应当逮捕和羁押该人以便交付审判的证据，包括证明被请求引渡人是逮捕证所指之人的证据。

三、引渡请求涉及已被判定有罪的人时，除本条第一款要求的内容外，还应附有：

（一）请求方法院判决书的副本；

（二）证明被请求引渡人是判决所指之人的证据；

（三）表明已执行刑罚情况的说明；

（四）如果该人在缺席的情形下被判定有罪，关于可为该人利用的、以便准备辩护或使案件在其出庭的情况下获得重新审理的法律方式的说明。

四、请求方根据本条约的规定提供的所有文件，应经正式签署或盖章，并应附有被请求方文字或英文的译文。

第八条　补充材料

如果被请求方认为，为支持引渡请求所提供的材料不足以使其根据本条约的规定同意引渡，该缔约方可以要求在指定的时间内提交补充材料。如果请求方未在该期间内提交补充材料，应被视为自动放弃请求，但这不妨碍请求方为相同目的重新提出请求。

第九条　临时羁押

一、在紧急情况下，缔约一方可以请求缔约另一方临时羁押被请求引渡人。此种请求可通过外交途径或国际刑事警察组织以书面形式提出。

二、请求书应包括：对被请求引渡人的描述、已知的该人所在地、案情的简要说明、对该人已签发第七条提及的逮捕证或判决书的说明以及随后将对该人提出引渡请求的说明。

三、被请求方应不迟延地向请求方通知其请求结果。

四、在羁押被请求引渡人之后的六十天内，如果被请求方主管机关未收到第七条所要求的正式引渡请求及所需文件，临时羁押应予终止。如果请求方得知有任何应该拒绝引渡或可以拒绝引渡的理由，或者请求方撤回其引渡请求，本款不排除在六十天期限届满前有条件释放该人的可能。

五、如果请求方后来提交了第七条提及的引渡请求及所需文件，则根据本条第四款终止的临时羁押不应妨碍对被请求引渡人的引渡。

第十条　对于请求的决定

一、被请求方应根据其本国法律规定的程序处理引渡请求，并及时通过外交途径向请求方通知其决定。

二、完全或部分拒绝引渡请求均应告知理由。

第十一条　移交被请求引渡人

一、如果同意引渡，被请求方和请求方应协商约定执行引渡的有关事宜。为此目的，被请求方应向请求方通知被请求引渡人在移交之前已被羁押的时间。

二、除本条第三款另有规定外，如果请求方在约定的执行引渡之日后的十五天内未接收被请求引渡人，应被视为放弃引渡请求。被请求方应立即释放该人，并且可以拒绝就同一犯罪进行引渡。

三、如果缔约一方因其无法控制的原因不能在约定的期间内移交或接收被请求引渡人，应通知缔约另一方。缔约双方应再次协商约定执行引渡的有关事宜，本条第二款的规定仍将适用。

第十二条　推迟移交和临时移交

一、被请求引渡人正在被请求方因引渡请求所涉的犯罪之外的犯罪被提起诉讼或服刑时，被请求方可移交被请求引渡人，也可推迟至诉讼终结或所判刑罚的全部或任何部分被执行完毕时再移交被请求引渡人。被请求方应将推迟移交事项通知请求方。

二、被请求方如果认为可以引渡某人，可在其法律允许的范围内，根据缔约双方确定的条件，将被请求引渡人临时移交给请求方以便起诉。临时移交后被送回被请求方的人，可以根据本条约的规定被最终移交给请求方以执行判处的刑罚。

第十三条　数国提出的引渡请求

如果缔约一方和一个或多个第三国就同一人提出引渡请求，被请求方可决定这些请求的优先性。

第十四条　特定规则

一、根据本条约被引渡的人，在请求方境内不得因据以同意引渡的犯罪之外的犯罪而被羁押、审判或处罚，也不得由该缔约方引渡给第三国，但有下列情况之一的除外：

（一）该人在引渡后已离开请求方领土又自愿回到该缔约方领土；

（二）该人在其可以自由离开请求方领土之日后的三十天内未离开该缔约方领土；

（三）被请求方同意就据以同意引渡请求的犯罪之外的犯罪羁押、审判或处罚该人，或将该人引渡给第三国。为此目的，被请求方可要求提供第七条所提及的文件或说明，包括被引渡人就有关犯罪所作的声明。

二、此种规定不适用于在引渡之后实施的犯罪。

第十五条 移交财物

一、被请求方应在其法律允许的范围内，应请求方的请求，扣押并在同意引渡的情况下移交下列财物：

（一）可能被要求作为证据的财物；

（二）作为犯罪结果所获得的财物。

二、在同意引渡后，即使因被请求引渡人死亡、失踪或脱逃而无法实施引渡，本条第一款提到的财物仍应予以移交。

三、如果上述财物在被请求方境内应予扣押或没收，被请求方可因尚未审理完毕的刑事诉讼，临时保留该财物或以返还为条件移交该财物。

四、被请求方、任何国家或个人对该财物已取得的权利应予保留。如果存在此种权利，则应根据被请求方的请求，在审判之后尽快将该财物无偿返还给被请求方。

第十六条 过境

一、缔约一方从第三国经缔约另一方领土引渡人员时，前一缔约方应向后一缔约方提出允许过境的请求。如果使用航空运输且未计划在缔约另一方境内降落，则无需获得此种允许。

二、被请求方在不违反其法律的情况下，应同意缔约另一方提出的过境请求。

第十七条 通报结果

请求方应及时向被请求方通报有关对被请求引渡人进行起诉、审判、执行刑罚或将该人再引渡给第三国的情况。

第十八条 协助和费用

一、被请求方应代表请求方出庭，处理和进行由引渡请求引发的任何诉讼。

二、引渡费用应由该费用产生地的缔约方承担，但与引渡有关的空中交通费和过境费用应由请求方承担。

第十九条　与多边公约的关系

本条约不影响缔约双方根据任何多边公约享有的权利和承担的义务。

第二十条　争议的解决

因实施或解释本条约所产生的任何争议，应通过协商或谈判解决。

第二十一条　修正

本条约可应任一缔约方的请求予以修正。任何经缔约双方通过外交磋商同意的修正，应于缔约双方同意的日期生效，并构成本条约不可分割的一部分。

第二十二条　批准、生效和有效期

一、本条约须经批准。批准书在金边互换。本条约自互换批准书之日起第三十天生效。

二、缔约任何一方可以通过外交途径书面通知缔约另一方终止本条约。本条约在缔约另一方收到上述通知之日后的六个月内依然有效。本条约的终止不影响条约终止前已经开始的任何引渡程序。

下列签字人经各自国家正式授权，签署本条约，以昭信守。

本条约于一九九九年二月九日订于北京，一式两份，每份均用中文、高棉文和英文写成，三种文本同等作准。如遇解释上的分歧，以英文本为准。

中华人民共和国代表　　　　　　　　　柬埔寨王国代表
唐家璇　　　　　　　　　　　　　　　贺南洪
（签字）　　　　　　　　　　　　　　（签字）

中华人民共和国和乌兹别克斯坦共和国引渡条约*

中华人民共和国和乌兹别克斯坦共和国（以下简称"缔约双方"）根据公认的国际法准则，为促进两国在打击犯罪领域内的有效合作，在相互尊重主权和平等互利的基础上，达成协议如下：

第一条　引渡义务

缔约双方有义务根据本条约的规定，经适当请求，相互引渡在本国境内的人员，以便追究其刑事责任或执行刑罚。

第二条　可引渡的犯罪

一、就本条约而言，可引渡的犯罪系指根据缔约双方法律可处以一年以上剥夺自由的刑罚或更重刑罚的犯罪。

二、在符合本条第一款规定的条件下，如果引渡请求旨在执行刑罚，只有在尚未执行的剥夺自由的刑期至少为六个月时，方可予以引渡。

三、就本条而言，在确定某一行为根据缔约双方法律是否均构成犯罪时，不因缔约双方法律是否将该行为归入同一犯罪种类或使用同一罪名而产生影响。

四、如果引渡请求涉及数项犯罪行为，但其中有些行为不符合本条第一款和第二款规定的条件，只要这些犯罪行为中有一项为可引渡的犯罪，即可引渡被请求引渡人。

第三条　引渡请求的拒绝

有下列情形之一的，不予引渡：

（一）在就引渡作出决定时，被请求引渡人系被请求方公民或被请求国已为其提供了庇护；

（二）在收到引渡请求时，根据被请求方法律，由于追诉时效期限已过或遇赦免等法律原因，被请求引渡人不能被追诉或执行刑罚；

（三）在提出引渡请求前，被请求方已在本国境内对被请求引渡人就同一犯罪作出判决或者诉讼程序已经终止；

（四）请求引渡的犯罪全部或部分是在被请求方境内发生，包括在挂有被请

---

* 此条约于 1999 年 11 月 8 日签署，于 2000 年 7 月 8 日批准，于 2000 年 9 月 29 日生效。

求方国旗的船上或根据被请求方法律注册的航空器上。

第四条 被请求方进行刑事诉讼的义务

如果被请求方因被请求引渡人系其公民或根据本条约第三条第四项的理由而不同意引渡，该方应根据请求方的请求，将被请求引渡人转交其主管机关提起刑事诉讼。为此目的，请求方应向被请求方移交与该案有关的文件、证据和赃物。

第五条 联系途径

为本条约的目的，除另有规定者外，缔约双方应通过各自指定的机关进行联系，亦可通过外交途径进行联系。

第六条 语言

在执行本条约时，缔约双方应使用本国官方语言，并应附有缔约另一方官方语言或英文或俄文的译文。

第七条 引渡请求及所需文件

一、引渡请求应以书面形式提出，写明被请求引渡人的姓名、国籍、住所地或居所地的情况，并附有：

（一）有关确定其身份的资料，如有可能，有关其外表的描述，该人的指纹；

（二）关于犯罪的事实及其后果，包括所导致的物质损失的概述；

（三）有关的法律条文，包括定罪、量刑和追诉时效的法律规定。

二、除本条第一款规定的文件外，旨在对被请求引渡人提起诉讼的引渡请求还应附有请求方主管机关签发的羁押决定或逮捕证副本。

三、除本条第一款规定的文件外，旨在执行刑罚的引渡请求还应附有下列文件：

（一）已发生法律效力的刑事判决书或裁定书的副本；

（二）关于已执行刑期的情况说明。

四、引渡请求及所附文件应经签字并加盖公章，并应附有被请求方文字或英文或俄文的译文。

第八条 补充材料

一、如果被请求方认为，根据本条约的规定，引渡请求所附的材料不足，可要求请求方在合理的期限内提交补充材料。

二、请求方应在收到该要求后两个月内提交补交材料。如有正当理由并经请求方请求，这一期限可延长十五天。

三、如果请求方未在上述期限内提交补充材料，应视为已自愿放弃请求，但这不妨碍请求方就同一犯罪重新提出引渡请求。

第九条 临时羁押

一、在紧急情况下,请求方可向被请求方提出临时羁押被请求引渡人的请求。该请求可通过国际刑警组织或直接利用电报、电传、传真等技术方式提交。

二、请求书应包括:对被请求引渡人的情况说明,已知的该人的地址,对案情的简要说明,对该人已签发第七条所指的羁押决定或逮捕证或已作出第七条所指的判决的说明,以及即将发出引渡请求的说明。

三、被请求方应根据本国法律对该请求立即作出决定,并立即通知请求方。

四、如果被请求方在羁押被请求引渡人后四十五天未收到引渡请求,应即释放根据该请求羁押的人。在上述期限届满以前,如果请求方说明理由并提出要求,这一期限可延长十五天。

五、根据本条第四款释放被羁押人,不影响被请求方收到引渡请求和有关证明文件后再次羁押被请求引渡人。

第十条 移交被引渡人

一、被请求方根据本国法律规定的程序处理引渡请求,并将作出的决定立即通知请求方。

二、请求方收到被请求方同意引渡请求的通知后,缔约双方应商定移交的时间、地点等有关事宜。移交被引渡人应办理移交纪要,一式两份,由缔约双方主管部门的代表签署。

三、全部或部分拒绝引渡请求,均应说明理由。

四、除第五款规定的情形外,如果请求方在约定的移交之日起十五天内未接收被引渡人,被请求方可将其释放,并可拒绝请求方就同一犯罪再次提出的引渡请求。

五、如果缔约任何一方因其无法控制的原因不能在约定的期限内移交、接收被引渡人,应及时通知对方。缔约双方应按照本条第二款的规定重新商定移交日期等有关事宜。

第十一条 暂缓移交及临时移交

一、如果被请求方正在对被请求引渡人因引渡请求所涉及的犯罪以外的犯罪提起诉讼或执行判决,被请求方可暂缓移交。被请求方应将暂缓移交的决定通知请求方。

二、如果暂缓移交将造成追诉时效期限届满或严重妨碍对被引渡人进行犯罪调查,被请求方可根据缔约双方商定的条件,将被引渡人临时移交给请求方。请求方在结束刑事诉讼后应立即送还被临时移交的人。

第十二条　数国提出的引渡请求

如果缔约一方收到缔约另一方及第三国对同一人提出的引渡请求，则有权自行决定接受其中某一国的请求。

第十三条　特定原则

一、根据本条约被引渡的人，除引渡请求涉及的犯罪外，对其在引渡前所犯的任何其他犯罪，不得在请求方境内被追究刑事责任或执行刑罚。未经被请求方的同意，亦不得向第三国引渡。

二、本条第一款不适用于下列情况：

（一）被引渡人离开请求方领土后又自愿返回其领土；

（二）非因不可抗力，被引渡人未在其可自由离开请求方之日起三十天内离开请求方领土。

第十四条　再次引渡

如果被引渡人逃避刑事追诉或执行刑罚而再次返回被请求方境内，被请求方应根据请求方的请求将该人再次引渡，请求方无需提交本条约第七条规定的文件。

第十五条　移交与犯罪有关的物品

一、被请求方应在其法律允许的范围内，根据请求方的请求，向其移交被引渡人的犯罪工具，以及作为证据的物品或犯罪所得。

二、如果因被引渡人死亡、脱逃或其他原因不能执行引渡，上述物品仍应移交。

三、如果被请求方需将本条第一款所指的物品用作刑事案件的物证，则可暂缓移交直至案件的诉讼程序终结。

四、如果上述物品应在被请求方境内予以扣押或没收，被请求方可予扣押不交或临时移交。

五、如果根据被请求方的法律或为保护第三方的权益，所移交的物品应退还被请求方，则在被请求方提出这一要求时，请求方应在诉讼终结后，无偿将上述物品退还给被请求方。

第十六条　过境

一、缔约一方从第三国引渡的人需经过缔约另一方领土时，接收该人的缔约一方应向缔约另一方提出允许被引渡人过境的请求。本款不适用于使用航空运输且未计划在缔约另一方领土降落的情况。

二、被请求方收到上述请求后，在不损害本国基本利益和不违反其法律的情况下，应同意请求方提出的要求。

三、过境发生国应向缔约另一方执行押送任务的公务人员提供必要的帮助。

第十七条 结果的通报

缔约双方应相互通报对被引渡人追究刑事责任、执行刑罚或再引渡给第三国的情况。

第十八条 费用

引渡费用应由该费用产生地的缔约一方承担。但与引渡有关的交通费用和过境费用应由请求方承担。

第十九条 保守秘密

一、根据请求方的要求，被请求方应采取必要措施对引渡请求、请求的内容和有关证明文件的内容以及所提供的帮助等保守秘密。如果因执行引渡请求而使该保密要求无法满足，被请求方将此情况通知请求方后，请求方应再确定是否仍要求对方满足保密的请求。

二、被请求方也可要求请求方对其提供给请求方的证据和信息予以保密。

第二十条 争议的解决

因解释和执行本条约所产生的任何争议，均通过外交途径协商解决。

第二十一条 与多边条约的关系

本条约不影响缔约双方根据其他国际条约所承担的义务。

第二十二条 条约的修改和补充

经缔约双方同意，可以对本条约进行修改和补充。

第二十三条 条约的生效

一、本条约需经批准，批准书在塔什干互换。本条约自互换批准书之日后第三十天开始生效。

二、本条约无限期有效。缔约任何一方可以通过外交途径书面通知缔约另一方终止本条约。本条约自缔约另一方收到上述通知之日起六个月后失效。本条约的终止不影响任何在本条约终止前已经开始的引渡程序。

本条约于一九九九年十一月八日在北京签订，一式两份，每份均用中文、乌兹别克文和俄文写成，三种文本同等作准。

如对本条约的解释发生分歧，以俄文文本为准。

中华人民共和国代表　　　　　　　　乌兹别克斯坦共和国代表

江泽民　　　　　　　　　　　　　　卡里莫夫

中华人民共和国和大韩民国引渡条约 *

中华人民共和国和大韩民国（以下简称"双方"），

愿意在相互尊重主权和平等互利原则的基础上，通过缔结引渡条约，更为有效地促进两国在预防和打击犯罪方面的合作，达成协议如下：

第一条 引渡义务

任何一方有义务根据本条约的规定，应另一方请求，相互引渡在其境内发现的被另一方通缉的人员，以便就可引渡的犯罪进行追诉、审判或者执行刑罚。

第二条 可引渡的犯罪

一、在本条约中，可引渡的犯罪是指在提出请求时，根据双方法律可处以至少一年有期徒刑或者更重刑罚的犯罪。

二、如果引渡请求所针对的人员已被请求方法院就可引渡的犯罪判处有期徒刑，则只有在提出请求时，尚未服完的刑期至少为六个月的情况下，才应准予引渡。

三、为本条的目的，在决定某一犯罪是否构成违反双方法律的犯罪时：

（一）不应考虑双方法律是否将构成该犯罪的行为列入同一犯罪种类，或者是否对该罪行规定同一罪名；

（二）应对被请求引渡人受到指控的行为作整体考虑，而不论根据双方法律该犯罪的构成要件是否存在差别。

四、如果引渡请求系针对违反有关赋税、关税、外汇管制或者其他税务事项的法律的犯罪，被请求国不得以其法律没有规定同类的赋税或者关税，或者没有规定与请求国法律同样的赋税、关税或者外汇管制条款为理由拒绝引渡。

五、如果引渡请求涉及若干犯罪，每项犯罪根据双方法律均应受到处罚，但其中某些犯罪不符合本条第一款或者第二款规定的条件，只要该人因犯有至少一项可引渡的罪行将被引渡，则也可就这些犯罪准予引渡。

第三条 应当拒绝引渡的理由

有下列情况之一的，根据本条约不应当准予引渡：

---

* 此条约于 2000 年 10 月 18 日签署，于 2001 年 12 月 29 日批准，于 2002 年 4 月 12 日生效。

一、被请求方认为引渡请求所针对的犯罪是政治犯罪。政治犯罪不应包括谋杀、或者企图谋杀或者是伤害国家元首、政府首脑、或者其家庭成员；

二、被请求引渡人已在被请求方境内因引渡请求所针对的犯罪受到审判并被判定有罪或者无罪；

三、根据任何一方法律，被请求引渡人因包括时效在内的各种原因，被免予追诉或者执行刑罚；

四、引渡请求所针对的犯罪为军事犯罪，并不构成普通犯罪；

五、被请求方有充分理由认为，请求引渡的目的是基于被请求引渡人的种族、性别、宗教、国籍或者政治见解等原因而对该人予以追诉或者处罚，或者该人的地位将会因为上述任何原因受到损害。

第四条　可以拒绝引渡的理由

有下列情形之一的，根据本条约可以拒绝引渡：

一、被请求方主管机关已决定不对被请求引渡人就引渡请求所针对的犯罪提起诉讼，或者已经决定终止诉讼；

二、被请求方正在对被请求引渡人就引渡请求所针对的犯罪进行追诉；

三、引渡请求所针对的犯罪发生在请求方领土外，而被请求方法律在类似情形下没有对这种犯罪规定管辖权；

四、根据被请求方法律，引渡请求所针对的犯罪被认为全部或者部分发生在该方境内。被请求方如果基于此种理由拒绝引渡，则须应对方的请求，将案件提交其主管机关，以便就引渡请求所针对的犯罪采取适当措施；

五、被请求方在考虑罪行的严重性和请求方利益的同时，认为由于被请求引渡人的个人原因，引渡不符合人道主义考虑。

第五条　国民的引渡

一、双方有权拒绝引渡基本国国民。

二、如果根据本条第一款不准予引渡，被请求方应根据请求方的请求，将案件提交其主管机关，以便在其本国法律允许的范围内予以追诉。为此，请求方应向被请求方提交与案件有关的文件和证据。

第六条　联系途径

为本条约的目的，双方应当通过外交途径相互联系，但本条约另有规定的除外。

第七条　引渡请求和所需文件

一、引渡请求应当以书面方式通过外交途径提出，并包括或者附有下列材料：

（一）请求机关的名称；

（二）足以确定被请求引渡人身份、国籍以及可能时该人所在地点的文件；

（三）案件事实的证明；

（四）关于所犯罪行的罪名以及处罚的法律的说明；

（五）关于追诉罪行或者执行刑罚之时效的法律的说明。

二、如果引渡请求针对尚未被判定有罪的人员，则应当附有由请求方法官或者其他主管机关签发的逮捕证的副本。

三、如果引渡请求针对已被判刑的人员，则应当附有下列材料：

（一）请求方法院作出的终局判决的副本；

（二）必要时，已经执行刑期的说明。

四、为支持引渡请求而提供的所有文件应经证明无误，并附有被请求方文字或者英文的译文。

五、为本条约的目的，下列文件应属已证明无误：

（一）该文件已由请求方的法官或者其他官员签署或者证明；

（二）该文件已由请求方主管机关正式盖章。

第八条　补充材料

一、如果被请求方认为，为支持引渡请求所提供的材料不足以使其根据本条约准予引渡，该方可以要求在四十五天内提供补充材料。如果请求方提出合理要求，这一期限可以延长十五天。

二、如果被请求引渡人已被逮捕，而且被请求方在本条第一款所指的期限内，没有收到其所要求的补充材料，则可以释放该人。此种释放不应妨碍请求方重新提出引渡该人的请求。

三、如果已经根据本条第二款释放被请求引渡人，被请求方应当尽快通知请求方。

第九条　临时羁押

一、在紧急情况下，一方可以请求另一方在收到引渡请求前临时羁押被请求引渡人。此种请求应当以书面方式通过外交途径提出，或者在中华人民共和国主管机关和大韩民国法务部之间提出。

二、临时羁押请求应当尽量包括本条约第七条第一款所列内容，还需说明已经备有该条第二款或者第三款所列文件，并即将提出正式引渡请求。

三、一经收到此种请求，被请求方如果同意该请求，则应当采取必要措施，以便羁押被请求引渡人。

四、被请求方应当将对此种请求的处理结果，尽快通知请求方。

五、如果在羁押被请求引渡人后的三十天内，被请求方主管机关没有收到正式引渡请求，则应当解除临时羁押。如果请求方提出合理要求，这一期限可以延长十五天。

六、如果被请求方随后收到了正式引渡请求，根据本条第五款解除临时羁押，不应妨碍对被请求引渡人的引渡。

第十条　数个引渡请求

一、被请求方如果收到两个或者更多国家针对同一人的相同或者不同犯罪提出的引渡请求，有权自主决定将该人引渡给哪一国，并应当将决定通知这些国家。

二、在决定将该人引渡给哪一国时，被请求方应当考虑所有有关因素，包括但不限于下列因素：

（一）请求是否系根据条约提出；

（二）被请求引渡人的国籍和经常居住地；

（三）各项犯罪实施的时间和地点；

（四）罪行的严重性；

（五）提出请求的日期。

第十一条　对于引渡请求的决定

一、被请求方应当根据本国法律规定的程序处理引渡请求，并且迅速将决定通过外交途径通知请求方。

二、如果被请求方全部或者部分拒绝引渡请求，应当向请求方说明拒绝理由。

第十二条　移交

一、如果被请求方同意引渡，则应当在双方同意的被请求方境内的地点，将被请求引渡人移交给请求方的适当机关。同时，被请求方应当将被引渡人在移交前已被羁押的时间通知请求方。

二、请求方应当在被请求方指定的合理期限内，将该人带离被请求方领土；如果该人在上述期限内未被带离，被请求方可以释放该人，并且可以拒绝就同一犯罪引渡该人。

三、如果一方由于不可控制的原因不能移交或者带离被引渡人，该方应当通知另一方。双方应当相互商定新的移交或者带离日期和地点，并且适用本条第二款的规定。

第十三条　移交财物

一、如果请求方提出请求，被请求方应当在本国法律允许的范围内，扣押在其境内发现的犯罪所得、犯罪工具以及可作为证据的其他财物，并且在准予引渡的情况下，将该财物移交给请求方。

二、如果准予引渡，即使因被请求引渡人死亡、失踪或者脱逃而不能执行引渡，本条第一款提到的财物仍可以移交。

三、被请求方为进行未决的其他追诉或者审判，可以推迟移交上述财物，直至诉讼终结，或者在请求方归还的条件下，临时移交该财物。

四、移交此种财物不得损害被请求方或者任何第三者对该财物的合法权利。如果存在此种权利，请求方应当根据被请求方的请求，在诉讼终结之后，尽快将被移交的财物无偿返还被请求方。

第十四条　推迟移交和临时移交

一、如果被请求引渡人正在被请求方因非引渡请求所针对的犯罪提起刑事诉讼或者服刑，被请求方可以在作出准予引渡的决定后，推迟移交该人直至诉讼终结或者服刑完毕。被请求方应当将推迟移交告知请求方。

二、在已认定某人可以被引渡的情况下，被请求方可以在本国法律允许的范围内，根据双方商定的条件，将该人临时移交给请求方，以便进行追诉。请求方应当在有关诉讼终结后，立即将该人交还被请求方。在临时移交后又交还被请求方的人员，应当根据本条约的规定，被最终移交以便服刑。

第十五条　特定规则

一、根据本条约被引渡的人员，在请求方仅应因以下犯罪受到羁押、审判或者处罚：

（一）准予引渡所针对的犯罪，或者基于同一事实而准予引渡但使用了不同罪名的犯罪，只要该项犯罪为可引渡的犯罪，或者是包括在可引渡的犯罪中的较轻犯罪；

（二）该人在引渡后实施的犯罪；

（三）被请求方同意对该人予以羁押、审判或者处罚所针对的犯罪；

为本项的目的，

1. 被请求方可以要求提供第七条所要求的文件；

2. 如果被引渡人就该犯罪作出任何陈述，应当将陈述的法律记录提供给被请求方。

二、除非被请求方同意，根据本条约被引渡的人员不得因移交前实施的犯罪被引渡给第三国。

三、在下列任何情况下，本条第一款和第二款不应妨碍对被引渡人予以羁押、审判或者处罚，或者将该人引渡给第三国：

（一）该人在被引渡后，离开请求方领土又自愿返回；

（二）该人在可以自由离开请求方领土之日起四十天内没有离开。但是，该人由于无法控制的原因未能离开请求方领土的时间不应计算在此期限内。

第十六条 通报结果

请求方应当及时向被请求方通报有关对被引渡人进行刑事诉讼、执行刑罚或者将该人再引渡给第三国的情况。

第十七条 过境

一、任何一方经过另一方领土运送由第三国移交的人员时，如果通过外交途径提出书面请求，过境方在本国法律允许的范围内，应予许可。

二、如果使用航空运输并且没有在过境方领土降落的计划，则无需获得过境许可。如果在过境方领土内发生计划外的降落，该方可以要求另一方提出本条第一款规定的过境请求。

第十八条 费用

一、被请求方应当承担在其领土内由引渡请求所引发的任何程序的费用。

二、被请求方应当承担在其领土内产生的、与扣押和移交财物或者逮捕和羁押被请求引渡人有关的费用。

三、请求方应当承担将被准予引渡的人员从被请求方领土带离所产生的费用以及过境费用。

第十九条 与其他条约的关系

本条约不应影响双方根据任何其他条约享有的权利和承担的义务。

第二十条 协商

一、如果任何一方提出请求，双方应当尽快通过外交途径，就本条约的解释、适用或者执行事项进行协商。

二、中华人民共和国的主管机关和大韩民国法务部可以就办理个案的有关事项，相互直接协商。

第二十一条 生效和终止

一、本条约需经批准。批准书在北京互换。本条约自互换批准书之日后第三十天生效。

二、任何一方可以随时通过外交途径，以书面形式通知终止本条约。终止自该通知发出之日后第一百八十天生效。本条约的终止不影响此前已经开始的引渡程序。

三、本条约适用于其生效后提出的任何请求，即使有关犯罪发生于本条约生效前。

下列签字人经各自政府正式授权，签署本条约，以昭信守。

本条约于二〇〇〇年十月十八日订于汉城，一式两份，每份均以中文、韩文和英文写成，三种文本同等作准。如遇解释上的分歧，以英文本为准。

中华人民共和国代表　　　　　　　　　　　　大韩民国代表

唐家璇　　　　　　　　　　　　　　　　李廷彬

（签字）　　　　　　　　　　　　　　　（签字）

中华人民共和国和菲律宾共和国引渡条约[*]

中华人民共和国和菲律宾共和国（以下简称"双方"），愿意在相互尊重主权和平等互利的基础上，在打击犯罪领域建立更为有效的双边合作关系，希望缔结互相引渡罪犯的条约，达成协议如下：

第一条　引渡义务

双方同意根据本条约的规定，互相引渡在被请求方境内发现的受到请求方通缉的人员，以便就本条约第二条规定的犯罪提起刑事诉讼、判处或者执行刑罚。

第二条　可引渡的犯罪

一、可引渡的犯罪是指根据双方法律均可被判处一年以上有期徒刑或者更重刑罚的犯罪。

二、如果为执行刑罚的目的请求引渡，则还要求尚未服满的刑期至少为六个月。

三、为本条的目的，在确定某项犯罪是否根据双方法律均可被判处刑罚时，不应当考虑双方法律是否将该作为或者不作为归入同一犯罪种类或者规定同一罪名。

四、如果对某项可引渡的犯罪已经同意引渡，也应当对引渡请求中指明的其他犯罪同意引渡，即使就这些犯罪可判处的刑罚少于一年，只要其他的引渡条件得到满足。

第三条　国民的引渡

一、双方均有权拒绝引渡本国国民。

二、如果被请求方行使此项权利，请求方可以请求将案件移交给被请求方的主管机关，以便根据被请求方的法律对该人提起刑事诉讼。

第四条　应当拒绝引渡的理由

一、如果被请求方有充分理由相信存在以下情形之一，则不应当引渡被请

---

* 此条约于 2001 年 10 月 30 日签署，于 2005 年 7 月 1 日批准，于 2006 年 3 月 12 日生效。

求引渡人：

（一）引渡请求所针对的犯罪是政治犯罪；

（二）请求引渡的实际目的是基于该人的种族、宗教、性别、国籍或者政治见解原因而提起刑事诉讼或者予以处罚；

（三）引渡请求所针对的犯罪纯属军事犯罪。

二、如果被请求方已经对被请求引渡人就引渡请求所针对的犯罪作出了生效判决，或者终止了刑事诉讼程序，则不应当引渡该人。

三、如果由于被请求方或者请求方法律规定的原因，被请求引渡人已经获得释放或者赦免，或者针对该人的刑事诉讼被禁止，或者针对该人的定罪判决被撤销，则不应当引渡该人。

第五条　可以拒绝引渡的理由

如果被请求方认为存在以下情形之一，可以拒绝引渡：

（一）被请求方对引渡请求所针对的犯罪有管辖权，并且将就该项犯罪对被请求引渡人提起刑事诉讼；

（二）考虑到案件的各种因素，包括被请求引渡人的年龄、健康或者其他个人原因，引渡该人不符合人道主义原则。

第六条　推迟移交或者临时移交

一、如果被请求引渡人在被请求方境内就其他任何犯罪正在被提起刑事诉讼或者被处以刑罚，应当推迟移交直至刑事诉讼终结或者刑罚执行完毕。

二、如果本条第一款规定的推迟移交将造成请求方就引渡请求所针对的犯罪提起刑事诉讼的时效届满，或者妨碍请求方对引渡请求所针对的犯罪进行调查，被请求方可以在本国法律允许的范围内，根据双方商定的条件将被请求引渡人临时移交给请求方。

第七条　请求和所附文件

一、请求和相关文件应当通过外交途径递交。

二、请求应当附以下材料：

（一）关于被请求引渡人的尽可能准确的描述，以及其他有助于确定该人身份、国籍和所在地的材料；

（二）关于引渡请求所针对的每项犯罪的说明，以及该人就每项犯罪被指控的作为和不作为的说明，包括犯罪时间和地点的说明；

（三）关于定罪量刑和刑事追诉时效或者执行刑罚时效的法律条文。

三、如果请求系针对被指控的人员，还应当附请求方法官或者其他主管机关签发的逮捕证副本。

四、如果请求系针对已经由终局判决判定有罪的人员，还应当附以下材料：

（一）该判决的副本；

（二）关于该判决是可执行的以及所需服刑的说明。

第八条　证明

一、根据本条约第七条和第十一条随引渡请求递交的文件，如经证明，应当在被请求方境内的引渡程序中被接受为证据。

二、为本条约的目的，文件按照以下手续得以证明：

（一）由请求方法官或者其他经授权的官员签署或者确认，或者由请求方主管机关正式盖章；

（二）由被请求方派驻请求方的外交或者领事官员认证。

第九条　文字

根据本条约提交的请求和所附文件，应当以被请求方的官方文字或者英文写成，或者译成该种文字或者英文。

第十条　临时逮捕

一、在紧急情形下，一方可以在提出引渡请求前，请求临时逮捕被请求引渡人。临时逮捕的请求可以通过外交途径递交，或者通过中华人民共和国公安部和菲律宾共和国司法部直接联系。

二、临时逮捕的请求应当包括以下材料：

（一）关于被请求引渡人的描述；

（二）关于已经获知的该人所在地的说明；

（三）关于案件事实的简要说明，包括可能获知的犯罪时间和地点；

（四）所触犯法律的条文；

（五）关于对该人已经签发逮捕令或者已经作出定罪判决的说明，并附该逮捕令或者定罪判决的副本；

（六）关于即将提出引渡请求的说明。

三、如果自临时逮捕之日起三十天后没有收到引渡请求，应当终止对被请求引渡人的临时逮捕，除非请求方能够说明继续对该人予以临时逮捕是合理的。在此种情形下，在不超过另行延长的十五天的合理期限届满后，应当终止临时逮捕。如果随后收到引渡请求，本规定不应当妨碍对该人予以重新逮捕或者引渡。

第十一条　补充材料

一、如果请求方提交的材料不足以使被请求方根据本条约作出决定，被请求方应当要求提交必要的补充材料，并且可以根据本国法律指定接收补充材料的期限。如果请求方提出合理请求，这一期限可以再延长十五天。

二、如果被请求引渡人已经被逮捕，而提交的补充材料根据本条约是不充分的，或者在本条第一款指定的期限内没有收到补充材料，则应当释放该人。此种释放不应当妨碍请求方重新提出引渡该人的请求。

第十二条 数国提出的请求

如果一方和第三国同时对某人提出引渡请求，被请求方在作出决定时应当考虑各种因素，包括：被请求方和第三国之间生效的引渡安排，各项犯罪的严重性和犯罪地点，各项请求的提交日期，被请求引渡人的国籍和经常居住地，以及再引渡给另一国的可能性。在此情形下，被请求方如果将该人引渡给第三国，应当向另一方提交说明该项决定理由的材料。

第十三条 费用

一、被请求方应当承担在其境内由引渡请求所引发的任何程序的费用。

二、如果执行引渡请求明显会产生超常费用，双方应当协商确定如何承担这些费用。

三、请求方应当承担将被引渡人从被请求方领土带离的费用，包括过境费用。

第十四条 安排移交

一、被请求方在就引渡请求作出决定后，应当尽快将该项决定通知请求方。

二、如果将引渡某人，被请求方的主管机关应当将该人送至其境内经双方协商同意的方便地点。

三、在遵守本条第四款规定的前提下，请求方应当在双方协商同意的期限内将该人带离。如果在上述期限内该人没有被带离，被请求方可以拒绝就同一犯罪移交该人。

四、如果一方由于其无法控制的原因不能移交或者接收被移交人，该方应当通知另一方。在此情形下，双方应当协商确定新的移交日期，并且应当适用本条第三款。

第十五条 移交财产

一、如果同意引渡请求，被请求方在本国法律允许的范围内并经请求，应当向请求方移交以下财物，包括金钱：

（一）可以作为犯罪证据的财物；

（二）被请求引渡人的犯罪所得，并且由该人占有或者随后被发现的财物。

二、如果本条第一款提及的财物是被请求方境内程序中的标的物，或者为进行该项程序所需要，被请求方可以基于财物将被免费归还的条件，临时移交这些财物。

三、上述规定不应当损害被请求方或者除被请求引渡人以外的人的权利。如果存在这些权利，则应当在程序终结后，尽快免费将这些财物归还被请求方。

四、经请求方请求，即使由于被请求引渡人死亡、失踪或者脱逃而不能引渡该人，仍应当移交本条第一款提及的财物。

第十六条　特定规则

一、被引渡人仅得就引渡前所犯的以下罪行被提起刑事诉讼、判处刑罚或者为执行刑罚的目的被羁押：

（一）同意引渡所针对的犯罪；

（二）由据以同意引渡的事实所表明的较轻犯罪，无论其罪名如何，只要该项犯罪根据本条约是可引渡的犯罪；

（三）根据本条约可以同意引渡的其他犯罪，而且被请求方同意就该犯罪对该人提起刑事诉讼、判处刑罚或者羁押。

二、如果被引渡人有机会离开请求方，但在可自由离境的四十五天内没有离境，或者离境后又返回，本条第一款不应当适用。

三、根据本条第一款第（三）项被请求给予同意的一方可以要求提交本条约第七条提及的文件或者说明。

第十七条　再引渡

一、如果某人已经由被请求方引渡给请求方，该人不应当就引渡前所犯的罪行被引渡或者移交给第三国，除非存在以下情形之一：

（一）被请求方同意该引渡或者移交；

（二）该人有机会离开请求方，但在可自由离境的四十五天内没有离境，或者离境后又返回。

二、根据本条第一款第（一）项被请求给予同意的一方可以要求提交本条约第七条提及的文件或者说明。

第十八条　过境

一、一方在本国法律允许的范围内并经书面请求，可以同意经其领土过境。如果使用航空运输并且没有计划在过境方领土着陆，则本条规定不适用。

二、同意被引渡人过境应当包括同意该人在过境时受到羁押。

第十九条　与其他条约的关系

本条约不应当影响双方根据其他条约享有的权利和承担的义务。

第二十条 协商

因本条约的执行或者解释所产生的争议应当通过外交途径协商解决。

第二十一条 生效和终止

一、本条约需经批准。批准书在马尼拉互换。本条约自互换批准书之日起第三十天生效。

二、本条约的规定适用于其生效后提出的请求，无需考虑请求所载明的犯罪的实施日期。

三、任何一方可以随时通过外交途径书面通知另一方终止本条约。在此情形下，本条约自另一方收到该通知起六个月后失效。

下列签署人经各自政府正式授权，签署本条约，以昭信守。

本条约于二〇〇一年十月三十日订于北京，一式两份，每份均以中文和英文写成，两种文本同等作准。

中华人民共和国代表　　　　　　　　　菲律宾共和国代表

唐家璇　　　　　　　　　　　赫尔南多·佩雷斯

（签字）　　　　　　　　　　　（签字）

中华人民共和国和秘鲁共和国引渡条约*

中华人民共和国和秘鲁共和国（以下简称"双方"），在相互尊重主权和平等互利的基础上，为促进两国在打击犯罪方面的有效合作，决定缔结本条约，并达成协议如下：

第一条　引渡义务

双方有义务根据本条约的规定，应对方请求，相互引渡在一方境内发现的被另一方通缉的人员，以便对其进行刑事诉讼或者执行刑罚。

第二条　可引渡的犯罪

一、只有在引渡请求所针对的行为根据双方法律均构成犯罪，并且符合下列条件之一时，才能同意引渡：

（一）为进行刑事诉讼而请求引渡的，根据双方法律，对于该犯罪均可判处一年以上有期徒刑或者其他更重的刑罚；

（二）为执行刑罚而请求引渡的，在提出引渡请求时，被请求引渡人尚未服完的刑期至少为六个月。

二、在根据本条第一款确定某一行为是否根据双方法律均构成犯罪时，不因双方法律是否将该行为归入不同犯罪种类或者使用不同罪名而受影响。

三、如果引渡请求涉及两个以上根据双方法律均构成犯罪的行为，只要其中有一项行为符合本条第一款规定的刑罚期限的条件，被请求方即可以针对上述各项行为同意引渡。

第三条　应当拒绝引渡的理由

有下列情形之一的，应当拒绝引渡：

（一）被请求方认为，引渡请求所针对的犯罪是政治犯罪，或者被请求方已经给予被请求引渡人受庇护的权利；

（二）被请求方有充分理由认为，请求引渡的目的是基于被请求引渡人的种族、性别、宗教、国籍或者政治见解而对该人进行刑事诉讼或者执行刑罚，或者该人在司法程序中的地位将会因为上述任何原因受到损害；

---

*　此条约于 2001 年 11 月 5 日签署，于 2002 年 10 月 28 日批准，于 2003 年 4 月 5 日生效。

（三）根据请求方的法律，引渡请求所针对的犯罪仅构成军事犯罪；

（四）根据请求方的法律，由于时效已过或者赦免等原因，被请求引渡人已经被免予追诉或者免予执行刑罚；

（五）被请求方已经对被请求引渡人就引渡请求所针对的犯罪作出终审判决或者终止刑事诉讼程序；

（六）根据请求方的法律，引渡请求所涉及的案件属于受害人告诉才处理的案件。

第四条　可以拒绝引渡的理由

有下列情形之一的，可以拒绝引渡：

（一）被请求方根据本国法律对引渡请求所针对的犯罪具有管辖权，并且对被请求引渡人就该犯罪正在进行刑事诉讼或者准备提起刑事诉讼；

（二）被请求方认为由于被请求引渡人的年龄、健康或其他个人原因，引渡不符合人道主义考虑。

第五条　引渡的国内法条件

只有在不违反被请求国法律体系时，才能进行引渡。

第六条　联系途径

为本条约的目的，除本条约另有规定外，双方应当通过各自指定的机关进行联系。在各自指定联系机关之前，双方应当通过外交途径联系。

第七条　引渡请求及所需文件

一、引渡请求应当以书面形式提出，并且包括或者附有：

（一）请求机关的名称；

（二）被请求引渡人的姓名、年龄、性别、国籍、身份证件、职业、住所地或者居所地等有助于确定被请求引渡人的身份和可能所在地点的资料；如有可能，有关其外表的描述、照片和指纹；

（三）有关案情的说明，包括犯罪行为及其后果的概述；

（四）有关该项犯罪的刑事管辖权、定罪和刑罚的法律规定；

（五）有关追诉时效或者执行判决期限的法律规定。

二、除本条第一款规定外，

（一）旨在对被请求引渡人进行审判的引渡请求还应当附有请求方主管机关签发的逮捕证的副本；

（二）旨在对被请求引渡人执行刑罚的引渡请求还应当附有已经发生法律效力的法院判决书的副本和关于已经执行刑期的说明。

三、经适当签署和（或者）盖章的引渡请求及所需文件应当附有被请求方文字的译文。

四、根据本条第三款提交的文件免于任何形式的领事认证。

第八条　补充材料

如果被请求方认为，为支持引渡请求所提供的材料不充分，可以要求在三十天内提交补充材料。如果请求方提出合理要求，这一期限可以延长十五天。如果请求方未在该期间内提交补充材料，应当被视为自动放弃请求，但是不妨碍请求方就同一犯罪重新提出引渡请求。

第九条　临时羁押

一、紧急情况下，在提出引渡请求前，请求方可以请求临时羁押被请求引渡人。此种请求可以通过第六条规定的途径、国际刑事警察组织或者双方同意的其他途径以书面形式提出。

二、临时羁押请求应当包括本条约第七条第一款所列内容，说明已经备有该条第二款所列文件，以及即将提出正式引渡请求。

三、被请求方应当将处理该请求的结果及时通知请求方。

四、如果被请求方在羁押被请求引渡人之后的六十天内未收到正式引渡请求，则应当解除临时羁押。经请求方合理要求，上述期限可以延长三十天。

五、如果被请求方后来收到了正式的引渡请求，则根据本条第四款解除的临时羁押不应妨碍对被请求引渡人的引渡。

第十条　对引渡请求作出决定

一、被请求方应当根据本国法律规定的程序处理引渡请求，并且迅速将决定通知请求方。

二、如果全部或者部分拒绝引渡请求，被请求方应当将拒绝的理由通知请求方。

第十一条　移交被引渡人

一、如果被请求方同意引渡，双方应当商定执行引渡的时间、地点等有关事宜。同时，被请求方应当将被引渡人在移交之前已经被羁押的时间告知请求方。

二、除本条第三款另有规定外，如果请求方在商定的执行引渡之日后的十五天内未接收被引渡人，被请求方应当立即释放该人，并且可以拒绝请求方就同一犯罪再次提出的引渡该人的请求。

三、如果一方因其无法控制的原因不能在商定的期间内移交或者接收被引渡人，应当立即通知另一方。双方应当再次商定执行引渡的有关事宜，并适用本条第二款的规定。

第十二条　暂缓移交和临时移交

一、如果被请求引渡人正在被请求方因为引渡请求所针对的犯罪之外的犯罪被提起刑事诉讼或者服刑，被请求方可以在作出同意引渡的决定后，暂缓移交该人直至诉讼终结或者服刑完毕。被请求方应当将暂缓移交事项通知请求方。

二、如果本条第一款规定的暂缓移交会造成请求方刑事追诉时效丧失或者妨碍对引渡请求所针对的犯罪进行调查，被请求方可以在本国法律允许的范围内，根据双方确定的条件，将被请求引渡人临时移交给请求方。请求方在完成有关程序后，应当立即将该人送还被请求方。

第十三条　简捷移交

如果被请求引渡人同意被移交给请求方，被请求方可以在其法律允许的范围内尽快移交该人，而无需任何后续程序。

第十四条　数国提出的引渡请求

如果一方和一个或者多个第三国就同一人提出引渡请求，由被请求方决定接受何国的请求。

第十五条　特定规则

除同意引渡所针对的犯罪外，请求方对于根据本条约被引渡的人，不得就该人在引渡前所实施的其他犯罪进行刑事诉讼或者执行刑罚，也不能将其引渡给第三国，但是有下列情况之一的除外：

（一）被请求方事先同意。为此目的，被请求方可以要求提供第七条所规定的文件或者资料，以及被引渡人就有关犯罪所作的陈述；

（二）该人在可以自由离开请求方领土之日后的三十天内未离开该方领土。但是由于意外原因未能离开请求方领土的时间不计算在此期限内；

（三）该人在已经离开请求方领土后又自愿回到该方领土。

第十六条　移交财物

一、如果请求方提出请求，被请求方应当在本国法律允许的范围内，扣押在其境内发现的犯罪所得、犯罪工具以及可作为证据的财物，并且在同意引渡的情况下，将这些财物移交给请求方。

二、在同意引渡的情况下，即使因为被请求引渡人死亡、失踪或者脱逃而无法实施引渡，本条第一款提到的财物仍然可以予以移交。

三、被请求方为审理其他未决刑事诉讼案件，可以推迟移交上述财物直至诉讼终结，或者在请求方将返还的条件下临时移交这些财物。

四、移交上述财物不得损害被请求方或者任何第三方对该财物的合法权利。

如果存在此种权利，请求方应当根据被请求方的要求，在诉讼结束之后尽快将被移交的财物无偿返还给被请求方。

第十七条　过境

一、一方从第三国引渡人员需经过另一方领土时，前一方应当向后一方提出同意过境的请求。如果使用航空运输并且没有在后一方境内降落的计划，则无需获得此种同意。

二、被请求方在不违反其法律的情况下，应当同意过境请求。

第十八条　通报结果

请求方应当及时向被请求方通报有关对被引渡人进行刑事诉讼、执行刑罚或者将该人再引渡给第三国的情况。

第十九条　费用

在被请求方的引渡程序中产生的费用应当由被请求方承担。与移交和接收被引渡人有关的交通费用和过境费用应当由请求方承担。

第二十条　与其他条约的关系

本条约不影响缔约双方根据任何其他条约享有的权利和承担的义务。

第二十一条　争议的解决

由于实施或者解释本条约所产生的任何争议，应当通过外交途径协商解决。

第二十二条　生效和终止

一、本条约须经批准。批准书在利马互换。本条约自互换批准书之日后第三十天生效。

二、任何一方可以随时通过外交途径，以书面形式通知终止本条约。本条约自该通知发出之日后第一百八十天终止。本条约的终止不影响条约终止前已经开始的引渡程序。

三、本条约适用于其生效后提出的任何请求，即使有关犯罪发生于本条约生效前。

下列签字人经各自政府正式授权，签署本条约，以昭信守。

本条约于二〇〇一年十一月五日订于北京，一式两份，每份均用中文和西班牙文写成，两种文本同等作准。

中华人民共和国代表　　　　　　　　　　　秘鲁共和国代表

周文重　　　　　　　　　　　　　罗德里格斯

（签字）　　　　　　　　　　　　　（签字）

中华人民共和国和突尼斯共和国引渡条约[*]

中华人民共和国和突尼斯共和国（以下简称"缔约双方"），出于巩固中突两国人民友好合作关系的愿望，以及对在相互尊重国家主权和平等互利的基础上加强双方在引渡领域的司法合作的重要性的认识，议定下列各条：

第一条 引渡义务

缔约双方有义务按照本条约的规定，根据请求，相互引渡任何因犯有属于请求方法院管辖范围的罪行而被追诉或应执行剥夺人身自由的刑罚的人员。

第二条 可引渡的犯罪

一、可引渡的犯罪系指依照缔约双方的法律，可处一年以上剥夺人身自由的刑罚或更重刑罚的犯罪。

二、如果是为执行剥夺人身自由的刑罚而请求引渡，只有在应服刑期至少还有六个月时，方可准予引渡。

三、为适用本条，在确定某项行为根据缔约双方法律是否均构成犯罪时，不应考虑缔约双方是否把构成该犯罪的行为归入同一犯罪种类或使用同一罪名，以及缔约双方在确定犯罪基本要素方面的差别。

四、（一）如果引渡请求涉及与税收、海关和外汇交易有关的犯罪，被请求方不得以本国法律未规定同一财税种类或未有请求方法律所规定的税收、海关和外汇交易方面的同类程序为由拒绝引渡。

（二）在这种情况下，只有缔约双方通过互致函件就上述犯罪逐项或逐类达成一致，方可予以引渡。

五、如果引渡请求涉及若干不同的犯罪行为，每一项犯罪行为根据缔约双方法律均应处以刑罚，且至少有一项犯罪行为符合本条第一款、第二款规定的刑罚期限的条件，被请求方仍可就这些犯罪行为准予引渡。

第三条 应当拒绝引渡的情形

一、有下列情况之一的，不予引渡：

（一）被请求引渡人为被请求方国民；

---

* 此条约于 2001 年 11 月 19 日签署，于 2002 年 10 月 28 日批准，于 2005 年 12 月 29 日生效。

（二）被请求方已对被请求引渡人就引渡请求所涉及的行为作出终审判决；

（三）收到请求时，根据缔约任何一方的法律，由于时效、赦免或任何其他法律原因不能提起诉讼或执行刑罚；

（四）根据被请求方法律，该项犯罪系政治犯罪或与政治犯罪有关的犯罪，或纯粹的军事犯罪；

（五）有充分的理由表明，请求引渡的目的是基于某人的种族、性别、宗教、国籍或政治见解而对该人进行追诉或予以处罚，或该人在对其进行的刑事诉讼中的地位可能由于上述任何原因而受到损害；

（六）引渡请求是基于在请求方境内作出的缺席判决，且请求方法律又不允许被请求引渡人进行上诉从而使其在出庭的情况下获得重审。

二、为适用本条第一款第（四）项，侵害任何缔约一方的国家元首、政府首脑或其家庭成员生命的犯罪不得被视为政治犯罪。

第四条　可以拒绝引渡的情形

在下列情况下，可拒绝引渡：

（一）引渡请求所涉及的犯罪全部或部分发生在被请求方境内；

（二）被请求方正在就引渡请求所涉及的犯罪进行刑事诉讼；

（三）被请求方虽然考虑到犯罪的性质、严重性及请求方的利益，但认为由于该人的年龄、健康，引渡有悖于人道主义考虑。

第五条　被请求方审判

一、在由于本条约第三条第一款第（一）项和第四条第一款第（一）项所列举的原因之一而不能引渡的情况下，根据请求方的请求，被请求方应依本国法律对被请求引渡人就引渡请求所涉及的犯罪行为进行刑事诉讼。

二、为适用本条第一款，如果请求方未向被请求方主动提交进行刑事诉讼必需的材料、特别是确定有无犯罪的证据，被请求方可要求其提供。

三、被请求方应及时向请求方通报根据本条第一款业已完成的刑事诉讼的结果。

第六条　特定规则

一、请求方不得对根据本条约被引渡的人员就其在进入请求方领土之前所犯的、引渡请求未涉及的罪行进行追诉、审判、羁押或对人身自由施加任何限制。

二、本条第一款所规定的限制不适用于以下情况：

（一）被请求方同意如此；

（二）被引渡人自可以离开请求方领土之日起继续在请求方领土停留四十五

天以上，或离开后又自愿返回。但被引渡人由于其无法控制的原因未能离开请求方领土的时间不包括在此期限内。

三、如果请求方在刑事诉讼中对引渡请求所涉及的犯罪行为的定性发生变化，除非对该犯罪行为的新的定性仍属于允许引渡的范围，否则不得对该被引渡人进行追诉或审判。

第七条 再次引渡

一、请求方不得将根据引渡请求从被请求方引渡的人员引渡给第三国。

二、本条第一款关于再次引渡的限制不适用于：

（一）根据本条约规定的引渡请求的条件，被请求方同意再次引渡；

（二）被引渡人在有权离开请求方领土的情况下，自可以离开之日起继续停留四十五天以上，或离开后又自愿返回。但被引渡人由于其无法控制的原因未能离开请求方领土的时间不包括在此期限内。

第八条 数国提出的引渡请求

如果多个国家向被请求方就同一人提出引渡请求，无论该请求针对同一犯罪或不同犯罪，被请求方在作出决定时，应考虑所有有关情况，特别是引渡请求涉及的该项犯罪或不同犯罪的严重性、犯罪的地点和时间、收到引渡请求的日期先后、被请求引渡人的国籍以及有关国家进行再次引渡的可能性。

第九条 通知请求的处理结果

被请求方应将其对引渡请求所作的决定尽快通知请求方。在全部或部分拒绝引渡的情况下，应说明理由。

第十条 联系途径

一、引渡请求和答复文件应通过外交途径或直接通过缔约双方指定的机关递交。

二、本条第一款所指的机关，在中华人民共和国是随后通过交换函件指定的机关，在突尼斯共和国是司法部。

第十一条 请求和所需文件

引渡请求应以书面形式提出，请求书应由请求方主管机关签署并盖章，并包括以下内容和文件：

（一）提出请求机关的名称；

（二）证明被请求引渡人在该情况下属于请求方刑事司法管辖范围的法律条文；

（三）主管机关针对被请求引渡人签发的刑事拘留证、逮捕证或具有同等效

力的任何其他文件的副本;

（四）为说明被请求引渡人身份、国籍、住所的所有必要材料;

（五）证明被请求引渡人身份的官方文件和该人的照片或指纹;

（六）如果请求引渡的目的是为了执行刑罚，应附有判决书或证明无误的判决书副本，如果尚未执行的刑期与判决书中的规定刑期不一致，还应附有证明尚未执行刑期的文件;

（七）除非本条其他各项所规定的文件中已有说明，否则还应附有与被请求引渡人有关的案情介绍，包括犯罪时间、地点和犯罪经过，以及法律上如何定罪的说明;

（八）与被请求引渡人所犯罪行的定罪、量刑以及在某些情况下有关刑事追诉或执行刑罚的时效的法律条文;

（九）在缺席判决的情况下，应附有告知被请求引渡人有权上诉或要求重审的通知书以及有关的法律条文。

第十二条　补充材料

一、如果引渡请求不完整或提交的材料不足以使被请求方作出决定，被请求方可以要求请求方在规定的期限内提交补充材料。

二、未按本条第一款规定提交所需材料并不妨碍根据现有材料就请求作出决定。

三、如果被请求方因请求方未提交本条第一款所规定的补充材料而释放为引渡目的被羁押的人员，应将决定通知请求方。这种释放不妨碍请求方就同一犯罪重新提出引渡请求。

第十三条　羁押被请求引渡人

一、如果同意引渡请求，缔约双方有义务采取一切必要措施进行引渡，包括查找和羁押被请求引渡人。

二、在引渡程序中，被请求方应依本国法律对被请求引渡人进行羁押。

第十四条　移交被请求引渡人

一、如果同意引渡，缔约双方应商定移交的地点、时间，被请求方应通知请求方被请求引渡人受到羁押的时间，以便折抵该人的刑期。

二、请求方有义务在自商定之日起二十天内接收被请求引渡人。

三、如果缔约一方因无法控制的原因不能在约定的期限内移交或接收被请求引渡人，该缔约方应通知缔约另一方。缔约双方应商定新的日期，在此情形下，应适用本条第二款的规定。

四、如果在本条第二款和第三款所规定的期限内请求方未接收被请求引渡人，则该人应被释放。如果接到请求方对同一人就同一犯罪提出的新的引渡请求，被请求方可以拒绝引渡。

第十五条 暂缓移交

一、被请求方正在对被请求引渡人就引渡请求所涉及的犯罪以外的罪行进行刑事诉讼，或被请求引渡人正在因此被执行剥夺人身自由的刑罚，均不妨碍引渡。

二、在本条第一款所涉及的情况下，可暂缓移交，直至刑事诉讼终结或服刑期满。

第十六条 临时移交

一、在本条约第十五条第一款所涉及的情况下，如果请求方说明暂缓移交会因时效等原因而严重妨碍对被请求引渡人的追诉，被请求方可以对被请求引渡人进行临时移交。请求方应在临时移交涉及的事务完成后无条件将被请求引渡人归还。

二、缔约双方应商定被请求引渡人临时移交到请求方境内的期限。

三、如果被临时移交人员正在服刑，自其被移交给请求方之日起，服刑将暂停，直至其被归还给被请求方为止。

第十七条 移交物品

一、在同意引渡的情况下，应请求方请求，被请求方应在本国法律允许的范围内，向请求方移交在本国查获的犯罪所得及其孳息、可用于确定犯罪的必要物品，但不应损害其他人对这些物品的权利。

二、即使在同意引渡的情况下因被请求引渡人脱逃或死亡不能执行引渡，仍应移交本条第一款所列举的物品。

三、被请求方为了正在进行的刑事诉讼，可以暂时保存或以必须归还为条件移交本条第一款所列举的物品。

四、被请求方或其他人对这些物品所拥有的权利应予保留。在存在这种权利时，应在本条第三款所指的诉讼终结后尽快免费将这些物品归还被请求方。

第十八条 临时羁押

一、在紧急情形下，作为一项正式引渡请求前的措施，缔约双方可以请求临时羁押被请求引渡人。

二、临时羁押请求应说明已经备有针对被请求引渡人签发的刑事拘留证、逮捕证或定罪的判决书，还应包括案情介绍，包括犯罪时间、地点和犯罪经过，适用的法律条文以及现有的有关该人身份、国籍和所在地的所有材料。

三、临时羁押请求可以按照本条约第十条的规定，或通过国际刑警组织或者缔约双方商定的任何其他途径，以书面形式或者被请求方接受的任何其他方式提出。

四、被请求方应根据本国法律对羁押或延长羁押作出决定，并立即将决定通知请求方。

五、被请求方应以其认为最快的方式，将羁押工作完成的结果通知请求方，并应提醒请求方注意，如果自羁押之日起三十天内，被请求方未收到引渡请求，将释放被羁押人。如有充分理由，应根据请求将上述期限延长十五天。

六、如果在本条第五款所规定的期限之后收到引渡请求，释放不应影响对该人的重新羁押和引渡。

第十九条　重新羁押

如果该人在被引渡给请求方后脱逃并返回被请求方境内，请求方可以请求对其重新羁押，但需出具刑事拘留证或逮捕证，以及证明该人曾被引渡、并在刑事诉讼终结或应服刑期执行完毕之前脱逃的必要材料。

第二十条　过境

一、缔约一方应同意缔约另一方从第三国引渡的、并非该缔约一方国民的人从其领土过境，但过境不得破坏其公共秩序，同时，请求涉及的犯罪须为按本条约规定应予引渡的罪行。

二、通过本条约第十条所规定的途径发出的过境请求应包括被引渡人身份以及本条约第十一条第（三）项、第（六）项和第（七）项所规定的材料。

三、过境国机关在被引渡人在其境内期间，应对其进行羁押。

四、在使用航空运输时，应适用下列规定：

（一）如果飞机未计划降落，请求方应通知对方，并证实携带有本条约第十一条第（三）项和第（六）项规定的文件之一，如发生迫降，该通知即作为第十八条所规定的临时羁押请求，请求方还应提出正式过境请求。

（二）如果计划降落，请求方应提出正式过境请求。

第二十一条　认证的免除

为适用本条约，由缔约双方法院或其他主管机关制作、提供或证明，并通过本条约第十条规定的联系途径递交的文件，免除认证。

第二十二条　文字

请求书及其附件、以及按照本条约规定发出的所有其他函件均应以请求方文字写成，并附被请求方文字译文或法文译文。

第二十三条　费用

一、被请求方承担因在其境内的引渡程序而产生的费用。

二、请求方承担：

（一）因将被引渡人从缔约一方送往缔约另一方而产生的费用；

（二）因被引渡人过境而产生的费用。

第二十四条　争议的解决

与本条约的解释或适用有关的任何争议，应通过外交途径解决。

第二十五条　生效和终止

一、本条约须经批准，批准书在突尼斯互换。本条约自互换批准书之日起第三十天生效。

二、任何缔约一方可以随时通过外交途径书面通知缔约另一方终止本条约，终止决定自该缔约另一方收到上述通知之日起六个月后生效。

下列签署人经各自政府适当授权，签署本条约，以昭信守。

本条约于二〇〇一年十一月十九日订于北京，一式两份，每份均以中文和阿拉伯文制成，两种文本同等作准。

中华人民共和国代表　　　　　　　　突尼斯共和国代表

　　唐家璇　　　　　　　　　　　哈比卜·本·叶海亚

　　（签字）　　　　　　　　　　　　（签字）

中华人民共和国和南非共和国引渡条约 *

中华人民共和国和南非共和国（以下简称"缔约国"），为通过缔结引渡条约在预防和打击犯罪方面进行更有效的合作；并确认相互尊重主权、平等互利和相互尊重法律制度和司法机构，达成协议如下：

第一条　引渡义务

缔约国同意根据本条约的规定，应另一缔约国的请求，将被通缉的人员引渡至另一缔约国，以便在请求国内就可引渡的犯罪进行刑事追诉或判处、执行刑罚。

第二条　可引渡的犯罪

一、为本条约之目的，如果某项行为依据缔约国双方的法律均构成犯罪，且该犯罪可判处至少一年的有期徒刑或更重刑罚，应准予引渡。

二、如果引渡请求针对请求国法院就可引渡的犯罪判处刑罚的人员，只要该判决尚未服完的刑期至少有六个月，应准予引渡。

三、为本条之目的，在确定行为是否为违反被请求国法律的犯罪时，不应考虑缔约国双方的法律是否将该行为归入同一犯罪种类，是否使用同一罪名或者是否规定了相同的犯罪构成要素。

四、不论请求国引渡请求所基于的行为是否发生在其管辖的领土内，该犯罪都是可予引渡的。如果这一行为发生在请求国领土外，请求国应提供确立其管辖权的法律规定。

五、根据本条约的规定，在符合如下条件时，可就有关犯罪准予引渡：

（一）在构成犯罪的行为发生时，该行为在请求国是犯罪；

（二）假如被指控的行为在提出引渡请求时发生在被请求国，构成违反被请求国法律的犯罪。

六、如果引渡请求针对一项既包括监禁又包括财产刑的判决，被请求国可准予引渡以执行监禁和财产刑。

七、如果引渡请求涉及数项犯罪，每项犯罪根据缔约国双方的法律均应予

---

* 此条约于 2001 年 12 月 10 日签署，于 2002 年 12 月 28 日批准，于 2004 年 11 月 17 日生效。

惩处，但其中有些犯罪不符合第一款和第二款规定的其他条件，只要该人将基于至少一项可引渡犯罪而被引渡，被请求国可就该数项犯罪准予引渡。

第三条　应当拒绝引渡的理由

有下列情形之一的，应当拒绝引渡：

（一）被请求国认为引渡请求所针对的犯罪是政治犯罪；

（二）被请求国有充分理由相信；提出引渡请求的目的是基于某人的种族、宗教、国籍、族裔、政治见解、性别、身份的原因对其进行刑事追诉或惩处，或该人的地位会因上述任何原因而受到损害；

（三）根据请求国的法律，被请求引渡人因时效已过或赦免而免于刑事追诉或惩处；

（四）引渡请求所针对的犯罪仅构成军事犯罪；

（五）被请求引渡人已就请求引渡的同一犯罪被宣告无罪，或被定罪或者不再受到追诉。

第四条　可以拒绝引渡的理由

有下列情形之一的，可以拒绝引渡：

（一）被请求国对引渡请求所针对的犯罪有管辖权并正在或将对被请求引渡人提起刑事诉讼；

（二）请求国可能判处的刑罚与被请求国法律的基本原则相冲突；

（三）在例外情况下，并顾及到罪行的严重性和请求国的利益，被请求国认为由于被请求引渡人的个人情况，引渡不符合人道主义考虑。

第五条　国籍

一、缔约国应有权拒绝引渡其国民。

二、如果仅仅因为被请求引渡人的国籍而拒绝引渡，被请求国应根据请求国的请求将此案提交其公诉机关。

第六条　请求的提出

一、临时羁押和引渡的请求：

（一）在中华人民共和国方面，应当向外交部提出；

（二）在南非共和国方面，应当向司法及宪法发展部部长提出。

二、（一）引渡请求应为书面形式并由本条第一款提及的缔约国机关直接联系；但不应排除通过外交途径进行的联系。

（二）临时羁押的请求应按本款第（一）项的规定进行联系，或通过国际刑事警察组织以及缔约国双方同意的其他途径进行联系。

第七条　应提交的文件

一、引渡请求应附有下列辅助文件：

（一）在所有情况下：

1. 请求机关的名称；

2. 有助于确认和查找被请求引渡人的资料，包括但不限于其姓名、年龄、性别、国籍、职业和所在地；

3. 主管机关所作说明，该说明应概述构成引渡请求所针对的犯罪的行为，指出犯罪发生的地点和日期，并提供有关定罪量刑的法律条文的说明或复印件；

4. 如果犯罪发生在请求国领土外，有关确立对该犯罪刑事管辖权的法律条文的复印件；

5. 有关所涉及犯罪的追诉时效的相关法律条文的复印件。

（二）在为追诉一项犯罪而请求引渡该人的情况下：

1. 请求国主管机关签发的逮捕证或其他具有同等效力的文件的原件或经证明无误的复印件；

2. 如果有刑事起诉书、控告书或其他指控文件，提供其复印件；

3. 负责追诉该案的主管机关签发的文件，其中包括现有证据摘要以及根据请求国法律上述证据足以证明有理由起诉该人的声明。

（三）在被请求引渡人已被定罪的情况下：

1. 主管机关对该人某项被定罪的行为的说明和记录对该人的定罪以及，如果判刑，对该人判刑的文件的经证明无误的复印件；

2. 如果部分刑期已执行，主管机关对未执行刑期的具体说明。

二、根据本条约提交的所有文件应以被请求国的一种官方文字写成，或附有经证明无误的该国一种官方文字的译文。

第八条　辅助文件的认证

如果被请求国的法律要求认证，有关文件应经下列人员认证，确认文件的签署人，包括其身份和职衔：

（一）在中华人民共和国方面，由外交部正式指定的负责认证文件的人员；

（二）在南非共和国方面，负责司法的部长或其签字指定的人。

第九条　补充资料

如果被请求国认为，为支持引渡请求而提供的资料不充分，可以要求在三十天内提供补充资料。如果请求国提出合理请求，这一期限可以延长十五天。如果请求国未在规定的期限内提交补充资料，可以被视为放弃请求。但这不妨碍请求国就同一犯罪重新提出引渡请求。

第十条 同意

在符合其法律的情况下，被请求国可将同意被引渡的被请求引渡人引渡给请求国。

第十一条 临时羁押

一、在紧急情况下，请求国的主管机关可以通过任何能留下书面记录的方式申请临时羁押被请求引渡人。

二、临时羁押的申请应包括如下内容：

（一）请求机关的名称；

（二）有助于确认和查找被请求引渡人的资料，包括但不限于其姓名、年龄、性别、国籍、职业和所在地；

（三）关于随后将提出引渡请求的声明；

（四）对有关犯罪和可适用刑罚的说明，并附有包括犯罪日期、地点的案情简要介绍；

（五）证明确有可适用本条约的逮捕证或定罪判决及其具体内容的说明；

（六）证明应当在被请求国临时羁押的任何其他资料。

三、被请求国应迅速将其根据临时羁押申请所采取的措施通知请求国。

四、如果被请求国在实施羁押后四十五天内未收到通过第六条规定的途径提出的第七条所提及的文件，则应当解除临时羁押。被请求国主管机关在本国法律允许的范围内，可延长接收上述文件的期限。

五、如在四十五天期限及其任何延期届满后收到引渡请求，上述期限的届满并不妨碍日后的羁押和引渡。

第十二条 数国提出的请求

当收到两个或两个以上国家针对同一人就同一犯罪或不同犯罪提出的引渡请求时，被请求国应决定将该人引渡给其中哪一个国家，并将其决定通知上述各国。

第十三条 决定和通知

被请求国应根据本国法律规定的程序处理引渡请求，在对引渡请求作出决定后，应尽快将该决定通知请求国。对于引渡请求的任何完全或部分的拒绝均应说明理由。

第十四条 移交

一、如准予引渡，被请求国应根据缔约国双方主管机关商定的安排移交被引渡人。

二、请求国应在被请求国确定的合理的期间内接收被引渡人，如果该人在此期间内未被接收，除非另有规定，被请求国可拒绝就同一犯罪引渡该人。

三、如果缔约国由于其无法控制的原因，无法移交或接收被引渡人，则应通知另一缔约国。缔约国应确定新的移交日期，本条第二款的规定应予适用。

四、在移交被引渡人时，被请求国应通知请求国该人因引渡而被羁押的全部时间。

第十五条　暂缓移交和临时移交

一、如果被请求引渡人正在被请求国因引渡请求所针对的犯罪之外的犯罪被提起诉讼或者正在服刑，被请求国可暂缓移交直至诉讼终结或者判决的全部或任何部分执行完毕。被请求国应将暂缓移交事项通知请求国。

二、如果本条第一款中所述之人被确定为可以引渡，被请求国可在其法律允许的范围内，根据缔约国双方确定的条件，将该被请求引渡人临时移交请求国以便提起刑事诉讼。对在此种情况下被移交的人，请求国应予羁押，并在完成针对该人的诉讼程序后将其送还被请求国。临时移交后被送还被请求国的人应根据本条约的规定，最终被移交给请求国以执行对其判处的刑罚。

第十六条　移交财物

一、被请求国应在其法律允许的范围内，根据请求国的请求，扣押被合理怀疑与犯罪的实施有关或证明犯罪所需的财物。被请求国应在准予引渡时将这些财物移交请求国。

二、在准予引渡的情况下，即使由于被请求引渡人的死亡、失踪或脱逃而无法执行引渡，本条第一款所提及的财物也应移交。

三、如果本条第一款和第二款所提及的财物因民事和刑事诉讼的关系有必要留在被请求国，被请求国可暂时扣留该财物直至上述诉讼终结或以应予归还为条件移交该财物。

四、被请求国或第三方对这些财物可能已取得的任何权利应予保留。如存在此种权利，这些财物应根据被请求国的请求，在诉讼终结后尽快无偿归还被请求国。

第十七条　特定规则

一、已被引渡人不得因其在移交前所犯的引渡所针对的犯罪之外的其他犯罪而被追诉、判刑或羁押，其人身自由也不得因任何其他原因受到限制，但下列情况除外：

（一）被请求国同意；

（二）该人在获得释放的三十天内有机会离开请求国却未离开，但是这一期限不应包括由于其无法控制的原因未能离开请求方领土的时间；

（三）该人在离开请求国后又自愿返回。

二、如果被请求国要求，根据本条第一款提出的寻求被请求国同意的请求应当附有第七条规定的文件，以及被引渡人对有关犯罪所作陈述的记录。

三、如果对被引渡人的指控随后发生变化，只有在符合下列条件时方可对该人进行追诉和判刑，即该人的罪名虽经更改但：

（一）这一犯罪实质上是基于引渡请求及其辅助文件中所包含的相同事实；并且

（二）这一犯罪可判处的最高刑与该人被引渡的犯罪可判处的最高刑相同或较之更轻。

第十八条　引渡给第三国

一、当一人已被移交给请求国后，该国不得因该人在移交前所犯罪行而将其引渡给任何第三国，但下列情况除外：

（一）被请求国同意；

（二）该人在获得释放的三十天内有机会离开请求国却未离开，但是这一期限不应包括由于其无法控制的原因未能离开请求方领土的时间；

（三）该人在离开请求国后又自愿返回。

二、被请求国可以要求请求国提供第三国提交的与根据本条第一款第一项所寻求的同意有关的文件。

第十九条　过境

一、缔约国在接到另一缔约国请求时，应在其法律允许的范围内，准予通过其领土过境。过境请求可以任何能留下书面记录的方式提出。

二、如果使用航空运输并且未计划在过境国着陆，则过境无须授权。在发生计划外着陆时，过境国可要求另一缔约国提出第一款规定的过境请求。只要在计划外着陆后尽早收到必要请求，过境国应在其法律允许的范围内，羁押过境人直至过境完成。

第二十条　费用

一、被请求国应对因引渡请求而产生的诉讼程序作出必要的安排并承担有关费用。

二、被请求国应承担在其境内逮捕被请求引渡人、在移交给请求国前羁押该人以及扣押第十六条所提及的财物的有关费用。

三、请求国应承担将被引渡人及扣押的任何财物从被请求国运往请求国而产生的费用。

第二十一条 通报结果

请求国应迅速向被请求国通报有关对被引渡人进行刑事诉讼、执行刑罚或者将该人再引渡给第三国的有关资料。

第二十二条 协商

中华人民共和国外交部和南非共和国司法及宪法发展部或两部各自指定的人员可就具体案件的办理以及促进本条约的有效实施直接进行协商。

第二十三条 争议的解决

缔约国之间在实施或者解释本条约中所产生的任何争议，应通过外交途径协商解决。

第二十四条 生效、修订和终止

一、本条约须经批准。批准书在缔约国双方确定的地点互换。本条约自互换批准书之日后第三十天生效。

二、本条约适用于其生效后提出的任何请求，即使有关犯罪发生于本条约生效前。

三、本条约经双方同意可予以修订。

四、任一缔约国均可随时通过外交途径，以书面形式通知终止本条约。本条约自向另一缔约国发出通知之日后第一百八十天终止。本条约的终止不影响条约终止前已收到的引渡请求的办理。

下列签字人经各自政府正式授权，签署本条约，以昭信守。

本条约于二〇〇一年十二月十日订于北京，一式两份，每份均用中文和英文写成，两种文本同等作准。

中华人民共和国代表
　　张福森
　　（签字）

南非共和国代表
佩纽尔·马杜纳
　　（签字）

中华人民共和国和老挝人民民主共和国引渡条约 *

中华人民共和国和老挝人民民主共和国（以下简称"双方"），在相互尊重主权和平等互利的基础上，为促进两国在打击犯罪方面的有效合作，决定缔结本条约，并达成协议如下：

第一条 引渡义务

双方有义务根据本条约的规定，应对方请求，相互引渡在一方境内发现的被另一方通缉的人员，以便对其进行刑事诉讼或者执行刑罚。

第二条 可引渡的犯罪

一、为本条约的目的，可引渡的犯罪应当是根据双方法律均构成犯罪并且均可判处一年以上有期徒刑或者其他更重刑罚的行为。

二、如果引渡请求是针对请求方法院已就可引渡的犯罪判处刑罚的人，只要该判决尚未服完的刑期至少为六个月，为执行该判决而请求的引渡应予同意。

三、在确定某一行为是否根据双方法律均构成犯罪时，不应考虑双方法律是否将该行为归入同一犯罪种类或者使用同一罪名。

四、如果引渡请求涉及两项以上根据双方法律均构成犯罪的行为，只要其中一项行为符合本条第一款和第二款规定的刑罚期限的条件，被请求方即可以针对上述各项行为同意引渡。

第三条 应当拒绝引渡的理由

有下列情形之一的，应当拒绝引渡：

（一）被请求方认为，引渡请求所针对的犯罪是政治犯罪，或者被请求方已经给予被请求引渡人受庇护的权利；

（二）被请求方有充分理由认为，被请求引渡人可能因其种族、宗教、国籍、性别、政治见解方面的原因被提起刑事诉讼或者执行刑罚，或者被请求引渡人在司法程序中可能会由于上述原因受到不公正待遇；

（三）根据任何一方法律，引渡请求所针对的犯罪仅构成军事犯罪；

（四）根据被请求方法律，被请求引渡人是被请求方国民；

---

* 此条约于 2002 年 2 月 4 日签署，于 2002 年 8 月 29 日批准，于 2003 年 8 月 13 日生效。

（五）根据任何一方法律，在收到引渡请求时，由于时效已过或者赦免等原因，被请求引渡人已经被免予追诉或者免予执行刑罚；

（六）被请求方已经对被请求引渡人就引渡请求所针对的犯罪作出终审判决或者终止司法程序；

（七）请求方根据缺席判决提出引渡请求。但请求方承诺在引渡后对被请求引渡人给予在其出庭情况下进行重新审判机会的除外。

第四条　可以拒绝引渡的理由

有下列情形之一的，可以拒绝引渡：

（一）被请求方根据本国法律对引渡请求所针对的犯罪具有管辖权，并且对被请求引渡人就该犯罪正在进行刑事诉讼或者准备提起刑事诉讼；

（二）由于被请求引渡人的年龄、健康等原因，根据人道主义原则不宜引渡的。

第五条　对被请求方国民提起刑事诉讼的义务

如果根据本条约第三条第（四）项不同意引渡，则被请求方应当根据请求方的要求，将该案提交其主管机关以便根据其本国法律提起刑事诉讼。为此目的，请求方应当向被请求方提供与该案有关的文件和证据。

第六条　联系途径

为本条约的目的，除本条约另有规定外，双方应当通过各自指定的机关进行联系。在各自指定联系机关之前，双方应当通过外交途径联系。

第七条　引渡请求及所需文件

一、引渡请求应当以书面形式提出，并且包括或者附有：

（一）请求机关的名称；

（二）被请求引渡人的姓名、年龄、性别、国籍、身份证件的种类和号码、职业、外表特征、住所地和居住地以及其他有助于辨别其身份和查找该人的情况；

（三）有关案情的说明，包括犯罪时间、地点、行为结果等；

（四）有关该项犯罪的刑事管辖权、定罪和刑罚的法律规定；

（五）有关追诉时效的法律规定。

二、除本条第一款规定外，

（一）旨在对被请求引渡人进行刑事诉讼的引渡请求还应当附有请求方主管机关签发的逮捕证的副本；

（二）旨在对被请求引渡人执行刑罚的引渡请求还应当附有已经发生法律效

力的法院裁判书的副本和关于已经执行刑期的说明。

三、引渡请求及所需文件应当经签署或者盖章,并且应当附有被请求方文字或英文的译文。

第八条 补充材料

如果被请求方认为,为支持引渡请求所提供的材料不充分,可以要求在三十天内提交补充材料。如果请求方提出合理要求,这一期限可以延长十五天。如果请求方未在该期间内提交补充材料,应当被视为自动放弃请求,但是不妨碍请求方就同一犯罪重新提出引渡请求。

第九条 临时羁押

一、在紧急情况下,一方可以请求另一方在收到引渡请求前临时羁押被请求引渡人。此种请求可以通过第六条规定的途径、国际刑事警察组织或者双方同意的其他途径以书面形式提出。

二、临时羁押请求应当包括本条约第七条第一款所列内容以及关于已经备有该条第二款所列文件和即将提出正式引渡请求的说明。

三、被请求方应当将处理该请求的结果及时通知请求方。

四、如果被请求方在开始羁押被请求引渡人之后的三十天内未收到正式引渡请求,则应当解除临时羁押。经请求方合理要求,上述期限可以延长十五天。

五、如果被请求方后来收到了正式引渡请求,则根据本条第四款解除临时羁押不应妨碍对被请求引渡人的引渡。

第十条 对引渡请求作出决定

被请求方应当根据本国法律规定的程序处理引渡请求,并且迅速将决定通知请求方。

第十一条 引渡的执行

一、如果被请求方同意引渡,双方应当商定执行引渡的时间、地点等有关事宜。同时,被请求方应当将被引渡人在移交之前已经被羁押的时间告知请求方。

二、除本条第三款另有规定外,如果请求方在商定的执行引渡之日后的十五天内未接收被引渡人,被请求方应当立即释放该人,并且可以拒绝请求方就同一犯罪再次提出的引渡该人的请求。

三、如果一方由于其无法控制的原因未能在商定的期间内移交或者接收被引渡人,应当立即通知另一方。双方应当再次商定执行引渡的有关事宜,并适用本条第二款的规定。

第十二条　暂缓引渡和临时引渡

一、被请求方在作出同意引渡的决定后，如果被请求引渡人正在被请求方因为引渡请求所针对的犯罪之外的犯罪被提起刑事诉讼或者服刑，被请求方可以暂缓引渡该人直至诉讼终结或者服刑完毕。被请求方应当将暂缓引渡事项通知请求方。

二、如果本条第一款规定的暂缓引渡会造成请求方刑事追诉时效丧失或者妨碍对引渡请求所针对的犯罪进行调查，被请求方可以在本国法律允许的范围内，根据双方确定的条件，将被请求引渡人临时引渡给请求方。请求方在完成有关程序后，应当立即将该人送还被请求方。

第十三条　数国提出的引渡请求

如果一方和一个或者多个第三国就同一人提出引渡请求，被请求方有权自主决定是否接受任何一国的请求。

第十四条　特定规则

除同意引渡所针对的犯罪外，请求方对于根据本条约被引渡的人，不得就该人在引渡前所实施的其他犯罪进行刑事诉讼或者执行刑罚，也不能将其引渡给第三国，但是有下列情况之一的除外：

（一）被请求方同意。为此目的，被请求方可以要求提供第七条所规定的文件或者资料，以及被引渡人就有关犯罪所作的陈述；

（二）该人在可以自由离开请求方领土之日后的三十天内未离开该方领土。但是由于其无法控制的原因未能离开请求方领土的时间不计算在此期限内；

（三）该人在已经离开请求方领土后又自愿回到该方领土。

第十五条　移交财物

一、如果请求方提出请求，被请求方应当在本国法律允许的范围内，扣押在其境内发现的犯罪所得、犯罪工具以及可作为证据的财物，并且在同意引渡的情况下，将这些财物移交给请求方。

二、在同意引渡的情况下，即使因为被请求引渡人的死亡、失踪或者脱逃而无法执行引渡，本条第一款提到的财物仍然可以予以移交。

三、被请求方为审理其他未决刑事诉讼案件，可以推迟移交上述财物直至诉讼终结，或者在请求方返还的条件下临时移交这些财物。

四、移交上述财物不得损害被请求方或者任何第三方对该财物的合法权利。如果存在此种权利，请求方应当根据被请求方的要求，在诉讼结束之后尽快将被移交的财物无偿返还给被请求方。

第十六条 过境

一、一方从第三国引渡人员需经过另一方领土时，前一方应当向后一方提出同意过境的请求。

二、如果使用航空运输并且没有在后一方境内降落的计划，则无需获得此种同意；但发生计划外着陆的，应当依照本条第一款规定提出过境请求。

三、被请求方在不违反其法律的情况下，应当同意请求方提出的过境请求。

第十七条 通报结果

请求方应当及时向被请求方通报有关对被引渡人进行刑事诉讼、执行刑罚或者将该人再引渡给第三国的情况。

第十八条 费用

在被请求方的引渡程序中产生的费用应当由被请求方承担。与移交和接收被引渡人有关的交通费用和过境费用应当由请求方承担。

第十九条 与其他条约的关系

本条约不影响缔约双方根据任何其他条约享有的权利和承担的义务。

第二十条 争议的解决

实施或者解释本条约所产生的任何争议，应当通过外交途径协商解决。

第二十一条 生效和终止

一、本条约须经批准。批准书在万象互换。本条约自互换批准书之日后第三十天生效。

二、任何一方可以随时通过外交途径，以书面形式通知终止本条约。本条约自该通知发出之日后第一百八十天终止。本条约的终止不影响条约终止前已经开始的引渡程序。

三、本条约适用于其生效后提出的任何请求，即使有关犯罪发生于本条约生效前。

下列签字人经各自政府正式授权，签署本条约，以昭信守。

本条约于二〇〇二年二月四日订于北京，一式两份，每份均用中文、老挝文和英文写成，三种文本同等作准。如对本条约的解释发生分歧，以英文文本为准。

中华人民共和国代表

乔宗淮

（签字）

老挝人民民主共和国代表

蓬沙瓦·布法

（签字）

中华人民共和国和阿拉伯联合酋长国引渡条约 *

中华人民共和国和阿拉伯联合酋长国（以下简称"缔约国"），

在相互尊重主权和平等互利的基础上，本着促进两国间的有效合作以打击犯罪的愿望，

决定缔结本条约，并议定下列各条：

第一条

缔约国有义务按照本条约的规定并根据另一缔约国的请求，引渡在其境内发现而被另一缔约国通缉的人员，以便对该被请求引渡人进行刑事诉讼或执行判决。

第二条

一、当引渡请求所涉及的行为依据缔约国双方法律均构成犯罪，且符合下列条件之一时，应准予引渡：

（一）如果引渡请求旨在进行刑事诉讼，则根据缔约国双方法律，该犯罪可处一年以上有期徒刑或更重刑罚；

（二）如果引渡请求旨在执行刑罚，则在提出引渡请求时，被请求引渡人尚待执行的刑期至少为六个月。

二、在按照本条第一款确定某一行为是否根据缔约国双方法律均构成犯罪时，不应因缔约国法律是否将构成该项行为归入同一犯罪种类或使用同一罪名而产生影响。

三、如果引渡请求涉及若干不同的行为，每一项行为根据缔约国双方法律均构成犯罪，且其中至少有一项犯罪行为符合本条第一款有关刑罚期限的条件，被请求国可就所有这些行为准予引渡。

第三条

一、有下列情形之一的，应当拒绝引渡：

（一）被请求国认为引渡请求涉及的犯罪系政治犯罪；

（二）被请求国有充分理由认为，引渡请求旨在对被请求引渡人因其种族、

---

* 此条约于 2002 年 5 月 13 日签署，于 2002 年 12 月 28 日批准，于 2004 年 5 月 24 日生效。

性别、宗教、国籍或政治见解而提起刑事诉讼或执行刑罚，或被请求引渡人在司法程序中的地位将会因上述任一原因而受到损害；

（三）根据请求国法律，引渡请求所依据的犯罪纯属军事犯罪；

（四）被请求引渡人为被请求国国民；

（五）根据任一缔约国的法律，针对被请求引渡人的刑事诉讼的诉讼时效已届满；

（六）被请求国已对被请求引渡人就引渡请求所涉及的犯罪作出终审判决或已终止司法程序；

（七）请求国提出的引渡请求基于缺席判决，且请求国未承诺引渡后重新进行审判。

二、在适用本条约时，下列行为不应视为政治犯罪：

（一）谋杀任一缔约国的国家元首、政府首脑或其家庭成员，或谋杀阿拉伯联合酋长国联邦最高委员会的成员或其家庭成员的行为；

（二）国际公约规定的任一犯罪，如果缔约两国均为该公约当事国并根据公约承担或起诉或引渡的义务。

第四条

如果被请求国根据本国法律，对引渡请求所涉及的犯罪具有管辖权，可拒绝引渡。

第五条

如果根据本条约第三条第一款第四项拒绝引渡，被请求国应根据请求国的请求，将该案移交其主管机关，以便按照其国内法提起刑事诉讼。

为此目的，请求国应向被请求国提交与该案有关的文件和证据。

第六条

为实施本条约，除本条约另有规定外，缔约国应通过各自指定的机关进行联系。未经指定前，应通过外交途径进行联系。

第七条

一、引渡请求应以书面形式提出，并附有下列文件和具体情况：

（一）请求机关名称；

（二）有关被请求引渡人姓名、年龄、性别、国籍、身份证件、职业、住所地或居所地的情况及其他有助于确定该人身份和下落的资料，如果有可能，有关其外表的描述、照片和指纹；

（三）关于案件，包括犯罪行为及其后果的概述；

（四）确立刑事管辖权、认定犯罪及说明就该项犯罪可判处的刑罚的有关法律条文；

（五）规定对犯罪予以追诉或执行刑罚的时效的有关法律条文。

二、除本条第一款规定外，

（一）旨在对被请求引渡人提起刑事诉讼的引渡请求还应附有请求国主管机关签发的逮捕证的副本；

（二）旨在对被请求引渡人执行判决的引渡请求还应附有判决书的正式副本以及已执行刑期情况的说明。

三、引渡请求及所需文件应经签署或盖章。上述文件应附有被请求国语言或英文的译文，并经请求国证明无误。

第八条

如果被请求国认为，为支持引渡请求所提交的材料不充分，该国可要求在四十五天内提交补充材料；如果经请求国合理请求，上述期限可延长十五天。如果请求国未在上述期限内提交补充材料，应视为其自动放弃请求。但这不妨碍请求国就同一犯罪重新提出引渡请求。

第九条

一、在紧急情况下，被请求国可在收到引渡请求及前条所指文件前，临时羁押被请求引渡人，临时羁押请求可以通过本条约第六条规定的途径或通过国际刑警组织，或缔约两国同意的任何其他途径书面提出。

二、临时羁押请求应包括本条约第七条第一款规定的具体情况，以及存在本条约第七条第二款规定的文件的说明，并表明随后将提出对被请求引渡人的正式引渡请求。

三、被请求国应及时将处理该项请求的结果通知请求国。

四、在对被请求引渡人羁押后的三十天内，如果被请求国主管机关未收到正式引渡请求，被请求国应终止临时羁押。经请求国合理请求，上述期限可延长十五天。

五、如果被请求国随后收到正式引渡请求，则根据本条第四款对临时羁押的终止不应影响对被请求引渡人的引渡。

第十条

一、被请求国应根据其国内法处理引渡请求，并应将其决定尽快通知请求国。

二、如果被请求国部分或全部拒绝引渡请求，应向请求国通报拒绝的理由。

第十一条

一、如果被请求国同意引渡，缔约国应商定执行引渡的时间、地点及其他相关事宜。被请求国应同时通知请求国被请求引渡人移交前已被羁押的时间。

二、如果请求国自约定执行引渡的日期起十五天内未接收被请求引渡人，被请求国应立即释放该人，并可拒绝请求国对该人就同一犯罪再次提出的引渡请求，除非本条第三款另有规定。

三、如果任一缔约国因其无法控制的原因不能在约定的期限内移交被请求引渡人，应及时通知另一缔约国。缔约两国应重新商定执行引渡的有关事宜，并适用本条第二款的规定。

第十二条

一、如果被请求引渡人在被请求国因引渡请求所涉及的犯罪以外的其他犯罪正在被提起刑事诉讼或服刑，被请求国可在作出引渡决定后，暂缓移交被请求引渡人，以便完成刑事诉讼或执行刑罚。被请求国应将该暂缓移交通知请求国。

二、如果本条第一款规定的暂缓移交会造成追诉时效届满或妨碍请求国对引渡请求所涉犯罪进行调查，被请求国可在其国内法允许的范围内，根据缔约国间商定的条件，向请求国临时移交被请求引渡人。请求国在相关程序终结后应立即将其归还被请求国。

第十三条

如果一个或多个国家就同一人请求引渡，无论该请求是否针对同一犯罪，被请求国应在考虑各种因素，特别是犯罪的严重性、犯罪地点、每项引渡请求提出的日期、被请求引渡人的国籍以及将该人再引渡给另一国的可能性后作出决定。

第十四条

除引渡请求所涉及的犯罪外，请求国不能对根据本条约被引渡的人在移交前所犯的其他罪行进行追诉或判刑，也不能将其再引渡给第三国，除非存在下列情况：

（一）被请求国事先同意。为该项同意，被请求国可要求提供第七条所规定的文件和资料，以及被引渡人对相关犯罪的陈述；

（二）被引渡人在可自由离开之日起三十天内未离开请求国领土。但被引渡人由于其无法控制的原因未能离开请求国领土的时间不计算在此期限内；

（三）被引渡人离开请求国领土后又自愿返回。

第十五条

一、如果请求国提出请求，被请求国应在其法律和规章允许的范围内，扣押在其境内发现并可作为证据的犯罪所得、犯罪工具及其他财产，并在同意引渡的情形下，向请求国移交上述财物。

二、在同意引渡的情形下，即使因被请求引渡人死亡、失踪或逃脱而不能执行引渡，仍可移交本条第一款所指的财物。

三、为进行其他未决刑事诉讼案件，被请求国可暂缓移交上述财物，直至诉讼终结；或在请求国承诺归还的条件下临时移交上述财物。

四、移交上述财物不应影响被请求国或任何第三方对该财物所拥有的合法权利。在存在此种权利时，应被请求国的请求，请求国应在诉讼终结后尽快免费将该财物返还被请求国。

第十六条

一、如果任一缔约国从第三国引渡某人时需经过另一缔约国领土，前者应向后者提出允许其过境的请求。如果使用航空运输且未计划在后者境内降落，则无需其同意。

二、在不违反其国内法的情况下，被请求国应同意请求国的过境请求。

第十七条

请求国应及时向被请求国通报其对被引渡人进行诉讼或执行刑罚的情况，或将该人再引渡给第三国的情况。

第十八条

被请求国应承担在其境内处理引渡请求的任何程序中产生的费用。请求国应承担移交被请求引渡人所产生的交通及过境费用。

第十九条

任一缔约国应根据各自的国内法及可适用的协议，就与请求引渡的犯罪相关的调查、起诉及其他刑事诉讼相互向对方提供最广泛的协助。

第二十条

本条约不应影响缔约国根据任何其他条约所享有的权利和承担的义务。

第二十一条

因实施或解释本条约所产生的任何争议，应通过外交途径协商解决。

第二十二条

一、本条约须经批准。批准书在阿布扎比互换。本条约自互换批准书之日起第三十天生效。

二、任一缔约国可以随时通过外交途径书面通知另一缔约国终止本条约。终止自通知之日起六个月后生效。本条约的终止不应影响在本条约终止前已经开始的引渡程序。

三、本条约适用于在其生效后提出的任何请求，即使有关犯罪发生在本条约生效前。

下列签字人经各自政府正式授权，签署本条约，以昭信守。

本条约于二〇〇二年五月十三日订于北京，一式两份，每份均用中文、阿拉伯文和英文写成，三种文本同等作准。如果遇解释上的分歧，以英文本为准。

中华人民共和国代表　　　　　　　　阿拉伯联合酋长国代表
　　张福森　　　　　　　　　　　　穆罕默德·扎海里

中华人民共和国和立陶宛共和国引渡条约*

中华人民共和国和立陶宛共和国（以下简称"缔约双方"），在相互尊重主权和平等互利的基础上，为发展引渡领域的司法合作，议定下列各条：

第一条　引渡义务

缔约双方有义务根据本条约的规定和条件，经适当请求，相互引渡在缔约一方境内发现而被缔约另一方司法机关通缉的人员，以便对其进行刑事诉讼或者执行判决。

第二条　可引渡的犯罪

一、本条约中所指的"可引渡的犯罪"，系指根据缔约双方法律均可处以至少一年监禁或者更重刑罚的犯罪。

二、在符合本条第一款规定的相同条件下，如果引渡请求旨在执行刑罚，则只在尚未执行的刑期至少为六个月时才可同意引渡。

三、如果对被请求引渡人的判决是在其缺席的情况下作出的，则有关的引渡请求应被视为旨在进行追诉的引渡请求。

四、就本条而言，在决定某一犯罪是否属于触犯缔约双方法律的犯罪时，不应因缔约双方法律是否将构成该项犯罪的行为归入同一犯罪种类或使用同一罪名而产生影响。

五、如果引渡请求涉及若干不同的行为，而其中有的行为在处罚程度方面不符合本条第一款和第二款的要求，仍应就符合上述条件的行为准予引渡，此项引渡也扩及符合本条约其他条件的行为。

第三条　拒绝引渡的强制性理由

有下列情形之一的，不予引渡：

（一）在就引渡作出决定时，被请求引渡人为被请求方国民；

（二）被请求方根据本国法律，已给予被请求引渡人受庇护的权利；

（三）被请求方有充分理由认为，请求方提出的引渡请求旨在对被请求引渡人因其种族、宗教、国籍或政治见解而提起刑事诉讼或执行刑罚，或者被请求

---

* 此条约于 2002 年 6 月 17 日签署，于 2002 年 12 月 28 日批准，于 2003 年 6 月 21 日生效。

引渡人在司法程序中的地位将会因上述某项原因而受到损害；

（四）根据请求方法律，引渡请求所依据的犯罪纯属军事犯罪；

（五）在收到引渡请求时，被请求方根据本国法律，包括时效和赦免方面的法律，已就引渡请求所依据的犯罪对被请求引渡人不再予以追诉或执行刑罚；

（六）在收到引渡请求之前，被请求方主管机关已对被请求引渡人就同一犯罪作出终审判决或终止司法程序；

（七）被请求方法律不允许的引渡。

第四条　拒绝引渡的任择性理由

有下列情形之一的，可拒绝引渡：

（一）被请求方根据本国法律，对引渡请求所依据的犯罪具有管辖权；

（二）被请求方正在对被请求引渡人就引渡请求所依据的犯罪进行追诉。

第五条　在被请求方境内提起刑事诉讼的义务

如果被请求方根据本条约第三条第（一）项和第四条第（一）项不同意引渡，该方应根据请求方的请求，将被请求引渡人转交主管机关，以便予以追诉。为此目的，请求方应向被请求方提交与该案有关的文件和证据。

第六条　联系途径

为实施本条约，缔约双方应通过中华人民共和国经由外交途径通知的指定机关和立陶宛共和国司法部和总检察长办公室进行联系，也可通过外交途径进行联系。

第七条　语言

在执行本条约时，缔约双方应使用各自官方语言，并应附有缔约另一方官方语言或英文的译文。

第八条　引渡请求及所需文件

一、引渡请求应以书面提出，并附有：

（一）请求机关名称；

（二）有关被请求引渡人姓名、国籍、住所地或居所地的情况及有关其身份的其他资料，如有可能，有关其外表的描述、照片和指纹；

（三）关于犯罪及其后果，包括其所导致的物质损失的概述；

（四）请求方法律中规定该项犯罪的有关条文，或者在必要时，对涉及该项犯罪的法律及就该项犯罪可判处的刑罚的说明；以及规定对该项犯罪予以追诉或执行刑罚的时效的有关法律条文。

二、除本条第一款规定者外，旨在对被请求引渡人进行追诉的引渡请求还应附有请求方主管机关签发的逮捕证的副本。

三、除本条第一款规定者外，旨在对被请求引渡人执行刑罚的引渡请求还应附有：

（一）终审判决书的副本；

（二）关于已执行刑期情况的说明。

四、请求方根据本条约的规定所提交的文件，应经正式签署或盖章。

五、为实施本条约，所转交的文书和文件的原件及其经证明的副本应免除任何形式的认证。

第九条　补充材料

如果被请求方认为，根据本条约规定，为支持引渡请求所提交的材料不足以使其作出同意引渡的决定，该方可要求请求方在两个月内提交补充材料；如有正当理由，上述期限可延长十五天。如果请求方未在上述期限内提交补充材料，应视为其自动放弃请求，被请求方可释放被请求引渡人。但这不妨碍请求方就同一犯罪重新提出引渡请求。

第十条　为引渡而羁押

收到引渡请求后，除根据本条约的规定不应予以引渡的情形外，被请求方应立即采取措施羁押被请求引渡人。

第十一条　临时羁押

一、在紧急情况下，请求方可在提出引渡请求之前请求临时羁押被请求引渡人。临时羁押请求可以通过本条约第六条规定的途径或通过国际刑警组织书面提出。

二、请求书应包括本条约第八条第一款第（一）、（二）、（三）、（四）项规定的材料，以及存在本条约第八条第二款或第三款规定的材料的说明，并表明对被请求引渡人的引渡请求即将发出。

三、被请求方应及时将处理该项请求的结果通知请求方。

四、在羁押通知送达请求方后三十天内，如果被请求方未收到本条约第八条规定的正式引渡请求和有关文件，被请求方应释放被羁押人。如有充分理由，被请求方应根据请求将上述期限延长十五天。

五、如果请求方后来提交了本条约第八条规定的引渡请求和有关文件，则根据本条第四款对被羁押人的释放不应影响对该人的引渡。

第十二条　移交被引渡人

一、被请求方应将其对引渡请求所作的决定及时通知请求方。缔约双方应商定移交的时间、地点等有关事宜。如拒绝引渡，被请求方应说明拒绝的理由。

二、如果请求方自约定的日期起二十天内不接受被引渡人，应被视为放弃引渡请求，被请求方可释放该人，并可拒绝请求方就同一犯罪再次提出的引渡请求。

三、如果缔约一方因其无法控制的原因不能在约定的期限内移交或接受被引渡人，该方应及时通知缔约另一方。缔约双方应商定新的移交日期，并适用本条第二款的规定。

第十三条 暂缓移交和临时移交

一、如果被请求引渡人在被请求方境内因引渡请求所依据的犯罪以外的其他犯罪被提起刑事诉讼或服刑，被请求方可在就引渡请求作出决定后，暂缓移交被请求引渡人，以便进行刑事诉讼或执行刑罚。在此情况下，被请求方应通知请求方。

二、如果本条第一款规定的暂缓移交会造成追诉时效期满或妨碍对犯罪进行调查，被请求方可根据请求临时移交被请求引渡人。请求方对因此而移交的人应予羁押并根据缔约双方商定的条件，在针对该人的诉讼终结后立即将其归还被请求方。

第十四条 数国提出的引渡请求

如果缔约一方和第三国就同一人请求引渡，被请求方可决定将被请求引渡人引渡到哪个国家。在作此决定时，应考虑各种因素，特别是犯罪的严重性及犯罪地点、被请求引渡人的国籍及其居所、将该人再引渡的可能性以及收到引渡请求的日期。

第十五条 特定规则

一、除引渡请求所依据的犯罪外，未经被请求方同意，请求方不能对根据本条约被引渡的人就其在引渡前所犯的其他罪行进行追诉或判刑，也不能将其再引渡给第三国。

二、有下列情况之一的，无需被请求方同意：

（一）被引渡人在离开请求方领土后又自愿返回；

（二）被引渡人在其可自由离开之日起三十天内未离开请求方领土。但被引渡人由于其无法控制的原因未能离开请求方领土的时间不计算在此期限内。

第十六条 移交财物

一、被请求方应在其法律允许的范围内，根据请求方的请求，扣押并向请求方移交犯罪中使用的可作为证据的物品以及犯罪所得的财物。即使因被请求引渡人死亡、逃脱或其他原因不能执行引渡，上述物品和财物仍应予移交。

二、如果上述财物在被请求方境内应予扣押或没收，被请求方可因未决刑事诉讼，临时保留该财物或以应予返还为条件移交该财物。

三、为审理其他未决刑事诉讼案件，被请求方可暂缓移交上述物品和财物，直至诉讼终结。

四、被请求方以及任何其他国家或个人对上述物品或财物所拥有的合法权利应予保留。在存在此种权利时，请求方应在审理完毕后尽快免费将该物品或财物返还被请求方。

第十七条　过境

一、缔约一方从第三国引渡的人需经过缔约另一方领土时，前一缔约方应向后一缔约方提出允许其过境的请求。如果使用航空运输且未计划在缔约另一方境内降落，则无需该方同意。

二、根据本条约不予引渡的人，缔约双方可以拒绝其过境。

第十八条　通报结果

请求方应及时向被请求方通报其对被引渡人进行刑事诉讼或执行刑罚的情况，或将该人再引渡给第三国的情况。

第十九条　协助和代表

被请求方应在其境内向请求方提供建议和协助，在因引渡请求而产生的任何诉讼中，代其出庭并代表其利益。

第二十条　费用

引渡费用应由该费用产生地的缔约一方承担。但与引渡有关的空中交通费和过境费用应由请求方承担。

第二十一条　争议的解决

因解释或适用本条约所产生的任何争议，均应通过协商和谈判解决。

第二十二条　适用

本条约适用于其生效后提出的任何请求，即使有关犯罪发生于本条约生效前。

第二十三条　最后条款

一、本条约须经批准。批准书在北京互换。本条约自互换批准书之日起第三十天生效。

二、本条约自缔约任何一方通过外交途径书面提出终止之日起六个月期限届满后失效，否则本条约无限期有效。本条约的终止不应影响在本条约终止前已经开始的引渡程序。

下列签字人经各自政府正式授权，签署本条约，以昭信守。

本条约于二〇〇二年六月十七日订于维尔纽斯，一式两份，每份均用中文、立陶宛文和英文写成，三种文本同等作准。如遇解释上的分歧，则以英文本为准。

中华人民共和国代表　　　　　　　　　　立陶宛共和国代表
　　唐家璇　　　　　　　　　　　　　　　瓦利奥尼斯
　　（签字）　　　　　　　　　　　　　　（签字）

中华人民共和国和巴基斯坦伊斯兰共和国引渡条约 *

中华人民共和国和巴基斯坦伊斯兰共和国（以下单称"一方"、"另一方"、"请求方"或者"被请求方"，合称"双方"），忆及两国间业已存在的友好关系，确认相互尊重主权、平等和互利，深切关注国际恐怖主义行为和有组织犯罪行为的严重性及上升趋势，希望通过缔结引渡条约来促进两国在预防和打击犯罪方面进行更有效的合作，达成协议如下：

第一条　引渡义务

双方同意根据本条约的规定，引渡在被请求方境内发现并被请求方通缉的人员，以便对在请求方管辖权范围内发生的可引渡的犯罪进行刑事诉讼或者执行刑罚。

第二条　可引渡的犯罪

一、为本条约的目的，对根据双方法律均构成犯罪并可判处至少一年以上有期徒刑或者更重刑罚的行为，得准予引渡。

二、当引渡请求系针对因可引渡的犯罪而被请求方法院判处刑罚的人，如果尚未服完的刑期至少为六个月，得准予为执行该刑罚而引渡。

三、为本条的目的，确定某一行为是否为违反被请求方法律的犯罪时，在符合本条第一款规定的前提下，不应考虑双方法律是否对该构成犯罪的行为使用相同或不同的罪名。

四、如果引渡请求涉及数项犯罪，每项犯罪根据双方的法律均应惩处，但其中一些犯罪不符合本条第一款和第二款规定的其他条件，只要该人将基于至少一项可引渡犯罪而被引渡，被请求方可以就该数项犯罪准予引渡。

第三条　应当拒绝引渡的理由

有下列情形之一的，应当拒绝引渡：

（一）被请求方认为引渡请求所针对的犯罪是政治犯罪。暴力攻击或者试图暴力攻击国家元首或者政府首脑及其家庭成员的行为不应当被视为政治犯罪；

（二）根据被请求方的法律，被请求引渡人是被请求方国民；

---

* 此条约于 2003 年 11 月 3 日签署，于 2005 年 10 月 27 日批准，于 2008 年 1 月 10 日生效。

（三）被请求方有充分理由相信，提出请求引渡的目的是基于某人的种族、宗教、国籍、性别、政治见解的原因对其进行追诉或者惩处，或者该人将会因为上述任何原因受到不公正的待遇；

（四）根据任何一方的法律，由于时效已过或者赦免的原因，被请求引渡人不再被追诉或者惩处；

（五）引渡请求所针对的犯罪纯属军事犯罪；

（六）被请求引渡人已就请求引渡所针对的犯罪被判无罪或者有罪，或者因其他原因不再受到追诉；

（七）被请求引渡人已经服完就请求引渡所针对的犯罪所判处的刑罚；

（八）如果被请求引渡人在被请求方享受庇护。

第四条 可以拒绝引渡的理由

有下列情形之一的，可以拒绝引渡：

（一）被请求方对引渡请求所针对的犯罪也有管辖权，并正在或将要对被请求引渡人提起刑事诉讼；

（二）在例外情况下，并顾及到罪行的严重性和请求方的利益，被请求方认为由于被请求引渡人的个人状况，引渡不符合人道主义考虑。

第五条 联系途径

引渡请求应当以书面方式并通过外交途径：

（一）在中华人民共和国方面，向外交部提出；

（二）在巴基斯坦伊斯兰共和国方面，向外交部提出。

第六条 应当提交的文件和资料

一、引渡请求应当附有下列文件：

（一）在所有情况下：

1. 请求机关的名称；

2. 有助于确认和查找被请求引渡人的资料，包括但不限于其姓名、年龄、性别、国籍、职业或所在地；

3. 主管当局所作的说明，该说明应概述构成引渡请求所针对的犯罪的行为，指出犯罪发生的地点和日期，并提供有关定罪量刑的法律条文的说明或复印件；

4. 有关所涉及犯罪的追诉时效的相关法律条文的复印件。

（二）在为提起刑事诉讼而请求引渡某人的情况下：

1. 请求方主管当局签发的逮捕证原件或其他具有同等效力的文件的原件或经证明无误的复印件；

2. 如果有刑事起诉书、控告书或其他指控文件，提供其复印件；

3. 负责追诉该案的主管机关签发的包含现有证据摘要和一项证明根据请求方法律有足够证据起诉被引渡人的说明的文件。

（三）在被请求引渡人已经被定罪的情况下：

1. 主管当局对该人某项被定罪的行为的说明和记录对该人的定罪以及，如果判刑，对该人判刑的文件的经证明无误的复印件；

2. 如果部分刑期已经执行，主管当局对未服完刑罚的具体说明。

二、根据本条约提交的任何文件应当使用被请求方的官方语言或者附有经证明无误的被请求方官方语言译文。

第七条　补充材料

如果被请求方认为为支持引渡请求所提供的材料不充分，可以要求在三十天内提交补充材料。如果请求方提出要求，这一期限可以延长十五天。如果请求方未在规定的期间内提交补充材料，可被视为放弃请求。但这不妨碍请求方就同一犯罪重新提出引渡请求。

第八条　羁押或者其他强制措施

被请求方在就引渡请求做出决定前，应当依法对被请求引渡人予以逮捕并羁押或者采取其他强制措施。如果准予引渡，羁押期间应当延续至被请求引渡人被移交给请求方主管机关时止。

第九条　数国提出的请求

当收到两个或者两个以上的国家针对同一人就同一犯罪或不同犯罪提出的引渡请求时，被请求方应当决定将该人引渡给其中哪一个国家，并将其决定通知上述各国。

第十条　决定和通知

被请求方应当根据本国法律规定的程序处理引渡请求，一旦就引渡请求做出决定，应当将决定通知请求方。对于引渡请求的任何全部或者部分拒绝均应当说明理由。

第十一条　移交

一、如果准予引渡，被请求方应当根据双方商定的安排移交被引渡人。

二、请求方应当在被请求方确定的合理期间内接收被引渡人。如果请求方没有在上述期间内接收被引渡人，除非双方另行商定，被请求方可以拒绝就同一犯罪引渡该人。

三、如果一方由于无法控制的原因不能在商定的期间内移交或者接收被引渡人，应当通知另一方。双方应当确定新的移交日期，本条第二款的规定应予适用。

四、在移交被引渡人时，被请求方应当通知请求方为引渡该人而对其羁押的全部时间。

第十二条　暂缓移交

如果被请求引渡人正在被请求方因引渡请求所针对的犯罪以外的犯罪被提起刑事诉讼或者正在服刑，被请求方可以暂缓移交直至诉讼终结或者刑罚执行完毕。被请求方应当将暂缓移交事项通知请求方。

第十三条　移交和返还涉案财物

一、被请求方应当在其法律允许的范围内，根据请求方的请求，扣押被合理怀疑与实施引渡请求所针对的犯罪有关或者证明该犯罪所需的财物。被请求方应当在准予引渡时将这些财物移交请求方。

二、在准予引渡的情况下，即使因为被请求引渡人死亡、失踪或者脱逃而无法执行引渡，本条第一款所提及的财物也应当移交。

三、如果本条第一款和第二款所提及的财物因民事或刑事诉讼的关系需要留在被请求方，被请求方可以暂时扣留财物直至上述诉讼终结或以应予归还为条件移交该财物。

四、被请求方或者第三方对这些财物可能已经取得的任何权利应当予以保留。如存在此种权利，这些财物应当根据被请求方的请求，在诉讼终结后尽快无偿返还被请求方。

第十四条　特定规则

一、已被引渡的人不得因其在移交前所犯的引渡所针对犯罪之外的其他犯罪而被追诉、判刑或者羁押，其人身自由也不得因任何其他原因受到限制，但下列情况除外：

（一）被请求方同意；

（二）该人在获得释放后的三十天内有机会离开请求方却未离开，但是这一期限不应当包括由于其无法控制的原因未能离开请求方领土的时间；

（三）该人在离开请求方后又自愿返回。

二、如果被请求方要求，根据本条第一款提出的寻求被请求方同意的请求应当附有第六条规定的有关文件，以及被引渡人对有关犯罪所做陈述的记录。

三、如果针对被引渡人的指控发生了改变，对被引渡人仍可进行刑事诉讼或判刑，只要罪名修改后的犯罪：

（一）基本基于引渡请求及其支持文件所述的相同事实；且

（二）可予判处一年以上有期徒刑或者其他更重刑罚。

第十五条 再引渡给第三国

一、当被引渡人已被移交给请求方后，该方不得因该人在移交前所犯罪行而将其引渡给任何第三国，但下列情况除外：

（一）被请求方同意；

（二）该人在获得释放后的三十天内有机会离开请求方却未离开，但是这一期限不应当包括由于其无法控制的原因未能离开请求方领土的时间；

（三）该人在离开请求方后又自愿返回。

二、被请求方可以要求请求方提供第三国提交的与根据本条第一款第一项所寻求的同意有关的文件。

第十六条 过境

一、在其法律允许的范围内，经另一方通过外交途径提出请求并提交相关文件，一方应当准予通过其领土的过境。

二、如果使用航空运输并且未计划在过境方着陆，则无需获得上述同意。如果发生计划外着陆时，过境国可以要求提出本条第一款规定的过境请求。过境国在其法律允许的范围内，应当羁押过境的被引渡人直至过境完成。上述过境请求应当在计划外着陆后立即提出。

三、遇有过境国国民，不得准予过境。

四、因过境发生的所有费用，概由请求方负担。

第十七条 费用

一、除另有约定外，

（一）被请求方应当对因引渡请求而发生的程序做出一切必要安排并承担有关费用；

（二）被请求方应当承担在其境内发生的逮捕被请求引渡人、在移交给请求方前羁押该人以及与扣押财物有关的费用。

二、请求方应当承担将被引渡人及扣押的任何财物从被请求方运往请求方而发生的费用。

第十八条 通报结果

请求方应当迅速向被请求方通报有关对被引渡人进行刑事诉讼或者执行刑罚结果的资料。

第十九条 协商

中华人民共和国外交部和巴基斯坦伊斯兰共和国外交部或者双方各自指定的人员可以就具体案件的处理以及促进本条约的有效执行直接进行协商。

第二十条　争议的解决

双方因解释和适用本条约所产生的任何争议，应当通过外交途径协商解决。

第二十一条　生效、修订和终止

一、本条约须经批准。批准书在双方同意的地点互换。本条约自互换批准书之日后第三十天生效。

二、本条约经双方同意可予以修订。

三、任何一方可以随时通过外交途径，以书面形式通知终止本条约。本条约的终止应于通知另一方之日后第一百八十天起生效。本条约的终止不影响条约终止前已经收到的任何引渡请求的处理。

下列签字人经各自政府正式授权，签署本条约，以昭信守。

本条约于二〇〇三年十一月三日订于北京，一式两份，每份均用中文和英文写成，两种文本同等作准。

中华人民共和国代表　　　　　　巴基斯坦伊斯兰共和国代表
　　王毅　　　　　　　　　　里亚兹·H. 霍哈尔
　（签字）　　　　　　　　　　（签字）

中华人民共和国和莱索托王国引渡条约 *

中华人民共和国和莱索托王国（以下简称"缔约国"），为通过缔结引渡条约在预防和打击犯罪方面进行更有效的合作，并确认相互尊重主权、平等互利和相互尊重法律和司法制度，达成协议如下：

第一条　引渡义务

缔约国同意根据本条约和各自国内法的规定，应另一缔约国的请求，将被通缉的人员引渡至另一缔约国，以便在请求国内就可引渡的犯罪进行刑事追诉、判处或者执行刑罚。

第二条　可引渡的犯罪

一、为本条约之目的，如果某项行为依据缔约国双方的法律均构成犯罪，且该犯罪可判处一年以上有期徒刑或者剥夺自由刑或者更重刑罚，应当准予引渡。

二、如果引渡请求系针对请求国法院就可引渡的犯罪判处刑罚的人员，只要该判决尚未服完的刑期至少有六个月，应当准予为执行该刑罚而引渡。

三、为本条的目的，在确定某一行为是否为违反被请求国法律的犯罪时，不应当考虑缔约国双方的法律是否将该行为归入同一犯罪种类，是否使用同一罪名或者是否规定了相同的犯罪构成要素。

四、不论请求国引渡请求所基于的构成犯罪的行为是否发生在其拥有管辖权的领域内，该犯罪均可予以引渡。如果这一行为发生在请求国领域外，请求国应当提供确立其管辖权的法律规定。

五、如果引渡请求系针对违反有关赋税、关税、外汇管制或者其他税务事项的法律的犯罪，被请求国不得以其法律没有规定同类的赋税或者关税，或者没有规定与请求国法律同样的赋税、关税或者外汇管制条款为理由拒绝引渡。

六、在符合如下条件时，可根据本条约的规定就有关犯罪准予引渡：

（一）在犯罪行为发生时，该行为在请求国构成犯罪；并且

（二）在提出引渡请求时，被指控的行为假如发生在被请求国，构成违反被

---

* 此条约于 2003 年 11 月 6 日签署，于 2004 年 10 月 27 日批准，于 2005 年 10 月 30 日生效。

请求国法律的犯罪。

七、如果引渡请求涉及数项犯罪，每项犯罪根据缔约国双方的法律均应当予以惩处，但其中有些犯罪不符合本条第一款和第二款规定的其他条件，只要该人将基于至少一项可引渡犯罪而被引渡，被请求国可就该数项犯罪准予引渡。

第三条　应当拒绝引渡的理由

有下列情形之一的，应当拒绝引渡：

（一）被请求国认为引渡请求所针对的犯罪是政治犯罪。为本款的目的，对于向莱索托王国提出的请求，下列行为不构成政治犯罪或政治性质的犯罪：

1. 针对请求国的或者被请求国的国家元首或者政府首脑，或者针对其家庭成员的谋杀或其他暴力罪行；

2. 构成缔约国双方均为缔约国且有义务引渡或起诉的多边协定中所提及的犯罪行为；

3. 谋杀；

4. 致人重伤；

5. 性侵犯；

6. 绑架、诱拐、劫持或敲诈；

7. 放置或者使用、或者威胁放置或者使用、或者持有爆炸性、易燃性或者破坏性的、足以危及生命或者对身体造成严重伤害或者导致对财产重大损害的装置或者枪械；

8. 意图或者共谋上述犯罪，参与上述犯罪，协助、唆使、诱导或者介绍实施上述犯罪，或者胁从实施上述犯罪；

（二）被请求国有充分理由相信，提出引渡请求的目的是基于某人的种族、宗教、国籍、族裔、政治见解、性别或者身份的原因对其进行刑事追诉或者惩处，或者该人的地位会因上述任何原因受到损害；

（三）根据请求国的法律，被请求引渡人因时效已过或者赦免而免于刑事追诉或者惩处；

（四）引渡请求所针对的犯罪仅构成军事犯罪，而非普通刑事犯罪；或者

（五）被请求引渡人已就引渡请求针对的同一犯罪被宣告无罪，或者被定罪，或者因其他原因不再受到追诉。

第四条　可以拒绝引渡的理由

有下列情形之一的，可以拒绝引渡：

（一）被请求国对引渡请求所针对的犯罪有管辖权，并且正在或者将要对被请求引渡人提起刑事诉讼；

（二）在例外情况下，并顾及到罪行的严重性和请求国的利益，被请求国认为由于被请求引渡人的个人状况，引渡不符合人道主义考虑；

（三）被请求引渡人已就引渡请求针对的同一犯罪被第三国宣告无罪，或者被定罪，以及在被定罪情况下，所处刑罚已经执行完毕或者不再予执行。

第五条　国籍

一、缔约国应当有权拒绝引渡其本国国民。

二、如果仅仅因为被请求引渡人的国籍而拒绝引渡，被请求国应当根据请求国的请求将此案提交其主管机关予以追诉，并在六个月内将进展情况通知请求国。

第六条　联系途径

一、引渡请求应当以书面形式并通过外交途径：

（一）在中华人民共和国方面，向外交部提出；

（二）在莱索托王国方面，向外交部提出。

二、临时羁押的请求应当按本条第一款规定进行联系，或者通过国际刑警组织以及缔约国双方同意的其他途径进行联系。

第七条　应当提交的文件

一、引渡请求应当辅以下列文件：

（一）在为追诉、判处或者执行刑罚而请求引渡该人的情况下：

1. 请求机关的名称；

2. 有助于确认和查找被请求引渡人的资料，包括但不限于其姓名、年龄、性别、国籍、职业和所在地；

3. 主管机关所作说明，该说明应当概述构成引渡请求所针对的犯罪的行为，指出犯罪发生的地点和日期，并提供有关定罪量刑的法律条文的说明或者复印件，此项说明还应当指明所提供的法律条文在犯罪实施时和提出引渡请求时均有效；

4. 如果犯罪发生在请求国领域外，有关确立对该犯罪刑事管辖权的法律条文的复印件；以及

5. 有关所涉及犯罪追诉时效的相关法律条文的复印件。

（二）在为追诉一项犯罪而请求引渡该人的情况下：

1. 请求国主管机关签发的逮捕证或者其他具有同等效力的文件的原件或者经证明无误的副本；

2. 如果有刑事起诉书、控告书或者其他指控文件，提供其副本；以及

3. 负责追诉该案的主管机关签发的文件，其中包括现有证据摘要以及根据

请求国法律上述证据足以证明有理由起诉该人的说明。

（三）在被请求引渡人已被定罪的情况下：

1. 主管机关对该人被定罪的行为的说明和经证明无误的对该人定罪以及，如果已判刑，对该人判刑的文件副本；以及

2. 如果部分刑期已执行，主管机关对未执行刑期的具体说明。

第八条　语言

根据本条约提交的所有文件应当以被请求国的一种官方文字写成，或者附有经证明无误的该国一种官方文字的译文。

第九条　辅助文件的认证

如果被请求国的法律要求认证，有关文件应当经下列人员认证，文件的签署人及其身份或者职衔应当予以注明：

（一）在中华人民共和国方面，由外交部正式指定的负责认证文件的人员；

（二）在莱索托王国方面，由法律和宪法事务部正式指定的负责认证文件的人员。

第十条　补充资料

如果被请求国认为，为支持引渡请求而提供的资料不充分，可以要求在三十天内提供补充资料。如果请求国提出合理请求，这一期限可以延长十五天。如果请求国未在规定的期限内提交补充资料，可以被视为放弃请求。但这不妨碍请求国就同一犯罪重新提出引渡请求。

第十一条　同意

在符合其法律的情况下，被请求国可将同意被引渡的被请求引渡人引渡给请求国。

第十二条　临时羁押

一、在紧急情况下，请求国的主管机关可以通过任何能留下书面记录的方式申请临时羁押被请求引渡人。

二、临时羁押的申请应当包括如下内容：

（一）请求机关的名称；

（二）有助于确认和查找被请求引渡人的资料，包括但不限于其姓名、年龄、性别、国籍、职业和所在地；

（三）关于随后将提出引渡请求的说明；

（四）对有关犯罪和可适用刑罚的说明，并附有包括犯罪日期、地点的案情简要介绍；

（五）证明确有可适用本条约的逮捕证或者定罪判决及其具体内容的说明；以及

（六）作为在被请求国临时羁押依据的任何其他资料。

三、被请求国应当迅速将其根据临时羁押申请所采取的措施通知请求国。

四、在中华人民共和国作为被请求国的情况下，如未在实施羁押后四十五天内收到通过本条约第六条规定的途径提出的本条约第七条所提及的文件，则解除临时羁押；在莱索托王国作为被请求国的情况下，如未在实施羁押后六十天内收到通过本条约第六条规定的途径提出的本条约第七条所提及的文件，则解除临时羁押。被请求国主管机关在本国法律允许的范围内，可延长接收上述文件的期限。

五、如在本条第四款提及的期限及其任何延期届满后收到引渡请求，上述期限届满并不妨碍日后的羁押和引渡。

第十三条　数国提出的请求

当收到两个或者两个以上国家针对同一人就同一犯罪或者不同犯罪提出的引渡请求时，被请求国应当决定将该人引渡给其中哪一个国家，并将其决定通知上述各国。在作此决定时，被请求国可以考虑各种因素，特别是犯罪的严重性及犯罪地点、被请求引渡人的国籍及其居所、将该人再引渡的可能性、收到引渡请求的日期、请求是否根据一项引渡条约提出以及受害人的国籍。

第十四条　决定和通知

被请求国应当根据本国法律规定的程序处理引渡请求，在对引渡请求作出决定后，应当尽快将该决定通知请求国。全部或者部分拒绝引渡请求，应当说明理由。

第十五条　移交被引渡人

一、如准予引渡，被请求国应当根据缔约国双方主管机关商定的安排移交被引渡人。

二、请求国应当在被请求国确定的合理期间内接收被引渡人，如果该人在此期间内未被接收，除非另有规定，被请求国可拒绝就同一犯罪引渡该人。

三、如果缔约国由于其无法控制的原因，无法移交或者接收被引渡人，则应当通知另一缔约国。缔约国双方确定新的移交日期，本条第二款规定应当予以适用。

四、在移交被引渡人时，被请求国应当将该人因引渡而被羁押的全部时间通知请求国。

第十六条　暂缓移交和临时移交

一、如果被请求引渡人正在被请求国因引渡请求所针对的犯罪之外的犯罪被提起诉讼或者正在服刑，被请求国可暂缓移交直至诉讼终结或者判决的全部或者任何部分执行完毕。被请求国应当将暂缓移交事项通知请求国。

二、如果本条第一款所述之人被确定为可予引渡，被请求国可在其法律允许的范围内，根据缔约国双方确定的条件，将该被请求引渡人临时移交请求国以便对其提起刑事诉讼。对在此种情况下被移交的人，请求国应当予以羁押，并在完成针对该人的诉讼程序后将其送还被请求国。临时移交后被送还被请求国的人应当根据本条约的规定，最终被移交给请求国以执行对其判处的刑罚。

第十七条　移交财物

一、被请求国应当在其法律允许的范围内，根据请求国的请求，扣押被合理怀疑与实施引渡请求所针对的犯罪有关或者证明该犯罪所需的财物，包括收益，无论这些财物为该人被逮捕时所拥有或者随后被发现。被请求国应当在准予引渡时将这些财物移交请求国。

二、在准予引渡的情况下，即使由于被请求引渡人死亡、失踪或者脱逃而无法执行引渡，本条第一款所提及的财物也应当移交。

三、如果本条第一款和第二款所提及的财物因民事或者刑事诉讼的关系有必要留在被请求国，被请求国可暂时扣留该财物直至上述诉讼终结或者以应当归还为条件移交该财物。

四、被请求国或者第三方对这些财物可能已取得的任何权利应当予以保留。如存在此种权利，这些财物应当根据被请求国的请求，在诉讼终结后尽快无偿归还被请求国。

第十八条　特定规则

一、已被引渡人不得因其在移交前所犯的引渡所针对犯罪之外的其他犯罪而被追诉、判刑或羁押，其人身自由也不得因任何其他原因受到限制，但下列情况除外：

（一）被请求国同意；

（二）该人在获得释放的三十天内有机会离开请求国却未离开，但是这一期限不应当包括由于其无法控制的原因未能离开请求国领土的时间；或者

（三）该人在离开请求国后又自愿返回。

二、如果被请求国要求，根据本条第一款第一项提出的寻求被请求国同意的请求应当附有第七条规定的有关文件，以及被引渡人对有关犯罪所作陈述的记录。

三、如果对被引渡人的指控随后发生变化，只有在符合下列条件时方可对该人进行追诉和判刑，即该人的罪名虽经更改，但：

（一）这一犯罪实质上是基于引渡请求及其辅助文件中所包含的相同事实，或者实质上与原来犯罪的性质相同；并且

（二）这一犯罪可判处的最高刑与该人被引渡的犯罪可判处的最高刑相同或者较之更轻。

第十九条　引渡给第三国

一、当一人已被移交给请求国后，该国不得因该人在移交前所犯罪行而将其引渡给任何第三国，但下列情况除外：

（一）被请求国同意；

（二）该人在获得释放的三十天内有机会离开请求国却未离开，但是这一期限不应当包括由于其无法控制的原因未能离开请求国领土的时间；或者

（三）该人在离开请求国后又自愿返回。

二、被请求国可以要求请求国提供第三国提交的与根据本条第一款第一项所寻求的同意有关的文件。

第二十条　过境

一、在其法律允许的范围内，经一缔约国通过外交途径提出请求并提交相关文件，另一缔约国应当准予通过其领土过境。

二、如果使用航空运输并且未计划在过境国着陆，则过境无须授权。在发生计划外着陆时，过境国可要求另一缔约国提出本条第一款规定的过境请求。只要在计划外着陆后 48 小时内收到必要请求，过境国应当在其法律允许的范围内，羁押过境人直至过境完成。

第二十一条　费用

一、被请求国应当对因引渡请求而产生的诉讼程序作出必要的安排并承担有关费用。

二、被请求国应当承担在其境内逮捕被请求引渡人和移交给请求国前羁押该人而产生的费用。

三、请求国应当承担将被引渡人及扣押的任何财物从被请求国运往请求国而产生的费用。

第二十二条　通报结果

请求国应当迅速向被请求国通报有关对被引渡人进行刑事诉讼或者执行刑罚或者将该人再引渡给第三国的有关资料。

第二十三条 协商

中华人民共和国外交部和莱索托王国外交部或者两部各自指定的人员可就具体案件的办理以及促进本条约的有效实施直接进行协商。

第二十四条 争议的解决

缔约国双方因实施或者解释本条约所产生的任何争议，应当通过外交途径协商解决。

第二十五条 生效、修订和终止

一、本条约须经批准。批准书在缔约国通过外交途径商定的地点互换。本条约自互换批准书之日后第三十天生效。

二、本条约适用于其生效后提出的任何请求，即使有关犯罪发生于本条约生效前。

三、本条约经缔约国同意可予以修订。

四、任一缔约国均可随时通过外交途径，以书面形式通知终止本条约。本条约自通知另一缔约国之日起六个月终止。本条约的终止不影响条约终止前已收到的任何引渡请求的处理。

下列签字人经各自政府正式授权，签署本条约，以昭信守。

本条约于二〇〇三年十一月六日订于北京，一式两份，每份均用中文和英文写成，两种文本同等作准。

中华人民共和国代表　　　　　　　　　　　莱索托王国代表
李肇星　　　　　　　　　　　　　　莫拉比·柴夸
（签字）　　　　　　　　　　　　　　（签字）

中华人民共和国和巴西联邦共和国引渡条约 *

中华人民共和国和巴西联邦共和国（以下简称"双方"），

在相互尊重主权和平等互利的基础上，为促进两国在打击犯罪方面的有效合作，达成协议如下：

第一条　引渡义务

缔约一方有义务根据本条约的规定，应另一方请求，引渡在其境内发现的被另一方通缉的人员，以便对其进行刑事诉讼或者执行刑罚。

第二条　可引渡的犯罪

一、只有在引渡请求所针对的行为根据双方法律均构成犯罪，并且符合下列条件之一时，才能同意引渡：

（一）为进行刑事诉讼而请求引渡的，根据双方法律，对于该犯罪均可判处至少一年有期徒刑或者更重的刑罚；

（二）为执行刑罚而请求引渡的，在提出引渡请求时，被请求引渡人尚未服完的刑期至少为一年。

二、根据本条第一款确定某一行为是否根据双方法律均构成犯罪时，不应考虑双方法律是否将该行为归入同一犯罪种类或者使用同一罪名。

三、如果引渡请求涉及两个以上根据双方法律均构成犯罪的行为，只要其中有一项行为符合本条第一款规定的刑罚条件，被请求方即可以针对上述各项行为同意引渡。

第三条　应当拒绝引渡的理由

一、有下列情形之一的，应当拒绝引渡：

（一）被请求方认为引渡请求所针对的犯罪是政治犯罪；

（二）被请求方有充分理由认为，请求引渡的目的是基于被请求引渡人的种族、性别、宗教、国籍或者政治见解而对该人进行刑事诉讼或者执行刑罚，或者该人在刑事诉讼程序中的地位将会因为上述任何原因受到损害；

（三）根据被请求方法律，引渡请求所针对的犯罪仅构成军事犯罪；

---

* 此条约于 2004 年 11 月 12 日签署，于 2006 年 4 月 29 日批准，于 2014 年 8 月 16 日生效。

（四）根据被请求方法律，被请求引渡人是被请求方国民；

（五）根据任何一方的国内法，由于时效已过、赦免等原因，被请求引渡人已经被免予追诉或者免予执行刑罚；

（六）被请求方已经对被请求引渡人就引渡请求所针对的犯罪作出生效判决或者终止刑事诉讼程序；

（七）根据任何一方的法律，引渡请求所涉及的案件属于被害人告诉才处理的案件；

（八）被请求引渡人受到或将受到请求方特设法庭的审判；

（九）请求方对被请求引渡人可能判处的刑罚与被请求方法律的基本原则相抵触。

二、为本条第一款第（一）项的目的，双方均为缔约国的国际公约不视为政治犯罪的罪行在任何情况均不被认为是政治犯罪。

第四条 可以拒绝引渡的理由

有下列情形之一的，可以拒绝引渡：

（一）被请求方根据本国法律对引渡请求所针对的犯罪具有管辖权，并且对被请求引渡人就该犯罪正在进行刑事诉讼或者准备提起刑事诉讼；

（二）被请求方在考虑犯罪的严重性和请求方利益的同时，认为由于被请求引渡人的年龄、健康及其他个人原因，引渡不符合人道主义考虑。

第五条 在被请求方提起刑事诉讼的义务

如果根据本条约第三条第一款第（四）项不同意引渡，则被请求方应当根据请求方的要求，将案件提交其主管机关以便根据其国内法提起刑事诉讼。为此目的，请求方应当向被请求方提供与案件有关的文件和证据。

第六条 联系途径和中央机关

一、为本条约的目的，双方应当通过外交途径进行联系。

二、双方负责实施本条约的中央机关在中华人民共和国方面是外交部，在巴西联邦共和国方面是司法部。

第七条 引渡请求及所需文件

一、引渡请求应当以书面形式提出，并且包括或者附有：

（一）请求机关的名称；

（二）被请求引渡人的姓名、年龄、性别、国籍、身份证件、职业、住所地或者居所地等有助于确定被请求引渡人的身份和可能所在地点的资料；如有可能，有关该人的描述、该人的照片和指纹；

（三）有关案情的说明，包括犯罪行为及其后果的概述；

（四）有关该项犯罪的管辖权、定罪和刑罚的法律规定；

（五）有关追诉时效或者执行判决期限的法律规定。

二、除本条第一款规定外，

（一）旨在对被请求引渡人进行刑事诉讼的引渡请求还应当附有请求方主管机关签发的逮捕证的复印件；

（二）旨在对被请求引渡人执行刑罚的引渡请求还应当附有已生效的法院判决书的复印件和关于已经执行刑期的说明。

三、引渡请求及所需文件应当附有被请求方文字的译文，并免于认证或类似程序。如提交的是复印件，则应当由主管机关证明。

第八条　补充材料

如果被请求方认为，为支持引渡请求所提供的材料不充分，可以要求在六十天内提交补充材料。如果请求方提出要求，这一期限可以延长十五天。如果请求方未在该期限内提交补充材料，应当被视为自愿放弃请求，但是不妨碍请求方就同一犯罪重新提出引渡请求。

第九条　临时羁押

一、在紧急情况下，一方可以请求另一方在收到引渡请求前临时羁押被请求引渡人。此种请求可以通过本条约第六条规定的途径、国际刑事警察组织或者双方同意的其他途径以书面形式提出。

二、临时羁押请求应当包括本条约第七条第一款所列内容，说明已经备有该条第二款所列文件，以及即将提出正式引渡请求。以上所有文件应当附有被请求方文字的译文。

三、被请求方应当将处理该请求的结果及时通知请求方。

四、如果被请求方在通知请求方大使馆已羁押被请求引渡人之日起六十天内未收到正式引渡请求，则应当解除临时羁押。经请求方合理要求，上述期限可以延长十五天。

五、如果被请求方后来收到了正式的引渡请求，则根据本条第四款解除临时羁押不应妨碍对被请求引渡人的引渡。

第十条　对引渡请求作出决定

一、被请求方应当根据本国法律规定的程序处理引渡请求，并且迅速将决定通知请求方。

二、被请求方如果全部或者部分拒绝引渡请求，应当将理由通知请求方。

第十一条　移交被引渡人

一、如果被请求方同意引渡，双方应当商定执行引渡的时间、地点及其他有关事宜。同时，被请求方应当告知请求方被引渡人在移交之前因引渡请求被羁押的时间。

二、除本条第三款另有规定外，如果请求方在其大使馆收到同意引渡的通知之日起六十天内未接收被引渡人，被请求方应当释放该人，并且可以拒绝请求方就同一犯罪再次提出引渡该人的请求。

三、如果一方因不可抗力原因不能移交或者接收被引渡人，应当通知另一方。双方应当商定新的移交日期。

第十二条　推迟移交和临时移交

一、如果被请求引渡人正在被请求方因为引渡请求所针对的犯罪之外的犯罪被提起刑事诉讼或者服刑，被请求方可以在作出同意引渡的决定后，推迟移交该人直至诉讼终结或者服刑完毕。被请求方应当将推迟移交事项通知请求方。

二、如果本条第一款规定的推迟移交会造成请求方刑事追诉时效丧失或者妨碍对引渡请求所针对的犯罪进行调查，被请求方可以在本国法律允许的范围内，根据双方确定的条件，将被请求引渡人临时移交给请求方。请求方在完成有关程序后，应当立即将该人送还被请求方。

第十三条　数国提出的引渡请求

如果一方和任何第三国就同一人提出引渡请求，被请求方有权决定接受哪一国的请求。

第十四条　特定规则

请求方对于根据本条约被引渡的人，除同意引渡所针对的犯罪外，不得就该人在移交前所实施的其他犯罪进行刑事诉讼或者执行刑罚，也不能将其引渡给第三国，但是有下列情况之一的除外：

（一）被请求方事先同意。为此目的，被请求方可以要求提供本条约第七条所规定的文件或者资料，以及被引渡人就有关犯罪所作的陈述；

（二）该人在可以自由离开请求方领土之日后的三十天内未离开该方领土。但是由于其无法控制的原因未能离开请求方领土的时间不计算在此期限内；

（三）该人在已经离开请求方领土后又自愿回到该方领土。

第十五条　对被引渡人的权利保障

一、被请求引渡人在被请求方享有该国法律赋予的所有权利和保障，包括辩护权和必要的翻译协助。

二、被引渡人在被请求方因引渡请求被羁押的时间应折抵其被判处的刑期。

第十六条　移交财产、有价物品和文件

一、如果请求方提出请求，被请求方应当在本国法律允许的范围内，扣押在其境内发现的犯罪所得、犯罪工具以及可作为证据的财产、有价物品和文件，并且在同意引渡的情况下，移交给请求方。

二、在同意引渡的情况下，即使因为被请求引渡人死亡、失踪或者脱逃而无法实施引渡，本条第一款提到的财产、有价物品和文件仍然应当予以移交。

三、被请求方为了正在进行的其他刑事诉讼程序，可以推迟移交上述财产、有价物品和文件直至诉讼终结，或者在请求方返还的条件下临时移交上述财产、有价物品和文件。

四、移交上述财产、有价物品和文件不得损害被请求方或者任何第三方的合法权利。如果存在此种权利，请求方应当根据被请求方的要求，在诉讼结束之后尽快将被移交的财产、有价物品和文件无偿返还给被请求方。

第十七条　过境

一、双方将根据本国法律相互合作，为被引渡人过境其领土提供便利。为此，过境一方领土需事先提出请求，并提供同意引渡通知书的复印件。

二、当使用没有在一方降落计划的民用航空工具过境时，不需就被引渡人的过境提出请求。

三、过境方在其国内法允许的情况下，负责看管在其境内的被引渡人。

第十八条　通报结果

请求方应当及时向被请求方通报有关对被引渡人进行刑事诉讼的最终决定、执行刑罚或者将该人再引渡给第三国的情况。

第十九条　费用

在被请求方的引渡程序中产生的费用应当由被请求方承担。与移交和接收被引渡人有关的交通费用和过境费用应当由请求方承担。

第二十条　与其他条约的关系

本条约不影响双方根据任何其他条约享有的权利和承担的义务。

第二十一条　争议的解决

由于实施或者解释本条约所产生的任何争议，应当通过外交途径协商解决。

第二十二条　生效和终止

一、本条约须经批准。批准书在北京互换。本条约自互换批准书之日后第

三十天生效。

　　二、任何一方可以随时通过外交途径，以书面形式通知终止本条约。本条约自该通知发出之日后第一百八十天终止。本条约的终止不影响条约终止前提出的引渡请求。

　　三、本条约适用于其生效后提出的任何请求，即使引渡请求所基于的犯罪发生于本条约生效前。

　　下列签字人经各自政府正式授权，签署本条约，以昭信守。

　　本条约于二〇〇四年十一月十二日订于巴西利亚，一式两份，每份均用中文、葡萄牙文和英文写成，三种文本同等作准。如遇解释上的分歧，以英文本为准。

中华人民共和国代表　　　　　　　　　巴西联邦共和国代表

李肇星　　　　　　　　　　　　塞尔索·阿莫林

中华人民共和国和阿塞拜疆共和国引渡条约*

中华人民共和国和阿塞拜疆共和国（以下简称"双方"），

在相互尊重主权和平等互利的基础上，为促进两国在打击犯罪方面的有效合作，决定缔结本条约，并达成协议如下：

第一条 引渡义务

双方有义务根据本条约的规定，应对方请求，相互引渡在一方境内发现的被另一方通缉的人员，以便对其进行刑事诉讼或者执行刑罚。

第二条 可引渡的犯罪

一、只有在引渡请求所针对的行为根据双方法律均构成犯罪，并且符合下列条件之一时，才能同意引渡：

（一）为进行刑事诉讼而请求引渡的，根据双方法律，对于该犯罪均可判处一年以上有期徒刑或者其他更重的刑罚；

（二）为执行刑罚而请求引渡的，在提出引渡请求时，被请求引渡人尚未服完的刑期至少为六个月。

二、根据本条第一款确定某一行为是否根据双方法律均构成犯罪时，不应考虑双方法律是否将该行为归入同一犯罪种类或者使用同一罪名。

三、如果引渡请求涉及两个以上根据双方法律均构成犯罪的行为，只要其中有一项行为符合本条第一款规定的刑罚期限的条件，被请求方即可以针对上述各项行为同意引渡。

第三条 应当拒绝引渡的理由

有下列情形之一的，应当拒绝引渡：

（一）被请求方认为，引渡请求所针对的犯罪是政治犯罪，或者被请求方已经给予被请求引渡人受庇护的权利；

（二）被请求方有充分理由认为，请求引渡的目的是基于被请求引渡人的种族、性别、宗教、国籍或者政治见解而对该人进行刑事诉讼或者执行刑罚，或者该人在司法程序中的地位将会因为上述任何原因受到损害；

---

* 此条约于 2005 年 3 月 17 日签署，于 2006 年 10 月 31 日批准，于 2010 年 12 月 1 日生效。

（三）根据任何一方的法律，引渡请求所针对的犯罪仅构成军事犯罪；

（四）在被请求方收到引渡请求时，被请求引渡人是被请求方国民；

（五）根据任何一方的法律，由于时效已过或者赦免等原因，被请求引渡人已经被免予追诉或者免予执行刑罚；

（六）被请求方已经对被请求引渡人就引渡请求所针对的犯罪做出终审判决或者终止司法程序；

（七）根据任何一方的法律，引渡请求所涉及的案件属于受害人告诉才处理的案件；

（八）请求方根据缺席判决提出引渡请求，并且没有保证在引渡后重新进行审理。

第四条　可以拒绝引渡的理由

有下列情形之一的，可以拒绝引渡：

（一）被请求方根据本国法律对引渡请求所针对的犯罪具有管辖权，并且对被请求引渡人就该犯罪正在进行刑事诉讼或者准备提起刑事诉讼；

（二）被请求方在考虑了犯罪的严重性和请求方利益的同时，认为由于被请求引渡人的年龄、健康或者其他原因，引渡不符合人道主义考虑。

第五条　在被请求方提起刑事诉讼的义务

如果根据本条约第三条第（四）项不同意引渡，则被请求方应当根据请求方的要求，将该案提交其主管机关以便根据其本国法律提起刑事诉讼。为此目的，请求方应当向被请求方提供与该案有关的文件和证据。

第六条　联系途径

为本条约的目的，除本条约另有规定外，双方应当通过各自指定的机关进行联系。在各自指定联系机关之前，双方应当通过外交途径联系。

第七条　引渡请求及所需文件

一、请求应当以书面形式提出，并且包括或者附有：

（一）请求机关的名称；

（二）如果可能，被请求机关的名称；

（三）被请求引渡人的姓名、年龄、性别、国籍、身份证件、职业、住所地或者居所地等有助于确定被请求引渡人的身份和可能所在地点的资料；如有可能，有关其外表的描述、该人的照片和指纹；

（四）有关案情的说明，包括犯罪行为及其后果的概述；

（五）有关该项犯罪的刑事管辖权、定罪和刑罚的法律规定；

（六）有关追诉时效或者执行判决期限的法律规定。

二、除本条第一款规定外，

（一）旨在对被请求引渡人进行刑事诉讼的引渡请求还应当附有请求方主管机关签发的逮捕证的副本；

（二）旨在对被请求引渡人执行刑罚的引渡请求还应当附有已经发生法律效力的法院判决书的副本和关于已经执行刑期的说明。

三、引渡请求及所需文件应当经签署或者盖章，并且应当附有被请求方文字或者英文的译文。

第八条　补充材料

如果被请求方认为，为支持引渡请求所提供的材料不充分，可以要求在三十天内提交补充材料。如果请求方提出合理要求，这一期限可以延长十五天。如果请求方未在该期间内提交补充材料，应当被视为自动放弃请求，但是不妨碍请求方就同一犯罪重新提出引渡请求。

第九条　临时羁押

一、在紧急情况下，一方可以请求另一方在收到引渡请求前临时羁押被请求引渡人。此种请求可以通过第六条规定的途径、国际刑事警察组织或者双方同意的其他途径以书面形式提出。

二、临时羁押请求应当包括本条约第七条第一款所列内容，说明已经备有该条第二款所列文件，以及即将提出正式引渡请求。

三、被请求方应当将处理该请求的结果及时通知请求方。

四、如果被请求方在羁押被请求引渡人之后的三十天内未收到正式引渡请求，则应当解除临时羁押。经请求方合理要求，上述期限可以延长十五天。

五、如果被请求方后来收到了正式的引渡请求，则根据本条第四款解除的临时羁押不应妨碍对被请求引渡人的引渡。

第十条　对引渡请求作出决定

一、被请求方应当根据本国法律规定的程序处理引渡请求，并且迅速将决定通知请求方。

二、被请求方如果全部或者部分拒绝引渡请求，应当将理由告知请求方。

第十一条　移交被引渡人

一、如果被请求方同意引渡，双方应当商定执行引渡的时间、地点等有关事宜。同时，被请求方应当将被引渡人在移交之前已经被羁押的时间告知请求方。

二、除本条第三款另有规定外，如果请求方在商定的执行引渡之日后的十五天内未接收被引渡人，被请求方应当立即释放该人，并且可以拒绝请求方就同一犯罪再次提出的引渡该人的请求。

三、如果一方因为其无法控制的原因不能在商定的期间内移交或者接收被引渡人，应当立即通知另一方。双方应当再次商定执行引渡的有关事宜，并适用本条第二款的规定。

第十二条　推迟移交和临时移交

一、如果被请求引渡人正在被请求方因为引渡请求所针对的犯罪之外的犯罪被提起刑事诉讼或者服刑，被请求方可以在作出同意引渡的决定后，推迟移交该人直至诉讼终结或者服刑完毕。被请求方应当将推迟移交事项通知请求方。

二、如果本条第一款规定的推迟移交会造成请求方刑事追诉时效丧失或者妨碍对引渡请求所针对的犯罪进行调查，被请求方可以在本国法律允许的范围内，根据双方确定的条件，将被请求引渡人临时移交给请求方。请求方在完成有关程序后，应当立即将该人送还被请求方。

第十三条　数国提出的引渡请求

如果一方和一个或者多个第三国就同一人提出引渡请求，被请求方有权自主决定是否接受任何一国的请求。

第十四条　特定规则

除同意引渡所针对的犯罪外，请求方对于根据本条约被引渡的人，不得就该人在引渡前所实施的其他犯罪进行刑事诉讼或者执行刑罚，也不能将其引渡给第三国，但是有下列情况之一的除外：

（一）被请求方事先同意。为此目的，被请求方可以要求提供第七条所规定的文件或者资料，以及被引渡人就有关犯罪所作的陈述；

（二）该人在可以自由离开请求方领土之日后的三十天内未离开该方领土。但是由于其无法控制的原因未能离开请求方领土的时间不计算在此期限内；

（三）该人在已经离开请求方领土后又自愿回到该方领土。

第十五条　移交财物

一、如果请求方提出请求，被请求方应当在本国法律允许的范围内，扣押在其境内发现的犯罪所得、犯罪工具以及可作为证据的财物，并且在同意引渡的情况下，将这些财物移交给请求方。

二、在同意引渡的情况下，即使因为被请求引渡人死亡、失踪或者脱逃而无法实施引渡，本条第一款提到的财物仍然可以予以移交。

三、被请求方为审理其他未决刑事诉讼案件，可以推迟移交上述财物直至诉讼终结，或者在请求方返还的条件下临时移交这些财物。

四、移交上述财物不得损害被请求方或者任何第三方对该财物的合法权利。如果存在此种权利，请求方应当根据被请求方的要求，在诉讼结束之后尽快将被移交的财物无偿返还给被请求方。

第十六条　过境

一、一方从第三国引渡人员需经过另一方领土时，前一方应当向后一方提出同意过境的请求。如果使用航空运输并且没有在后一方境内降落的计划，则无需获得此种同意。

二、被请求方在不违反其法律的情况下，应当同意请求方提出的过境请求。

第十七条　通报结果

请求方应当及时向被请求方通报有关对被引渡人进行刑事诉讼、执行刑罚或者将该人再引渡给第三国的情况。

第十八条　费用

在被请求方的引渡程序中产生的费用应当由被请求方承担。与移交和接受被引渡人有关的交通费用和过境费用应当由请求方承担。

第十九条　与其他条约的关系

本条约不影响缔约双方根据任何其他条约享有的权利和承担的义务。

第二十条　争议的解决

由于实施或者解释本条约所产生的任何争议，应当通过外交途径协商解决。

第二十一条　生效和终止

一、本条约须经批准。批准书应当由双方互换。本条约自互换批准书之日后第三十天生效。

二、任何一方可以随时通过外交途径，以书面形式通知终止本条约。本条约自该通知发出之日后第一百八十天终止。本条约的终止不影响条约终止前已经开始的引渡程序。

三、本条约适用于其生效后提出的任何请求，即使有关犯罪发生于本条约生效前。

下列签字人经各自政府正式授权，签署本条约，以昭信守。

本条约于二〇〇五年三月十七日订于北京，一式两份，每份均用中文、阿塞拜疆文和英文写成，三种文本同等作准。如遇解释上的分歧，以英文本为准。

中华人民共和国代表　　　　　　　　阿塞拜疆共和国代表

戴秉国　　　　　　　　　　　　　马梅德亚罗夫

中华人民共和国和西班牙王国引渡条约[*]

中华人民共和国和西班牙王国（以下简称"双方"），在相互尊重主权和平等互利的基础上，为促进两国在打击犯罪方面的有效合作，决定缔结本条约，并达成协议如下：

第一条　引渡义务

双方有义务根据本条约的规定，应对方请求，相互引渡在一方境内发现的被另一方通缉的人员，以便就可引渡的犯罪对其进行刑事诉讼或者执行请求方法院判处的徒刑或以其他方式剥夺自由。

第二条　可引渡的犯罪

一、依双方法律均构成犯罪，并且符合下列条件之一的，为可引渡的犯罪：

（一）为对被请求引渡人进行刑事诉讼而请求引渡的，依双方法律，对于该犯罪均可判处一年以上徒刑；

（二）为执行徒刑或者以其他方式剥夺自由而请求引渡的，在请求方提出引渡请求时，被请求引渡人尚未服完的刑期至少为六个月。

二、根据本条第一款确定某行为是否依双方法律均构成犯罪时，不必考虑双方法律是否将该行为归入同一犯罪种类或者使用同一罪名。

三、如果引渡请求涉及两项以上依双方法律均构成犯罪的行为，只要其中有一项行为符合本条第一款规定的刑罚期限的条件，被请求方即可以针对上述各项行为同意引渡。

第三条　应当拒绝引渡的理由

有下列情形之一的，应当拒绝引渡：

（一）被请求方认为，引渡请求所针对的犯罪是政治犯罪，为此目的，恐怖主义犯罪和双方均为缔约国的国际公约不认为是政治犯罪的行为均不视为政治犯罪；

（二）被请求方有充分理由认为，请求引渡的目的是基于被请求引渡人的种族、性别、宗教、国籍或者政治见解而对该人进行刑事诉讼或者执行刑罚，或

_* 此条约于 2005 年 11 月 14 日签署，于 2006 年 4 月 29 日批准，于 2007 年 4 月 4 日生效。

者该人在司法程序中的地位将会因为上述任何原因受到损害；

（三）根据被请求方法律，引渡请求所针对的犯罪仅构成军事犯罪；

（四）在被请求方收到引渡请求时，被请求引渡人是被请求方国民；

（五）根据被请求方法律，由于时效已过或者其他原因，不得就引渡请求中列明的犯罪进行追诉或者执行刑罚；

（六）被请求方法院已经对被请求引渡人就引渡请求所针对的犯罪做出终审判决或者终止司法程序；

（七）请求方根据缺席判决提出引渡请求，并且没有保证在引渡后重新进行审理；

（八）根据请求方法律，被请求引渡人可能因引渡请求所针对的犯罪被判处死刑，除非请求方作出被请求方认为足够的保证不判处死刑，或者在判处死刑的情况下不执行死刑。

第四条　可以拒绝引渡的理由

有下列情形之一的，可以拒绝引渡：

（一）被请求方根据本国法律对引渡请求所针对的犯罪具有管辖权，并且对被请求引渡人就该犯罪正在进行刑事诉讼或者准备提起刑事诉讼；

（二）被请求引渡人已经因为引渡请求所针对的犯罪在第三国受到审判并被宣告无罪或者刑罚执行完毕；

（三）被请求方在考虑犯罪的严重性和请求方利益的情况下，认为由于被请求引渡人的年龄、健康或其他原因，引渡不符合人道主义考量。

第五条　在被请求方提起刑事诉讼的义务

如果根据本条约第三条第（四）项不同意引渡，则被请求方应当根据请求方的要求，将该案提交其主管机关以便根据本国法律提起刑事诉讼。为此目的，请求方应当向被请求方提供与该案有关的文件和证据。

第六条　联系途径

为本条约的目的，除本条约另有规定外，双方应当通过各自指定的机关进行联系。在各自指定联系机关之前，双方应当通过外交途径联系。

第七条　引渡请求及所需文件

一、请求应当以书面形式提出，并且包括或者附有：

（一）请求机关的名称；

（二）被请求引渡人的姓名、出生日期、年龄、性别、国籍、身份证件、住所地以及其他有助于确定被请求引渡人的身份和可能所在地点的信息；

（三）有关案情的说明，包括犯罪行为及其后果的概述；

（四）有关该项犯罪的刑事管辖权、定罪、刑罚的法律规定；

（五）有关追诉时效或者执行判决期限的法律规定。

二、除本条第一款规定外，

（一）旨在对被请求引渡人进行刑事诉讼的引渡请求还应当附有请求方主管机关签发的逮捕证的副本；

（二）旨在对被请求引渡人执行刑罚的引渡请求还应当附有已经发生法律效力的法院判决书的副本和关于已经执行刑期的说明。

三、如果引渡请求所针对的犯罪可能被判处无期徒刑，请求方应当向被请求方提供法律中有关减刑的规定。

四、引渡请求及所需文件应当经签署或者盖章，并且应当附有被请求方文字的译文。

第八条 补充材料

如果被请求方认为，为支持引渡请求所提供的材料不充分，可以要求在四十五天内提交补充材料。如果请求方提出合理要求，这一期限可以延长十五天。如果请求方未在该期间内提交补充材料，应当被视为自动放弃请求，但是不妨碍请求方就同一犯罪重新提出引渡请求。

第九条 临时羁押

一、在紧急情况下，一方可以请求另一方在收到引渡请求前临时羁押被请求引渡人。此种请求可以通过本条约第六条规定的途径、国际刑事警察组织或者双方同意的其他途径以书面形式提出。

二、临时羁押请求应当包括本条约第七条第一款所列内容，说明已经备有该条第二款所列文件，并说明即将提出正式引渡请求。

三、被请求方应当将处理该请求的情况及时通知请求方。

四、如果被请求方在羁押被请求引渡人之后的四十天内未收到正式引渡请求，则应当解除临时羁押。应请求方合理要求，上述期限可以延长十五天。

五、如果被请求方后来收到了正式的引渡请求，则根据本条第四款解除的临时羁押不应妨碍对被请求引渡人的引渡。

第十条 对引渡请求作出决定

一、被请求方应当根据本国法律规定的程序对引渡请求作出决定，并且及时通知请求方。

二、如果被请求方全部或者部分拒绝引渡请求，应当将理由告知请求方。

第十一条 移交被引渡人

一、如果被请求方同意引渡，双方应当商定移交的时间、地点等有关事宜。同时，被请求方应当将被引渡人在移交之前已经被羁押的时间告知请求方。

二、除本条第三款规定外，如果请求方在商定的移交之日后的十五天内未接收被引渡人，被请求方应当立即释放该人，并且可以拒绝请求方就同一犯罪再次提出的引渡该人的请求。

三、如果一方因为其无法控制的原因不能在商定的期间内移交或者接收被引渡人，应当及时通知另一方。双方应当再次商定移交的有关事宜，并适用本条第二款的规定。

第十二条 推迟移交和临时移交

一、如果被请求引渡人正在被请求方因为引渡请求所针对的犯罪之外的犯罪被提起刑事诉讼或者服刑，被请求方可以在作出同意引渡的决定后，推迟移交该人直至诉讼终结或者服刑完毕。被请求方应当将推迟移交事项通知请求方。

二、如果本条第一款规定的推迟移交会造成请求方刑事追诉时效丧失或者妨碍对引渡请求所针对的犯罪进行调查，被请求方可以在本国法律允许的范围内，根据双方确定的条件，将被请求引渡人临时移交给请求方。请求方在完成有关程序后，应当立即将该人送还被请求方。

第十三条 多国提出引渡请求

如果多个国家就相同或者不同犯罪针对同一人提出引渡请求，被请求方应当自主对这些请求作出决定，并告知请求方。在作此决定时，被请求方应当考虑所有情形，尤其是犯罪的相对严重程度及犯罪地点、提出请求的日期、被请求引渡人的国籍以及再引渡给另一国的可能性。

第十四条 特定规则

除同意引渡所针对的犯罪外，请求方对于根据本条约被引渡的人，不得就该人在引渡前所实施的其他犯罪进行刑事诉讼或者执行刑罚，也不能将其引渡给第三国，但是有下列情况之一的除外：

（一）被请求方事先同意，为此目的，被请求方可以要求提供第七条所规定的文件或者资料，以及被引渡人就有关犯罪所作的陈述；

（二）该人在被释放后的三十天内未离开请求方领土，但是由于其无法控制的原因未能离开该方领土的时间不计算在此期限内；

（三）该人在已经离开请求方领土后又自愿回到该方领土。

第十五条 移交财物

一、如果请求方提出请求，被请求方应当在本国法律允许的范围内，扣押在其境内发现的犯罪所得、犯罪工具以及其他可作为证据的财物，并且在同意引渡的情况下，将这些财物移交给请求方。

二、在同意引渡的情况下，即使因为被请求引渡人死亡、失踪或者脱逃而无法实施引渡，本条第一款提到的财物仍然可以移交。

三、被请求方为审理其他未决刑事诉讼案件，可以推迟移交上述财物直至诉讼终结，或者在请求方返还的条件下临时移交这些财物。

四、移交上述财物不得损害被请求方或者任何第三方对该财物的合法权利。如果存在此种权利，请求方应当根据被请求方的要求，在诉讼结束之后尽快将被移交的财物无偿返还给被请求方。

第十六条　过境

一、一方从第三国引渡人员需经过另一方领土时，前一方应当向后一方提出同意过境的请求。如果使用航空运输并且没有在后一方境内降落的计划，则无需获得此种同意。

二、被请求方在不违反其法律的情况下，应当同意请求方提出的过境请求。

第十七条　通报结果

请求方应当及时向被请求方通报有关对被引渡人进行刑事诉讼、执行刑罚或者将该人再引渡给第三国的情况。

第十八条　费用

在被请求方的引渡程序中产生的费用应当由被请求方承担。与移交和接受被引渡人有关的交通费用和过境费用应当由请求方承担。

第十九条　与其他条约的关系

本条约不影响双方根据任何其他条约享有的权利和承担的义务。

第二十条　争议的解决

由于实施或者解释本条约所产生的任何争议，应当通过外交途径协商解决。

第二十一条　生效、修正和终止

一、本条约须经批准，批准书在北京互换。本条约自互换批准书之日后第三十天生效。

二、本条约无限期有效。

三、本条约可以经双方书面协议随时予以修正。修正的生效程序与本条第一款规定的程序相同。

四、任何一方可以随时通过外交途径，以书面形式通知终止本条约。终止自该通知发出之日后第一百八十天生效。但本条约继续适用于在其失效之日未处理完毕的引渡请求。

五、本条约适用于其生效后提出的请求，即使有关作为或者不作为发生于本条约生效前。

下列签署人经各自政府适当授权，签署本条约，以昭信守。

本条约于二〇〇五年十一月十四日订于马德里，一式两份，每份均以中文和西班牙文制成，两种文本同等作准。

中华人民共和国代表　　　　　　　西班牙王国代表

张业遂　　　　　　胡安·费尔南多·洛佩斯·阿吉拉尔

外交部副部长　　　　　　　　司法大臣

中华人民共和国和纳米比亚共和国引渡条约[*]

中华人民共和国和纳米比亚共和国（以下简称"双方"），承认各国主权平等和领土完整的原则，愿意通过缔结引渡条约，在互利的基础上就预防和打击犯罪方面进行更有效的合作，并确认尊重各方的法律制度和司法体制，达成协议如下：

第一条　引渡义务

各方同意根据本条约的规定，应另一方的请求，将被通缉的人员引渡至另一方，以便在请求方就可引渡的犯罪进行刑事追诉或者判处、执行刑罚。

第二条　可引渡的犯罪

一、为本条约的目的，如果某项行为依据双方的法律均构成犯罪，且该犯罪可以判处至少一年的有期徒刑或者更重刑罚，应当准予引渡。

二、如果引渡请求系针对请求方法院就可引渡的犯罪判处刑罚的人员，只要该判决尚未服完的刑期至少有六个月，应当准予引渡。

三、为本条的目的，在确定行为是否为违反被请求方法律的犯罪时：

（一）不应当考虑双方的法律是否将该行为归入同一犯罪种类，或者是否使用同一罪名；

（二）应当考虑被请求引渡人被指控行为的整体性而不应当考虑根据双方法律的规定犯罪构成要素是否不同。

四、根据本条约的规定，在符合如下条件时，可以就有关犯罪准予引渡：

（一）在构成犯罪的行为发生时，该行为在请求方是犯罪；

（二）假如被指控的行为在提出引渡请求时发生在被请求方，构成违反被请求方法律的犯罪。

五、如果引渡请求针对一项既包括监禁又包括财产刑的判决，被请求方可以准予引渡以执行监禁和财产刑。

六、如果引渡请求涉及数项犯罪，每项犯罪根据双方的法律均应予惩处，但其中有些犯罪不符合第一款和第二款规定的其他条件，只要该人将基于至少一项可引渡犯罪而被引渡，被请求方可以就该数项犯罪准予引渡。

_* 此条约于 2005 年 12 月 19 日签署，于 2007 年 4 月 27 日批准，于 2009 年 9 月 19 日生效。

第三条 应当拒绝引渡的理由

有下列情形之一的，应当拒绝引渡：

（一）被请求方认为引渡请求所针对的犯罪是政治犯罪；为本条的目的，根据某一国际条约构成犯罪的行为，双方据此条约有义务引渡犯罪嫌疑人或者将该案提交适当机关起诉的，不构成政治犯罪；

（二）被请求方有充分理由相信，提出引渡请求的目的是基于某人的种族、宗教、国籍、族裔、政治见解、性别、身份的原因对其进行刑事追诉或者惩处，或者该人的地位会因上述任何原因而受到损害；

（三）根据请求方的法律，被请求引渡人因时效已过或者赦免而免于刑事追诉或者惩处；

（四）引渡请求所针对的犯罪仅构成军事犯罪；

（五）被请求方已经对被请求引渡人就引渡请求所针对的犯罪做出无罪、有罪判决或者终止司法程序。

第四条 可以拒绝引渡的理由

有下列情形之一的，可以拒绝引渡：

（一）被请求方对引渡请求所针对的犯罪有管辖权并正在或者将要对被请求引渡人提起刑事诉讼；

（二）在例外情况下，并顾及到罪行的严重性和请求方的利益，被请求方认为由于被请求引渡人的健康或者其他个人情况，引渡不符合人道主义考虑；

（三）请求方可能判处的刑罚与被请求方法律的基本原则相冲突。在此情形下，在各自法律制度的框架内，双方应当进行协商，为便利对被请求引渡人的引渡而寻求适当安排。

第五条 国籍

一、各方应当有权拒绝引渡其本国国民。

二、如果根据本条第一款不予引渡，被请求方应当根据请求方的请求，将案件提交其主管机关，以便依据其国内法提起刑事诉讼。为此，请求方应当向被请求方提交与案件有关的文件和证据。

第六条 联系途径

一、应当由下列机关提交和接受临时羁押和引渡的请求：

（一）中华人民共和国作为被请求方时，应当向外交部提出；

（二）纳米比亚共和国作为被请求方时，应当向司法部长提出。

二、（一）引渡请求应当为书面形式并由本条第一款提及的双方机关直接联系；

（二）临时羁押的请求可以通过国际刑事警察组织以及双方同意的其他途径进行联系。

第七条 应当提交的文件

一、引渡请求应当附有下列辅助文件：

（一）在所有情况下：

1. 请求机关的名称；

2. 被请求引渡人的姓名、年龄、性别、国籍、身份证件、职业、住所地或者居所地等有助于确定被请求引渡人身份和可能所在地点的资料；如果有可能，有关该人外表的描述，以及其照片和指纹；

3. 主管机关所作说明，该说明应当概述构成引渡请求涉及的犯罪的行为，指出犯罪发生的地点和日期，并提供有关定罪量刑的法律条文的说明或者复印件。该说明还应当指出：

（1）有关法律规定在实施犯罪和提出引渡请求时均为有效；

（2）追诉犯罪、判处或者执行任何适当的刑罚是否因时效被禁止；

（3）如果犯罪在请求方领土外发生，有关其享有管辖权的法律规定。

（二）在为追诉一项犯罪而请求引渡该人的情况下：

1. 请求方签发的逮捕证或者其他具有同等效力的文件的原件或者经证明无误的复印件；

2. 如果有刑事起诉书、控告书或者其他指控文件，提供其复印件；

3. 载有被请求方法律所要求的证据材料的说明。请求方主管机关应当证明请求所载证据能够用于审判，并且根据请求方法律足以证明应予起诉。

（三）在被请求引渡人已被定罪的情况下：

1. 请求方主管机关对该人某项被定罪的行为的说明和记录对该人的定罪以及，如果判刑，对该人判刑的文件的副本；

2. 如果部分刑期已经执行，主管机关对未执行刑期的具体说明。

二、引渡请求及其辅助文件都应经签署、封印或者盖章。根据本条约提交的所有文件应当以被请求方的官方文字写成，或者附有经证明无误的该国官方文字的译文。

第八条 辅助文件的认证

如果被请求方的法律要求认证，有关文件应当经下列人员认证：

（一）在中华人民共和国方面，由外交部正式指定的负责认证文件的人员；

（二）在纳米比亚共和国方面，司法部长或者其签字指定的人。

第九条　补充资料

如果被请求方认为，为支持引渡请求而提供的资料不充分，可以要求在四十五天内提供补充资料。如果请求方未在规定的期限内提交补充资料，可以被视为放弃请求。但这不妨碍请求方就同一犯罪重新提出引渡请求。

第十条　同意

在符合其法律的情况下，被请求方可以将同意被引渡的被请求引渡人引渡给请求方。

第十一条　临时羁押

一、在紧急情况下，请求方的主管机关可以通过任何能留下书面记录的方式申请临时羁押被请求引渡人。

二、临时羁押的申请应当包括以下内容：

（一）请求机关的名称；

（二）有助于确认和查找被请求引渡人的资料，包括但不限于其姓名、年龄、性别、国籍、身份证件、职业和所在地；

（三）关于随后将提出引渡请求的声明；

（四）对有关犯罪和可适用刑罚的说明，并附有包括犯罪日期、地点的案情简要介绍；

（五）证明确有可适用本条约的逮捕证或者定罪判决的说明；

（六）证明应当在被请求方临时羁押的任何其他资料。

三、被请求方应当迅速将其根据临时羁押申请所采取的措施通知请求方。

四、如果被请求方在实施羁押后三十天内未收到通过第六条规定的途径提出的第七条所提及的文件，则应当解除临时羁押。被请求方主管机关在本国法律允许的范围内，可以延长接收上述文件的期限。

五、如果在三十天期限及其任何延期届满后收到引渡请求，上述期限的届满并不妨碍日后的羁押和引渡。

第十二条　数国提出的请求

当收到两个或者两个以上国家针对同一人就同一犯罪或者不同犯罪提出的引渡请求时，被请求方应当决定接受其中哪一国的请求，并将此决定通知上述各国。

第十三条　决定和通知

被请求方应当依据其国内法律规定的程序处理引渡请求，在对引渡请求作出决定后，应当尽快将决定通知请求方。对于引渡请求的任何完全或者部分的拒绝均应当说明理由。

第十四条 移交

一、如果准予引渡，双方应当商定移交被请求引渡人的时间、地点及其他相关事宜。同时，被请求方应当将被请求引渡人在移交之前已经被羁押的时间告知请求方。

二、请求方应当在双方商定的期间内接收被请求引渡人，如果请求方未在此期间内接收被请求引渡人，除本条第三款另有规定外，被请求方应当立即释放该人，并且可以拒绝就同一犯罪引渡该人。

三、如果一方由于其无法控制的原因，无法移交或者接收被请求引渡人，则应当通知另一方。双方应当确定新的移交日期，本条第二款的规定应予适用。

第十五条 暂缓移交和临时移交

一、如果被请求引渡人正在被请求方因引渡请求所针对的犯罪之外的犯罪被提起诉讼或者正在服刑，被请求方可以在作出同意引渡的决定后，暂缓移交直至诉讼终结或者判决的全部或者任何部分执行完毕。被请求方应当将暂缓移交事项通知请求方。

二、如果本条第一款中所述之人被确定为可以引渡，被请求方可以在其法律允许的范围内，根据双方确定的条件，将该被请求引渡人临时移交请求方以便提起刑事诉讼。对被请求引渡的人，请求方应予羁押，并在完成针对该人的诉讼程序后将其送还被请求方。临时移交后被送还被请求方的被请求引渡人应当最终被移交给请求方以执行对其判处的刑罚。

第十六条 移交财物

一、被请求方应当在其法律允许的范围内，根据请求方的请求，扣押被合理怀疑与犯罪的实施有关或者证明犯罪所需的财物。被请求方应当在准予引渡时将这些财物移交请求方。

二、在准予引渡的情况下，即使由于被请求引渡人的死亡、失踪或者脱逃而无法执行引渡，本条第一款所提及的财物也应当移交。

三、如果本条第一款和第二款所提及的财物因民事或者刑事诉讼的关系有必要留在被请求方，被请求方可以暂时扣留该财物直至上述诉讼终结或者以应予归还为条件移交该财物。

四、被请求方或者第三方对这些财物可能已经取得的任何权利应予保留。如果存在此种权利，这些财物应当根据被请求方的请求，在诉讼终结后尽快无偿归还被请求方。

第十七条 特定规则

一、已被引渡人不得因其在移交前所犯的引渡所针对的犯罪之外的其他犯罪在请求方被追诉、判刑或者羁押，其人身自由也不得因任何其他原因在请求方受到限制，但下列情况除外：

（一）被请求方同意；

（二）该人在获得释放的三十天内有机会离开请求方却未离开，或者在离开请求方后又自愿返回。但是这一期限不应当包括由于其无法控制的原因未能离开请求方领土的时间；

（三）被引渡人向请求方主管司法机关表示同意。

二、如果被请求方要求，根据本条第一款提出的寻求被请求方同意的请求应当附有第七条规定的文件，以及被引渡人对有关犯罪所作陈述的记录。

三、如果对被引渡人的指控随后发生变化，只有在下列情形下方可对该人进行追诉，即该人的罪名虽经更改但这一犯罪实质上是基于引渡请求及其辅助文件中所包含的相同事实。

第十八条　引渡给第三国

一、当一人已被移交给请求方后，该国不得因该人在移交前所犯罪行而将其引渡给任何第三国，但下列情况除外：

（一）被请求方同意；

（二）该人在获得释放的三十天内有机会离开请求方却未离开，但是这一期限不应当包括由于其无法控制的原因未能离开请求方领土的时间；

（三）该人在离开请求方后又自愿返回。

二、被请求方可以要求请求方提供第三国提交的与根据本条第一款第一项所寻求的同意有关的文件。

第十九条　过境

一、一方在接到另一方书面请求时，应当在其法律允许的范围内，准予通过其领土过境。过境请求应当按照本条约第六条的规定提出，并且附有过境具体情况、最终目的地及第十一条第二款第（一）、（二）、（四）、（五）项规定的资料。

二、如果使用航空运输并且未计划在过境国着陆，则过境无须授权。在发生计划外着陆时，过境方可以要求另一方提出第一款规定的过境请求。只要在计划外着陆后二十四小时内收到请求，过境方应当在其法律允许的范围内，为羁押过境人提供场所和协助直至过境完成。

第二十条　费用

一、被请求方应当对因引渡请求而产生的诉讼程序作出必要的安排并承担有关费用。

二、被请求方应当承担在其境内逮捕被请求引渡人、在移交给请求方前羁押该人以及扣押第十六条所提及的财物的有关费用。

三、请求方应当承担将被引渡人及扣押的任何财物从被请求方运往请求方而产生的费用。

第二十一条　通报结果

请求方经请求应当向被请求方通报有关对被引渡人进行刑事诉讼、执行刑罚或者将该人引渡给第三国的有关资料。

第二十二条　协商

中华人民共和国外交部和纳米比亚共和国司法部或者两部各自指定的人员可以就具体案件的办理以及促进本条约的有效实施直接进行协商。

第二十三条　争议的解决

双方因实施或者解释本条约中所产生的任何争议，应当通过外交途径协商解决。

第二十四条　与其他条约、方案或者安排的关系

本条约不影响双方根据任何其他条约、方案或者安排享有的权利或者承担的义务。

第二十五条　生效、修订和终止

一、本条约须经批准。批准书在双方确定的地点互换。本条约自互换批准书之日后第三十天生效。

二、本条约适用于其生效后提出的任何请求，即使有关犯罪发生于本条约生效前。

三、本条约经双方同意可予以修订。修订条款根据本条第一款生效。

四、任何一方均可随时通过外交途径，以书面形式通知终止本条约。本条约自向另一方发出通知之日后第一百八十天终止。本条约的终止不影响条约终止前已收到的引渡请求的处理。

下列签字人经各自政府正式授权，签署本条约，以昭信守。

本条约于二〇〇五年十二月十九日订于北京，一式两份，每份均用中文和英文写成，两种文本同等作准。

中华人民共和国代表　　　　　　　纳米比亚共和国代表

李肇星　　　　　　　　　　彭杜克妮·伊武拉－伊塔纳

（签字）　　　　　　　　　　　（签字）

中华人民共和国和安哥拉共和国引渡条约 *

中华人民共和国和安哥拉共和国（以下简称双方），

在相互尊重主权和平等互利的基础上，为促进两国在预防和打击犯罪方面的有效合作，达成协议如下：

第一条 引渡义务

双方有义务根据本条约的规定，应对方请求，相互引渡在一方境内发现的被另一方通缉的人员，以便对其进行刑事诉讼或者执行刑罚。

第二条 可引渡的犯罪

一、只有在引渡请求所针对的行为根据双方法律均构成犯罪，并且符合下列条件之一时，才能同意引渡：

（一）为进行刑事诉讼而请求引渡的，根据双方法律，对于该犯罪均可判处一年或者一年以上有期徒刑或者其他更重的刑罚；

（二）为执行刑罚而请求引渡的，在提出引渡请求时，被请求引渡人尚未服完的刑期至少为六个月。

二、根据本条第一款确定某一行为是否根据双方法律均构成犯罪时，不应考虑双方法律是否将该行为归入同一犯罪种类或者使用同一罪名。

三、如果引渡请求涉及两个以上根据双方法律均构成犯罪的行为，只要其中有一项行为符合本条第一款规定的刑罚期限的条件，被请求方即可以针对上述各项行为同意引渡。

第三条 应当拒绝引渡的理由

有下列情形之一的，应当拒绝引渡：

（一）被请求方认为，引渡请求所针对的犯罪是政治犯罪，或者被请求方已经给予被请求引渡人受庇护的权利；

（二）被请求方有充分理由认为，请求引渡的目的是基于被请求引渡人的种族、性别、宗教、国籍或者政治见解而对该人进行刑事诉讼或者执行刑罚，或者该人在司法程序中的地位将会因为上述任何原因受到损害；

---

* 此条约于 2006 年 6 月 20 日签署，于 2007 年 4 月 27 日批准，于 2013 年 10 月 17 日生效。

（三）引渡请求所针对的犯罪仅仅是军事犯罪；

（四）在被请求方收到引渡请求时，被请求引渡人是被请求方国民；

（五）根据任何一方的法律，由于时效已过或者赦免等原因，被请求引渡人已经被免予追诉或者免予执行刑罚；

（六）被请求方已经对被请求引渡人就引渡请求所针对的犯罪做出终审判决或者终止司法程序；

（七）根据任何一方的法律，引渡请求所涉及的案件属于受害人告诉才处理的案件；

（八）请求方根据缺席判决提出引渡请求，并且没有保证在引渡后重新进行审理；

（九）被请求引渡人可能被判处的刑罚与被请求方的宪法原则相抵触。

第四条　可以拒绝引渡的理由

有下列情形之一的，可以拒绝引渡：

（一）被请求方根据本国法律对引渡请求所针对的犯罪具有管辖权，并且对被请求引渡人就该犯罪正在进行诉讼程序；

（二）被请求方在考虑了犯罪的严重性和请求方利益的同时，认为由于被请求引渡人的年龄和健康或者其他个人原因，引渡不符合人道主义考虑。

第五条　在被请求方提起刑事诉讼的义务

如果根据本条约第三条第（四）项不同意引渡，则被请求方应当根据请求方的要求，将该案提交其主管机关以便根据其本国法律提起刑事诉讼。为此目的，请求方应当向被请求方提供与该案有关的文件和证据。

第六条　中央机关和联系途径

一、双方各自指定下列中央机关负责本条约的实施：

（一）在中华人民共和国方面为外交部；

（二）在安哥拉共和国方面为司法部。

二、本条第一款指定的中央机关应当通过外交途径进行联系。

第七条　引渡请求及所需文件

一、请求应当以书面形式提出，并且包括或者附有：

（一）请求机关的名称；

（二）被请求引渡人的姓名、年龄、性别、国籍、身份证件、职业、住所地或者居所地等有助于确定被请求引渡人的身份和可能所在地点的资料；如有可能，有关其外表的描述、该人的照片和指纹；

（三）有关犯罪行为及其后果的概述；

（四）有关该项犯罪的刑事管辖权、定罪和刑罚的法律规定；

（五）有关追诉时效或者执行判决期限的法律规定。

二、除本条第一款规定外，

（一）旨在对被请求引渡人进行刑事诉讼的引渡请求还应当附有请求方主管机关签发的逮捕证的副本；

（二）旨在对被请求引渡人执行刑罚的引渡请求还应当附有已经发生法律效力的法院判决书的副本和关于已经执行刑期的说明。

三、引渡请求及其辅助文件应当经签署和盖章，并且应当附有被请求方文字的译文。

第八条　补充材料

如果被请求方认为，为支持引渡请求所提供的材料不充分，可以要求在三十天内提交补充材料。如果请求方提出合理要求，这一期限可以延长十五天。如果请求方未在该期间内提交补充材料，应当被视为自动放弃请求，但是不妨碍请求方就同一犯罪重新提出引渡请求。

第九条　临时羁押

一、在紧急情况下，一方可以请求另一方在收到正式引渡请求前临时羁押被请求引渡人。此种请求应当通过第六条规定的途径、国际刑事警察组织或者双方同意的其他途径以书面形式提出。

二、临时羁押请求应当包括本条约第七条第一款所列内容，说明已经备有该条第二款所列文件，以及即将提出正式引渡请求。

三、被请求方应当将处理该请求的结果及时通知请求方。

四、如果被请求方在羁押被请求引渡人之后的三十天内未收到正式引渡请求，则应当解除临时羁押。经请求方合理要求，上述期限可以延长十五天。

五、如果被请求方后来收到了正式的引渡请求，则根据本条第四款解除的临时羁押不应妨碍对被请求引渡人的引渡。

第十条　对引渡请求作出决定

一、被请求方应当根据本国法律规定的程序处理引渡请求，并且迅速将决定通知请求方。

二、被请求方如果全部或者部分拒绝引渡请求，应当将理由告知请求方。

第十一条　移交被引渡人

一、如果被请求方同意引渡，双方应当商定执行引渡的时间、地点等有关事宜。同时，被请求方应当将被引渡人在移交之前已经被羁押的时间告知请求方。

二、除本条第三款另有规定外，如果请求方在商定的执行引渡之日后的十五天内未接收被引渡人，被请求方应当立即释放该人，并且可以拒绝请求方就同一犯罪再次提出的引渡该人的请求。

三、如果一方由于其意志以外的原因不能在商定的期间内移交或者接收被引渡人，应当立即通知另一方。双方应当再次商定执行引渡的有关事宜，并适用本条第二款的规定。

第十二条 暂缓移交和临时移交

一、如果被请求引渡人正在被请求方因为引渡请求所针对的犯罪之外的犯罪被提起刑事诉讼或者服刑，被请求方可以在作出同意引渡的决定后，暂缓移交该人直至诉讼终结或者服刑完毕。被请求方应当将暂缓移交事项通知请求方。

二、如果本条第一款规定的暂缓移交会造成请求方刑事追诉时效丧失或者妨碍对引渡请求所针对的犯罪进行调查，被请求方可以在本国法律允许的范围内，根据双方确定的条件，将被请求引渡人临时移交给请求方。请求方在完成有关程序后，应当立即将该人送还被请求方。

第十三条 数国提出的引渡请求

如果数个国家就同一人提出引渡请求，被请求方有权自主决定是否接受任何一国的请求。

第十四条 特定规则

除同意引渡所针对的犯罪外，请求方对于根据本条约被引渡的人，不得就该人在引渡前所实施的其他犯罪进行刑事诉讼或者执行刑罚，也不能将其引渡给第三国，但是有下列情况之一的除外：

（一）被请求方事先同意。为此目的，被请求方可以要求提供第七条所规定的文件或者资料，以及被引渡人就有关犯罪所作的陈述；

（二）该人在可以自由离开请求方领土之日后的三十天内未离开该方领土。但是由于其意志以外的原因未能离开请求方领土的时间不计算在此期限内；

（三）该人在已经离开请求方领土后又自愿回到该方领土。

第十五条 移交财物

一、如果请求方提出请求，被请求方应当在本国法律允许的范围内，扣押在其境内发现的犯罪所得、犯罪工具以及可作为证据的其他财物，并且在同意引渡的情况下，将这些财物移交给请求方。

二、在同意引渡的情况下，即使因为被请求引渡人死亡、失踪或者脱逃而无法实施引渡，本条第一款提到的财物仍然可以予以移交。

三、被请求方为审理其他未决刑事诉讼案件，可以暂缓移交上述财物直至诉讼终结，或者在请求方返还的条件下临时移交这些财物。

四、移交上述财物不得损害被请求方或者任何第三方对该财物的合法权利。如果存在此种权利，请求方应当根据被请求方的要求，在诉讼结束之后尽快将被移交的财物无偿返还给被请求方。

第十六条 过境

一、一方从第三国引渡人员需经过另一方领土时，前一方应当向后一方提出同意过境的请求。如果使用航空运输并且没有在后一方境内降落的计划，则无需获得此种同意。

二、被请求方在不违反其法律的情况下，应当同意请求方提出的过境请求。

第十七条 通报结果

请求方应当及时向被请求方通报有关对被引渡人进行刑事诉讼、执行刑罚或者将该人再引渡给第三国的情况。

第十八条 费用

在被请求方的引渡程序中产生的费用应当由被请求方承担。与移交和接受被引渡人有关的交通费用和过境费用应当由请求方承担。

第十九条 与其他条约的关系

本条约不影响缔约双方根据任何其他条约享有的权利和承担的义务。

第二十条 争议的解决

由于实施或者解释本条约所产生的任何争议，应当通过外交途径协商或者谈判解决。

第二十一条 有效期

本条约有效期五年，此后延期五年并依此顺延，除非一方在期满前六个月通过外交途径书面通知另一方其有意终止本条约。

第二十二条 生效和终止

一、本条约须经批准。互换批准书的日期和地点将由双方通过外交途径商定。本条约自互换批准书之日起三十天后生效。

二、任何一方可以随时通过外交途径，以书面形式通知终止本条约。本条约自该通知发出之日后第一百八十天终止。本条约的终止不影响正在进行的引渡程序。

　　三、本条约适用于其生效后提出的任何请求，即使有关犯罪发生于本条约生效前。

　　下列签字人经各自政府正式授权，签署本条约，以昭信守。

　　本条约于二〇〇六年六月二十日订于罗安达，一式两份，每份均用中文、葡文和英文写成，三种文本同等作准。如遇解释上的分歧，以英文本为准。

　　中华人民共和国代表　　　　　　　　　安哥拉共和国代表
　　　　李肇星　　　　　　　　　　　　　　希科蒂
　　　（签字）　　　　　　　　　　　　　（签字）

中华人民共和国和阿尔及利亚民主人民共和国引渡条约*

中华人民共和国和阿尔及利亚民主人民共和国（以下简称双方），

在相互尊重主权和平等互利的基础上，本着在打击各种形式的犯罪领域加强合作的愿望，达成协议如下：

第一条　引渡义务

双方有义务根据本条约的规定，应对方请求，相互引渡在一方发现的被另一方通缉的人员，以便对其进行刑事诉讼或者执行刑罚。

第二条　可引渡的犯罪

一、为本条约的目的，可引渡的犯罪为根据双方法律均可判处一年以上徒刑或者更重刑罚的犯罪。如果请求是针对因上述犯罪被判刑的人，只有当尚未服完的刑期至少为六个月时，才允许引渡。

二、根据本条第一款确定某一行为是否根据双方法律均构成犯罪时，不应考虑双方法律是否将该行为归入同一犯罪种类或者使用同一罪名。

三、如果引渡请求涉及两个以上根据双方法律均构成犯罪的行为，只要其中有一项行为符合本条第一款规定的条件，被请求方即可以针对上述各项行为同意引渡。

第三条　应当拒绝引渡的理由

在下列情形下，应当拒绝引渡：

（一）被请求方认为，引渡请求所针对的犯罪是政治犯罪，但恐怖主义犯罪和双方均为缔约国的国际公约不认为是政治犯罪的除外；

（二）被请求方有充分理由认为，引渡请求的目的是基于被请求引渡人的种族、性别、宗教、国籍或者政治见解而对该人进行刑事诉讼或者执行刑罚，或者该人在司法程序中的地位将会因为上述任何原因受到损害；

（三）引渡请求所针对的犯罪纯属军事犯罪；

（四）在收到请求时，被请求引渡人是被请求方国民；

（五）被请求方或者请求方已经赦免被请求引渡人；

---

* 此条约于 2006 年 11 月 6 日签署，于 2008 年 6 月 26 日批准，于 2009 年 9 月 22 日生效。

（六）根据任何一方的法律，追诉时效或者刑罚时效已过；

（七）被请求方已经对被请求引渡人就引渡请求所针对的犯罪作出生效判决或者终止刑事诉讼程序；

（八）请求方根据缺席判决提出引渡请求，但请求方给予被请求引渡人在引渡后在其出庭的情况下重新审判机会的除外。

第四条 可以拒绝引渡的理由

在下列情形下，可以拒绝引渡：

（一）被请求方对引渡请求所针对的犯罪正在或将要进行刑事诉讼；

（二）由于被请求引渡人的年龄、健康等个人原因，引渡不符合人道主义考虑。

第五条 在被请求方提起刑事诉讼的义务

如果根据本条约第三条第（四）项拒绝引渡，则被请求方应当根据请求方的要求，将该案提交其主管机关以便根据其本国法律提起刑事诉讼。为此目的，请求方应当向被请求方提供与该案有关的文件和证据。

第六条 引渡请求及所需文件

一、引渡请求应当通过外交途径以书面形式提出。引渡请求应当包括：

（一）请求机关的名称；

（二）对被请求引渡人尽可能准确的描述，以及其他一切有助于确定其身份和国籍的信息，如有可能，提供确定其可能的下落的信息；

（三）犯罪事实，特别是犯罪时间、地点、犯罪行为；

（四）对犯罪的定罪量刑以及追诉时效方面的法律规定。

二、请求方提出的引渡请求应当附有：

（一）为了提起刑事诉讼而提出请求的，应当附有逮捕令或者其他具有同等效力的任何文件的副本；为了执行刑罚而提出请求的，应当附有生效的判决书的副本以及已执行刑期的证明；

（二）必要的犯罪证据或者相关材料；

（三）在缺席审判定罪的情况下，应当附有关于该人缺席情况的材料、关于上诉权利的材料、以及上诉或者重审形式的详细材料。

三、请求方根据本条第一款和第二款提交的引渡请求或者其他有关文件，应当由请求方的主管机关正式签署并盖章，并附有英文译文。

第七条 补充材料

如果被请求方认为，为支持引渡请求所提供的材料不充分，可以要求在三十天内提交补充材料。如果请求方提出合理要求，这一期限可以延长十五天。如果请求方未在该期间内提交补充材料，应当被视为自动放弃请求，但是不妨碍请求方就同一犯罪重新提出引渡请求。

第八条　临时羁押

一、在紧急情况下，一方可以在提出引渡请求前，请求另一方临时羁押被请求引渡人。此种请求可以通过外交途径、国际刑事警察组织或者双方同意的其他途径以书面形式提出。

二、临时羁押请求应当包括本条约第六条第一款所列内容，并说明已经备有该条第二款第（一）项所列文件，以及即将提出正式引渡请求。

三、被请求方应当将处理该请求的结果及时通知请求方。

四、如果被请求方主管机关在羁押被请求引渡人之后的三十天内未收到正式引渡请求，则应当解除临时羁押。应请求方正式要求，上述期限可以延长十五天。

五、如果被请求方随后收到引渡请求及所需文件，则解除临时羁押不应排除对被请求引渡人的再次羁押和引渡。

第九条　对引渡请求作出决定

一、被请求方应当根据本国法律规定的程序处理引渡请求，并且及时将决定通知请求方。

二、被请求方如果全部或者部分拒绝引渡请求，应当将理由告知请求方。

第十条　移交被引渡人

一、如果被请求方同意引渡，双方应当商定执行引渡的时间、地点等有关事宜。同时，被请求方应当将被引渡人在移交之前已经被羁押的时间告知请求方。

二、如果请求方在商定的执行引渡之日后的十五天内未接收被引渡人，被请求方应当立即释放该人，并且可以拒绝请求方就同一犯罪再次提出的引渡该人的请求。

三、如果一方因为其无法控制的原因不能在商定的期间内移交或者接收被引渡人，应当立即通知另一方。双方应当再次商定执行引渡的有关事宜。

第十一条　暂缓引渡和临时引渡

一、如果被请求引渡人正在被请求方因为引渡请求所针对的犯罪之外的犯罪被提起刑事诉讼或者服刑，被请求方可以在作出同意引渡的决定后，暂缓引渡该人直至诉讼终结或者服刑完毕。被请求方应当将暂缓引渡事项通知请求方。

二、本条第一款的规定不影响将被请求引渡人临时移交给请求方，但请求方应当在完成诉讼程序后将该人送还被请求方。

第十二条　数国提出的引渡请求

如果多个国家就相同或不同犯罪针对同一人同时提出引渡请求，被请求方可以决定将该人引渡给其中任何一国。被请求方应当考虑各种因素，特别是：是否存在条约关系，当引渡请求涉及不同犯罪时不同犯罪的严重性，犯罪地点，收到引渡请求的日期先后，被请求引渡人的国籍，再引渡到第三国的可能性。

第十三条　特定规则

除同意引渡所针对的犯罪外，请求方对于根据本条约被引渡的人，不得就该人在引渡前所实施的其他犯罪进行刑事诉讼或者执行刑罚，但是有下列情形之一的除外：

（一）被请求方事先同意。为此目的，被请求方可以要求提供本条约第六条所规定的文件或者资料，以及被引渡人就有关犯罪所作的陈述；

（二）该人在可以自由离开请求方之日后的三十天内未离开该方。但是由于其无法控制的原因未能离开请求方的时间不计算在此期限内；

（三）该人在已经离开请求方后又自愿回到该方。

第十四条　向第三国再次引渡

未经被请求方同意，请求方不得将被引渡人移交给第三国，但有本条约第十三条规定的被引渡人未离开请求方或者返回请求方的情形时除外。

第十五条　移交财物

一、如果请求方提出请求，被请求方应当在本国法律允许的范围内，扣押在其境内发现的犯罪所得、犯罪工具以及可作为证据的财物，并且在同意引渡的情况下，将这些财物移交给请求方。

二、在同意引渡的情况下，即使因为被请求引渡人死亡或者脱逃而无法实施引渡，本条第一款提到的财物仍然可以移交。

三、被请求方为审理其他未决刑事诉讼案件，可以推迟移交上述财物直至诉讼终结，或者在请求方返还的条件下临时移交这些财物。

四、移交上述财物不得损害被请求方或者任何第三人对该财物的合法权利。如果存在此种权利，请求方应当根据被请求方的要求，在诉讼结束之后尽快将被移交的财物无偿返还给被请求方。

第十六条　过境

一、一方从第三国引渡人员需要经过另一方领土时，应当请求另一方允许该人过境。

二、被请求方在收到包含相关信息的过境请求后，应当根据其国内法规定的程序处理该请求。被请求方应当尽快批准过境请求，除非其根本利益会因此受到损害。

第十七条 通报结果

请求方应当及时向被请求方提供有关对被引渡人进行刑事诉讼、执行刑罚或者将该人再引渡给第三国的情况。

第十八条 费用

在被请求方的引渡程序中产生的费用由被请求方承担。与移交和接收被引渡人有关的交通费用和过境费用由请求方承担。

第十九条 与其他条约的关系

本条约不影响双方根据其他条约享有的权利和承担的义务。

第二十条 协商

应一方要求，双方应当就本条约的解释和适用产生的争议以及其他具体事项迅速进行协商。

第二十一条 批准

本条约须经双方按照各自国内法律程序予以批准。

第二十二条 生效、修订和终止

一、本条约自互换批准书之日后第三十天生效。

二、本条约可以经双方书面协议随时予以修订。

三、任何一方可以随时通过外交途径，以书面形式通知终止本条约。本条约自该通知发出之日后第一百八十天终止。本条约的终止不影响条约终止前已经开始的引渡程序。

四、本条约适用于其生效后提出的任何请求，即使有关犯罪发生于本条约生效前。

下列签署人经各自政府适当授权，签署本条约，以昭信守。

本条约于二〇〇六年十一月六日订于北京，一式两份，每份均用中文和阿拉伯文写成，两种文本同等作准。

中华人民共和国代表　　　　　　阿尔及利亚民主人民共和国代表

李肇星　　　　　　　　　　穆罕默德·贝贾维

（签字）　　　　　　　　　　　（签字）

中华人民共和国和葡萄牙共和国引渡条约 *

中华人民共和国和葡萄牙共和国（以下称双方），在相互尊重主权和平等互利的基础上，为促进两国在打击犯罪方面的有效合作，决定缔结本条约，并达成协议如下：

第一条 引渡义务

双方有义务根据本条约的规定，应对方请求，相互引渡在一方发现的被另一方通缉的人员，以便对其进行刑事诉讼或者执行刑罚。

第二条 可引渡的犯罪

一、只有在引渡请求所针对的行为根据双方法律均构成犯罪，并且符合下列条件之一时，才能同意引渡：

（一）为进行刑事诉讼而请求引渡的，根据双方法律，对于该犯罪均可判处一年以上徒刑；

（二）为执行刑罚而请求引渡的，在提出引渡请求时，被请求引渡人尚未服完的刑期至少为六个月。

二、根据本条第一款确定某一行为是否根据双方法律均构成犯罪时，不应考虑双方法律是否将该行为归入同一犯罪种类或者使用同一罪名。

三、如果引渡请求涉及两个以上根据双方法律均构成犯罪的行为，只要其中有一项行为符合本条第一款规定的条件，被请求方即可以针对上述各项行为同意引渡。

第三条 应当拒绝引渡的理由

一、有下列情形之一的，应当拒绝引渡：

（一）被请求方认为，引渡请求所针对的犯罪是政治犯罪，或者被请求方已经给予被请求引渡人受庇护的权利；

（二）被请求方有充分理由认为，请求引渡的目的是基于被请求引渡人的种族、性别、宗教、国籍或者政治见解而对该人进行刑事诉讼或者执行刑罚，或者该人在司法程序中的地位将会因为上述任何原因受到损害；

---

* 此条约于 2007 年 1 月 31 日签署，于 2008 年 10 月 28 日批准，于 2009 年 7 月 25 日生效。

（三）引渡请求所针对的犯罪纯属军事犯罪；

（四）在收到引渡请求时，被请求引渡人是被请求方国民；

（五）根据任何一方的法律，由于犯罪已过追诉时效期限或者被请求引渡人已被赦免等原因，不应当追究被请求引渡人的刑事责任；

（六）被请求方已经对被请求引渡人就引渡请求所针对的犯罪作出生效判决或者终止刑事诉讼程序；

（七）请求方是根据缺席判决提出引渡请求。除非请求方承诺，被请求引渡人在引渡后有权利和机会对其定罪进行上诉，或者在其出庭的情况下进行重新审判；

（八）执行请求将损害被请求方的主权、安全、公共秩序或者其他重大公共利益，或者违背其法律的基本原则。

二、被请求方的国内法或者两国均为当事方的任何国际条约、公约或者协定不认为是政治犯罪的行为，不得被视为政治犯罪。

第四条　可以拒绝引渡的理由

有下列情形之一的，可以拒绝引渡：

（一）被请求方根据本国法律对引渡请求所针对的犯罪具有刑事管辖权，并且对被请求引渡人就该犯罪正在进行刑事诉讼或者准备提起刑事诉讼；

（二）由于被请求引渡人的年龄、健康等原因，根据人道主义原则不宜引渡的。

第五条　在被请求方提起

刑事诉讼的义务如果根据本条约第三条第一款第（四）项不同意引渡，则被请求方应当根据请求方的要求，将该案提交其主管机关以便根据其本国法律提起刑事诉讼。为此目的，请求方应当向被请求方提供与该案有关的文件和证据。

第六条　联系途径

一、为本条约的目的，双方应当通过各自指定的机关进行联系。

二、本条第一款所指的机关，在中华人民共和国方面为外交部，在葡萄牙共和国方面为共和国总检察院。

三、本条第一款所指机关之间进行联系，可以使用英文。

第七条　引渡请求及所需文件

一、请求方请求引渡应当出具请求书，请求书应当说明：

（一）请求机关的名称；

（二）被请求引渡人的姓名、年龄、性别，已有的其国籍、身份证件的种类及号码、职业、外表特征、住所地和居住地以及其他有助于辨别其身份和查找该人的情况；

（三）犯罪事实，包括犯罪的时间、地点、行为、结果等；

（四）对犯罪的定罪量刑、追诉或者刑罚时效，以及可能涉及的提前释放方面的法律规定。

二、请求方请求引渡，应当在出具请求书的同时，提供以下材料：

（一）为了提起刑事诉讼而请求引渡的，应当附有逮捕证或者其他具有同等效力的文件的副本；

（二）为了执行刑罚而请求引渡的，应当附有发生法律效力的判决书或者裁定书的副本，对于已经执行部分刑罚的，还应当附有已经执行刑期的证明；

（三）支持请求的其他信息或者材料；

（四）如果可能，被请求引渡人的照片、指纹以及其他请求方掌握的可供确认被请求引渡人的材料。

三、请求方根据本条第一款和第二款提交的引渡请求书或者其他有关文件，应当由请求方的主管机关正式签署或者盖章，并应当附有被请求方文字的译文。

第八条　补充材料

如果被请求方认为，为支持引渡请求所提供的材料不充分，可以要求按时提交补充材料。如果请求方未提交补充材料，应当被视为自动放弃请求，但是不妨碍请求方就同一犯罪重新提出引渡请求。

第九条　临时羁押

一、在紧急情况下，一方可以在提出引渡请求前，请求另一方临时羁押被请求引渡人。此种请求可以通过本条约第六条规定的途径、国际刑事警察组织或者双方同意的其他途径以书面形式提出。

二、临时羁押请求应当包括本条约第七条第一款所列内容，并说明已经备有该条第二款第（一）项或者第（二）项所列文件，以及即将提出正式引渡请求。

三、被请求方应当将处理该请求的结果及时通知请求方。

四、如果被请求方在羁押被请求引渡人之后的三十天内未收到正式引渡请求，则应当解除临时羁押。经请求方合理要求，上述期限可以延长十五天。

五、如果被请求方后来收到了正式的引渡请求，则根据本条第四款解除的临时羁押不应妨碍对被请求引渡人的引渡。

第十条　对引渡请求作出决定

一、被请求方应当根据本国法律规定的程序处理引渡请求，并且及时将决定通知请求方。

二、被请求方如果全部或者部分拒绝引渡请求，应当将理由告知请求方。

第十一条　移交被引渡人

一、如果被请求方同意引渡，双方应当商定执行引渡的时间、地点等有关事宜。

二、被请求方应当将被引渡人在移交之前已经被羁押的时间告知请求方。

三、如果请求方在商定的执行引渡之日后的十五天内未接收被引渡人，被请求方应当立即释放该人，并且可以拒绝请求方就同一犯罪再次提出的引渡该人的请求，但本条第四款另有规定的除外。

四、如果一方因为其无法控制的原因不能在商定的期间内移交或者接收被引渡人，应当立即通知另一方。双方应当再次商定执行引渡的有关事宜，并适用本条第三款的规定。

第十二条　暂缓引渡和临时引渡

一、如果被请求引渡人正在被请求方因为引渡请求所针对的犯罪之外的犯罪被提起刑事诉讼或者服刑，被请求方可以在作出同意引渡的决定后，暂缓引渡该人直至诉讼终结或者服刑完毕。被请求方应当将暂缓引渡事项通知请求方。

二、如果暂缓引渡可能给请求方的刑事诉讼造成严重障碍，被请求方可以在不妨碍其正在进行的刑事诉讼，并且请求方保证在完成有关程序后立即将该人无条件送还被请求方的情况下，根据请求方的请求，临时引渡该人。

第十三条　数国提出的引渡请求

如果包括请求方在内的两个以上的国家就同一人提出引渡请求，被请求方应当根据其国内法决定是否接受任何一国的请求。

第十四条　特定规则

除同意引渡所针对的犯罪外，请求方对于根据本条约被引渡的人，不得就该人在引渡前所实施的其他犯罪进行刑事诉讼或者执行刑罚，也不能将其引渡给第三国，但是有下列情况之一的除外：

（一）被请求方事先同意。为此目的，被请求方可以要求提供本条约第七条所规定的文件或者资料，以及被引渡人就有关犯罪所作的陈述；

（二）该人在可以自由离开请求方之日后的四十五天内未离开该方。但是由于其无法控制的原因未能离开请求方的时间不计算在此期限内；

（三）该人在已经离开请求方后又自愿回到该方。

第十五条 移交财物

一、如果请求方提出请求，被请求方应当在本国法律允许的范围内，扣押在其境内发现的犯罪所得、犯罪工具以及可作为证据的财物，并且在同意引渡的情况下，将这些财物移交给请求方。

二、在同意引渡的情况下，即使因为被请求引渡人死亡、失踪或者脱逃而无法实施引渡，本条第一款提到的财物仍然可以予以移交。

三、被请求方为审理其他未决刑事诉讼案件，可以推迟移交上述财物直至诉讼终结，或者在请求方承诺返还的条件下临时移交这些财物。

四、移交上述财物不得损害被请求方或者任何第三人对该财物的合法权利。如果存在此种权利，请求方应当根据被请求方的要求，在诉讼结束之后尽快将被移交的财物无偿返还给被请求方。

第十六条 过境

一、一方从第三国引渡人员需经过另一方领域时，应当向另一方提出过境请求。如果使用航空运输并且没有在另一方领域内降落的计划，则无需提出过境请求。

二、被请求方在不违反其法律的情况下，可以同意请求方提出的过境请求。

第十七条 通报结果

请求方应当及时向被请求方通报有关对被引渡人进行刑事诉讼、执行刑罚或者将该人再引渡给第三国的情况。

第十八条 费用

在被请求方的引渡程序中产生的费用应当由被请求方承担。与移交和接收被引渡人或者移交财物有关的交通费用和过境费用应当由请求方承担。

第十九条 与其他条约的关系

本条约不影响缔约双方根据任何其他条约享有的权利和承担的义务。

第二十条 争议的解决

由于本条约的解释或者适用所产生的任何争议，应当通过外交途径协商解决。

第二十一条 生效、修订和终止

一、本条约自通过外交途径收到关于完成各自宪法或者法律规定生效程序的最后一份书面通知之日起的三十天后生效。

二、本条约可以经缔约国书面协议随时予以修订。修订应当根据本条第一款规定生效。

三、任何缔约国可以随时通过外交途径，以书面形式通知终止本条约。终止自该通知发出之日后第一百八十天生效。

四、本条约适用于其生效后提出的任何请求，即使有关犯罪发生于本条约生效前。

下列签署人经各自政府适当授权，签署本条约，以昭信守。

本条约于二〇〇七年一月三十一日订于北京，一式两份，每份均用中文、葡萄牙文和英文写成，三种文本同等作准。如遇解释上的分歧，以英文本为准。

  中华人民共和国代表   葡萄牙共和国代表

    张业遂   路易斯·阿马多

中华人民共和国和法兰西共和国引渡条约[*]

中华人民共和国和法兰西共和国（以下简称双方），

在相互尊重主权和平等互利的基础上，为促进两国在打击犯罪方面的有效合作，并且希望在尊重各自宪法原则的基础上，共同规范两国引渡关系，议定以下各条：

第一条　引渡义务

双方有义务根据本条约的规定，应对方请求，相互引渡在一方境内的被另一方通缉的人员，以便就可引渡的犯罪对其进行刑事诉讼或者执行刑罚。

第二条　可引渡的犯罪

一、根据双方法律均可判处一年以上徒刑或者其他更重刑罚的犯罪为可引渡的犯罪。确定某一行为是否根据双方法律均构成犯罪时，不应考虑双方法律是否将该行为归入同一犯罪种类或者使用同一罪名。

二、此外，为执行请求方法院判处的刑罚而请求引渡的，在提出引渡请求时，尚未执行的刑期应当至少为六个月。

三、如果引渡请求涉及根据双方法律均可被判处刑罚的多项犯罪，其中至少有一项犯罪符合第一款规定的条件，被请求方亦可以针对其他犯罪同意引渡。

四、如果引渡请求系针对违反有关赋税、关税、外汇管制或者其他税务事项的法律的犯罪，被请求方不得以其法律没有规定同类的赋税或者关税，或者没有规定与请求方法律类似的赋税、关税或者外汇管制条款为理由拒绝引渡。

第三条　应当拒绝引渡的理由

有下列情形之一的，应当拒绝引渡：

（一）被请求方认为，引渡请求所针对的犯罪是政治犯罪；

（二）被请求方有充分理由认为，请求引渡的目的是基于被请求引渡人的种族、性别、宗教、国籍、族裔或者政治见解而对该人进行刑事诉讼或者执行刑罚，或者接受这一请求会使该人的处境因为上述任何原因受到损害；

（三）被请求方已经对被请求引渡人就引渡请求所针对的犯罪作出有罪或者

---

[*] 此条约于2007年3月20日签署，于2008年4月24日批准，于2015年7月17日生效。

无罪的终审判决、大赦或者赦免；

（四）根据任何一方法律，追诉或者执行刑罚的时效已过；

（五）被请求方认为，引渡请求所针对的犯罪仅构成军事犯罪；

（六）引渡请求涉及对被请求引渡人执行缺席判决，而请求方没有保证在引渡后重新进行审理；

（七）引渡请求所针对的犯罪依照请求方的法律应当判处死刑，除非请求方作出被请求方认为足够的保证不判处死刑，或者在判处死刑的情况下不予执行。

第四条　国籍

一、如果被请求引渡人具有被请求方国籍，应当拒绝引渡。该人的国籍依引渡请求所针对的犯罪发生时确定。

二、被请求方如果仅因为国籍原因拒绝引渡被请求引渡人，则应当根据其法律和请求方提供的事实，将案件提交其主管机关，以便在必要时进行刑事诉讼。为此目的，请求方应当将一切与该犯罪有关的卷宗、文件和物证转交给被请求方。被请求方应当将处理结果告知请求方。

第五条　可以拒绝引渡的理由

一、当被请求方司法机关根据本国法律对引渡请求所针对的犯罪具有管辖权并且满足下列条件之一时，可以拒绝引渡：

（一）被请求引渡人已经由于该犯罪受到起诉；

（二）被请求方司法机关已经决定终止诉讼；

（三）被请求方承诺根据其法律和请求方提供的事实，将案件提交其主管机关，以便在必要时进行刑事诉讼。为此目的，请求方应当将一切与该犯罪有关的卷宗、文件和物证转交给被请求方。

二、有下列情形之一的，也可以拒绝引渡：

（一）第三国已经对被请求引渡人就引渡请求所针对的犯罪作出无罪或者有罪的终审判决；如果是有罪判决，被请求引渡人已经服刑完毕；

（二）出于人道主义理由，被请求方在考虑了犯罪的严重性和请求方的利益后认为，基于被请求引渡人的年龄和健康等原因，移交该人会对其带来特别严重的后果。

第六条　程序

除本条约另有规定外，被请求方应当根据本国法律规定的程序处理临时羁押、引渡和过境请求。

第七条　联系途径

为本条约的目的，除本条约另有规定外，双方应当通过外交途径进行联系。

第八条　请求和相关文件的提交

一、引渡请求应当以书面形式提出，并且包括：

（一）对于所有引渡请求：

1. 请求机关的名称；

2. 引渡请求所针对的案件事实的说明，包括说明行为发生的时间、地点、后果，该行为的定性，以及指明适用的法律条款，包括有关时效的条款；

3. 有关该项犯罪及其刑事管辖权、定罪、刑罚和时效的法律规定文本；

4. 被请求引渡人的姓名、年龄、性别、国籍、身份证件、职业、住所地或者居所地等请求方已经掌握的、可能有助于确定被请求引渡人身份和所在地点的所有资料；如有可能，有关其外表的描述、该人的照片和指纹。

（二）对于为进行刑事诉讼而提出的引渡请求：请求方主管机关签发的逮捕证的原件或者经证明的副本。如果该逮捕证不是由法院、法官或者检察院签发的，则必须附有上述机关授权逮捕的决定的经证明的副本。

（三）对于为执行刑罚而提出的引渡请求：

1. 已经发生法律效力的判决书的原件或者经证明的副本；

2. 关于所判刑期以及尚需执行的剩余刑期的说明。

二、引渡请求和所附文件应当由请求机关签字和盖章。

第九条　补充材料

如果请求方提供的材料不足以使被请求方依照本条约作出决定，被请求方应当要求提交必要的补充材料，或者通知请求方补齐所缺材料。被请求方可以要求在规定期限内收到上述补充材料。如果请求方未在该期间内提交补充材料，应当被视为自动放弃请求，但是不妨碍请求方就同一犯罪重新提出引渡请求。

第十条　语言

引渡请求和所附文件应当用请求方的官方语言撰写，并附有被请求方官方语言的译文。

第十一条　特定规则和再引渡

一、除同意引渡所针对的犯罪外，请求方不得对根据本条约被引渡的人就其在引渡前所实施的其他行为进行起诉、审判、羁押或者限制其人身自由，也不能将其引渡给第三国，但有下列情形之一的除外：

（一）被请求方已经同意。为此目的，请求方应当提出申请，并附有第八条规定的文件和载有被引渡人接受或者反对扩大引渡范围或者再引渡等陈述内容的司法笔录。

（二）被引渡人在其最终获释后三十天内可以离开请求方领土而未离开，或者在离开后又自愿返回该方领土。

二、如果引渡某人所依据的犯罪的法律定性发生变化，只有在新定性的犯罪符合以下条件时，才能对该人进行起诉或者审判：

（一）符合本条约规定的可以引渡的条件；

（二）犯罪事实与此前已经同意的引渡所针对的事实相同；

（三）对该犯罪可判处的最高刑与对此前已经同意的引渡所针对的犯罪可判处的最高刑相同或者较轻。

第十二条　临时羁押

一、在紧急情况下，请求方主管机关可以要求对被请求引渡人实施临时羁押。临时羁押请求应当以书面形式提出，并且应当包括第八条第一款第一项所列内容，说明已经备有该条第一款第二项或者第三项所列文件，并表示即将提出引渡请求。

二、临时羁押请求应当通过外交途径、国际刑警组织或者双方同意的其他途径递交给被请求方主管机关。

三、收到第一款提及的请求后，被请求方主管机关应当立即依法处理，并将处理该请求的结果通知请求方。

四、如果被请求方在羁押被请求引渡人之后的六十天内未收到引渡请求，则应当解除临时羁押。

五、如果随后收到引渡请求，第四款的规定不妨碍对被请求引渡人的再次羁押和引渡。

第十三条　引渡请求的竞合

如果一方和其他国家针对同一人就同一犯罪或者不同犯罪提出引渡请求，应当由被请求方对这些请求作出决定，并通知请求方。在作此决定时，被请求方应当考虑所有情形，尤其是是否存在相关条约或者协定、犯罪的相对严重程度、犯罪地点、各请求提出的时间、被请求引渡人的国籍以及再引渡给另一国的可能性。

第十四条　决定和移交

一、被请求方应当迅速将有关引渡的决定通知请求方。

二、全部或者部分拒绝引渡的，应当说明理由。

三、如果被请求方同意引渡被请求引渡人，双方应当商定移交的时间、地点和方式。被请求方应当将被引渡人在移交之前已经被羁押的时间告知请求方。

四、除第五款规定外，如果请求方未在商定的移交之日后二十天内接收被请求引渡人，则应将该人释放。被请求方随后可以拒绝请求方因相同犯罪提出的引渡该人的请求。

五、如果一方因不可抗力而不能移交或者接收被引渡人，应当通知另一方；双方应当另行商定移交的日期，并适用第四款的规定。

第十五条　推迟移交或者临时移交

一、如果被请求引渡人正在被请求方境内因为引渡请求所针对的犯罪之外的犯罪被提起诉讼或者服刑，被请求方可以在作出同意引渡的决定后，推迟移交该人直至诉讼终结或者服刑完毕。

二、在必要的情况下，被请求方可以向请求方临时移交其已同意引渡的人，而不推迟移交。双方应当商定临时移交的条件，并且确保继续羁押和送还该人。

三、鉴于被请求引渡人的身体状况，如果移交可能危及被请求引渡人的生命或者使其健康状况恶化，也可以推迟移交。

四、如果被请求方决定推迟移交，应当通知请求方，并且采取一切必要措施，以保证推迟移交不影响最终向请求方移交被请求引渡人。

第十六条　通报结果

应被请求方的要求，请求方应当及时向被请求方通报有关对被引渡人进行起诉、判决、执行刑罚或者将该人再引渡给第三国的情况。

第十七条　移交物品

一、应请求方的要求，被请求方应当在其法律允许的范围内，扣押以下物品和文件，并在同意引渡的情况下移交：

（一）可作为证据的物品和文件；

（二）犯罪所得或者犯罪工具。

二、在同意引渡的情况下，即使因为被请求引渡人死亡、失踪或者脱逃而无法实施引渡，第一款提到的物品仍然应当予以移交。

三、被请求方为了审理未决刑事诉讼案件，可以推迟移交上述物品，或者在这些物品将被返还的条件下予以移交。

四、被请求方或者第三人对这些物品可能已经取得的任何权利应当予以保留。在此情况下，请求方应当根据被请求方的要求，在诉讼结束之后尽快将这些物品无偿返还给被请求方。

第十八条　过境

一、一方从第三国引渡非另一方国民需经过另一方领土时，应当提出过境请求，另一方应当予以同意。该请求应当包括有关该人的身份、外表特征、国籍、案情概要和可能或者已经被判处的刑罚的说明。

二、在依据本条约可能拒绝引渡的情况下，也可以拒绝过境请求。

三、被引渡过境人在过境方领土内，应当由该方主管机关负责看管。

四、如果使用航空运输，应当遵循以下规定：

（一）如果没有在过境方降落的计划，则无需获得同意。如果在过境方领土意外降落，过境方可以要求另一方提交第一款规定的过境请求；只要在意外降落后九十六小时内收到过境请求，过境方应当羁押被引渡过境人直至过境完成；

（二）如果有飞机降落的计划，请求方应当提出正式的过境请求。

第十九条 费用

一、在被请求方境内由引渡产生的移交前的费用由被请求方承担。

二、在被请求过境的一方境内产生的过境费用由请求方承担。

三、如果在执行引渡请求过程中发现需要超常性质的费用，双方应当协商确定可以继续执行请求的条件。

第二十条 与其他协议的关系

本条约不妨碍双方根据任何其他条约、协定或者协议享有的权利和承担的义务。

第二十一条 争议的解决

由于实施或者解释本条约所产生的任何争议，应当通过外交途径协商解决。

第二十二条 时际效力

本条约适用于其生效后提出的任何引渡请求，即使有关犯罪发生于本条约生效前。

第二十三条 生效和终止

一、一方应当通过外交照会通知对方，说明已按照本国法律完成使本条约生效所需的各项程序。

本条约在后一份通知发出之日后第三十日生效。

二、任何一方可以随时通知对方终止本条约。上述终止自收到通知之日起一年后生效。但在本条约终止生效前收到的引渡请求，应当继续按照本条约的规定予以处理。

本条约于二〇〇七年三月二十日订于巴黎，一式两份，每份均用中文和法文写成，两种文本同等作准。

中华人民共和国代表　　　　　　　　　　法兰西共和国代表

戴秉国　　　　　　　　　　　　　　　　克莱芒

中华人民共和国和墨西哥合众国引渡条约 *

中华人民共和国和墨西哥合众国（以下称双方），

在相互尊重主权和平等互利的基础上，为促进两国在打击犯罪方面的有效合作，决定缔结本条约，并达成协议如下：

第一条　引渡义务

双方有义务根据本条约的规定，应对方请求，相互引渡在一方境内发现的被另一方通缉的人员，以便对其进行刑事诉讼或者执行刑罚。

第二条　可引渡的犯罪

一、只有在引渡请求所针对的作为或者不作为根据双方法律均构成犯罪，并且符合下列条件之一时，才能同意引渡：

（一）为进行刑事诉讼而请求引渡的，根据双方法律，对于该犯罪均可判处 1 年以上有期徒刑或者其他更重的刑罚；

（二）为执行刑罚而请求引渡的，在提出引渡请求时，被请求引渡人尚未服完的刑期至少为 6 个月。

二、根据本条第一款确定某一作为或者不作为根据双方法律是否均构成犯罪时，不应考虑：

（一）双方法律是否将该作为或者不作为归入同一犯罪种类或者使用同一罪名；

（二）双方法律所规定的该犯罪的构成要件是否不同。应当将请求方提出的该作为或者不作为视为一个整体加以考虑。

三、如果引渡请求涉及两项以上根据双方法律均构成犯罪的作为或者不作为，只要其中有一项符合本条第一款规定的刑罚期限的条件，被请求方即可以针对上述各项作为或者不作为同意引渡。

四、在符合本条第一款和第二款规定的条件的情况下，也应当对犯罪未遂和共谋犯罪同意引渡。

五、双方不得仅因犯罪也被认为涉及财政事项而拒绝引渡。

---

* 此条约于 2008 年 7 月 11 日签署，于 2009 年 2 月 28 日批准，于 2012 年 7 月 7 日生效。

第三条　应当拒绝引渡的理由

有下列情形之一的，应当拒绝引渡：

（一）被请求方认为，引渡请求所针对的犯罪是政治犯罪，或者被请求方已经给予被请求引渡人受庇护的权利；

（二）被请求方有充分理由认为，请求引渡的目的是基于被请求引渡人的种族、性别、宗教、国籍或者政治见解而对该人进行刑事诉讼或者执行刑罚，或者该人在司法程序中的地位会因为上述任何原因受到损害；

（三）引渡请求所针对的犯罪仅构成军事犯罪；

（四）根据任何一方的法律，由于时效已过或者赦免等原因，被请求引渡人已经被免予追诉或者免予执行刑罚；

（五）被请求方已经对被请求引渡人就引渡请求所针对的同一犯罪做出终审判决或者终止司法程序；

（六）请求方根据缺席判决提出引渡请求，并且没有保证在引渡后重新进行审理；

（七）请求方可能判处的刑罚与被请求方法律的基本原则相冲突。为便利引渡被请求引渡人，被请求方可以在不违背其法律基本原则的条件下同意引渡。在此情况下，双方可以达成适当安排。

第四条　可以拒绝引渡的理由

有下列情形之一的，可以拒绝引渡：

（一）被请求方根据本国法律对引渡请求所针对的犯罪具有管辖权，并且对被请求引渡人就同一犯罪正在进行刑事诉讼或者准备提起刑事诉讼；

（二）被请求方在考虑了犯罪的严重性和请求方利益的同时，认为由于被请求引渡人的年龄、健康或者其他个人原因，引渡不符合人道主义考虑。

第五条　国民的引渡

一、任何一方均有权拒绝引渡其本国国民。

二、如果根据本条第一款不同意引渡，被请求方应当根据请求方的要求，将该案提交其主管机关以便在其法律允许的范围内提起刑事诉讼。为此目的，请求方应当向被请求方提供与该案有关的文件和证据。

第六条　联系途径

为本条约的目的，双方应当通过外交途径联系，本条约另有规定的除外。

第七条　引渡请求及所需文件

一、引渡请求应当以书面形式提出，并且包括或者附有：

（一）请求机关的名称；

（二）被请求引渡人的姓名、年龄、性别、国籍以及有助于确定被请求引渡人的身份和可能所在地点的任何其他资料；以及已有的对该人外表的描述、该人的照片和指纹；

（三）有关案情的说明，包括犯罪作为或者不作为及其后果的概述；

（四）就该项犯罪确立刑事管辖权、定罪和量刑的有关法律规定；

（五）有关追诉时效或者执行判决期限的法律规定。

二、除了本条第一款的规定外，

（一）旨在对被请求引渡人进行刑事诉讼的引渡请求还应当附有请求方主管机关签发的逮捕证的经证明的副本；

（二）旨在对被请求引渡人执行刑罚的引渡请求还应当附有已经生效的法院判决书的经证明的副本和关于已经执行刑期的说明。

三、引渡请求及所需文件应当签署或者盖章，并且应当附有被请求方文字的译文。

第八条　补充材料

被请求方如果认为支持引渡请求的材料不足，可以要求在 30 天内提交补充材料。应请求方的要求，这一期限可以延长 15 天。如果请求方未在该期间内提交补充材料，应当被视为自愿放弃请求，但是并不妨碍请求方就同一犯罪提出新的引渡请求。

第九条　临时羁押

一、在紧急情况下，一方可以请求另一方在收到正式的引渡请求前临时羁押被请求引渡人。上述请求可以通过第六条规定的途径或者双方同意的其他途径以书面形式提出。

二、临时羁押请求应当包括第七条第一款所列内容，并说明已经备有该条第二款所列文件，以及即将提出正式引渡请求。

三、被请求方应当将处理该请求的结果及时通知请求方。

四、如果被请求方主管机关在羁押被请求引渡人之后的 30 天内未收到正式引渡请求，则应当解除临时羁押。应请求方要求，上述期限可以延长 15 天。

五、如果被请求方后来收到了正式的引渡请求，则根据本条第四款对临时羁押的解除不应妨碍引渡被请求引渡人。

第十条　对引渡请求作出决定

一、被请求方应当根据本国法律规定的程序处理引渡请求，并且迅速将决定通知请求方。

二、被请求方如果全部或者部分拒绝引渡请求，应当将拒绝理由告知请求方。

第十一条 移交被引渡人

一、如果被请求方同意引渡，双方应当商定执行引渡的时间、地点等有关事宜。同时，被请求方应当告知请求方被引渡人在移交之前已经被羁押的时间。

二、除本条第三款另有规定外，如果请求方在商定的执行引渡之日后的 15 天内未接收被引渡人，被请求方应当立即释放该人，并且可以拒绝请求方提出的就同一犯罪引渡该人的新请求。

三、如果一方因为其无法控制的原因不能在商定的期间内移交或者接收被引渡人，应当立即通知另一方。双方应当再次商定执行引渡的有关事宜，并适用本条第二款的规定。

第十二条 推迟移交和临时移交

一、如果被请求引渡人正在被请求方因为引渡请求所针对的犯罪之外的犯罪被提起刑事诉讼或者服刑，被请求方可以在作出同意引渡的决定后，推迟移交该人直至诉讼终结或者服刑完毕。被请求方应当将推迟移交一事通知请求方。

二、如果本条第一款规定的推迟移交会造成请求方刑事追诉时效丧失或者妨碍请求方对引渡请求所针对的犯罪的侦查，被请求方可以在本国法律允许的范围内，根据双方商定的条件，将被请求引渡人临时移交给请求方。

三、请求方应当羁押被临时移交的人员，并应当在相关诉讼终结后立即将其送还被请求方。

四、为临时引渡目的而在请求方领土内被羁押的期间，应当视为在被请求方的服刑期间。

第十三条 加快引渡程序

如果被请求引渡人告知被请求方主管机关同意被引渡，被请求方可以采取其法律允许的措施以加快引渡。

第十四条 数国提出的引渡请求

一、如果两个或者两个以上的国家就同一人提出引渡请求，被请求方应当决定该人应当被引渡至哪个国家，并将其决定通知请求方。

二、为决定该人应当被引渡至哪个国家，被请求方应当考虑包括但不限于下列情形的所有情形：

（一）请求是否依条约提出；

（二）当请求涉及不同的犯罪时，犯罪的严重性；

（三）实施犯罪的时间和地点；

（四）被请求引渡人的国籍和经常居住地；

（五）各自提出请求的时间。

第十五条 特定规则

一、请求方对于根据本条约被引渡的人，除同意引渡所针对的犯罪外，不得就该人在引渡前所实施的其他犯罪进行刑事诉讼或者执行刑罚，也不得将其引渡给第三国，但是有下列情况之一的除外：

（一）被请求方事先同意，为此目的，被请求方可以要求提供第七条所规定的文件和材料；

（二）该人在可以自由离开请求方领土之日后的 30 天内未离开，但是由于其无法控制的原因未能离开请求方领土的时间不应计入此期限；

（三）该人在离开请求方领土后又自愿回到该方领土。

二、如果在诉讼过程中，引渡被请求引渡人所依据的犯罪的定性发生改变，只要该犯罪依其新的法律定性符合下列条件，该人即应当受到审判并处以刑罚：

（一）是基于引渡请求及其附件中写明的相同的犯罪事实；

（二）可判处的最高刑与被引渡的犯罪可判处的最高刑相同或者较轻。

第十六条 移交财物

一、如果请求方提出请求，被请求方应当在本国法律允许的范围内，扣押在其境内发现的犯罪所得、犯罪工具以及可作为证据的财物，并且在同意引渡的情况下，将这些财物移交给请求方。

二、在同意引渡的情况下，即使由于被请求引渡人死亡、失踪或者脱逃而无法实施引渡，本条第一款提到的财物仍然可以移交。

三、被请求方为审理其他未决刑事诉讼案件，可以推迟移交上述财物直至诉讼终结，或者在请求方返还的条件下临时移交上述财物。

四、移交上述财物不得损害被请求方或者任何第三方对该财物的合法权利。如果存在此种权利，请求方应当根据被请求方的要求，在诉讼终结后尽快将被移交的财物无偿返还给被请求方。

第十七条 过境

一、一方从第三国引渡人员需经过另一方领土时，应当请求另一方同意过境。如果使用航空运输并且没有在另一方境内降落的计划，则无需获得同意。

二、被请求方在不违反其法律的情况下，应当同意请求方提出的过境请求。

第十八条 通报结果

请求方应当及时向被请求方通报对被引渡人进行刑事诉讼、执行刑罚或者将该人再引渡给第三国的情况。

第十九条 费用

在被请求方的引渡程序中产生的费用应当由被请求方承担。与移交和接收被引渡人有关的交通费用和过境费用应当由请求方承担。

第二十条 与其他条约的关系

本条约不影响双方根据任何其他条约享有的权利和承担的义务。

第二十一条 争议的解决

由于实施或者解释本条约所产生的任何争议，应当通过外交途径协商解决。

第二十二条 生效、修订和终止

一、本条约须经批准。批准书在墨西哥城互换。本条约自互换批准书之日后第30天生效。

二、本条约经双方同意，可以修订。缔约一方完成修订生效所需的一切必要程序后，应当通过外交照会通知另一方。修订自后一份照会发出之日起第30天生效。

三、任何一方可以随时通过外交途径，以书面通知形式终止本条约。本条约自该通知发出之日后第180天终止。本条约的终止不影响条约终止前已经开始的引渡程序。

四、本条约适用于其生效后提出的任何请求，即使有关犯罪发生于本条约生效前。

下列签字人经各自政府正式授权，签署本条约，以昭信守。

本条约于二〇〇八年七月十一日订于北京，一式两份，每份均用中文、西班牙文和英文写成，三种文本同等作准。如遇解释上的分歧，以英文本为准。

中华人民共和国代表　　　　　　墨西哥合众国代表
杨洁篪　　　　　　帕特里西亚·埃斯皮诺萨·埃特利亚诺
（外交部部长）　　　　　　　　　（外交部部长）

中华人民共和国和波斯尼亚和黑塞哥维那引渡条约*

中华人民共和国和波斯尼亚和黑塞哥维那（以下称双方），

在相互尊重主权和平等互利的基础上，为促进两国在打击犯罪方面的有效合作，决定缔结本条约，并达成协议如下：

第一条 引渡义务

任何一方有义务根据本条约的规定，应另一方请求，向另一方引渡其境内发现的被另一方通缉的人员，以便对其进行刑事诉讼或者执行刑罚。

第二条 可引渡的犯罪

一、只有在引渡请求所针对的行为根据双方法律均构成犯罪，并且符合下列条件之一时，才能同意引渡：

（一）为进行刑事诉讼而请求引渡的，根据双方法律，对于该犯罪均可判处1年以上有期徒刑或者更重的刑罚；

（二）为执行刑罚而请求引渡的，在提出引渡请求时，被请求引渡人尚未服完的刑期至少为6个月。

二、根据本条第一款确定某一行为是否根据双方法律均构成犯罪时，不应考虑双方法律是否将该行为归入同一犯罪种类或者使用同一罪名。

三、如果引渡请求涉及两个以上根据双方法律均构成犯罪的行为，只要其中有一项行为符合本条第一款规定的条件，被请求方即可以针对上述各项行为同意引渡。

第三条 应当拒绝引渡的理由

有下列情形之一的，应当拒绝引渡：

（一）被请求方认为引渡请求所针对的犯罪是政治犯罪，或者被请求方已经给予被请求引渡人受庇护的权利，但恐怖主义犯罪和双方均为缔约国的国际公约不认为是政治犯罪的除外；

（二）被请求方有充分理由认为，请求引渡的目的是基于被请求引渡人的种族、性别、宗教、国籍或者政治见解而对该人进行起诉或者处罚，或者该人在

---

* 此条约于 2012 年 12 月 20 日签署，于 2014 年 6 月 27 日批准，于 2014 年 10 月 12 日生效。

司法程序中的地位将会因为上述任何原因受到损害；

（三）引渡请求所针对的犯罪仅构成军事犯罪；

（四）根据任何一方的法律，由于时效已过或者赦免等原因，被请求引渡人已经被免予追诉或者免予执行刑罚；

（五）被请求方已经对被请求引渡人就引渡请求所针对的犯罪作出生效判决或者终止刑事诉讼程序；

（六）被请求引渡人在请求方曾经遭受或者可能遭受酷刑或者其他残忍、不人道或者有辱人格的待遇或者处罚；

（七）请求方系根据缺席判决提出引渡请求，但请求方保证被请求引渡人有机会在其出庭的情况下对案件进行重新审理的除外；

（八）执行请求将损害被请求方的主权、安全、公共秩序或者其他重大公共利益，或者违背其法律的基本原则。

第四条　可以拒绝引渡的理由

有下列情形之一的，可以拒绝引渡：

（一）被请求方根据本国法律对引渡请求所针对的犯罪具有刑事管辖权，并且对被请求引渡人就该犯罪正在进行刑事诉讼或者准备提起刑事诉讼；

（二）被请求方在考虑了犯罪的严重性和请求方利益的情况下，认为由于被请求引渡人的年龄、健康或其他个人状况，引渡不符合人道主义考虑。

第五条　国民不引渡

一、任何一方均有权根据其国内法拒绝引渡本国国民。

二、如果不同意引渡，被请求方应当根据请求方的请求，将该案件提交主管机关以便根据国内法提起刑事诉讼。为此目的，请求方应当向被请求方提供与该案件有关的文件和证据。

第六条　联系途径

为本条约的目的，双方应当通过外交途径进行联系，但本条约另有规定的除外。

第七条　引渡请求及所需文件

一、请求方请求引渡应当出具请求书，请求书应当包括或者附有：

（一）请求机关的名称；

（二）被请求引渡人的姓名、年龄、性别、国籍、身份证件号码、职业、住所地或者居所地以及其他有助于确定被请求引渡人的身份和可能所在地点的资料；如有可能，有关其外表特征的描述，该人的照片和指纹；

（三）有关犯罪事实的说明，包括犯罪的时间、地点、行为和结果；

（四）有关该项犯罪的刑事管辖权、定罪和刑罚的法律规定；

（五）有关追诉时效或者执行判决期限的法律规定。

二、除本条第一款规定外，

（一）旨在对被请求引渡人进行刑事诉讼的引渡请求还应当附有请求方主管机关签发的逮捕证的副本；

（二）旨在对被请求引渡人执行刑罚的引渡请求还应当附有已经发生法律效力的法院判决书的副本和关于已经执行刑期的说明。

三、请求方根据本条第一款和第二款提交的引渡请求书和其他有关文件，应当由请求方的主管机关正式签署或者盖章，并应当附有被请求方文字的译文，但双方另有约定的除外。

第八条　补充材料

如果被请求方认为支持引渡请求的材料不充分，可以要求请求方在 30 天内提交补充材料。如果请求方提出合理要求，这一期限可以延长 15 天。如果请求方未在该期限内提交补充材料，应当被视为自动放弃请求，但是不妨碍请求方就同一犯罪对同一人重新提出引渡请求。

第九条　临时羁押

一、在紧急情况下，一方可以在提出引渡请求前，请求另一方临时羁押被请求引渡人。此种请求可以通过本条约第六条规定的途径、国际刑事警察组织或者双方同意的其他途径以书面形式提出。

二、临时羁押请求应当包括本条约第七条第一款所列内容，并说明已经备有该条第二款所列文件，以及即将提出正式引渡请求。

三、被请求方应当将处理该请求的结果及时通知请求方。

四、如果被请求方主管机关在羁押被请求引渡人之后的 30 天内未收到正式引渡请求，应当解除临时羁押。经请求方合理要求，上述期限可以延长 15 天。

五、如果被请求方后来收到了正式的引渡请求，根据本条第四款解除临时羁押不应妨碍对被请求引渡人的引渡。

第十条　对引渡请求作出决定

一、被请求方应当根据本国法律规定的程序处理引渡请求，并且及时将决定通知请求方。

二、被请求方如果全部或者部分拒绝引渡请求，应当将理由告知请求方。

三、请求方提出请求后撤销、放弃引渡请求，或者提出引渡请求错误的，由请求方承担因此对被请求引渡人造成损害的责任。

第十一条 移交被引渡人

一、如果被请求方同意引渡，双方应当商定执行引渡的时间、地点等有关事宜。同时，被请求方应当将被引渡人在移交之前已经被羁押的时间告知请求方。

二、如果请求方在商定的执行引渡之日后的 15 天内未接收被引渡人，被请求方应当立即释放该人，并且可以拒绝请求方就同一犯罪再次提出的引渡该人的请求，但本条第三款另有规定的除外。

三、如果一方因为其无法控制的原因不能在商定的期间内移交或者接收被引渡人，应当立即通知另一方。双方应当再次商定执行引渡的有关事宜，并适用本条第二款的规定。

第十二条 再引渡

被引渡人在请求方的刑事诉讼终结或者服刑完毕之前逃回被请求方的，被请求方可以根据请求方再次提出的相同的引渡请求准予重新引渡，请求方无需提交本条约第七条规定的文件和材料。

第十三条 暂缓引渡和临时引渡

一、如果被请求引渡人正在被请求方因为引渡请求所针对的犯罪之外的犯罪被提起刑事诉讼或者服刑，被请求方可以在作出同意引渡的决定后，暂缓引渡该人直至诉讼终结或者服刑完毕。被请求方应当将暂缓引渡事项通知请求方。

二、如果暂缓引渡可能严重妨碍请求方的刑事诉讼，被请求方可以根据请求方的请求，在不妨碍其正在进行的刑事诉讼，并且请求方保证在完成有关程序后立即将该人五条件送还的情况下，临时向请求方引渡该人。

第十四条 数国提出的引渡请求

当包括一方在内的两个以上国家就相同或者不同犯罪对同一人提出引渡请求时，被请求方在决定向哪一国引渡该人时，应当考虑所有相关情况，特别是：

（一）请求是否根据条约提出；

（二）不同犯罪的严重性；

（三）犯罪发生的时间和地点；

（四）被请求引渡人的国籍和通常的居住地；

（五）各项请求提出的先后；

（六）该人被引渡给第三国的可能性。

第十五条 特定规则

除同意引渡所针对的犯罪外，请求方对于根据本条约被引渡的人，不得就该人在引渡前所实施的其他犯罪进行刑事诉讼或者执行刑罚，也不能将其引渡给第三国，但是有下列情形之一的除外：

（一）被请求方事先同意；为此目的，被请求方可以要求提供本条约第七条所规定的文件或者资料，以及被引渡人就有关犯罪所作的陈述；

（二）该人在可以自由离开请求方之日后的 30 天内未离开该方；但是由于其无法控制的原因未能离开请求方的时间不计算在此期限内；

（三）该人在已经离开请求方后又自愿回到该方。

第十六条　移交财物

一、如果请求方提出请求，被请求方应当在本国法律允许的范围内，扣押在其境内发现的犯罪所得、犯罪工具以及可作为证据的财物，并且在同意引渡的情况下，将这些财物移交给请求方。

二、在同意引渡的情况下，即使因为被请求引渡人死亡、失踪或者脱逃而无法实施引渡，本条第一款提到的财物仍然可以移交。

三、被请求方为审理其他未决刑事诉讼案件，可以推迟移交上述财物直至诉讼终结，或者在请求方承诺返还的条件下临时移交这些财物。

四、移交上述财物不得损害被请求方或者任何第三方对该财物的合法权益。如果存在此种权益，请求方应当在诉讼结束之后尽快将被移交的财物无偿返还给被请求方或者该第三方。

第十七条　过境

一、一方从第三国引渡人员需经过另一方领土时，应当向另一方提出过境请求。如果使用航空运输并且没有在另一方领土内降落的计划，则无需提出过境请求。

二、被请求方在不违反其法律的情况下，应当同意请求方提出的过境请求。

第十八条　通报结果

请求方应当根据被请求方的要求，及时向被请求方通报有关对被引渡人进行刑事诉讼、执行刑罚或者将该人再引渡给第三国的情况。

第十九条　费用

在被请求方的引渡程序中产生的费用应当由被请求方承担。与移交和接收被引渡人有关的交通费用和过境费用应当由请求方承担。

第二十条　与其他条约的关系

本条约不影响双方根据双方均为缔约方的其他条约开展引渡合作。

第二十一条　争议的解决

由于本条约的解释或者适用所产生的任何争议，应当通过外交途径协商解决。

第二十二条　生效、修订和终止

一、双方各自完成使条约生效的必要国内程序后，应当通过外交照会通知对方。本条约自收到后一份照会之日起第 30 天生效。

二、本条约可以经双方书面协议随时予以修订。

三、任何一方可以通过外交途径，以书面形式通知终止本条约。本条约自该通知发出之日后第 180 天终止。

四、本条约适用于其生效后提出的任何请求，即使有关犯罪发生于本条约生效前。

下列签署人经各自政府适当授权，签署本条约，以昭信守。

本条约于二〇一二年十二月二十日订于北京，一式两份，每份均用中文、波斯尼亚文、克罗地亚文、塞尔维亚文和英文写成，五种文本同等作准。如遇解释上的分歧，以英文本为准。

中华人民共和国代表　　　　　　波斯尼亚和黑塞哥维那代表

杨洁篪　　　　　　　　　　巴里沙·乔拉克

（签字）　　　　　　　　　　　（签字）

中华人民共和国和意大利共和国引渡条约[*]

中华人民共和国和意大利共和国（以下称双方），在相互尊重主权和平等互利的基础上，为促进两国在打击犯罪方面的有效合作，决定缔结本条约，并达成协议如下：

第一条　引渡义务

双方有义务根据本条约的规定，应对方请求，相互引渡在一方发现的被另一方通缉的人员，以便对其进行刑事诉讼或者执行徒刑。

第二条　可引渡的犯罪

一、根据双方法律构成犯罪的行为，并且符合下列条件之一的，应当是可引渡的犯罪：

（一）为进行刑事诉讼而请求引渡的，根据双方法律，对于该犯罪均可判处一年以上徒刑；

（二）为执行徒刑而请求引渡的，在提出引渡请求时，尚未服完的刑期至少为六个月。

二、根据本条第一款确定某一行为是否根据双方法律均构成犯罪时，不应考虑双方法律是否将该行为归入同一犯罪种类或者使用同一罪名。

三、如果引渡请求涉及两个以上根据双方法律均构成犯罪的行为，只要其中有一项行为符合本条第一款规定的条件，被请求方即可以针对上述各项行为同意引渡。

四、如果引渡请求所针对的犯罪涉及赋税、关税、外汇管制或者其他税务事项，被请求方不得单独以其法律没有规定同类赋税、关税、外汇管制或者其他税务事项的条款为由拒绝引渡。

第三条　应当拒绝引渡的理由

有下列情形之一的，应当拒绝引渡：

（一）如果引渡请求所针对的犯罪是政治犯罪，或者被请求方已经给予被请求引渡人受庇护的权利。为此目的，恐怖主义犯罪不能被视为政治性质的犯罪，

＊ 此条约于 2010 年 10 月 7 日签署，于 2011 年 12 月 31 日批准，于 2015 年 12 月 13 日生效。

双方均为缔约国的国际条约、公约和协定不认为是政治犯罪的也应除外；

（二）被请求方有充分理由认为，请求引渡的目的是基于被请求引渡人的种族、性别、宗教、国籍或者政治见解而对该人进行起诉或者处罚，或者该人在司法程序中的地位将会因为上述任何原因受到损害；

（三）引渡请求所针对的犯罪根据被请求方法律仅构成军事犯罪；

（四）如果引渡请求所针对的犯罪已经在被请求方被个案赦免或普遍赦免，或受其他情况影响，导致该犯罪或判决不复存在；

（五）被请求方已经对被请求引渡人就引渡请求所针对的犯罪作出生效判决或者终止刑事诉讼程序；

（六）如有充分理由相信，被请求引渡人在请求方就引渡请求所针对的犯罪曾经遭受或者可能遭受酷刑或者其他残忍、不人道或者有辱人格的待遇或者处罚；

（七）如果准予引渡可能会损害被请求方的主权、安全、公共秩序或其他重大利益，或者导致与其本国法律基本原则相抵触的后果，包括被请求方法律禁止的刑罚种类的执行。

第四条　可以拒绝引渡的理由

有下列情形之一的，可以拒绝引渡：

（一）被请求方根据本国法律对引渡请求所针对的犯罪具有刑事管辖权，并且被请求引渡人因该犯罪正在或将要被提起刑事诉讼；

（二）被请求方在考虑了犯罪的严重性和请求方利益的情况下，认为由于被请求引渡人的年龄、健康等原因，引渡不符合人道主义考虑。

第五条　国民不引渡

一、双方均有权拒绝引渡本国国民。

二、如果不同意引渡，被请求方应当根据请求方的请求，将该案件提交主管机关以便根据国内法提起刑事诉讼。为此目的，请求方应当向被请求方提供证据、文件或任何其他由其掌握的有用材料。

三、被请求方应当迅速将请求的结果通知请求方。

第六条　指定机关

为本条约的目的，双方指定转递引渡请求并且彼此进行直接联系的机关是中华人民共和国外交部和意大利共和国司法部。

第七条　引渡请求及所需文件

一、引渡请求必须以书面形式提出并包含：

（一）请求机关的名称；

（二）被请求引渡人的姓名、出生日期、性别、国籍、职业、住所地或居所地、身份证件的详情以及其他有助于确定其身份和可能所在地的资料；如有可能，有关其外表特征的描述，该人的照片和指纹；

（三）引渡请求所针对的犯罪事实的说明，包括犯罪的时间、发生的地点、行为和结果；

（四）该项犯罪的罪名、可能被判处的刑罚以及有关刑事管辖权的法律规定；

（五）有关追诉时效或者执行判决期限的法律规定。

二、除本条第一款规定外，

（一）旨在对被请求引渡人进行刑事诉讼的引渡请求还应当附有请求方主管机关签发的经核正无误的逮捕证的副本；

（二）旨在对被请求引渡人执行刑罚的引渡请求还应当附有经核正无误的生效判决书的副本和关于已经执行刑期的说明。

三、请求方根据本条第一款和第二款提交的引渡请求书和其他有关文件，应当由请求方的主管机关正式签署或者盖章，并应当附有被请求方文字的译文，但双方另有约定的除外。

第八条　补充材料

一、如果请求方为引渡请求所提交的材料不足以使被请求方根据本条约作出决定，被请求方可要求请求方在四十五天内提供必要的补充材料。

二、未能在本条第一款所规定的期限内提交补充材料应当被视为放弃请求，但是不妨碍请求方就同一犯罪对同一人重新提出引渡请求。

第九条　临时羁押

一、在紧急情况下，请求方可以为提出引渡请求的目的，请求临时羁押被请求引渡人。此种请求可以通过本条约第六条规定的指定机关、国际刑事警察组织或者双方同意的其他途径以书面形式提出。

二、临时羁押请求应当包括本条约第七条所列内容，并说明即将提出正式引渡请求。

三、被请求方应当将请求的结果迅速通知请求方。

四、如果被请求引渡人被羁押三十天后，被请求方指定机关仍未收到正式引渡请求，临时羁押和任何可能有的强制措施应当被解除。经请求方合理要求，上述期限可以延长十五天。

五、如果被请求方随后收到了正式的引渡请求，则根据本条第四款解除的临时羁押不妨碍对被请求引渡人的引渡。

第十条　对引渡请求作出决定

一、被请求方应当根据本国法律规定的程序处理引渡请求，并且迅速将决定通知请求方。

二、被请求方如果全部或者部分拒绝引渡请求，应当将理由告知请求方。

第十一条　移交被引渡人

一、如果被请求方同意引渡，双方应当迅速商定执行引渡的时间、地点等有关事宜。移交被请求引渡人的期限应为请求方收到同意引渡的通知之日起四十天。

二、如果请求方未在本条第一款规定的期限内接收被引渡人，被请求方应当立即释放该人，并且可以拒绝请求方就同一犯罪再次提出的引渡该人的请求，但本条第三款另有规定的除外。

三、如果一方因为其无法控制的原因不能在商定的期间内移交或者接收被引渡人，应当立即通知另一方。双方应当再次商定移交的日期，并适用本条第二款的规定。

四、被引渡人在请求方的刑事诉讼终结或者服刑完毕之前逃回被请求方的，该人可以根据请求方就同一犯罪再次提出的引渡请求被重新引渡，请求方无需提交本条约第七条所规定的文件。

第十二条　暂缓移交和临时移交

一、如果被请求引渡人正在被请求方因为引渡请求所针对的犯罪之外的犯罪被提起刑事诉讼或者服刑，被请求方可以在作出同意引渡的决定后，暂缓引渡该人直至诉讼终结或者服刑完毕。被请求方应当将暂缓引渡事项通知请求方。

二、但是，经请求方请求，被请求方在本国法律允许范围内，可以将被请求引渡人临时移交给请求方，以便其开展正在进行的刑事诉讼。双方应商定临时移交的时间和方式。被临时移交人在请求方境内期间应当羁押并且在商定的期限内应被送还给被请求方。上述羁押的时间应该计算在被请求方尚未执行的刑期内。

第十三条　数国提出的引渡请求

如果被请求方收到请求方和其他一个或多个国家同时对同一人就同一犯罪或者不同犯罪提出的引渡请求时，被请求方在决定向哪一方引渡该人时，应当考虑所有相关情形，特别是如下情形：

（一）请求是否根据条约提出；

（二）各种犯罪的严重性；

（三）犯罪发生的时间和地点；

（四）被请求引渡人的国籍和通常的居住地；

（五）各项请求提出的先后；

（六）再向第三国引渡的可能性。

第十四条　特定规则

一、除同意引渡所针对的犯罪外，请求方对于根据本条约被引渡的人，不得就该人在引渡前所实施的其他犯罪进行刑事诉讼或者执行刑罚，除非：

（一）被请求方同意。在这种情况下，被请求方可以要求请求方提供本条约第七条所规定的文件或者材料；

（二）该人在可以自由离开请求方之日后的三十天内未离开。但是由于其无法控制的原因未能离开请求方的时间不计算在此期限内；

（三）该人在离开请求方后又自愿回到该国。

二、除上述第（二）项和第（三）项外，被请求引渡人被引渡到请求方后，第三国因该人被移交前的犯罪向请求方请求引渡该人，请求方应征得被请求方的同意。被请求方可以要求提交本条约第七条所规定的文件和材料。

第十五条　移交物品

一、应请求方请求，被请求方应当在本国法律允许的范围内，扣押在其境内发现的犯罪所得、犯罪工具以及可作为证据的物品，并且在同意引渡的情况下，将这些物品移交给请求方。

二、在同意引渡的情况下，即使因为被请求引渡人死亡、失踪或者脱逃而无法实施引渡，本条第一款提到的物品仍然可以移交。

三、被请求方为审理其他未决刑事诉讼案件，可以推迟移交上述财物直至诉讼终结，或者在请求方承诺返还的条件下临时移交这些物品。

四、移交上述物品不得损害被请求方或者任何第三方对该物品的合法权益。如果存在此种权益，请求方应当在诉讼结束之后尽快将被移交的物品无偿返还给被请求方或者第三方。

第十六条　过境

一、任何一方，在不违反本国法律的情况下，应当批准另一方从第三国引渡人员从本国领土过境。

二、申请过境的一方应通过指定机关向过境方提交过境请求，过境请求应包含对过境人的描述和案件事实的简要介绍。

三、如果采用航空运输且没有在过境方降落的计划，则无需获得同意。如果发生未计划的降落，只要过境方在九十六小时内收到过境请求，过境方应当羁押过境人直至完成过境。

第十七条 通报结果

请求方应当根据被请求方的要求，迅速向被请求方通报有关对被引渡人进行刑事诉讼、执行刑罚或者将该人再引渡给第三国的情况。

第十八条 费用

一、被请求方应当为引渡请求产生的程序作出必要安排，并承担相应费用。

二、被请求方应当承担在其境内逮捕被请求引渡人、在移交给请求方前羁押该人以及扣押和保管本条约第十五条所提及的物品的有关费用。

三、请求方应当承担将被引渡人及扣押的任何物品从被请求方运往请求方而产生的费用。

第十九条 与其他条约的关系

本条约不影响双方根据双方均为缔约方的其他条约开展引渡合作。

第二十条 争议的解决

由于本条约的解释或者适用所产生的任何争议，应当通过外交途径协商解决。

第二十一条 生效、修订和终止

一、双方应当相互正式通知已完成各自国内批准程序，本条约自收到后一份通知之日后第三十天生效。

二、本条约可以经双方书面协议随时予以修订。此类修订应当按照本条第一款规定的相同程序生效，并构成本条约的一部分。

三、本条约的有效期不受限制。任何一方可以随时通过外交途径，以书面形式通知另一方终止本条约。本条约在该通知发出之日后第一百八十天终止。本条约的终止不影响条约终止前已经开始的引渡程序。

四、本条约适用于其生效后提出的任何请求，即使有关犯罪发生于本条约生效前。

下列签署人经各自政府适当授权，签署本条约，以昭信守。

本条约于二〇一〇年十月七日订于罗马，一式两份，每份均用中文、意大利文和英文写成，三种文本同等作准。如遇解释上的分歧，以英文本为准。

中华人民共和国代表　　　　　　　　　　意大利共和国代表

　　　杨洁篪　　　　　　　　　　　　安杰利诺·阿尔法诺

中华人民共和国和澳大利亚引渡条约*

中华人民共和国和澳大利亚（以下简称双方），

希望在相互尊重主权和平等互利的基础上，缔结引渡条约促进两国在打击犯罪方面的有效合作，

达成协议如下：

第一条 引渡义务

缔约一方同意根据本条约的规定，应另一方请求，将在其境内发现的为了就可引渡的犯罪进行起诉、判刑或者执行判决而被通缉的任何人引渡给另一方。

第二条 可引渡的犯罪

一、为本条约目的，可引渡的犯罪是指根据提出请求时缔约双方的现行法律可判处一年或者一年以上监禁或者更重刑罚的任何罪名的犯罪。

二、如果引渡请求涉及因可引渡的犯罪被定罪并且为了执行监禁的判决而被通缉的人，只有在尚须服刑的期限至少为六个月时才应同意引渡。

三、为本条目的，在决定一项犯罪是否是违反双方法律的犯罪时：

（一）不应考虑双方法律是否将构成该犯罪的行为归入同一犯罪种类或者使用同一罪名；

（二）应作为一个整体考虑被请求引渡人受到指控的行为，而不论双方法律对犯罪的构成要件的说明是否不同；

（三）当一项犯罪涉及税收、关税、外汇管制或者其他财税事项时，不应考虑被请求方法律未涉及相同的税收、关税、外汇管制或者财税事项。

四、如果引渡请求涉及两个以上的犯罪，只要至少一项犯罪是本条第一款规定的可引渡的犯罪，被请求方在不违反其国内法的情况下，可以就所有犯罪同意引渡。

五、当犯罪发生在请求方境外时，如果被请求方法律对类似情况下发生在其境外的犯罪规定了刑罚，则应同意引渡。

---

* 此条约于 2007 年 9 月 6 日签署，于 2008 年 4 月 24 日批准。

第三条 应当拒绝引渡的理由

有下列情形之一的，应当拒绝引渡：

（一）被请求方认为引渡请求所针对的犯罪是政治犯罪；

（二）被请求方有充分理由认为，请求引渡的目的是基于被请求引渡人的种族、性别、语言、宗教、国籍、政治见解或者个人身份而对该人进行刑事诉讼或者执行刑罚，或者该人在司法程序中的地位可能因为上述任何原因受到损害；

（三）引渡请求所针对的犯罪仅构成军事犯罪；

（四）该人就请求引渡他的犯罪已被最终定罪、无罪释放或者被赦免，或者已接受被请求方法律规定的处罚；

（五）根据任何一方的法律，被请求引渡人由于时效已过的原因，已经被免予追诉；

（六）根据请求方法律，被请求引渡人可能因引渡请求所针对的犯罪被判处死刑，除非请求方保证不判处死刑，或者在判处死刑的情况下不执行死刑；

（七）被请求方有充分理由认为被请求引渡人在请求方曾经遭受或者可能将会遭受酷刑或者其他残忍、不人道或者有辱人格的待遇或者处罚的；

（八）请求方根据缺席判决提出引渡请求，并且没有保证在引渡后重新进行审理；

（九）被指控的行为在发生时不构成违反请求方法律的犯罪。

第四条 可以拒绝引渡的理由

有下列情形之一的，可以拒绝引渡：

（一）被请求方根据其国内法对引渡请求所针对的犯罪具有管辖权，并且正在对被请求引渡人就该犯罪进行刑事诉讼，或者准备提起刑事诉讼；

（二）被请求方已决定不就引渡请求所针对的犯罪起诉该人；

（三）被请求方在考虑到犯罪的严重性和请求方利益的情况下，认为就被请求引渡人的年龄、健康和其他个人情况而言，引渡该人不符合人道主义的考虑；

（四）该人在被引渡到请求方后将会受到特别法庭的审判；

（五）引渡请求所针对的犯罪发生在双方境外，并且被请求方法律对类似情况下发生在其境外的犯罪未规定管辖权。

第五条 国民的引渡

一、双方均有权拒绝引渡本国国民。

二、如果被请求方以国籍为由拒绝引渡，被请求方应当根据请求方的请求，将该案件提交主管机关以便根据其国内法提起刑事诉讼。为此目的，请求方应当向被请求方提供与该案件有关的文件和证据。

第六条　联系途径

一、为本条约的目的，双方应当通过各自指定的机关进行联系，但本条约另有规定的除外。

二、本条第一款所述的指定的机关，在中华人民共和国方面是外交部，在澳大利亚方面是澳大利亚政府司法部。

第七条　引渡请求及所需文件

一、引渡请求应当通过外交途径以书面形式提交。引渡请求以及所有辅助文件应当根据第八条进行认证。

二、引渡请求应当包括或者附有：

（一）请求机关的名称；

（二）被请求引渡人的姓名、年龄、性别、国籍、身份证件、职业、住所地或者居所地，以及其他有助于确定该人身份和可能的所在地点的资料；如有可能，有关该人外表的描述及其照片和指纹；

（三）关于引渡请求所针对的各项犯罪的说明，以及该人就上述各项犯罪而受到指控的行为的说明；

（四）有关确立该犯罪的刑事管辖权、定罪和规定就该犯罪可判处的刑罚的法律条文；

（五）有关追诉时效或者执行判决期限的法律条文。

三、除了本条第二款的规定外，

（一）旨在对被请求引渡人进行刑事诉讼的引渡请求还应当附有请求方主管机关签发的逮捕证的副本；

（二）旨在对被请求引渡人执行刑罚的引渡请求还应当附有已经生效的法院判决书的副本和关于已经执行刑期的说明；

（三）针对已经被定罪但未被判刑的人员的引渡请求还应当附有已经生效的法院判决书的副本和准备判刑的说明。

四、引渡请求及其辅助文件应当附有被请求方文字的译文。

五、请求方还应当提供引渡请求和辅助文件的三份复印件。

第八条　认证

为本条约目的，下列文件是已经认证的文件：

（一）由请求方司法官员或者官员签字或者证明的文件；

（二）由请求方主管机关或者官员加盖公章的文件。

第九条　补充材料

一、如果被请求方认为，为支持引渡请求而提供的材料不足以使其根据本条约同意引渡，被请求方可以要求在四十五天内或者双方同意的更短的时间内提交补充材料。

二、如果被请求引渡人已经被逮捕或者被以其他方式限制人身自由，并且根据本条约提交的补充材料仍不足够，或者未在指定时间内收到补充材料，对该人的羁押和其他方式的限制可予解除。但上述释放不妨碍请求方重新提出引渡该人的请求。

三、如果根据本条第二款释放该人，被请求方应当尽早通知请求方。

第十条　引渡拘留

一、在紧急情况下，请求方可以在提出引渡请求前请求引渡拘留被请求引渡人。上述请求可以通过本条约第六条规定的途径、国际刑事警察组织或者双方同意的其他途径以书面形式提出。请求可以通过包括电子方式在内的能出具书面记录并可供被请求方核实其真实性的任何方式传递。

二、引渡拘留请求应当包括第七条第二款所列的材料和文件，已经备有该条第三款所列文件的说明，以及随后将提出正式引渡请求的说明。

三、被请求方收到上述请求后，可以采取必要措施拘留被请求引渡人，并将对该请求的处理结果及时通知请求方。

四、如果被请求方未收到附有第七条所列文件的引渡请求，根据上述请求被拘留的人可以在拘留之日起四十五天后予以释放。

五、如果后来收到引渡请求，根据本条第四款对该人的释放不妨碍启动对被请求引渡人的引渡程序。

第十一条　数国提出的引渡请求

一、当收到包括请求方在内的两个以上国家就同一人提出的引渡请求时，被请求方应当决定向其中的哪一国引渡该人，并应当向各请求国通知其决定。

二、在决定向哪一国引渡该人时，被请求方应当考虑所有相关情况，特别是如下情况：

（一）如果请求涉及不同犯罪，有关犯罪的相对严重性；

（二）每项犯罪发生的时间和地点；

（三）各项请求的日期；

（四）该人的国籍；

（五）该人通常的居住地；

（六）将该人引渡给第三国的可能性。

第十二条　对引渡请求作出决定

一、被请求方应当根据其国内法规定的程序处理引渡请求，并将其决定及时通知请求方。

二、如果被请求方全部或者部分拒绝引渡请求，应当将拒绝的理由通知请求方。

三、被请求方在拒绝引渡前，应当在适当时与请求方磋商，以便为请求方提供足够的机会表达意见和提出有关其请求的材料。

第十三条 移交被引渡人

一、如果被请求方同意引渡，双方应当商定移交该人的时间、地点和其他有关事宜。被请求方应当在其境内对于请求方便利的离境点将该人移交请求方。被请求方应当将被引渡人在移交前已经被羁押的时间告知请求方。

二、如果请求方在商定移交该人之日后的十五天内未接收被引渡人，被请求方可以立即释放该人，并且可以拒绝请求方就同一犯罪再次提出的引渡该人的请求，但本条第三款另有规定的除外。

三、如果缔约一方因为其无法控制的原因不能移交或者接走被引渡人，应当通知缔约另一方。双方应当再次商定移交该人的有关事宜，并应当适用本条第二款的规定。

第十四条 移交财物

一、如果请求方提出请求，被请求方应当在其国内法允许的范围内，扣押在其境内发现的犯罪所得、犯罪工具以及可作为证据的其他财物，并且在同意引渡的情况下，将这些财物移交请求方。

二、在同意引渡的情况下，即使因为被请求引渡人死亡、失踪或者脱逃而无法实施引渡，本条第一款提及的财物仍应当移交。

三、移交上述财物不应损害被请求方或者任何第三方对该财物的合法权利。如果存在此种权利，请求方应当根据被请求方的请求，在诉讼终结后尽快将被移交的财物无偿返还被请求方。

四、被请求方为了进行其他未决刑事诉讼程序，可以暂缓移交上述财物直至诉讼终结，或者在请求方返还的条件下临时移交上述财物。

第十五条 暂缓引渡和临时引渡

一、如果被请求方正在对被请求引渡人就引渡请求未涉及的犯罪进行诉讼或者准备提起诉讼，或者该人正因为上述犯罪在被请求方服刑，被请求方可以在作出同意引渡的决定后，暂缓引渡该人直至诉讼终结或者服刑完毕。被请求方应当将暂缓引渡事项通知请求方。

二、如果本条第一款提及的暂缓引渡会严重妨碍请求方对引渡请求所针对的犯罪的起诉或者调查，被请求方可以在本国法律允许的范围内，根据双方商定的条件，将被请求引渡人临时引渡给请求方。请求方应当在有关程序终结后，立即将该人送还被请求方。

三、如果被请求方认为，因被同意引渡人患有严重疾病，将其从被请求方送往请求方会严重危及其生命，对该人的引渡可予推迟，直至被请求方认为这一危险已得到充分缓解。被请求方应当将暂缓引渡事项通知请求方。

第十六条　特定规则

一、在不影响本条第二款的情况下，根据本条约被引渡的人不应当因其在引渡前所犯的任何犯罪而在请求方境内受到羁押、起诉或者执行刑罚，但下列犯罪除外：

（一）同意引渡的犯罪；

（二）基于与同意引渡的犯罪相同的事实，并且可判处与该犯罪相同或者更轻的刑罚的其他可引渡的犯罪；

（三）被请求方同意的任何其他可引渡的犯罪。寻求被请求方同意的请求应当附有第七条提及的、被请求方要求的文件，以及被引渡人关于该犯罪的陈述。

二、本条第一款不适用于下列情况：

（一）该人在可以自由离开的情况下，在三十天内未离开请求方领土，但是，该人由于自己无法控制的原因而未能离开请求方领土的时间不应当包括在内；

（二）该人离开后又自愿返回请求方领土。

第十七条　引渡给第三国

一、如果被请求方已将某人引渡至请求方，请求方不应当就该人在引渡前所实施的犯罪将其引渡给第三国，但下列情况除外：

（一）被请求方同意引渡；

（二）该人在可以自由离开的情况下，在三十天内未离开请求方领土，但是，该人由于自己无法控制的原因而未能离开请求方领土的时间不应当包括在内；

（三）该人离开后又自愿返回请求方领土。

二、寻求被请求方同意的请求应当附有第七条提及的被请求方要求的文件，以及被引渡人关于该犯罪的陈述。

第十八条　过境

一、一方从第三国引渡人员需经过另一方领土时，前一方应当向后一方提出同意过境的请求。如果使用航空运输并且没有在后一方境内降落的计划，则无需获得同意。

二、被请求方在不违反其基本利益或者国内法的情况下，应当同意请求方提出的过境请求。

三、在符合被请求方法律的情况下，同意该人过境可以包括同意在过境期间对该人予以羁押。

第十九条　通报

请求方应当及时向被请求方通报对被引渡人进行刑事诉讼、执行刑罚或者将该人再引渡给第三国的有关情况。

第二十条　费用

一、被请求方应当为因引渡请求而产生的任何诉讼程序作出所有必要安排，并且应当代表请求方利益。

二、在被请求方的引渡程序中产生的费用应当由被请求方承担。与移交和接收被引渡人有关的交通费用和过境费用应当由请求方承担。

第二十一条　与多边公约的关系

本条约不应当影响双方根据任何多边公约所享有的权利和承担的义务。

第二十二条　争议的解决

一、根据任何一方的请求，双方应当就本条约的解释、适用或者实施及时进行磋商，而不论涉及一般性问题还是特定案件。

二、由于本条约的解释、适用或者实施而产生的争议，应当通过外交途径协商解决。

第二十三条　生效和终止

一、缔约一方完成本条约生效所需的一切必要程序后，应当通过外交照会通知另一方。本条约自后一份照会发出之日起第三十天生效。

二、本条约适用于其生效后提出的任何请求，即使有关犯罪发生于本条约生效前。

三、任何一方可以随时通过外交途径，以书面形式通知另一方终止本条约。本条约自该通知发出之日后第一百八十天失效。本条约的终止不影响条约终止前已经开始的引渡程序。

下列签字人经各自政府正式授权签署本条约，以昭信守。

本条约于二〇〇年九月六日在悉尼签署，每份均用中文和英文写成，两种文本同等作准。

中华人民共和国代表　　　　　　　　　　澳大利亚代表

杨洁篪　　　　　　　　　　　　　菲利普·拉多克

中华人民共和国和印度尼西亚共和国引渡条约 *

中华人民共和国和印度尼西亚共和国（以下称双方），希望在相互尊重主权和平等互利的基础上，促进两国在打击犯罪方面的有效合作，达成协议如下：

第一条　引渡义务

双方有义务根据本条约的规定，相互引渡在一方境内发现的被另一方通缉的人员，以便对该人进行刑事诉讼或者执行刑罚。

第二条　可引渡的犯罪

一、只有在引渡请求所针对的行为根据双方法律均构成犯罪，并且符合下列条件之一时，才能同意引渡：

（一）为进行刑事诉讼而请求引渡的，根据双方法律，对于该犯罪均可判处一年以上有期徒刑或者更重的刑罚；

（二）为执行刑罚而请求引渡的，在提出引渡请求时，被请求引渡人尚未服完的刑期至少为 6 个月。

二、为本条目的，在确定某一行为是否根据双方法律均构成犯罪时：

（一）不应考虑双方法律是否将构成该犯罪的行为归入同一犯罪种类或者使用同一罪名；

（二）应当考虑被请求引渡人受到指控的行为的整体，而不必顾及双方法律规定的犯罪构成要件。

三、如果引渡请求涉及多项根据双方法律均应受到处罚的犯罪，但其中某些犯罪不符合本条第一款规定的其他条件，只要将会针对至少一项可引渡的犯罪引渡被请求引渡人，即可以针对上述所有犯罪同意引渡。

四、如果请求引渡系针对违反税收、关税、外汇管制或者其他财税方面的法律的犯罪，不得以被请求方法律未征收同类的税收或者关税，或者未包括和请求方法律中相同的税收、关税或者外汇管制的规定为理由拒绝引渡。

第三条　应当拒绝引渡的理由

根据本条约，有下列情形之一的，应当拒绝引渡：

---

* 此条约于 2009 年 7 月 1 日签署，于 2010 年 4 月 29 日批准。

（一）被请求方认为引渡请求所针对的犯罪是政治犯罪；

（二）被请求方有充分理由认为，请求引渡的目的是基于被请求引渡人的种族、宗教、国籍、民族、出身、政治见解、性别或者身份而对该人进行刑事诉讼或者执行刑罚，或者该人可能因为上述任何原因在司法程序中受到不公正待遇；

（三）根据被请求方法律，引渡请求所针对的犯罪仅构成军事犯罪；

（四）根据任何一方的法律，被请求引渡人由于时效已过或者被赦免等原因，已经不能被追诉或者不能被执行刑罚；

（五）被请求方已经对被请求引渡人就引渡请求所针对的犯罪作出最终裁决或者终止司法程序；

（六）请求方根据缺席判决提出引渡请求，除非请求方保证在引渡后，被请求引渡人有权在其出庭的情况下进行重新审判。

第四条 可以拒绝引渡的理由

有下列情形之一的，可以拒绝引渡：

（一）被请求方根据国内法对引渡请求所针对的犯罪具有刑事管辖权，并且正在对被请求引渡人就该犯罪进行刑事诉讼或者准备提起刑事诉讼；

（二）被请求方在考虑到犯罪的严重性和请求方利益的情况下，认为由于被请求引渡人的个人情况，引渡该人不符合人道主义的考虑。

第五条 国民不引渡

一、双方均有权拒绝引渡本国国民。

二、如果不同意引渡，被请求方应当根据请求方的请求，将该案件提交主管机关以便根据国内法提起刑事诉讼。为此目的，请求方应当向被请求方提供与该案件有关的文件和证据。

三、对被请求引渡人国籍的认定应当以引渡请求所针对的犯罪发生时的国籍为准。

第六条 联系途径

为本条约目的，双方应当通过外交途径进行联系。

第七条 引渡请求及所需文件

一、请求方应当提交引渡请求书。引渡请求书应当包括：

（一）请求机关的名称；

（二）被请求引渡人的姓名、年龄、性别、国籍、身份证件的号码、职业、可能的所在地点，所掌握的有关该人外表的描述及其照片和指纹，以及其他有助于确定和查找该人的信息；

（三）犯罪事实的简要说明，包括犯罪时间、地点、行为和结果的说明；

（四）有关定罪和对该犯罪可判处刑罚的法律条文，以及有关追诉或者执行刑罚的时效的法律条文。

二、旨在对犯罪嫌疑人或者被告人进行刑事诉讼的引渡请求应当附有请求方主管机关签发的逮捕证或者其他与逮捕证具有同等效力的文件的副本。

三、旨在对被请求引渡人执行刑罚的引渡请求应当附有可执行的判决书的副本和关于已经执行刑期的说明。

四、被请求方根据本条第一款、第二款和第三款提交的引渡请求书和其他相关文件应当由请求方主管机关正式签署或者盖章，并且应当附有被请求方文字的译文。

第八条　补充材料

如果被请求方认为，为支持引渡请求而提供的材料不充分，被请求方可以要求在 30 天内或者双方同意的时间内提交补充材料。请求方在上述期限内未提供补充材料的，应当被视为自愿放弃请求。但这不应妨碍请求方对该人就同一犯罪重新提出引渡请求。

第九条　临时羁押

一、在紧急情况下，请求方可以在提出引渡请求前请求临时羁押被请求引渡人。上述请求可以通过本条约第六条规定的途径、国际刑事警察组织或者双方同意的其他途径以书面形式提出。

二、临时羁押的请求应当包括本条约第七条第一款所列的内容，并说明已经备有第七条第二款或者第三款所列文件，以及即将提出正式引渡请求。

三、被请求方应当将处理该请求的结果及时通知请求方。

四、如果被请求方主管机关在羁押被请求引渡人之后的 45 天内未收到正式引渡请求，则应当解除临时羁押。

五、如果被请求方后来收到了正式引渡请求，则根据本条第四款解除的临时羁押不应妨碍对被请求引渡人再次羁押以及开始引渡程序。

第十条　对引渡请求作出决定

一、被请求方应当根据本国法律规定的程序处理引渡请求，并且及时通过外交途径将决定通知请求方。

二、如果被请求方全部或者部分拒绝引渡请求，应当将拒绝理由通知请求方。

第十一条 移交被引渡人

一、如果被请求方同意引渡，双方应当商定执行引渡的时间、地点和其他有关事宜。被请求方应当将被引渡人在移交之前已经被羁押的时间告知请求方。

二、如果请求方在商定的执行引渡之日后的 30 天内未接收被引渡人，被请求方应当立即释放该人，并且可以拒绝请求方重新提出的就同一犯罪引渡该人的请求，但本条第三款另有规定的除外。

三、一方如果因为无法控制的原因不能在商定的期间内移交或者接收被引渡人，应当立即通知另一方。双方应当再次商定执行引渡的时间、地点和其他有关执行引渡的事宜。在此情况下，应适用本条第二款的规定。

第十二条 暂缓引渡和临时移交

一、如果被请求引渡人正在被请求方因为引渡请求所针对的犯罪之外的犯罪被提起刑事诉讼或者服刑，被请求方可以在作出同意引渡的决定后，暂缓引渡该人直至诉讼终结或者服刑完毕。被请求方应当将暂缓引渡事项通知请求方。

二、如果暂缓引渡可能给请求方的刑事诉讼造成严重障碍，被请求方可以在不妨碍其正在进行的刑事诉讼，并且请求方保证在完成相关诉讼后立即无条件将该人送还被请求方的情况下，应请求方的请求，临时移交被请求引渡人。

第十三条 数国提出引渡请求

如果被请求国收到两个或者两个以上国家就同一人的相同犯罪或者不同犯罪提出的引渡请求，在决定向哪一国引渡该人时，被请求国应当考虑所有相关因素，其中包括：

（一）是否根据条约提出请求；
（二）犯罪的严重程度；
（三）犯罪发生的时间和地点；
（四）该人的国籍和惯常居住地；
（五）各项请求的提出日期；
（六）随后将该人引渡给第三国的可能性。

第十四条 特定规则

除同意引渡所针对的犯罪外，请求方对于根据本条约被引渡的人，不得针对该人在引渡前所实施的其他犯罪进行刑事诉讼或者执行刑罚，也不得将其引渡给第三国，但是有下列情况之一的除外：

（一）被请求方事先同意。为此目的，被请求方可以要求提供本条约第七条所规定的文件和资料，以及被引渡人就有关犯罪所作的陈述；

（二）该人在可以自由离开请求方领土之日后的 30 天内未离开该方领土。但是由于其无法控制的原因未能离开请求方领土的时间不计算在此期限内；

（三）该人在离开请求方领土后又自愿回到该方领土。

第十五条　移交财物

一、如果请求方提出请求，被请求方应当在本国法律允许的范围内，扣押在其境内发现的犯罪所得、犯罪工具以及可作为证据的其他财物，并且在同意引渡的情况下，将这些财物移交给请求方。

二、在同意引渡的情况下，即使因为被请求引渡人死亡、失踪、脱逃或者任何其他原因而无法执行引渡，本条第一款提到的财物仍然可以移交。

三、被请求方为审理未决的其他刑事诉讼案件，可以推迟移交上述财物直至诉讼终结，或者在请求方承诺返还的条件下临时移交这些财物。

四、移交上述财物不得损害被请求方或者任何第三人对该财物的合法权利。如果存在此种权利，请求方应当根据被请求方的要求，在诉讼结束之后尽快将被移交的财物无偿返还给被请求方。

第十六条　过境

一、一方从第三国引渡人员需经过另一方领土时，应当请求另一方准许过境。如果使用航空运输并且没有在另一方领土内降落的计划，则无需提出过境请求。

二、被请求方在不违反本国法律的情况下，应当同意请求方提出的过境请求。

三、如果在另一方领土内发生计划外降落，过境应当依照第一款的规定办理。被请求方在收到过境请求前，可以在不违反本国法律的情况下，将被引渡人羁押 48 小时。

第十七条　通报结果

请求方应当及时向被请求方通报有关对被引渡人进行刑事诉讼、执行刑罚或者将该人再引渡给第三国的情况。

第十八条　费用

在被请求方的引渡程序中产生的费用应当由被请求方承担。与移交和接收被引渡人有关的交通费用和过境费用应当由请求方承担。

第十九条　与其他条约的关系

本条约不影响缔约双方根据任何其他条约享有的权利和承担的义务。

第二十条　争议的解决

由于本条约的解释或者适用所产生的任何争议，应当通过外交途径协商解决。

第二十一条　修正

本条约可以经双方书面协议随时予以修正。

第二十二条　生效和终止

一、双方完成使本条约生效的各自国内程序后，应当通过外交照会相互通知。本条约自后一份外交照会发出之日后第 30 天生效。

二、任何一方可以随时通过外交途径以书面形式通知终止本条约。本条约自该通知发出之日后第 180 天终止。本条约的终止不影响条约终止前已经开始的引渡程序。

三、条约适用于其生效后提出的任何请求，即使有关犯罪发生于本条约生效前。

下列签署人经各自政府正式授权，签署本条约，以昭信守。

本条约于二〇〇九年七月一日订于北京，一式两份，每份均用中文、印尼文和英文写成，三种文本同等作准。如遇解释上的分歧，以英文本为准。

中华人民共和国代表　　　　　　　　　印度尼西亚共和国代表
　　杨洁篪　　　　　　　　　　　　　　哈桑·维拉尤达

中华人民共和国和伊朗伊斯兰共和国引渡条约[*]

中华人民共和国和伊朗伊斯兰共和国（以下称双方），在相互尊重主权和平等互利的基础上，为促进两国在打击犯罪方面的有效合作，决定缔结本条约，并达成协议如下：

第一条　引渡义务

缔约一方有义务根据本条约的规定，应另一方请求，引渡在一方境内发现的被另一方通缉的人员，以便对其进行刑事诉讼或者执行刑罚。

第二条　可引渡的犯罪

一、只有在引渡请求所针对的行为根据双方法律均构成犯罪，并且符合下列条件之一时，才能同意引渡：

（一）为进行刑事诉讼而请求引渡的，根据双方法律，对于该犯罪均可判处 1 年以上有期徒刑或者更重的刑罚；

（二）为执行刑罚而请求引渡的，在提出引渡请求时，被请求引渡人尚未服完的刑期至少为 6 个月。

二、根据本条第一款确定某一行为是否根据双方法律均构成犯罪时，不应考虑双方法律是否将该行为归入同一犯罪种类或者使用同一罪名。

三、如果引渡请求涉及两个以上根据双方法律均构成犯罪的行为，只要其中有一项行为符合本条第一款规定的条件，被请求方即可以针对上述各项行为同意引渡。

第三条　联系途径

双方主管机关就引渡案件进行联系应当通过外交途径。

第四条　引渡请求及所需文件

一、引渡请求应当以书面形式提出并应当包括或者附有：

（一）请求机关的名称；

（二）被请求引渡人的姓名、年龄、性别、国籍、身份证件、职业、住所地

＊ 此条约于 2012 年 9 月 10 日签署，于 2014 年 12 月 28 日批准。

和居住地以及其他有助于确定其身份和可能所在地的资料；如果有可能，有关其外表的描述，该人的照片和指纹；

（三）案件说明，包括对犯罪行为及其结果的概述；

（四）有关该项犯罪的刑事管辖权、定罪和刑罚的法律规定；

（五）有关追诉时效或者执行判决期限的法律规定。

二、除本条第一款规定外，

（一）旨在对被请求引渡人进行刑事诉讼的引渡请求还应当附有请求方主管机关签发的逮捕证副本；

（二）旨在对被请求引渡人执行刑罚的引渡请求还应当附有发生法律效力的法院判决书的副本和关于已经执行刑期的说明。

三、引渡请求书及其辅助文件，应当签署或者盖章，并应当附有被请求方文字或者英文译文。

第五条　补充材料

如果被请求方认为，为支持引渡请求所提供的材料不充分，可以要求在 30 天内提交补充材料。如果请求方提出合理要求，这一期限可以延长 15 天。如果请求方未在该期间内提交补充材料，应当被视为自动放弃请求，但是不妨碍请求方就同一犯罪重新提出引渡请求。

第六条　应当拒绝引渡的理由

有下列情形之一的，应当拒绝引渡：

（一）被请求方认为引渡请求所针对的犯罪是政治犯罪，或者被请求方已经给予被请求引渡人受庇护的权利；

（二）被请求方有充分理由认为，请求引渡的目的是基于被请求引渡人的种族、性别、宗教、国籍或者政治见解而对该人进行追诉或者处罚，或者该人在司法程序中的处境将会因为上述任何原因受到损害；

（三）引渡请求所针对的犯罪仅构成军事犯罪；

（四）在被请求方收到引渡请求时，被请求引渡人是被请求方国民；

（五）根据任何一方的法律，由于时效已过或者赦免等原因，被请求引渡人已经被免于刑事责任；

（六）被请求方已经对被请求引渡人就引渡请求所针对的犯罪作出生效判决或者终止刑事诉讼程序；

（七）请求方根据缺席判决提出引渡请求，但请求方保证被请求引渡人有机会在其出庭的情况下对案件进行重新审理的除外。

第七条　可以拒绝引渡的理由

有下列情形之一的，可以拒绝引渡：

（一）被请求方根据本国法律对引渡请求所针对的犯罪具有刑事管辖权，并且正在对被请求引渡人就该犯罪进行刑事诉讼或者准备提起刑事诉讼；

（二）由于被请求引渡人的年龄、健康和其他原因，引渡不符合人道主义考虑。

第八条　在被请求方提起刑事诉讼的义务

如果被请求方根据本条约第六条第（四）项不同意引渡，被请求方应当根据请求方的要求，将该案件提交其主管机关以便根据其本国法律提起刑事诉讼。为此目的，请求方应当向被请求方提供与该案件有关的文件和证据。

第九条　临时羁押

一、在紧急情况下，一方可以在提出引渡请求前，请求另一方临时羁押被请求引渡人。此种请求可以通过本条约第三条规定的途径、国际刑事警察组织或者双方同意的其他途径以书面形式提出。

二、临时羁押请求应当包括本条约第四条第一款所列内容，已经备有该条第二款所列文件的说明，以及随后将提出正式引渡请求的说明。

三、被请求方应当将处理该请求的结果及时通知请求方。

四、如果被请求方主管机关在羁押被请求引渡人之后的 30 天内未收到正式引渡请求，应当解除临时羁押。经请求方合理要求，上述期限可以延长 15 天。

五、如果被请求方后来收到了正式的引渡请求，则根据本条第四款解除的临时羁押不应妨碍对被请求引渡人的引渡。

第十条　对引渡请求作出决定

一、被请求方应当根据本国法律规定的程序处理引渡请求，并及时将决定通知请求方。

二、如果被请求方全部或者部分拒绝引渡请求，应当将拒绝的理由告知请求方。

第十一条　移交被引渡人

一、如果被请求方同意引渡，双方应当商定执行引渡的时间、地点和其他有关事宜。被请求方应当将被引渡人在移交之前已经被羁押的时间告知请求方。

二、如果请求方在商定的执行引渡之日后的 15 天内未接收被引渡人，被请求方应当立即释放该人，并且可以拒绝请求方就同一犯罪再次提出的引渡该人的请求，但本条第三款另有规定的除外。

三、如果一方因为其无法控制的原因不能在商定的期间内移交或者接收被引渡人，应当立即通知另一方。双方应当再次商定执行引渡的有关事宜，并适用本条第二款的规定。

第十二条　暂缓引渡和临时引渡

一、如果被请求引渡人正在被请求方因为引渡请求所针对的犯罪之外的犯罪被提起刑事诉讼或者服刑，被请求方可以在作出同意引渡的决定后，暂缓引渡该人直至诉讼终结或者服刑完毕。被请求方应当将暂缓引渡事项通知请求方。

二、如果本条第一款提及的暂缓引渡将导致追诉时效已过或者阻碍请求方对引渡请求所针对的犯罪的侦查，被请求方可以在本国法律允许的范围内，根据双方商定的条件向请求方临时引渡该人。请求方应当在完成有关程序后立即将该人送还被请求方。

第十三条　数国提出的引渡请求

如果一个以上的国家就同一犯罪或者不同犯罪同时提出引渡请求，被请求方应当在考虑所有情况，特别是犯罪的相对严重性、实施犯罪的地点、各项请求的日期、被请求引渡人的国籍以及随后向另一国引渡的可能性等情况后作出决定。

第十四条　特定规则

一、除同意引渡所针对的犯罪外，请求方对于根据本条约被引渡的人，不得就该人在移交前所实施的其他犯罪进行刑事诉讼或者执行刑罚，也不能将其引渡给第三国，但是下列情况除外：

（一）被请求方事先同意。为此目的，被请求方可以要求提供本条约第四条所列文件和资料；

（二）该人在可以自由离开请求方之日后的 30 天内未离开该方。但是，该人由于其无法控制的原因未能离开请求方的时间不计算在此期限内；

（三）该人在离开请求方后又自愿回到该方。

二、在刑事诉讼中，如果对被引渡人指控的罪名发生变化，除非指控的新罪名仍然满足本条约第二条规定的条件，否则不得对被引渡人进行刑事诉讼或者执行刑罚。

第十五条　再引渡

如果被引渡人在起诉、审判或者服刑完毕之前逃回被请求方境内，该人应当根据请求方的请求再次被引渡。在此情形下，无需提交本条约第四条所列文件和资料。

第十六条 移交财物

一、如果请求方提出请求，被请求方应当在本国法律允许的范围内，扣押在其境内发现的犯罪所得、犯罪工具以及可以作为证据的其他财物，并且在同意引渡的情况下，将这些财物移交请求方。

二、在同意引渡的情况下，即使因为被请求引渡人死亡、失踪或者脱逃而无法实施引渡，本条第一款提到的财物仍然可以移交。

三、被请求方为了进行其他未决刑事诉讼程序，可以推迟移交上述财物直至诉讼终结，或者在请求方承诺返还的条件下临时移交这些财物。

四、移交上述财物不得损害被请求方或者任何第三方对该财物的合法权利。如果存在此种权利，请求方应当根据被请求方的要求，在诉讼结束之后尽快将被移交的财物无偿返还给被请求方。

第十七条 过境

一、一方从第三国引渡人员需经过另一方领土时，应当向另一方提出过境请求。如果使用航空运输并且没有在另一方领土内降落的计划，则无需提出过境请求。

二、被请求方在不违反其本国法律的情况下，应当同意请求方提出的过境请求。

第十八条 通报结果

请求方应当及时向被请求方通报有关对被引渡人进行刑事诉讼、执行刑罚或者将该人再引渡给第三国的情况。

第十九条 费用

在被请求方的引渡程序中产生的费用应当由被请求方承担。与移交和接收被引渡人有关的交通费用和过境费用应当由请求方承担。

第二十条 与其他条约的关系

本条约不影响双方根据任何其他条约所享有的权利和承担的义务。

第二十一条 争议的解决

由于本条约的解释或者适用所产生的任何争议，应当通过外交途径协商解决。

第二十二条 生效、修订和终止

一、本条约须经批准。本条约自互换批准书之日后第 30 天生效。

二、本条约可以经双方书面协议随时予以修订。

三、任何一方可以随时通过外交途径，以书面形式通知终止本条约。本条约自该通知发出之日后第 180 天终止。本条约的终止不影响终止前已经开始的引渡程序。

四、本条约适用于其生效后提出的任何请求，即使有关犯罪发生于本条约生效前。

下列签署人经各自政府适当授权，签署本条约，以昭信守。

本条约于二〇一二年九月十日，相当于伊历 1391 年 6 月 20 日，订于德黑兰，一式两份，每份均用中文、波斯文和英文写成，三种文本同等作准。如遇解释上的分歧，以英文本为准。

中华人民共和国代表   伊朗伊斯兰共和国代表

张志军   巴赫提亚里

（签字）   （签字）

中华人民共和国和阿富汗伊斯兰共和国引渡条约*

中华人民共和国和阿富汗伊斯兰共和国（以下称双方），在相互尊重主权和平等互利的基础上，为促进两国在打击犯罪方面的有效合作，决定缔结本条约，并达成协议如下：

第一条　引渡义务

双方有义务根据本条约的规定，应对方请求，相互引渡在一方境内发现的被另一方通缉的人员，以便对其进行刑事诉讼或者执行刑罚。

第二条　可引渡的犯罪

一、只有在引渡请求所针对的行为根据双方法律均构成犯罪，并且符合下列条件之一时，才能准予引渡：

（一）为进行刑事诉讼而请求引渡的，根据双方法律，对于该犯罪均可判处1年以上有期徒刑或者更重的刑罚；

（二）为执行刑罚而请求引渡的，在提出引渡请求时，被请求引渡人尚未服完的刑期至少为6个月。

二、根据本条第一款确定某一行为是否根据双方法律均构成犯罪时，不应考虑双方法律是否将该行为归入同一犯罪种类或者使用同一罪名。

三、如果引渡请求涉及两个以上根据双方法律均构成犯罪的行为，只要其中有一项行为符合本条第一款规定的条件，被请求方即可以针对上述各项行为准予引渡。

第三条　应当拒绝引渡的理由

有下列情形之一的，应当拒绝引渡：

（一）被请求方认为，引渡请求所针对的犯罪是政治犯罪，或者被请求方已经给予被请求引渡人受庇护的权利。但为引渡的目的，恐怖主义犯罪和双方均为缔约国的国际公约不认为是政治犯罪的不应视为政治犯罪；

（二）被请求方有充分理由认为，请求引渡的目的是基于被请求引渡人的种族、性别、宗教、国籍或者政治见解而对该人进行起诉或者处罚，或者该人在

＊ 此条约于 2013 年 9 月 27 日签署，于 2014 年 12 月 28 日批准。

司法程序中的地位将会因为上述任何原因受到损害；

（三）引渡请求所针对的犯罪仅构成军事犯罪；

（四）根据任何一方的法律，由于时效已过或者赦免等原因，被请求引渡人已经被免予追诉或者免予执行刑罚；

（五）被请求方已经对被请求引渡人就引渡请求所针对的犯罪作出生效判决或者终止刑事诉讼程序；

（六）被请求引渡人在请求方曾经遭受或者可能遭受酷刑或者其他残忍、不人道或者有辱人格的待遇或者处罚；

（七）请求方根据缺席判决提出引渡请求，但请求方保证被请求引渡人有机会在其出庭的情况下对案件进行重新审理的除外。

第四条 可以拒绝引渡的理由

有下列情形之一的，可以拒绝引渡：

（一）被请求方根据本国法律对引渡请求所针对的犯罪具有刑事管辖权，并且对被请求引渡人就该犯罪正在进行刑事诉讼或者准备提起刑事诉讼；

（二）被请求方在考虑了犯罪的严重性和请求方利益的情况下，认为由于被请求引渡人的年龄、健康等原因，引渡不符合人道主义考虑。

第五条 国民不引渡

一、双方均有权拒绝引渡本国国民。

二、如果未准予引渡，被请求方应当根据请求方的请求，将该案件提交主管机关以便根据国内法提起刑事诉讼。为此目的，请求方应当向被请求方提供与该案件有关的文件和证据。

第六条 联系途径

为本条约的目的，双方应当通过外交途径进行联系，但本条约另有规定的除外。

第七条 引渡请求及所需文件

一、引渡请求应当以书面形式提出并包括以下内容：

（一）请求机关的名称；

（二）被请求引渡人的姓名、年龄、性别、国籍、身份证件号码、职业、住所地或者居所地以及其他有助于确定被请求引渡人的身份和可能所在地的资料；如有可能，有关其外表特征的描述，该人的照片和指纹；

（三）有关犯罪事实的说明，包括犯罪的时间、地点、行为和结果；

（四）有关该项犯罪的刑事管辖权、定罪和刑罚的法律规定；

（五）有关追诉时效或者执行刑罚的时效的法律规定。

二、除本条第一款规定外，

（一）旨在对被请求引渡人进行刑事诉讼的引渡请求还应当附有请求方主管机关签发的逮捕证的副本；

（二）旨在对被请求引渡人执行刑罚的引渡请求还应当附有已经发生法律效力的法院判决书的副本和关于已经执行刑期的说明。

三、请求方根据本条第一款和第二款提交的引渡请求书和其他有关文件，应当由请求方的主管机关正式签署或者盖章，并应当附有被请求方文字或英文的译文，但双方另有约定的除外。

第八条　补充材料

如果被请求方认为，为支持引渡请求所提供的材料不充分，可以要求在 30 天内提交补充材料。如果请求方提出合理要求，这一期限可以延长 15 天。如果请求方未在该期限内提交补充材料，应当被视为自动放弃请求，但是不妨碍请求方就同一犯罪对同一人重新提出引渡请求。

第九条　临时羁押

一、在紧急情况下，一方可以在提出引渡请求前，请求另一方临时羁押被请求引渡人。此种请求可以通过本条约第六条规定的途径、国际刑警组织或者双方同意的其他途径以书面形式提出。

二、临时羁押请求应当包括本条约第七条第一款所列内容，并说明已经备有第七条第二款所列文件，以及即将提出正式引渡请求。

三、被请求方应当将处理该请求的结果及时通知请求方。

四、如果被请求方在羁押被请求引渡人之后的 30 天内未收到正式引渡请求，则应当解除临时羁押。经请求方合理要求，上述期限可以延长 15 天。

五、如果被请求方随后收到了正式引渡请求，则根据本条第四款解除临时羁押不应妨碍对被请求引渡人的引渡。

第十条　对引渡请求作出决定

一、被请求方应当根据本国法律规定的程序处理引渡请求，并且及时将决定通知请求方。

二、被请求方如果全部或者部分拒绝引渡请求，应当将理由告知请求方。

第十一条　移交被引渡人

一、如果被请求方准予引渡，双方应当商定执行引渡的时间、地点等有关事宜。同时，被请求方应当将被引渡人在移交之前已经被羁押的时间告知请求方。

二、如果请求方在商定的执行引渡之日后的 15 天内未接收被引渡人，被请求方应当立即释放该人，并且可以拒绝请求方就同一犯罪再次提出的引渡该人的请求，但本条第三款另有规定的除外。

三、如果一方因为其无法控制的原因不能在商定的期间内移交或者接收被引渡人，应当立即通知另一方。双方应当再次商定执行引渡的有关事宜，并适用本条第二款的规定。

第十二条　重新引渡

被引渡人在请求方的刑事诉讼终结或者服刑完毕之前逃回被请求方的，被请求方可以根据请求方就同一犯罪再次提出的引渡请求准予重新引渡，请求方无需提交本条约第七条规定的文件和材料。

第十三条　暂缓引渡和临时引渡

一、如果被请求引渡人正在被请求方因为引渡请求所针对的犯罪之外的犯罪被提起刑事诉讼或者服刑，被请求方可以在作出准予引渡的决定后，暂缓引渡该人直至诉讼终结或者服刑完毕。被请求方应当将暂缓一事通知请求方。

二、如果暂缓引渡可能对请求方的刑事诉讼造成严重妨碍，被请求方可以在不妨碍其正在进行的刑事诉讼，并且请求方保证在完成有关程序后立即将该被请求引渡人无条件送还被请求方的情况下，根据请求，向请求方临时引渡该人。

第十四条　数国提出的引渡请求

当包括一方在内的两个以上国家对同一人就同一犯罪或者不同犯罪提出引渡请求时，被请求方在决定向哪一国引渡该人时，应当考虑所有相关情况，特别是如下情况：

（一）请求是否根据条约提出；

（二）不同犯罪的相对严重性；

（三）犯罪发生的时间和地点；

（四）被请求引渡人的国籍和通常的居住地；

（五）各项请求提出的不同时间；

（六）再向第三国引渡的可能性。

第十五条　特定规则

除准予引渡所针对的犯罪外，请求方对于根据本条约被引渡的人，不得就该人在引渡前所实施的其他犯罪进行刑事诉讼或者执行刑罚，也不能将其引渡给第三国，但是有下列情形之一的除外：

（一）被请求方事先同意。为此目的，被请求方可以要求提供本条约第七条所规定的文件或者资料，以及被引渡人就有关犯罪所作的陈述；

（二）该人在可以自由离开请求方之日后的 30 天内未离开该方。但是由于其无法控制的原因未能离开请求方的时间不计算在此期限内；

（三）该人在已经离开请求方后又自愿回到该方。

第十六条　移交财物

一、如果请求方提出请求，被请求方应当在本国法律允许的范围内，扣押在其境内发现的犯罪所得、犯罪工具以及可作为证据的财物，并且在准予引渡的情况下，将这些财物移交给请求方。

二、在准予引渡的情况下，即使因为被请求引渡人死亡、失踪或者脱逃而无法实施引渡，本条第一款提到的财物仍然可以移交。

三、被请求方为审理其他未决刑事诉讼案件，可以推迟移交上述财物直至诉讼终结，或者在请求方承诺返还的条件下临时移交这些财物。

四、移交上述财物不得损害被请求方或者任何第三方对该财物的合法权益。如果存在此种权益，请求方应当在诉讼结束之后尽快将被移交的财物无偿返还给被请求方或者该第三方。

第十七条　过境

一、一方从第三国引渡人员需经过另一方领土时，应当向另一方提出过境请求。如果使用航空运输并且没有在另一方境内降落的计划，则无需提出过境请求。

二、被请求方在不违反其法律的情况下，应当同意请求方提出的过境请求。

第十八条　通报结果

请求方应当根据被请求方的要求，及时向被请求方通报有关对被引渡人进行刑事诉讼、执行刑罚或者将该人再引渡给第三国的情况。

第十九条　费用

在被请求方的引渡程序中产生的费用应当由被请求方承担。与移交和接收被引渡人有关的交通费用和过境费用应当由请求方承担。

第二十条　与其他条约的关系

本条约不影响双方根据双方均为缔约方的其他条约开展引渡合作。

第二十一条　争议的解决

由于本条约的解释或者适用所产生的任何争议，应当通过外交途径协商解决。

第二十二条 生效、修订和终止

一、双方根据本国法律完成本条约生效所需的一切必要程序后，应当通过外交照会通知另一方。本条约自后一份照会发出之日起第 30 天生效。

二、本条约可以随时经双方书面协议予以修订。此类修订应当按照本条第一款规定的相同程序生效，并构成本条约的一部分。

三、任何一方可以随时通过外交途径以书面形式通知终止本条约。本条约自该通知发出之日后第 180 天终止。本条约的终止不影响条约终止前已经开始的引渡程序。

四、本条约适用于其生效后提出的任何请求，即使有关犯罪发生于本条约生效前。

下列签署人经各自政府适当授权，签署本条约，以昭信守。

本条约于二〇一三年九月二十七日订于北京，一式两份，每份均用中文、达利文、普什图文和英文写成，四种文本同等作准。如遇解释上的分歧，以英文本为准。

中华人民共和国代表　　　　　　阿富汗伊斯兰共和国代表
　　刘振民　　　　　　　　　　艾尔沙德·艾哈迈迪
　（签字）　　　　　　　　　　　　（签字）

中华人民共和国和塔吉克斯坦共和国引渡条约[*]

中华人民共和国和塔吉克斯坦共和国（以下称双方），考虑到双方友好关系，在相互尊重主权和平等互利的基础上，为加强两国在打击犯罪方面的合作，决定缔结本条约，并达成协议如下：

第一条　引渡义务

每一方均有义务根据本条约的规定，应对方请求，向对方引渡在其境内发现的被另一方通缉的人员，以便对其进行刑事诉讼或者执行刑罚。

第二条　可引渡的犯罪

一、只有在引渡请求所针对的行为根据双方法律均构成犯罪，并且符合下列条件之一时，才能准予引渡：

（一）为进行刑事诉讼而请求引渡的，根据双方法律，对于该犯罪均可判处 1 年以上有期徒刑或者更重的刑罚；

（二）为执行刑罚而请求引渡的，在提出引渡请求时，被请求引渡人尚未服完的刑期至少为 6 个月。

二、根据本条第一款确定某一行为是否根据双方法律均构成犯罪时，不应考虑双方法律是否将该行为归入同一犯罪种类或者使用同一罪名。

三、如果引渡请求涉及两个以上根据双方法律均构成犯罪的行为，只要其中有一项行为符合本条第一款规定的条件，被请求方即可以针对上述各项行为准予引渡。

第三条　应当拒绝引渡的理由

有下列情形之一的，应当拒绝引渡：

（一）被请求方认为，引渡请求所针对的犯罪是政治犯罪，或者被请求方已经给予被请求引渡人庇护。但恐怖主义犯罪，杀害或试图杀害、袭击或试图袭击国家元首、政府首脑及其家庭成员，或者双方均为缔约国的国际公约不认为是政治犯罪的，不应视为政治犯罪；

（二）被请求方有充分理由认为，请求引渡的目的是基于被请求引渡人的种

---

[*] 2016 年 11 月 7 日经第十二届全国人民代表大会常务委员会第二十四次会议批准。

族、性别、宗教、国籍或者政治见解而对该人进行起诉或者处罚，或者该人在司法程序中的地位将会因为上述任何原因受到损害；

（三）引渡请求所针对的犯罪仅构成军事犯罪；

（四）根据任何一方的法律，由于时效已过等原因，被请求引渡人已经被免予追诉或者免予执行刑罚；

（五）被请求方已经对被请求引渡人就引渡请求所针对的犯罪作出生效判决或者终止刑事诉讼程序；

（六）被请求引渡人是被请求国国民；

（七）请求方根据缺席判决提出引渡请求，但请求方保证被请求引渡人有机会在其出庭的情况下对案件进行重新审理的除外；

（八）被请求引渡人被被请求国赦免。

第四条 可以拒绝引渡的理由

有下列情形之一的，可以拒绝引渡：

（一）被请求方根据本国法律对引渡请求所针对的犯罪具有刑事管辖权，并且对被请求引渡人就该犯罪正在进行刑事诉讼或者准备提起刑事诉讼；

（二）被请求方在考虑了犯罪的严重性和请求方利益的情况下，认为由于被请求引渡人的年龄、健康或其他个人原因，引渡不符合人道主义考虑。

第五条 国民不引渡

如果根据本条约第三条第（六）项的规定未准予引渡，被请求方应当根据请求方的请求，将该案件提交主管机关以便根据国内法提起刑事诉讼。为此目的，请求方应当向被请求方提供与该案件有关的文件和证据。被请求方应当通知请求方相关刑事诉讼结果。

第六条 联系途径

为本条约之目的，双方应当通过外交途径进行联系，但本条约另有规定的除外。

第七条 引渡请求及所需文件

一、引渡请求应当以书面形式提出并包括以下内容：

（一）请求机关的名称；

（二）被请求引渡人的姓名、年龄、性别、国籍、身份证件号码、职业、住所地或者居所地以及其他有助于确定被请求引渡人的身份和可能所在地的资料；如有可能，有关其外表特征的描述，该人的照片和指纹；

（三）有关犯罪事实的说明，包括犯罪的时间、地点、行为和结果；

（四）有关该项犯罪的刑事管辖权、定罪和刑罚的法律规定；

（五）有关追诉时效或者执行刑罚时效的法律规定。

二、除本条第一款规定外，

（一）旨在对被请求引渡人进行刑事诉讼的引渡请求还应当附有请求方主管机关签发的逮捕证的副本；

（二）旨在对被请求引渡人执行刑罚的引渡请求还应当附有已经发生法律效力的法院判决书的副本和关于已经执行刑期的说明。

三、请求方根据本条第一款和第二款提交的引渡请求书和其他有关文件，应当由请求方的主管机关正式签署或者盖章，并应当附有被请求方文字的译文或者英文。

第八条　补充材料

如果被请求方认为，为支持引渡请求所提供的材料不充分，可以要求在 30 天内提交补充材料。如果请求方提出合理要求，这一期限可以延长 15 天。如果请求方未在该期限内提交补充材料，应当被视为自动放弃请求，但是不妨碍请求方就同一犯罪对同一人重新提出引渡请求。

第九条　临时羁押

一、在紧急情况下，一方可以在提出引渡请求前，请求另一方临时羁押被请求引渡人。此种请求可以通过本条约第六条规定的途径、国际刑警组织或者双方同意的其他途径以书面形式提出。

二、临时羁押请求应当包括本条约第七条第一款所列内容，并说明已经备有第七条第二款所列文件，以及即将提出正式引渡请求。

三、被请求方应当将处理该请求的结果及时通知请求方。

四、如果被请求方在羁押被请求引渡人之后的 30 天内未收到正式引渡请求，则应当解除临时羁押。经请求方合理要求，上述期限可以延长 15 天。

五、如果被请求方随后收到了正式引渡请求，则根据本条第四款解除临时羁押不应妨碍对被请求引渡人的引渡。

第十条　强制措施

收到引渡请求后，除根据本条约的规定不应予以引渡的情形外，被请求方应当根据本国法律对被请求引渡人采取羁押或其他强制措施。

第十一条　对被请求引渡人的保护

被请求引渡人在被请求方应当享有该国法律赋予的所有权利和保障，包括辩护权和必要的翻译协助。

第十二条 对引渡请求作出决定

一、被请求方应当根据本国法律规定的程序处理引渡请求，并且及时将决定通知请求方。

二、被请求方如果拒绝引渡请求，应当将理由告知请求方。

第十三条 移交被引渡人

一、如果被请求方准予引渡，双方应当商定执行引渡的时间、地点和其他相关事宜。同时，被请求方应当将被引渡人在移交之前已经被羁押的时间告知请求方。

二、如果请求方在商定的执行引渡之日后的 15 天内未接收被引渡人，被请求方应当立即释放该人，并且可以拒绝请求方就同一犯罪再次提出的引渡该人的请求，但本条第三款另有规定的除外。

三、如果一方因为其无法控制的原因不能在商定的期间内移交或者接收被引渡人，应当立即通知另一方。双方应当再次商定执行引渡的有关事宜，并适用本条第二款的规定。

第十四条 暂缓引渡和临时引渡

一、如果被请求引渡人正在被请求方因为引渡请求所针对的犯罪之外的犯罪被提起刑事诉讼或者服刑，被请求方可以在作出准予引渡的决定后，暂缓引渡该人直至诉讼终结或者服刑完毕。被请求方应当将暂缓一事通知请求方。

二、如果暂缓引渡可能对请求方的刑事诉讼造成严重妨碍，被请求方可以在不妨碍其正在进行的刑事诉讼，并且请求方保证在完成有关程序后立即将该被请求引渡人无条件送还被请求方的情况下，根据请求，向请求方临时引渡该人。

第十五条 数国提出的引渡请求

当包括一方在内的两个或者两个以上国家对同一人就同一犯罪或者不同犯罪提出引渡请求时，被请求方在决定向哪一国引渡该人时，应当考虑所有相关情况，特别是：

（一）请求是否根据条约提出；

（二）不同犯罪的相对严重性；

（三）犯罪发生的时间和地点；

（四）被请求引渡人的国籍和通常的居住地；

（五）各项请求提出的不同时间；

（六）再向第三国引渡的可能性。

第十六条　特定规则

除准予引渡所针对的犯罪外，请求方对于根据本条约被引渡的人，不得就该人在引渡前所实施的其他犯罪进行刑事诉讼或者执行刑罚，也不能将其引渡给第三国，但是有下列情形之一的除外：

（一）被请求方事先同意。为此目的，被请求方可以要求提供本条约第七条所规定的文件或者资料，以及被引渡人就有关犯罪所作的陈述；

（二）该人在可以自由离开请求方之日后的 30 天内未离开该方。但是由于其无法控制的原因未能离开请求方的时间不计算在此期限内；或者

（三）该人在已经离开请求方后又自愿回到该方。

第十七条　移交财物

一、如果请求方提出请求，被请求方应当在本国法律允许的范围内，扣押在其境内发现的犯罪所得、犯罪工具以及可作为证据的财物，并且在准予引渡的情况下，将这些财物移交给请求方。

二、在准予引渡的情况下，即使因为被请求引渡人死亡、失踪或者脱逃而无法实施引渡，本条第一款提到的财物仍然可以移交。

三、被请求方为审理其他未决刑事诉讼案件，可以推迟移交上述财物直至诉讼终结，或者在请求方承诺返还的条件下临时移交这些财物。

四、移交上述财物不得损害被请求方或者任何第三方对该财物的合法权益。如果存在此种权益，请求方应当在诉讼结束之后尽快将被移交的财物无偿返还给被请求方或者该第三方。

第十八条　过境

一、一方从第三国引渡人员需经过另一方领土时，应当向另一方提出过境请求。如果使用航空运输并且没有在另一方境内降落的计划，则无需提出过境请求。

二、被请求方在不违反其法律的情况下，应当同意请求方提出的过境请求。

三、如果从一方过境的被引渡人是过境方国民，则过境方有权决定是否同意该过境请求。

四、如果发生计划外的降落，应根据本条第一款提交过境请求。过境方审查过境请求期间，可以根据其本国法律羁押被引渡人。

第十九条　通报结果

请求方应当根据被请求方的要求，及时向被请求方通报有关对被引渡人进行刑事诉讼、执行刑罚或者将该人引渡给第三国的情况。

第二十条 费用

所有引渡费用应当由费用产生地的一方承担。与移交或接收被引渡人有关的国际交通费用和过境费用由请求方承担。如果有意外费用，双方将通过协商方式解决相关费用的支付问题。

第二十一条 与其他条约的关系

本条约不影响双方根据双方均为缔约方的其他条约所承担的权利和责任。

第二十二条 争议的解决

由于本条约的解释或者适用所产生的任何争议，应当通过外交途径协商解决。

第二十三条 生效、修订和终止

一、双方根据本国法律完成本条约生效所需的一切必要程序后，应当通过外交照会通知另一方。本条约自后一份照会发出之日起第30天生效。

二、本条约可以随时根据双方订立的议定书予以修订。该议定书构成本条约不可分割的一部分。

三、任何一方可以随时通过外交途径以书面形式通知终止本条约。本条约自该通知发出之日后第180天终止。本条约的终止不影响条约终止前已经开始的引渡程序。

四、本条约适用于其生效后提出的任何请求，即使有关犯罪发生于本条约生效前。

下列签署人经各自政府适当授权，签署本条约，以昭信守。

本条约于二〇一四年九月十三日在杜尚别签订，一式两份，每份均用塔吉克文、中文和英文写成，三种文本同等作准。如遇解释上的分歧，以英文本为准。

塔吉克斯坦共和国代表
拉马宗·哈姆洛·拉希姆佐达

中华人民共和国代表
王毅

第三编

多边公约

联合国打击跨国有组织犯罪公约

(U. N. Convention Against Transnational Organized Crime)

第一条 宗 旨

本公约的宗旨是促进合作，以便更有效地预防和打击跨国有组织犯罪。

第二条 术语的使用

在本公约中：

（一）"有组织犯罪集团"系指由三人或多人所组成的、在一定时期内存在的、为了实施一项或多项严重犯罪或根据本公约确立的犯罪以直接或间接获得金钱或其他物质利益而一致行动的有组织结构的集团；

（二）"严重犯罪"系指构成可受到最高刑至少四年的剥夺自由或更严厉处罚的犯罪的行为；

（三）"有组织结构的集团"系指并非为了立即实施一项犯罪而随意组成的集团，但不必要求确定成员职责，也不必要求成员的连续性或完善的组织结构；

（四）"财产"系指各种资产，不论其为物质的或非物质的、动产或不动产、有形的或无形的，以及证明对这些资产所有权或权益的法律文件或文书；

（五）"犯罪所得"系指直接或间接地通过犯罪而产生或获得的任何财产；

（六）"冻结"或"扣押"系指根据法院或其他主管当局的命令暂时禁止财产转移、转换、处置或移动或对之实行暂时性扣留或控制；

（七）"没收"，在适用情况下还包括"充公"，系指根据法院或其他主管当局的命令对财产实行永久剥夺；

（八）"上游犯罪"系指由其产生的所得可能成为本公约第六条所定义的犯罪的对象的任何犯罪；

（九）"控制下交付"系指在主管当局知情并由其进行监测的情况下允许非法或可疑货物运出、通过或运入一国或多国领土的一种做法，其目的在于侦查某项犯罪并辨认参与该项犯罪的人员；

（十）"区域经济一体化组织"系指由某一区域的一些主权国家组成的组织，其成员国已将处理本公约范围内事务的权限转交该组织，而且该组织已按照其内部程序获得签署、批准、接受、核准或加入本公约的正式授权；本公约所述"缔约国"应在这类组织的权限范围内适用于这些组织。

第三条 适用范围

一、本公约除非另有规定，应适用于对下述跨国的且涉及有组织犯罪集团的犯罪的预防、侦查和起诉：

（一）依照本公约第五条、第六条、第八条和第二十三条确立的犯罪；

（二）本公约第二条所界定的严重犯罪。

二、就本条第一款而言，有下列情形之一的犯罪属跨国犯罪：

（一）在一个以上国家实施的犯罪；

（二）虽在一国实施，但其准备、筹划、指挥或控制的实质性部分发生在另一国的犯罪；

（三）犯罪在一国实施，但涉及在一个以上国家从事犯罪活动的有组织犯罪集团；

（四）犯罪在一国实施，但对于另一国有重大影响。

第四条 保护主权

一、在履行其根据本公约所承担的义务时，缔约国应恪守各国主权平等和领土完整原则和不干涉别国内政原则。

二、本公约的任何规定均不赋予缔约国在另一国领土内行使管辖权和履行该另一国本国法律规定的专属于该国当局的职能的权利。

第五条 参加有组织犯罪集团行为的刑事定罪

一、各缔约国均应采取必要的立法和其他措施，将下列故意行为规定为刑事犯罪：

（一）下列任何一种或两种有别于未遂或既遂的犯罪的行为：

1. 为直接或间接获得金钱或其他物质利益而与一人或多人约定实施严重犯罪，如果本国法律要求，还须有其中一名参与者为促进上述约定的实施的行为或涉及有组织犯罪集团；

2. 明知有组织犯罪集团的目标和一般犯罪活动或其实施有关犯罪的目的而积极参与下述活动的行为：

（1）有组织犯罪集团的犯罪活动；

（2）明知其本人的参与将有助于实现上述犯罪目标的该有组织犯罪集团的其他活动；

（二）组织、指挥、协助、教唆、促使或参谋实施涉及有组织犯罪集团的严重犯罪。

二、本条第一款所指的明知、故意、目标、目的或约定可以从客观实际情况推定。

三、其本国法律要求根据本条第一款（一）项1目确立的犯罪须涉及有组织犯罪集团方可成立的缔约国，应确保其本国法律涵盖所有涉及有组织犯罪集团的严重犯罪。这些缔约国以及其法律要求根据本条第一款（一）项1目确立的犯罪须有促进约定的实施的行为方可成立的缔约国，应在其签署本公约或交存其批准、接受、核准或加入本公约的文书时将此情况通知联合国秘书长。

第六条　洗钱行为的刑事定罪

一、各缔约国均应依照其本国法律基本原则采取必要的立法及其他措施，将下列故意行为规定为刑事犯罪：

（一）1. 明知财产为犯罪所得，为隐瞒或掩饰该财产的非法来源，或为协助任何参与实施上游犯罪者逃避其行为的法律后果而转换或转让财产；

2. 明知财产为犯罪所得而隐瞒或掩饰该财产的真实性质来源、所在地、处置、转移、所有权或有关的权利；

（二）在符合其本国法律制度基本概念的情况下：

1. 在得到财产时，明知其为犯罪所得而仍获取、占有或使用；

2. 参与、合伙或共谋实施，实施未遂，以及协助、教唆、促使和参谋实施本条所确立的任何犯罪。

二、为实施或适用本条第一款：

（一）各缔约国均应寻求将本条第一款适用于范围最为广泛的上游犯罪；

（二）各缔约国均应将本公约第二条所界定的所有严重犯罪和根据本公约第五条、第八条和第二十三条确立的犯罪列为上游犯罪。缔约国立法中如果明确列出上游犯罪清单，则至少应在这类清单中列出与有组织犯罪集团有关的范围广泛的各种犯罪；

（三）就（二）项而言，上游犯罪应包括在有关缔约国刑事管辖权范围之内和之外发生的犯罪。但是，如果犯罪发生在一缔约国刑事管辖权范围以外，则只有该行为根据其发生时所在国本国法律为刑事犯罪，而且若发生在实施或适用本条的缔约国时根据该国法律也构成刑事犯罪时才构成上游犯罪；

（四）各缔约国均应向联合国秘书长提供其实施本条的法律以及这类法律随后的任何修改的副本或说明；

（五）如果缔约国本国法律基本原则要求，则可以规定本条第一款所列犯罪不适用于实施上游犯罪的人；

（六）本条第一款所规定的作为犯罪要素的明知、故意或目的可根据客观实际情况推定。

第七条 打击洗钱活动的措施

一、各缔约国均应：

（一）在其力所能及的范围内，建立对银行和非银行金融机构及在适当情况下对其他特别易被用于洗钱的机构的综合性国内管理和监督制度，以便制止并查明各种形式的洗钱。这种制度应强调验证客户身份、保持记录和报告可疑的交易等项规定；

（二）在不影响本公约第十八条和第二十七条的情况下，确保行政、管理、执法和其他负责打击洗钱的当局（本国法律许可时可包括司法当局）能够根据其本国法律规定的条件，在国家和国际一级开展合作和交换信息，并应为此目的考虑建立作为国家级中心的金融情报机构，以收集、分析和传播有关潜在的洗钱活动的信息。

二、缔约国应考虑采取切实可行的措施调查和监督现金和有关流通票据出入本国国境的情况，但须有保障措施以确保情报的妥善使用且不致以任何方式妨碍合法资本的流动。这类措施可包括要求个人和企业报告大额现金和有关流通票据的跨境划拨。

三、在建立本所规定的国内管理和监督制度时，吁请缔约国在不影响本公约的任何其他条款的情况下将各种区域、区域间和多边组织的有关反洗钱倡议作为指南。

四、缔约国应努力为打击洗钱而发展和促进司法、执法和金融管理当局间的全球、区域、分区域和双边合作。

第八条 腐败行为的刑事定罪

一、各缔约国均应采取必要的立法和其他措施，将下列故意行为规定为刑事犯罪：

（一）直接或间接向公职人员许诺、提议给予或给予该公职人员或其他人员或实体不应有的好处，以使该公职人员在执行公务时作为或不作为；

（二）公职人员为其本人或其他人员或实体直接或间接索取或接受不应有的好处，以作为其在执行公务时作为或不作为的条件。

二、各缔约国均应考虑采取必要的立法和其他措施，以便将本条第一款所述涉及外国公职人员或国际公务员的行为规定为刑事犯罪。各缔约国同样也应考虑将其他形式的腐败行为规定为刑事犯罪。

三、各缔约国还应采取必要的措施，将作为共犯参与根据本条所确立的犯罪规定为刑事犯罪。

四、本公约本条第一款和第九条中的"公职人员"，系指任职者任职地国法律所界定的且适用于该国刑法的公职人员或提供公共服务的人员。

第九条 反腐败措施

一、除本公约第八条所列各项措施外，各缔约国均应在适当时并在符合其法律制度的情况下，采取立法、行政或其他有效措施，以促进公职人员廉洁奉公，并预防、调查和惩治腐败行为。

二、各缔约国均应采取措施，确保本国当局在预防、调查和惩治公职人员腐败行为方面采取有效行动，包括使该当局具备适当的独立性，以免其行动受到不适当的影响。

第十条 法人责任

一、各缔约国均应采取符合其法律原则的必要措施，确定法人参与涉及有组织犯罪集团的严重犯罪和实施根据本公约第五条、第六条、第八条和第二十三条确立的犯罪时应承担的责任。

二、在不违反缔约国法律原则的情况下，法人责任可包括刑事、民事或行政责任。

三、法人责任不应影响实施此种犯罪的自然人的刑事责任。

四、各缔约国均应特别确保使根据本条负有责任的法人受到有效、适度和劝阻性的刑事或非刑事制裁，包括金钱制裁。

第十一条 起诉、判决和制裁

一、各缔约国均应使根据本公约第五条、第六条、第八条和第二十三条确立的犯罪受到与其严重性相当的制裁。

二、为因本公约所涵盖的犯罪起诉某人而行使本国法律规定的法律裁量权时，各缔约国均应努力确保针对这些犯罪的执法措施取得最大成效，并适当考虑到震慑此种犯罪的必要性。

三、就根据本公约第五条、第六条、第八条和第二十三条确立的犯罪而言，各缔约国均应根据其本国法律并在适当考虑到被告方权利的情况下采取适当措施，力求确保所规定的与审判或上诉前释放的裁决有关的条件考虑到确保被告人在其后的刑事诉讼中出庭的需要。

四、各缔约国均应确保其法院和其他有关当局在考虑早释或假释已被判定犯有本公约所涵盖的犯罪者的可能性时，顾及此种犯罪的严重性。

五、各缔约国均应在适当情况下在其本国法律中对于本公约所涵盖的任何犯罪规定一个较长的追诉时效期限，并在被指控犯罪的人逃避司法处置时规定更长的期限。

六、本公约的任何规定，概不影响根据本公约确立的犯罪和适用的法律辩护理由或决定行为合法性的其他法律原则只应由缔约国本国法律加以阐明，而且此种犯罪应根据该法律予以起诉和处罚的原则。

第十二条 没收和扣押

一、缔约国应在本国法律制度的范围内尽最大可能采取必要措施，以便能够没收：

（一）来自本公约所涵盖的犯罪的犯罪所得或价值与其相当的财产；

（二）用于或拟用于本公约所涵盖的犯罪的财产、设备或其他工具。

二、缔约国应采取必要措施，辨认、追查、冻结或扣押本条第一款所述任何物品，以便最终予以没收。

三、如果犯罪所得已经部分或全部转变或转化为其他财产，则应对此类财产适用本条所述措施。

四、如果犯罪所得已与从合法来源获得的财产相混合，则应在不影响冻结权或扣押权的情况下没收这类财产，没收价值可达混合于其中的犯罪所得的估计价值。

五、对于来自犯罪所得、来自由犯罪所得转变或转化而成的财产或已与犯罪所得相混合的财产所产生的收入或其他利益，也应适用本条所述措施，其方式和程度与处置犯罪所得相同。

六、为本公约本条和第十三条的目的，各缔约国均应使其法院或其他主管当局有权下令提供或扣押银行、财务或商务记录。缔约国不得以银行保密为由拒绝按照本款规定采取行动。

七、缔约国可考虑要求由犯罪的人证明应予没收的涉嫌犯罪所得或其他财产的合法来源，但此种要求应符合其本国法律原则和司法及其他程序的性质。

八、不得对本条规定作损害善意第三人权利的解释。

九、本条任何规定均不得影响本条所述措施应根据缔约国本国法律规定予以确定和实施的原则。

第十三条 没收事宜的国际合作

一、缔约国在收到对本公约所涵盖的一项犯罪拥有管辖权的另一缔约国关于没收本公约第十二条第一款所述的、位于被请求国领土内的犯罪所得、财产、设备或其他工具的请求后，应在本国国内法律制度的范围内尽最大可能：

（一）将此种请求提交其主管当局，以便取得没收令并在取得没收令时予以执行；

（二）将请求缔约国领土内的法院根据本公约第十二条第一款签发的没收令提交主管当局，以便按请求的范围予以执行，只要该没收令涉及第十二条第一款所述的、位于被请求缔约国领土内的犯罪所得、财产、设备或其他工具。

二、对本公约所涵盖的一项犯罪拥有管辖权的另一缔约国提出请求后，被请求缔约国应采取措施，辨认、追查和冻结或扣押本公约第十二条第一款所述犯罪所得、财产、设备或其他工具，以便由请求缔约国或根据本条第一款所述请求由被请求缔约国下令最终予以没收。

三、本公约第十八条的规定可经适当变通适用于本条。除第十八条第十五款规定提供的资料以外，根据本条所提出的请求还应包括：

（一）与本条第一款（一）项有关的请求，应有关于拟予没收的财产的说明以及关于请求缔约国所依据的事实的充分陈述，以便被请求缔约国能够根据本国法律取得没收令；

（二）与本条第一款（二）项有关的请求，应有请求缔约国据以签发请求的、法律上可接受的没收令副本、事实陈述和关于请求执行没收令的范围的资料；

（三）与本条第二款有关的请求，应有请求缔约国所依据的事实陈述以及对请求采取的行动的说明。

四、被请求缔约国根据本条第一款和第二款作出的决定或采取的行动，应符合并遵循其本国法律及程序规则的规定或可能约束其与请求缔约国关系的任何双边或多边条约、协定或安排的规定。

五、各缔约国均应向联合国秘书长提供有关实施本条的任何法律和法规以及这类法律和法规随后的任何修改的副本或说明。

六、如果某一缔约国以存在有关条约作为采取本条第一款和第二款所述措施的条件，则该缔约国应将本公约视为必要而充分的条约依据。

七、如果请求中所涉犯罪并非本公约所涵盖的犯罪，缔约国可拒绝提供本条所规定的合作。

八、不得对本条规定作损害善意第三人权利的解释。

九、缔约国应考虑缔结双边或多边条约、协定或安排，以增强根据本条开展的国际合作的有效性。

第十四条 没收的犯罪所得或财产的处置

一、缔约国依照本公约第十二条或第十三条第一款没收的犯罪所得或财产应由该缔约国根据其本国法律和行政程序予以处置。

二、根据本公约第十三条的规定应另一缔约国请求采取行动的缔约国，应在本国法律许可的范围内，根据请求优先考虑将没收的犯罪所得或财产交还请求缔约国，以便其对犯罪被害人进行赔偿，或者将这类犯罪所得或财产归还合法所有人。

三、一缔约国应另一缔约国请求按照本公约第十二条和第十三条规定采取行动时，可特别考虑就下述事项缔结协定或安排：

（一）将与这类犯罪所得或财产价值相当的款项，或变卖这类犯罪所得或财产所获款项，或这类款项的一部分捐给根据本公约第三十条第二款（三）项所指定的账户和专门从事打击有组织犯罪工作的政府间机构；

（二）根据本国法律或行政程序，经常地或逐案地与其他缔约国分享这类犯罪所得或财产或变卖这类犯罪所得或财产所获款项。

第十五条　管辖权

一、各缔约国在下列情况下应采取必要措施，以确立对根据本公约第五条、第六条、第八条和第二十三条确立犯罪的管辖权：

（一）犯罪发生在该缔约国领域内；

（二）犯罪发生在犯罪时悬挂该缔约国国旗的船只或已根据该缔约国法律注册的航空器内。

二、在不违反本公约第四条规定的情况下，缔约国在下列情况下还可对任何此种犯罪确立其管辖权：

（一）犯罪系针对该缔约国国民；

（二）犯罪者为该缔约国国民或在其境内有惯常居所的无国籍人；

（三）该犯罪系：

1. 发生在本国领域以外的、根据本公约第五条第一款确立的犯罪，目的是在本国领域内实施严重犯罪；

2. 发生在本国领域以外的、根据本公约第六条第一款（二）项2目确立的犯罪，目的是在其领域内进行本公约第六条第一款（一）项1目或2目或（二）项1目确立的犯罪。

三、为了本公约第十六条第十款的目的，各缔约国应采取必要措施，在被指控人在其领域内而其仅因该人系其本国国民而不予引渡时，确立其对本公约所涵盖的犯罪的管辖权。

四、各缔约国还可采取必要措施，在被指控人在其领域内而其不引渡该人时确立其对本公约所涵盖的犯罪的管辖权。

五、如果根据本条第一款或第二款行使其管辖权的缔约国被告知或通过其他途径获悉另一个或数个缔约国正在对同一行为进行侦查、起诉或审判程序，这些国家的主管当局应酌情相互磋商，以便协调行动。

六、在不影响一般国际法准则的情况下，本公约不排除缔约国行使其依据本国法律确立的任何刑事管辖权。

第十六条　引渡

一、本条应适用于本公约所涵盖的犯罪，或第三条第一款（一）项或（二）项所述犯罪涉及有组织犯罪集团且被请求引渡人位于被请求缔约国境内的情况，条件是引渡请求所依据的犯罪是按请求缔约国和被请求缔约国本国法律均应受到处罚的犯罪。

二、如果引渡请求包括几项独立的严重犯罪，其中某些犯罪不在本条范围之内，被请求缔约国也可对这些犯罪适用本条的规定。

三、本条适用的各项犯罪均应视为缔约国之间现行的任何引渡条约中的可引渡的犯罪。各缔约国承诺将此种犯罪作为可引渡的犯罪列入它们之间拟缔结的每一项引渡条约。

四、以订有条约为引渡条件的缔约国如接到未与之订有引渡条约的另一缔约国的引渡请求，可将本公约视为对本条所适用的任何犯罪予以引渡的法律依据。

五、以订有条约为引渡条件的缔约国应：

（一）在交存本公约批准书、接受书、核准书或加入书时通知联合国秘书长，说明其是否将把本公约作为与本公约其他缔约国进行引渡合作的法律依据；

（二）如其不以本公约作为引渡合作的法律依据，则在适当情况下寻求与本公约其他缔约国缔结引渡条约，以执行本条规定。

六、不以订有条约为引渡条件的缔约国应承认本条所适用的犯罪为它们之间可相互引渡的犯罪。

七、引渡应符合被请求缔约国本国法律或适用的引渡条约所规定的条件，其中特别包括关于引渡的最低限度刑罚要求和被请求缔约国可据以拒绝引渡的理由等条件。

八、对于本条所适用的任何犯罪，缔约国应在符合本国法律的情况下，努力加快引渡程序并简化与之有关的证据要求。

九、在不违背本国法律及其引渡条约规定的情况下，被请求缔约国可在认定情况必要而且紧迫时，应请求缔约国的请求，拘留其境内的被请求引渡人或采取其他适当措施，以确保该人在进行引渡程序时在场。

十、被指控人所在的缔约国如果仅以罪犯系本国国民为由不就本条所适用的犯罪将其引渡，则有义务在要求引渡的缔约国提出请求时，将该案提交给其主管当局以便起诉，而不得有任何不应有的延误。这些当局应以与根据本国法律针对性质严重的其他任何犯罪所采用的方式相同的方式作出决定和进行诉讼程序。有关缔约国应相互合作，特别是在程序和证据方面，以确保这类起诉的效果。

十一、如果缔约国本国法律规定，允许引渡或移交其国民须以该人将被送还本国，就引渡或移交请求所涉审判、诉讼中作出的判决服刑为条件，且该缔约国和寻求引渡该人的缔约国也同意这一选择以及可能认为适宜的其他条件，则此种有条件引渡或移交即足以解除该缔约国根据本条第十款所承担的义务。

十二、如为执行判决而提出的引渡请求由于被请求引渡人为被请求缔约国的国民而遭到拒绝，被请求国应在其本国法律允许并且符合该法律的要求的情况下，根据请求国的请求，考虑执行按请求国本国法律作出的判刑或剩余刑期。

十三、在对任何人就本条所适用的犯罪进行诉讼时，应确保其在诉讼的所有阶段受到公平待遇，包括享有其所在国本国法律所提供的一切权利和保障。

十四、如果被请求缔约国有充分理由认为提出该请求是为了以某人的性别、种族、宗教、国籍、族裔或政治观点为由对其进行起诉或处罚，或按该请求行事将使该人的地位因上述任一原因而受到损害，则不得对本公约的任何规定作规定了被请求国的引渡义务的解释。

十五、缔约国不得仅以犯罪也被视为涉及财政事项为由而拒绝引渡。

十六、被请求缔约国在拒绝引渡前应在适当情况下与请求缔约国磋商，以使其有充分机会陈述自己的意见和介绍与其指控有关的资料。

十七、各缔约国均应寻求缔结双边和多边协定或安排，以执行引渡或加强引渡的有效性。

第十七条　被判刑人员的移交

缔约国可考虑缔结双边或多边协定或安排，将因犯有本公约所涉犯罪而被判监禁或其他形式剥夺自由的人员移交其本国服满刑期。

第十八条　司法协助

一、缔约国应在对第三条规定的本公约所涵盖的犯罪进行的侦查、起诉和审判程序中相互提供最大程度的司法协助；在请求缔约国有合理理由怀疑第三条第一款（一）项或（二）项所述犯罪具有跨国性时，包括怀疑此种犯罪的被害人、证人、犯罪所得、工具或证据位于被请求缔约国而且该项犯罪涉及一有组织犯罪集团时，还应对等地相互给予类似协助。

二、对于请求缔约国根据本公约第十条可能追究法人责任的犯罪所进行的侦查、起诉和审判程序，应当根据被请求缔约国的有关的法律、条约、协定和安排，尽可能充分地提供司法协助。

三、可为下列任何目的请求依据本条给予司法协助：

（一）向个人获取证据或陈述；

（二）送达司法文书；

（三）执行搜查和扣押并实行冻结；

（四）检查物品和场所；

（五）提供资料、物证以及鉴定结论；

（六）提供有关文件和记录的原件或经核证的副本，其中包括政府、银行、财务、公司或营业记录；

（七）为取证目的而辨认或追查犯罪所得、财产、工具或其他物品；

（八）为有关人员自愿在请求缔约国出庭提供方便；

（九）不违反被请求缔约国本国法律的任何其他形式的协助。

四、缔约国主管当局如认为与刑事事项有关的资料可能有助于另一国主管当局进行或顺利完成调查和刑事诉讼程序，或可促成其根据本公约提出请求，则在不影响本国法律的情况下，可无须事先请求而向该另一国主管当局提供这类资料。

五、根据本条第四款提供这类资料，不应影响提供资料的主管当局本国所进行的调查和刑事诉讼程序。接收资料的主管当局应遵守对资料保密的要求，即使是暂时保密的要求，或对资料使用的限制。但是，这不应妨碍接收缔约国在其诉讼中披露可证明被控告人无罪或罪轻的资料。在这种情况下，接收缔约国应在披露前通知提供缔约国，而且如果提供缔约国要求，还应与其磋商。如果在例外情况下不可能事先通知，接收缔约国应毫不迟延地将披露一事通告提供缔约国。

六、本条各项规定概不影响任何其他规范或将要规范整个或部分司法协助问题的双边或多边条约所规定的义务。

七、如果有关缔约国无司法协助条约的约束，则本条第九至二十九款应适用于根据本条提出的请求。如果有关缔约国有这类条约的约束，则适用条约的相应条款，除非这些缔约国同意代之以适用本条第九至二十九款。大力鼓励缔约国在这些款有助于合作时予以适用。

八、缔约国不得以银行保密为由拒绝提供本条所规定的司法协助。

九、缔约国可以并非双重犯罪为由拒绝提供本条所规定的司法协助。但是，被请求缔约国可在其认为适当时在其斟酌决定的范围内提供协助，而不论该行为按被请求缔约国本国法律是否构成犯罪。

十、在一缔约国境内羁押或服刑的人，如果被要求到另一缔约国进行辨认、作证或提供其他协助，以便为就与本公约所涵盖的犯罪有关的侦查、起诉或审判程序取得证据，在满足以下条件的情况下，可予移送：

（一）该人在知情后自由表示同意；

（二）双方缔约国主管当局同意，但须符合这些缔约国认为适当的条件。

十一、就本条第十款而言：

（一）该人被移送前往的缔约国应有权力和义务羁押被移送人，除非移送缔约国另有要求或授权；

（二）该人被移送前往的缔约国应毫不迟延地履行义务，按照双方缔约国主管当局事先达成的协议或其他协议，将该人交还移送缔约国羁押；

（三）该人被移送前往的缔约国不得要求移送缔约国为该人的交还启动引渡程序；

（四）该人在被移送前往的国家的羁押时间应折抵在移送缔约国执行的刑期。

十二、除非按照本条第十款和第十一款移送该人的缔约国同意，无论该人国籍为何，均不得因其在离开移送国国境前的作为、不作为或定罪而在被移送前往的国家境内使其受到起诉、羁押、处罚或对其人身自由实行任何其他限制。

十三、各缔约国均应指定一中心当局，使其负责和有权接收司法协助请求并执行请求或将请求转交主管当局执行。如缔约国有实行单独司法协助制度的特区或领土，可另指定一个对该特区或领土具有同样职能的中心当局。中心当局应确保所收到的请求的迅速而妥善执行或转交。中心当局在将请求转交某一主管当局执行时，应鼓励该主管当局迅速而妥善地执行请求。各缔约国应在交存本公约批准书、接受书、核准书或加入书时将为此目的指定的中心当局通知联合国秘书长。司法协助请求以及与之有关的任何联系文件均应递交缔约国指定的中心当局。此项规定不得损害缔约国要求通过外交渠道以及在紧急和可能的情况下经有关缔约国同意通过国际刑事警察组织向其传递这种请求和联系文件的权利。

十四、请求应以被请求缔约国能接受的语文以书面形式提出，或在可能情况下以能够生成书面记录的任何形式提出，但须能使该缔约国鉴定其真伪。各缔约国应在其交存本公约批准书、接受书、核准书或加入书时将其所能接受的语文通知联合国秘书长。在紧急情况下，如经有关缔约国同意，请求可以口头方式提出，但应立即加以书面确认。

十五、司法协助请求书应载有：

（一）提出请求的当局；

（二）请求所涉的侦查、起诉或审判程序的事由和性质，以及进行此项侦查、起诉或审判程序的当局的名称和职能；

（三）有关事实的概述，但为送达司法文书提出的请求例外；

（四）对请求协助的事项和请求缔约国希望遵循的特定程序细节的说明；

（五）可能时，任何有关人员的身份、所在地和国籍；

（六）索取证据、资料或要求采取行动的目的。

十六、被请求缔约国可要求提供按照其本国法律执行该请求所必需或有助于执行该请求的补充资料。

十七、请求应根据被请求缔约国本国法律执行。在不违反被请求缔约国本国法律的情况下，如有可能，应遵循请求书中列明的程序执行。

十八、当在某一缔约国境内的某人需作为证人或鉴定人接受另一缔约国司法当局询问，且该人不可能或不愿到请求国出庭，则前一个缔约国可应该另一缔约国的请求，在可能且符合本国法律基本原则的情况下，允许以电视会议方式进行询问，缔约国可商定由请求缔约国司法当局进行询问且询问时应有被请求缔约国司法当局在场。

十九、未经被请求缔约国事先同意，请求缔约国不得将被请求缔约国提供的资料或证据转交或用于请求书所述以外的侦查、起诉或审判程序。本款规定不妨碍请求缔约国在其诉讼中披露可证明被告人无罪或罪轻的资料或证据。就后一种情形而言，请求缔约国应在披露之前通知被请求缔约国，并依请求与被请求缔约国磋商。如在例外情况下不可能事先通知时，请求缔约国应毫不迟延地将披露一事通告被请求缔约国。

二十、请求缔约国可要求被请求缔约国对其提出的请求及其内容保密，但为执行请求所必需时除外。如果被请求缔约国不能遵守保密要求，应立即通知请求缔约国。

二十一、在下列情况下可拒绝提供司法协助：

（一）请求未按本条的规定提出；

（二）被请求缔约国认为执行请求可能损害其主权、安全、公共秩序或其他基本利益；

（三）假如被请求缔约国当局依其管辖权对任何类似犯罪进行侦查、起诉或审判程序时，其本国法律将会禁止其对此类犯罪采取被请求的行动；

（四）同意此项请求将违反被请求国关于司法协助的法律制度。

二十二、缔约国不得仅以犯罪又被视为涉及财政事项为由拒绝司法协助请求。

二十三、拒绝司法协助时应说明理由。

二十四、被请求缔约国应尽快执行司法协助请求，并应尽可能充分地考虑到请求缔约国提出的、最好在请求中说明了理由的任何最后期限。被请求缔约国应依请求缔约国的合理要求就其处理请求的进展情况作出答复。请求国应在其不再需要被请求国提供所寻求的协助时迅速通知被请求缔约国。

二十五、被请求缔约国可以司法协助妨碍正在进行的侦查、起诉或审判为由而暂缓进行。

二十六、在根据本条第二十一款拒绝某项请求或根据本条第二十五款暂缓执行请求事项之前，被请求缔约国应与请求缔约国协商，以考虑是否可在其认为必要的条件下给予协助。请求缔约国如果接受附有条件限制的协助，则应遵守有关的条件。

二十七、在不影响本条第十二款的适用的情况下，应请求缔约国请求而同意到请求缔约国就某项诉讼作证或为某项侦查、起诉或审判程序提供协助的证人、鉴定人或其他人员，不应因其离开被请求缔约国领土之前的作为、不作为或定罪而在请求缔约国领土内被起诉、羁押、处罚，或在人身自由方面受到任何其他限制。如该证人、鉴定人或其他人员已得到司法当局不再需要其到场的正式通知，在自通知之日起连续十五天内或在缔约国所商定的任何期限内，有机会离开但仍自愿留在请求缔约国境内，或在离境后又自愿返回，则此项安全保障即不再有效。

二十八、除非有关缔约国另有协议，执行请求的一般费用应由被请求缔约国承担。如执行请求需要或将需要支付巨额或特殊性质的费用，则应由有关缔约国进行协商，以确定执行该请求的条件以及承担费用的办法。

二十九、被请求缔约国：

（一）应向请求缔约国提供其所拥有的根据其本国法律可向公众公开的政府记录、文件或资料的副本；

（二）可自行斟酌决定全部或部分地或按其认为适当的条件向请求缔约国提供其所拥有的根据其本国法律不向公众公开的任何政府记录、文件或资料的副本。

三十、缔约国应视需要考虑缔结有助于实现本条目的、具体实施或加强本条规定的双边或多边协定或安排的可能性。

第十九条　联合调查

缔约国应考虑缔结双边或多边协定或安排，以便有关主管当局可据以就涉及一国或多国刑事侦查、起诉或审判程序事由的事宜建立联合调查机构。如无这类协定或安排，则可在个案基础上商定进行这类联合调查。有关缔约国应确保拟在其境内进行该项调查的缔约国的主权受到充分尊重。

第二十条　特殊侦查手段

一、各缔约国均应在其本国法律基本原则许可的情况下，视可能并根据本国法律所规定的条件采取必要措施，允许其主管当局在其境内适当使用控制下交付并在其认为适当的情况下使用其他特殊侦查手段，如电子或其他形式的监视和特工行动，以有效地打击有组织犯罪。

二、为侦查本公约所涵盖的犯罪，鼓励缔约国在必要时为在国际一级合作时使用这类特殊侦查手段而缔结适当的双边或多边协定或安排。此类协定或安排的缔结和实施应充分遵循各国主权平等原则，执行时应严格遵守这类协定或安排的条件。

三、在无本条第二款所列协定或安排的情况下，关于在国际一级使用这种特殊侦查手段的决定，应在个案基础上作出，必要时还可考虑到有关缔约国就行使管辖权所达成的财务安排或谅解。

四、经各有关缔约国同意，关于在国际一级使用控制下交付的决定，可包括诸如拦截货物后允许其原封不动地或将其全部或部分取出替换后继续运送之类的办法。

第二十一条　刑事诉讼的移交

缔约国如认为相互移交诉讼有利于正当司法，特别是在涉及数国管辖权时，为了使起诉集中，应考虑相互移交诉讼的可能性，以便对本公约所涵盖的某项犯罪进行刑事诉讼。

第二十二条　建立犯罪记录

各缔约国均可采取必要的立法或其他措施，按其认为适宜的条件并为其认为适宜的目的，考虑到另一个国家以前对被指控人作出的任何有罪判决，以便在涉及本公约所涵盖的犯罪的刑事诉讼中加以利用。

第二十三条　妨害司法的刑事定罪

各缔约国均应采取必要的立法和其他措施，将下列故意行为规定为刑事犯罪：

（一）在涉及本公约所涵盖的犯罪的诉讼中使用暴力、威胁或恐吓，或许诺、提议给予或给予不应有的好处，以诱使提供虚假证言或干扰证言或证据的提供；

（二）使用暴力、威胁或恐吓，干扰司法或执法人员针对本公约所涵盖的犯罪执行公务。本项规定概不应影响缔约国制定保护其他类别公职人员的立法的权利。

第二十四条　保护证人

一、各缔约国均应在其力所能及的范围内采取适当的措施，为刑事诉讼中就本公约所涵盖的犯罪作证的证人并酌情为其亲属及其他与其关系密切者提供有效的保护，使其免遭可能的报复或恐吓。

二、在不影响被告人的权利包括正当程序权的情况下，本条第一款所述措施可包括：

（一）制定向此种人提供人身保护的程序，例如，在必要和可行的情况下将其转移，并在适当情况下允许不披露或限制披露有关其身份和下落的情况；

（二）规定可允许以确保证人安全的方式作证的证据规则，例如，允许借助于诸如视像连接之类的通信技术或其他适当手段提供证言。

三、缔约国应考虑与其他国家订立有关转移本条第一款所述人员的安排。

四、本条的规定也应适用于作为证人的被害人。

第二十五条　帮助和保护被害人

一、各缔约国均应在其力所能及的范围内采取适当的措施，以便向本公约所涵盖的犯罪的被害人提供帮助和保护，尤其是在其受到报复威胁或恐吓的情况下。

二、各缔约国均应制定适当的程序，使本公约所涵盖的犯罪的被害人有机会获得赔偿和补偿。

三、各缔约国均应在符合其本国法律的情况下，在对犯罪的人提起的刑事诉讼的适当阶段，以不损害被告人权利的方式使被害人的意见和关切得到表达和考虑。

第二十六条　加强与执法当局合作的措施

一、各缔约国均应采取适当措施，鼓励参与或曾参与有组织犯罪集团的个人：

（一）为主管当局的侦查和取证提供有用信息，例如：

1. 有组织犯罪集团的身份、性质、组成情况、结构、所在地或活动；

2. 与其他有组织犯罪集团之间的联系，包括国际联系；

3. 有组织犯罪集团所实施或可能实施的犯罪；

（二）为主管当局提供可能有助于剥夺有组织犯罪集团的资源或犯罪所得的切实而具体的帮助。

二、对于在本公约所涵盖的任何犯罪的侦查或起诉中提供了实质性配合的被指控者，各缔约国均应考虑规定在适当情况下减轻处罚的可能性。

三、对于本公约所涵盖的犯罪的侦查或起诉中予以实质性配合者，各缔约国均应考虑根据其本国法律基本原则规定允许免予起诉的可能性。

四、应按本公约第二十四条的规定为此类人员提供保护。

五、如果本条第一款所述的、位于一缔约国的人员能给予另一缔约国主管当局以实质性配合，有关缔约国可考虑根据其本国法律订立关于由对方缔约国提供本条第二款和第三款所列待遇的协定或安排。

第二十七条　执法合作

一、缔约国应在符合本国法律和行政管理制度的情况下相互密切合作，以加强打击本公约所涵盖的犯罪的执法行动的有效性。各缔约国尤其应采取有效措施，以便：

（一）加强并在必要时建立各国主管当局、机构和部门之间的联系渠道，以促进安全、迅速地交换有关本公约所涵盖犯罪的各个方面的情报，有关缔约国认为适当时还可包括与其他犯罪活动的联系的有关情报；

（二）同其他缔约国合作，就以下与本公约所涵盖的犯罪有关的事项进行调查：

1. 涉嫌这类犯罪的人的身份、行踪和活动，或其他有关人员的所在地点；

2. 来自这类犯罪的犯罪所得或财产的去向；

3. 用于或企图用于实施这类犯罪的财产、设备或其他工具的去向；

（三）在适当情况下提供必要数目或数量的物品以供分析或调查之用；

（四）促进各缔约国主管当局、机构和部门之间的有效协调，并加强人员和其他专家的交流，包括根据有关缔约国之间的双边协定和安排派出联络官员；

（五）与其他缔约国交换关于有组织犯罪集团采用的具体手段和方法的资料，视情况包括关于路线和交通工具，利用假身份、经变造或伪造的证件或其他掩盖其活动的手段的资料；

（六）交换情报并协调为尽早查明本公约所涵盖的犯罪而酌情采取的行政和其他措施。

二、为实施本公约，缔约国应考虑订立关于其执法机构间直接合作的双边或多边协定或安排，并在已有这类协定或安排的情况下考虑对其进行修正。如果有关缔约国之间尚未订立这类协定或安排，缔约国可考虑以本公约为基础，进行针对本公约所涵盖的任何犯罪的相互执法合作。缔约国应在适当情况下充分利用各种协定或安排，包括国际或区域组织，以加强缔约国执法机构之间的合作。

三、缔约国应努力在力所能及的范围内开展合作，以便对借助现代技术实施的跨国有组织犯罪作出反应。

第二十八条　收集、交流和分析关于有组织犯罪的性质的资料

一、各缔约国均应考虑在同科技和学术界协商的情况下，分析其领域内的有组织犯罪的趋势、活动环境以及所涉及的专业团体和技术。

二、缔约国应考虑相互并通过国际和区域组织研究和分享与有组织犯罪活动有关的分析性专门知识。为此目的，应酌情制定和适用共同的定义、标准和方法。

三、各缔约国均应考虑对其打击有组织犯罪的政策和实际措施进行监测，并对这些政策和措施的有效性和效果进行评估。

第二十九条　培训和技术援助

一、各缔约国均应在必要时为其执法人员，包括检察官、进行调查的法官和海关人员及其他负责预防、侦查和控制本公约所涵盖的犯罪的人员开展、拟订或改进具体的培训方案。这类方案可包括人员借调和交流。这类方案应在本国法律所允许的范围内特别针对以下方面：

（一）预防、侦查和控制本公约所涵盖的犯罪的方法；

（二）涉嫌参与本公约所涵盖的犯罪的人所使用的路线和手段，包括在过境国使用的路线和手段，以及适当的对策；

（三）对违禁品走向的监测；

（四）侦查和监测犯罪所得、财产、设备或其他工具的去向和用于转移、隐瞒或掩饰此种犯罪所得、财产、设备或其他工具的手法，以及用以打击洗钱和其他金融犯罪的方法；

（五）收集证据；

（六）自由贸易区和自由港中的控制手段；

（七）现代化执法设备和技术，包括电子监视、控制下交付和特工行动；

（八）打击借助于计算机、电信网络或其他形式现代技术所实施的跨国有组织犯罪的方法；

（九）保护被害人和证人的方法。

二、缔约国应相互协助，规划并实施旨在分享本条第一款所提及领域专门知识的研究和培训方案，并应为此目的酌情利用区域和国际会议和研讨会，促进对共同关心的问题，包括过境国的特殊问题和需要的合作和讨论。

三、缔约国应促进有助于引渡和司法协助的培训和技术援助。这种培训和技术援助可包括对中心当局或负有相关职责的机构的人员进行语言培训、开展借调和交流。

四、在有双边和多边协定的情况下，缔约国应加强必要的努力，在国际组织和区域组织的范围内以及其他有关的双边和多边协定或安排的范围内，最大限度地开展业务及培训活动。

第三十条 其他措施：通过经济发展和技术援助执行公约

一、缔约国应通过国际合作采取有助于最大限度优化本公约执行的措施，同时应考虑到有组织犯罪对社会，尤其是对可持续发展的消极影响。

二、缔约国应相互协调并同国际和区域组织协调，尽可能作出具体努力：

（一）加强其同发展中国家在各级的合作，以提高发展中国家预防和打击跨国有组织犯罪的能力；

（二）加强财政和物质援助，支持发展中国家同跨国有组织犯罪作有效斗争的努力，并帮助它们顺利执行本公约；

（三）向发展中国家和经济转型期国家提供技术援助，以协助它们满足在执行本公约方面的需要。为此，缔约国应努力向联合国筹资机制中为此目的专门指定的账户提供充分的经常性自愿捐款。缔约国还可根据其本国法律和本公约规定，特别考虑向上述账户捐出根据本公约规定没收的犯罪所得或财产中一定比例的金钱或相应的价值；

（四）根据本条规定视情况鼓励和争取其他国家和金融机构与其一道共同努力，特别是向发展中国家提供更多的培训方案和现代化设备，以协助它们实现本公约的各项目标。

三、这些措施应尽量不影响现有对外援助承诺或其他多边、区域或国际一级的财政合作安排。

四、缔约国可缔结关于物资和后勤援助的双边或多边协议或安排，同时考虑到为使本公约所规定的国际合作方式行之有效和预防、侦查与控制跨国有组织犯罪所必需的各种财政安排。

第三十一条 预防

一、缔约国应努力开发和评估各种旨在预防跨国有组织犯罪的国家项目，并制订和促进这方面的最佳做法和政策。

二、缔约国应根据其本国法律基本原则，利用适当的立法、行政或其他措施努力减少有组织犯罪集团在利用犯罪所得参与合法市场方面的现有或未来机会。这些措施应着重于：

（一）加强执法机构或检察官同包括企业界在内的有关私人实体之间的合作；

（二）促进制定各种旨在维护公共和有关私人实体廉洁性的标准和程序，以及有关职业，特别是律师、公证人、税务顾问和会计师的行为准则；

（三）防止有组织犯罪集团对公共当局实行的招标程序以及公共当局为商业活动所提供的补贴和许可证作不正当利用；

（四）防止有组织犯罪集团对法人作不正当利用，这类措施可包括：

1. 建立关于法人的设立、管理和筹资中所涉法人和自然人的公共记录；

2. 宣布有可能通过法院命令或任何适宜手段，在一段合理的期间内剥夺被判定犯有本公约所涵盖的犯罪的人担任在其管辖范围内成立的法人的主管的资格；

3. 建立关于被剥夺担任法人主管资格的人的国家记录；

4. 与其他缔约国主管当局交流本款（四）项 1 目和 3 目所述记录中所载的资料。

三、缔约国应努力促进被判犯有本公约所涵盖的犯罪的人重新融入社会。

四、缔约国应努力定期评价现有有关法律文书和行政管理办法，以发现其中易被有组织犯罪集团作不正当利用之处。

五、缔约国应努力提高公众对跨国有组织犯罪的存在、原因和严重性及其所构成的威胁的认识。可在适当情况下通过大众传播媒介传播信息，其中应包括促进公众参与预防和打击这类犯罪的措施。

六、各缔约国均应将可协助其他缔约国制订预防跨国有组织犯罪的措施的一个或多个当局的名称和地址通知联合国秘书长。

七、缔约国应酌情彼此合作和同有关国际和区域组织合作，以促进和制订本条所述措施，其办法包括参与各种旨在预防跨国有组织犯罪的国际项目，例如改善环境，以使处于社会边缘地位的群体不易受跨国有组织犯罪行动的影响。

第三十二条　公约缔约方会议

一、兹设立本公约缔约方会议，以提高缔约国打击跨国有组织犯罪的能力，并促进和审查公约的实施。

二、联合国秘书长应在不晚于本公约生效之后一年的时间内召集缔约方会议。缔约方会议应通过议事规则和关于开展本条第三款和第四款所列活动的规则（包括关于支付这些活动费用的规则）。

三、缔约方会议应议定实现本条第一款所述各项目标的机制，其中包括：

（一）促进缔约国按照本公约第二十九条、第三十条和第三十一条所开展的活动，其办法包括鼓励调动自愿捐助；

（二）促进缔约国间交流关于跨国有组织犯罪的模式和趋势以及同其作斗争的成功做法的信息；

（三）同有关国际和区域组织和非政府组织开展合作；

（四）定期审查本公约的执行情况；

（五）为改进本公约及其实施而提出建议。

四、为了本条第三款（四）项和（五）项的目的，缔约方会议应通过缔约国提供的资料和缔约方会议可能建立的补充审查机制，对缔约国为实施公约所采取的措施以及实施过程中所遇到的困难获得必要的了解。

五、各缔约国均应按照缔约方会议的要求，向其提供有关本国实施本公约的方案、计划和做法以及立法和行政措施的资料。

第三十三条 秘书处

一、联合国秘书长应为公约缔约方会议提供必要的秘书处服务。

二、秘书处应：

（一）协助缔约方会议开展本公约第三十二条所列各项活动，并为各届缔约方会议作出安排和提供必要的服务；

（二）依请求协助缔约国向缔约方会议提交本公约第三十二条第五款提及的资料；

（三）确保与其他有关国际和区域组织秘书处的必要协调。

第三十四条 公约的实施

一、各缔约国均应根据其本国法律制度基本原则采取必要的措施，包括立法和行政措施，以切实履行其根据本公约所承担的义务。

二、各缔约国均应在本国法律中将根据本公约第五条、第六条、第八条和第二十三条确立的犯罪规定为犯罪，而不论其是否如本公约第三条第一款所述具有跨国性或是否涉及有组织犯罪集团，但本公约第五条要求涉及有组织犯罪集团的情况除外。

三、为预防和打击跨国有组织犯罪，各缔约国均可采取比本公约的规定更为严格或严厉的措施。

第三十五条 争端的解决

一、缔约国应努力通过谈判解决与本公约的解释或适用有关的争端。

二、两个或两个以上缔约国对于本公约的解释或适用发生任何争端，在合理时间内不能通过谈判解决的，应按其中一方请求交付仲裁。如果自请求交付仲裁之日起六个月后这些缔约国不能就仲裁安排达成协议，则其中任何一方均可根据《国际法院规约》请求将争端提交国际法院。

三、各缔约国在签署、批准、接受、核准或加入本公约时，均可声明不受本条第二款的约束。其他缔约国对于作出此种保留的任何缔约国，不应受本条第二款的约束。

四、凡根据本条第三款作出保留的缔约国，均可随时通知联合国秘书长撤销该项保留。

第三十六条 签署、批准、接受、核准和加入

一、本公约自 2000 年 12 月 12 日至 15 日在意大利巴勒莫开放供各国签署，随后直至 2002 年 12 月 12 日在纽约联合国总部开放供各国签署。

二、本公约还应开放供区域经济一体化组织签署，条件是该组织至少有一个成员国已按照本条第一款规定签署本公约。

三、本公约须经批准、接受或核准。批准书、接受书或核准书应交存联合国秘书长。如果某一区域经济一体化组织至少有一个成员国已交存批准书、接受书或核准书，该组织可照样办理。该组织应在该项批准书、接受书或核准书中宣布其在本公约管辖事项方面的权限范围。该组织还应将其权限范围的任何有关变动情况通知保存人。

四、任何国家或任何至少已有一个成员国加入本公约的区域经济一体化组织均可加入本公约。加入书应交存联合国秘书长。区域经济一体化组织加入本公约时应宣布其在本公约管辖事项方面的权限范围。该组织还应将其权限范围的任何有关变动情况通知保存人。

第三十七条 同议定书的关系

一、本公约可由一项或多项议定书予以补充。

二、只有成为本公约缔约方的国家或区域经济一体化组织方可成为议定书缔约方。

三、本公约缔约方不受议定书约束，除非其已根据议定书规定成为议定书缔约方。

四、本公约的任何议定书均应结合本公约予以解释，并考虑到该议定书的宗旨。

第三十八条 生效

一、本公约应自第四十份批准书、接受书、核准书或加入书交存联合国秘书长之日后第九十天起生效。为本款的目的，区域经济一体化组织交存的任何文书均不得在该组织成员国所交存文书以外另行计算。

二、对于在第四十份批准书、接受书、核准书或加入书交存后批准、接受、核准或加入公约的国家或区域经济一体化组织，本公约应自该国或组织交存有关文书之日后第三十天起生效。

第三十九条 修正

一、缔约国可在本公约生效已满五年后提出修正案并将其送交联合国秘书长。秘书长应立即将所提修正案转发缔约国和缔约方会议，以进行审议并作出

决定。缔约方会议应尽力就每项修正案达成协商一致。如果已为达成协商一致作出一切努力而仍未达成一致意见，作为最后手段，该修正案须有出席缔约方会议并参加表决的缔约国的三分之二多数票方可通过。

二、区域经济一体化组织对属于其权限的事项依本条行使表决权时，其票数相当于其作为本公约缔约国的成员国数目。如果这些组织的成员国行使表决权，则这些组织便不得行使表决权，反之亦然。

三、根据本条第一款通过的修正案，须经缔约国批准、接受或核准。

四、根据本条第一款通过的修正案，应自缔约国向联合国秘书长交存一份批准、接受或核准该修正案的文书之日起九十天之后对该缔约国生效。

五、修正案一经生效，即对已表示同意受其约束的缔约国具有约束力。其他缔约国则仍受本公约原条款和其以前批准、接受或核准的任何修正案的约束。

第四十条　退约

一、缔约国可书面通知联合国秘书长退出本公约。此项退约应自秘书长收到上述通知之日起一年后生效。

二、区域经济一体化组织在其所有成员国均已退出本公约时即不再为本公约缔约方。

三、根据本条第一款规定退出本公约，即自然退出其任何议定书。

第四十一条　保存人和语文

一、联合国秘书长应为本公约指定保存人。

二、本公约原件应交存联合国秘书长，公约的阿拉伯文、中文、英文、法文、俄文和西班牙文文本同为作准文本。

兹由经各自政府正式授权的下列署名全权代表签署本公约，以昭信守。

联合国反腐败公约

序　言

本公约缔约国，

关注腐败对社会稳定与安全所造成的问题和构成的威胁的严重性，它破坏民主体制和价值观、道德观和正义并危害着可持续发展和法治，

并关注腐败同其他形式的犯罪特别是同有组织犯罪和包括洗钱在内的经济犯罪的联系，

还关注涉及巨额资产的腐败案件，这类资产可能占国家资源的很大比例，并对这些国家的政治稳定和可持续发展构成威胁，

确信腐败已经不再是局部问题，而是一种影响所有社会和经济的跨国现象，因此，开展国际合作预防和控制腐败是至关重要的，

并确信需要为有效地预防和打击腐败采取综合性的、多学科的办法，

还确信提供技术援助可以在增强国家有效预防和打击腐败的能力方面发挥重要的作用，其中包括通过加强能力和通过机构建设，

确信非法获得个人财富特别会对民主体制、国民经济和法治造成损害，

决心更加有效地预防、查出和制止非法获得的资产的国际转移，并加强资产追回方面的国际合作，

承认在刑事诉讼程序和判决财产权的民事或者行政诉讼程序中遵守正当法律程序的基本原则，

铭记预防和根除腐败是所有各国的责任，而且各国应当相互合作，同时应当有公共部门以外的个人和团体的支持和参与，例如民间社会、非政府组织和社区组织的支持和参与，只有这样，这方面的工作才能行之有效，

还铭记公共事务和公共财产妥善管理、公平、尽责和法律面前平等各项原则以及维护廉正和提倡拒腐风气的必要性，

赞扬预防犯罪和刑事司法委员会和联合国毒品和犯罪问题办事处在预防和打击腐败方面的工作，

回顾其他国际和区域组织在这一领域开展的工作，包括非洲联盟、欧洲委

员会、海关合作理事会（又称世界海关组织）、欧洲联盟、阿拉伯国家联盟、经济合作与发展组织和美洲国家组织所开展的活动，

赞赏地注意到关于预防和打击腐败的各种文书，其中包括：美洲国家组织于 1996 年 3 月 29 日通过的《美洲反腐败公约》、欧洲联盟理事会于 1997 年 5 月 26 日通过的《打击涉及欧洲共同体官员或欧洲联盟成员国官员的腐败行为公约》、经济合作与发展组织于 1997 年 11 月 21 日通过的《禁止在国际商业交易中贿赂外国公职人员公约》、欧洲委员会部长委员会于 1999 年 1 月 27 日通过的《反腐败刑法公约》、欧洲委员会部长委员会于 1999 年 11 月 4 日通过的《反腐败民法公约》和非洲联盟国家和政府首脑于 2003 年 7 月 12 日通过的《非洲联盟预防和打击腐败公约》，

欢迎《联合国打击跨国有组织犯罪公约》于 2003 年 9 月 29 日生效，

一致议定如下：

第一章 总 则

第一条 宗旨声明

本公约的宗旨是：

（一）促进和加强各项措施，以便更加高效而有力地预防和打击腐败；

（二）促进、便利和支持预防和打击腐败方面的国际合作和技术援助，包括在资产追回方面；

（三）提倡廉正、问责制和对公共事务和公共财产的妥善管理。

第二条 术语的使用

在本公约中：

（一）"公职人员"系指：1. 无论是经任命还是经选举而在缔约国中担任立法、行政、行政管理或者司法职务的任何人员，无论长期或者临时，计酬或者不计酬，也无论该人的资历如何；2. 依照缔约国本国法律的定义和在该缔约国相关法律领域中的适用情况，履行公共职能，包括为公共机构或者公营企业履行公共职能或者提供公共服务的任何其他人员；3. 缔约国本国法律中界定为"公职人员"的任何其他人员。但就本公约第二章所载某些具体措施而言，"公职人员"可以指依照缔约国本国法律的定义和在该缔约国相关法律领域中的适用情况，履行公共职能或者提供公共服务的任何人员；

（二）"外国公职人员"系指外国无论是经任命还是经选举而担任立法、行政、行政管理或者司法职务的任何人员；以及为外国，包括为公共机构或者公

营企业行使公共职能的任何人员;

（三）"国际公共组织官员"系指国际公务员或者经此种组织授权代表该组织行事的任何人员;

（四）"财产"系指各种资产，不论是物质的还是非物质的、动产还是不动产、有形的还是无形的，以及证明对这种资产的产权或者权益的法律文件或者文书;

（五）"犯罪所得"系指通过实施犯罪而直接或间接产生或者获得的任何财产;

（六）"冻结"或者"扣押"系指依照法院或者其他主管机关的命令暂时禁止财产转移、转换、处分或者移动或者对财产实行暂时性扣留或者控制;

（七）"没收"，在适用情况下还包括充公，系指根据法院或者其他主管机关的命令对财产实行永久剥夺;

（八）"上游犯罪"系指由其产生的所得可能成为本公约第二十三条所定义的犯罪的对象的任何犯罪;

（九）"控制下交付"系指在主管机关知情并由其监控的情况下允许非法或可疑货物运出、通过或者运入一国或多国领域的做法，其目的在于侦查某项犯罪并查明参与该项犯罪的人员。

第三条　适用范围

一、本公约应当根据其规定适用于对腐败的预防、侦查和起诉以及根据本公约确立的犯罪的所得的冻结、扣押、没收和返还。

二、为执行本公约的目的，除非另有规定，本公约中所列犯罪不一定非要对国家财产造成损害或者侵害。

第四条　保护主权

一、缔约国在履行其根据本公约所承担的义务时，应当恪守各国主权平等和领土完整原则以及不干涉他国内政原则。

二、本公约任何规定概不赋予缔约国在另一国领域内行使管辖权和履行该另一国本国法律规定的专属于该国机关的职能的权利。

第二章　预防措施

第五条　预防性反腐败政策和做法

一、各缔约国均应当根据本国法律制度的基本原则，制定和执行或者坚持有效而协调的反腐败政策，这些政策应当促进社会参与，并体现法治、妥善管理公共事务和公共财产、廉正、透明度和问责制的原则。

二、各缔约国均应当努力制定和促进各种预防腐败的有效做法。

三、各缔约国均应当努力定期评估有关法律文书和行政措施，以确定其能否有效预防和打击腐败。

四、缔约国均应当根据本国法律制度的基本原则，酌情彼此协作并同有关国际组织和区域组织协作，以促进和制定本条所述措施。这种协作可以包括参与各种预防腐败的国际方案和项目。

第六条　预防性反腐败机构

一、各缔约国均应当根据本国法律制度的基本原则，确保设有一个或酌情设有多个机构通过诸如下列措施预防腐败：

（一）实施本公约第五条所述政策，并在适当情况下对这些政策的实施进行监督和协调；

（二）积累和传播预防腐败的知识。

二、各缔约国均应当根据本国法律制度的基本原则，赋予本条第一款所述机构必要的独立性，使其能够有效地履行职能和免受任何不正当的影响。各缔约国均应当提供必要的物资和专职工作人员，并为这些工作人员履行职能提供必要的培训。

三、各缔约国均应当将可以协助其他缔约国制定和实施具体的预防腐败措施的机关的名称和地址通知联合国秘书长。

第七条　公共部门

一、各缔约国均应当根据本国法律制度的基本原则，酌情努力采用、维持和加强公务员和适当情况下其他非选举产生公职人员的招聘、雇用、留用、晋升和退休制度，这种制度：

（一）以效率原则、透明度原则和特长、公正和才能等客观标准原则为基础；

（二）对于担任特别容易发生腐败的公共职位的人员，设有适当的甄选和培训程序以及酌情对这类人员实行轮岗的适当程序；

（三）促进充分的报酬和公平的薪资标准，同时考虑到缔约国的经济发展水平；

（四）促进对人员的教育和培训方案，以使其能够达到正确、诚实和妥善履行公务的要求，并为其提供适当的专门培训，以提高其对履行其职能过程中所隐含的腐败风险的认识。这种方案可以参照适当领域的行为守则或者准则。

二、各缔约国均应当考虑采取与本公约的目的相一致并与本国法律的基本原则相符的适当立法和行政措施，就公职的人选资格和当选的标准作出规定。

三、各缔约国还应当考虑采取与本公约的目的相一致并与本国法律的基本原则相符的适当立法和行政措施，以提高公职竞选候选人经费筹措及适当情况下的政党经费筹措的透明度。

四、各缔约国均应当根据本国法律的基本原则，努力采用、维持和加强促进透明度和防止利益冲突的制度。

第八条 公职人员行为守则

一、为了打击腐败，各缔约国均应当根据本国法律制度的基本原则，在本国公职人员中特别提倡廉正、诚实和尽责。

二、各缔约国均尤其应当努力在本国的体制和法律制度范围内适用正确、诚实和妥善履行公务的行为守则或者标准。

三、为执行本条的各项规定，各缔约国均应当根据本国法律制度的基本原则，酌情考虑到区域、区域间或者多边组织的有关举措，例如大会 1996 年 12 月 12 日第 51/59 号决议附件所载《公职人员国际行为守则》。

四、各缔约国还应当根据本国法律的基本原则，考虑制定措施和建立制度，以便于公职人员在履行公务过程中发现腐败行为时向有关部门举报。

五、各缔约国均应当根据本国法律的基本原则，酌情努力制定措施和建立制度，要求公职人员特别就可能与其公职人员的职能发生利益冲突的职务外活动、任职、投资、资产以及贵重馈赠或者重大利益向有关机关申报。

六、各缔约国均应当考虑根据本国法律的基本原则，对违反依照本条确定的守则或者标准的公职人员采取纪律措施或者其他措施。

第九条 公共采购和公共财政管理

一、各缔约国均应当根据本国法律制度的基本原则采取必要步骤，建立对预防腐败特别有效的以透明度、竞争和按客观标准决定为基础的适当的采购制度。这类制度可以在适用时考虑到适当的最低限值，所涉及的方面应当包括：

（一）公开分发关于采购程序及合同的资料，包括招标的资料与授标相关的资料，使潜在投标人有充分时间准备和提交标书；

（二）事先确定参加的条件，包括甄选和授标标准以及投标规则，并予以公布；

（三）采用客观和事先确定的标准作出公共采购决定，以便于随后核查各项规则或者程序是否得到正确适用；

（四）建立有效的国内复审制度，包括有效的申诉制度，以确保在依照本款制定的规则未得到遵守时可以诉诸法律和进行法律救济；

（五）酌情采取措施，规范采购的负责人员的相关事项，例如特定公共采购中的利益关系申明、筛选程序和培训要求。

二、各缔约国均应当根据本国法律制度的基本原则采取适当措施，促进公共财政管理的透明度和问责制。这些措施应当包括下列方面：

（一）国家预算的通过程序；

（二）按时报告收入和支出情况；

（三）由会计和审计标准及有关监督构成的制度；

（四）迅速而有效的风险管理和内部控制制度；

（五）在本款规定的要求未得到遵守时酌情加以纠正。

三、各缔约国均应当根据本国法律的基本原则，采取必要的民事和行政措施，以维持与公共开支和财政收入有关的账簿、记录、财务报表或者其他文件完整无缺，并防止在这类文件上作假。

第十条　公共报告

考虑到反腐败的必要性，各缔约国均应当根据本国法律的基本原则采取必要的措施，提高公共行政部门的透明度，包括酌情在其组织结构、运作和决策过程方面提高透明度。这些措施可以包括下列各项：

（一）施行各种程序或者条例，酌情使公众了解公共行政部门的组织结构、运作和决策过程，并在对保护隐私和个人资料给予应有考虑的情况下，使公众了解与其有关的决定和法规；

（二）酌情简化行政程序，以便于公众与主管决策机关联系；

（三）公布资料，其中可以包括公共行政部门腐败风险问题定期报告。

第十一条　与审判和检察机关有关的措施

一、考虑到审判机关独立和审判机关在反腐败方面的关键作用，各缔约国均应当根据本国法律制度的基本原则并在不影响审判独立的情况下，采取措施加强审判机关人员的廉正，并防止出现腐败机会。这类措施可以包括关于审判机关人员行为的规则。

二、缔约国中不属于审判机关但具有类似于审判机关独立性的检察机关，可以实行和适用与依照本条第一款所采取的具有相同效力的措施。

第十二条　私营部门

一、各缔约国均应当根据本国法律的基本原则采取措施，防止涉及私营部门的腐败，加强私营部门的会计和审计标准，并酌情对不遵守措施的行为规定有效、适度而且具有警戒性的民事、行政或者刑事处罚。

二、为达到这些目的而采取的措施可以包括下列内容：

（一）促进执法机构与有关私营实体之间的合作；

（二）促进制定各种旨在维护有关私营实体操守的标准和程序，其中既包括正确、诚实和妥善从事商业活动和所有相关职业活动并防止利益冲突的行为守则，也包括在企业之间以及企业与国家的合同关系中促进良好商业惯例的采用的行为守则；

（三）增进私营实体透明度，包括酌情采取措施鉴定参与公司的设立和管理的法人和自然人的身份；

（四）防止滥用对私营实体的管理程序，包括公共机关对商业活动给予补贴和颁发许可证的程序；

（五）在合理的期限内，对原公职人员的职业活动或者对公职人员辞职或者退休后在私营部门的任职进行适当的限制，以防止利益冲突，只要这种活动或者任职同这些公职人员任期内曾经担任或者监管的职能直接有关；

（六）确保私营企业根据其结构和规模实行有助于预防和发现腐败的充分内部审计控制，并确保这种私营企业的账目和必要的财务报表符合适当的审计和核证程序。

三、为了预防腐败，各缔约国均应当根据本国关于账簿和记录保存、财务报表披露以及会计和审计标准的法律法规采取必要措施，禁止为实施根据本公约确立的任何犯罪而从事下列行为：

（一）设立账外账户；

（二）进行账外交易或者账实不符的交易；

（三）虚列支出；

（四）登录负债账目时谎报用途；

（五）使用虚假单据；

（六）故意在法律规定的期限前销毁账簿。

四、鉴于贿赂是依照本公约第十五条和第十六条确立的犯罪构成要素之一，各缔约国均应当拒绝对贿赂构成的费用实行税款扣减，并在适用情况下拒绝对促成腐败行为所支付的其他费用实行税款扣减。

第十三条 社会参与

一、各缔约国均应当根据本国法律的基本原则在其力所能及的范围内采取适当措施，推动公共部门以外的个人和团体，例如民间团体、非政府组织和社区组织等，积极参与预防和打击腐败，并提高公众对腐败的存在、根源、严重性及其所构成的威胁的认识。这种参与应当通过下列措施予以加强：

（一）提高决策过程的透明度，并促进公众在决策过程中发挥作用；

（二）确保公众有获得信息的有效渠道；

（三）开展有助于不容忍腐败的公众宣传活动，以及包括中小学和大学课程在内的公共教育方案；

（四）尊重、促进和保护有关腐败的信息的查找、接收、公布和传播的自由。这种自由可以受到某些限制，但是这种限制应当仅限于法律有规定而且也有必要的下列情形：

1. 尊重他人的权利或者名誉；

2. 维护国家安全或公共秩序，或者维护公共卫生或公共道德。

二、各缔约国均应当采取适当的措施，确保公众知悉本公约提到的相关的反腐败机构，并应当酌情提供途径，以便以包括匿名举报在内的方式向这些机构举报可能被视为构成根据本公约确立的犯罪的事件。

第十四条　预防洗钱的措施

一、各缔约国均应当：

（一）在其权限范围内，对银行和非银行金融机构，包括对办理资金或者价值转移正规或非正规业务的自然人或者法人，并在适当情况下对特别易于涉及洗钱的其他机构，建立全面的国内管理和监督制度，以便遏制并监测各种形式的洗钱，这种制度应当着重就验证客户身份和视情况验证实际受益人身份、保持记录和报告可疑交易作出规定；

（二）在不影响本公约第四十六条的情况下，确保行政、管理、执法和专门打击洗钱的其他机关（在本国法律许可时可以包括司法机关）能够根据本国法律规定的条件，在国家和国际一级开展合作和交换信息，并应当为此目的考虑建立金融情报机构，作为国家中心收集、分析和传递关于潜在洗钱活动的信息。

二、缔约国应当考虑实施可行的措施，监测和跟踪现金和有关流通票据跨境转移的情况，但必须有保障措施，以确保信息的正当使用而且不致以任何方式妨碍合法资本的移动。这类措施可以包括要求个人和企业报告大额现金和有关流通票据的跨境转移。

三、缔约国应当考虑实施适当而可行的措施，要求包括汇款业务机构在内的金融机构：

（一）在电子资金划拨单和相关电文中列入关于发端人的准确而有用的信息；

（二）在整个支付过程中保留这种信息；

（三）对发端人信息不完整的资金转移加强审查。

四、吁请缔约国在建立本条所规定的国内管理和监督制度时，在不影响本公约其他任何条款的情况下将区域、区域间和多边组织的有关反洗钱举措作为指南。

五、缔约国应当努力为打击洗钱而在司法机关、执法机关和金融监管机关之间开展和促进全球、区域、分区域及双边合作。

第三章　定罪和执法

第十五条　贿赂本国公职人员

各缔约国均应当采取必要的立法措施和其他措施，将下列故意实施的行为规定为犯罪：

（一）直接或间接向公职人员许诺给予、提议给予或者实际给予该公职人员本人或者其他人员或实体不正当好处，以使该公职人员在执行公务时作为或者不作为；

（二）公职人员为其本人或者其他人员或实体直接或间接索取或者收受不正当好处，以作为其在执行公务时作为或者不作为的条件。

第十六条　贿赂外国公职人员或者国际公共组织官员

一、各缔约国均应当采取必要的立法和其他措施，将下述故意实施的行为规定为犯罪：直接或间接向外国公职人员或者国际公共组织官员许诺给予、提议给予或者实际给予该公职人员本人或者其他人员或实体不正当好处，以使该公职人员或者该官员在执行公务时作为或者不作为，以便获得或者保留与进行国际商务有关的商业或者其他不正当好处。

二、各缔约国均应当考虑采取必要的立法和其他措施，将下述故意实施的行为规定为犯罪：外国公职人员或者国际公共组织官员直接或间接为其本人或者其他人员或实体索取或者收受不正当好处，以作为其在执行公务时作为或者不作为的条件。

第十七条　公职人员贪污、挪用或者以其他类似方式侵犯财产

各缔约国均应当采取必要的立法措施和其他措施，将下述故意实施的行为规定为犯罪：公职人员为其本人的利益或者其他人员或实体的利益，贪污、挪用或者以其他类似方式侵犯其因职务而受托的任何财产、公共资金、私人资金、公共证券、私人证券或者其他任何贵重物品。

第十八条　影响力交易

各缔约国均应当考虑采取必要的立法措施和其他措施，将下列故意实施的行为规定为犯罪：

（一）直接或间接向公职人员或者其他任何人员许诺给予、提议给予或者实

际给予任何不正当好处，以使其滥用本人的实际影响力或者被认为具有的影响力，为该行为的造意人或者其他任何人从缔约国的行政部门或者公共机关获得不正当好处；

（二）公职人员或者其他任何人员为其本人或者他人直接或间接索取或者收受任何不正当好处，以作为该公职人员或者该其他人员滥用本人的实际影响力或者被认为具有的影响力，从缔约国的行政部门或者公共机关获得任何不正当好处的条件。

第十九条　滥用职权

各缔约国均应当考虑采取必要的立法和其他措施，将下述故意实施的行为规定为犯罪：滥用职权或者地位，即公职人员在履行职务时违反法律，实施或者不实施一项行为，以为其本人或者其他人员或实体获得不正当好处。

第二十条　资产非法增加

在不违背本国宪法和本国法律制度基本原则的情况下，各缔约国均应当考虑采取必要的立法和其他措施，将下述故意实施的行为规定为犯罪：资产非法增加，即公职人员的资产显著增加，而本人无法以其合法收入作出合理解释。

第二十一条　私营部门内的贿赂

各缔约国均应当考虑采取必要的立法和其他措施，将经济、金融或者商业活动过程中下列故意实施的行为规定为犯罪：

（一）直接或间接向以任何身份领导私营部门实体或者为该实体工作的任何人许诺给予、提议给予或者实际给予该人本人或者他人不正当好处，以使该人违背职责作为或者不作为；

（二）以任何身份领导私营部门实体或者为该实体工作的任何人为其本人或者他人直接或间接索取或者收受不正当好处，以作为其违背职责作为或者不作为的条件。

第二十二条　私营部门内的侵吞财产

各缔约国均应当考虑采取必要的立法和其他措施，将经济、金融或者商业活动中下述故意实施的行为规定为犯罪：以任何身份领导私营部门实体或者在该实体中工作的人员侵吞其因职务而受托的任何财产、私人资金、私人证券或者其他任何贵重物品。

第二十三条　对犯罪所得的洗钱行为

一、各缔约国均应当根据本国法律的基本原则采取必要的立法和其他措施，将下列故意实施的行为规定为犯罪：

（一）1. 明知财产为犯罪所得，为隐瞒或者掩饰该财产的非法来源，或者为协助任何参与实施上游犯罪者逃避其行为的法律后果而转换或者转移该财产；

2. 明知财产为犯罪所得而隐瞒或者掩饰该财产的真实性质、来源、所在地、处分、转移、所有权或者有关的权利；

（二）在符合本国法律制度基本概念的情况下：

1. 在得到财产时，明知其为犯罪所得而仍获取、占有或者使用；

2. 对本条所确立的任何犯罪的参与、协同或者共谋实施、实施未遂以及协助、教唆、便利和参谋实施。

二、为实施或者适用本条第一款：

（一）各缔约国均应当寻求将本条第一款适用于范围最为广泛的上游犯罪；

（二）各缔约国均应当至少将其根据本公约确立的各类犯罪列为上游犯罪；

（三）就上文第二项而言，上游犯罪应当包括在有关缔约国管辖范围之内和之外实施的犯罪。但是，如果犯罪发生在一缔约国管辖权范围之外，则只有当该行为根据其发生地所在国法律为犯罪，而且根据实施或者适用本条的缔约国的法律该行为若发生在该国也为犯罪时，才构成上游犯罪；

（四）各缔约国均应当向联合国秘书长提供其实施本条的法律以及这类法律随后的任何修改的副本或说明；

（五）在缔约国本国法律基本原则要求的情况下，可以规定本条第一款所列犯罪不适用于实施上游犯罪的人。

第二十四条　窝赃

在不影响本公约第二十三条的规定的情况下，各缔约国均应当考虑采取必要的立法和其他措施，将下述故意实施的行为规定为犯罪：行为所涉及的人员虽未参与根据本公约确立的任何犯罪，但在这些犯罪实施后，明知财产是根据本公约确立的任何犯罪的结果而窝藏或者继续保留这种财产。

第二十五条　妨害司法

各缔约国均应当采取必要的立法措施和其他措施，将下列故意实施的行为规定为犯罪：

（一）在涉及根据本公约确立的犯罪的诉讼中使用暴力、威胁或者恐吓，或者许诺给予、提议给予或者实际给予不正当好处，以诱使提供虚假证言或者干扰证言或证据的提供；

（二）使用暴力、威胁或恐吓，干扰审判或执法人员针对根据本公约所确立的犯罪执行公务。本项规定概不影响缔约国就保护其他类别公职人员进行立法的权利。

第二十六条 法人责任

一、各缔约国均应当采取符合其法律原则的必要措施，确定法人参与根据本公约确立的犯罪应当承担的责任。

二、在不违反缔约国法律原则的情况下，法人责任可以包括刑事责任、民事责任或者行政责任。

三、法人责任不应当影响实施这种犯罪的自然人的刑事责任。

四、各缔约国均应当特别确保使依照本条应当承担责任的法人受到有效、适度而且具有警戒性的刑事或者非刑事制裁，包括金钱制裁。

第二十七条 参与、未遂和中止

一、各缔约国均应当采取必要的立法和其他措施，根据本国法律将以共犯、从犯或者教唆犯等任何身份参与根据本公约确立的犯罪规定为犯罪。

二、各缔约国均可以采取必要的立法和其他措施，根据本国法律将实施根据本公约确立的犯罪的任何未遂和中止规定为犯罪。

三、各缔约国均可以采取必要的立法和其他措施，根据本国法律将为实施根据本公约确立的犯罪进行预备的行为规定为犯罪。

第二十八条 作为犯罪要素的明知、故意或者目的

根据本公约确立的犯罪所需具备的明知、故意或者目的等要素，可以根据客观实际情况予以推定。

第二十九条 时效

各缔约国均应当根据本国法律酌情规定一个较长的时效，以便在此期限内对根据本公约确立的任何犯罪启动诉讼程序，并对被指控犯罪的人员已经逃避司法处置的情形确定更长的时效或者规定不受时效限制。

第三十条 起诉、审判和制裁

一、各缔约国均应当使根据本公约确立的犯罪受到与其严重性相当的制裁。

二、各缔约国均应当根据本国法律制度和宪法原则采取必要措施以建立或者保持这样一种适当的平衡：即既照顾到为公职人员履行其职能所给予的豁免或者司法特权，又照顾到在必要时对根据本公约确立的犯罪进行有效的侦查、起诉和审判的可能性。

三、在因根据本公约确立的犯罪起诉某人而行使本国法律规定的任何法律裁量权时，各缔约国均应当努力确保针对这些犯罪的执法措施取得最大成效，并适当考虑到震慑这种犯罪的必要性。

四、就根据本公约确立的犯罪而言，各缔约国均应当根据本国法律并在适

当尊重被告人权利的情况下采取适当措施，力求确保就判决前或者上诉期间释放的裁决所规定的条件已经考虑到确保被告人在其后的刑事诉讼中出庭的需要。

五、各缔约国均应当在考虑已经被判定实施了有关犯罪的人的早释或者假释可能性时，顾及这种犯罪的严重性。

六、各缔约国均应当在符合本国法律制度基本原则的范围内，考虑建立有关程序，使有关部门得以对被指控实施了根据本公约确立的犯罪的公职人员酌情予以撤职、停职或者调职，但应当尊重无罪推定原则。

七、各缔约国均应当在符合本国法律制度基本原则的范围内，根据犯罪的严重性，考虑建立程序，据以通过法院令或者任何其他适当手段，取消被判定实施了根据本公约确立的犯罪的人在本国法律确定的一段期限内担任下列职务的资格：

（一）公职；

（二）完全国有或者部分国有的企业中的职务。

八、本条第一款不妨碍主管机关对公务员行使纪律处分权。

九、本公约的任何规定概不影响下述原则：对于根据本公约确立的犯罪以及适用的法定抗辩事由或者决定行为合法性的其他法律原则，只应当由缔约国本国法律加以阐明，而且对于这种犯罪应当根据缔约国本国法律予以起诉和惩罚。

十、缔约国应当努力促进被判定实施了根据本公约确立的犯罪的人重新融入社会。

第三十一条 冻结、扣押和没收

一、各缔约国均应当在本国法律制度的范围内尽最大可能采取必要的措施，以便能够没收：

（一）来自根据本公约确立的犯罪的犯罪所得或者价值与这种所得相当的财产；

（二）用于或者拟用于根据本公约确立的犯罪的财产、设备或者其他工具。

二、各缔约国均应当采取必要的措施，辨认、追查、冻结或者扣押本条第一款所述任何物品，以便最终予以没收。

三、各缔约国均应当根据本国法律采取必要的立法和其他措施，规范主管机关对本条第一款和第二款中所涉及的冻结、扣押或者没收的财产的管理。

四、如果这类犯罪所得已经部分或者全部转变或者转化为其他财产，则应当以这类财产代替原犯罪所得而对之适用本条所述措施。

五、如果这类犯罪所得已经与从合法来源获得的财产相混合，则应当在不影响冻结权或者扣押权的情况下没收这类财产，没收价值最高可以达到混合于其中的犯罪所得的估计价值。

六、对于来自这类犯罪所得、来自这类犯罪所得转变或者转化而成的财产或者来自已经与这类犯罪所得相混合的财产的收入或者其他利益，也应当适用本条所述措施，其方式和程度与处置犯罪所得相同。

七、为本条和本公约第五十五条的目的，各缔约国均应当使其法院或者其他主管机关有权下令提供或者扣押银行记录、财务记录或者商业记录。缔约国不得以银行保密为理由拒绝根据本款的规定采取行动。

八、缔约国可以考虑要求由罪犯证明这类所指称的犯罪所得或者其他应当予以没收的财产的合法来源，但是此种要求应当符合其本国法律的基本原则以及司法程序和其他程序的性质。

九、不得对本条的规定作损害善意第三人权利的解释。

十、本条的任何规定概不影响其所述各项措施应当根据缔约国法律规定并以其为准加以确定和实施的原则。

第三十二条　保护证人、鉴定人和被害人

一、各缔约国均应当根据本国法律制度并在其力所能及的范围内采取适当的措施，为就根据本公约确立的犯罪作证的证人和鉴定人并酌情为其亲属及其他与其关系密切者提供有效的保护，使其免遭可能的报复或者恐吓。

二、在不影响被告人权利包括正当程序权的情况下，本条第一款所述措施可以包括：

（一）制定为这种人提供人身保护的程序，例如，在必要和可行的情况下将其转移，并在适当情况下允许不披露或者限制披露有关其身份和下落的资料；

（二）规定允许以确保证人和鉴定人安全的方式作证的取证规则，例如允许借助于诸如视听技术之类的通信技术或者其他适当手段提供证言。

三、缔约国应当考虑与其他国家订立有关本条第一款所述人员的移管的协定或者安排。

四、本条各项规定还应当适用于作为证人的被害人。

五、各缔约国均应当在不违背本国法律的情况下，在对罪犯提起刑事诉讼的适当阶段，以不损害被告人权利的方式使被害人的意见和关切得到表达和考虑。

第三十三条　保护举报人

各缔约国均应当考虑在本国法律制度中纳入适当措施，以便对出于合理理由善意向主管机关举报涉及根据本公约确立的犯罪的任何事实的任何人员提供

保护，使其不致受到任何不公正的待遇。

第三十四条 腐败行为的后果

各缔约国均应当在适当顾及第三人善意取得的权利的情况下，根据本国法律的基本原则采取措施，消除腐败行为的后果。在这方面，缔约国可以在法律程序中将腐败视为废止或者撤销合同、取消特许权或撤销其他类似文书或者采取其他任何救济行动的相关因素。

第三十五条 损害赔偿

各缔约国均应当根据本国法律的原则采取必要的措施，确保因腐败行为而受到损害的实体或者人员有权为获得赔偿而对该损害的责任者提起法律程序。

第三十六条 专职机关

各缔约国均应当根据本国法律制度的基本原则采取必要的措施，确保设有一个或多个机构或者安排了人员专职负责通过执法打击腐败。这类机构或者人员应当拥有根据缔约国法律制度基本原则而给予的必要独立性，以便能够在不受任何不正当影响的情况下有效履行职能。这类人员或者这类机构的工作人员应当受到适当培训，并应当有适当资源，以便执行任务。

第三十七条 与执法机关的合作

一、各缔约国均应当采取适当措施，鼓励参与或者曾经参与实施根据本公约确立的犯罪的人提供有助于主管机关侦查和取证的信息，并为主管机关提供可能有助于剥夺罪犯的犯罪所得并追回这种所得的实际具体帮助。

二、对于在根据本公约确立的任何犯罪的侦查或者起诉中提供实质性配合的被告人，各缔约国均应当考虑就适当情况下减轻处罚的可能性作出规定。

三、对于在根据本公约确立的犯罪的侦查或者起诉中提供实质性配合的人，各缔约国均应当考虑根据本国法律的基本原则就允许不予起诉的可能性作出规定。

四、本公约第三十二条的规定，应当变通适用于为这类人员提供的保护。

五、如果本条第一款所述的、处于某一缔约国的人员能够给予另一缔约国主管机关以实质性配合，有关缔约国可以考虑根据本国法律订立关于由对方缔约国提供本条第二款和第三款所述待遇的协定或者安排。

第三十八条 国家机关之间的合作

各缔约国均应当采取必要的措施，根据本国法律鼓励公共机关及其公职人员与负责侦查和起诉犯罪的机关之间的合作。这种合作可以包括：

（一）在有合理的理由相信发生了根据本公约第十五条、第二十一条和第二十三条确立的任何犯罪时，主动向上述机关举报；

（二）根据请求向上述机关提供一切必要的信息。

第三十九条 国家机关与私营部门之间的合作

一、各缔约国均应当采取必要的措施，根据本国法律鼓励本国侦查和检察机关与私营部门实体特别是与金融机构之间就根据本公约确立的犯罪的实施所涉的事项进行合作。

二、各缔约国均应当考虑鼓励本国国民以及在其领域内有惯常居所的其他人员向国家侦查和检察机关举报根据本公约确立的犯罪的实施情况。

第四十条 银行保密

各缔约国均应当在对根据本公约确立的犯罪进行国内刑事侦查时，确保本国法律制度中有适当的机制，可以用以克服因银行保密法的适用而可能产生的障碍。

第四十一条 犯罪记录

各缔约国均可以采取必要的立法或者其他措施，按其认为适宜的条件并为其认为适宜的目的，考虑另一国以前对被指控罪犯作出的任何有罪判决，以便在涉及根据本公约确立的犯罪的刑事诉讼中利用这类信息。

第四十二条 管辖权

一、各缔约国均应当在下列情况下采取必要的措施，以确立对根据本公约确立的犯罪的管辖权：

（一）犯罪发生在该缔约国领域内；

（二）犯罪发生在犯罪时悬挂该缔约国国旗的船只上或者已经根据该缔约国法律注册的航空器内。

二、在不违背本公约第四条规定的情况下，缔约国还可以在下列情况下对任何此种犯罪确立其管辖权：

（一）犯罪系针对该缔约国国民；

（二）犯罪系由该缔约国民或者在其领域内有惯常居所的无国籍人实施；

（三）犯罪系发生在本国领域以外的、根据本公约第二十三条第一款第（二）项第2目确立的犯罪，目的是在其领域内实施本公约第二十三条第一款第（一）项第1目或者第2目或者第（二）项第1目确立的犯罪；

（四）犯罪系针对该缔约国。

三、为了本公约第四十四条的目的，各缔约国均应当采取必要的措施，在被指控罪犯在其领域内而其仅因该人为本国国民而不予引渡时，确立本国对根据本公约确立的犯罪的管辖权。

四、各缔约国还可以采取必要的措施，在被指控罪犯在其领域内而其不引渡该人时确立本国对根据本公约确立的犯罪的管辖权。

五、如果根据本条第一款或者第二款行使管辖权的缔约国被告知或者通过其他途径获悉任何其他缔约国正在对同一行为进行侦查、起诉或者审判程序，这些缔约国的主管机关应当酌情相互磋商，以便协调行动。

六、在不影响一般国际法准则的情况下，本公约不排除缔约国行使其根据本国法律确立的任何刑事管辖权。

第四章　国际合作

第四十三条　国际合作

一、缔约国应当依照本公约第四十四条至第五十条的规定在刑事案件中相互合作。在适当而且符合本国法律制度的情况下，缔约国应当考虑与腐败有关的民事和行政案件调查和诉讼中相互协助。

二、在国际合作事项中，凡将双重犯罪视为一项条件的，如果协助请求中所指的犯罪行为在两个缔约国的法律中均为犯罪，则应当视为这项条件已经得到满足，而不论被请求缔约国和请求缔约国的法律是否将这种犯罪列入相同的犯罪类别或者是否使用相同的术语规定这种犯罪的名称。

第四十四条　引渡

一、当被请求引渡人在被请求缔约国领域内时，本条应当适用于根据本公约确立的犯罪，条件是引渡请求所依据的犯罪是按请求缔约国和被请求缔约国本国法律均应当受到处罚的犯罪。

二、尽管有本条第一款的规定，但缔约国本国法律允许的，可以就本公约所涵盖但依照本国法律不予处罚的任何犯罪准予引渡。

三、如果引渡请求包括几项独立的犯罪，其中至少有一项犯罪可以依照本条规定予以引渡，而其他一些犯罪由于其监禁期的理由而不可以引渡但却与根据本公约确立的犯罪有关，则被请求缔约国也可以对这些犯罪适用本条的规定。

四、本条适用的各项犯罪均应当视为缔约国之间现行任何引渡条约中的可以引渡的犯罪。缔约国承诺将这种犯罪作为可以引渡的犯罪列入它们之间将缔结的每一项引渡条约。在以本公约作为引渡依据时，如果缔约国本国法律允许，根据本公约确立的任何犯罪均不应当视为政治犯罪。

五、以订有条约为引渡条件的缔约国如果接到未与之订有引渡条约的另一缔约国的引渡请求，可以将本公约视为对本条所适用的任何犯罪予以引渡的法律依据。

六、以订有条约为引渡条件的缔约国应当：

（一）在交存本公约批准书、接受书、核准书或者加入书时通知联合国秘书长，说明其是否将把本公约作为与本公约其他缔约国进行引渡合作的法律依据；

（二）如果其不以本公约作为引渡合作的法律依据，则在适当情况下寻求与本公约其他缔约国缔结引渡条约，以执行本条规定。

七、不以订有条约为引渡条件的缔约国应当承认本条所适用的犯罪为它们之间可以相互引渡的犯罪。

八、引渡应当符合被请求缔约国本国法律或者适用的引渡条约所规定的条件，其中包括关于引渡的最低限度刑罚要求和被请求缔约国可以据以拒绝引渡的理由等条件。

九、对于本条所适用的任何犯罪，缔约国应当在符合本国法律的情况下，努力加快引渡程序并简化与之有关的证据要求。

十、被请求缔约国在不违背本国法律及其引渡条约规定的情况下，可以在认定情况必要而且紧迫时，根据请求缔约国的请求，拘留被请求缔约国领域内的被请求引渡人，或者采取其他适当措施，确保该人在进行引渡程序时在场。

十一、如果被指控罪犯被发现在某一缔约国而该国仅以该人为本国国民为理由不就本条所适用的犯罪将其引渡，则该国有义务在寻求引渡的缔约国提出请求时将该案提交本国主管机关以便起诉，而不得有任何不应有的延误。这些机关应当以与根据本国法律针对性质严重的其他任何犯罪所采用的相同方式作出决定和进行诉讼程序。有关缔约国应当相互合作，特别是在程序和证据方面，以确保这类起诉的效率。

十二、如果缔约国本国法律规定，允许引渡或者移交其国民须以该人将被送还本国，按引渡或者移交请求所涉审判、诉讼中作出的判决服刑为条件，而且该缔约国和寻求引渡该人的缔约国也同意这一选择以及可能认为适宜的其他条件，则这种有条件引渡或者移交即足以解除该缔约国根据本条第十一款所承担的义务。

十三、如果为执行判决而提出的引渡请求由于被请求引渡人为被请求缔约国的国民而遭到拒绝，被请求缔约国应当在其本国法律允许并且符合该法律的要求的情况下，根据请求缔约国的请求，考虑执行根据请求缔约国本国法律判处的刑罚或者尚未服满的刑期。

十四、在对任何人就本条所适用的任何犯罪进行诉讼时，应当确保其在诉讼的所有阶段受到公平待遇，包括享有其所在国本国法律所提供的一切权利和保障。

十五、如果被请求缔约国有充分理由认为提出引渡请求是为了以某人的性别、种族、宗教、国籍、族裔或者政治观点为理由对其进行起诉或者处罚，或者按请求执行将使该人的地位因上述任一原因而受到损害，则不得对本公约的任何条款作规定了被请求国引渡义务的解释。

十六、缔约国不得仅以犯罪也被视为涉及财税事项为由而拒绝引渡。

十七、被请求缔约国在拒绝引渡前应当在适当情况下与请求缔约国磋商，以使其有充分机会陈述自己的意见和提供与其陈述有关的资料。

十八、缔约国应当力求缔结双边和多边协定或者安排，以执行引渡或者加强引渡的有效性。

第四十五条　被判刑人的移管

缔约国可以考虑缔结双边或多边协定或者安排，将因实施根据本公约确立的犯罪而被判监禁或者其他形式剥夺自由的人移交其本国服满刑期。

第四十六条　司法协助

一、缔约国应当在对本公约所涵盖的犯罪进行的侦查、起诉和审判程序中相互提供最广泛的司法协助。

二、对于请求缔约国中依照本公约第二十六条可能追究法人责任的犯罪所进行的侦查、起诉和审判程序，应当根据被请求缔约国有关的法律、条约、协定和安排，尽可能充分地提供司法协助。

三、可以为下列任何目的而请求依照本条给予司法协助：

（一）向个人获取证据或者陈述；

（二）送达司法文书；

（三）执行搜查和扣押并实行冻结；

（四）检查物品和场所；

（五）提供资料、物证以及鉴定结论；

（六）提供有关文件和记录的原件或者经核证的副本，其中包括政府、银行、财务、公司或者商业记录；

（七）为取证目的而辨认或者追查犯罪所得、财产、工具或者其他物品；

（八）为有关人员自愿在请求缔约国出庭提供方便；

（九）不违反被请求缔约国本国法律的任何其他形式的协助；

（十）根据本公约第五章的规定辨认、冻结和追查犯罪所得；

（十一）根据本公约第五章的规定追回资产。

四、缔约国主管机关如果认为与刑事事项有关的资料可能有助于另一国主管机关进行或者顺利完成调查和刑事诉讼程序，或者可以促成其根据本公约提出请求，则在不影响本国法律的情况下，可以无须事先请求而向该另一国主管机关提供这类资料。

五、根据本条第四款的规定提供这类资料，不应当影响提供资料的主管机关本国所进行的调查和刑事诉讼程序。接收资料的主管机关应当遵守对资料保密的要求，即使是暂时保密的要求，或者对资料使用的限制。但是，这不应当妨碍接收缔约国在其诉讼中披露可以证明被控告人无罪的资料。在这种情况下，接收缔约国应当在披露前通知提供缔约国，而且如果提供缔约国要求，还应当与其磋商。如果在特殊情况下不可能事先通知，接收缔约国应当毫不迟延地将披露一事通告提供缔约国。

六、本条各项规定概不影响任何其他规范或者将要规范整个或部分司法协助问题的双边或多边条约所规定的义务。

七、如果有关缔约国无司法协助条约的约束，则本条第九款至第二十九款应当适用于根据本条提出的请求。如果有关缔约国有这类条约的约束，则适用条约的相应条款，除非这些缔约国同意代之以适用本条第九款至第二十九款。大力鼓励缔约国在这几款有助于合作时予以适用。

八、缔约国不得以银行保密为理由拒绝提供本条所规定的司法协助。

九、（一）被请求缔约国在并非双重犯罪情况下对于依照本条提出的协助请求作出反应时，应当考虑到第一条所规定的本公约宗旨。

（二）缔约国可以以并非双重犯罪为理由拒绝提供本条所规定的协助。然而，被请求缔约国应当在符合其法律制度基本概念的情况下提供不涉及强制性行动的协助。如果请求所涉事项极为轻微或者寻求合作或协助的事项可以依照本公约其他条款获得，被请求缔约国可以拒绝这类协助。

（三）各缔约国均可以考虑采取必要的措施，以使其能够在并非双重犯罪的情况下提供比本条所规定的更为广泛的协助。

十、在一缔约国领域内被羁押或者服刑的人，如果被要求到另一缔约国进行辨认、作证或者提供其他协助，以便为就与本公约所涵盖的犯罪有关的侦查、起诉或者审判程序取得证据，在满足下列条件的情况下，可以予以移送：

（一）该人在知情后自由表示同意；

（二）双方缔约国主管机关同意，但须符合这些缔约国认为适当的条件。

十一、就本条第十款而言：

（一）该人被移送前往的缔约国应当有权力和义务羁押被移送人，除非移送缔约国另有要求或者授权；

（二）该人被移送前往的缔约国应当毫不迟延地履行义务，按照双方缔约国主管机关事先达成的协议或者其他协议，将该人交还移送缔约国羁押；

（三）该人被移送前往的缔约国不得要求移送缔约国为该人的交还而启动引渡程序；

（四）该人在被移送前往的国家的羁押时间应当折抵在移送缔约国执行的刑期。

十二、除非依照本条第十款和第十一款的规定移送某人的缔约国同意，否则，不论该人国籍为何，均不得因其在离开移送国领域前的作为、不作为或者定罪而在被移送前往的国家领域使其受到起诉、羁押、处罚或者对其人身自由进行任何其他限制。

十三、各缔约国均应当指定一个中央机关，使其负责和有权接收司法协助请求并执行请求或将请求转交主管机关执行。如果缔约国有实行单独司法协助制度的特区或者领域，可以另指定一个对该特区或者领域具有同样职能的中央机关。中央机关应当确保所收到的请求迅速而妥善地执行或者转交。中央机关在将请求转交某一主管机关执行时，应当鼓励该主管机关迅速而妥善地执行请求。各缔约国均应当在交存本公约批准书、接受书、核准书或者加入书时，将为此目的指定的中央机关通知联合国秘书长。司法协助请求以及与之有关的任何联系文件均应当递交缔约国指定的中央机关。这项规定不得影响缔约国要求通过外交渠道以及在紧急和可能的情况下经有关缔约国同意通过国际刑事警察组织向其传递这种请求和联系文件的权利。

十四、请求应当以被请求缔约国能够接受的语文以书面形式提出，或者在可能情况下以能够生成书面记录的任何形式提出，但须能够使该缔约国鉴定其真伪。各缔约国均应当在其交存本公约批准书、接受书、核准书或者加入书时，将其所能够接受的语文通知联合国秘书长。在紧急情况下，如果经有关缔约国同意，请求可以以口头方式提出，但应当立即加以书面确认。

十五、司法协助请求书应当包括下列内容：

（一）提出请求的机关；

（二）请求所涉及的侦查、起诉或者审判程序的事由和性质，以及进行该项侦查、起诉或者审判程序的机关的名称和职能；

（三）有关事实的概述，但为送达司法文书提出的请求例外；

（四）对请求协助的事项和请求缔约国希望遵循的特定程序细节的说明；

（五）可能时，任何有关人员的身份、所在地和国籍；

（六）索取证据、资料或者要求采取行动的目的。

十六、被请求缔约国可以要求提供按照其本国法律执行该请求所必需或者有助于执行该请求的补充资料。

十七、请求应当根据被请求缔约国的本国法律执行。在不违反被请求缔约国本国法律的情况下，如有可能，应当按照请求书中列明的程序执行。

十八、当在某一缔约国领域内的某人需作为证人或者鉴定人接受另一缔约国司法机关询问，而且该人不可能或者不宜到请求国领域出庭时，被请求缔约国可以依该另一缔约国的请求，在可能而且符合本国法律基本原则的情况下，允许以电视会议方式进行询问，缔约国可以商定由请求缔约国司法机关进行询问，询问时应当有被请求缔约国司法机关人员在场。

十九、未经被请求缔约国事先同意，请求缔约国不得将被请求缔约国提供的资料或者证据转交或者用于请求书所述以外的侦查、起诉或者审判程序。本款规定不妨碍请求缔约国在其诉讼中披露可以证明被告人无罪的资料或者证据。就后一种情形而言，请求缔约国应当在披露之前通知被请求缔约国，并依请求与被请求缔约国磋商。如果在特殊情况下不可能事先通知，请求缔约国应当毫不迟延地将披露一事通告被请求缔约国。

二十、请求缔约国可以要求被请求缔约国对其提出的请求及其内容保密，但为执行请求所必需的除外。如果被请求缔约国不能遵守保密要求，应当立即通知请求缔约国。

二十一、在下列情况下可以拒绝提供司法协助：

（一）请求未按本条的规定提出；

（二）被请求缔约国认为执行请求可能损害其主权、安全、公共秩序或者其他基本利益；

（三）如果被请求缔约国的机关依其管辖权对任何类似犯罪进行侦查、起诉或者审判程序时，其本国法律已经规定禁止对这类犯罪采取被请求的行动；

（四）同意这项请求将违反被请求缔约国关于司法协助的法律制度。

二十二、缔约国不得仅以犯罪也被视为涉及财税事项为理由而拒绝司法协助请求。

二十三、拒绝司法协助时应当说明理由。

二十四、被请求缔约国应当尽快执行司法协助请求，并应当尽可能充分地考虑到请求缔约国提出的、最好在请求中说明了理由的任何最后期限。请求缔约国可以合理要求被请求缔约国提供关于为执行这一请求所采取措施的现况和进展情况的信息。被请求缔约国应当依请求缔约国的合理要求，就其处理请求的现况和进展情况作出答复。请求国应当在其不再需要被请求国提供所寻求的协助时迅速通知被请求缔约国。

二十五、被请求缔约国可以以司法协助妨碍正在进行的侦查、起诉或者审判程序为理由而暂缓进行。

二十六、被请求缔约国在根据本条第二十一款拒绝某项请求或者根据本条第二十五款暂缓执行请求事项之前，应当与请求缔约国协商，以考虑是否可以在其认为必要的条件下给予协助。请求缔约国如果接受附有条件限制的协助，则应当遵守有关的条件。

二十七、在不影响本条第十二款的适用的情况下，对于依请求缔约国请求而同意到请求缔约国领域就某项诉讼作证或者为某项侦查、起诉或者审判程序提供协助的证人、鉴定人或者其他人员，不应当因其离开被请求缔约国领域之前的作为、不作为或者定罪而在请求缔约国领域内对其起诉、羁押、处罚，或者使其人身自由受到任何其他限制。如该证人、鉴定人或者其他人员已经得到司法机关不再需要其到场的正式通知，在自通知之日起连续十五天内或者在缔约国所商定的任何期限内，有机会离开但仍自愿留在请求缔约国领域内，或者在离境后又自愿返回，这种安全保障即不再有效。

二十八、除非有关缔约国另有协议，执行请求的一般费用应当由被请求缔约国承担。如果执行请求需要或者将需要支付巨额或者异常费用，则应当由有关缔约国进行协商，以确定执行该请求的条件以及承担费用的办法。

二十九、被请求缔约国：

（一）应当向请求缔约国提供其所拥有的根据其本国法律可以向公众公开的政府记录、文件或者资料；

（二）可以自行斟酌决定全部或部分地或者按其认为适当的条件向请求缔约国提供其所拥有的根据其本国法律不向公众公开的任何政府记录、文件或者资料。

三十、缔约国应当视需要考虑缔结有助于实现本条目的、具体实施或者加强本条规定的双边或多边协定或者安排的可能性。

第四十七条 刑事诉讼的移交

缔约国如果认为相互移交诉讼有利于正当司法，特别是在涉及数国管辖权时，为了使起诉集中，应当考虑相互移交诉讼的可能性，以便对根据本公约确立的犯罪进行刑事诉讼。

第四十八条 执法合作

一、缔约国应当在符合本国法律制度和行政管理制度的情况下相互密切合作，以加强打击本公约所涵盖的犯罪的执法行动的有效性。缔约国尤其应当采取有效措施，以便：

（一）加强并在必要时建立各国主管机关、机构和部门之间的联系渠道，以促进安全、迅速地交换有关本公约所涵盖的犯罪的各个方面的情报，在有关缔约国认为适当时还可以包括与其他犯罪活动的联系的有关情报；

（二）同其他缔约国合作，就下列与本公约所涵盖的犯罪有关的事项进行调查：

1. 这类犯罪嫌疑人的身份、行踪和活动，或者其他有关人员的所在地点；

2. 来自这类犯罪的犯罪所得或者财产的去向；

3. 用于或者企图用于实施这类犯罪的财产、设备或者其他工具的去向；

（三）在适当情况下提供必要数目或者数量的物品以供分析或者侦查之用；

（四）与其他缔约国酌情交换关于为实施本公约所涵盖的犯罪而采用的具体手段和方法的资料，包括利用虚假身份、经变造、伪造或者假冒的证件和其他旨在掩饰活动的手段的资料；

（五）促进各缔约国主管机关、机构和部门之间的有效协调，并加强人员和其他专家的交流，包括根据有关缔约国之间的双边协定和安排派出联络官员；

（六）交换情报并协调为尽早查明本公约所涵盖的犯罪而酌情采取的行政和其他措施。

二、为实施本公约，缔约国应当考虑订立关于其执法机构间直接合作的双边或多边协定或者安排，并在已经有这类协定或者安排的情况下考虑对其进行修正。如果有关缔约国之间尚未订立这类协定或者安排，这些缔约国可以考虑以本公约为基础，进行针对本公约所涵盖的任何犯罪的相互执法合作。缔约国应当在适当情况下充分利用各种协定或者安排，包括利用国际或者区域组织，以加强缔约国执法机构之间的合作。

三、缔约国应当努力在力所能及的范围内开展合作，以便对借助现代技术实施的本公约所涵盖的犯罪作出反应。

第四十九条　联合侦查

缔约国应当考虑缔结双边或多边协定或者安排，以便有关主管机关可以据以就涉及一国或多国侦查、起诉或者审判程序事由的事宜建立联合侦查机构。如无这类协定或者安排，可以在个案基础上商定进行这类联合侦查。有关缔约国应当确保拟在其领域内开展这种侦查的缔约国的主权受到充分尊重。

第五十条　特殊侦查手段

一、为有效地打击腐败，各缔约国均应当在其本国法律制度基本原则许可的范围内并根据本国法律规定的条件在其力所能及的情况下采取必要措施，允许其主管机关在其领域内酌情使用控制下交付和在其认为适当时使用诸如电子或者其他监视形式和特工行动等其他特殊侦查手段，并允许法庭采信由这些手段产生的证据。

二、为侦查本公约所涵盖的犯罪，鼓励缔约国在必要情况下为在国际一级合作时使用这类特殊侦查手段而缔结适当的双边或多边协定或者安排。这类协定或者安排的缔结和实施应当充分遵循各国主权平等原则，执行时应当严格遵守这类协定或者安排的条款。

三、在无本条第二款所述协定或者安排的情况下，关于在国际一级使用这种特殊侦查手段的决定，应当在个案基础上作出，必要时还可以考虑到有关缔约国就行使管辖权所达成的财务安排或者谅解。

四、经有关缔约国同意，关于在国际一级使用控制下交付的决定，可以包括诸如拦截货物或者资金以及允许其原封不动地继续运送或将其全部或者部分取出或者替换之类的办法。

第五章 资产的追回

第五十一条 一般规定

按照本章返还资产是本公约的一项基本原则，缔约国应当在这方面相互提供最广泛的合作和协助。

第五十二条 预防和监测犯罪所得的转移

一、在不影响本公约第十四条的情况下，各缔约国均应当根据本国法律采取必要的措施，以要求其管辖范围内的金融机构核实客户身份，采取合理步骤确定存入大额账户的资金的实际受益人身份，并对正在或者曾经担任重要公职的个人及其家庭成员和与其关系密切的人或者这些人的代理人所要求开立或者保持的账户进行强化审查。对这种强化审查应当作合理的设计，以监测可疑交易从而向主管机关报告，而不应当将其理解为妨碍或者禁止金融机构与任何合法客户的业务往来。

二、为便利本条第一款所规定措施的实施，各缔约国均应当根据其本国法律和参照区域、区域间和多边组织的有关反洗钱举措：

（一）就本国管辖范围内的金融机构应当对哪类自然人或者法人的账户实行强化审查，对哪类账户和交易应当予以特别注意，以及就这类账户的开立、管理和记录应当采取哪些适当的措施，发出咨询意见；

（二）对于应当由本国管辖范围内的金融机构对其账户实行强化审查的特定自然人或者法人的身份，除这些金融机构自己可以确定的以外，还应当酌情将另一缔约国所请求的或者本国自行决定的通知这些金融机构。

三、在本条第二款第（一）项情况下，各缔约国均应当实行措施，以确保其金融机构在适当期限内保持涉及本条第一款所提到人员的账户和交易的充分记录，记录中应当至少包括与客户身份有关的资料，并尽可能包括与实际受益人身份有关的资料。

四、为预防和监测根据本公约确立的犯罪的所得的转移，各缔约国均应当采取适当而有效的措施，以在监管机构的帮助下禁止设立有名无实和并不附属于受监管金融集团的银行。此外，缔约国可以考虑要求其金融机构拒绝与这类机构建立或者保持代理银行关系，并避免与外国金融机构中那些允许有名无实和并不附属于受监管金融集团的银行使用其账户的金融机构建立关系。

五、各缔约国均应当考虑根据本国法律对有关公职人员确立有效的财产申报制度，并应当对不遵守制度的情形规定适当的制裁。各缔约国还应当考虑采取必要的措施，允许本国的主管机关在必要时与其他国家主管机关交换这种资料，以便对根据本公约确立的犯罪的所得进行调查、主张权利并予以追回。

六、各缔约国均应当根据本国法律考虑采取必要的措施，要求在外国银行账户中拥有利益、对该账户拥有签名权或者其他权力的有关公职人员向有关机关报告这种关系，并保持与这种账户有关的适当记录。这种措施还应当对违反情形规定适当的制裁。

第五十三条 直接追回财产的措施

各缔约国均应当根据本国法律：

（一）采取必要的措施，允许另一缔约国在本国法院提起民事诉讼，以确立对通过实施根据本公约确立的犯罪而获得的财产的产权或者所有权；

（二）采取必要的措施，允许本国法院命令实施了根据本公约确立的犯罪的人向受到这种犯罪损害的另一缔约国支付补偿或者损害赔偿；

（三）采取必要的措施，允许本国法院或者主管机关在必须就没收作出决定时，承认另一缔约国对通过实施根据本公约确立的犯罪而获得的财产所主张的合法所有权。

第五十四条 通过没收事宜的国际合作追回资产的机制

一、为依照本公约第五十五条就通过或者涉及实施根据本公约确立的犯罪所获得的财产提供司法协助，各缔约国均应当根据其本国法律：

（一）采取必要的措施，使其主管机关能够执行另一缔约国法院发出的没收令；

（二）采取必要的措施，使拥有管辖权的主管机关能够通过对洗钱犯罪或者对可能发生在其管辖范围内的其他犯罪作出判决，或者通过本国法律授权的其他程序，下令没收这类外国来源的财产；

（三）考虑采取必要的措施，以便在因为犯罪人死亡、潜逃或者缺席而无法对其起诉的情形或者其他有关情形下，能够不经过刑事定罪而没收这类财产。

二、为就依照本公约第五十五条第二款提出的请求提供司法协助，各缔约国均应当根据其本国法律：

（一）采取必要的措施，在收到请求缔约国的法院或者主管机关发出的冻结令或者扣押令时，使本国主管机关能够根据该冻结令或者扣押令对该财产实行冻结或者扣押，但条件是该冻结令或者扣押令须提供合理的根据，使被请求缔约国相信有充足理由采取这种行动，而且有关财产将依照本条第一款第（一）项按没收令处理；

（二）采取必要的措施，在收到请求时使本国主管机关能够对该财产实行冻结或者扣押，条件是该请求须提供合理的根据，使被请求缔约国相信有充足理由采取这种行动，而且有关财产将依照本条第一款第一项按没收令处理；

（三）考虑采取补充措施，使本国主管机关能够保全有关财产以便没收，例如基于与获取这种财产有关的、外国实行的逮捕或者提出的刑事指控。

第五十五条　没收事宜的国际合作

一、缔约国在收到对根据本公约确立的犯罪拥有管辖权的另一缔约国关于没收本公约第三十一条第一款所述的、位于被请求缔约国领域内的犯罪所得、财产、设备或者其他工具的请求后，应当在本国法律制度的范围内尽最大可能：

（一）将这种请求提交其主管机关，以便取得没收令并在取得没收令时予以执行；

（二）将请求缔约国领域内的法院依照本公约第三十一条第一款和第五十四条第一款第（一）项发出的没收令提交本国主管机关，以便按请求的范围予以执行，只要该没收令涉及第三十一条第一款所述的、位于被请求缔约国领域内的犯罪所得、财产、设备或者其他工具。

二、对根据本公约确立的一项犯罪拥有管辖权的缔约国提出请求后，被请求缔约国应当采取措施，辨认、追查和冻结或者扣押本公约第三十一条第一款所述的犯罪所得、财产、设备或者其他工具，以便由请求缔约国下令或者根据本条第一款所述请求由被请求缔约国下令予以没收。

三、本公约第四十六条的规定以经过适当变通适用于本条。除第四十六条第十五款规定提供的资料以外，根据本条所提出的请求还应当包括下列内容：

（一）与本条第一款第（一）项有关的请求，应当有关于应当予以没收财产的说明，尽可能包括财产的所在地和相关情况下的财产估计价值，以及关于请求缔约国所依据的事实的充分陈述，以便被请求缔约国能够根据本国法律取

得没收令;

（二）与本条第一款第（二）项有关的请求，应当有请求缔约国发出的据以提出请求的法律上可以采信的没收令副本、关于事实和对没收令所请求执行的范围的说明、关于请求缔约国为向善意第三人提供充分通知并确保正当程序而采取的措施的具体陈述，以及关于该没收令为已经生效的没收令的陈述;

（三）与本条第二款有关的请求，应当有请求缔约国所依据的事实陈述和对请求采取的行动的说明;如有据以提出请求的法律上可以采信的没收令副本，应当一并附上。

四、被请求缔约国依照本条第一款和第二款作出的决定或者采取的行动，应当符合并遵循其本国法律及程序规则的规定或者可能约束其与请求缔约国关系的任何双边或多边协定或者安排的规定。

五、各缔约国均应当向联合国秘书长提供有关实施本条的任何法律法规以及这类法律法规随后的任何修订或者修订说明。

六、缔约国以存在有关条约作为采取本条第一款和第二款所述措施的条件时，应当将本公约视为必要而充分的条约依据。

七、如果被请求缔约国未收到充分和及时的证据，或者如果财产的价值极其轻微，也可以拒绝给予本条规定的合作，或者解除临时措施。

八、在解除依照本条规定采取的任何临时措施之前，如果有可能，被请求缔约国应当给请求缔约国以说明继续保持该措施的理由的机会。

九、不得对本条规定作损害善意第三人权利的解释。

第五十六条　特别合作

在不影响本国法律的情况下，各缔约国均应当努力采取措施，以便在认为披露根据本公约确立的犯罪的所得的资料可以有助于接收资料的缔约国启动或者实行侦查、起诉或者审判程序时，或者在认为可能会使该缔约国根据本章提出请求时，能够在不影响本国侦查、起诉或者审判程序的情况下，无须事先请求而向该另一缔约国转发这类资料。

第五十七条　资产的返还和处分

一、缔约国依照本公约第三十一条或者第五十五条没收的财产，应当由该缔约国根据本公约的规定和本国法律予以处分，包括依照本条第三款返还其原合法所有人。

二、各缔约国均应当根据本国法律的基本原则，采取必要的立法和其他措施，使本国主管机关在另一缔约国请求采取行动时，能够在考虑到善意第三人权利的情况下，根据本公约返还所没收的财产。

三、依照本公约第四十六条和第五十五条及本条第一款和第二款：

（一）对于本公约第十七条和第二十三条所述的贪污公共资金或者对所贪污公共资金的洗钱行为，被请求缔约国应当在依照第五十五条实行没收后，基于请求缔约国的生效判决，将没收的财产返还请求缔约国，被请求缔约国也可以放弃对生效判决的要求；

（二）对于本公约所涵盖的其他任何犯罪的所得，被请求缔约国应当在依照本公约第五十五条实行没收后，基于请求缔约国的生效判决，在请求缔约国向被请求缔约国合理证明其原对没收的财产拥有所有权时，或者当被请求缔约国承认请求缔约国受到的损害是返还所没收财产的依据时，将没收的财产返还请求缔约国，被请求缔约国也可以放弃对生效判决的要求；

（三）在其他所有情况下，优先考虑将没收的财产返还请求缔约国、返还其原合法所有人或者赔偿犯罪被害人。

四、在适当的情况下，除非缔约国另有决定，被请求缔约国可以在依照本条规定返还或者处分没收的财产之前，扣除为此进行侦查、起诉或者审判程序而发生的合理费用。

五、在适当的情况下，缔约国还可以特别考虑就所没收财产的最后处分逐案订立协定或者可以共同接受的安排。

第五十八条　金融情报机构

缔约国应当相互合作，以预防和打击根据本公约确立的犯罪而产生的所得的转移，并推广追回这类所得的方式方法。为此，缔约国应当考虑设立金融情报机构，由其负责接收、分析和向主管机关转递可疑金融交易的报告。

第五十九条　双边和多边协定和安排

缔约国应当考虑缔结双边或多边协定或者安排，以便增强根据公约本章规定开展的国际合作的有效性。

第六章　技术援助和信息交流

第六十条　培训和技术援助

一、各缔约国均应当在必要的情况下为本国负责预防和打击腐败的人员启动、制定或者改进具体培训方案。这些培训方案可以涉及以下方面：

（一）预防、监测、侦查、惩治和控制腐败的有效措施，包括使用取证和侦查手段；

（二）反腐败战略性政策制定和规划方面的能力建设；

（三）对主管机关进行按本公约的要求提出司法协助请求方面的培训；

（四）评估和加强体制、公职部门管理、包括公共采购在内的公共财政管理，以及私营部门；

（五）防止和打击根据本公约确立的犯罪的所得转移和追回这类所得；

（六）监测和冻结根据本公约确立的犯罪的所得的转移；

（七）监控根据本公约确立的犯罪的所得的流动情况以及这类所得的转移、窝藏或者掩饰方法；

（八）便利返还根据本公约确立的犯罪所得的适当而有效的法律和行政机制及方法；

（九）用以保护与司法机关合作的被害人和证人的方法；

（十）本国和国际条例以及语言方面的培训。

二、缔约国应当根据各自的能力考虑为彼此的反腐败计划和方案提供最广泛的技术援助，特别是向发展中国家提供援助，包括本条第一款中提及领域内的物质支持和培训，以及为便利缔约国之间在引渡和司法协助领域的国际合作而提供培训和援助以及相互交流有关的经验和专门知识。

三、缔约国应当在必要时加强努力，在国际组织和区域组织内并在有关的双边和多边协定或者安排的框架内最大限度地开展业务和培训活动。

四、缔约国应当考虑相互协助，根据请求对本国腐败行为的类型、根源、影响和代价进行评价、分析和研究，以便在主管机关和社会的参与下制定反腐败战略和行动计划。

五、为便利追回根据本公约确立的犯罪的所得，缔约国可以开展合作，互相提供可以协助实现这一目标的专家的名单。

六、缔约国应当考虑利用分区域、区域和国际性的会议和研讨会促进合作和技术援助，并推动关于共同关切的问题的讨论，包括关于发展中国家和经济转型期国家的特殊问题和需要的讨论。

七、缔约国应当考虑建立自愿机制，以便通过技术援助方案和项目对发展中国家和经济转型期国家适用本公约的努力提供财政捐助。

八、各缔约国均应当考虑向联合国毒品和犯罪问题办事处提供自愿捐助，以便通过该办事处促进发展中国家为实施本公约而开展的方案和项目。

第六十一条　有关腐败的资料的收集、交流和分析

一、各缔约国均应当考虑在同专家协商的情况下，分析其领域内腐败方面的趋势以及腐败犯罪实施的环境。

二、缔约国应当考虑为尽可能拟订共同的定义、标准和方法而相互并通过国际和区域组织发展和共享统计数字、有关腐败的分析性专门知识和资料，以及有关预防和打击腐败的最佳做法的资料。

三、各缔约国均应当考虑对其反腐败政策和措施进行监测，并评估其效力和效率。

第六十二条 其他措施：通过经济发展和技术援助实施公约

一、缔约国应当通过国际合作采取有助于最大限度优化本公约实施的措施，同时应当考虑到腐败对社会，尤其是对可持续发展的消极影响。

二、缔约国应当相互协调并同国际和区域组织协调，尽可能作出具体努力：

（一）加强同发展中国家在各级的合作，以提高发展中国家预防和打击腐败的能力；

（二）加强财政和物质援助，以支持发展中国家为有效预防和打击腐败而作出的努力，并帮助它们顺利实施本公约；

（三）向发展中国家和经济转型期国家提供技术援助，以协助它们满足在实施本公约方面的需要。为此，缔约国应当努力向联合国筹资机制中为此目的专门指定的账户提供充分的经常性自愿捐款。缔约国也可以根据其本国法律和本公约的规定，特别考虑向该账户捐出根据本公约规定没收的犯罪所得或者财产中一定比例的金钱或者相应价值；

（四）酌情鼓励和争取其他国家和金融机构参与根据本条规定所作的努力，特别是通过向发展中国家提供更多的培训方案和现代化设备，以协助它们实现本公约的各项目标。

三、这些措施应当尽量不影响现有对外援助承诺或者其他双边、区域或者国际一级的金融合作安排。

四、缔约国可以缔结关于物资和后勤援助的双边或多边协定或者安排，同时考虑到为使本公约所规定的国际合作方式行之有效和预防、侦查与控制腐败所必需的各种金融安排。

第七章 实施机制

第六十三条 公约缔约国会议

一、特此设立公约缔约国会议，以增进缔约国的能力和加强缔约国之间的合作，从而实现本公约所列目标并促进和审查本公约的实施。

二、联合国秘书长应当在不晚于本公约生效之后一年的时间内召开缔约国会议。其后，缔约国会议例会按缔约国会议通过的议事规则召开。

三、缔约国会议应当通过议事规则和关于本条所列活动的运作的规则，包括关于对观察员的接纳及其参与的规则以及关于支付这些活动费用的规则。

四、缔约国会议应当议定实现本条第一款所述各项目标的活动、程序和工作方法，其中包括：

（一）促进缔约国依照本公约第六十条和第六十二条以及第二章至第五章规定所开展的活动，办法包括鼓励调动自愿捐助；

（二）通过公布本条所述相关信息等办法，促进缔约国之间关于腐败方式和趋势以及关于预防和打击腐败和返还犯罪所得等成功做法方面的信息交流；

（三）同有关国际和区域组织和机制及非政府组织开展合作；

（四）适当地利用从事打击和预防腐败工作的其他国际和区域机制提供的相关信息，以避免工作的不必要的重复；

（五）定期审查缔约国对本公约的实施情况；

（六）为改进本公约及其实施情况而提出建议；

（七）注意到缔约国在实施本公约方面的技术援助要求，并就其可能认为有必要在这方面采取的行动提出建议。

五、为了本条第四款的目的，缔约国会议应当通过缔约国提供的信息和缔约国会议可能建立的补充审查机制，对缔约国为实施公约所采取的措施以及实施过程中所遇到的困难取得必要的了解。

六、各缔约国均应当按照缔约国会议的要求，向缔约国会议提供有关其本国为实施本公约而采取的方案、计划和做法以及立法和行政措施的信息。缔约国会议应当审查接收信息和就信息采取行动的最有效方法，这种信息包括从缔约国和从有关国际组织收到的信息。缔约国会议也可以审议根据缔约国会议决定的程序而正式认可的非政府组织所提供的投入。

七、依照本条第四款至第六款，缔约国会议应当在其认为必要时建立任何适当的机制或者机构，以协助本公约的有效实施。

第六十四条 秘书处

一、联合国秘书长应当为公约缔约国会议提供必要的秘书处服务。

二、秘书处应当：

（一）协助缔约国会议开展本公约第六十三条中所列各项活动，并为缔约国会议的各届会议作出安排和提供必要的服务；

（二）根据请求，协助缔约国向缔约国会议提供本公约第六十三条第五款和第六款所规定的信息；

（三）确保与有关国际和区域组织秘书处的必要协调。

第八章　最后条款

第六十五条　公约的实施

一、各缔约国均应当根据本国法律的基本原则采取必要的措施，包括立法和行政措施，以切实履行其根据本公约所承担的义务。

二、为预防和打击腐败，各缔约国均可以采取比本公约的规定更为严格或严厉的措施。

第六十六条　争端的解决

一、缔约国应当努力通过谈判解决与本公约的解释或者适用有关的争端。

二、两个或者两个以上缔约国对于本公约的解释或者适用发生任何争端，在合理时间内不能通过谈判解决的，应当按其中一方请求交付仲裁。如果自请求交付仲裁之日起六个月内这些缔约国不能就仲裁安排达成协议，则其中任何一方均可以依照《国际法院规约》请求将争端提交国际法院。

三、各缔约国在签署、批准、接受、核准或者加入本公约时，均可以声明不受本条第二款的约束。对于作出此种保留的任何缔约国，其他缔约国也不受本条第二款的约束。

四、凡根据本条第三款作出保留的缔约国，均可以随时通知联合国秘书长撤销该项保留。

第六十七条　签署、批准、接受、核准和加入

一、本公约自 2003 年 12 月 9 日至 11 日在墨西哥梅里达开放供各国签署，随后直至 2005 年 12 月 9 日在纽约联合国总部开放供各国签署。

二、本公约还应当开放供区域经济一体化组织签署，条件是该组织至少有一个成员国已经按照本条第一款规定签署本公约。

三、本公约须经批准、接受或者核准。批准书、接受书或者核准书应当交存联合国秘书长。如果某一区域经济一体化组织至少有一个成员国已经交存批准书、接受书或者核准书，该组织可以照样办理。该组织应当在该项批准书、接受书或者核准书中宣布其在本公约管辖事项方面的权限范围。该组织还应当将其权限范围的任何有关变动情况通知保存人。

四、任何国家或者任何至少已经有一个成员国加入本公约的区域经济一体化组织均可以加入本公约。加入书应当交存联合国秘书长。区域经济一体化组织加入本公约时应当宣布其在本公约管辖事项方面的权限范围。该组织还应当将其权限范围的任何有关变动情况通知保存人。

第六十八条 生效

一、本公约应当自第三十份批准书、接受书、核准书或者加入书交存之日后第九十天起生效。为本款的目的，区域经济一体化组织交存的任何文书均不得在该组织成员国所交存文书以外另行计算。

二、对于在第三十份批准书、接受书、核准书或者加入书交存后批准、接受、核准或者加入公约的国家或者区域经济一体化组织，本公约应当自该国或者该组织交存有关文书之日后第三十天起或者自本公约根据本条第一款规定生效之日起生效，以较晚者为准。

第六十九条 修正

一、缔约国可以在本公约生效已经满五年后提出修正案并将其送交联合国秘书长。秘书长应当立即将所提修正案转发缔约国和缔约国会议，以进行审议并作出决定。缔约国会议应当尽力就每项修正案达成协商一致。如果已经为达成协商一致作出一切努力而仍未达成一致意见，作为最后手段，该修正案须有出席缔约国会议并参加表决的缔约国的三分之二多数票方可通过。

二、区域经济一体化组织对属于其权限的事项根据本条行使表决权时，其票数相当于已经成为本公约缔约国的其成员国数目。如果这些组织的成员国行使表决权，则这些组织便不得行使表决权，反之亦然。

三、根据本条第一款通过的修正案，须经缔约国批准、接受或者核准。

四、根据本条第一款通过的修正案，应当自缔约国向联合国秘书长交存一份批准、接受或者核准该修正案的文书之日起九十天之后对该缔约国生效。

五、修正案一经生效，即对已经表示同意受其约束的缔约国具有约束力。其他缔约国则仍受本公约原条款和其以前批准、接受或者核准的任何修正案的约束。

第七十条 退约

一、缔约国可以书面通知联合国秘书长退出本公约。此项退约应当自秘书长收到上述通知之日起一年后生效。

二、区域经济一体化组织在其所有成员国均已经退出本公约时即不再为本公约缔约方。

第七十一条 保存人和语文

一、联合国秘书长应当为本公约指定保存人。

二、本公约原件应当交存联合国秘书长，公约的阿拉伯文、中文、英文、法文、俄文和西班牙文文本同为作准文本。

兹由经各自政府正式授权的下列署名全权代表签署本公约，以昭信守。

金融行动特别工作组反洗钱建议 *

A. 反洗钱与反恐怖融资政策和协调

1. 评估风险与运用风险为本的方法

各国应当识别、评估和了解本国的洗钱与恐怖融资风险，并采取相应措施，包括指定某一部门或建立相关机制协调行动以评估风险，配置资源，确保有效降低风险。在风险评估基础上，各国应适用风险为本的方法（RBA），确保防范或降低洗钱和恐怖融资风险的措施与已识别出的风险相适应。该方法应作为在反洗钱与反恐怖融资（AML/CFT）体制内有效配置资源，实施 FATF 建议要求的风险为本措施的必要基础。如发现风险较高，各国应确保其反洗钱与反恐怖融资体系能充分解决这些风险。如发现风险较低，各国可以决定在特定情况下，允许对某些 FATF 建议采取简化的措施。

各国应当要求金融机构和特定非金融行业和职业（DNFBPs），识别、评估，并采取有效措施降低洗钱与恐怖融资风险。

2. 国家层面的合作与协调

各国应当根据已经识别出的风险，制定并定期审查本国反洗钱与反恐怖融资政策，指定某一部门或者建立协调机制或其他机制负责该政策的实施。

各国应当确保政策制定者、金融情报中心（FIU）、执法机关、监管机构和其他相关主管部门，在政策制定和执行层面，建立有效机制，加强合作和必要的协调，打击洗钱、恐怖融资和扩散融资。

---

* 金融行动特别工作组（Financial Action Task Force on Money Laundering，简称 FATF）最初的 40 项建议颁布于 1990 年，旨在打击滥用金融体系清洗毒品资金。1996 年，为应对不断变化更新的洗钱趋势和手段，FATF 第一次对建议进行了修订，将打击范围扩大到清洗毒资外的其他犯罪领域。2001 年 10 月，FATF 进一步将其职责扩大到打击恐怖融资领域，并制定了反恐怖融资 8 项特别建议（之后扩充为 9 项）。2003 年，FATF 建议进行了第二次修订，这些建议共同组成了国际公认的反洗钱与反恐怖融资国际标准，得到全球 180 多个国家（地区）的认可。2007 年 6 月 28 日，在法国召开的金融行动特别工作组全体会议以协商一致方式同意中国成为该组织正式成员。

B. 洗钱与没收

3. 洗钱犯罪

各国应当根据《维也纳公约》、《巴勒莫公约》，将洗钱行为规定为犯罪。各国应当将洗钱罪适用于所有的严重罪行，以涵盖最广泛的上游犯罪。

4. 没收与临时措施

各国应采取类似于《维也纳公约》、《巴勒莫公约》和《反恐怖融资公约》规定的措施，包括立法，使主管部门能够在不损害无过错第三方合法权益的情况下，冻结、扣押或没收以下财产：（a）被清洗的财产；（b）来自洗钱或上游犯罪的收益，用于或企图用于洗钱或上游犯罪的工具；（c）属于犯罪收益的财产，或用于、企图用于、调拨用于资助恐怖主义、恐怖行为、恐怖组织的财产；或者（d）同等价值的财产。

这些措施应当包括授权有关部门：（a）识别、追查和评估应予没收的财产；（b）采取冻结、扣押等临时措施，防止该财产被出售、转移或处置；（c）采取措施，防止或避免可能有损国家追回应被没收、冻结或扣押财产的行为；（d）采取其他适当的调查措施。

各国应当考虑采取措施，允许不经过刑事定罪判决即可没收此类财产或工具（不以刑事判决为基础的没收），或者在符合本国法律原则的范围内，要求违法者证明应被没收财产的合法来源。

C. 恐怖融资与扩散融资

5. 恐怖融资犯罪

各国应当根据《反恐怖融资公约》，将恐怖融资行为规定为犯罪，不仅应当将资助恐怖活动的行为规定为犯罪，而且也应当将资助恐怖组织和单个恐怖分子的行为规定为犯罪，即使该行为并未与特定的恐怖活动相联系。各国应当确保将这些犯罪规定为洗钱犯罪的上游犯罪。

6. 与恐怖主义和恐怖融资相关的定向金融制裁

各国应当建立定向金融制裁机制，以遵守联合国安理会关于防范和制止恐怖主义和恐怖融资的决议。这些决议要求各国毫不迟延地冻结被指定个人或实体的资金或其他资产，并确保没有任何资金或其他资产，直接或间接地提供给被指定个人或实体，或者使其受益，包括：（i）根据《联合国宪章》第七章，由联合国安理会指定，或者由其授权指定的个人或实体，包括第1267（1999）号决议及其后续决议；（ii）根据第1373（2001）号决议由该国指定的个人或实体。

7. 与扩散融资相关的定向金融制裁

各国应当执行定向金融制裁，以遵守联合国安理会关于防范、制止、瓦解大规模杀伤性武器扩散及扩散融资的决议。这些决议要求各国毫不迟延地冻结被指定个人或实体的资金或其他资产，并确保没有任何资金或其他资产，直接或间接地提供给被指定的个人或实体，或者使其受益。根据《联合国宪章》第七章，这些个人或实体由联合国安理会指定或由其授权指定。

8. 非营利性组织

对于可能被恐怖融资滥用的实体，各国应当审查有关法律法规是否完备。非营利性组织尤其容易被滥用，各国应当确保非营利性组织不会以下列方式被滥用：

（a）恐怖组织利用非营利性组织的合法身份；

（b）利用合法实体作为恐怖融资的渠道，包括以逃避资产冻结措施为目的；

（c）利用非营利性组织，对合法用途的资金秘密转移至恐怖组织予以掩饰或混淆。

D. 预防措施

9. 金融机构保密法

各国应当确保金融机构保密法不妨碍 FATF 建议的实施。

客户尽职调查与记录保存

10. 客户尽职调查

各国应当禁止金融机构保持匿名账户或明显以假名开立的账户。

各国应当要求金融机构在出现下列情形时采取客户尽职调查（CDD）措施：

（i）建立业务关系；

（ii）进行一次性交易：（1）超过适用的规定限额（美元/欧元 15000）；或者（2）建议 16 释义规定的特定情况下的电汇；

（iii）有洗钱或恐怖融资嫌疑；或者

（iv）金融机构怀疑先前所获客户身份数据的真实性或充分性。

金融机构实施客户尽职调查的原则应由法律做出规定。各国可以决定如何通过法律或强制性措施设定具体的客户尽职调查义务。

可采取的客户尽职调查措施如下：

（a）确定客户身份，并利用可靠的、独立来源的文件、数据或信息核实客户身份。

（b）确定受益所有人身份，并采取合理措施核实受益所有人身份，以使金融机构确信了解其受益所有人。对于法人和法律安排，金融机构应当了解其所有权和控制权结构。

（c）了解并在适当情形下获取关于业务关系目的和意图的信息。

（d）对业务关系采取持续的尽职调查，对整个业务关系期间发生的交易进行详细审查，以确保进行的交易符合金融机构对客户及其业务、风险状况（必要时，包括资金来源）等方面的认识。

金融机构应当采取上述（a）至（b）项的每项客户尽职调查措施，但应当根据本条建议和建议1的释义，通过风险为本的方法，决定采取这些措施的程度。

各国应当要求金融机构在建立业务关系之前、业务关系存续期间或者与临时客户进行交易时，核实客户和受益所有人身份。在洗钱与恐怖融资风险得到有效管理，并且为不打断正常交易所必需的情况下，各国可以允许金融机构在建立业务关系之后，尽快完成身份核实。

如果金融机构不能遵循上述（a）至（b）项规定的措施（根据风险为本原则调整所采取措施的程度），则不应当开立账户、开始业务关系或进行交易；或者应当终止业务关系；并应当考虑提交相关客户的可疑交易报告。

这些要求应当适用于所有新客户，但金融机构还应当根据重要性和风险程度，将本建议适用于现有客户，并在适当时候对现有业务关系开展尽职调查。

11. 记录保存

各国应当要求金融机构将所有必要的国内和国际交易记录至少保存五年，以使其能迅速提供主管部门所要求的信息。这些信息必须足以重现每一笔交易的实际情况（包括所涉金额和货币类型），以便在必要时提供起诉犯罪活动的证据。

各国应当要求金融机构在业务关系终止后，或者一次性交易之日起至少五年内，继续保留通过客户尽职调查措施获得的所有记录（如护照、身份证、驾驶执照等官方身份证明文件或类似文件的副本或记录），账户档案和业务往来信函，以及分析结论（如关于复杂的异常大额交易的背景和目的的调查函）。

法律应当要求金融机构保存交易记录和通过客户尽职调查措施获取的信息记录。经过适当授权，本国主管部门应当可以查阅交易记录和通过客户尽职调查措施获取的信息记录。

针对特定客户和活动的额外措施

12. 政治公众人物

对于外国的政治公众人物（作为客户或受益所有人），除采取正常的客户尽职调查措施外，各国还应当要求金融机构：

（a）建立适当的风险管理系统，以确定客户是否为政治公众人物；

（b）获得高级管理层的批准方可建立（或维持现有）业务关系；

（c）采取合理措施确定其财产和资金来源；

（d）对业务关系进行强化的持续监测。

金融机构应当采取合理措施，确定客户或受益所有人是否为本国政治公众人物，或者在国际组织担任或曾经担任重要公职的人员。如果与这些人的业务关系出现较高风险，金融机构应当采取（b）至（d）项规定的措施。

对所有类型的政治公众人物要求也应当适用于其家庭成员或关系密切的人。

13. 代理行

对于跨境代理行及其他类似的业务关系，除采取正常的客户尽职调查措施外，各国还应当要求金融机构：

（a）收集代理机构的充分信息，以全面了解代理机构的业务性质，并通过公开信息判断代理机构的信誉和监管质量，包括是否因洗钱或恐怖融资遭受调查或监管；

（b）评估代理机构的反洗钱与反恐怖融资控制制度；

（c）在建立新的代理业务关系之前获得高级管理层的批准；

（d）明确规定每个机构的相应职责；

（e）关于"过路账户"，确信代理行已对可以直接使用委托行账户的客户实施客户尽职调查，确信代理行能够应委托行要求提供其通过客户尽职调查获取的有关信息。

各国应当禁止金融机构与空壳银行建立或维持代理行关系。各国应当要求金融机构确信代理机构不允许空壳银行使用其账户。

14. 资金或价值转移服务

各国应采取措施，确保本国提供资金或价值转移服务的自然人或法人获得许可或进行注册，并受到有效系统的监测，以符合 FATF 建议要求的相关措施。各国应当采取行动，发现未经许可或登记注册而提供资金或价值转移服务的自然人和法人，要给予适当处罚。

在资金或价值转移服务提供商及其代理商开展业务的国家，任何作为资金或价值转移服务代理商的自然人、法人必须获得主管部门的许可或登记注册；资金或价值转移服务提供商必须保存一份可以随时被相关主管机构获得的代理商清单。各国应采取措施确保资金或价值转移服务提供商将其代理商纳入自身反洗钱与反恐怖融资计划，并对其合规情况进行监测。

15. 新技术

各国和金融机构应当识别、评估可能由下列情形带来的洗钱与恐怖融资风险：

（a）新产品、新业务以及新传送机制（delivery mechanism）的发展；

（b）新产品和现有产品中新技术或研发中技术的应用。

金融机构应当在发布新产品、开展新业务以及应用新技术（研发中的技术）前进行风险评估，采取适当措施管理和降低此类风险。

16. 电汇

各国应当确保金融机构在办理电汇和处理相关讯息时，填写规定的、准确的汇款人信息，以及规定的受益人信息，并确保这些信息保留在支付链条的每一个环节。

各国应当确保金融机构对电汇进行监控，以发现电汇交易中是否缺乏汇款人和受益人信息，并采取适当的措施。

各国应当确保金融机构在处理电汇过程中，按照联合国安理会第 1267（1999）号决议及其后续决议，和第 1373（2001）号决议中有关防范、打击恐怖主义和恐怖融资的规定，采取冻结措施，禁止与指定个人和实体进行交易。

依托第三方的尽职调查、内部控制和金融集团

17. 依托第三方的尽职调查

各国可允许金融机构依托第三方实施建议 10 中规定的（a）至（c）项客户尽职调查措施或引荐业务，但应确保满足以下四项标准。如允许由第三方实施客户尽职调查，客户尽职调查的最终责任仍由依托第三方的金融机构承担。

（a）依托第三方的金融机构应可以立即获得建议 10 中（a）至（c）项措施取得的必要信息；

（b）金融机构应当采取适当措施，确信可在需要时立即获得第三方实施客户尽职调查时取得的身份证明和其他资料复印件；

（c）金融机构应当确信第三方机构受到监督、管理或监测，并根据建议 10 和建议 11 的要求，在客户尽职调查和资料保存方面采取措施；

（d）当决定哪些国家的第三方机构可依托时，各国应当参考可以获得的国家风险等级等信息。

如果金融机构与所依托的第三方机构属于同一金融集团，且（i）该集团已按照建议 10、建议 11、建议 12 的要求采取了客户尽职调查和资料保存措施，且按照建议 18 采取了反洗钱与反恐怖融资措施；（ii）当主管部门在集团层面上对其反洗钱与反恐怖融资相关措施有效性进行监管时，主管部门可以认为金融机构已通过其集团开展上述（b）、（c）项措施；当该集团采取的反洗钱与反恐怖融资措施已显著降低原本较高的国家风险时，则（d）项可以不作为依托第三方开展客户身份识别的必要前提。

18. 内部控制、境外分支机构和附属机构

各国应当要求金融机构执行反洗钱与反恐怖融资措施，同时，各国应当要求金融集团在集团层面执行反洗钱与反恐怖融资措施，包括在集团内部共享反洗钱与反恐怖融资信息的政策和程序。

各国应当要求金融机构确保其境外分支机构和控股附属机构通过金融集团整体反洗钱与反恐怖融资措施，执行与母国落实 FATF 建议相一致的反洗钱与反恐怖融资要求。

19. 高风险国家

各国应当要求金融机构在与来自 FATF 呼吁国家的自然人、法人、金融机构建立业务关系或交易时，采取强化的客户尽职调查措施。所采取的强化措施应有效并与风险相适应。

各国应当有能力在 FATF 呼吁要求时，采取适当的反制措施。各国也应当有能力在 FATF 未呼吁要求时，采取反制措施。所采取的反制措施应有效并与风险相适应。

可疑交易报告

20. 可疑交易报告

如果金融机构怀疑或有合理理由怀疑资金为犯罪收益，或与恐怖融资有关，金融机构应当依据法律要求，立即向金融情报中心报告。

21. 泄密与保密

金融机构及其负责人、管理人员和雇员应当：

（a）在依法报告可疑交易时，即便无法确定是何种犯罪以及犯罪活动是否实际发生，均应受到法律保护，不会因未遵守合同、法律、法规或行政性规定关于信息披露的限制，而承担民事或刑事责任。

（b）依法严禁向外界泄露向金融情报中心报告可疑交易或相关信息的事实。

特定非金融行业和职业

22. 特定非金融行业和职业：客户尽职调查

建议 10、建议 11、建议 12、建议 15、建议 17 中规定的客户尽职调查和交易记录保存要求适用于以下特定非金融行业和职业：

（a）赌场——当客户从事规定金额及以上的交易时；

（b）不动产中介——为其客户从事不动产买卖交易；

（c）贵金属和珠宝交易商——当客户从事规定金额及以上的现金交易时；

（d）律师，公证人，其他独立法律专业人士及会计师——在为客户准备或

实施与下列活动相关的交易时：

- 买卖不动产；
- 管理客户资金、证券或其他财产；
- 管理银行账户、储蓄或证券账户；
- 从事公司设立、运营或管理的相关筹资活动；
- 法人或法律安排的设立、运营或管理，以及经营性实体买卖。

（e）信托和公司服务提供商——在为客户准备或实施与下列活动相关的交易时：

- 担任法人设立的代理人；
- 担任（或安排其他人担任）公司董事、秘书（secretary）、合伙人或其他法人单位中同级别的职务的；
- 为公司、合伙或其他法人或法律安排提供注册地址、公司地址或办公场所、通信方式或办公地址的；
- 担任（或安排他人担任）书面信托的受托人或在其他法律安排中承担同样职能的；
- 担任（或安排他人担任）他人的名义持股人。

23. 特定非金融行业和职业：其他措施

建议18－建议21规定的要求适用于所有特定非金融行业和职业：

（a）各国应当要求律师、公证人、其他独立法律专业人士和会计师在代表客户（或为客户）进行建议22中第（d）项所列的交易时，报告可疑交易。强烈鼓励各国将报告要求扩展到包括审计在内的会计师的其他专业活动。

（b）当贵金属和珠宝交易商从事规定金额及以上的现金交易时，应当报告可疑交易。

（c）当信托与公司服务提供商在代表客户（或为客户）进行建议22中（e）项所列项目的交易时，应当报告可疑交易。

E. 透明度、法人和法人安排的受益所有权

24. 透明度和法人的受益所有权

各国应当采取措施防止法人被洗钱和恐怖融资活动滥用，应当确保主管部门可以及时掌握或获取法人受益所有权和控制权的充足准确信息。特别是在允许法人发行不记名股票或不记名股权证，以及允许名义股东和名义董事存在的国家，应当采取有效措施，确保此类法人不被洗钱和恐怖融资活动滥用。各国应考虑采取措施，使金融机构和特定非金融行业和职业可以便利地获取受益人

及控制权信息，以便执行建议 10、建议 22 的要求。

25. 透明度和法律安排的受益所有权

各国应当采取措施防止法律安排被洗钱和恐怖融资活动滥用。特别是，各国应当确保主管部门能及时掌握或获取关于书面信托（包括委托人、受托人和受益人）的充足准确信息。各国应考虑采取措施，使金融机构和特定非金融行业和职业可以便利地获取建议 10、建议 22 要求的受益所有权及控制权信息。

F. 主管部门的权力、职责及其他制度性措施

监督和管理

26. 对金融机构的监督和管理

各国应当确保金融机构受到充分的监督和管理，并且有效地执行 FATF 建议。主管部门或金融监管机构应当采取必要的法律或监管措施，防止犯罪分子或其同伙持有金融机构的重要或多数股权，或成为金融机构重要或多数股权的受益所有人，或掌握金融机构实际管理权。各国不应当批准空壳银行的设立或允许空壳银行的继续运营。

遵守核心原则的金融机构，在实施与洗钱和恐怖融资相关的审慎监管措施时，应当采用与反洗钱和反恐怖融资监管相类似的措施。对并表集团（consolidated group）的反洗钱与反恐怖融资监管，同样适用于以上方法。

各国应当对其他金融机构进行许可、登记注册和充分管理，要考虑本行业的洗钱与恐怖融资风险而进行监管。至少应当要求提供资金或价值转移或货币兑换服务的金融机构进行许可或注册，并要受到有效监测，以确保符合国家反洗钱与反恐怖融资合规要求。

27. 监管机构的权力

监管机构应当拥有足够的权力监督、监测、包括检查金融机构，确保金融机构遵守打击洗钱和恐怖融资的要求。监管机构应当有权要求金融机构提交所有与合规监管相关的信息，并有权按照建议 35 要求，对不遵守要求的情景进行处罚。监管机构应当有实施一系列惩戒和经济处罚的权力，包括吊销执照、限制或中止金融机构业务的权力。

28. 对特定非金融行业和职业的监管

对特定非金融行业和职业，应当采取下列监督管理措施：

（a）对赌博业应当采取全面的监督管理制度，确保其有效实施必要的反洗钱与反恐怖融资措施。至少应做到：

• 赌场应当经过许可；

● 主管部门应当采取适当法律或监管措施，防止犯罪分子或同伙持有重要或多数股权，或成为重要或多数股权的收益所有人，或担任管理职务，或成为运营者；

● 主管部门应当确保赌场受到有效的反洗钱与反恐怖融资监管。

（b）各国应当根据行业和职业风险敏感性，对其他类型的特定非金融行业和职业建立有效的监测体系，并确保其符合反洗钱与反恐怖融资合规要求。监测可由：（i）监管机构执行；或（ii）如行业自律机构能确保其成员履行反洗钱与反恐怖融资义务，也可由适当的行业自律机构执行。

监管机构或行业自律机构还应该：（i）采取必要措施，防止犯罪分子及其同伙获得专业认证，或持有重要或多数股权，或成为重要或多数股权的收益所有人，或担任管理职务，例如通过"适宜和恰当"测试来评价人员；（ii）如未遵守反洗钱与反恐怖融资要求，应按照建议35要求，实施有效、适当和劝诫性处罚。

操作与执法措施

29. 金融情报中心

各国应当建立金融情报中心（FIU），作为全国性中心，负责接受和分析（a）可疑交易报告（STRs）；（b）其他洗钱、相关上游犯罪和恐怖融资相关的信息，并负责分发分析结果。金融情报中心应当能够从报告实体获取额外信息，并能够及时获得其恰当履职所需要的金融、管理和执法信息。

30. 执法和调查部门职责

各国应当确保赋予指定的执法部门在国家反洗钱与反恐怖融资政策框架内调查洗钱和恐怖融资的职责。至少在所有主要涉及产生收益的犯罪案件中，这些被指定执法部门应主动开展并行的金融调查以追查洗钱、恐怖融资或上游犯罪。调查范围应包括上游犯罪发生在执法部门所属司法辖区以外的案件。各国应当确保主管部门有责任立即识别、追踪并采取行动冻结和扣押应被没收资产、或可能属于没收范围的资产，或被怀疑为犯罪所得的资产。各国还应当能够在必要时利用专门从事金融或资产调查的常设或临时性多功能小组来开展调查。各国应当确保必要时能够与其他国家相应主管部门开展合作调查。

31. 执法和调查部门权力

在对洗钱、相关上游犯罪和恐怖融资调查的过程中，主管部门应当拥有为实施调查、起诉和相关行动获取所有必要文件和信息的权力。这些权力应包括采取强制措施从金融机构、特定非金融行业和职业、其他法人或自然人获取相关记录，搜查个人和场所，采集证人证言，以及搜集证据。

各国应当确保主管部门有能力运用一系列适用于洗钱、相关上游犯罪和恐怖融资的调查方法。这些调查方法包括：卧底行动、通讯窃听、侵入计算机系统和控制下交付。此外，各国还应当建立有效机制，以及时确定是否是自然人或法人持有或控制账户。各国还应当建立相应机制，确保主管部门拥有在不预先告知所有人情况下对资产进行识别的程序。在针对洗钱、相关上游犯罪和恐怖融资开展调查时，主管部门应当能够要求金融情报中心提供所有相关信息。

32. 现金跨境运送

各国应当采取措施，包括通过申报和/或披露制度，发现现金和不记名可转让金融工具的跨境携带活动。

如果怀疑现金或不记名可转让金融工具与恐怖融资、洗钱或上游犯罪有关，或者查出属于虚假申报或披露，各国应当确保主管部门拥有阻止或限制这些现金或不记名可转让金融工具跨境携带的法定权力。

各国应当确保能对虚假申报或披露的个人采取有效、适当和劝诫性的处罚措施。对查处的与恐怖融资、洗钱或上游犯罪有关的现金或不记名可转让金融工具，各国应当采取措施，包括建议 4 规定的法律措施，没收相关现金或不记名可转让金融工具。

一般要求

33. 数据统计

各国应当保存与本国反洗钱与反恐怖融资体系有效性相关的全面数据。其中应包括接受与分发的可疑交易报告数据，洗钱与恐怖融资调查数据，起诉与判决数据，资产冻结、扣押和没收数据，以及双边司法协助或其他国际合作请求的数据。

34. 指引与反馈

主管部门、监管机构和行业自律组织应当制定指引并提供反馈，以帮助金融机构和特定非金融机构和职业落实国家有关打击洗钱和恐怖融资的措施，特别是发现和报告可疑交易。

处罚

35. 处罚

各国应当确保对建议 6 和建议 8 – 建议 23 中涵盖的、未能遵守反洗钱与反恐怖融资要求的自然人和法人，实施一系列有效、适当和劝诫性的刑事、民事或行政处罚。处罚应不仅适用于金融机构和特定非金融行业和职业，也应适用于其负责人和高级管理人员。

G. 国际合作

36. 国际公约

各国应当立即采取行动，加入并全面实施《维也纳公约》（1988），《巴勒莫公约》（2000），《联合国反腐败公约》（2003）和《反恐怖融资公约》（1999）。在适当情况下，鼓励各国批准并实施其他有关国际公约，比如《欧洲理事会打击网络犯罪公约》（2001），《泛美反恐公约》（2002），《欧洲理事会关于打击洗钱，调查、扣押和没收犯罪收益及打击恐怖融资公约》（2005）。

37. 双边司法协助

在涉及洗钱、相关上游犯罪以及恐怖融资调查、起诉和有关诉讼过程中，各国应当迅速、有效、并富有建设性地提供最大可能范围的司法协助。各国还应当具备充分的法律基础以提供协助，并在适当情况下，签订公约、协定或其他机制强化合作。各国尤其：

（a）不应禁止提供司法协助，或者为提供司法协助设置不合理或过分的限制条件。

（b）应当确保具有明确有效的程序，以及时优先考虑和处理双边司法协助请求。应当通过某一中央机关或建立的其他官方机制有效传递和处理这些请求。应当建立一套案件管理系统，以跟踪请求处理的进展情况。

（c）不应仅以犯罪涉及财政问题为由拒绝执行协助请求。

（d）不应以法律要求金融机构对客户资料保密为由拒绝执行协助请求。

（e）对收到的司法协助请求及其所包含的信息，应当按照本国法律基本原则的要求进行保密，以保护调查不受干扰。如果被请求国无法遵守保密要求，应当及时告知请求国。

如果协助不涉及强制行动，即使不构成双重犯罪，各国也应当提供司法协助。各国应当考虑采取必要措施，在不构成双重犯罪时，尽可能提供广泛的协助。

如果一国将双重犯罪作为提供协助的必要条件，则不论两国是否将此犯罪纳入同一类罪，或规定为同一罪名，只要两国均将该行为规定为犯罪，即可视为满足该条件。

各国应当确保主管部门拥有建议31所要求的权力和调查手段，以及任何其他权力和调查手段：

（a）所有向金融机构和其他个人获取、搜查和扣押信息、资料或证据（包括财务记录），以及与采取证人证言相关的权力和调查手段；

（b）范围广泛的其他权力和调查手段。

上述权力和调查手段同样适用于对双边司法协助请求的回应。并且，如不违背本国法律框架，上述权力和调查手段也可适用于外国司法或执法机关向本国对应部门的直接调查请求。

如果被告面临被多国起诉，为避免管辖权的冲突，应当考虑设计和适用相应的机制，在不影响司法公正的情况下选择最佳起诉地点。

各国在发起协助调查请求时，应当尽最大可能提供真实、完整、合法的信息，以帮助协查请求快速有效地处理。如有紧急需求，应当通过快捷方式发送请求。在发送请求前，各国应当尽最大努力了解对方的法律要求和正式手续。

各国应当为负责协助调查的部门（例如：中央机关）提供充足的财政、人力和技术支持。应当采取措施确保这些部门的工作人员在保密、诚信、廉洁、专业等方面具有较高的水准。

38. 双边司法协助：冻结和没收

各国应当确保有权应外国请求采取迅速行动，对清洗的资产、洗钱、上游犯罪及恐怖融资收益、实施或计划用于实施犯罪的工具或相应价值的财产予以识别、冻结、扣押和没收。该权力应该包括接受不以刑事判决为基础的收益没收请求，和其他临时措施基础上作出的请求，除非这与被请求国国内法律基本原则不一致。各国还应当建立管理上述财产、工具或相应价值财产的有效机制；应当作出协调查封和没收资产的制度安排，其中应当包括分享没收资产的安排。

39. 引渡

各国应当在无不当延迟、有效和富有建设性地处理与洗钱和恐怖融资相关的引渡请求。各国还应当采取所有可能的措施，确保不为被指控参与恐怖融资、恐怖活动或恐怖组织的个人提供庇护所。各国尤其：

（a）应当确保洗钱和恐怖融资是可引渡的犯罪行为。

（b）应当确保拥有及时处理引渡请求的明确、有效程序，包括适当时候优先处理程序。应当设立一套案件管理系统，以跟踪请求的处理进展情况。

（c）不应当对引渡请求设置不合理或过分严格的条件。

（d）应当确保建立实施引渡的充分法律框架。

各国应当允许引渡本国国民；如果仅出于国籍原因而拒绝引渡本国国民，则应当应请求国要求将案件无不当延迟地移交本国主管部门，以便对请求中阐明的罪行做出检控。有关当局应当根据本国法律规定的、与处理其他严重犯罪相同的方式做出决定和进行诉讼程序。相关国家应当互相合作，特别是应当在司法程序和证据方面互相配合，确保此类检控的效率。

如果一国将双重犯罪作为引渡的必要条件，则不论两国是否将此犯罪纳入同一类罪，或规定为同一罪名，只要两国均将此行为规定为犯罪，即可视为满足该条件。

在符合本国法律基本原则的情况下，各国应当制定简化的引渡机制，例如，允许在对口部门之间直接提交临时逮捕请求，仅凭逮捕或判决文书便可执行引渡，或在当事人自愿放弃正式引渡时执行简化引渡程序。各国应当为负责引渡的部门提供充分的财政、人力和技术支持。应当采取措施确保这些部门的工作人员在保密、诚信、廉洁、专业等方面具有较高水准。

40. 其他形式的国际合作

各国应当确保其主管部门在洗钱、有关上游犯罪和恐怖融资方面能够迅速、有效和富有建设性地提供最广泛的国际合作，不管是自发的还是应别国请求，并且应当具备提供合作的法律基础。各国应当授权其主管部门通过最有效的方式开展合作。如果主管部门需签订谅解备忘录等双边或多边协议或约定，各国则应当及时与最广泛的国外对口部门协商并签订这些协议或约定。

主管部门应当通过明确的渠道或机制有效传递并执行有关信息或其他方面的协助请求。应当制定明确有效的程序，优先并及时处理协助请求，以及保护所接收的信息。

国内相关法律与规章

中华人民共和国刑事诉讼法*

第一编　总　则

第一章　任务和基本原则

第一条　为了保证刑法的正确实施，惩罚犯罪，保护人民，保障国家安全和社会公共安全，维护社会主义社会秩序，根据宪法，制定本法。

第二条　中华人民共和国刑事诉讼法的任务，是保证准确、及时地查明犯罪事实，正确应用法律，惩罚犯罪分子，保障无罪的人不受刑事追究，教育公民自觉遵守法律，积极同犯罪行为作斗争，维护社会主义法制，尊重和保障人权，保护公民的人身权利、财产权利、民主权利和其他权利，保障社会主义建设事业的顺利进行。

第三条　对刑事案件的侦查、拘留、执行逮捕、预审，由公安机关负责。检察、批准逮捕、检察机关直接受理的案件的侦查、提起公诉，由人民检察院负责。审判由人民法院负责。除法律特别规定的以外，其他任何机关、团体和个人都无权行使这些权力。

人民法院、人民检察院和公安机关进行刑事诉讼，必须严格遵守本法和其他法律的有关规定。

第四条　国家安全机关依照法律规定，办理危害国家安全的刑事案件，行使与公安机关相同的职权。

第五条　人民法院依照法律规定独立行使审判权，人民检察院依照法律规定独立行使检察权，不受行政机关、社会团体和个人的干涉。

第六条　人民法院、人民检察院和公安机关进行刑事诉讼，必须依靠群众，必须以事实为根据，以法律为准绳。对于一切公民，在适用法律上一律平等，

---

*　1979 年 7 月 1 日第五届全国人民代表大会第二次会议通过，根据 1996 年 3 月 17 日第八届全国人民代表大会第四次会议《关于修改〈中华人民共和国刑事诉讼法〉的决定》进行第一次修正，根据 2012 年 3 月 14 日第十一届全国人民代表大会第五次会议《关于修改〈中华人民共和国刑事诉讼法〉的决定》进行第二次修正，2013 年 1 月 1 日起正式实施。

在法律面前，不允许有任何特权。

第七条 人民法院、人民检察院和公安机关进行刑事诉讼，应当分工负责，互相配合，互相制约，以保证准确有效地执行法律。

第八条 人民检察院依法对刑事诉讼实行法律监督。

第九条 各民族公民都有用本民族语言文字进行诉讼的权利。人民法院、人民检察院和公安机关对于不通晓当地通用的语言文字的诉讼参与人，应当为他们翻译。

在少数民族聚居或者多民族杂居的地区，应当用当地通用的语言进行审讯，用当地通用的文字发布判决书、布告和其他文件。

第十条 人民法院审判案件，实行两审终审制。

第十一条 人民法院审判案件，除本法另有规定的以外，一律公开进行。被告人有权获得辩护，人民法院有义务保证被告人获得辩护。

第十二条 未经人民法院依法判决，对任何人都不得确定有罪。

第十三条 人民法院审判案件，依照本法实行人民陪审员陪审的制度。

第十四条 人民法院、人民检察院和公安机关应当保障犯罪嫌疑人、被告人和其他诉讼参与人依法享有的辩护权和其他诉讼权利。

诉讼参与人对于审判人员、检察人员和侦查人员侵犯公民诉讼权利和人身侮辱的行为，有权提出控告。

第十五条 有下列情形之一的，不追究刑事责任，已经追究的，应当撤销案件，或者不起诉，或者终止审理，或者宣告无罪：

（一）情节显著轻微、危害不大，不认为是犯罪的；

（二）犯罪已过追诉时效期限的；

（三）经特赦令免除刑罚的；

（四）依照刑法告诉才处理的犯罪，没有告诉或者撤回告诉的；

（五）犯罪嫌疑人、被告人死亡的；

（六）其他法律规定免予追究刑事责任的。

第十六条 对于外国人犯罪应当追究刑事责任的，适用本法的规定。

对于享有外交特权和豁免权的外国人犯罪应当追究刑事责任的，通过外交途径解决。

第十七条 根据中华人民共和国缔结或者参加的国际条约，或者按照互惠原则，我国司法机关和外国司法机关可以相互请求刑事司法协助。

第二章 管 辖

第十八条 刑事案件的侦查由公安机关进行，法律另有规定的除外。

贪污贿赂犯罪，国家工作人员的渎职犯罪，国家机关工作人员利用职权实施的非法拘禁、刑讯逼供、报复陷害、非法搜查的侵犯公民人身权利的犯罪以及侵犯公民民主权利的犯罪，由人民检察院立案侦查。对于国家机关工作人员利用职权实施的其他重大的犯罪案件，需要由人民检察院直接受理的时候，经省级以上人民检察院决定，可以由人民检察院立案侦查。

自诉案件，由人民法院直接受理。

第十九条 基层人民法院管辖第一审普通刑事案件，但是依照本法由上级人民法院管辖的除外。

第二十条 中级人民法院管辖下列第一审刑事案件：

（一）危害国家安全、恐怖活动案件；

（二）可能判处无期徒刑、死刑的案件。

第二十一条 高级人民法院管辖的第一审刑事案件，是全省（自治区、直辖市）性的重大刑事案件。

第二十二条 最高人民法院管辖的第一审刑事案件，是全国性的重大刑事案件。

第二十三条 上级人民法院在必要的时候，可以审判下级人民法院管辖的第一审刑事案件；下级人民法院认为案情重大、复杂需要由上级人民法院审判的第一审刑事案件，可以请求移送上一级人民法院审判。

第二十四条 刑事案件由犯罪地的人民法院管辖。如果由被告人居住地的人民法院审判更为适宜的，可以由被告人居住地的人民法院管辖。

第二十五条 几个同级人民法院都有权管辖的案件，由最初受理的人民法院审判。在必要的时候，可以移送主要犯罪地的人民法院审判。

第二十六条 上级人民法院可以指定下级人民法院审判管辖不明的案件，也可以指定下级人民法院将案件移送其他人民法院审判。

第二十七条 专门人民法院案件的管辖另行规定。

第三章 回 避

第二十八条 审判人员、检察人员、侦查人员有下列情形之一的，应当自行回避，当事人及其法定代理人也有权要求他们回避：

（一）是本案的当事人或者是当事人的近亲属的；

（二）本人或者他的近亲属和本案有利害关系的；

（三）担任过本案的证人、鉴定人、辩护人、诉讼代理人的；

（四）与本案当事人有其他关系，可能影响公正处理案件的。

第二十九条　审判人员、检察人员、侦查人员不得接受当事人及其委托的人的请客送礼，不得违反规定会见当事人及其委托的人。

审判人员、检察人员、侦查人员违反前款规定的，应当依法追究法律责任。当事人及其法定代理人有权要求他们回避。

第三十条　审判人员、检察人员、侦查人员的回避，应当分别由院长、检察长、公安机关负责人决定；院长的回避，由本院审判委员会决定；检察长和公安机关负责人的回避，由同级人民检察院检察委员会决定。

对侦查人员的回避作出决定前，侦查人员不能停止对案件的侦查。

对驳回申请回避的决定，当事人及其法定代理人可以申请复议一次。

第三十一条　本章关于回避的规定适用于书记员、翻译人员和鉴定人。

辩护人、诉讼代理人可以依照本章的规定要求回避、申请复议。

第四章　辩护与代理

第三十二条　犯罪嫌疑人、被告人除自己行使辩护权以外，还可以委托一至二人作为辩护人。下列的人可以被委托为辩护人：

（一）律师；

（二）人民团体或者犯罪嫌疑人、被告人所在单位推荐的人；

（三）犯罪嫌疑人、被告人的监护人、亲友。

正在被执行刑罚或者依法被剥夺、限制人身自由的人，不得担任辩护人。

第三十三条　犯罪嫌疑人自被侦查机关第一次讯问或者采取强制措施之日起，有权委托辩护人；在侦查期间，只能委托律师作为辩护人。被告人有权随时委托辩护人。

侦查机关在第一次讯问犯罪嫌疑人或者对犯罪嫌疑人采取强制措施的时候，应当告知犯罪嫌疑人有权委托辩护人。人民检察院自收到移送审查起诉的案件材料之日起三日以内，应当告知犯罪嫌疑人有权委托辩护人。人民法院自受理案件之日起三日以内，应当告知被告人有权委托辩护人。犯罪嫌疑人、被告人在押期间要求委托辩护人的，人民法院、人民检察院和公安机关应当及时转达其要求。

犯罪嫌疑人、被告人在押的，也可以由其监护人、近亲属代为委托辩护人。

辩护人接受犯罪嫌疑人、被告人委托后，应当及时告知办理案件的机关。

第三十四条　犯罪嫌疑人、被告人因经济困难或者其他原因没有委托辩护人的，本人及其近亲属可以向法律援助机构提出申请。对符合法律援助条件的，法律援助机构应当指派律师为其提供辩护。

犯罪嫌疑人、被告人是盲、聋、哑人，或者是尚未完全丧失辨认或者控制自己行为能力的精神病人，没有委托辩护人的，人民法院、人民检察院和公安机关应当通知法律援助机构指派律师为其提供辩护。

犯罪嫌疑人、被告人可能被判处无期徒刑、死刑，没有委托辩护人的，人民法院、人民检察院和公安机关应当通知法律援助机构指派律师为其提供辩护。

第三十五条　辩护人的责任是根据事实和法律，提出犯罪嫌疑人、被告人无罪、罪轻或者减轻、免除其刑事责任的材料和意见，维护犯罪嫌疑人、被告人的诉讼权利和其他合法权益。

第三十六条　辩护律师在侦查期间可以为犯罪嫌疑人提供法律帮助；代理申诉、控告；申请变更强制措施；向侦查机关了解犯罪嫌疑人涉嫌的罪名和案件有关情况，提出意见。

第三十七条　辩护律师可以同在押的犯罪嫌疑人、被告人会见和通信。其他辩护人经人民法院、人民检察院许可，也可以同在押的犯罪嫌疑人、被告人会见和通信。

辩护律师持律师执业证书、律师事务所证明和委托书或者法律援助公函要求会见在押的犯罪嫌疑人、被告人的，看守所应当及时安排会见，至迟不得超过四十八小时。

危害国家安全犯罪、恐怖活动犯罪、特别重大贿赂犯罪案件，在侦查期间辩护律师会见在押的犯罪嫌疑人，应当经侦查机关许可。上述案件，侦查机关应当事先通知看守所。

辩护律师会见在押的犯罪嫌疑人、被告人，可以了解案件有关情况，提供法律咨询等；自案件移送审查起诉之日起，可以向犯罪嫌疑人、被告人核实有关证据。辩护律师会见犯罪嫌疑人、被告人时不被监听。

辩护律师同被监视居住的犯罪嫌疑人、被告人会见、通信，适用第一款、第三款、第四款的规定。

第三十八条　辩护律师自人民检察院对案件审查起诉之日起，可以查阅、摘抄、复制本案的案卷材料。其他辩护人经人民法院、人民检察院许可，也可以查阅、摘抄、复制上述材料。

第三十九条　辩护人认为在侦查、审查起诉期间公安机关、人民检察院收集的证明犯罪嫌疑人、被告人无罪或者罪轻的证据材料未提交的，有权申请人民检察院、人民法院调取。

第四十条 辩护人收集的有关犯罪嫌疑人不在犯罪现场、未达到刑事责任年龄、属于依法不负刑事责任的精神病人的证据，应当及时告知公安机关、人民检察院。

第四十一条 辩护律师经证人或者其他有关单位和个人同意，可以向他们收集与本案有关的材料，也可以申请人民检察院、人民法院收集、调取证据，或者申请人民法院通知证人出庭作证。

辩护律师经人民检察院或者人民法院许可，并且经被害人或者其近亲属、被害人提供的证人同意，可以向他们收集与本案有关的材料。

第四十二条 辩护人或者其他任何人，不得帮助犯罪嫌疑人、被告人隐匿、毁灭、伪造证据或者串供，不得威胁、引诱证人作伪证以及进行其他干扰司法机关诉讼活动的行为。

违反前款规定的，应当依法追究法律责任，辩护人涉嫌犯罪的，应当由办理辩护人所承办案件的侦查机关以外的侦查机关办理。辩护人是律师的，应当及时通知其所在的律师事务所或者所属的律师协会。

第四十三条 在审判过程中，被告人可以拒绝辩护人继续为他辩护，也可以另行委托辩护人辩护。

第四十四条 公诉案件的被害人及其法定代理人或者近亲属，附带民事诉讼的当事人及其法定代理人，自案件移送审查起诉之日起，有权委托诉讼代理人。自诉案件的自诉人及其法定代理人，附带民事诉讼的当事人及其法定代理人，有权随时委托诉讼代理人。

人民检察院自收到移送审查起诉的案件材料之日起三日以内，应当告知被害人及其法定代理人或者其近亲属、附带民事诉讼的当事人及其法定代理人有权委托诉讼代理人。人民法院自受理自诉案件之日起三日以内，应当告知自诉人及其法定代理人、附带民事诉讼的当事人及其法定代理人有权委托诉讼代理人。

第四十五条 委托诉讼代理人，参照本法第三十二条的规定执行。

第四十六条 辩护律师对在执业活动中知悉的委托人的有关情况和信息，有权予以保密。但是，辩护律师在执业活动中知悉委托人或者其他人，准备或者正在实施危害国家安全、公共安全以及严重危害他人人身安全的犯罪的，应当及时告知司法机关。

第四十七条 辩护人、诉讼代理人认为公安机关、人民检察院、人民法院及其工作人员阻碍其依法行使诉讼权利的，有权向同级或者上一级人民检察院申诉或者控告。人民检察院对申诉或者控告应当及时进行审查，情况属实的，通知有关机关予以纠正。

第五章 证 据

第四十八条 可以用于证明案件事实的材料，都是证据。

证据包括：

（一）物证；

（二）书证；

（三）证人证言；

（四）被害人陈述；

（五）犯罪嫌疑人、被告人供述和辩解；

（六）鉴定意见；

（七）勘验、检查、辨认、侦查实验等笔录；

（八）视听资料、电子数据。

证据必须经过查证属实，才能作为定案的根据。

第四十九条 公诉案件中被告人有罪的举证责任由人民检察院承担，自诉案件中被告人有罪的举证责任由自诉人承担。

第五十条 审判人员、检察人员、侦查人员必须依照法定程序，收集能够证实犯罪嫌疑人、被告人有罪或者无罪、犯罪情节轻重的各种证据。严禁刑讯逼供和以威胁、引诱、欺骗以及其他非法方法收集证据，不得强迫任何人证实自己有罪。必须保证一切与案件有关或者了解案情的公民，有客观地充分地提供证据的条件，除特殊情况外，可以吸收他们协助调查。

第五十一条 公安机关提请批准逮捕书、人民检察院起诉书、人民法院判决书，必须忠实于事实真相。故意隐瞒事实真相的，应当追究责任。

第五十二条 人民法院、人民检察院和公安机关有权向有关单位和个人收集、调取证据。有关单位和个人应当如实提供证据。

行政机关在行政执法和查办案件过程中收集的物证、书证、视听资料、电子数据等证据材料，在刑事诉讼中可以作为证据使用。

对涉及国家秘密、商业秘密、个人隐私的证据，应当保密。

凡是伪造证据、隐匿证据或者毁灭证据的，无论属于何方，必须受法律追究。

第五十三条 对一切案件的判处都要重证据，重调查研究，不轻信口供。只有被告人供述，没有其他证据的，不能认定被告人有罪和处以刑罚；没有被告人供述，证据确实、充分的，可以认定被告人有罪和处以刑罚。

证据确实、充分，应当符合以下条件：

（一）定罪量刑的事实都有证据证明；

（二）据以定案的证据均经法定程序查证属实；

（三）综合全案证据，对所认定事实已排除合理怀疑。

第五十四条 采用刑讯逼供等非法方法收集的犯罪嫌疑人、被告人供述和采用暴力、威胁等非法方法收集的证人证言、被害人陈述，应当予以排除。收集物证、书证不符合法定程序，可能严重影响司法公正的，应当予以补正或者作出合理解释；不能补正或者作出合理解释的，对该证据应当予以排除。

在侦查、审查起诉、审判时发现有应当排除的证据的，应当依法予以排除，不得作为起诉意见、起诉决定和判决的依据。

第五十五条 人民检察院接到报案、控告、举报或者发现侦查人员以非法方法收集证据的，应当进行调查核实。对于确有以非法方法收集证据情形的，应当提出纠正意见；构成犯罪的，依法追究刑事责任。

第五十六条 法庭审理过程中，审判人员认为可能存在本法第五十四条规定的以非法方法收集证据情形的，应当对证据收集的合法性进行法庭调查。

当事人及其辩护人、诉讼代理人有权申请人民法院对以非法方法收集的证据依法予以排除。申请排除以非法方法收集的证据的，应当提供相关线索或者材料。

第五十七条 在对证据收集的合法性进行法庭调查的过程中，人民检察院应当对证据收集的合法性加以证明。

现有证据材料不能证明证据收集的合法性的，人民检察院可以提请人民法院通知有关侦查人员或者其他人员出庭说明情况；人民法院可以通知有关侦查人员或者其他人员出庭说明情况。有关侦查人员或者其他人员也可以要求出庭说明情况。经人民法院通知，有关人员应当出庭。

第五十八条 对于经过法庭审理，确认或者不能排除存在本法第五十四条规定的以非法方法收集证据情形的，对有关证据应当予以排除。

第五十九条 证人证言必须在法庭上经过公诉人、被害人和被告人、辩护人双方质证并且查实以后，才能作为定案的根据。法庭查明证人有意作伪证或者隐匿罪证的时候，应当依法处理。

第六十条 凡是知道案件情况的人，都有作证的义务。

生理上、精神上有缺陷或者年幼，不能辨别是非、不能正确表达的人，不能作证人。

第六十一条 人民法院、人民检察院和公安机关应当保障证人及其近亲属的安全。

对证人及其近亲属进行威胁、侮辱、殴打或者打击报复，构成犯罪的，依法追究刑事责任；尚不够刑事处罚的，依法给予治安管理处罚。

第六十二条　对于危害国家安全犯罪、恐怖活动犯罪、黑社会性质的组织犯罪、毒品犯罪等案件，证人、鉴定人、被害人因在诉讼中作证，本人或者其近亲属的人身安全面临危险的，人民法院、人民检察院和公安机关应当采取以下一项或者多项保护措施：

（一）不公开真实姓名、住址和工作单位等个人信息；

（二）采取不暴露外貌、真实声音等出庭作证措施；

（三）禁止特定的人员接触证人、鉴定人、被害人及其近亲属；

（四）对人身和住宅采取专门性保护措施；

（五）其他必要的保护措施。

证人、鉴定人、被害人认为因在诉讼中作证，本人或者其近亲属的人身安全面临危险的，可以向人民法院、人民检察院、公安机关请求予以保护。

人民法院、人民检察院、公安机关依法采取保护措施，有关单位和个人应当配合。

第六十三条　证人因履行作证义务而支出的交通、住宿、就餐等费用，应当给予补助。证人作证的补助列入司法机关业务经费，由同级政府财政予以保障。

有工作单位的证人作证，所在单位不得克扣或者变相克扣其工资、奖金及其他福利待遇。

第六章　强制措施

第六十四条　人民法院、人民检察院和公安机关根据案件情况，对犯罪嫌疑人、被告人可以拘传、取保候审或者监视居住。

第六十五条　人民法院、人民检察院和公安机关对有下列情形之一的犯罪嫌疑人、被告人，可以取保候审：

（一）可能判处管制、拘役或者独立适用附加刑的；

（二）可能判处有期徒刑以上刑罚，采取取保候审不致发生社会危险性的；

（三）患有严重疾病、生活不能自理，怀孕或者正在哺乳自己婴儿的妇女，采取取保候审不致发生社会危险性的；

（四）羁押期限届满，案件尚未办结，需要采取取保候审的。

取保候审由公安机关执行。

第六十六条　人民法院、人民检察院和公安机关决定对犯罪嫌疑人、被告人取保候审，应当责令犯罪嫌疑人、被告人提出保证人或者交纳保证金。

第六十七条 保证人必须符合下列条件：

（一）与本案无牵连；

（二）有能力履行保证义务；

（三）享有政治权利，人身自由未受到限制；

（四）有固定的住处和收入。

第六十八条 保证人应当履行以下义务：

（一）监督被保证人遵守本法第六十九条的规定；

（二）发现被保证人可能发生或者已经发生违反本法第六十九条规定的行为的，应当及时向执行机关报告。

被保证人有违反本法第六十九条规定的行为，保证人未履行保证义务的，对保证人处以罚款，构成犯罪的，依法追究刑事责任。

第六十九条 被取保候审的犯罪嫌疑人、被告人应当遵守以下规定：

（一）未经执行机关批准不得离开所居住的市、县；

（二）住址、工作单位和联系方式发生变动的，在二十四小时以内向执行机关报告；

（三）在传讯的时候及时到案；

（四）不得以任何形式干扰证人作证；

（五）不得毁灭、伪造证据或者串供。

人民法院、人民检察院和公安机关可以根据案件情况，责令被取保候审的犯罪嫌疑人、被告人遵守以下一项或者多项规定：

（一）不得进入特定的场所；

（二）不得与特定的人员会见或者通信；

（三）不得从事特定的活动；

（四）将护照等出入境证件、驾驶证件交执行机关保存。

被取保候审的犯罪嫌疑人、被告人违反前两款规定，已交纳保证金的，没收部分或者全部保证金，并且区别情形，责令犯罪嫌疑人、被告人具结悔过、重新交纳保证金、提出保证人，或者监视居住、予以逮捕。

对违反取保候审规定，需要予以逮捕的，可以对犯罪嫌疑人、被告人先行拘留。

第七十条 取保候审的决定机关应当综合考虑保证诉讼活动正常进行的需要，被取保候审人的社会危险性、案件的性质、情节，可能判处刑罚的轻重，被取保候审人的经济状况等情况，确定保证金的数额。

提供保证金的人应当将保证金存入执行机关指定银行的专门账户。

第七十一条　犯罪嫌疑人、被告人在取保候审期间未违反本法第六十九条规定的，取保候审结束的时候，凭解除取保候审的通知或者有关法律文书到银行领取退还的保证金。

第七十二条　人民法院、人民检察院和公安机关对符合逮捕条件，有下列情形之一的犯罪嫌疑人、被告人，可以监视居住：

（一）患有严重疾病、生活不能自理的；

（二）怀孕或者正在哺乳自己婴儿的妇女；

（三）系生活不能自理的人的唯一扶养人；

（四）因为案件的特殊情况或者办理案件的需要，采取监视居住措施更为适宜的；

（五）羁押期限届满，案件尚未办结，需要采取监视居住措施的。

对符合取保候审条件，但犯罪嫌疑人、被告人不能提出保证人，也不交纳保证金的，可以监视居住。

监视居住由公安机关执行。

第七十三条　监视居住应当在犯罪嫌疑人、被告人的住处执行；无固定住处的，可以在指定的居所执行。对于涉嫌危害国家安全犯罪、恐怖活动犯罪、特别重大贿赂犯罪，在住处执行可能有碍侦查的，经上一级人民检察院或者公安机关批准，也可以在指定的居所执行。但是，不得在羁押场所、专门的办案场所执行。

指定居所监视居住的，除无法通知的以外，应当在执行监视居住后二十四小时以内，通知被监视居住人的家属。

被监视居住的犯罪嫌疑人、被告人委托辩护人，适用本法第三十三条的规定。

人民检察院对指定居所监视居住的决定和执行是否合法实行监督。

第七十四条　指定居所监视居住的期限应当折抵刑期。被判处管制的，监视居住一日折抵刑期一日；被判处拘役、有期徒刑的，监视居住二日折抵刑期一日。

第七十五条　被监视居住的犯罪嫌疑人、被告人应当遵守以下规定：

（一）未经执行机关批准不得离开执行监视居住的处所；

（二）未经执行机关批准不得会见他人或者通信；

（三）在传讯的时候及时到案；

（四）不得以任何形式干扰证人作证；

（五）不得毁灭、伪造证据或者串供；

（六）将护照等出入境证件、身份证件、驾驶证件交执行机关保存。

被监视居住的犯罪嫌疑人、被告人违反前款规定，情节严重的，可以予以逮捕；需要予以逮捕的，可以对犯罪嫌疑人、被告人先行拘留。

第七十六条　执行机关对被监视居住的犯罪嫌疑人、被告人，可以采取电子监控、不定期检查等监视方法对其遵守监视居住规定的情况进行监督；在侦查期间，可以对被监视居住的犯罪嫌疑人的通信进行监控。

第七十七条　人民法院、人民检察院和公安机关对犯罪嫌疑人、被告人取保候审最长不得超过十二个月，监视居住最长不得超过六个月。

在取保候审、监视居住期间，不得中断对案件的侦查、起诉和审理。对于发现不应当追究刑事责任或者取保候审、监视居住期限届满的，应当及时解除取保候审、监视居住。解除取保候审、监视居住，应当及时通知被取保候审、监视居住人和有关单位。

第七十八条　逮捕犯罪嫌疑人、被告人，必须经过人民检察院批准或者人民法院决定，由公安机关执行。

第七十九条　对有证据证明有犯罪事实，可能判处徒刑以上刑罚的犯罪嫌疑人、被告人，采取取保候审尚不足以防止发生下列社会危险性的，应当予以逮捕：

（一）可能实施新的犯罪的；

（二）有危害国家安全、公共安全或者社会秩序的现实危险的；

（三）可能毁灭、伪造证据，干扰证人作证或者串供的；

（四）可能对被害人、举报人、控告人实施打击报复的；

（五）企图自杀或者逃跑的。

对有证据证明有犯罪事实，可能判处十年有期徒刑以上刑罚的，或者有证据证明有犯罪事实，可能判处徒刑以上刑罚，曾经故意犯罪或者身份不明的，应当予以逮捕。

被取保候审、监视居住的犯罪嫌疑人、被告人违反取保候审、监视居住规定，情节严重的，可以予以逮捕。

第八十条　公安机关对于现行犯或者重大嫌疑分子，如果有下列情形之一的，可以先行拘留：

（一）正在预备犯罪、实行犯罪或者在犯罪后即时被发觉的；

（二）被害人或者在场亲眼看见的人指认他犯罪的；

（三）在身边或者住处发现有犯罪证据的；

（四）犯罪后企图自杀、逃跑或者在逃的；

（五）有毁灭、伪造证据或者串供可能的；

（六）不讲真实姓名、住址，身份不明的；

（七）有流窜作案、多次作案、结伙作案重大嫌疑的。

第八十一条　公安机关在异地执行拘留、逮捕的时候，应当通知被拘留、逮捕人所在地的公安机关，被拘留、逮捕人所在地的公安机关应当予以配合。

第八十二条　对于有下列情形的人，任何公民都可以立即扭送公安机关、人民检察院或者人民法院处理：

（一）正在实行犯罪或者在犯罪后即时被发觉的；

（二）通缉在案的；

（三）越狱逃跑的；

（四）正在被追捕的。

第八十三条　公安机关拘留人的时候，必须出示拘留证。

拘留后，应当立即将被拘留人送看守所羁押，至迟不得超过二十四小时。除无法通知或者涉嫌危害国家安全犯罪、恐怖活动犯罪通知可能有碍侦查的情形以外，应当在拘留后二十四小时以内，通知被拘留人的家属。有碍侦查的情形消失以后，应当立即通知被拘留人的家属。

第八十四条　公安机关对被拘留的人，应当在拘留后的二十四小时以内进行讯问。在发现不应当拘留的时候，必须立即释放，发给释放证明。

第八十五条　公安机关要求逮捕犯罪嫌疑人的时候，应当写出提请批准逮捕书，连同案卷材料、证据，一并移送同级人民检察院审查批准。必要的时候，人民检察院可以派人参加公安机关对于重大案件的讨论。

第八十六条　人民检察院审查批准逮捕，可以讯问犯罪嫌疑人；有下列情形之一的，应当讯问犯罪嫌疑人：

（一）对是否符合逮捕条件有疑问的；

（二）犯罪嫌疑人要求向检察人员当面陈述的；

（三）侦查活动可能有重大违法行为的。

人民检察院审查批准逮捕，可以询问证人等诉讼参与人，听取辩护律师的意见；辩护律师提出要求的，应当听取辩护律师的意见。

第八十七条　人民检察院审查批准逮捕犯罪嫌疑人由检察长决定。重大案件应当提交检察委员会讨论决定。

第八十八条　人民检察院对于公安机关提请批准逮捕的案件进行审查后，应当根据情况分别作出批准逮捕或者不批准逮捕的决定。对于批准逮捕的决定，公安机关应当立即执行，并且将执行情况及时通知人民检察院。对于不批准逮捕的，人民检察院应当说明理由，需要补充侦查的，应当同时通知公安机关。

第八十九条　公安机关对被拘留的人，认为需要逮捕的，应当在拘留后的三日以内，提请人民检察院审查批准。在特殊情况下，提请审查批准的时间可以延长一日至四日。

对于流窜作案、多次作案、结伙作案的重大嫌疑分子，提请审查批准的时间可以延长至三十日。

人民检察院应当自接到公安机关提请批准逮捕书后的七日以内，作出批准逮捕或者不批准逮捕的决定。人民检察院不批准逮捕的，公安机关应当在接到通知后立即释放，并且将执行情况及时通知人民检察院。对于需要继续侦查，并且符合取保候审、监视居住条件的，依法取保候审或者监视居住。

第九十条　公安机关对人民检察院不批准逮捕的决定，认为有错误的时候，可以要求复议，但是必须将被拘留的人立即释放。如果意见不被接受，可以向上一级人民检察院提请复核。上级人民检察院应当立即复核，作出是否变更的决定，通知下级人民检察院和公安机关执行。

第九十一条　公安机关逮捕人的时候，必须出示逮捕证。

逮捕后，应当立即将被逮捕人送看守所羁押。除无法通知的以外，应当在逮捕后二十四小时以内，通知被逮捕人的家属。

第九十二条　人民法院、人民检察院对于各自决定逮捕的人，公安机关对于经人民检察院批准逮捕的人，都必须在逮捕后的二十四小时以内进行讯问。在发现不应当逮捕的时候，必须立即释放，发给释放证明。

第九十三条　犯罪嫌疑人、被告人被逮捕后，人民检察院仍应当对羁押的必要性进行审查。对不需要继续羁押的，应当建议予以释放或者变更强制措施。有关机关应当在十日以内将处理情况通知人民检察院。

第九十四条　人民法院、人民检察院和公安机关如果发现对犯罪嫌疑人、被告人采取强制措施不当的，应当及时撤销或者变更。公安机关释放被逮捕的人或者变更逮捕措施的，应当通知原批准的人民检察院。

第九十五条　犯罪嫌疑人、被告人及其法定代理人、近亲属或者辩护人有权申请变更强制措施。人民法院、人民检察院和公安机关收到申请后，应当在三日以内作出决定；不同意变更强制措施的，应当告知申请人，并说明不同意的理由。

第九十六条　犯罪嫌疑人、被告人被羁押的案件，不能在本法规定的侦查羁押、审查起诉、一审、二审期限内办结的，对犯罪嫌疑人、被告人应当予以释放；需要继续查证、审理的，对犯罪嫌疑人、被告人可以取保候审或者监视居住。

第九十七条　人民法院、人民检察院或者公安机关对被采取强制措施法定期限届满的犯罪嫌疑人、被告人，应当予以释放、解除取保候审、监视居住或者依法变更强制措施。犯罪嫌疑人、被告人及其法定代理人、近亲属或者辩护人对于人民法院、人民检察院或者公安机关采取强制措施法定期限届满的，有权要求解除强制措施。

第九十八条 人民检察院在审查批准逮捕工作中，如果发现公安机关的侦查活动有违法情况，应当通知公安机关予以纠正，公安机关应当将纠正情况通知人民检察院。

第七章 附带民事诉讼

第九十九条 被害人由于被告人的犯罪行为而遭受物质损失的，在刑事诉讼过程中，有权提起附带民事诉讼。被害人死亡或者丧失行为能力的，被害人的法定代理人、近亲属有权提起附带民事诉讼。

如果是国家财产、集体财产遭受损失的，人民检察院在提起公诉的时候，可以提起附带民事诉讼。

第一百条 人民法院在必要的时候，可以采取保全措施，查封、扣押或者冻结被告人的财产。附带民事诉讼原告人或者人民检察院可以申请人民法院采取保全措施。人民法院采取保全措施，适用民事诉讼法的有关规定。

第一百零一条 人民法院审理附带民事诉讼案件，可以进行调解，或者根据物质损失情况作出判决、裁定。

第一百零二条 附带民事诉讼应当同刑事案件一并审判，只有为了防止刑事案件审判的过分迟延，才可以在刑事案件审判后，由同一审判组织继续审理附带民事诉讼。

第八章 期间、送达

第一百零三条 期间以时、日、月计算。

期间开始的时和日不算在期间以内。

法定期间不包括路途上的时间。上诉状或者其他文件在期满前已经交邮的，不算过期。

期间的最后一日为节假日的，以节假日后的第一日为期满日期，但犯罪嫌疑人、被告人或者罪犯在押期间，应当至期满之日为止，不得因节假日而延长。

第一百零四条 当事人由于不能抗拒的原因或者有其他正当理由而耽误期限的，在障碍消除后五日以内，可以申请继续进行应当在期满以前完成的诉讼活动。

前款申请是否准许，由人民法院裁定。

第一百零五条 送达传票、通知书和其他诉讼文件应当交给收件人本人；如果本人不在，可以交给他的成年家属或者所在单位的负责人员代收。

收件人本人或者代收人拒绝接收或者拒绝签名、盖章的时候，送达人可以邀请他的邻居或者其他见证人到场，说明情况，把文件留在他的住处，在送达证上记明拒绝的事由、送达的日期，由送达人签名，即认为已经送达。

第九章　其他规定

第一百零六条 本法下列用语的含意是：

（一）"侦查"是指公安机关、人民检察院在办理案件过程中，依照法律进行的专门调查工作和有关的强制性措施；

（二）"当事人"是指被害人、自诉人、犯罪嫌疑人、被告人、附带民事诉讼的原告人和被告人；

（三）"法定代理人"是指被代理人的父母、养父母、监护人和负有保护责任的机关、团体的代表；

（四）"诉讼参与人"是指当事人、法定代理人、诉讼代理人、辩护人、证人、鉴定人和翻译人员；

（五）"诉讼代理人"是指公诉案件的被害人及其法定代理人或者近亲属、自诉案件的自诉人及其法定代理人委托代为参加诉讼的人和附带民事诉讼的当事人及其法定代理人委托代为参加诉讼的人；

（六）"近亲属"是指夫、妻、父、母、子、女、同胞兄弟姊妹。

第二编　立案、侦查和提起公诉

第一章　立　案

第一百零七条 公安机关或者人民检察院发现犯罪事实或者犯罪嫌疑人，应当按照管辖范围，立案侦查。

第一百零八条 任何单位和个人发现有犯罪事实或者犯罪嫌疑人，有权利也有义务向公安机关、人民检察院或者人民法院报案或者举报。

被害人对侵犯其人身、财产权利的犯罪事实或者犯罪嫌疑人，有权向公安机关、人民检察院或者人民法院报案或者控告。

公安机关、人民检察院或者人民法院对于报案、控告、举报，都应当接受。对于不属于自己管辖的，应当移送主管机关处理，并且通知报案人、控告人、举报人；对于不属于自己管辖而又必须采取紧急措施的，应当先采取紧急措施，然后移送主管机关。

犯罪人向公安机关、人民检察院或者人民法院自首的，适用第三款规定。

第一百零九条 报案、控告、举报可以用书面或者口头提出。接受口头报案、控告、举报的工作人员，应当写成笔录，经宣读无误后，由报案人、控告人、举报人签名或者盖章。

接受控告、举报的工作人员，应当向控告人、举报人说明诬告应负的法律责任。但是，只要不是捏造事实，伪造证据，即使控告、举报的事实有出入，甚至是错告的，也要和诬告严格加以区别。

公安机关、人民检察院或者人民法院应当保障报案人、控告人、举报人及其近亲属的安全。报案人、控告人、举报人如果不愿公开自己的姓名和报案、控告、举报的行为，应当为他保守秘密。

第一百一十条 人民法院、人民检察院或者公安机关对于报案、控告、举报和自首的材料，应当按照管辖范围，迅速进行审查，认为有犯罪事实需要追究刑事责任的时候，应当立案；认为没有犯罪事实，或者犯罪事实显著轻微，不需要追究刑事责任的时候，不予立案，并且将不立案的原因通知控告人。控告人如果不服，可以申请复议。

第一百一十一条 人民检察院认为公安机关对应当立案侦查的案件而不立案侦查的，或者被害人认为公安机关对应当立案侦查的案件而不立案侦查，向人民检察院提出的，人民检察院应当要求公安机关说明不立案的理由。人民检察院认为公安机关不立案理由不能成立的，应当通知公安机关立案，公安机关接到通知后应当立案。

第一百一十二条 对于自诉案件，被害人有权向人民法院直接起诉。被害人死亡或者丧失行为能力的，被害人的法定代理人、近亲属有权向人民法院起诉。人民法院应当依法受理。

第二章 侦 查

第一节 一般规定

第一百一十三条 公安机关对已经立案的刑事案件，应当进行侦查，收集、调取犯罪嫌疑人有罪或者无罪、罪轻或者罪重的证据材料。对现行犯或者重大嫌疑分子可以依法先行拘留，对符合逮捕条件的犯罪嫌疑人，应当依法逮捕。

第一百一十四条 公安机关经过侦查，对有证据证明有犯罪事实的案件，应当进行预审，对收集、调取的证据材料予以核实。

第一百一十五条 当事人和辩护人、诉讼代理人、利害关系人对于司法机关及其工作人员有下列行为之一的，有权向该机关申诉或者控告：

（一）采取强制措施法定期限届满，不予以释放、解除或者变更的；

（二）应当退还取保候审保证金不退还的；

（三）对与案件无关的财物采取查封、扣押、冻结措施的；

（四）应当解除查封、扣押、冻结不解除的；

（五）贪污、挪用、私分、调换、违反规定使用查封、扣押、冻结的财物的。

受理申诉或者控告的机关应当及时处理。对处理不服的，可以向同级人民检察院申诉；人民检察院直接受理的案件，可以向上一级人民检察院申诉。人民检察院对申诉应当及时进行审查，情况属实的，通知有关机关予以纠正。

第二节　讯问犯罪嫌疑人

第一百一十六条 讯问犯罪嫌疑人必须由人民检察院或者公安机关的侦查人员负责进行。讯问的时候，侦查人员不得少于二人。

犯罪嫌疑人被送交看守所羁押以后，侦查人员对其进行讯问，应当在看守所内进行。

第一百一十七条 对不需要逮捕、拘留的犯罪嫌疑人，可以传唤到犯罪嫌疑人所在市、县内的指定地点或者到他的住处进行讯问，但是应当出示人民检察院或者公安机关的证明文件。对在现场发现的犯罪嫌疑人，经出示工作证件，可以口头传唤，但应当在讯问笔录中注明。

传唤、拘传持续的时间不得超过十二小时；案情特别重大、复杂，需要采取拘留、逮捕措施的，传唤、拘传持续的时间不得超过二十四小时。

不得以连续传唤、拘传的形式变相拘禁犯罪嫌疑人。传唤、拘传犯罪嫌疑人，应当保证犯罪嫌疑人的饮食和必要的休息时间。

第一百一十八条 侦查人员在讯问犯罪嫌疑人的时候，应当首先讯问犯罪嫌疑人是否有犯罪行为，让他陈述有罪的情节或者无罪的辩解，然后向他提出问题。犯罪嫌疑人对侦查人员的提问，应当如实回答。但是对与本案无关的问题，有拒绝回答的权利。

侦查人员在讯问犯罪嫌疑人的时候，应当告知犯罪嫌疑人如实供述自己罪行可以从宽处理的法律规定。

第一百一十九条 讯问聋、哑的犯罪嫌疑人，应当有通晓聋、哑手势的人参加，并且将这种情况记明笔录。

第一百二十条　讯问笔录应当交犯罪嫌疑人核对，对于没有阅读能力的，应当向他宣读。如果记载有遗漏或者差错，犯罪嫌疑人可以提出补充或者改正。犯罪嫌疑人承认笔录没有错误后，应当签名或者盖章。侦查人员也应当在笔录上签名。犯罪嫌疑人请求自行书写供述的，应当准许。必要的时候，侦查人员也可以要犯罪嫌疑人亲笔书写供词。

第一百二十一条　侦查人员在讯问犯罪嫌疑人的时候，可以对讯问过程进行录音或者录像；对于可能判处无期徒刑、死刑的案件或者其他重大犯罪案件，应当对讯问过程进行录音或者录像。

录音或者录像应当全程进行，保持完整性。

第三节　询问证人

第一百二十二条　侦查人员询问证人，可以在现场进行，也可以到证人所在单位、住处或者证人提出的地点进行，在必要的时候，可以通知证人到人民检察院或者公安机关提供证言。在现场询问证人，应当出示工作证件，到证人所在单位、住处或者证人提出的地点询问证人，应当出示人民检察院或者公安机关的证明文件。

询问证人应当个别进行。

第一百二十三条　询问证人，应当告知他应当如实地提供证据、证言和有意作伪证或者隐匿罪证要负的法律责任。

第一百二十四条　本法第一百二十条的规定，也适用于询问证人。

第一百二十五条　询问被害人，适用本节各条规定。

第四节　勘验、检查

第一百二十六条　侦查人员对于与犯罪有关的场所、物品、人身、尸体应当进行勘验或者检查。在必要的时候，可以指派或者聘请具有专门知识的人，在侦查人员的主持下进行勘验、检查。

第一百二十七条　任何单位和个人，都有义务保护犯罪现场，并且立即通知公安机关派员勘验。

第一百二十八条　侦查人员执行勘验、检查，必须持有人民检察院或者公安机关的证明文件。

第一百二十九条　对于死因不明的尸体，公安机关有权决定解剖，并且通知死者家属到场。

第一百三十条　为了确定被害人、犯罪嫌疑人的某些特征、伤害情况或者生理状态，可以对人身进行检查，可以提取指纹信息，采集血液、尿液等生物样本。

犯罪嫌疑人如果拒绝检查，侦查人员认为必要的时候，可以强制检查。

检查妇女的身体，应当由女工作人员或者医师进行。

第一百三十一条 勘验、检查的情况应当写成笔录，由参加勘验、检查的人和见证人签名或者盖章。

第一百三十二条 人民检察院审查案件的时候，对公安机关的勘验、检查，认为需要复验、复查时，可以要求公安机关复验、复查，并且可以派检察人员参加。

第一百三十三条 为了查明案情，在必要的时候，经公安机关负责人批准，可以进行侦查实验。

侦查实验的情况应当写成笔录，由参加实验的人签名或者盖章。

侦查实验，禁止一切足以造成危险、侮辱人格或者有伤风化的行为。

第五节 搜 查

第一百三十四条 为了收集犯罪证据、查获犯罪人，侦查人员可以对犯罪嫌疑人以及可能隐藏罪犯或者犯罪证据的人的身体、物品、住处和其他有关的地方进行搜查。

第一百三十五条 任何单位和个人，有义务按照人民检察院和公安机关的要求，交出可以证明犯罪嫌疑人有罪或者无罪的物证、书证、视听资料等证据。

第一百三十六条 进行搜查，必须向被搜查人出示搜查证。

在执行逮捕、拘留的时候，遇有紧急情况，不另用搜查证也可以进行搜查。

第一百三十七条 在搜查的时候，应当有被搜查人或者他的家属，邻居或者其他见证人在场。

搜查妇女的身体，应当由女工作人员进行。

第一百三十八条 搜查的情况应当写成笔录，由侦查人员和被搜查人或者他的家属，邻居或者其他见证人签名或者盖章。如果被搜查人或者他的家属在逃或者拒绝签名、盖章，应当在笔录上注明。

第六节 查封、扣押物证、书证

第一百三十九条 在侦查活动中发现的可用以证明犯罪嫌疑人有罪或者无罪的各种财物、文件，应当查封、扣押；与案件无关的财物、文件，不得查封、扣押。

对查封、扣押的财物、文件，要妥善保管或者封存，不得使用、调换或者损毁。

第一百四十条 对查封、扣押的财物、文件，应当会同在场见证人和被查封、扣押财物、文件持有人查点清楚，当场开列清单一式二份，由侦查人员、见证人和持有人签名或者盖章，一份交给持有人，另一份附卷备查。

第一百四十一条 侦查人员认为需要扣押犯罪嫌疑人的邮件、电报的时候，经公安机关或者人民检察院批准，即可通知邮电机关将有关的邮件、电报检交扣押。

不需要继续扣押的时候，应即通知邮电机关。

第一百四十二条 人民检察院、公安机关根据侦查犯罪的需要，可以依照规定查询、冻结犯罪嫌疑人的存款、汇款、债券、股票、基金份额等财产。有关单位和个人应当配合。

犯罪嫌疑人的存款、汇款、债券、股票、基金份额等财产已被冻结的，不得重复冻结。

第一百四十三条 对查封、扣押的财物、文件、邮件、电报或者冻结的存款、汇款、债券、股票、基金份额等财产，经查明确实与案件无关的，应当在三日以内解除查封、扣押、冻结，予以退还。

第七节 鉴 定

第一百四十四条 为了查明案情，需要解决案件中某些专门性问题的时候，应当指派、聘请有专门知识的人进行鉴定。

第一百四十五条 鉴定人进行鉴定后，应当写出鉴定意见，并且签名。

鉴定人故意作虚假鉴定的，应当承担法律责任。

第一百四十六条 侦查机关应当将用作证据的鉴定意见告知犯罪嫌疑人、被害人。如果犯罪嫌疑人、被害人提出申请，可以补充鉴定或者重新鉴定。

第一百四十七条 对犯罪嫌疑人作精神病鉴定的期间不计入办案期限。

第八节 技术侦查措施

第一百四十八条 公安机关在立案后，对于危害国家安全犯罪、恐怖活动犯罪、黑社会性质的组织犯罪、重大毒品犯罪或者其他严重危害社会的犯罪案件，根据侦查犯罪的需要，经过严格的批准手续，可以采取技术侦查措施。

人民检察院在立案后，对于重大的贪污、贿赂犯罪案件以及利用职权实施的严重侵犯公民人身权利的重大犯罪案件，根据侦查犯罪的需要，经过严格的批准手续，可以采取技术侦查措施，按照规定交有关机关执行。

追捕被通缉或者批准、决定逮捕的在逃的犯罪嫌疑人、被告人，经过批准，可以采取追捕所必需的技术侦查措施。

第一百四十九条 批准决定应当根据侦查犯罪的需要，确定采取技术侦查措施的种类和适用对象。批准决定自签发之日起三个月以内有效。对于不需要继续采取技术侦查措施的，应当及时解除；对于复杂、疑难案件，期限届满仍有必要继续采取技术侦查措施的，经过批准，有效期可以延长，每次不得超过三个月。

第一百五十条 采取技术侦查措施，必须严格按照批准的措施种类、适用对象和期限执行。

侦查人员对采取技术侦查措施过程中知悉的国家秘密、商业秘密和个人隐私，应当保密；对采取技术侦查措施获取的与案件无关的材料，必须及时销毁。

采取技术侦查措施获取的材料，只能用于对犯罪的侦查、起诉和审判，不得用于其他用途。

公安机关依法采取技术侦查措施，有关单位和个人应当配合，并对有关情况予以保密。

第一百五十一条 为了查明案情，在必要的时候，经公安机关负责人决定，可以由有关人员隐匿其身份实施侦查。但是，不得诱使他人犯罪，不得采用可能危害公共安全或者发生重大人身危险的方法。

对涉及给付毒品等违禁品或者财物的犯罪活动，公安机关根据侦查犯罪的需要，可以依照规定实施控制下交付。

第一百五十二条 依照本节规定采取侦查措施收集的材料在刑事诉讼中可以作为证据使用。如果使用该证据可能危及有关人员的人身安全，或者可能产生其他严重后果的，应当采取不暴露有关人员身份、技术方法等保护措施，必要的时候，可以由审判人员在庭外对证据进行核实。

第九节 通 缉

第一百五十三条 应当逮捕的犯罪嫌疑人如果在逃，公安机关可以发布通缉令，采取有效措施，追捕归案。

各级公安机关在自己管辖的地区以内，可以直接发布通缉令；超出自己管辖的地区，应当报请有权决定的上级机关发布。

第十节 侦查终结

第一百五十四条 对犯罪嫌疑人逮捕后的侦查羁押期限不得超过二个月。案情复杂、期限届满不能终结的案件，可以经上一级人民检察院批准延长一个月。

第一百五十五条 因为特殊原因，在较长时间内不宜交付审判的特别重大复杂的案件，由最高人民检察院报请全国人民代表大会常务委员会批准延期审理。

第一百五十六条 下列案件在本法第一百五十四条规定的期限届满不能侦查终结的，经省、自治区、直辖市人民检察院批准或者决定，可以延长二个月：

（一）交通十分不便的边远地区的重大复杂案件；

（二）重大的犯罪集团案件；

（三）流窜作案的重大复杂案件；

（四）犯罪涉及面广，取证困难的重大复杂案件。

第一百五十七条 对犯罪嫌疑人可能判处十年有期徒刑以上刑罚，依照本法第一百五十六条规定延长期限届满，仍不能侦查终结的，经省、自治区、直辖市人民检察院批准或者决定，可以再延长二个月。

第一百五十八条 在侦查期间，发现犯罪嫌疑人另有重要罪行的，自发现之日起依照本法第一百五十四条的规定重新计算侦查羁押期限。

犯罪嫌疑人不讲真实姓名、住址，身份不明的，应当对其身份进行调查，侦查羁押期限自查清其身份之日起计算，但是不得停止对其犯罪行为的侦查取证。对于犯罪事实清楚，证据确实、充分，确实无法查明其身份的，也可以按其自报的姓名起诉、审判。

第一百五十九条 在案件侦查终结前，辩护律师提出要求的，侦查机关应当听取辩护律师的意见，并记录在案。辩护律师提出书面意见的，应当附卷。

第一百六十条 公安机关侦查终结的案件，应当做到犯罪事实清楚，证据确实、充分，并且写出起诉意见书，连同案卷材料、证据一并移送同级人民检察院审查决定；同时将案件移送情况告知犯罪嫌疑人及其辩护律师。

第一百六十一条 在侦查过程中，发现不应对犯罪嫌疑人追究刑事责任的，应当撤销案件；犯罪嫌疑人已被逮捕的，应当立即释放，发给释放证明，并且通知原批准逮捕的人民检察院。

第十一节 人民检察院对直接受理的案件的侦查

第一百六十二条 人民检察院对直接受理的案件的侦查适用本章规定。

第一百六十三条 人民检察院直接受理的案件中符合本法第七十九条、第八十条第四项、第五项规定情形，需要逮捕、拘留犯罪嫌疑人的，由人民检察院作出决定，由公安机关执行。

第一百六十四条 人民检察院对直接受理的案件中被拘留的人，应当在拘留后的二十四小时以内进行讯问。在发现不应当拘留的时候，必须立即释放，发给释放证明。

第一百六十五条 人民检察院对直接受理的案件中被拘留的人，认为需要逮捕的，应当在十四日以内作出决定。在特殊情况下，决定逮捕的时间可以延长一日至三日。对不需要逮捕的，应当立即释放；对需要继续侦查，并且符合取保候审、监视居住条件的，依法取保候审或者监视居住。

第一百六十六条 人民检察院侦查终结的案件，应当作出提起公诉、不起诉或者撤销案件的决定。

第三章 提起公诉

第一百六十七条 凡需要提起公诉的案件，一律由人民检察院审查决定。

第一百六十八条 人民检察院审查案件的时候，必须查明：

（一）犯罪事实、情节是否清楚，证据是否确实、充分，犯罪性质和罪名的认定是否正确；

（二）有无遗漏罪行和其他应当追究刑事责任的人；

（三）是否属于不应追究刑事责任的；

（四）有无附带民事诉讼；

（五）侦查活动是否合法。

第一百六十九条 人民检察院对于公安机关移送起诉的案件，应当在一个月以内作出决定，重大、复杂的案件，可以延长半个月。

人民检察院审查起诉的案件，改变管辖的，从改变后的人民检察院收到案件之日起计算审查起诉期限。

第一百七十条 人民检察院审查案件，应当讯问犯罪嫌疑人，听取辩护人、被害人及其诉讼代理人的意见，并记录在案。辩护人、被害人及其诉讼代理人提出书面意见的，应当附卷。

第一百七十一条 人民检察院审查案件，可以要求公安机关提供法庭审判所必需的证据材料；认为可能存在本法第五十四条规定的以非法方法收集证据情形的，可以要求其对证据收集的合法性作出说明。

人民检察院审查案件，对于需要补充侦查的，可以退回公安机关补充侦查，也可以自行侦查。

对于补充侦查的案件，应当在一个月以内补充侦查完毕。补充侦查以二次为限。补充侦查完毕移送人民检察院后，人民检察院重新计算审查起诉期限。

对于二次补充侦查的案件，人民检察院仍然认为证据不足，不符合起诉条件的，应当作出不起诉的决定。

第一百七十二条 人民检察院认为犯罪嫌疑人的犯罪事实已经查清，证据确实、充分，依法应当追究刑事责任的，应当作出起诉决定，按照审判管辖的规定，向人民法院提起公诉，并将案卷材料、证据移送人民法院。

第一百七十三条 犯罪嫌疑人没有犯罪事实，或者有本法第十五条规定的情形之一的，人民检察院应当作出不起诉决定。

对于犯罪情节轻微，依照刑法规定不需要判处刑罚或者免除刑罚的，人民检察院可以作出不起诉决定。

人民检察院决定不起诉的案件，应当同时对侦查中查封、扣押、冻结的财物解除查封、扣押、冻结。对被不起诉人需要给予行政处罚、行政处分或者需要没收其违法所得的，人民检察院应当提出检察意见，移送有关主管机关处理。有关主管机关应当将处理结果及时通知人民检察院。

第一百七十四条 不起诉的决定，应当公开宣布，并且将不起诉决定书送达被不起诉人和他的所在单位。如果被不起诉人在押，应当立即释放。

第一百七十五条 对于公安机关移送起诉的案件，人民检察院决定不起诉的，应当将不起诉决定书送达公安机关。公安机关认为不起诉的决定有错误的时候，可以要求复议，如果意见不被接受，可以向上一级人民检察院提请复核。

第一百七十六条 对于有被害人的案件，决定不起诉的，人民检察院应当将不起诉决定书送达被害人。被害人如果不服，可以自收到决定书后七日以内向上一级人民检察院申诉，请求提起公诉。人民检察院应当将复查决定告知被害人。对人民检察院维持不起诉决定的，被害人可以向人民法院起诉。被害人也可以不经申诉，直接向人民法院起诉。人民法院受理案件后，人民检察院应当将有关案件材料移送人民法院。

第一百七十七条 对于人民检察院依照本法第一百七十三条第二款规定作出的不起诉决定，被不起诉人如果不服，可以自收到决定书后七日以内向人民检察院申诉。人民检察院应当作出复查决定，通知被不起诉的人，同时抄送公安机关。

第三编 审 判

第一章 审判组织

第一百七十八条 基层人民法院、中级人民法院审判第一审案件，应当由审判员三人或者由审判员和人民陪审员共三人组成合议庭进行，但是基层人民法院适用简易程序的案件可以由审判员一人独任审判。

高级人民法院、最高人民法院审判第一审案件，应当由审判员三人至七人或者由审判员和人民陪审员共三人至七人组成合议庭进行。

人民陪审员在人民法院执行职务，同审判员有同等的权利。

人民法院审判上诉和抗诉案件，由审判员三人至五人组成合议庭进行。

合议庭的成员人数应当是单数。

合议庭由院长或者庭长指定审判员一人担任审判长。院长或者庭长参加审判案件的时候，自己担任审判长。

第一百七十九条　合议庭进行评议的时候，如果意见分歧，应当按多数人的意见作出决定，但是少数人的意见应当写入笔录。评议笔录由合议庭的组成人员签名。

第一百八十条　合议庭开庭审理并且评议后，应当作出判决。对于疑难、复杂、重大的案件，合议庭认为难以作出决定的，由合议庭提请院长决定提交审判委员会讨论决定。审判委员会的决定，合议庭应当执行。

第二章　第一审程序

第一节　公诉案件

第一百八十一条　人民法院对提起公诉的案件进行审查后，对于起诉书中有明确的指控犯罪事实的，应当决定开庭审判。

第一百八十二条　人民法院决定开庭审判后，应当确定合议庭的组成人员，将人民检察院的起诉书副本至迟在开庭十日以前送达被告人及其辩护人。

在开庭以前，审判人员可以召集公诉人、当事人和辩护人、诉讼代理人，对回避、出庭证人名单、非法证据排除等与审判相关的问题，了解情况，听取意见。

人民法院确定开庭日期后，应当将开庭的时间、地点通知人民检察院，传唤当事人，通知辩护人、诉讼代理人、证人、鉴定人和翻译人员，传票和通知书至迟在开庭三日以前送达。公开审判的案件，应当在开庭三日以前先期公布案由、被告人姓名、开庭时间和地点。

上述活动情形应当写入笔录，由审判人员和书记员签名。

第一百八十三条　人民法院审判第一审案件应当公开进行。但是有关国家秘密或者个人隐私的案件，不公开审理；涉及商业秘密的案件，当事人申请不公开审理的，可以不公开审理。

不公开审理的案件，应当当庭宣布不公开审理的理由。

第一百八十四条　人民法院审判公诉案件，人民检察院应当派员出席法庭支持公诉。

第一百八十五条　开庭的时候，审判长查明当事人是否到庭，宣布案由；宣布合议庭的组成人员、书记员、公诉人、辩护人、诉讼代理人、鉴定人和翻译人员的名单；告知当事人有权对合议庭组成人员、书记员、公诉人、鉴定人和翻译人员申请回避；告知被告人享有辩护权利。

第一百八十六条　公诉人在法庭上宣读起诉书后，被告人、被害人可以就起诉书指控的犯罪进行陈述，公诉人可以讯问被告人。

被害人、附带民事诉讼的原告人和辩护人、诉讼代理人，经审判长许可，可以向被告人发问。

审判人员可以讯问被告人。

第一百八十七条　公诉人、当事人或者辩护人、诉讼代理人对证人证言有异议，且该证人证言对案件定罪量刑有重大影响，人民法院认为证人有必要出庭作证的，证人应当出庭作证。

人民警察就其执行职务时目击的犯罪情况作为证人出庭作证，适用前款规定。

公诉人、当事人或者辩护人、诉讼代理人对鉴定意见有异议，人民法院认为鉴定人有必要出庭的，鉴定人应当出庭作证。经人民法院通知，鉴定人拒不出庭作证的，鉴定意见不得作为定案的根据。

第一百八十八条　经人民法院通知，证人没有正当理由不出庭作证的，人民法院可以强制其到庭，但是被告人的配偶、父母、子女除外。

证人没有正当理由拒绝出庭或者出庭后拒绝作证的，予以训诫，情节严重的，经院长批准，处以十日以下的拘留。被处罚人对拘留决定不服的，可以向上一级人民法院申请复议。复议期间不停止执行。

第一百八十九条　证人作证，审判人员应当告知他要如实地提供证言和有意作伪证或者隐匿罪证要负的法律责任。公诉人、当事人和辩护人、诉讼代理人经审判长许可，可以对证人、鉴定人发问。审判长认为发问的内容与案件无关的时候，应当制止。

审判人员可以询问证人、鉴定人。

第一百九十条　公诉人、辩护人应当向法庭出示物证，让当事人辨认，对未到庭的证人的证言笔录、鉴定人的鉴定意见、勘验笔录和其他作为证据的文书，应当当庭宣读。审判人员应当听取公诉人、当事人和辩护人、诉讼代理人的意见。

第一百九十一条　法庭审理过程中，合议庭对证据有疑问的，可以宣布休庭，对证据进行调查核实。

人民法院调查核实证据，可以进行勘验、检查、查封、扣押、鉴定和查询、冻结。

第一百九十二条 法庭审理过程中，当事人和辩护人、诉讼代理人有权申请通知新的证人到庭，调取新的物证，申请重新鉴定或者勘验。

公诉人、当事人和辩护人、诉讼代理人可以申请法庭通知有专门知识的人出庭，就鉴定人作出的鉴定意见提出意见。

法庭对于上述申请，应当作出是否同意的决定。

第二款规定的有专门知识的人出庭，适用鉴定人的有关规定。

第一百九十三条 法庭审理过程中，对与定罪、量刑有关的事实、证据都应当进行调查、辩论。

经审判长许可，公诉人、当事人和辩护人、诉讼代理人可以对证据和案件情况发表意见并且可以互相辩论。

审判长在宣布辩论终结后，被告人有最后陈述的权利。

第一百九十四条 在法庭审判过程中，如果诉讼参与人或者旁听人员违反法庭秩序，审判长应当警告制止。对不听制止的，可以强行带出法庭；情节严重的，处以一千元以下的罚款或者十五日以下的拘留。罚款、拘留必须经院长批准。被处罚人对罚款、拘留的决定不服的，可以向上一级人民法院申请复议。复议期间不停止执行。

对聚众哄闹、冲击法庭或者侮辱、诽谤、威胁、殴打司法工作人员或者诉讼参与人，严重扰乱法庭秩序，构成犯罪的，依法追究刑事责任。

第一百九十五条 在被告人最后陈述后，审判长宣布休庭，合议庭进行评议，根据已经查明的事实、证据和有关的法律规定，分别作出以下判决：

（一）案件事实清楚，证据确实、充分，依据法律认定被告人有罪的，应当作出有罪判决；

（二）依据法律认定被告人无罪的，应当作出无罪判决；

（三）证据不足，不能认定被告人有罪的，应当作出证据不足、指控的犯罪不能成立的无罪判决。

第一百九十六条 宣告判决，一律公开进行。

当庭宣告判决的，应当在五日以内将判决书送达当事人和提起公诉的人民检察院；定期宣告判决的，应当在宣告后立即将判决书送达当事人和提起公诉的人民检察院。判决书应当同时送达辩护人、诉讼代理人。

第一百九十七条 判决书应当由审判人员和书记员署名，并且写明上诉的期限和上诉的法院。

第一百九十八条 在法庭审判过程中，遇有下列情形之一，影响审判进行的，可以延期审理：

（一）需要通知新的证人到庭，调取新的物证，重新鉴定或者勘验的；

（二）检察人员发现提起公诉的案件需要补充侦查，提出建议的；

（三）由于申请回避而不能进行审判的。

第一百九十九条 依照本法第一百九十八条第二项的规定延期审理的案件，人民检察院应当在一个月以内补充侦查完毕。

第二百条 在审判过程中，有下列情形之一，致使案件在较长时间内无法继续审理的，可以中止审理：

（一）被告人患有严重疾病，无法出庭的；

（二）被告人脱逃的；

（三）自诉人患有严重疾病，无法出庭，未委托诉讼代理人出庭的；

（四）由于不能抗拒的原因。

中止审理的原因消失后，应当恢复审理。中止审理的期间不计入审理期限。

第二百零一条 法庭审判的全部活动，应当由书记员写成笔录，经审判长审阅后，由审判长和书记员签名。

法庭笔录中的证人证言部分，应当当庭宣读或者交给证人阅读。证人在承认没有错误后，应当签名或者盖章。

法庭笔录应当交给当事人阅读或者向他宣读。当事人认为记载有遗漏或者差错的，可以请求补充或者改正。当事人承认没有错误后，应当签名或者盖章。

第二百零二条 人民法院审理公诉案件，应当在受理后二个月以内宣判，至迟不得超过三个月。对于可能判处死刑的案件或者附带民事诉讼的案件，以及有本法第一百五十六条规定情形之一的，经上一级人民法院批准，可以延长三个月；因特殊情况还需要延长的，报请最高人民法院批准。

人民法院改变管辖的案件，从改变后的人民法院收到案件之日起计算审理期限。

人民检察院补充侦查的案件，补充侦查完毕移送人民法院后，人民法院重新计算审理期限。

第二百零三条 人民检察院发现人民法院审理案件违反法律规定的诉讼程序，有权向人民法院提出纠正意见。

第二节 自诉案件

第二百零四条 自诉案件包括下列案件：

（一）告诉才处理的案件；

（二）被害人有证据证明的轻微刑事案件；

（三）被害人有证据证明对被告人侵犯自己人身、财产权利的行为应当依法追究刑事责任，而公安机关或者人民检察院不予追究被告人刑事责任的案件。

第二百零五条 人民法院对于自诉案件进行审查后，按照下列情形分别处理：

（一）犯罪事实清楚，有足够证据的案件，应当开庭审判；

（二）缺乏罪证的自诉案件，如果自诉人提不出补充证据，应当说服自诉人撤回自诉，或者裁定驳回。

自诉人经两次依法传唤，无正当理由拒不到庭的，或者未经法庭许可中途退庭的，按撤诉处理。

法庭审理过程中，审判人员对证据有疑问，需要调查核实的，适用本法第一百九十一条的规定。

第二百零六条 人民法院对自诉案件，可以进行调解；自诉人在宣告判决前，可以同被告人自行和解或者撤回自诉。本法第二百零四条第三项规定的案件不适用调解。

人民法院审理自诉案件的期限，被告人被羁押的，适用本法第二百零二条第一款、第二款的规定；未被羁押的，应当在受理后六个月以内宣判。

第二百零七条 自诉案件的被告人在诉讼过程中，可以对自诉人提起反诉。反诉适用自诉的规定。

第三节 简易程序

第二百零八条 基层人民法院管辖的案件，符合下列条件的，可以适用简易程序审判：

（一）案件事实清楚、证据充分的；

（二）被告人承认自己所犯罪行，对指控的犯罪事实没有异议的；

（三）被告人对适用简易程序没有异议的。

人民检察院在提起公诉的时候，可以建议人民法院适用简易程序。

第二百零九条 有下列情形之一的，不适用简易程序：

（一）被告人是盲、聋、哑人，或者是尚未完全丧失辨认或者控制自己行为能力的精神病人的；

（二）有重大社会影响的；

（三）共同犯罪案件中部分被告人不认罪或者对适用简易程序有异议的；

（四）其他不宜适用简易程序审理的。

第二百一十条 适用简易程序审理案件，对可能判处三年有期徒刑以下刑罚的，可以组成合议庭进行审判，也可以由审判员一人独任审判；对可能判处的有期徒刑超过三年的，应当组成合议庭进行审判。

适用简易程序审理公诉案件，人民检察院应当派员出席法庭。

第二百一十一条　适用简易程序审理案件，审判人员应当询问被告人对指控的犯罪事实的意见，告知被告人适用简易程序审理的法律规定，确认被告人是否同意适用简易程序审理。

第二百一十二条　适用简易程序审理案件，经审判人员许可，被告人及其辩护人可以同公诉人、自诉人及其诉讼代理人互相辩论。

第二百一十三条　适用简易程序审理案件，不受本章第一节关于送达期限、讯问被告人、询问证人、鉴定人、出示证据、法庭辩论程序规定的限制。但在判决宣告前应当听取被告人的最后陈述意见。

第二百一十四条　适用简易程序审理案件，人民法院应当在受理后二十日以内审结；对可能判处的有期徒刑超过三年的，可以延长至一个半月。

第二百一十五条　人民法院在审理过程中，发现不宜适用简易程序的，应当按照本章第一节或者第二节的规定重新审理。

第三章　第二审程序

第二百一十六条　被告人、自诉人和他们的法定代理人，不服地方各级人民法院第一审的判决、裁定，有权用书状或者口头向上一级人民法院上诉。被告人的辩护人和近亲属，经被告人同意，可以提出上诉。

附带民事诉讼的当事人和他们的法定代理人，可以对地方各级人民法院第一审的判决、裁定中的附带民事诉讼部分，提出上诉。

对被告人的上诉权，不得以任何借口加以剥夺。

第二百一十七条　地方各级人民检察院认为本级人民法院第一审的判决、裁定确有错误的时候，应当向上一级人民法院提出抗诉。

第二百一十八条　被害人及其法定代理人不服地方各级人民法院第一审的判决的，自收到判决书后五日以内，有权请求人民检察院提出抗诉。人民检察院自收到被害人及其法定代理人的请求后五日以内，应当作出是否抗诉的决定并且答复请求人。

第二百一十九条　不服判决的上诉和抗诉的期限为十日，不服裁定的上诉和抗诉的期限为五日，从接到判决书、裁定书的第二日起算。

第二百二十条　被告人、自诉人、附带民事诉讼的原告人和被告人通过原审人民法院提出上诉的，原审人民法院应当在三日以内将上诉状连同案卷、证据移送上一级人民法院，同时将上诉状副本送交同级人民检察院和对方当事人。

被告人、自诉人、附带民事诉讼的原告人和被告人直接向第二审人民法院提出上诉的，第二审人民法院应当在三日以内将上诉状交原审人民法院送交同级人民检察院和对方当事人。

第二百二十一条　地方各级人民检察院对同级人民法院第一审判决、裁定的抗诉，应当通过原审人民法院提出抗诉书，并且将抗诉书抄送上一级人民检察院。原审人民法院应当将抗诉书连同案卷、证据移送上一级人民法院，并且将抗诉书副本送交当事人。

上级人民检察院如果认为抗诉不当，可以向同级人民法院撤回抗诉，并且通知下级人民检察院。

第二百二十二条　第二审人民法院应当就第一审判决认定的事实和适用法律进行全面审查，不受上诉或者抗诉范围的限制。

共同犯罪的案件只有部分被告人上诉的，应当对全案进行审查，一并处理。

第二百二十三条　第二审人民法院对于下列案件，应当组成合议庭，开庭审理：

（一）被告人、自诉人及其法定代理人对第一审认定的事实、证据提出异议，可能影响定罪量刑的上诉案件；

（二）被告人被判处死刑的上诉案件；

（三）人民检察院抗诉的案件；

（四）其他应当开庭审理的案件。

第二审人民法院决定不开庭审理的，应当讯问被告人，听取其他当事人、辩护人、诉讼代理人的意见。

第二审人民法院开庭审理上诉、抗诉案件，可以到案件发生地或者原审人民法院所在地进行。

第二百二十四条　人民检察院提出抗诉的案件或者第二审人民法院开庭审理的公诉案件，同级人民检察院都应当派员出席法庭。第二审人民法院应当在决定开庭审理后及时通知人民检察院查阅案卷。人民检察院应当在一个月以内查阅完毕。人民检察院查阅案卷的时间不计入审理期限。

第二百二十五条　第二审人民法院对不服第一审判决的上诉、抗诉案件，经过审理后，应当按照下列情形分别处理：

（一）原判决认定事实和适用法律正确、量刑适当的，应当裁定驳回上诉或者抗诉，维持原判；

（二）原判决认定事实没有错误，但适用法律有错误，或者量刑不当的，应当改判；

（三）原判决事实不清楚或者证据不足的，可以在查清事实后改判；也可以裁定撤销原判，发回原审人民法院重新审判。

　　原审人民法院对于依照前款第三项规定发回重新审判的案件作出判决后，被告人提出上诉或者人民检察院提出抗诉的，第二审人民法院应当依法作出判决或者裁定，不得再发回原审人民法院重新审判。

　　第二百二十六条　第二审人民法院审理被告人或者他的法定代理人、辩护人、近亲属上诉的案件，不得加重被告人的刑罚。第二审人民法院发回原审人民法院重新审判的案件，除有新的犯罪事实，人民检察院补充起诉的以外，原审人民法院也不得加重被告人的刑罚。

　　人民检察院提出抗诉或者自诉人提出上诉的，不受前款规定的限制。

　　第二百二十七条　第二审人民法院发现第一审人民法院的审理有下列违反法律规定的诉讼程序的情形之一的，应当裁定撤销原判，发回原审人民法院重新审判：

　　（一）违反本法有关公开审判的规定的；

　　（二）违反回避制度的；

　　（三）剥夺或者限制了当事人的法定诉讼权利，可能影响公正审判的；

　　（四）审判组织的组成不合法的；

　　（五）其他违反法律规定的诉讼程序，可能影响公正审判的。

　　第二百二十八条　原审人民法院对于发回重新审判的案件，应当另行组成合议庭，依照第一审程序进行审判。对于重新审判后的判决，依照本法第二百一十六条、第二百一十七条、第二百一十八条的规定可以上诉、抗诉。

　　第二百二十九条　第二审人民法院对不服第一审裁定的上诉或者抗诉，经过审查后，应当参照本法第二百二十五条、第二百二十七条和第二百二十八条的规定，分别情形用裁定驳回上诉、抗诉，或者撤销、变更原裁定。

　　第二百三十条　第二审人民法院发回原审人民法院重新审判的案件，原审人民法院从收到发回的案件之日起，重新计算审理期限。

　　第二百三十一条　第二审人民法院审判上诉或者抗诉案件的程序，除本章已有规定的以外，参照第一审程序的规定进行。

　　第二百三十二条　第二审人民法院受理上诉、抗诉案件，应当在二个月以内审结。对于可能判处死刑的案件或者附带民事诉讼的案件，以及有本法第一百五十六条规定情形之一的，经省、自治区、直辖市高级人民法院批准或者决定，可以延长二个月；因特殊情况还需要延长的，报请最高人民法院批准。

　　最高人民法院受理上诉、抗诉案件的审理期限，由最高人民法院决定。

　　第二百三十三条　第二审的判决、裁定和最高人民法院的判决、裁定，都是终审的判决、裁定。

第二百三十四条 公安机关、人民检察院和人民法院对查封、扣押、冻结的犯罪嫌疑人、被告人的财物及其孳息，应当妥善保管，以供核查，并制作清单，随案移送。任何单位和个人不得挪用或者自行处理。对被害人的合法财产，应当及时返还。对违禁品或者不宜长期保存的物品，应当依照国家有关规定处理。

对作为证据使用的实物应当随案移送，对不宜移送的，应当将其清单、照片或者其他证明文件随案移送。

人民法院作出的判决，应当对查封、扣押、冻结的财物及其孳息作出处理。

人民法院作出的判决生效以后，有关机关应当根据判决对查封、扣押、冻结的财物及其孳息进行处理。对查封、扣押、冻结的赃款赃物及其孳息，除依法返还被害人的以外，一律上缴国库。

司法工作人员贪污、挪用或者私自处理查封、扣押、冻结的财物及其孳息的，依法追究刑事责任；不构成犯罪的，给予处分。

第四章　死刑复核程序

第二百三十五条 死刑由最高人民法院核准。

第二百三十六条 中级人民法院判处死刑的第一审案件，被告人不上诉的，应当由高级人民法院复核后，报请最高人民法院核准。高级人民法院不同意判处死刑的，可以提审或者发回重新审判。

高级人民法院判处死刑的第一审案件被告人不上诉的，和判处死刑的第二审案件，都应当报请最高人民法院核准。

第二百三十七条 中级人民法院判处死刑缓期二年执行的案件，由高级人民法院核准。

第二百三十八条 最高人民法院复核死刑案件，高级人民法院复核死刑缓期执行的案件，应当由审判员三人组成合议庭进行。

第二百三十九条 最高人民法院复核死刑案件，应当作出核准或者不核准死刑的裁定。对于不核准死刑的，最高人民法院可以发回重新审判或者予以改判。

第二百四十条 最高人民法院复核死刑案件，应当讯问被告人，辩护律师提出要求的，应当听取辩护律师的意见。

在复核死刑案件过程中，最高人民检察院可以向最高人民法院提出意见。最高人民法院应当将死刑复核结果通报最高人民检察院。

第五章　审判监督程序

第二百四十一条　当事人及其法定代理人、近亲属，对已经发生法律效力的判决、裁定，可以向人民法院或者人民检察院提出申诉，但是不能停止判决、裁定的执行。

第二百四十二条　当事人及其法定代理人、近亲属的申诉符合下列情形之一的，人民法院应当重新审判：

（一）有新的证据证明原判决、裁定认定的事实确有错误，可能影响定罪量刑的；

（二）据以定罪量刑的证据不确实、不充分、依法应当予以排除，或者证明案件事实的主要证据之间存在矛盾的；

（三）原判决、裁定适用法律确有错误的；

（四）违反法律规定的诉讼程序，可能影响公正审判的；

（五）审判人员在审理该案件的时候，有贪污受贿，徇私舞弊，枉法裁判行为的。

第二百四十三条　各级人民法院院长对本院已经发生法律效力的判决和裁定，如果发现在认定事实上或者在适用法律上确有错误，必须提交审判委员会处理。

最高人民法院对各级人民法院已经发生法律效力的判决和裁定，上级人民法院对下级人民法院已经发生法律效力的判决和裁定，如果发现确有错误，有权提审或者指令下级人民法院再审。

最高人民检察院对各级人民法院已经发生法律效力的判决和裁定，上级人民检察院对下级人民法院已经发生法律效力的判决和裁定，如果发现确有错误，有权按照审判监督程序向同级人民法院提出抗诉。

人民检察院抗诉的案件，接受抗诉的人民法院应当组成合议庭重新审理，对于原判决事实不清楚或者证据不足的，可以指令下级人民法院再审。

第二百四十四条　上级人民法院指令下级人民法院再审的，应当指令原审人民法院以外的下级人民法院审理；由原审人民法院审理更为适宜的，也可以指令原审人民法院审理。

第二百四十五条　人民法院按照审判监督程序重新审判的案件，由原审人民法院审理的，应当另行组成合议庭进行。如果原来是第一审案件，应当依照第一审程序进行审判，所作的判决、裁定，可以上诉、抗诉；如果原来是第二审案件，或者是上级人民法院提审的案件，应当依照第二审程序进行审判，所作的判决、裁定，是终审的判决、裁定。

人民法院开庭审理的再审案件，同级人民检察院应当派员出席法庭。

第二百四十六条 人民法院决定再审的案件，需要对被告人采取强制措施的，由人民法院依法决定；人民检察院提出抗诉的再审案件，需要对被告人采取强制措施的，由人民检察院依法决定。

人民法院按照审判监督程序审判的案件，可以决定中止原判决、裁定的执行。

第二百四十七条 人民法院按照审判监督程序重新审判的案件，应当在作出提审、再审决定之日起三个月以内审结，需要延长期限的，不得超过六个月。

接受抗诉的人民法院按照审判监督程序审判抗诉的案件，审理期限适用前款规定；对需要指令下级人民法院再审的，应当自接受抗诉之日起一个月以内作出决定，下级人民法院审理案件的期限适用前款规定。

第四编　执　行

第二百四十八条 判决和裁定在发生法律效力后执行。

下列判决和裁定是发生法律效力的判决和裁定：

（一）已过法定期限没有上诉、抗诉的判决和裁定；

（二）终审的判决和裁定；

（三）最高人民法院核准的死刑的判决和高级人民法院核准的死刑缓期二年执行的判决。

第二百四十九条 第一审人民法院判决被告人无罪、免除刑事处罚的，如果被告人在押，在宣判后应当立即释放。

第二百五十条 最高人民法院判处和核准的死刑立即执行的判决，应当由最高人民法院院长签发执行死刑的命令。

被判处死刑缓期二年执行的罪犯，在死刑缓期执行期间，如果没有故意犯罪，死刑缓期执行期满，应当予以减刑，由执行机关提出书面意见，报请高级人民法院裁定；如果故意犯罪，查证属实，应当执行死刑，由高级人民法院报请最高人民法院核准。

第二百五十一条 下级人民法院接到最高人民法院执行死刑的命令后，应当在七日以内交付执行。但是发现有下列情形之一的，应当停止执行，并且立即报告最高人民法院，由最高人民法院作出裁定：

（一）在执行前发现判决可能有错误的；

（二）在执行前罪犯揭发重大犯罪事实或者有其他重大立功表现，可能需要改判的；

（三）罪犯正在怀孕。

前款第一项、第二项停止执行的原因消失后，必须报请最高人民法院院长再签发执行死刑的命令才能执行；由于前款第三项原因停止执行的，应当报请最高人民法院依法改判。

第二百五十二条　人民法院在交付执行死刑前，应当通知同级人民检察院派员临场监督。

死刑采用枪决或者注射等方法执行。

死刑可以在刑场或者指定的羁押场所内执行。

指挥执行的审判人员，对罪犯应当验明正身，讯问有无遗言、信札，然后交付执行人员执行死刑。在执行前，如果发现可能有错误，应当暂停执行，报请最高人民法院裁定。

执行死刑应当公布，不应示众。

执行死刑后，在场书记员应当写成笔录。交付执行的人民法院应当将执行死刑情况报告最高人民法院。

执行死刑后，交付执行的人民法院应当通知罪犯家属。

第二百五十三条　罪犯被交付执行刑罚的时候，应当由交付执行的人民法院在判决生效后十日以内将有关的法律文书送达公安机关、监狱或者其他执行机关。

对被判处死刑缓期二年执行、无期徒刑、有期徒刑的罪犯，由公安机关依法将该罪犯送交监狱执行刑罚。对被判处有期徒刑的罪犯，在被交付执行刑罚前，剩余刑期在三个月以下的，由看守所代为执行。对被判处拘役的罪犯，由公安机关执行。

对未成年犯应当在未成年犯管教所执行刑罚。

执行机关应当将罪犯及时收押，并且通知罪犯家属。

判处有期徒刑、拘役的罪犯，执行期满，应当由执行机关发给释放证明书。

第二百五十四条　对被判处有期徒刑或者拘役的罪犯，有下列情形之一的，可以暂予监外执行：

（一）有严重疾病需要保外就医的；

（二）怀孕或者正在哺乳自己婴儿的妇女；

（三）生活不能自理，适用暂予监外执行不致危害社会的。

对被判处无期徒刑的罪犯，有前款第二项规定情形的，可以暂予监外执行。

对适用保外就医可能有社会危险性的罪犯，或者自伤自残的罪犯，不得保外就医。

对罪犯确有严重疾病，必须保外就医的，由省级人民政府指定的医院诊断并开具证明文件。

在交付执行前，暂予监外执行由交付执行的人民法院决定；在交付执行后，暂予监外执行由监狱或者看守所提出书面意见，报省级以上监狱管理机关或者设区的市一级以上公安机关批准。

第二百五十五条 监狱、看守所提出暂予监外执行的书面意见的，应当将书面意见的副本抄送人民检察院。人民检察院可以向决定或者批准机关提出书面意见。

第二百五十六条 决定或者批准暂予监外执行的机关应当将暂予监外执行决定抄送人民检察院。人民检察院认为暂予监外执行不当的，应当自接到通知之日起一个月以内将书面意见送交决定或者批准暂予监外执行的机关，决定或者批准暂予监外执行的机关接到人民检察院的书面意见后，应当立即对该决定进行重新核查。

第二百五十七条 对暂予监外执行的罪犯，有下列情形之一的，应当及时收监：

（一）发现不符合暂予监外执行条件的；

（二）严重违反有关暂予监外执行监督管理规定的；

（三）暂予监外执行的情形消失后，罪犯刑期未满的。

对于人民法院决定暂予监外执行的罪犯应当予以收监的，由人民法院作出决定，将有关的法律文书送达公安机关、监狱或者其他执行机关。

不符合暂予监外执行条件的罪犯通过贿赂等非法手段被暂予监外执行的，在监外执行的期间不计入执行刑期。罪犯在暂予监外执行期间脱逃的，脱逃的期间不计入执行刑期。

罪犯在暂予监外执行期间死亡的，执行机关应当及时通知监狱或者看守所。

第二百五十八条 对被判处管制、宣告缓刑、假释或者暂予监外执行的罪犯，依法实行社区矫正，由社区矫正机构负责执行。

第二百五十九条 对被判处剥夺政治权利的罪犯，由公安机关执行。执行期满，应当由执行机关书面通知本人及其所在单位、居住地基层组织。

第二百六十条 被判处罚金的罪犯，期满不缴纳的，人民法院应当强制缴纳；如果由于遭遇不能抗拒的灾祸缴纳确实有困难的，可以裁定减少或者免除。

第二百六十一条 没收财产的判决，无论附加适用或者独立适用，都由人民法院执行；在必要的时候，可以会同公安机关执行。

第二百六十二条 罪犯在服刑期间又犯罪的，或者发现了判决的时候所没有发现的罪行，由执行机关移送人民检察院处理。

被判处管制、拘役、有期徒刑或者无期徒刑的罪犯，在执行期间确有悔改或者立功表现，应当依法予以减刑、假释的时候，由执行机关提出建议书，报请人民法院审核裁定，并将建议书副本抄送人民检察院。人民检察院可以向人民法院提出书面意见。

第二百六十三条 人民检察院认为人民法院减刑、假释的裁定不当，应当在收到裁定书副本后二十日以内，向人民法院提出书面纠正意见。人民法院应当在收到纠正意见后一个月以内重新组成合议庭进行审理，作出最终裁定。

第二百六十四条 监狱和其他执行机关在刑罚执行中，如果认为判决有错误或者罪犯提出申诉，应当转请人民检察院或者原判人民法院处理。

第二百六十五条 人民检察院对执行机关执行刑罚的活动是否合法实行监督。如果发现有违法的情况，应当通知执行机关纠正。

第五编　特别程序

第一章　未成年人刑事案件诉讼程序

第二百六十六条 对犯罪的未成年人实行教育、感化、挽救的方针，坚持教育为主、惩罚为辅的原则。

人民法院、人民检察院和公安机关办理未成年人刑事案件，应当保障未成年人行使其诉讼权利，保障未成年人得到法律帮助，并由熟悉未成年人身心特点的审判人员、检察人员、侦查人员承办。

第二百六十七条 未成年犯罪嫌疑人、被告人没有委托辩护人的，人民法院、人民检察院、公安机关应当通知法律援助机构指派律师为其提供辩护。

第二百六十八条 公安机关、人民检察院、人民法院办理未成年人刑事案件，根据情况可以对未成年犯罪嫌疑人、被告人的成长经历、犯罪原因、监护教育等情况进行调查。

第二百六十九条 对未成年犯罪嫌疑人、被告人应当严格限制适用逮捕措施。人民检察院审查批准逮捕和人民法院决定逮捕，应当讯问未成年犯罪嫌疑人、被告人，听取辩护律师的意见。

对被拘留、逮捕和执行刑罚的未成年人与成年人应当分别关押、分别管理、分别教育。

第二百七十条 对于未成年人刑事案件，在讯问和审判的时候，应当通知未成年犯罪嫌疑人、被告人的法定代理人到场。无法通知、法定代理人不能到场或者法定代理人是共犯的，也可以通知未成年犯罪嫌疑人、被告人的其他成年亲属，所在学校、单位、居住地基层组织或者未成年人保护组织的代表到场，并将有关情况记录在案。到场的法定代理人可以代为行使未成年犯罪嫌疑人、被告人的诉讼权利。

到场的法定代理人或者其他人员认为办案人员在讯问、审判中侵犯未成年人合法权益的，可以提出意见。讯问笔录、法庭笔录应当交给到场的法定代理人或者其他人员阅读或者向他宣读。

讯问女性未成年犯罪嫌疑人，应当有女工作人员在场。

审判未成年人刑事案件，未成年被告人最后陈述后，其法定代理人可以进行补充陈述。

询问未成年被害人、证人，适用第一款、第二款、第三款的规定。

第二百七十一条 对于未成年人涉嫌刑法分则第四章、第五章、第六章规定的犯罪，可能判处一年有期徒刑以下刑罚，符合起诉条件，但有悔罪表现的，人民检察院可以作出附条件不起诉的决定。人民检察院在作出附条件不起诉的决定以前，应当听取公安机关、被害人的意见。

对附条件不起诉的决定，公安机关要求复议、提请复核或者被害人申诉的，适用本法第一百七十五条、第一百七十六条的规定。

未成年犯罪嫌疑人及其法定代理人对人民检察院决定附条件不起诉有异议的，人民检察院应当作出起诉的决定。

第二百七十二条 在附条件不起诉的考验期内，由人民检察院对被附条件不起诉的未成年犯罪嫌疑人进行监督考察。未成年犯罪嫌疑人的监护人，应当对未成年犯罪嫌疑人加强管教，配合人民检察院做好监督考察工作。

附条件不起诉的考验期为六个月以上一年以下，从人民检察院作出附条件不起诉的决定之日起计算。

被附条件不起诉的未成年犯罪嫌疑人，应当遵守下列规定：

（一）遵守法律法规，服从监督；

（二）按照考察机关的规定报告自己的活动情况；

（三）离开所居住的市、县或者迁居，应当报经考察机关批准；

（四）按照考察机关的要求接受矫治和教育。

第二百七十三条 被附条件不起诉的未成年犯罪嫌疑人，在考验期内有下列情形之一的，人民检察院应当撤销附条件不起诉的决定，提起公诉：

（一）实施新的犯罪或者发现决定附条件不起诉以前还有其他犯罪需要追诉的；

（二）违反治安管理规定或者考察机关有关附条件不起诉的监督管理规定，情节严重的。

被附条件不起诉的未成年犯罪嫌疑人，在考验期内没有上述情形，考验期满的，人民检察院应当作出不起诉的决定。

第二百七十四条 审判的时候被告人不满十八周岁的案件，不公开审理。但是，经未成年被告人及其法定代理人同意，未成年被告人所在学校和未成年人保护组织可以派代表到场。

第二百七十五条 犯罪的时候不满十八周岁，被判处五年有期徒刑以下刑罚的，应当对相关犯罪记录予以封存。

犯罪记录被封存的，不得向任何单位和个人提供，但司法机关为办案需要或者有关单位根据国家规定进行查询的除外。依法进行查询的单位，应当对被封存的犯罪记录的情况予以保密。

第二百七十六条 办理未成年人刑事案件，除本章已有规定的以外，按照本法的其他规定进行。

第二章 当事人和解的公诉案件诉讼程序

第二百七十七条 下列公诉案件，犯罪嫌疑人、被告人真诚悔罪，通过向被害人赔偿损失、赔礼道歉等方式获得被害人谅解，被害人自愿和解的，双方当事人可以和解：

（一）因民间纠纷引起，涉嫌刑法分则第四章、第五章规定的犯罪案件，可能判处三年有期徒刑以下刑罚的；

（二）除渎职犯罪以外的可能判处七年有期徒刑以下刑罚的过失犯罪案件。

犯罪嫌疑人、被告人在五年以内曾经故意犯罪的，不适用本章规定的程序。

第二百七十八条 双方当事人和解的，公安机关、人民检察院、人民法院应当听取当事人和其他有关人员的意见，对和解的自愿性、合法性进行审查，并主持制作和解协议书。

第二百七十九条 对于达成和解协议的案件，公安机关可以向人民检察院提出从宽处理的建议。人民检察院可以向人民法院提出从宽处罚的建议；对于犯罪情节轻微，不需要判处刑罚的，可以作出不起诉的决定。人民法院可以依法对被告人从宽处罚。

第三章 犯罪嫌疑人、被告人逃匿、死亡案件违法所得的没收程序

第二百八十条 对于贪污贿赂犯罪、恐怖活动犯罪等重大犯罪案件，犯罪嫌疑人、被告人逃匿，在通缉一年后不能到案，或者犯罪嫌疑人、被告人死亡，

依照刑法规定应当追缴其违法所得及其他涉案财产的，人民检察院可以向人民法院提出没收违法所得的申请。

公安机关认为有前款规定情形的，应当写出没收违法所得意见书，移送人民检察院。

没收违法所得的申请应当提供与犯罪事实、违法所得相关的证据材料，并列明财产的种类、数量、所在地及查封、扣押、冻结的情况。

人民法院在必要的时候，可以查封、扣押、冻结申请没收的财产。

第二百八十一条 没收违法所得的申请，由犯罪地或者犯罪嫌疑人、被告人居住地的中级人民法院组成合议庭进行审理。

人民法院受理没收违法所得的申请后，应当发出公告。公告期间为六个月。犯罪嫌疑人、被告人的近亲属和其他利害关系人有权申请参加诉讼，也可以委托诉讼代理人参加诉讼。

人民法院在公告期满后对没收违法所得的申请进行审理。利害关系人参加诉讼的，人民法院应当开庭审理。

第二百八十二条 人民法院经审理，对经查证属于违法所得及其他涉案财产，除依法返还被害人的以外，应当裁定予以没收；对不属于应当追缴的财产的，应当裁定驳回申请，解除查封、扣押、冻结措施。

对于人民法院依照前款规定作出的裁定，犯罪嫌疑人、被告人的近亲属和其他利害关系人或者人民检察院可以提出上诉、抗诉。

第二百八十三条 在审理过程中，在逃的犯罪嫌疑人、被告人自动投案或者被抓获的，人民法院应当终止审理。

没收犯罪嫌疑人、被告人财产确有错误的，应当予以返还、赔偿。

第四章　依法不负刑事责任的精神病人的强制医疗程序

第二百八十四条 实施暴力行为，危害公共安全或者严重危害公民人身安全，经法定程序鉴定依法不负刑事责任的精神病人，有继续危害社会可能的，可以予以强制医疗。

第二百八十五条 根据本章规定对精神病人强制医疗的，由人民法院决定。

公安机关发现精神病人符合强制医疗条件的，应当写出强制医疗意见书，移送人民检察院。对于公安机关移送的或者在审查起诉过程中发现的精神病人符合强制医疗条件的，人民检察院应当向人民法院提出强制医疗的申请。人民法院在审理案件过程中发现被告人符合强制医疗条件的，可以作出强制医疗的决定。

对实施暴力行为的精神病人，在人民法院决定强制医疗前，公安机关可以采取临时的保护性约束措施。

第二百八十六条 人民法院受理强制医疗的申请后，应当组成合议庭进行审理。

人民法院审理强制医疗案件，应当通知被申请人或者被告人的法定代理人到场。被申请人或者被告人没有委托诉讼代理人的，人民法院应当通知法律援助机构指派律师为其提供法律帮助。

第二百八十七条 人民法院经审理，对于被申请人或者被告人符合强制医疗条件的，应当在一个月以内作出强制医疗的决定。

被决定强制医疗的人、被害人及其法定代理人、近亲属对强制医疗决定不服的，可以向上一级人民法院申请复议。

第二百八十八条 强制医疗机构应当定期对被强制医疗的人进行诊断评估。对于已不具有人身危险性，不需要继续强制医疗的，应当及时提出解除意见，报决定强制医疗的人民法院批准。

被强制医疗的人及其近亲属有权申请解除强制医疗。

第二百八十九条 人民检察院对强制医疗的决定和执行实行监督。

附 则

第二百九十条 军队保卫部门对军队内部发生的刑事案件行使侦查权。

对罪犯在监狱内犯罪的案件由监狱进行侦查。

军队保卫部门、监狱办理刑事案件，适用本法的有关规定。

中华人民共和国引渡法*

第一章 总 则

第一条 为了保障引渡的正常进行，加强惩罚犯罪方面的国际合作，保护个人和组织的合法权益，维护国家利益和社会秩序，制定本法。

第二条 中华人民共和国和外国之间的引渡，依照本法进行。

第三条 中华人民共和国和外国在平等互惠的基础上进行引渡合作。

引渡合作，不得损害中华人民共和国的主权、安全和社会公共利益。

第四条 中华人民共和国和外国之间的引渡，通过外交途径联系。中华人民共和国外交部为指定的进行引渡的联系机关。

引渡条约对联系机关有特别规定的，依照条约规定。

第五条 办理引渡案件，可以根据情况，对被请求引渡人采取引渡拘留、引渡逮捕或者引渡监视居住的强制措施。

第六条 本法下列用语的含义是：

（一）"被请求引渡人"是指请求国向被请求国请求准予引渡的人；

（二）"被引渡人"是指从被请求国引渡到请求国的人；

（三）"引渡条约"是指中华人民共和国与外国缔结或者共同参加的引渡条约或者载有引渡条款的其他条约。

第二章 向中华人民共和国请求引渡

第一节 引渡的条件

第七条 外国向中华人民共和国提出的引渡请求必须同时符合下列条件，才能准予引渡：

（一）引渡请求所指的行为，依照中华人民共和国法律和请求国法律均构成

---

* 2000 年 12 月 28 日第九届全国人民代表大会常务委员会第十九次会议通过，自公布之日起实施。

犯罪；

（二）为了提起刑事诉讼而请求引渡的，根据中华人民共和国法律和请求国法律，对于引渡请求所指的犯罪均可判处一年以上有期徒刑或者其他更重的刑罚；为了执行刑罚而请求引渡的，在提出引渡请求时，被请求引渡人尚未服完的刑期至少为六个月。

对于引渡请求中符合前款第一项规定的多种犯罪，只要其中有一种犯罪符合前款第二项的规定，就可以对上述各种犯罪准予引渡。

第八条 外国向中华人民共和国提出的引渡请求，有下列情形之一的，应当拒绝引渡：

（一）根据中华人民共和国法律，被请求引渡人具有中华人民共和国国籍的；

（二）在收到引渡请求时，中华人民共和国的司法机关对于引渡请求所指的犯罪已经作出生效判决，或者已经终止刑事诉讼程序的；

（三）因政治犯罪而请求引渡的，或者中华人民共和国已经给予被请求引渡人受庇护权利的；

（四）被请求引渡人可能因其种族、宗教、国籍、性别、政治见解或者身份等方面的原因而被提起刑事诉讼或者执行刑罚，或者被请求引渡人在司法程序中可能由于上述原因受到不公正待遇的；

（五）根据中华人民共和国或者请求国法律，引渡请求所指的犯罪纯属军事犯罪的；

（六）根据中华人民共和国或者请求国法律，在收到引渡请求时，由于犯罪已过追诉时效期限或者被请求引渡人已被赦免等原因，不应当追究被请求引渡人的刑事责任的；

（七）被请求引渡人在请求国曾经遭受或者可能遭受酷刑或者其他残忍、不人道或者有辱人格的待遇或者处罚的；

（八）请求国根据缺席判决提出引渡请求的。但请求国承诺在引渡后对被请求引渡人给予在其出庭的情况下进行重新审判机会的除外。

第九条 外国向中华人民共和国提出的引渡请求，有下列情形之一的，可以拒绝引渡：

（一）中华人民共和国对于引渡请求所指的犯罪具有刑事管辖权，并且对被请求引渡人正在进行刑事诉讼或者准备提起刑事诉讼的；

（二）由于被请求引渡人的年龄、健康等原因，根据人道主义原则不宜引渡的。

第二节　引渡请求的提出

第十条　请求国的引渡请求应当向中华人民共和国外交部提出。

第十一条　请求国请求引渡应当出具请求书,请求书应当载明:

(一) 请求机关的名称;

(二) 被请求引渡人的姓名、性别、年龄、国籍、身份证件的种类及号码、职业、外表特征、住所地和居住地以及其他有助于辨别其身份和查找该人的情况;

(三) 犯罪事实,包括犯罪的时间、地点、行为、结果等;

(四) 对犯罪的定罪量刑以及追诉时效方面的法律规定。

第十二条　请求国请求引渡,应当在出具请求书的同时,提供以下材料:

(一) 为了提起刑事诉讼而请求引渡的,应当附有逮捕证或者其他具有同等效力的文件的副本;为了执行刑罚而请求引渡的,应当附有发生法律效力的判决书或者裁定书的副本,对于已经执行部分刑罚的,还应当附有已经执行刑期的证明;

(二) 必要的犯罪证据或者证据材料。

请求国掌握被请求引渡人照片、指纹以及其他可供确认被请求引渡人的材料的,应当提供。

第十三条　请求国根据本节提交的引渡请求书或者其他有关文件,应当由请求国的主管机关正式签署或者盖章,并应当附有中文译本或者经中华人民共和国外交部同意使用的其他文字的译本。

第十四条　请求国请求引渡,应当作出如下保证:

(一) 请求国不对被引渡人在引渡前实施的其他未准予引渡的犯罪追究刑事责任,也不将该人再引渡给第三国。但经中华人民共和国同意,或者被引渡人在其引渡罪行诉讼终结、服刑期满或者提前释放之日起三十日内没有离开请求国,或者离开后又自愿返回的除外;

(二) 请求国提出请求后撤销、放弃引渡请求,或者提出引渡请求错误的,由请求国承担因请求引渡对被请求引渡人造成损害的责任。

第十五条　在没有引渡条约的情况下,请求国应当作出互惠的承诺。

第三节　对引渡请求的审查

第十六条　外交部收到请求国提出的引渡请求后,应当对引渡请求书及其所附文件、材料是否符合本法第二章第二节和引渡条约的规定进行审查。

最高人民法院指定的高级人民法院对请求国提出的引渡请求是否符合本法

和引渡条约关于引渡条件等规定进行审查并作出裁定。最高人民法院对高级人民法院作出的裁定进行复核。

第十七条 对于两个以上国家就同一行为或者不同行为请求引渡同一人的，应当综合考虑中华人民共和国收到引渡请求的先后、中华人民共和国与请求国是否存在引渡条约关系等因素，确定接受引渡请求的优先顺序。

第十八条 外交部对请求国提出的引渡请求进行审查，认为不符合本法第二章第二节和引渡条约的规定的，可以要求请求国在三十日内提供补充材料。经请求国请求，上述期限可以延长十五日。

请求国未在上述期限内提供补充材料的，外交部应当终止该引渡案件。请求国可以对同一犯罪再次提出引渡该人的请求。

第十九条 外交部对请求国提出的引渡请求进行审查，认为符合本法第二章第二节和引渡条约的规定的，应当将引渡请求书及其所附文件和材料转交最高人民法院、最高人民检察院。

第二十条 外国提出正式引渡请求前被请求引渡人已经被引渡拘留的，最高人民法院接到引渡请求书及其所附文件和材料后，应当将引渡请求书及其所附文件和材料及时转交有关高级人民法院进行审查。

外国提出正式引渡请求前被请求引渡人未被引渡拘留的，最高人民法院接到引渡请求书及其所附文件和材料后，通知公安部查找被请求引渡人。公安机关查找到被请求引渡人后，应当根据情况对被请求引渡人予以引渡拘留或者引渡监视居住，由公安部通知最高人民法院。最高人民法院接到公安部的通知后，应当及时将引渡请求书及其所附文件和材料转交有关高级人民法院进行审查。

公安机关经查找后，确认被请求引渡人不在中华人民共和国境内或者查找不到被请求引渡人的，公安部应当及时通知最高人民法院。最高人民法院接到公安部的通知后，应当及时将查找情况通知外交部，由外交部通知请求国。

第二十一条 最高人民检察院经审查，认为对引渡请求所指的犯罪或者被请求引渡人的其他犯罪，应当由我国司法机关追诉，但尚未提起刑事诉讼的，应当自收到引渡请求书及其所附文件和材料之日起一个月内，将准备提起刑事诉讼的意见分别告知最高人民法院和外交部。

第二十二条 高级人民法院根据本法和引渡条约关于引渡条件等有关规定，对请求国的引渡请求进行审查，由审判员三人组成合议庭进行。

第二十三条 高级人民法院审查引渡案件，应当听取被请求引渡人的陈述及其委托的中国律师的意见。高级人民法院应当在收到最高人民法院转来的引渡请求书之日起十日内将引渡请求书副本发送被请求引渡人。被请求引渡人应当在收到之日起三十日内提出意见。

第二十四条　高级人民法院经审查后，应当分别作出以下裁定：

（一）认为请求国的引渡请求符合本法和引渡条约规定的，应当作出符合引渡条件的裁定。如果被请求引渡人具有本法第四十二条规定的暂缓引渡情形的，裁定中应当予以说明；

（二）认为请求国的引渡请求不符合本法和引渡条约规定的，应当作出不引渡的裁定。

根据请求国的请求，在不影响中华人民共和国领域内正在进行的其他诉讼，不侵害中华人民共和国领域内任何第三人的合法权益的情况下，可以在作出符合引渡条件的裁定的同时，作出移交与案件有关财物的裁定。

第二十五条　高级人民法院作出符合引渡条件或者不引渡的裁定后，应当向被请求引渡人宣读，并在作出裁定之日起七日内将裁定书连同有关材料报请最高人民法院复核。

被请求引渡人对高级人民法院作出符合引渡条件的裁定不服的，被请求引渡人及其委托的中国律师可以在人民法院向被请求引渡人宣读裁定之日起十日内，向最高人民法院提出意见。

第二十六条　最高人民法院复核高级人民法院的裁定，应当根据下列情形分别处理：

（一）认为高级人民法院作出的裁定符合本法和引渡条约规定的，应当对高级人民法院的裁定予以核准；

（二）认为高级人民法院作出的裁定不符合本法和引渡条约规定的，可以裁定撤销，发回原审人民法院重新审查，也可以直接作出变更的裁定。

第二十七条　人民法院在审查过程中，在必要时，可以通过外交部要求请求国在三十日内提供补充材料。

第二十八条　最高人民法院作出核准或者变更的裁定后，应当在作出裁定之日起七日内将裁定书送交外交部，并同时送达被请求引渡人。

最高人民法院核准或者作出不引渡裁定的，应当立即通知公安机关解除对被请求引渡人采取的强制措施。

第二十九条　外交部接到最高人民法院不引渡的裁定后，应当及时通知请求国。

外交部接到最高人民法院符合引渡条件的裁定后，应当报送国务院决定是否引渡。

国务院决定不引渡的，外交部应当及时通知请求国。人民法院应当立即通知公安机关解除对被请求引渡人采取的强制措施。

第四节　为引渡而采取的强制措施

第三十条　对于外国正式提出引渡请求前，因紧急情况申请对将被请求引渡的人采取羁押措施的，公安机关可以根据外国的申请采取引渡拘留措施。

前款所指的申请应当通过外交途径或者向公安部书面提出，并应当载明：

（一）本法第十一条、第十四条规定的内容；

（二）已经具有本法第十二条第一项所指材料的说明；

（三）即将正式提出引渡请求的说明。

对于通过外交途径提出申请的，外交部应当及时将该申请转送公安部。对于向公安部提出申请的，公安部应当将申请的有关情况通知外交部。

第三十一条　公安机关根据本法第三十条的规定对被请求人采取引渡拘留措施，对于向公安部提出申请的，公安部应当将执行情况及时通知对方，对于通过外交途径提出申请的，公安部将执行情况通知外交部，外交部应当及时通知请求国。通过上述途径通知时，对于被请求人已被引渡拘留的，应当同时告知提出正式引渡请求的期限。

公安机关采取引渡拘留措施后三十日内外交部没有收到外国正式引渡请求的，应当撤销引渡拘留，经该外国请求，上述期限可以延长十五日。

对根据本条第二款撤销引渡拘留的，请求国可以在事后对同一犯罪正式提出引渡该人的请求。

第三十二条　高级人民法院收到引渡请求书及其所附文件和材料后，对于不采取引渡逮捕措施可能影响引渡正常进行的，应当及时作出引渡逮捕的决定。对被请求引渡人不采取引渡逮捕措施的，应当及时作出引渡监视居住的决定。

第三十三条　引渡拘留、引渡逮捕、引渡监视居住由公安机关执行。

第三十四条　采取引渡强制措施的机关应当在采取引渡强制措施后二十四小时内对被采取引渡强制措施的人进行讯问。

被采取引渡强制措施的人自被采取引渡强制措施之日起，可以聘请中国律师为其提供法律帮助。公安机关在执行引渡强制措施时，应当告知被采取引渡强制措施的人享有上述权利。

第三十五条　对于应当引渡逮捕的被请求引渡人，如果患有严重疾病，或者是正在怀孕、哺乳自己婴儿的妇女，可以采取引渡监视居住措施。

第三十六条　国务院作出准予引渡决定后，应当及时通知最高人民法院。如果被请求引渡人尚未被引渡逮捕的，人民法院应当立即决定引渡逮捕。

第三十七条　外国撤销、放弃引渡请求的，应当立即解除对被请求引渡人采取的引渡强制措施。

第五节　引渡的执行

第三十八条　引渡由公安机关执行。对于国务院决定准予引渡的，外交部应当及时通知公安部，并通知请求国与公安部约定移交被请求引渡人的时间、地点、方式以及执行引渡有关的其他事宜。

第三十九条　对于根据本法第三十八条的规定执行引渡的，公安机关应当根据人民法院的裁定，向请求国移交与案件有关的财物。

因被请求引渡人死亡、逃脱或者其他原因而无法执行引渡时，也可以向请求国移交上述财物。

第四十条　请求国自约定的移交之日起十五日内不接收被请求引渡人的，应当视为自动放弃引渡请求。公安机关应当立即释放被请求引渡人，外交部可以不再受理该国对同一犯罪再次提出的引渡该人的请求。

请求国在上述期限内因无法控制的原因不能接收被请求引渡人的，可以申请延长期限，但最长不得超过三十日，也可以根据本法第三十八条的规定重新约定移交事宜。

第四十一条　被引渡人在请求国的刑事诉讼终结或者服刑完毕之前逃回中华人民共和国的，可以根据请求国再次提出的相同的引渡请求准予重新引渡，无需请求国提交本章第二节规定的文件和材料。

第六节　暂缓引渡和临时引渡

第四十二条　国务院决定准予引渡时，对于中华人民共和国司法机关正在对被请求引渡人由于其他犯罪进行刑事诉讼或者执行刑罚的，可以同时决定暂缓引渡。

第四十三条　如果暂缓引渡可能给请求国的刑事诉讼造成严重障碍，在不妨碍中华人民共和国领域内正在进行的刑事诉讼，并且请求国保证在完成有关诉讼程序后立即无条件送回被请求引渡人的情况下，可以根据请求国的请求，临时引渡该人。

临时引渡的决定，由国务院征得最高人民法院或者最高人民检察院的同意后作出。

第七节　引渡的过境

第四十四条　外国之间进行引渡需要经过中华人民共和国领域的，应当按照本法第四条和本章第二节的有关规定提出过境请求。

过境采用航空运输并且在中华人民共和国领域内没有着陆计划的，不适用前款规定；但发生计划外着陆的，应当依照前款规定提出过境请求。

第四十五条 对于外国提出的过境请求，由外交部根据本法的有关规定进行审查，作出准予过境或者拒绝过境的决定。

准予过境或者拒绝过境的决定应当由外交部通过与收到请求相同的途径通知请求国。

外交部作出准予过境的决定后，应当将该决定及时通知公安部。过境的时间、地点和方式等事宜由公安部决定。

第四十六条 引渡的过境由过境地的公安机关监督或者协助执行。

公安机关可以根据过境请求国的请求，提供临时羁押场所。

第三章　向外国请求引渡

第四十七条 请求外国准予引渡或者引渡过境的，应当由负责办理有关案件的省、自治区或者直辖市的审判、检察、公安、国家安全或者监狱管理机关分别向最高人民法院、最高人民检察院、公安部、国家安全部、司法部提出意见书，并附有关文件和材料及其经证明无误的译文。最高人民法院、最高人民检察院、公安部、国家安全部、司法部分别会同外交部审核同意后，通过外交部向外国提出请求。

第四十八条 在紧急情况下，可以在向外国正式提出引渡请求前，通过外交途径或者被请求国同意的其他途径，请求外国对有关人员先行采取强制措施。

第四十九条 引渡、引渡过境或者采取强制措施的请求所需的文书、文件和材料，应当依照引渡条约的规定提出；没有引渡条约或者引渡条约没有规定的，可以参照本法第二章第二节、第四节和第七节的规定提出；被请求国有特殊要求的，在不违反中华人民共和国法律的基本原则的情况下，可以按照被请求国的特殊要求提出。

第五十条 被请求国就准予引渡附加条件的，对于不损害中华人民共和国主权、国家利益、公共利益的，可以由外交部代表中华人民共和国政府向被请求国作出承诺。对于限制追诉的承诺，由最高人民检察院决定；对于量刑的承诺，由最高人民法院决定。

在对被引渡人追究刑事责任时，司法机关应当受所作出的承诺的约束。

第五十一条 公安机关负责接收外国准予引渡的人以及与案件有关的财物。

对于其他部门提出引渡请求的，公安机关在接收被引渡人以及与案件有关的财物后，应当及时转交提出引渡请求的部门；也可以会同有关部门共同接收被引渡人以及与案件有关的财物。

第四章 附 则

第五十二条 根据本法规定是否引渡由国务院决定的,国务院在必要时,得授权国务院有关部门决定。

第五十三条 请求国提出请求后撤销、放弃引渡请求,或者提出引渡请求错误,给被请求引渡人造成损害,被请求引渡人提出赔偿的,应当向请求国提出。

第五十四条 办理引渡案件产生的费用,依照请求国和被请求国共同参加、签订的引渡条约或者协议办理。

第五十五条 本法自公布之日起施行。

中华人民共和国反洗钱法[*]

第一章 总 则

第一条 为了预防洗钱活动，维护金融秩序，遏制洗钱犯罪及相关犯罪，制定本法。

第二条 本法所称反洗钱，是指为了预防通过各种方式掩饰、隐瞒毒品犯罪、黑社会性质的组织犯罪、恐怖活动犯罪、走私犯罪、贪污贿赂犯罪、破坏金融管理秩序犯罪、金融诈骗犯罪等犯罪所得及其收益的来源和性质的洗钱活动，依照本法规定采取相关措施的行为。

第三条 在中华人民共和国境内设立的金融机构和按照规定应当履行反洗钱义务的特定非金融机构，应当依法采取预防、监控措施，建立健全客户身份识别制度、客户身份资料和交易记录保存制度、大额交易和可疑交易报告制度，履行反洗钱义务。

第四条 国务院反洗钱行政主管部门负责全国的反洗钱监督管理工作。国务院有关部门、机构在各自的职责范围内履行反洗钱监督管理职责。

国务院反洗钱行政主管部门、国务院有关部门、机构和司法机关在反洗钱工作中应当相互配合。

第五条 对依法履行反洗钱职责或者义务获得的客户身份资料和交易信息，应当予以保密；非依法律规定，不得向任何单位和个人提供。

反洗钱行政主管部门和其他依法负有反洗钱监督管理职责的部门、机构履行反洗钱职责获得的客户身份资料和交易信息，只能用于反洗钱行政调查。

司法机关依照本法获得的客户身份资料和交易信息，只能用于反洗钱刑事诉讼。

第六条 履行反洗钱义务的机构及其工作人员依法提交大额交易和可疑交易报告，受法律保护。

---

* 2006年10月31日第十届全国人民代表大会常务委员会第二十四次会议通过，2007年1月1日起施行。

第七条 任何单位和个人发现洗钱活动，有权向反洗钱行政主管部门或者公安机关举报。接受举报的机关应当对举报人和举报内容保密。

第二章 反洗钱监督管理

第八条 国务院反洗钱行政主管部门组织、协调全国的反洗钱工作，负责反洗钱的资金监测，制定或者会同国务院有关金融监督管理机构制定金融机构反洗钱规章，监督、检查金融机构履行反洗钱义务的情况，在职责范围内调查可疑交易活动，履行法律和国务院规定的有关反洗钱的其他职责。

国务院反洗钱行政主管部门的派出机构在国务院反洗钱行政主管部门的授权范围内，对金融机构履行反洗钱义务的情况进行监督、检查。

第九条 国务院有关金融监督管理机构参与制定所监督管理的金融机构反洗钱规章，对所监督管理的金融机构提出按照规定建立健全反洗钱内部控制制度的要求，履行法律和国务院规定的有关反洗钱的其他职责。

第十条 国务院反洗钱行政主管部门设立反洗钱信息中心，负责大额交易和可疑交易报告的接收、分析，并按照规定向国务院反洗钱行政主管部门报告分析结果，履行国务院反洗钱行政主管部门规定的其他职责。

第十一条 国务院反洗钱行政主管部门为履行反洗钱资金监测职责，可以从国务院有关部门、机构获取所必需的信息，国务院有关部门、机构应当提供。

国务院反洗钱行政主管部门应当向国务院有关部门、机构定期通报反洗钱工作情况。

第十二条 海关发现个人出入境携带的现金、无记名有价证券超过规定金额的，应当及时向反洗钱行政主管部门通报。

前款应当通报的金额标准由国务院反洗钱行政主管部门会同海关总署规定。

第十三条 反洗钱行政主管部门和其他依法负有反洗钱监督管理职责的部门、机构发现涉嫌洗钱犯罪的交易活动，应当及时向侦查机关报告。

第十四条 国务院有关金融监督管理机构审批新设金融机构或者金融机构增设分支机构时，应当审查新机构反洗钱内部控制制度的方案；对于不符合本法规定的设立申请，不予批准。

第三章 金融机构反洗钱义务

第十五条 金融机构应当依照本法规定建立健全反洗钱内部控制制度，金融机构的负责人应当对反洗钱内部控制制度的有效实施负责。

金融机构应当设立反洗钱专门机构或者指定内设机构负责反洗钱工作。

第十六条　金融机构应当按照规定建立客户身份识别制度。

金融机构在与客户建立业务关系或者为客户提供规定金额以上的现金汇款、现钞兑换、票据兑付等一次性金融服务时，应当要求客户出示真实有效的身份证件或者其他身份证明文件，进行核对并登记。

客户由他人代理办理业务的，金融机构应当同时对代理人和被代理人的身份证件或者其他身份证明文件进行核对并登记。

与客户建立人身保险、信托等业务关系，合同的受益人不是客户本人的，金融机构还应当对受益人的身份证件或者其他身份证明文件进行核对并登记。

金融机构不得为身份不明的客户提供服务或者与其进行交易，不得为客户开立匿名账户或者假名账户。

金融机构对先前获得的客户身份资料的真实性、有效性或者完整性有疑问的，应当重新识别客户身份。

任何单位和个人在与金融机构建立业务关系或者要求金融机构为其提供一次性金融服务时，都应当提供真实有效的身份证件或者其他身份证明文件。

第十七条　金融机构通过第三方识别客户身份的，应当确保第三方已经采取符合本法要求的客户身份识别措施；第三方未采取符合本法要求的客户身份识别措施的，由该金融机构承担未履行客户身份识别义务的责任。

第十八条　金融机构进行客户身份识别，认为必要时，可以向公安、工商行政管理等部门核实客户的有关身份信息。

第十九条　金融机构应当按照规定建立客户身份资料和交易记录保存制度。

在业务关系存续期间，客户身份资料发生变更的，应当及时更新客户身份资料。

客户身份资料在业务关系结束后、客户交易信息在交易结束后，应当至少保存五年。

金融机构破产和解散时，应当将客户身份资料和客户交易信息移交国务院有关部门指定的机构。

第二十条　金融机构应当按照规定执行大额交易和可疑交易报告制度。

金融机构办理的单笔交易或者在规定期限内的累计交易超过规定金额或者发现可疑交易的，应当及时向反洗钱信息中心报告。

第二十一条　金融机构建立客户身份识别制度、客户身份资料和交易记录保存制度的具体办法，由国务院反洗钱行政主管部门会同国务院有关金融监督管理机构制定。金融机构大额交易和可疑交易报告的具体办法，由国务院反洗钱行政主管部门制定。

第二十二条 金融机构应当按照反洗钱预防、监控制度的要求，开展反洗钱培训和宣传工作。

第四章 反洗钱调查

第二十三条 国务院反洗钱行政主管部门或者其省一级派出机构发现可疑交易活动，需要调查核实的，可以向金融机构进行调查，金融机构应当予以配合，如实提供有关文件和资料。

调查可疑交易活动时，调查人员不得少于二人，并出示合法证件和国务院反洗钱行政主管部门或者其省一级派出机构出具的调查通知书。调查人员少于二人或者未出示合法证件和调查通知书的，金融机构有权拒绝调查。

第二十四条 调查可疑交易活动，可以询问金融机构有关人员，要求其说明情况。

询问应当制作询问笔录。询问笔录应当交被询问人核对。记载有遗漏或者差错的，被询问人可以要求补充或者更正。被询问人确认笔录无误后，应当签名或者盖章；调查人员也应当在笔录上签名。

第二十五条 调查中需要进一步核查的，经国务院反洗钱行政主管部门或者其省一级派出机构的负责人批准，可以查阅、复制被调查对象的账户信息、交易记录和其他有关资料；对可能被转移、隐藏、篡改或者毁损的文件、资料，可以予以封存。

调查人员封存文件、资料，应当会同在场的金融机构工作人员查点清楚，当场开列清单一式二份，由调查人员和在场的金融机构工作人员签名或者盖章，一份交金融机构，一份附卷备查。

第二十六条 经调查仍不能排除洗钱嫌疑的，应当立即向有管辖权的侦查机关报案。客户要求将调查所涉及的账户资金转往境外的，经国务院反洗钱行政主管部门负责人批准，可以采取临时冻结措施。

侦查机关接到报案后，对已依照前款规定临时冻结的资金，应当及时决定是否继续冻结。侦查机关认为需要继续冻结的，依照刑事诉讼法的规定采取冻结措施；认为不需要继续冻结的，应当立即通知国务院反洗钱行政主管部门，国务院反洗钱行政主管部门应当立即通知金融机构解除冻结。

临时冻结不得超过四十八小时。金融机构在按照国务院反洗钱行政主管部门的要求采取临时冻结措施后四十八小时内，未接到侦查机关继续冻结通知的，应当立即解除冻结。

第五章　反洗钱国际合作

第二十七条　中华人民共和国根据缔结或者参加的国际条约，或者按照平等互惠原则，开展反洗钱国际合作。

第二十八条　国务院反洗钱行政主管部门根据国务院授权，代表中国政府与外国政府和有关国际组织开展反洗钱合作，依法与境外反洗钱机构交换与反洗钱有关的信息和资料。

第二十九条　涉及追究洗钱犯罪的司法协助，由司法机关依照有关法律的规定办理。

第六章　法律责任

第三十条　反洗钱行政主管部门和其他依法负有反洗钱监督管理职责的部门、机构从事反洗钱工作的人员有下列行为之一的，依法给予行政处分：

（一）违反规定进行检查、调查或者采取临时冻结措施的；

（二）泄露因反洗钱知悉的国家秘密、商业秘密或者个人隐私的；

（三）违反规定对有关机构和人员实施行政处罚的；

（四）其他不依法履行职责的行为。

第三十一条　金融机构有下列行为之一的，由国务院反洗钱行政主管部门或者其授权的设区的市一级以上派出机构责令限期改正；情节严重的，建议有关金融监督管理机构依法责令金融机构对直接负责的董事、高级管理人员和其他直接责任人员给予纪律处分：

（一）未按照规定建立反洗钱内部控制制度的；

（二）未按照规定设立反洗钱专门机构或者指定内设机构负责反洗钱工作的；

（三）未按照规定对职工进行反洗钱培训的。

第三十二条　金融机构有下列行为之一的，由国务院反洗钱行政主管部门或者其授权的设区的市一级以上派出机构责令限期改正；情节严重的，处二十万元以上五十万元以下罚款，并对直接负责的董事、高级管理人员和其他直接责任人员，处一万元以上五万元以下罚款：

（一）未按照规定履行客户身份识别义务的；

（二）未按照规定保存客户身份资料和交易记录的；

（三）未按照规定报送大额交易报告或者可疑交易报告的；

（四）与身份不明的客户进行交易或者为客户开立匿名账户、假名账户的；

（五）违反保密规定，泄露有关信息的；

（六）拒绝、阻碍反洗钱检查、调查的；

（七）拒绝提供调查材料或者故意提供虚假材料的。

金融机构有前款行为，致使洗钱后果发生的，处五十万元以上五百万元以下罚款，并对直接负责的董事、高级管理人员和其他直接责任人员处五万元以上五十万元以下罚款；情节特别严重的，反洗钱行政主管部门可以建议有关金融监督管理机构责令停业整顿或者吊销其经营许可证。

对有前两款规定情形的金融机构直接负责的董事、高级管理人员和其他直接责任人员，反洗钱行政主管部门可以建议有关金融监督管理机构依法责令金融机构给予纪律处分，或者建议依法取消其任职资格、禁止其从事有关金融行业工作。

第三十三条　违反本法规定，构成犯罪的，依法追究刑事责任。

第七章　附　则

第三十四条　本法所称金融机构，是指依法设立的从事金融业务的政策性银行、商业银行、信用合作社、邮政储汇机构、信托投资公司、证券公司、期货经纪公司、保险公司以及国务院反洗钱行政主管部门确定并公布的从事金融业务的其他机构。

第三十五条　应当履行反洗钱义务的特定非金融机构的范围、其履行反洗钱义务和对其监督管理的具体办法，由国务院反洗钱行政主管部门会同国务院有关部门制定。

第三十六条　对涉嫌恐怖活动资金的监控适用本法；其他法律另有规定的，适用其规定。

第三十七条　本法自 2007 年 1 月 1 日起施行。

中华人民共和国出境入境管理法*

第一章 总 则

第一条 为了规范出境入境管理，维护中华人民共和国的主权、安全和社会秩序，促进对外交往和对外开放，制定本法。

第二条 中国公民出境入境、外国人入境出境、外国人在中国境内停留居留的管理，以及交通运输工具出境入境的边防检查，适用本法。

第三条 国家保护中国公民出境入境合法权益。

在中国境内的外国人的合法权益受法律保护。在中国境内的外国人应当遵守中国法律，不得危害中国国家安全、损害社会公共利益、破坏社会公共秩序。

第四条 公安部、外交部按照各自职责负责有关出境入境事务的管理。

中华人民共和国驻外使馆、领馆或者外交部委托的其他驻外机构（以下称驻外签证机关）负责在境外签发外国人入境签证。出入境边防检查机关负责实施出境入境边防检查。县级以上地方人民政府公安机关及其出入境管理机构负责外国人停留居留管理。

公安部、外交部可以在各自职责范围内委托县级以上地方人民政府公安机关出入境管理机构、县级以上地方人民政府外事部门受理外国人入境、停留居留申请。

公安部、外交部在出境入境事务管理中，应当加强沟通配合，并与国务院有关部门密切合作，按照各自职责分工，依法行使职权，承担责任。

第五条 国家建立统一的出境入境管理信息平台，实现有关管理部门信息共享。

第六条 国家在对外开放的口岸设立出入境边防检查机关。

中国公民、外国人以及交通运输工具应当从对外开放的口岸出境入境，特

---

* 2012 年 6 月 30 日第十一届全国人民代表大会常务委员会第二十七次会议通过，2013 年 7 月 1 日起施行。

殊情况下，可以从国务院或者国务院授权的部门批准的地点出境入境。出境入境人员和交通运输工具应当接受出境入境边防检查。

出入境边防检查机关负责对口岸限定区域实施管理。根据维护国家安全和出境入境管理秩序的需要，出入境边防检查机关可以对出境入境人员携带的物品实施边防检查。必要时，出入境边防检查机关可以对出境入境交通运输工具载运的货物实施边防检查，但是应当通知海关。

第七条 经国务院批准，公安部、外交部根据出境入境管理的需要，可以对留存出境入境人员的指纹等人体生物识别信息作出规定。

外国政府对中国公民签发签证、出境入境管理有特别规定的，中国政府可以根据情况采取相应的对等措施。

第八条 履行出境入境管理职责的部门和机构应当切实采取措施，不断提升服务和管理水平，公正执法，便民高效，维护安全、便捷的出境入境秩序。

第二章　中国公民出境入境

第九条 中国公民出境入境，应当依法申请办理护照或者其他旅行证件。

中国公民前往其他国家或者地区，还需要取得前往国签证或者其他入境许可证明。但是，中国政府与其他国家政府签订互免签证协议或者公安部、外交部另有规定的除外。

中国公民以海员身份出境入境和在国外船舶上从事工作的，应当依法申请办理海员证。

第十条 中国公民往来内地与香港特别行政区、澳门特别行政区，中国公民往来大陆与台湾地区，应当依法申请办理通行证件，并遵守本法有关规定。具体管理办法由国务院规定。

第十一条 中国公民出境入境，应当向出入境边防检查机关交验本人的护照或者其他旅行证件等出境入境证件，履行规定的手续，经查验准许，方可出境入境。

具备条件的口岸，出入境边防检查机关应当为中国公民出境入境提供专用通道等便利措施。

第十二条 中国公民有下列情形之一的，不准出境：

（一）未持有效出境入境证件或者拒绝、逃避接受边防检查的；

（二）被判处刑罚尚未执行完毕或者属于刑事案件被告人、犯罪嫌疑人的；

（三）有未了结的民事案件，人民法院决定不准出境的；

（四）因妨害国（边）境管理受到刑事处罚或者因非法出境、非法居留、非法就业被其他国家或者地区遣返，未满不准出境规定年限的；

（五）可能危害国家安全和利益，国务院有关主管部门决定不准出境的；

（六）法律、行政法规规定不准出境的其他情形。

第十三条　定居国外的中国公民要求回国定居的，应当在入境前向中华人民共和国驻外使馆、领馆或者外交部委托的其他驻外机构提出申请，也可以由本人或者经由国内亲属向拟定居地的县级以上地方人民政府侨务部门提出申请。

第十四条　定居国外的中国公民在中国境内办理金融、教育、医疗、交通、电信、社会保险、财产登记等事务需要提供身份证明的，可以凭本人的护照证明其身份。

第三章　外国人入境出境

第一节　签　证

第十五条　外国人入境，应当向驻外签证机关申请办理签证，但是本法另有规定的除外。

第十六条　签证分为外交签证、礼遇签证、公务签证、普通签证。

对因外交、公务事由入境的外国人，签发外交、公务签证；对因身份特殊需要给予礼遇的外国人，签发礼遇签证。外交签证、礼遇签证、公务签证的签发范围和签发办法由外交部规定。

对因工作、学习、探亲、旅游、商务活动、人才引进等非外交、公务事由入境的外国人，签发相应类别的普通签证。普通签证的类别和签发办法由国务院规定。

第十七条　签证的登记项目包括：签证种类，持有人姓名、性别、出生日期、入境次数、入境有效期、停留期限，签发日期、地点，护照或者其他国际旅行证件号码等。

第十八条　外国人申请办理签证，应当向驻外签证机关提交本人的护照或者其他国际旅行证件，以及申请事由的相关材料，按照驻外签证机关的要求办理相关手续、接受面谈。

第十九条　外国人申请办理签证需要提供中国境内的单位或者个人出具的邀请函件的，申请人应当按照驻外签证机关的要求提供。出具邀请函件的单位或者个人应当对邀请内容的真实性负责。

第二十条　出于人道原因需要紧急入境，应邀入境从事紧急商务、工程抢修或者具有其他紧急入境需要并持有有关主管部门同意在口岸申办签证的证明材料的外国人，可以在国务院批准办理口岸签证业务的口岸，向公安部委托的口岸签证机关（以下简称口岸签证机关）申请办理口岸签证。

旅行社按照国家有关规定组织入境旅游的，可以向口岸签证机关申请办理团体旅游签证。

外国人向口岸签证机关申请办理签证，应当提交本人的护照或者其他国际旅行证件，以及申请事由的相关材料，按照口岸签证机关的要求办理相关手续，并从申请签证的口岸入境。

口岸签证机关签发的签证一次入境有效，签证注明的停留期限不得超过三十日。

第二十一条　外国人有下列情形之一的，不予签发签证：

（一）被处驱逐出境或者被决定遣送出境，未满不准入境规定年限的；

（二）患有严重精神障碍、传染性肺结核病或者有可能对公共卫生造成重大危害的其他传染病的；

（三）可能危害中国国家安全和利益、破坏社会公共秩序或者从事其他违法犯罪活动的；

（四）在申请签证过程中弄虚作假或者不能保障在中国境内期间所需费用的；

（五）不能提交签证机关要求提交的相关材料的；

（六）签证机关认为不宜签发签证的其他情形。

对不予签发签证的，签证机关可以不说明理由。

第二十二条　外国人有下列情形之一的，可以免办签证：

（一）根据中国政府与其他国家政府签订的互免签证协议，属于免办签证人员的；

（二）持有效的外国人居留证件的；

（三）持联程客票搭乘国际航行的航空器、船舶、列车从中国过境前往第三国或者地区，在中国境内停留不超过二十四小时且不离开口岸，或者在国务院批准的特定区域内停留不超过规定时限的；

（四）国务院规定的可以免办签证的其他情形。

第二十三条　有下列情形之一的外国人需要临时入境的，应当向出入境边防检查机关申请办理临时入境手续：

（一）外国船员及其随行家属登陆港口所在城市的；

（二）本法第二十二条第三项规定的人员需要离开口岸的；

（三）因不可抗力或者其他紧急原因需要临时入境的。

临时入境的期限不得超过十五日。

对申请办理临时入境手续的外国人，出入境边防检查机关可以要求外国人本人、载运其入境的交通运输工具的负责人或者交通运输工具出境入境业务代理单位提供必要的保证措施。

第二节　入境出境

第二十四条　外国人入境，应当向出入境边防检查机关交验本人的护照或者其他国际旅行证件、签证或者其他入境许可证明，履行规定的手续，经查验准许，方可入境。

第二十五条　外国人有下列情形之一的，不准入境：

（一）未持有效出境入境证件或者拒绝、逃避接受边防检查的；

（二）具有本法第二十一条第一款第一项至第四项规定情形的；

（三）入境后可能从事与签证种类不符的活动的；

（四）法律、行政法规规定不准入境的其他情形。

对不准入境的，出入境边防检查机关可以不说明理由。

第二十六条　对未被准许入境的外国人，出入境边防检查机关应当责令其返回；对拒不返回的，强制其返回。外国人等待返回期间，不得离开限定的区域。

第二十七条　外国人出境，应当向出入境边防检查机关交验本人的护照或者其他国际旅行证件等出境入境证件，履行规定的手续，经查验准许，方可出境。

第二十八条　外国人有下列情形之一的，不准出境：

（一）被判处刑罚尚未执行完毕或者属于刑事案件被告人、犯罪嫌疑人的，但是按照中国与外国签订的有关协议，移管被判刑人的除外；

（二）有未了结的民事案件，人民法院决定不准出境的；

（三）拖欠劳动者的劳动报酬，经国务院有关部门或者省、自治区、直辖市人民政府决定不准出境的；

（四）法律、行政法规规定不准出境的其他情形。

第四章　外国人停留居留

第一节　停留居留

第二十九条　外国人所持签证注明的停留期限不超过一百八十日的，持证人凭签证并按照签证注明的停留期限在中国境内停留。

需要延长签证停留期限的，应当在签证注明的停留期限届满七日前向停留地县级以上地方人民政府公安机关出入境管理机构申请，按照要求提交申请事由的相关材料。经审查，延期理由合理、充分的，准予延长停留期限；不予延长停留期限的，应当按期离境。

延长签证停留期限，累计不得超过签证原注明的停留期限。

第三十条　外国人所持签证注明入境后需要办理居留证件的，应当自入境之日起三十日内，向拟居留地县级以上地方人民政府公安机关出入境管理机构申请办理外国人居留证件。

申请办理外国人居留证件，应当提交本人的护照或者其他国际旅行证件，以及申请事由的相关材料，并留存指纹等人体生物识别信息。公安机关出入境管理机构应当自收到申请材料之日起十五日内进行审查并作出审查决定，根据居留事由签发相应类别和期限的外国人居留证件。

外国人工作类居留证件的有效期最短为九十日，最长为五年；非工作类居留证件的有效期最短为一百八十日，最长为五年。

第三十一条　外国人有下列情形之一的，不予签发外国人居留证件：

（一）所持签证类别属于不应办理外国人居留证件的；

（二）在申请过程中弄虚作假的；

（三）不能按照规定提供相关证明材料的；

（四）违反中国有关法律、行政法规，不适合在中国境内居留的；

（五）签发机关认为不宜签发外国人居留证件的其他情形。

符合国家规定的专门人才、投资者或者出于人道等原因确需由停留变更为居留的外国人，经设区的市级以上地方人民政府公安机关出入境管理机构批准可以办理外国人居留证件。

第三十二条　在中国境内居留的外国人申请延长居留期限的，应当在居留证件有效期限届满三十日前向居留地县级以上地方人民政府公安机关出入境管理机构提出申请，按照要求提交申请事由的相关材料。经审查，延期理由合理、充分的，准予延长居留期限；不予延长居留期限的，应当按期离境。

第三十三条　外国人居留证件的登记项目包括：持有人姓名、性别、出生日期、居留事由、居留期限，签发日期、地点，护照或者其他国际旅行证件号码等。

外国人居留证件登记事项发生变更的，持证件人应当自登记事项发生变更之日起十日内向居留地县级以上地方人民政府公安机关出入境管理机构申请办理变更。

第三十四条　免办签证入境的外国人需要超过免签期限在中国境内停留的，

外国船员及其随行家属在中国境内停留需要离开港口所在城市，或者具有需要办理外国人停留证件其他情形的，应当按照规定办理外国人停留证件。

外国人停留证件的有效期最长为一百八十日。

第三十五条 外国人入境后，所持的普通签证、停留居留证件损毁、遗失、被盗抢或者有符合国家规定的事由需要换发、补发的，应当按照规定向停留居留地县级以上地方人民政府公安机关出入境管理机构提出申请。

第三十六条 公安机关出入境管理机构作出的不予办理普通签证延期、换发、补发，不予办理外国人停留居留证件、不予延长居留期限的决定为最终决定。

第三十七条 外国人在中国境内停留居留，不得从事与停留居留事由不相符的活动，并应当在规定的停留居留期限届满前离境。

第三十八条 年满十六周岁的外国人在中国境内停留居留，应当随身携带本人的护照或者其他国际旅行证件，或者外国人停留居留证件，接受公安机关的查验。

在中国境内居留的外国人，应当在规定的时间内到居留地县级以上地方人民政府公安机关交验外国人居留证件。

第三十九条 外国人在中国境内旅馆住宿的，旅馆应当按照旅馆业治安管理的有关规定为其办理住宿登记，并向所在地公安机关报送外国人住宿登记信息。

外国人在旅馆以外的其他住所居住或者住宿的，应当在入住后二十四小时内由本人或者留宿人，向居住地的公安机关办理登记。

第四十条 在中国境内出生的外国婴儿，其父母或者代理人应当在婴儿出生六十日内，持该婴儿的出生证明到父母停留居留地县级以上地方人民政府公安机关出入境管理机构为其办理停留或者居留登记。

外国人在中国境内死亡的，其家属、监护人或者代理人，应当按照规定，持该外国人的死亡证明向县级以上地方人民政府公安机关出入境管理机构申报，注销外国人停留居留证件。

第四十一条 外国人在中国境内工作，应当按照规定取得工作许可和工作类居留证件。任何单位和个人不得聘用未取得工作许可和工作类居留证件的外国人。

外国人在中国境内工作管理办法由国务院规定。

第四十二条 国务院人力资源社会保障主管部门、外国专家主管部门会同国务院有关部门根据经济社会发展需要和人力资源供求状况制定并定期调整外国人在中国境内工作指导目录。

国务院教育主管部门会同国务院有关部门建立外国留学生勤工助学管理制度，对外国留学生勤工助学的岗位范围和时限作出规定。

第四十三条 外国人有下列行为之一的，属于非法就业：

（一）未按照规定取得工作许可和工作类居留证件在中国境内工作的；

（二）超出工作许可限定范围在中国境内工作的；

（三）外国留学生违反勤工助学管理规定，超出规定的岗位范围或者时限在中国境内工作的。

第四十四条 根据维护国家安全、公共安全的需要，公安机关、国家安全机关可以限制外国人、外国机构在某些地区设立居住或者办公场所；对已经设立的，可以限期迁离。

未经批准，外国人不得进入限制外国人进入的区域。

第四十五条 聘用外国人工作或者招收外国留学生的单位，应当按照规定向所在地公安机关报告有关信息。

公民、法人或者其他组织发现外国人有非法入境、非法居留、非法就业情形的，应当及时向所在地公安机关报告。

第四十六条 申请难民地位的外国人，在难民地位甄别期间，可以凭公安机关签发的临时身份证明在中国境内停留；被认定为难民的外国人，可以凭公安机关签发的难民身份证件在中国境内停留居留。

第二节　永久居留

第四十七条 对中国经济社会发展作出突出贡献或者符合其他在中国境内永久居留条件的外国人，经本人申请和公安部批准，取得永久居留资格。

外国人在中国境内永久居留的审批管理办法由公安部、外交部会同国务院有关部门规定。

第四十八条 取得永久居留资格的外国人，凭永久居留证件在中国境内居留和工作，凭本人的护照和永久居留证件出境入境。

第四十九条 外国人有下列情形之一的，由公安部决定取消其在中国境内永久居留资格：

（一）对中国国家安全和利益造成危害的；

（二）被处驱逐出境的；

（三）弄虚作假骗取在中国境内永久居留资格的；

（四）在中国境内居留未达到规定时限的；

（五）不适宜在中国境内永久居留的其他情形。

第五章　交通运输工具出境入境边防检查

第五十条　出境入境交通运输工具离开、抵达口岸时，应当接受边防检查。对交通运输工具的入境边防检查，在其最先抵达的口岸进行；对交通运输工具的出境边防检查，在其最后离开的口岸进行。特殊情况下，可以在有关主管机关指定的地点进行。

出境的交通运输工具自出境检查后至出境前，入境的交通运输工具自入境后至入境检查前，未经出入境边防检查机关按照规定程序许可，不得上下人员、装卸货物或者物品。

第五十一条　交通运输工具负责人或者交通运输工具出境入境业务代理单位应当按照规定提前向出入境边防检查机关报告入境、出境的交通运输工具抵达、离开口岸的时间和停留地点，如实申报员工、旅客、货物或者物品等信息。

第五十二条　交通运输工具负责人、交通运输工具出境入境业务代理单位应当配合出境入境边防检查，发现违反本法规定行为的，应当立即报告并协助调查处理。

入境交通运输工具载运不准入境人员的，交通运输工具负责人应当负责载离。

第五十三条　出入境边防检查机关按照规定对处于下列情形之一的出境入境交通运输工具进行监护：

（一）出境的交通运输工具在出境边防检查开始后至出境前、入境的交通运输工具在入境后至入境边防检查完成前；

（二）外国船舶在中国内河航行期间；

（三）有必要进行监护的其他情形。

第五十四条　因装卸物品、维修作业、参观访问等事由需要上下外国船舶的人员，应当向出入境边防检查机关申请办理登轮证件。

中国船舶与外国船舶或者外国船舶之间需要搭靠作业的，应当由船长或者交通运输工具出境入境业务代理单位向出入境边防检查机关申请办理船舶搭靠手续。

第五十五条　外国船舶、航空器在中国境内应当按照规定的路线、航线行驶。

出境入境的船舶、航空器不得驶入对外开放口岸以外地区。因不可预见的紧急情况或者不可抗力驶入的，应当立即向就近的出入境边防检查机关或者当地公安机关报告，并接受监护和管理。

第五十六条 交通运输工具有下列情形之一的，不准出境入境；已经驶离口岸的，可以责令返回：

（一）离开、抵达口岸时，未经查验准许擅自出境入境的；

（二）未经批准擅自改变出境入境口岸的；

（三）涉嫌载有不准出境入境人员，需要查验核实的；

（四）涉嫌载有危害国家安全、利益和社会公共秩序的物品，需要查验核实的；

（五）拒绝接受出入境边防检查机关管理的其他情形。

前款所列情形消失后，出入境边防检查机关对有关交通运输工具应当立即放行。

第五十七条 从事交通运输工具出境入境业务代理的单位，应当向出入境边防检查机关备案。从事业务代理的人员，由所在单位向出入境边防检查机关办理备案手续。

第六章　调查和遣返

第五十八条 本章规定的当场盘问、继续盘问、拘留审查、限制活动范围、遣送出境措施，由县级以上地方人民政府公安机关或者出入境边防检查机关实施。

第五十九条 对涉嫌违反出境入境管理的人员，可以当场盘问；经当场盘问，有下列情形之一的，可以依法继续盘问：

（一）有非法出境入境嫌疑的；

（二）有协助他人非法出境入境嫌疑的；

（三）外国人有非法居留、非法就业嫌疑的；

（四）有危害国家安全和利益，破坏社会公共秩序或者从事其他违法犯罪活动嫌疑的。

当场盘问和继续盘问应当依据《中华人民共和国人民警察法》规定的程序进行。

县级以上地方人民政府公安机关或者出入境边防检查机关需要传唤涉嫌违反出境入境管理的人员的，依照《中华人民共和国治安管理处罚法》的有关规定执行。

第六十条 外国人有本法第五十九条第一款规定情形之一的，经当场盘问或者继续盘问后仍不能排除嫌疑，需要作进一步调查的，可以拘留审查。

实施拘留审查，应当出示拘留审查决定书，并在二十四小时内进行询问。

发现不应当拘留审查的，应当立即解除拘留审查。

拘留审查的期限不得超过三十日；案情复杂的，经上一级地方人民政府公安机关或者出入境边防检查机关批准可以延长至六十日。对国籍、身份不明的外国人，拘留审查期限自查清其国籍、身份之日起计算。

第六十一条 外国人有下列情形之一的，不适用拘留审查，可以限制其活动范围：

（一）患有严重疾病的；

（二）怀孕或者哺乳自己不满一周岁婴儿的；

（三）未满十六周岁或者已满七十周岁的；

（四）不宜适用拘留审查的其他情形。

被限制活动范围的外国人，应当按照要求接受审查，未经公安机关批准，不得离开限定的区域。限制活动范围的期限不得超过六十日。对国籍、身份不明的外国人，限制活动范围期限自查清其国籍、身份之日起计算。

第六十二条 外国人有下列情形之一的，可以遣送出境：

（一）被处限期出境，未在规定期限内离境的；

（二）有不准入境情形的；

（三）非法居留、非法就业的；

（四）违反本法或者其他法律、行政法规需要遣送出境的。

其他境外人员有前款所列情形之一的，可以依法遣送出境。

被遣送出境的人员，自被遣送出境之日起一至五年内不准入境。

第六十三条 被拘留审查或者被决定遣送出境但不能立即执行的人员，应当羁押在拘留所或者遣返场所。

第六十四条 外国人对依照本法规定对其实施的继续盘问、拘留审查、限制活动范围、遣送出境措施不服的，可以依法申请行政复议，该行政复议决定为最终决定。

其他境外人员对依照本法规定对其实施的遣送出境措施不服，申请行政复议的，适用前款规定。

第六十五条 对依法决定不准出境或者不准入境的人员，决定机关应当按照规定及时通知出入境边防检查机关；不准出境、入境情形消失的，决定机关应当及时撤销不准出境、入境决定，并通知出入境边防检查机关。

第六十六条 根据维护国家安全和出境入境管理秩序的需要，必要时，出入境边防检查机关可以对出境入境的人员进行人身检查。人身检查应当由两名与受检查人同性别的边防检查人员进行。

第六十七条 签证、外国人停留居留证件等出境入境证件发生损毁、遗失、被盗抢或者签发后发现持证人不符合签发条件等情形的，由签发机关宣布该出境入境证件作废。

伪造、变造、骗取或者被证件签发机关宣布作废的出境入境证件无效。

公安机关可以对前款规定的或被他人冒用的出境入境证件予以注销或者收缴。

第六十八条 对用于组织、运送、协助他人非法出境入境的交通运输工具，以及需要作为办案证据的物品，公安机关可以扣押。

对查获的违禁物品，涉及国家秘密的文件、资料以及用于实施违反出境入境管理活动的工具等，公安机关应当予以扣押，并依照相关法律、行政法规规定处理。

第六十九条 出境入境证件的真伪由签发机关、出入境边防检查机关或者公安机关出入境管理机构认定。

第七章 法律责任

第七十条 本章规定的行政处罚，除本章另有规定外，由县级以上地方人民政府公安机关或者出入境边防检查机关决定；其中警告或者五千元以下罚款，可以由县级以上地方人民政府公安机关出入境管理机构决定。

第七十一条 有下列行为之一的，处一千元以上五千元以下罚款；情节严重的，处五日以上十日以下拘留，可以并处二千元以上一万元以下罚款：

（一）持用伪造、变造、骗取的出境入境证件出境入境的；

（二）冒用他人出境入境证件出境入境的；

（三）逃避出境入境边防检查的；

（四）以其他方式非法出境入境的。

第七十二条 协助他人非法出境入境的，处二千元以上一万元以下罚款；情节严重的，处十日以上十五日以下拘留，并处五千元以上二万元以下罚款，有违法所得的，没收违法所得。

单位有前款行为的，处一万元以上五万元以下罚款，有违法所得的，没收违法所得，并对其直接负责的主管人员和其他直接责任人员依照前款规定予以处罚。

第七十三条 弄虚作假骗取签证、停留居留证件等出境入境证件的，处二千元以上五千元以下罚款；情节严重的，处十日以上十五日以下拘留，并处五千元以上二万元以下罚款。

单位有前款行为的，处一万元以上五万元以下罚款，并对其直接负责的主管人员和其他直接责任人员依照前款规定予以处罚。

第七十四条　违反本法规定，为外国人出具邀请函件或者其他申请材料的，处五千元以上一万元以下罚款，有违法所得的，没收违法所得，并责令其承担所邀请外国人的出境费用。

单位有前款行为的，处一万元以上五万元以下罚款，有违法所得的，没收违法所得，并责令其承担所邀请外国人的出境费用，对其直接负责的主管人员和其他直接责任人员依照前款规定予以处罚。

第七十五条　中国公民出境后非法前往其他国家或者地区被遣返的，出入境边防检查机关应当收缴其出境入境证件，出境入境证件签发机关自其被遣返之日起六个月至三年以内不予签发出境入境证件。

第七十六条　有下列情形之一的，给予警告，可以并处二千元以下罚款：

（一）外国人拒不接受公安机关查验其出境入境证件的；

（二）外国人拒不交验居留证件的；

（三）未按照规定办理外国人出生登记、死亡申报的；

（四）外国人居留证件登记事项发生变更，未按照规定办理变更的；

（五）在中国境内的外国人冒用他人出境入境证件的；

（六）未按照本法第三十九条第二款规定办理登记的。

旅馆未按照规定办理外国人住宿登记的，依照《中华人民共和国治安管理处罚法》的有关规定予以处罚；未按照规定向公安机关报送外国人住宿登记信息的，给予警告；情节严重的，处一千元以上五千元以下罚款。

第七十七条　外国人未经批准，擅自进入限制外国人进入的区域，责令立即离开；情节严重的，处五日以上十日以下拘留。对外国人非法获取的文字记录、音像资料、电子数据和其他物品，予以收缴或者销毁，所用工具予以收缴。

外国人、外国机构违反本法规定，拒不执行公安机关、国家安全机关限期迁离决定的，给予警告并强制迁离；情节严重的，对有关责任人员处五日以上十五日以下拘留。

第七十八条　外国人非法居留的，给予警告；情节严重的，处每非法居留一日五百元，总额不超过一万元的罚款或者五日以上十五日以下拘留。

因监护人或者其他负有监护责任的人未尽到监护义务，致使未满十六周岁的外国人非法居留的，对监护人或者其他负有监护责任的人给予警告，可以并处一千元以下罚款。

第七十九条　容留、藏匿非法入境、非法居留的外国人，协助非法入境、非法居留的外国人逃避检查，或者为非法居留的外国人违法提供出境入境证件的，处二千元以上一万元以下罚款；情节严重的，处五日以上十五日以下拘留，并处五千元以上二万元以下罚款，有违法所得的，没收违法所得。

单位有前款行为的，处一万元以上五万元以下罚款，有违法所得的，没收违法所得，并对其直接负责的主管人员和其他直接责任人员依照前款规定予以处罚。

第八十条 外国人非法就业的，处五千元以上二万元以下罚款；情节严重的，处五日以上十五日以下拘留，并处五千元以上二万元以下罚款。

介绍外国人非法就业的，对个人处每非法介绍一人五千元，总额不超过五万元的罚款；对单位处每非法介绍一人五千元，总额不超过十万元的罚款；有违法所得的，没收违法所得。

非法聘用外国人的，处每非法聘用一人一万元，总额不超过十万元的罚款；有违法所得的，没收违法所得。

第八十一条 外国人从事与停留居留事由不相符的活动，或者有其他违反中国法律、法规规定，不适宜在中国境内继续停留居留情形的，可以处限期出境。

外国人违反本法规定，情节严重，尚不构成犯罪的，公安部可以处驱逐出境。公安部的处罚决定为最终决定。

被驱逐出境的外国人，自被驱逐出境之日起十年内不准入境。

第八十二条 有下列情形之一的，给予警告，可以并处二千元以下罚款：

（一）扰乱口岸限定区域管理秩序的；

（二）外国船员及其随行家属未办理临时入境手续登陆的；

（三）未办理登轮证件上下外国船舶的。

违反前款第一项规定，情节严重的，可以并处五日以上十日以下拘留。

第八十三条 交通运输工具有下列情形之一的，对其负责人处五千元以上五万元以下罚款：

（一）未经查验准许擅自出境入境或者未经批准擅自改变出境入境口岸的；

（二）未按照规定如实申报员工、旅客、货物或者物品等信息，或者拒绝协助出境入境边防检查的；

（三）违反出境入境边防检查规定上下人员、装卸货物或者物品的。

出境入境交通运输工具载运不准出境入境人员出境入境的，处每载运一人五千元以上一万元以下罚款。交通运输工具负责人证明其已经采取合理预防措施的，可以减轻或者免予处罚。

第八十四条 交通运输工具有下列情形之一的，对其负责人处二千元以上二万元以下罚款：

（一）中国或者外国船舶未经批准擅自搭靠外国船舶的；

（二）外国船舶、航空器在中国境内未按照规定的路线、航线行驶的；

（三）出境入境的船舶、航空器违反规定驶入对外开放口岸以外地区的。

第八十五条　履行出境入境管理职责的工作人员，有下列行为之一的，依法给予处分：

（一）违反法律、行政法规，为不符合规定条件的外国人签发签证、外国人停留居留证件等出境入境证件的；

（二）违反法律、行政法规，审核验放不符合规定条件的人员或者交通运输工具出境入境的；

（三）泄露在出境入境管理工作中知悉的个人信息，侵害当事人合法权益的；

（四）不按照规定将依法收取的费用、收缴的罚款及没收的违法所得、非法财物上缴国库的；

（五）私分、侵占、挪用罚没、扣押的款物或者收取的费用的；

（六）滥用职权、玩忽职守、徇私舞弊，不依法履行法定职责的其他行为。

第八十六条　对违反出境入境管理行为处五百元以下罚款的，出入境边防检查机关可以当场作出处罚决定。

第八十七条　对违反出境入境管理行为处罚款的，被处罚人应当自收到处罚决定书之日起十五日内，到指定的银行缴纳罚款。被处罚人在所在地没有固定住所，不当场收缴罚款事后难以执行或者在口岸向指定银行缴纳罚款确有困难的，可以当场收缴。

第八十八条　违反本法规定，构成犯罪的，依法追究刑事责任。

第八章　附　则

第八十九条　本法下列用语的含义：

出境，是指由中国内地前往其他国家或者地区，由中国内地前往香港特别行政区、澳门特别行政区，由中国大陆前往台湾地区。

入境，是指由其他国家或者地区进入中国内地，由香港特别行政区、澳门特别行政区进入中国内地，由台湾地区进入中国大陆。

外国人，是指不具有中国国籍的人。

第九十条　经国务院批准，同毗邻国家接壤的省、自治区可以根据中国与有关国家签订的边界管理协定制定地方性法规、地方政府规章，对两国边境接壤地区的居民往来作出规定。

第九十一条　外国驻中国的外交代表机构、领事机构成员以及享有特权和豁免的其他外国人，其入境出境及停留居留管理，其他法律另有规定的，依照其规定。

第九十二条　外国人申请办理签证、外国人停留居留证件等出境入境证件或者申请办理证件延期、变更的，应当按照规定缴纳签证费、证件费。

第九十三条　本法自 2013 年 7 月 1 日起施行。《中华人民共和国外国人入境出境管理法》和《中华人民共和国公民出境入境管理法》同时废止。

最高人民法院关于适用《中华人民共和国刑事诉讼法》的解释[*]（节选）

第十六章　查封、扣押、冻结财物及其处理

第三百五十九条　人民法院对查封、扣押、冻结的被告人财物及其孳息，应当妥善保管，并制作清单，附卷备查；对人民检察院随案移送的被告人财物及其孳息，应当根据清单核查后妥善保管。任何单位和个人不得挪用或者自行处理。

查封不动产、车辆、船舶、航空器等财物，应当扣押其权利证书，经拍照或者录像后原地封存，或者交持有人、被告人的近亲属保管，登记并写明财物的名称、型号、权属、地址等详细情况，并通知有关财物的登记、管理部门办理查封登记手续。

扣押物品，应当登记并写明物品名称、型号、规格、数量、重量、质量、成色、纯度、颜色、新旧程度、缺损特征和来源等。扣押货币、有价证券，应当登记并写明货币、有价证券的名称、数额、面额等，货币应当存入银行专门账户，并登记银行存款凭证的名称、内容。扣押文物、金银、珠宝、名贵字画等贵重物品以及违禁品，应当拍照，需要鉴定的，应当及时鉴定。对扣押的物品应当根据有关规定及时估价。

冻结存款、汇款、债券、股票、基金份额等财产，应当登记并写明编号、种类、面值、张数、金额等。

第三百六十条　对被害人的合法财产，权属明确的，应当依法及时返还，但须经拍照、鉴定、估价，并在案卷中注明返还的理由，将原物照片、清单和被害人的领取手续附卷备查；权属不明的，应当在人民法院判决、裁定生效后，按比例返还被害人，但已获退赔的部分应予扣除。

第三百六十一条　审判期间，权利人申请出卖被扣押、冻结的债券、股票、基金份额等财产，人民法院经审查，认为不损害国家利益、被害人利益，不影

---

* 2012 年 11 月 5 日最高人民法院审判委员会第 1559 次会议通过，2013 年 1 月 1 日起施行。

响诉讼正常进行的，以及扣押、冻结的汇票、本票、支票有效期即将届满的，可以在判决、裁定生效前依法出卖，所得价款由人民法院保管，并及时告知当事人或者其近亲属。

第三百六十二条 对作为证据使用的实物，包括作为物证的货币、有价证券等，应当随案移送。第一审判决、裁定宣告后，被告人上诉或者人民检察院抗诉的，第一审人民法院应当将上述证据移送第二审人民法院。

第三百六十三条 对不宜移送的实物，应当根据情况，分别审查以下内容：

（一）大宗的、不便搬运的物品，查封、扣押机关是否随案移送查封、扣押清单，并附原物照片和封存手续，注明存放地点等；

（二）易腐烂、霉变和不易保管的物品，查封、扣押机关变卖处理后，是否随案移送原物照片、清单、变价处理的凭证（复印件）等；

（三）枪支弹药、剧毒物品、易燃易爆物品以及其他违禁品、危险物品，查封、扣押机关根据有关规定处理后，是否随案移送原物照片和清单等。

上述不宜移送的实物，应当依法鉴定、估价的，还应当审查是否附有鉴定、估价意见。

对查封、扣押的货币、有价证券等未移送的，应当审查是否附有原物照片、清单或者其他证明文件。

第三百六十四条 法庭审理过程中，对查封、扣押、冻结的财物及其孳息，应当调查其权属情况，是否属于违法所得或者依法应当追缴的其他涉案财物。

案外人对查封、扣押、冻结的财物及其孳息提出权属异议的，人民法院应当审查并依法处理。

经审查，不能确认查封、扣押、冻结的财物及其孳息属于违法所得或者依法应当追缴的其他涉案财物的，不得没收。

第三百六十五条 对查封、扣押、冻结的财物及其孳息，应当在判决书中写明名称、金额、数量、存放地点及其处理方式等。涉案财物较多，不宜在判决主文中详细列明的，可以附清单。

涉案财物未随案移送的，应当在判决书中写明，并写明由查封、扣押、冻结机关负责处理。

第三百六十六条 查封、扣押、冻结的财物及其孳息，经审查，确属违法所得或者依法应当追缴的其他涉案财物的，应当判决返还被害人，或者没收上缴国库，但法律另有规定的除外。

判决返还被害人的涉案财物，应当通知被害人认领；无人认领的，应当公告通知；公告满三个月无人认领的，应当上缴国库；上缴国库后有人认领，经查证属实的，应当申请退库予以返还；原物已经拍卖、变卖的，应当返还价款。

对侵犯国有财产的案件，被害单位已经终止且没有权利义务继受人，或者损失已经被核销的，查封、扣押、冻结的财物及其孳息应当上缴国库。

第三百六十七条　随案移送的或者人民法院查封、扣押的财物及其孳息，由第一审人民法院在判决生效后负责处理。

涉案财物未随案移送的，人民法院应当在判决生效后十日内，将判决书、裁定书送达查封、扣押机关，并告知其在一个月内将执行回单送回。

第三百六十八条　对冻结的存款、汇款、债券、股票、基金份额等财产判决没收的，第一审人民法院应当在判决生效后，将判决书、裁定书送达相关金融机构和财政部门，通知相关金融机构依法上缴国库并在接到执行通知书后十五日内，将上缴国库的凭证、执行回单送回。

第三百六十九条　查封、扣押、冻结的财物与本案无关但已列入清单的，应当由查封、扣押、冻结机关依法处理。

查封、扣押、冻结的财物属于被告人合法所有的，应当在赔偿被害人损失、执行财产刑后及时返还被告人；财物未随案移送的，应当通知查封、扣押、冻结机关将赔偿被害人损失、执行财产刑的部分移送人民法院。

第三百七十条　查封、扣押、冻结财物及其处理，本解释没有规定的，参照适用法律、其他司法解释的有关规定。

第十八章　涉外刑事案件的审理和司法协助

第三百九十二条　本解释所称的涉外刑事案件是指：

（一）在中华人民共和国领域内，外国人犯罪的或者我国公民侵犯外国人合法权利的刑事案件；

（二）符合刑法第七条、第十条规定情形的我国公民在中华人民共和国领域外犯罪的案件；

（三）符合刑法第八条、第十条规定情形的外国人对中华人民共和国国家或者公民犯罪的案件；

（四）符合刑法第九条规定情形的中华人民共和国在所承担国际条约义务范围内行使管辖权的案件。

第三百九十三条　第一审涉外刑事案件，除刑事诉讼法第二十条至第二十二条规定的以外，由基层人民法院管辖。必要时，中级人民法院可以指定辖区内若干基层人民法院集中管辖第一审涉外刑事案件，也可以依照刑事诉讼法第二十三条的规定，审理基层人民法院管辖的第一审涉外刑事案件。

第三百九十四条　外国人的国籍，根据其入境时的有效证件确认；国籍不明的，根据公安机关或者有关国家驻华使、领馆出具的证明确认。

国籍无法查明的，以无国籍人对待，适用本章有关规定，在裁判文书中写明"国籍不明"。

第三百九十五条 在刑事诉讼中，外国籍当事人享有我国法律规定的诉讼权利并承担相应义务。

第三百九十六条 涉外刑事案件审判期间，人民法院应当将下列事项及时通报同级人民政府外事主管部门，并通知有关国家驻华使、领馆：

（一）人民法院决定对外国籍被告人采取强制措施的情况，包括外国籍当事人的姓名（包括译名）、性别、入境时间、护照或者证件号码、采取的强制措施及法律依据、羁押地点等；

（二）开庭的时间、地点、是否公开审理等事项；

（三）宣判的时间、地点。

涉外刑事案件宣判后，应当及时将处理结果通报同级人民政府外事主管部门。

对外国籍被告人执行死刑的，死刑裁决下达后执行前，应当通知其国籍国驻华使、领馆。

外国籍被告人在案件审理中死亡的，应当及时通报同级人民政府外事主管部门，并通知有关国家驻华使、领馆。

第三百九十七条 需要向有关国家驻华使、领馆通知有关事项的，应当层报高级人民法院，由高级人民法院按照下列规定通知：

（一）外国籍当事人国籍国与我国签订有双边领事条约的，根据条约规定办理；未与我国签订双边领事条约，但参加《维也纳领事关系公约》的，根据公约规定办理；未与我国签订领事条约，也未参加《维也纳领事关系公约》，但与我国有外交关系的，可以根据外事主管部门的意见，按照互惠原则，根据有关规定和国际惯例办理；

（二）在外国驻华领馆领区内发生的涉外刑事案件，通知有关外国驻该地区的领馆；在外国领馆领区外发生的涉外刑事案件，通知有关外国驻华使馆；与我国有外交关系，但未设使、领馆的国家，可以通知其代管国家驻华使、领馆；无代管国家或者代管国家不明的，可以不通知；

（三）双边领事条约规定通知时限的，应当在规定的期限内通知；无双边领事条约规定的，应当根据或者参照《维也纳领事关系公约》和国际惯例尽快通知，至迟不得超过七日；

（四）双边领事条约没有规定必须通知，外国籍当事人要求不通知其国籍国驻华使、领馆的，可以不通知，但应当由其本人出具书面声明。

高级人民法院向外国驻华使、领馆通知有关事项，必要时，可以请人民政府外事主管部门协助。

第三百九十八条　人民法院受理涉外刑事案件后，应当告知在押的外国籍被告人享有与其国籍国驻华使、领馆联系，与其监护人、近亲属会见、通信，以及请求人民法院提供翻译的权利。

第三百九十九条　涉外刑事案件审判期间，外国籍被告人在押，其国籍国驻华使、领馆官员要求探视的，可以向受理案件的人民法院所在地的高级人民法院提出。人民法院应当根据我国与被告人国籍国签订的双边领事条约规定的时限予以安排；没有条约规定的，应当尽快安排。必要时，可以请人民政府外事主管部门协助。

涉外刑事案件审判期间，外国籍被告人在押，其监护人、近亲属申请会见的，可以向受理案件的人民法院所在地的高级人民法院提出，并依照本解释第四百零三条的规定提供与被告人关系的证明。人民法院经审查认为不妨碍案件审判的，可以批准。

被告人拒绝接受探视、会见的，可以不予安排，但应当由其本人出具书面声明。

探视、会见被告人应当遵守我国法律规定。

第四百条　人民法院审理涉外刑事案件，应当公开进行，但依法不应公开审理的除外。

公开审理的涉外刑事案件，外国籍当事人国籍国驻华使、领馆官员要求旁听的，可以向受理案件的人民法院所在地的高级人民法院提出申请，人民法院应当安排。

第四百零一条　人民法院审判涉外刑事案件，使用中华人民共和国通用的语言、文字，应当为外国籍当事人提供翻译。

人民法院的诉讼文书为中文本。外国籍当事人不通晓中文的，应当附有外文译本，译本不加盖人民法院印章，以中文本为准。

外国籍当事人通晓中国语言、文字，拒绝他人翻译，或者不需要诉讼文书外文译本的，应当由其本人出具书面声明。

第四百零二条　外国籍被告人委托律师辩护，或者外国籍附带民事诉讼原告人、自诉人委托律师代理诉讼的，应当委托具有中华人民共和国律师资格并依法取得执业证书的律师。

外国籍被告人在押的，其监护人、近亲属或者其国籍国驻华使、领馆可以代为委托辩护人。其监护人、近亲属代为委托的，应当提供与被告人关系的有效证明。

外国籍当事人委托其监护人、近亲属担任辩护人、诉讼代理人的，被委托人应当提供与当事人关系的有效证明。经审查，符合刑事诉讼法、有关司法解释规定的，人民法院应当准许。

外国籍被告人没有委托辩护人的，人民法院可以通知法律援助机构为其指派律师提供辩护。被告人拒绝辩护人辩护的，应当由其出具书面声明，或者将其口头声明记录在案。被告人属于应当提供法律援助情形的，依照本解释第四十五条规定处理。

第四百零三条 外国籍当事人从中华人民共和国领域外寄交或者托交给中国律师或者中国公民的委托书，以及外国籍当事人的监护人、近亲属提供的与当事人关系的证明，必须经所在国公证机关证明，所在国中央外交主管机关或者其授权机关认证，并经我国驻该国使、领馆认证，但我国与该国之间有互免认证协定的除外。

第四百零四条 对涉外刑事案件的被告人，可以决定限制出境；对开庭审理案件时必须到庭的证人，可以要求暂缓出境。作出限制出境的决定，应当通报同级公安机关或者国家安全机关；限制外国人出境的，应当同时通报同级人民政府外事主管部门和当事人国籍国驻华使、领馆。

人民法院决定限制外国人和中国公民出境的，应当书面通知被限制出境的人在案件审理终结前不得离境，并可以采取扣留护照或者其他出入境证件的办法限制其出境；扣留证件的，应当履行必要手续，并发给本人扣留证件的证明。

对需要在边防检查站阻止外国人和中国公民出境的，受理案件的人民法院应当层报高级人民法院，由高级人民法院填写口岸阻止人员出境通知书，向同级公安机关办理交控手续。控制口岸不在本省、自治区、直辖市的，应当通过有关省、自治区、直辖市公安机关办理交控手续。紧急情况下，确有必要的，也可以先向边防检查站交控，再补办交控手续。

第四百零五条 对来自境外的证据材料，人民法院应当对材料来源、提供人、提供时间以及提取人、提取时间等进行审查。经审查，能够证明案件事实且符合刑事诉讼法规定的，可以作为证据使用，但提供人或者我国与有关国家签订的双边条约对材料的使用范围有明确限制的除外；材料来源不明或者其真实性无法确认的，不得作为定案的根据。

当事人及其辩护人、诉讼代理人提供来自境外的证据材料的，该证据材料应当经所在国公证机关证明，所在国中央外交主管机关或者其授权机关认证，并经我国驻该国使、领馆认证。

第四百零六条 涉外刑事案件，符合刑事诉讼法第二百零二条第一款、第二百三十二条规定的，经有关人民法院批准或者决定，可以延长审理期限。

第四百零七条 涉外刑事案件宣判后，外国籍当事人国籍国驻华使、领馆要求提供裁判文书的，可以向受理案件的人民法院所在地的高级人民法院提出，人民法院可以提供。

第四百零八条 根据中华人民共和国缔结或者参加的国际条约，或者按照互惠原则，人民法院和外国法院可以相互请求刑事司法协助。

外国法院请求的事项有损中华人民共和国的主权、安全、社会公共利益的，人民法院不予协助。

第四百零九条 请求和提供司法协助，应当依照中华人民共和国缔结或者参加的国际条约规定的途径进行；没有条约关系的，通过外交途径进行。

第四百一十条 人民法院请求外国提供司法协助的，应当经高级人民法院审查后报最高人民法院审核同意。

外国法院请求我国提供司法协助，属于人民法院职权范围的，经最高人民法院审核同意后转有关人民法院办理。

第四百一十一条 人民法院请求外国提供司法协助的请求书及其所附文件，应当附有该国文字译本或者国际条约规定的其他文字文本。

外国法院请求我国提供司法协助的请求书及其所附文件，应当附有中文译本或者国际条约规定的其他文字文本。

第四百一十二条 人民法院向在中华人民共和国领域外居住的当事人送达刑事诉讼文书，可以采用下列方式：

（一）根据受送达人所在国与中华人民共和国缔结或者共同参加的国际条约规定的方式送达；

（二）通过外交途径送达；

（三）对中国籍当事人，可以委托我国驻受送达人所在国的使、领馆代为送达；

（四）当事人是自诉案件的自诉人或者附带民事诉讼原告人的，可以向有权代其接受送达的诉讼代理人送达；

（五）当事人是外国单位的，可以向其在中华人民共和国领域内设立的代表机构或者有权接受送达的分支机构、业务代办人送达；

（六）受送达人所在国法律允许的，可以邮寄送达；自邮寄之日起满三个月，送达回证未退回，但根据各种情况足以认定已经送达的，视为送达；

（七）受送达人所在国法律允许的，可以采用传真、电子邮件等能够确认受送达人收悉的方式送达。

第四百一十三条 人民法院通过外交途径向在中华人民共和国领域外居住的受送达人送达刑事诉讼文书的，所送达的文书应当经高级人民法院审查后报最高人民法院审核。最高人民法院认为可以发出的，由最高人民法院交外交部主管部门转递。

外国法院通过外交途径请求人民法院送达刑事诉讼文书的，由该国驻华使馆将法律文书交我国外交部主管部门转最高人民法院。最高人民法院审核后认为属于人民法院职权范围，且可以代为送达的，应当转有关人民法院办理。

第四百一十四条 涉外刑事案件审理过程中的其他事宜，依照法律、司法解释和其他有关规定办理。

第二十二章 犯罪嫌疑人、被告人逃匿、死亡案件违法所得的没收程序

第五百零七条 依照刑法规定应当追缴违法所得及其他涉案财产，且符合下列情形之一的，人民检察院可以向人民法院提出没收违法所得的申请：

（一）犯罪嫌疑人、被告人实施了贪污贿赂犯罪、恐怖活动犯罪等重大犯罪后逃匿，在通缉一年后不能到案的；

（二）犯罪嫌疑人、被告人死亡的。

第五百零八条 具有下列情形之一的，应当认定为刑事诉讼法第二百八十条第一款规定的"重大犯罪案件"：

（一）犯罪嫌疑人、被告人可能被判处无期徒刑以上刑罚的；

（二）案件在本省、自治区、直辖市或者全国范围内有较大影响的；

（三）其他重大犯罪案件。

第五百零九条 实施犯罪行为所取得的财物及其孳息，以及被告人非法持有的违禁品、供犯罪所用的本人财物，应当认定为刑事诉讼法第二百八十条第一款规定的"违法所得及其他涉案财产"。

第五百一十条 对人民检察院提出的没收违法所得申请，人民法院应当审查以下内容：

（一）是否属于本院管辖；

（二）是否写明犯罪嫌疑人、被告人涉嫌有关犯罪的情况，并附相关证据材料；

（三）是否附有通缉令或者死亡证明；

（四）是否列明违法所得及其他涉案财产的种类、数量、所在地，并附相关证据材料；

（五）是否附有查封、扣押、冻结违法所得及其他涉案财产的清单和相关法律手续；

（六）是否写明犯罪嫌疑人、被告人的近亲属和其他利害关系人的姓名、住址、联系方式及其要求等情况；

（七）是否写明申请没收的理由和法律依据。

第五百一十一条　对没收违法所得的申请，人民法院应当在七日内审查完毕，并按照下列情形分别处理：

（一）不属于本院管辖的，应当退回人民检察院；

（二）材料不全的，应当通知人民检察院在三日内补送；

（三）属于违法所得没收程序受案范围和本院管辖，且材料齐全的，应当受理。

人民检察院尚未查封、扣押、冻结申请没收的财产或者查封、扣押、冻结期限即将届满，涉案财产有被隐匿、转移或者毁损、灭失危险的，人民法院可以查封、扣押、冻结申请没收的财产。

第五百一十二条　人民法院决定受理没收违法所得的申请后，应当在十五日内发出公告，公告期为六个月。公告应当写明以下内容：

（一）案由；

（二）犯罪嫌疑人、被告人通缉在逃或者死亡等基本情况；

（三）申请没收财产的种类、数量、所在地；

（四）犯罪嫌疑人、被告人的近亲属和其他利害关系人申请参加诉讼的期限、方式；

（五）应当公告的其他情况。

公告应当在全国公开发行的报纸或者人民法院的官方网站刊登，并在人民法院公告栏张贴、发布；必要时，可以在犯罪地、犯罪嫌疑人、被告人居住地、申请没收的不动产所在地张贴、发布。

人民法院已经掌握犯罪嫌疑人、被告人的近亲属和其他利害关系人的联系方式的，应当采取电话、传真、邮件等方式直接告知其公告内容，并记录在案。

第五百一十三条　对申请没收的财产主张所有权的人，应当认定为刑事诉讼法第二百八十一条第二款规定的"其他利害关系人"。

犯罪嫌疑人、被告人的近亲属和其他利害关系人申请参加诉讼的，应当在公告期间提出。犯罪嫌疑人、被告人的近亲属应当提供其与犯罪嫌疑人、被告人关系的证明材料，其他利害关系人应当提供申请没收的财产系其所有的证据材料。

犯罪嫌疑人、被告人的近亲属和其他利害关系人在公告期满后申请参加诉讼，能够合理说明原因，并提供证明申请没收的财产系其所有的证据材料的，人民法院应当准许。

第五百一十四条 公告期满后，人民法院应当组成合议庭对申请没收违法所得的案件进行审理。

利害关系人申请参加诉讼的，人民法院应当开庭审理。没有利害关系人申请参加诉讼的，可以不开庭审理。

第五百一十五条 开庭审理申请没收违法所得的案件，按照下列程序进行：

（一）审判长宣布法庭调查开始后，先由检察员宣读申请书，后由利害关系人、诉讼代理人发表意见；

（二）法庭应当依次就犯罪嫌疑人、被告人是否实施了贪污贿赂犯罪、恐怖活动犯罪等重大犯罪并已经通缉一年不能到案，或者是否已经死亡，以及申请没收的财产是否依法应当追缴进行调查；调查时，先由检察员出示有关证据，后由利害关系人发表意见、出示有关证据，并进行质证；

（三）法庭辩论阶段，先由检察员发言，后由利害关系人及其诉讼代理人发言，并进行辩论。

利害关系人接到通知后无正当理由拒不到庭，或者未经法庭许可中途退庭的，可以转为不开庭审理，但还有其他利害关系人参加诉讼的除外。

第五百一十六条 对申请没收违法所得的案件，人民法院审理后，应当按照下列情形分别处理：

（一）案件事实清楚，证据确实、充分，申请没收的财产确属违法所得及其他涉案财产的，除依法返还被害人的以外，应当裁定没收；

（二）不符合本解释第五百零七条规定的条件的，应当裁定驳回申请。

第五百一十七条 对没收违法所得或者驳回申请的裁定，犯罪嫌疑人、被告人的近亲属和其他利害关系人或者人民检察院可以在五日内提出上诉、抗诉。

第五百一十八条 对不服第一审没收违法所得或者驳回申请裁定的上诉、抗诉案件，第二审人民法院经审理，应当按照下列情形分别作出裁定：

（一）原裁定正确的，应当驳回上诉或者抗诉，维持原裁定；

（二）原裁定确有错误的，可以在查清事实后改变原裁定；也可以撤销原裁定，发回重新审判；

（三）原审违反法定诉讼程序，可能影响公正审判的，应当撤销原裁定，发回重新审判。

第五百一十九条 在审理申请没收违法所得的案件过程中，在逃的犯罪嫌疑人、被告人到案的，人民法院应当裁定终止审理。人民检察院向原受理申请的人民法院提起公诉的，可以由同一审判组织审理。

第五百二十条 在审理案件过程中，被告人死亡或者脱逃，符合刑事诉讼法第二百八十条第一款规定的，人民检察院可以向人民法院提出没收违法所得的申请。

人民检察院向原受理案件的人民法院提出申请的，可以由同一审判组织依照本章规定的程序审理。

第五百二十一条　审理申请没收违法所得案件的期限，参照公诉案件第一审普通程序和第二审程序的审理期限执行。

公告期间和请求刑事司法协助的时间不计入审理期限。

第五百二十二条　没收违法所得裁定生效后，犯罪嫌疑人、被告人到案并对没收裁定提出异议，人民检察院向原作出裁定的人民法院提起公诉的，可以由同一审判组织审理。

人民法院经审理，应当按照下列情形分别处理：

（一）原裁定正确的，予以维持，不再对涉案财产作出判决；

（二）原裁定确有错误的，应当撤销原裁定，并在判决中对有关涉案财产一并作出处理。

人民法院生效的没收裁定确有错误的，除第一款规定的情形外，应当依照审判监督程序予以纠正。已经没收的财产，应当及时返还；财产已经上缴国库的，由原没收机关从财政机关申请退库，予以返还；原物已经出卖、拍卖的，应当退还价款；造成犯罪嫌疑人、被告人以及利害关系人财产损失的，应当依法赔偿。

第五百二十三条　人民法院审理申请没收违法所得的案件，本章没有规定的，参照适用本解释的有关规定。

人民检察院刑事诉讼规则[*]（节选）

第九章　侦　查

第七节　查询、冻结

第二百四十一条　人民检察院根据侦查犯罪的需要，可以依照规定查询、冻结犯罪嫌疑人的存款、汇款、债券、股票、基金份额等财产，并可以要求有关单位和个人配合。

第二百四十二条　查询、冻结犯罪嫌疑人的存款、汇款、债券、股票、基金份额等财产，应当经检察长批准，制作查询、冻结财产通知书，通知银行或者其他金融机构、邮电部门执行。

第二百四十三条　犯罪嫌疑人的存款、汇款、债券、股票、基金份额等财产已冻结的，人民检察院不得重复冻结，但是应当要求有关银行或者其他金融机构、邮电部门在解除冻结或者作出处理前通知人民检察院。

第二百四十四条　扣押、冻结债券、股票、基金份额等财产，应当书面告知当事人或者其法定代理人、委托代理人有权申请出售。

对于被扣押、冻结的债券、股票、基金份额等财产，在扣押、冻结期间权利人申请出售，经审查认为不损害国家利益、被害人利益，不影响诉讼正常进行的，以及扣押、冻结的汇票、本票、支票的有效期即将届满的，经检察长批准，可以在案件办结前依法出售或者变现，所得价款由检察机关指定专门的银行账户保管，并及时告知当事人或者其近亲属。

第二百四十五条　对于冻结的存款、汇款、债券、股票、基金份额等财产，经查明确实与案件无关的，应当在三日以内解除冻结，并通知被冻结存款、汇款、债券、股票、基金份额等财产的所有人。

第二百四十六条　查询、冻结与案件有关的单位的存款、汇款、债券、股

---

　*　2012 年 10 月 16 日最高人民检察院第十一届检察委员会第八十次会议通过，2013 年 1 月 1 日起施行。

票、基金份额等财产的办法适用本规则第二百四十一条至第二百四十五条的规定。

第十三章 特别程序

第三节 犯罪嫌疑人、被告人逃匿、死亡案件违法所得的没收程序

第五百二十三条 对于贪污贿赂犯罪、恐怖活动犯罪等重大犯罪案件，犯罪嫌疑人、被告人逃匿，在通缉一年后不能到案，依照刑法规定应当追缴其违法所得及其他涉案财产的，人民检察院可以向人民法院提出没收违法所得的申请。

对于犯罪嫌疑人、被告人死亡，依照刑法规定应当追缴其违法所得及其他涉案财产的，人民检察院也可以向人民法院提出没收违法所得的申请。

犯罪嫌疑人实施犯罪行为所取得的财物及其孳息以及犯罪嫌疑人非法持有的违禁品、供犯罪所用的本人财物，应当认定为前两款规定的违法所得及其他涉案财产。

第五百二十四条 人民检察院审查侦查机关移送的没收违法所得意见书，向人民法院提出没收违法所得的申请以及对违法所得没收程序中调查活动、审判活动的监督，由公诉部门办理。

第五百二十五条 没收违法所得的申请，应当由与有管辖权的中级人民法院相对应的人民检察院提出。

第五百二十六条 人民检察院向人民法院提出没收违法所得的申请，应当制作没收违法所得申请书。没收违法所得申请书的主要内容包括：

（一）犯罪嫌疑人、被告人的基本情况，包括姓名、性别、出生年月日、出生地、户籍地、身份证号码、民族、文化程度、职业、工作单位及职务、住址等；

（二）案由及案件来源；

（三）犯罪嫌疑人、被告人的犯罪事实；

（四）犯罪嫌疑人、被告人逃匿、被通缉或者死亡的情况；

（五）犯罪嫌疑人、被告人的违法所得及其他涉案财产的种类、数量、所在地及查封、扣押、冻结的情况；

（六）犯罪嫌疑人、被告人近亲属和其他利害关系人的姓名、住址、联系方式及其要求等情况；

（七）提出没收违法所得申请的理由和法律依据。

第五百二十七条 公安机关向人民检察院移送没收违法所得意见书，应当由有管辖权的人民检察院的同级公安机关移送。

第五百二十八条 人民检察院审查公安机关移送的没收违法所得意见书，应当查明：

（一）是否属于本院管辖；

（二）是否符合刑事诉讼法第二百八十条第一款规定的条件；

（三）犯罪嫌疑人身份状况，包括姓名、性别、国籍、出生年月日、职业和单位等；

（四）犯罪嫌疑人涉嫌犯罪的情况；

（五）犯罪嫌疑人逃匿、被通缉或者死亡的情况；

（六）违法所得及其他涉案财产的种类、数量、所在地，以及查封、扣押、冻结的情况；

（七）与犯罪事实、违法所得相关的证据材料是否随案移送，不宜移送的证据的清单、复制件、照片或者其他证明文件是否随案移送；

（八）证据是否确实、充分；

（九）相关利害关系人的情况。

第五百二十九条 人民检察院应当在接到公安机关移送的没收违法所得意见书后三十日以内作出是否提出没收违法所得申请的决定。三十日以内不能作出决定的，经检察长批准，可以延长十五日。

对于公安机关移送的没收违法所得案件，经审查认为不符合刑事诉讼法第二百八十条第一款规定条件的，应当作出不提出没收违法所得申请的决定，并向公安机关书面说明理由；认为需要补充证据的，应当书面要求公安机关补充证据，必要时也可以自行调查。

公安机关补充证据的时间不计入人民检察院办案期限。

第五百三十条 人民检察院发现公安机关应当启动违法所得没收程序而不启动的，可以要求公安机关在七日以内书面说明不启动的理由。

经审查，认为公安机关不启动理由不能成立的，应当通知公安机关启动程序。

第五百三十一条 人民检察院发现公安机关在违法所得没收程序的调查活动中有违法情形的，应当向公安机关提出纠正意见。

第五百三十二条 在审查公安机关移送的没收违法所得意见书的过程中，在逃的犯罪嫌疑人、被告人自动投案或者被抓获的，人民检察院应当终止审查，并将案卷退回公安机关处理。

第五百三十三条 人民检察院直接受理立案侦查的案件，犯罪嫌疑人逃匿或者犯罪嫌疑人死亡而撤销案件，符合刑事诉讼法第二百八十条第一款规定条件的，侦查部门应当启动违法所得没收程序进行调查。

侦查部门进行调查应当查明犯罪嫌疑人涉嫌的犯罪事实，犯罪嫌疑人逃匿、被通缉或者死亡的情况，以及犯罪嫌疑人的违法所得及其他涉案财产的情况，并可以对违法所得及其他涉案财产依法进行查封、扣押、查询、冻结。

侦查部门认为符合刑事诉讼法第二百八十条第一款规定条件的，应当写出没收违法所得意见书，连同案卷材料一并移送有管辖权的人民检察院侦查部门，并由有管辖权的人民检察院侦查部门移送本院公诉部门。

公诉部门对没收违法所得意见书进行审查，作出是否提出没收违法所得申请的决定，具体程序按照本规则第五百二十八条、第五百二十九条的规定办理。

第五百三十四条 在人民检察院审查起诉过程中，犯罪嫌疑人死亡，或者贪污贿赂犯罪、恐怖活动犯罪等重大犯罪案件的犯罪嫌疑人逃匿，在通缉一年后不能到案，依照刑法规定应当追缴其违法所得及其他涉案财产的，人民检察院可以直接提出没收违法所得的申请。

人民法院在审理案件过程中，被告人死亡而裁定终止审理，或者被告人脱逃而裁定中止审理，人民检察院可以依法另行向人民法院提出没收违法所得的申请。

第五百三十五条 人民法院没收违法所得的申请进行审理，人民检察院应当承担举证责任。

人民法院对没收违法所得的申请开庭审理的，人民检察院应当派员出席法庭。

第五百三十六条 人民检察院发现人民法院或者审判人员审理没收违法所得案件违反法律规定的诉讼程序，应当向人民法院提出纠正意见。

人民检察院认为同级人民法院按照违法所得没收程序所作的第一审裁定确有错误的，应当在五日以内向上一级人民法院提出抗诉。

最高人民检察院、省级人民检察院认为下级人民法院按照违法所得没收程序所作的已经发生法律效力的裁定确有错误的，应当按照审判监督程序向同级人民法院提出抗诉。

第五百三十七条 在审理案件过程中，在逃的犯罪嫌疑人、被告人自动投案或者被抓获，人民法院按照刑事诉讼法第二百八十三条第一款的规定终止审理的，人民检察院应当将案卷退回侦查机关处理。

第五百三十八条 对于刑事诉讼法第二百八十条第一款规定以外需要没收违法所得的，按照有关规定执行。

第十六章　刑事司法协助

第一节　一般规定

第六百七十六条　人民检察院进行司法协助，有我国参加或者缔结的国际条约规定的，适用该条约规定，但是我国声明保留的条款除外；无相应条约规定的，按照互惠原则通过外交途径办理。

第六百七十七条　人民检察院应当在相互尊重国家主权和平等互利的基础上，与有关国家的主管机关相互提供司法协助。

第六百七十八条　享有外交特权和豁免权的外国人的刑事责任问题，通过外交途径解决。

第六百七十九条　人民检察院司法协助的范围主要包括刑事方面的调查取证，送达刑事诉讼文书，通报刑事诉讼结果，移交物证、书证和视听资料，扣押、移交赃款、赃物以及法律和国际条约规定的其他司法协助事宜。

第六百八十条　办理引渡案件，按照国家关于引渡的法律和规定执行。

第六百八十一条　人民检察院对外进行司法协助，应当根据我国有关法律规定的程序向外国提供司法协助和办理司法协助事务。依照国际条约规定，在不违背我国法律规定的前提下，也可以按照请求方的要求适用请求书中所示的程序。

第六百八十二条　外国有关机关请求的事项有损中华人民共和国的主权、安全或者社会公共利益以及违反中国法律的，应当不予协助；不属于人民检察院职权范围的，应当予以退回或者移送有关机关，并说明理由。

第六百八十三条　最高人民检察院是检察机关办理司法协助事务的最高主管机关，依照国际条约规定是人民检察院司法协助的中方中央机关。

地方各级人民检察院是执行司法协助的主管机关，依照职责分工办理司法协助事务。

第六百八十四条　人民检察院与有关国家相互提供司法协助，应当按照我国与有关国家缔结的司法协助条约规定的联系途径或者外交途径进行。

第六百八十五条　有关司法协助条约规定最高人民检察院为司法协助的中方中央机关的，由最高人民检察院直接与有关国家对应的中央机关联系和转递司法协助文件及其他材料。

有关司法协助条约规定其他机关为中方中央机关的，地方各级人民检察院通过最高人民检察院与中方中央机关联系和转递司法协助文件。

第六百八十六条　其他机关需要通过最高人民检察院对外办理司法协助的，应当通过其最高主管机关与最高人民检察院联系。

第六百八十七条　对尚未与我国缔结司法协助条约的国家，相互之间需要提供司法协助的，应当根据互惠原则，通过外交途径办理，也可以按照惯例进行。

具体程序参照本章规定。

第六百八十八条　人民检察院需要通过国际刑事警察组织缉捕人犯、查询资料的，由有关人民检察院提出申请，层报最高人民检察院审查后与有关部门联系办理。

第六百八十九条　我国边境地区人民检察院与相邻国家的司法机关相互进行司法合作，在不违背有关条约、协议和我国法律的前提下，可以按惯例或者遵照有关规定进行，但应当报最高人民检察院备案。

第六百九十条　我国边境地区人民检察院与相邻国家的司法机关相互进行司法合作，可以视情况就双方之间办案过程中的具体事务作出安排，开展友好往来活动。

第二节　人民检察院提供司法协助

第六百九十一条　最高人民检察院通过有关国际条约规定的联系途径或外交途径，接收外国提出的司法协助请求。

第六百九十二条　外国有关机关请求人民检察院提供司法协助的请求书及所附文件，应当附有中文译本或者国际条约规定的其他文字文本。

第六百九十三条　最高人民检察院收到缔约的外国一方提出的司法协助请求后，应当依据我国法律和有关司法协助条约进行审查。对符合条约规定并且所附材料齐全的，交由有关省、自治区、直辖市人民检察院办理或者指定有关人民检察院办理，或者交由其他有关最高主管机关指定有关机关办理。对不符合条约或者有关法律规定的，应当通过接收请求的途径退回请求方不予执行；对所附材料不齐全的，应当要求请求方予以补充。

第六百九十四条　有关省、自治区、直辖市人民检察院收到最高人民检察院转交的司法协助请求书和所附材料后，可以直接办理，也可以指定有关的人民检察院办理。

第六百九十五条　负责执行司法协助请求的人民检察院收到司法协助请求书和所附材料后，应即安排执行，并按条约规定的格式和语言文字将执行结果及有关材料报经省、自治区、直辖市人民检察院审查后，报送最高人民检察院。

对于不能执行的，应当将司法协助请求书和所附材料，连同不能执行的理由通过省、自治区、直辖市人民检察院报送最高人民检察院。

人民检察院因请求书提供的地址不详或材料不齐全难以执行该项请求的，应当立即通过最高人民检察院要求请求方补充提供材料。

第六百九十六条 最高人民检察院应当对执行结果进行审查。对于符合请求要求和有关规定的，由最高人民检察院转递请求协助的缔约外国一方。

第六百九十七条 缔约的外国一方通过其他中方中央机关请求检察机关提供司法协助的，由其他中方中央机关将请求书及所附文件转递最高人民检察院，按本节规定办理。

第三节 人民检察院向外国提出司法协助请求

第六百九十八条 地方各级人民检察院需要向缔约的外国一方请求提供司法协助，应当按有关条约的规定提出司法协助请求书、调查提纲及所附文件和相应的译文，经省级人民检察院审核后，报送最高人民检察院。

请求书及其附件应当提供具体、准确的线索、证据和其他材料。我国与被请求国有条约的，请求书及所附材料按条约规定的语言译制文本；我国与被请求国没有签订条约的，按被请求国官方语言或者可以接受的语言译制文本。

第六百九十九条 最高人民检察院收到地方各级人民检察院请求缔约的外国一方提供司法协助的材料后，应当依照有关条约进行审查。对符合条约有关规定、所附材料齐全的，应当连同上述材料一并转递缔约另一方的中央机关，或者交由其他中方中央机关办理。对不符合条约规定或者材料不齐全的，应当退回提出请求的人民检察院补充或者修正。

第七百条 需要派员赴国外调查取证的，承办案件的人民检察院应当查明在国外证人、犯罪嫌疑人的具体居住地点或者地址、通讯方式等基本情况，制作调查提纲，层报省级人民检察院审核后报送最高人民检察院，通过司法协助或者外交途径向被请求国发出请求书，在被请求国同意后按照有关程序办理赴国外取证事宜。

第四节 期限和费用

第七百零一条 人民检察院提供司法协助，请求书中附有办理期限的，应当按期完成。未附办理期限的，调查取证一般应当在三个月以内完成；送达刑事诉讼文书一般应当在三十日以内完成。

不能按期完成的，应当说明情况和理由，层报最高人民检察院，以便转告请求方。

第七百零二条 人民检察院提供刑事司法协助，根据有关条约规定需要向请求方收取费用的，应当将费用和账单连同执行司法协助的结果一并报送最高人民检察院转递请求方。最高人民检察院收到上述费用后应当立即转交有关人民检察院。

第七百零三条　人民检察院请求外国提供司法协助，根据条约规定应当支付费用的，最高人民检察院收到被请求方开具的收费账单后，应当立即转交有关人民检察院支付。

公安机关办理刑事案件程序规定*（节选）

第八章 侦 查

第七节 查询、冻结

第二百三十一条 公安机关根据侦查犯罪的需要，可以依照规定查询、冻结犯罪嫌疑人的存款、汇款、债券、股票、基金份额等财产，并可以要求有关单位和个人配合。

第二百三十二条 向金融机构等单位查询犯罪嫌疑人的存款、汇款、债券、股票、基金份额等财产，应当经县级以上公安机关负责人批准，制作协助查询财产通知书，通知金融机构等单位执行。

第二百三十三条 需要冻结犯罪嫌疑人在金融机构等单位的存款、汇款、债券、股票、基金份额等财产的，应当经县级以上公安机关负责人批准，制作协助冻结财产通知书，通知金融机构等单位执行。

第二百三十四条 不需要继续冻结犯罪嫌疑人存款、汇款、债券、股票、基金份额等财产时，应当经县级以上公安机关负责人批准，制作协助解除冻结财产通知书，通知金融机构等单位执行。

第二百三十五条 犯罪嫌疑人的存款、汇款、债券、股票、基金份额等财产已被冻结的，不得重复冻结，但可以轮候冻结。

第二百三十六条 冻结存款、汇款等财产的期限为六个月。冻结债券、股票、基金份额等证券的期限为二年。有特殊原因需要延长期限的，公安机关应当在冻结期限届满前办理继续冻结手续。每次续冻存款、汇款等财产的期限最长不得超过六个月；每次续冻债券、股票、基金份额等证券的期限最长不得超过二年。继续冻结的，应当按照本规定第二百三十三条的规定重新办理冻结手续。逾期不办理继续冻结手续的，视为自动解除冻结。

---

* 修订后的《公安机关办理刑事案件程序规定》于 2012 年 12 月 3 日由公安部部长办公会议通过，2013 年 1 月 1 日起施行。

第二百三十七条　对冻结的债券、股票、基金份额等财产，应当告知当事人或者其法定代理人、委托代理人有权申请出售。

权利人书面申请出售被冻结的债券、股票、基金份额等财产，不损害国家利益、被害人、其他权利人利益，不影响诉讼正常进行的，以及冻结的汇票、本票、支票的有效期即将届满的，经县级以上公安机关负责人批准，可以依法出售或者变现，所得价款应当继续冻结在其对应的银行账户中；没有对应的银行账户的，所得价款由公安机关在银行指定专门账户保管，并及时告知当事人或者其近亲属。

第二百三十八条　对冻结的存款、汇款、债券、股票、基金份额等财产，经查明确实与案件无关的，应当在三日以内通知金融机构等单位解除冻结，并通知被冻结存款、汇款、债券、股票、基金份额等财产的所有人。

第十章　特别程序

第三节　犯罪嫌疑人逃匿、死亡案件违法所得的没收程序

第三百二十八条　有下列情形之一，依照刑法规定应当追缴其违法所得及其他涉案财产的，经县级以上公安机关负责人批准，公安机关应当写出没收违法所得意见书，连同相关证据材料一并移送同级人民检察院：

（一）恐怖活动犯罪等重大犯罪案件，犯罪嫌疑人逃匿，在通缉一年后不能到案的；

（二）犯罪嫌疑人死亡的。

犯罪嫌疑人死亡，现有证据证明其存在违法所得及其他涉案财产应当予以没收的，公安机关可以进行调查。公安机关进行调查，可以依法进行查封、扣押、查询、冻结。

第三百二十九条　没收违法所得意见书应当包括以下内容：

（一）犯罪嫌疑人的基本情况；

（二）犯罪事实和相关的证据材料；

（三）犯罪嫌疑人逃匿、被通缉或者死亡的情况；

（四）犯罪嫌疑人的违法所得及其他涉案财产的种类、数量、所在地；

（五）查封、扣押、冻结的情况等。

第三百三十条　公安机关将没收违法所得意见书移送人民检察院后，在逃的犯罪嫌疑人自动投案或者被抓获的，公安机关应当及时通知同级人民检察院。

第十三章 刑事司法协助和警务合作

第三百六十四条 公安部是公安机关进行刑事司法协助和警务合作的中央主管机关，通过有关国际条约、协议规定的联系途径、外交途径或者国际刑事警察组织渠道，接收或者向外国提出刑事司法协助或者警务合作请求。

地方各级公安机关依照职责分工办理刑事司法协助事务和警务合作事务。

其他司法机关在办理刑事案件中，需要外国警方协助的，由其中央主管机关与公安部联系办理。

第三百六十五条 公安机关进行刑事司法协助和警务合作的范围，主要包括犯罪情报信息的交流与合作，调查取证，送达刑事诉讼文书，移交物证、书证、视听资料或者电子数据等证据材料，引渡、缉捕和递解犯罪嫌疑人、被告人或者罪犯以及国际条约、协议规定的其他刑事司法协助和警务合作事宜。

第三百六十六条 在不违背有关国际条约、协议和我国法律的前提下，我国边境地区设区的市一级公安机关和县级公安机关与相邻国家的警察机关，可以按照惯例相互开展执法会晤、人员往来、边境管控、情报信息交流等警务合作，但应当报省级公安机关批准，并报公安部备案。

第三百六十七条 公安部收到外国的刑事司法协助或者警务合作请求后，应当依据我国法律和国际条约、协议的规定进行审查。对于符合规定的，交有关省级公安机关办理，或者移交其他有关中央主管机关；对于不符合条约或者协议规定的，通过接收请求的途径退回请求方。

第三百六十八条 负责执行刑事司法协助或者警务合作的公安机关收到请求书和所附材料后，应当按照我国法律和有关国际条约、协议的规定安排执行，并将执行结果及其有关材料报经省级公安机关审核后报送公安部。

在执行过程中，需要采取查询、查封、扣押、冻结等措施的，可以根据公安部的执行通知办理有关法律手续。

请求书提供的信息不准确或者材料不齐全难以执行的，应当立即通过省级公安机关报请公安部要求请求方补充材料；因其他原因无法执行或者具有应当拒绝协助、合作的情形等不能执行的，应当将请求书和所附材料，连同不能执行的理由通过省级公安机关报送公安部。

第三百六十九条 执行刑事司法协助和警务合作，请求书中附有办理期限的，应当按期完成。未附办理期限的，调查取证应当在三个月以内完成；送达刑事诉讼文书，应当在十日以内完成。不能按期完成的，应当说明情况和理由，层报公安部。

第三百七十条 需要请求外国警方提供刑事司法协助或者警务合作的，应当按照有关国际条约、协议的规定提出刑事司法协助或者警务合作请求书，所附文件及相应译文，经省级公安机关审核后报送公安部。

第三百七十一条 需要通过国际刑事警察组织缉捕犯罪嫌疑人、被告人或者罪犯、查询资料、调查取证的，应当提出申请层报国际刑事警察组织中国国家中心局。

第三百七十二条 公安机关提供或者请求外国提供刑事司法协助或者警务合作，应当收取或者支付费用的，根据有关国际条约、协议的规定，或者按照对等互惠的原则协商办理。

第三百七十三条 办理引渡案件，依照法律规定和有关条约执行。

公安机关办理行政案件程序规定*（节选）

第十三章　涉外行政案件的办理

第二百一十二条　办理涉外行政案件，应当维护国家主权和利益，坚持平等互利原则。

第二百一十三条　对外国人国籍的确认，以其入境时有效证件上所表明的国籍为准；国籍有疑问或者国籍不明的，由公安机关出入境管理部门协助查明。

对无法查明国籍、身份不明的外国人，按照其自报的国籍或者无国籍人对待。

第二百一十四条　违法行为人为享有外交特权和豁免权的外国人的，办案公安机关应当将其身份、证件及违法行为等基本情况记录在案，保存有关证据，并尽快将有关情况层报省级公安机关，由省级公安机关商请同级人民政府外事部门通过外交途径处理。

对享有外交特权和豁免权的外国人，不得采取限制人身自由和查封、扣押的强制措施。

第二百一十五条　办理涉外行政案件，应当使用中华人民共和国通用的语言文字。对不通晓我国语言文字的，公安机关应当为其提供翻译；当事人通晓我国语言文字，不需要他人翻译的，应当出具书面声明。

经县级以上公安机关负责人批准，外国籍当事人可以自己聘请翻译，翻译费由其个人承担。

第二百一十六条　外国人具有下列情形之一，经当场盘问或者继续盘问后不能排除嫌疑，需要作进一步调查的，经县级以上公安机关或者出入境边防检查机关负责人批准，可以拘留审查：

（一）有非法出境入境嫌疑的；

（二）有协助他人非法出境入境嫌疑的；

---

*　修订后的《公安机关办理行政案件程序规定》于 2012 年 12 月 3 日由公安部部长办公会议通过，2013 年 1 月 1 日起施行，同时 2006 年 8 月 24 日发布的《公安机关办理行政案件程序规定》予以废止。

（三）有非法居留、非法就业嫌疑的；

（四）有危害国家安全和利益，破坏社会公共秩序或者从事其他违法犯罪活动嫌疑的。

实施拘留审查，应当出示拘留审查决定书，并在二十四小时内进行询问。

拘留审查的期限不得超过三十日，案情复杂的，经上一级公安机关或者出入境边防检查机关批准可以延长至六十日。对国籍、身份不明的，拘留审查期限自查清其国籍、身份之日起计算。

第二百一十七条　具有下列情形之一的，应当解除拘留审查：

（一）被决定遣送出境、限期出境或者驱逐出境的；

（二）不应当拘留审查的；

（三）被采取限制活动范围措施的；

（四）案件移交其他部门处理的；

（五）其他应当解除拘留审查的。

第二百一十八条　外国人具有下列情形之一的，不适用拘留审查，经县级以上公安机关或者出入境边防检查机关负责人批准，可以限制其活动范围：

（一）患有严重疾病的；

（二）怀孕或者哺乳自己婴儿的；

（三）未满十六周岁或者已满七十周岁的；

（四）不宜适用拘留审查的其他情形。

被限制活动范围的外国人，应当按照要求接受审查，未经公安机关批准，不得离开限定的区域。限制活动范围的期限不得超过六十日。对国籍、身份不明的，限制活动范围期限自查清其国籍、身份之日起计算。

第二百一十九条　被限制活动范围的外国人应当遵守下列规定：

（一）未经决定机关批准，不得变更生活居所，超出指定的活动区域；

（二）在传唤的时候及时到案；

（三）不得以任何形式干扰证人作证；

（四）不得毁灭、伪造证据或者串供。

第二百二十条　外国人具有下列情形之一的，经县级以上公安机关或者出入境边防检查机关负责人批准，可以遣送出境：

（一）被处限期出境，未在规定期限内离境的；

（二）有不准入境情形的；

（三）非法居留、非法就业的；

（四）违反法律、行政法规需要遣送出境的。

其他境外人员具有前款所列情形之一的，可以依法遣送出境。

被遣送出境的人员，自被遣送出境之日起一至五年内不准入境。

第二百二十一条 被遣送出境的外国人可以被遣送至下列国家或者地区：

（一）国籍国；

（二）入境前的居住国或者地区；

（三）出生地国或者地区；

（四）入境前的出境口岸的所属国或者地区；

（五）其他允许被遣送出境的外国人入境的国家或者地区。

第二百二十二条 具有下列情形之一的外国人，应当羁押在拘留所或者遣返场所：

（一）被拘留审查的；

（二）被决定遣送出境或者驱逐出境但因天气、交通运输工具班期、当事人健康状况等客观原因或者国籍、身份不明，不能立即执行的。

第二百二十三条 外国人对继续盘问、拘留审查、限制活动范围、遣送出境措施不服的，可以依法申请行政复议，该行政复议决定为最终决定。

其他境外人员对遣送出境措施不服，申请行政复议的，适用前款规定。

第二百二十四条 外国人具有下列情形之一的，经县级以上公安机关或者出入境边防检查机关决定，可以限期出境：

（一）违反治安管理的；

（二）从事与停留居留事由不相符的活动的；

（三）违反中国法律、法规规定，不适宜在中国境内继续停留居留的。

对外国人决定限期出境的，应当规定外国人离境的期限，注销其有效签证或者停留居留证件。限期出境的期限不得超过三十日。

第二百二十五条 外国人违反治安管理或者出境入境管理，情节严重，尚不构成犯罪的，承办的公安机关可以层报公安部处以驱逐出境。公安部作出的驱逐出境决定为最终决定，由承办机关宣布并执行。

被驱逐出境的外国人，自被驱逐出境之日起十年内不准入境。

第二百二十六条 对外国人处以罚款或者行政拘留并处限期出境或者驱逐出境的，应当于罚款或者行政拘留执行完毕后执行限期出境或者驱逐出境。

第二百二十七条 办理涉外行政案件，应当按照国家有关办理涉外案件的规定，严格执行请示报告、内部通报、对外通知等各项制度。

第二百二十八条 对外国人作出行政拘留、拘留审查或者其他限制人身自由以及限制活动范围的决定后，决定机关应当在四十八小时内将外国人的姓名、性别、入境时间、护照或者其他身份证件号码，案件发生的时间、地点及有关情况，违法的主要事实，已采取的措施及其法律依据等情况报告省级公安机关；

省级公安机关应当在规定期限内，将有关情况通知该外国人所属国家的驻华使馆、领馆，并通报同级人民政府外事部门。当事人要求不通知使馆、领馆，且我国与当事人国籍国未签署双边协议规定必须通知的，可以不通知，但应当由其本人提出书面请求。

第二百二十九条　外国人在被行政拘留、拘留审查、限制活动范围或者其他限制人身自由期间死亡的，有关省级公安机关应当通知该外国人所属国家驻华使馆、领馆，同时报告公安部并通报同级人民政府外事部门。

第二百三十条　外国人在被行政拘留、拘留审查或者其他限制人身自由以及限制活动范围期间，其所属国家驻华外交、领事官员要求探视的，决定机关应当及时安排。该外国人拒绝其所属国家驻华外交、领事官员探视的，公安机关可以不予安排，但应当由其本人出具书面声明。

第二百三十一条　办理涉外行政案件，本章未作规定的，适用其他各章的有关规定。

最高人民法院、最高人民检察院关于办理职务犯罪案件认定自首、立功等量刑情节若干问题的意见*

为依法惩处贪污贿赂、渎职等职务犯罪，根据刑法和相关司法解释的规定，结合办案工作实际，现就办理职务犯罪案件有关自首、立功等量刑情节的认定和处理问题，提出如下意见：

一、关于自首的认定和处理

根据刑法第六十七条第一款的规定，成立自首需同时具备自动投案和如实供述自己的罪行两个要件。犯罪事实或者犯罪分子未被办案机关掌握，或者虽被掌握，但犯罪分子尚未受到调查谈话、讯问，或者未被宣布采取调查措施或者强制措施时，向办案机关投案的，是自动投案。在此期间如实交代自己的主要犯罪事实的，应当认定为自首。

犯罪分子向所在单位等办案机关以外的单位、组织或者有关负责人员投案的，应当视为自动投案。

没有自动投案，在办案机关调查谈话、讯问、采取调查措施或者强制措施期间，犯罪分子如实交代办案机关掌握的线索所针对的事实的，不能认定为自首。

没有自动投案，但具有以下情形之一的，以自首论：（1）犯罪分子如实交代办案机关未掌握的罪行，与办案机关已掌握的罪行属不同种罪行的；（2）办案机关所掌握线索针对的犯罪事实不成立，在此范围外犯罪分子交代同种罪行的。

单位犯罪案件中，单位集体决定或者单位负责人决定而自动投案，如实交代单位犯罪事实的，或者单位直接负责的主管人员自动投案，如实交代单位犯罪事实的，应当认定为单位自首。单位自首的，直接负责的主管人员和直接责任人员未自动投案，但如实交代自己知道的犯罪事实的，可以视为自首；拒不交代自己知道的犯罪事实或者逃避法律追究的，不应当认定为自首。单位没有

---

* 最高人民法院、最高人民检察院 2009 年 3 月 12 日发布。

自首，直接责任人员自动投案并如实交代自己知道的犯罪事实的，对该直接责任人员应当认定为自首。

对于具有自首情节的犯罪分子，办案机关移送案件时应当予以说明并移交相关证据材料。

对于具有自首情节的犯罪分子，应当根据犯罪的事实、性质、情节和对于社会的危害程度，结合自动投案的动机、阶段、客观环境，交代犯罪事实的完整性、稳定性以及悔罪表现等具体情节，依法决定是否从轻、减轻或者免除处罚以及从轻、减轻处罚的幅度。

二、关于立功的认定和处理

立功必须是犯罪分子本人实施的行为。为使犯罪分子得到从轻处理，犯罪分子的亲友直接向有关机关揭发他人犯罪行为，提供侦破其他案件的重要线索，或者协助司法机关抓捕其他犯罪嫌疑人的，不应当认定为犯罪分子的立功表现。

据以立功的他人罪行材料应当指明具体犯罪事实；据以立功的线索或者协助行为对于侦破案件或者抓捕犯罪嫌疑人要有实际作用。犯罪分子揭发他人犯罪行为时没有指明具体犯罪事实的；揭发的犯罪事实与查实的犯罪事实不具有关联性的；提供的线索或者协助行为对于其他案件的侦破或者其他犯罪嫌疑人的抓捕不具有实际作用的，不能认定为立功表现。

犯罪分子揭发他人犯罪行为，提供侦破其他案件重要线索的，必须经查证属实，才能认定为立功。审查是否构成立功，不仅要审查办案机关的说明材料，还要审查有关事实和证据以及与案件定性处罚相关的法律文书，如立案决定书、逮捕决定书、侦查终结报告、起诉意见书、起诉书或者判决书等。

据以立功的线索、材料来源有下列情形之一的，不能认定为立功：（1）本人通过非法手段或者非法途径获取的；（2）本人因原担任的查禁犯罪等职务获取的；（3）他人违反监管规定向犯罪分子提供的；（4）负有查禁犯罪活动职责的国家机关工作人员或者其他国家工作人员利用职务便利提供的。

犯罪分子检举、揭发的他人犯罪，提供侦破其他案件的重要线索，阻止他人的犯罪活动，或者协助司法机关抓捕的其他犯罪嫌疑人，犯罪嫌疑人、被告人依法可能被判处无期徒刑以上刑罚的，应当认定为有重大立功表现。其中，可能被判处无期徒刑以上刑罚，是指根据犯罪行为的事实、情节可能判处无期徒刑以上刑罚。案件已经判决的，以实际判处的刑罚为准。但是，根据犯罪行为的事实、情节应当判处无期徒刑以上刑罚，因被判刑人有法定情节经依法从轻、减轻处罚后判处有期徒刑的，应当认定为重大立功。

对于具有立功情节的犯罪分子，应当根据犯罪的事实、性质、情节和对于社会的危害程度，结合立功表现所起作用的大小、所破获案件的罪行轻重、所抓获犯罪嫌疑人可能判处的法定刑以及立功的时机等具体情节，依法决定是否从轻、减轻或者免除处罚以及从轻、减轻处罚的幅度。

三、关于如实交代犯罪事实的认定和处理

犯罪分子依法不成立自首，但如实交代犯罪事实，有下列情形之一的，可以酌情从轻处罚：（1）办案机关掌握部分犯罪事实，犯罪分子交代了同种其他犯罪事实的；（2）办案机关掌握的证据不充分，犯罪分子如实交代有助于收集定案证据的。

犯罪分子如实交代犯罪事实，有下列情形之一的，一般应当从轻处罚：（1）办案机关仅掌握小部分犯罪事实，犯罪分子交代了大部分未被掌握的同种犯罪事实的；（2）如实交代对于定案证据的收集有重要作用的。

四、关于赃款赃物追缴等情形的处理

贪污案件中赃款赃物全部或者大部分追缴的，一般应当考虑从轻处罚。

受贿案件中赃款赃物全部或者大部分追缴的，视具体情况可以酌定从轻处罚。

犯罪分子及其亲友主动退赃或者在办案机关追缴赃款赃物过程中积极配合的，在量刑时应当与办案机关查办案件过程中依职权追缴赃款赃物的有所区别。

职务犯罪案件立案后，犯罪分子及其亲友自行挽回的经济损失，司法机关或者犯罪分子所在单位及其上级主管部门挽回的经济损失，或者因客观原因减少的经济损失，不予扣减，但可以作为酌情从轻处罚的情节。

最高人民法院、最高人民检察院、公安部、外交部关于敦促在逃境外经济犯罪人员投案自首的通告*

为贯彻落实宽严相济刑事政策，依法惩处各类经济犯罪行为，维护国家经济安全和市场经济秩序、促进社会公平正义和社会和谐稳定，同时给在逃境外经济犯罪嫌疑人、被告人、罪犯（以下统称在逃境外经济犯罪人员）以改过自新、争取宽大处理的机会，根据刑法、刑事诉讼法的有关规定，特通告如下：

一、在逃境外经济犯罪人员自本通告发布之日起至2014年12月1日前向我公安机关、人民检察院、人民法院，或通过我驻外使领馆向我公安机关、人民检察院、人民法院自动投案，如实供述自己罪行，自愿回国的，可以依法从轻或者减轻处罚。其中，积极挽回受害单位或受害人经济损失的，可以减轻处罚；犯罪较轻的，可以免除处罚。

二、在逃境外经济犯罪人员委托他人先代为投案或者先以信函、电报、电话等方式投案，本人随后回国到案的，视为自动投案。

三、在逃境外经济犯罪人员的亲友应当积极规劝其尽快回国投案自首。经亲友规劝、陪同投案的，或者亲友主动报案后将在逃境外经济犯罪人员送去投案的，视为自动投案。

四、在逃境外经济犯罪人员有检举、揭发他人犯罪行为，经查证属实的，提供重要线索，从而得以侦破其他案件的，或者有积极协助司法机关抓获其他在逃境外经济犯罪人员等立功表现的，可以依法从轻或者减轻处罚；有重大立功表现的，可以依法减轻或者免除处罚。

五、在规定期限内拒不投案自首的，司法机关将依法从严惩处。窝藏、包庇犯罪人员，帮助犯罪人员毁灭、伪造证据，掩饰、隐瞒犯罪所得、犯罪所得收益的，将依法追究刑事责任。

六、鼓励、保护有关组织和个人积极举报在逃境外经济犯罪人员，动员、规劝在逃境外经济犯罪人员投案自首。对威胁、报复举报人、控告人，构成犯罪的，依法追究刑事责任。

---

* 最高人民法院、最高人民检察院、公安部和外交部于2014年10月10日联合发布，本通告自发布之日起施行。

七、本通告所称经济犯罪，包括公安机关立案侦查的各类经济犯罪，检察机关立案侦查的贪污贿赂等职务犯罪适用本通告。

八、本通告自发布之日起施行。

最高人民法院关于审理洗钱等刑事案件
具体应用法律若干问题的解释[*]

为依法惩治洗钱，掩饰、隐瞒犯罪所得、犯罪所得收益，资助恐怖活动等犯罪活动，根据刑法有关规定，现就审理此类刑事案件具体应用法律的若干问题解释如下：

第一条　刑法第一百九十一条、第三百一十二条规定的"明知"，应当结合被告人的认知能力，接触他人犯罪所得及其收益的情况，犯罪所得及其收益的种类、数额，犯罪所得及其收益的转换、转移方式以及被告人的供述等主、客观因素进行认定。

具有下列情形之一的，可以认定被告人明知系犯罪所得及其收益，但有证据证明确实不知道的除外：

（一）知道他人从事犯罪活动，协助转换或者转移财物的；

（二）没有正当理由，通过非法途径协助转换或者转移财物的；

（三）没有正当理由，以明显低于市场的价格收购财物的；

（四）没有正当理由，协助转换或者转移财物，收取明显高于市场的"手续费"的；

（五）没有正当理由，协助他人将巨额现金散存于多个银行账户或者在不同银行账户之间频繁划转的；

（六）协助近亲属或者其他关系密切的人转换或者转移与其职业或者财产状况明显不符的财物的；

（七）其他可以认定行为人明知的情形。

被告人将刑法第一百九十一条规定的某一上游犯罪的犯罪所得及其收益误认为刑法第一百九十一条规定的上游犯罪范围内的其他犯罪所得及其收益的，不影响刑法第一百九十一条规定的"明知"的认定。

第二条　具有下列情形之一的，可以认定为刑法第一百九十一条第一款第（五）项规定的"以其他方法掩饰、隐瞒犯罪所得及其收益的来源和性质"：

（一）通过典当、租赁、买卖、投资等方式，协助转移、转换犯罪所得及其

＊　2009 年 9 月 21 日最高人民法院审判委员会第 1474 次会议通过，2009 年 11 月 11 日起施行。

收益的；

（二）通过与商场、饭店、娱乐场所等现金密集型场所的经营收入相混合的方式，协助转移、转换犯罪所得及其收益的；

（三）通过虚构交易、虚设债权债务、虚假担保、虚报收入等方式，协助将犯罪所得及其收益转换为"合法"财物的；

（四）通过买卖彩票、奖券等方式，协助转换犯罪所得及其收益的；

（五）通过赌博方式，协助将犯罪所得及其收益转换为赌博收益的；

（六）协助将犯罪所得及其收益携带、运输或者邮寄出入境的；

（七）通过前述规定以外的方式协助转移、转换犯罪所得及其收益的。

第三条 明知是犯罪所得及其产生的收益而予以掩饰、隐瞒，构成刑法第三百一十二条规定的犯罪，同时又构成刑法第一百九十一条或者第三百四十九条规定的犯罪的，依照处罚较重的规定定罪处罚。

第四条 刑法第一百九十一条、第三百一十二条、第三百四十九条规定的犯罪，应当以上游犯罪事实成立为认定前提。上游犯罪尚未依法裁判，但查证属实的，不影响刑法第一百九十一条、第三百一十二条、第三百四十九条规定的犯罪的审判。

上游犯罪事实可以确认，因行为人死亡等原因依法不予追究刑事责任的，不影响刑法第一百九十一条、第三百一十二条、第三百四十九条规定的犯罪的认定。

上游犯罪事实可以确认，依法以其他罪名定罪处罚的，不影响刑法第一百九十一条、第三百一十二条、第三百四十九条规定的犯罪的认定。

本条所称"上游犯罪"，是指产生刑法第一百九十一条、第三百一十二条、第三百四十九条规定的犯罪所得及其收益的各种犯罪行为。

第五条 刑法第一百二十条之一规定的"资助"，是指为恐怖活动组织或者实施恐怖活动的个人筹集、提供经费、物资或者提供场所以及其他物质便利的行为。

刑法第一百二十条之一规定的"实施恐怖活动的个人"，包括预谋实施、准备实施和实际实施恐怖活动的个人。

最高人民法院关于刑事裁判涉财产部分执行的若干规定*

为进一步规范刑事裁判涉财产部分的执行，维护当事人合法权益，根据《中华人民共和国刑法》《中华人民共和国刑事诉讼法》等法律规定，结合人民法院执行工作实际，制定本规定。

第一条 本规定所称刑事裁判涉财产部分的执行，是指发生法律效力的刑事裁判主文确定的下列事项的执行：

（一）罚金、没收财产；

（二）责令退赔；

（三）处置随案移送的赃款赃物；

（四）没收随案移送的供犯罪所用本人财物；

（五）其他应当由人民法院执行的相关事项。

刑事附带民事裁判的执行，适用民事执行的有关规定。

第二条 刑事裁判涉财产部分，由第一审人民法院执行。第一审人民法院可以委托财产所在地的同级人民法院执行。

第三条 人民法院办理刑事裁判涉财产部分执行案件的期限为六个月。有特殊情况需要延长的，经本院院长批准，可以延长。

第四条 人民法院刑事审判中可能判处被告人财产刑、责令退赔的，刑事审判部门应当依法对被告人的财产状况进行调查；发现可能隐匿、转移财产的，应当及时查封、扣押、冻结其相应财产。

第五条 刑事审判或者执行中，对于侦查机关已经采取的查封、扣押、冻结，人民法院应当在期限届满前及时续行查封、扣押、冻结。人民法院续行查封、扣押、冻结的顺位与侦查机关查封、扣押、冻结的顺位相同。

对侦查机关查封、扣押、冻结的财产，人民法院执行中可以直接裁定处置，无需侦查机关出具解除手续，但裁定中应当指明侦查机关查封、扣押、冻结的事实。

第六条 刑事裁判涉财产部分的裁判内容，应当明确、具体。涉案财物或者被害人人数较多，不宜在判决主文中详细列明的，可以概括叙明并另附清单。

---

* 2014年9月1日由最高人民法院审判委员会第1625次会议通过，2014年11月6日起施行。

判处没收部分财产的，应当明确没收的具体财物或者金额。

判处追缴或者责令退赔的，应当明确追缴或者退赔的金额或财物的名称、数量等相关情况。

第七条 由人民法院执行机构负责执行的刑事裁判涉财产部分，刑事审判部门应当及时移送立案部门审查立案。

移送立案应当提交生效裁判文书及其附件和其他相关材料，并填写《移送执行表》。《移送执行表》应当载明以下内容：

（一）被执行人、被害人的基本信息；

（二）已查明的财产状况或者财产线索；

（三）随案移送的财产和已经处置财产的情况；

（四）查封、扣押、冻结财产的情况；

（五）移送执行的时间；

（六）其他需要说明的情况。

人民法院立案部门经审查，认为属于移送范围且移送材料齐全的，应当在七日内立案，并移送执行机构。

第八条 人民法院可以向刑罚执行机关、社区矫正机构等有关单位调查被执行人的财产状况，并可以根据不同情形要求有关单位协助采取查封、扣押、冻结、划拨等执行措施。

第九条 判处没收财产的，应当执行刑事裁判生效时被执行人合法所有的财产。

执行没收财产或罚金刑，应当参照被扶养人住所地政府公布的上年度当地居民最低生活费标准，保留被执行人及其所扶养家属的生活必需费用。

第十条 对赃款赃物及其收益，人民法院应当一并追缴。

被执行人将赃款赃物投资或者置业，对因此形成的财产及其收益，人民法院应予追缴。

被执行人将赃款赃物与其他合法财产共同投资或者置业，对因此形成的财产中与赃款赃物对应的份额及其收益，人民法院应予追缴。

对于被害人的损失，应当按照刑事裁判认定的实际损失予以发还或者赔偿。

第十一条 被执行人将刑事裁判认定为赃款赃物的涉案财物用于清偿债务、转让或者设置其他权利负担，具有下列情形之一的，人民法院应予追缴：

（一）第三人明知是涉案财物而接受的；

（二）第三人无偿或者以明显低于市场的价格取得涉案财物的；

（三）第三人通过非法债务清偿或者违法犯罪活动取得涉案财物的；

（四）第三人通过其他恶意方式取得涉案财物的。

　　第三人善意取得涉案财物的，执行程序中不予追缴。作为原所有人的被害人对该涉案财物主张权利的，人民法院应当告知其通过诉讼程序处理。

　　第十二条　被执行财产需要变价的，人民法院执行机构应当依法采取拍卖、变卖等变价措施。

　　涉案财物最后一次拍卖未能成交，需要上缴国库的，人民法院应当通知有关财政机关以该次拍卖保留价予以接收；有关财政机关要求继续变价的，可以进行无保留价拍卖。需要退赔被害人的，以该次拍卖保留价以物退赔；被害人不同意以物退赔的，可以进行无保留价拍卖。

　　第十三条　被执行人在执行中同时承担刑事责任、民事责任，其财产不足以支付的，按照下列顺序执行：

　　（一）人身损害赔偿中的医疗费用；

　　（二）退赔被害人的损失；

　　（三）其他民事债务；

　　（四）罚金；

　　（五）没收财产。

　　债权人对执行标的依法享有优先受偿权，其主张优先受偿的，人民法院应当在前款第（一）项规定的医疗费用受偿后，予以支持。

　　第十四条　执行过程中，当事人、利害关系人认为执行行为违反法律规定，或者案外人对执行标的主张足以阻止执行的实体权利，向执行法院提出书面异议的，执行法院应当依照民事诉讼法第二百二十五条的规定处理。

　　人民法院审查案外人异议、复议，应当公开听证。

　　第十五条　执行过程中，案外人或被害人认为刑事裁判中对涉案财物是否属于赃款赃物认定错误或者应予认定而未认定，向执行法院提出书面异议，可以通过裁定补正的，执行机构应当将异议材料移送刑事审判部门处理；无法通过裁定补正的，应当告知异议人通过审判监督程序处理。

　　第十六条　人民法院办理刑事裁判涉财产部分执行案件，刑法、刑事诉讼法及有关司法解释没有相应规定的，参照适用民事执行的有关规定。

　　第十七条　最高人民法院此前发布的司法解释与本规定不一致的，以本规定为准。

人民检察院刑事诉讼涉案财物管理规定*

第一章 总 则

第一条 为了贯彻落实中央关于规范刑事诉讼涉案财物处置工作的要求，进一步规范人民检察院刑事诉讼涉案财物管理工作，提高司法水平和办案质量，保护公民、法人和其他组织的合法权益，根据刑法、刑事诉讼法、《人民检察院刑事诉讼规则（试行）》，结合检察工作实际，制定本规定。

第二条 本规定所称人民检察院刑事诉讼涉案财物，是指人民检察院在刑事诉讼过程中查封、扣押、冻结的与案件有关的财物及其孳息以及从其他办案机关接收的财物及其孳息，包括犯罪嫌疑人的违法所得及其孳息、供犯罪所用的财物、非法持有的违禁品以及其他与案件有关的财物及其孳息。

第三条 违法所得的一切财物，应当予以追缴或者责令退赔。对被害人的合法财产，应当依照有关规定返还。违禁品和供犯罪所用的财物，应当予以查封、扣押、冻结，并依法处理。

第四条 人民检察院查封、扣押、冻结、保管、处理涉案财物，必须严格依照刑事诉讼法、《人民检察院刑事诉讼规则（试行）》以及其他相关规定进行。不得查封、扣押、冻结与案件无关的财物。凡查封、扣押、冻结的财物，都应当及时进行审查；经查明确实与案件无关的，应当在三日内予以解除、退还，并通知有关当事人。

严禁以虚假立案或者其他非法方式采取查封、扣押、冻结措施。对涉案单位违规的账外资金但与案件无关的，不得查封、扣押、冻结，可以通知有关主管机关或者其上级单位处理。

查封、扣押、冻结涉案财物，应当为犯罪嫌疑人、被告人及其所扶养的亲属保留必需的生活费用和物品，减少对涉案单位正常办公、生产、经营等活动的影响。

---

* 2014年11月19日最高人民检察院第十二届检察委员会第二十九次会议通过，公布之日起施行，最高人民检察院2010年5月9日公布的《人民检察院扣押、冻结涉案款物工作规定》同时废止。

第五条　严禁在立案之前查封、扣押、冻结财物。立案之前发现涉嫌犯罪的财物，符合立案条件的，应当及时立案，并采取查封、扣押、冻结措施，以保全证据和防止涉案财物转移、损毁。

个人或者单位在立案之前向人民检察院自首时携带涉案财物的，人民检察院可以根据管辖规定先行接收，并向自首人开具接收凭证，根据立案和侦查情况决定是否查封、扣押、冻结。

人民检察院查封、扣押、冻结涉案财物后，应当对案件及时进行侦查，不得在无法定理由情况下撤销案件或者停止对案件的侦查。

第六条　犯罪嫌疑人到案后，其亲友受犯罪嫌疑人委托或者主动代为向检察机关退还或者赔偿涉案财物的，参照《人民检察院刑事诉讼规则（试行）》关于查封、扣押、冻结的相关程序办理。符合相关条件的，人民检察院应当开具查封、扣押、冻结决定书，并由检察人员、代为退还或者赔偿的人员和有关规定要求的其他人员在清单上签名或者盖章。

代为退还或者赔偿的人员应当在清单上注明系受犯罪嫌疑人委托或者主动代为犯罪嫌疑人退还或者赔偿。

第七条　人民检察院实行查封、扣押、冻结、处理涉案财物与保管涉案财物相分离的原则，办案部门与案件管理、计划财务装备等部门分工负责、互相配合、互相制约。侦查监督、公诉、控告检察、刑事申诉检察等部门依照刑事诉讼法和其他相关规定对办案部门查封、扣押、冻结、保管、处理涉案财物等活动进行监督。

办案部门负责对涉案财物依法进行查封、扣押、冻结、处理，并对依照本规定第十条第二款、第十二条不移送案件管理部门或者不存入唯一合规账户的涉案财物进行管理；案件管理部门负责对办案部门和其他办案机关移送的涉案物品进行保管，并依照有关规定对查封、扣押、冻结、处理涉案财物工作进行监督管理；计划财务装备部门负责对存入唯一合规账户的扣押款项进行管理。

人民检察院监察部门依照有关规定对查封、扣押、冻结、保管、处理涉案财物工作进行监督。

第八条　人民检察院查封、扣押、冻结、处理涉案财物，应当使用最高人民检察院统一制定的法律文书，填写必须规范、完整。禁止使用不符合规定的文书查封、扣押、冻结、处理涉案财物。

第九条　查封、扣押、冻结、保管、处理涉及国家秘密、商业秘密、个人隐私的财物，应当严格遵守有关保密规定。

第二章 涉案财物的移送与接收

第十条 人民检察院办案部门查封、扣押、冻结涉案财物及其孳息后，应当及时按照下列情形分别办理，至迟不得超过三日，法律和有关规定另有规定的除外：

（一）将扣押的款项存入唯一合规账户；

（二）将扣押的物品和相关权利证书、支付凭证以及具有一定特征能够证明案情的现金等，送案件管理部门入库保管；

（三）将查封、扣押、冻结涉案财物的清单和扣押款项存入唯一合规账户的存款凭证等，送案件管理部门登记；案件管理部门应当对存款凭证复印保存，并将原件送计划财务装备部门。

扣押的款项或者物品因特殊原因不能按时存入唯一合规账户或者送案件管理部门保管的，经检察长批准，可以由办案部门暂时保管，在原因消除后及时存入或者移交，但应当将扣押清单和相关权利证书、支付凭证等依照本条第一款规定的期限送案件管理部门登记、保管。

第十一条 案件管理部门接收人民检察院办案部门移送的涉案财物或者清单时，应当审查是否符合下列要求：

（一）有立案决定书和相应的查封、扣押、冻结法律文书以及查封、扣押清单，并填写规范、完整，符合相关要求；

（二）移送的财物与清单相符；

（三）移送的扣押物品清单，已经依照《人民检察院刑事诉讼规则（试行）》有关扣押的规定注明扣押财物的主要特征；

（四）移送的外币、金银珠宝、文物、名贵字画以及其他不易辨别真伪的贵重物品，已经依照《人民检察院刑事诉讼规则（试行）》有关扣押的规定予以密封，检察人员、见证人和被扣押物品持有人在密封材料上签名或者盖章，经过鉴定的，附有鉴定意见复印件；

（五）移送的存折、信用卡、有价证券等支付凭证和具有一定特征能够证明案情的现金，已经依照《人民检察院刑事诉讼规则（试行）》有关扣押的规定予以密封，注明特征、编号、种类、面值、张数、金额等，检察人员、见证人和被扣押物品持有人在密封材料上签名或者盖章；

（六）移送的查封清单，已经依照《人民检察院刑事诉讼规则（试行）》有关查封的规定注明相关财物的详细地址和相关特征，检察人员、见证人和持有人签名或者盖章，注明已经拍照或者录像及其权利证书是否已被扣押，注明财物被查封后由办案部门保管或者交持有人或者其近亲属保管，注明查封决定书副本已送达相关的财物登记、管理部门等。

第十二条 人民检察院办案部门查封、扣押的下列涉案财物不移送案件管理部门保管，由办案部门拍照或者录像后妥善管理或者及时按照有关规定处理：

（一）查封的不动产和置于该不动产上不宜移动的设施等财物，以及涉案的车辆、船舶、航空器和大型机械、设备等财物，及时依照《人民检察院刑事诉讼规则（试行）》有关查封、扣押的规定扣押相关权利证书，将查封决定书副本送达有关登记、管理部门，并告知其在查封期间禁止办理抵押、转让、出售等权属关系变更、转移登记手续；

（二）珍贵文物、珍贵动物及其制品、珍稀植物及其制品，按照国家有关规定移送主管机关；

（三）毒品、淫秽物品等违禁品，及时移送有关主管机关，或者根据办案需要严格封存，不得擅自使用或者扩散；

（四）爆炸性、易燃性、放射性、毒害性、腐蚀性等危险品，及时移送有关部门或者根据办案需要委托有关主管机关妥善保管；

（五）易损毁、灭失、变质等不宜长期保存的物品，易贬值的汽车、船艇等物品，经权利人同意或者申请，并经检察长批准，可以及时委托有关部门先行变卖、拍卖，所得款项存入唯一合规账户。先行变卖、拍卖应当做到公开、公平。

人民检察院办案部门依照前款规定不将涉案财物移送案件管理部门保管的，应当将查封、扣押清单以及相关权利证书、支付凭证等依照本规定第十条第一款的规定送案件管理部门登记、保管。

第十三条 人民检察院案件管理部门接收其他办案机关随案移送的涉案财物的，参照本规定第十一条、第十二条的规定进行审查和办理。

对移送的物品、权利证书、支付凭证以及具备一定特征能够证明案情的现金，案件管理部门审查后认为符合要求的，予以接收并入库保管。对移送的涉案款项，由其他办案机关存入检察机关指定的唯一合规账户，案件管理部门对转账凭证进行登记并联系计划财务装备部门进行核对。其他办案机关直接移送现金的，案件管理部门可以告知其存入指定的唯一合规账户，也可以联系计划财务装备部门清点、接收并及时存入唯一合规账户。计划财务装备部门应当在收到款项后三日以内将收款凭证复印件送案件管理部门登记。

对于其他办案机关移送审查起诉时随案移送的有关实物，案件管理部门经商公诉部门后，认为属于不宜移送的，可以依照刑事诉讼法第二百三十四条第一款、第二款的规定，只接收清单、照片或者其他证明文件。必要时，人民检察院案件管理部门可以会同公诉部门与其他办案机关相关部门进行沟通协商，确定不随案移送的实物。

第十四条　案件管理部门应当指定专门人员，负责有关涉案财物的接收、管理和相关信息录入工作。

第十五条　案件管理部门接收密封的涉案财物，一般不进行拆封。移送部门或者案件管理部门认为有必要拆封的，由移送人员和接收人员共同启封、检查、重新密封，并对全过程进行录像。根据《人民检察院刑事诉讼规则（试行）》有关扣押的规定应当予以密封的涉案财物，启封、检查、重新密封时应当依照规定有见证人、持有人或者单位负责人等在场并签名或者盖章。

第十六条　案件管理部门对于接收的涉案财物、清单及其他相关材料，认为符合条件的，应当及时在移送清单上签字并制作入库清单，办理入库手续。认为不符合条件的，应当将原因告知移送单位，由移送单位及时补送相关材料，或者按照有关规定进行补正或者作出合理解释。

第三章　涉案财物的保管

第十七条　人民检察院对于查封、扣押、冻结的涉案财物及其孳息，应当如实登记，妥善保管。

第十八条　人民检察院计划财务装备部门对扣押款项及其孳息应当逐案设立明细账，严格收付手续。

计划财务装备部门应当定期对唯一合规账户的资金情况进行检查，确保账实相符。

第十九条　案件管理部门对收到的物品应当建账设卡，一案一账，一物一卡（码）。对于贵重物品和细小物品，根据物品种类实行分袋、分件、分箱设卡和保管。

案件管理部门应当定期对涉案物品进行检查，确保账实相符。

第二十条　涉案物品专用保管场所应当符合下列防火、防盗、防潮、防尘等要求：

（一）安装防盗门窗、铁柜和报警器、监视器；

（二）配备必要的储物格、箱、袋等设备设施；

（三）配备必要的除湿、调温、密封、防霉变、防腐烂等设备设施；

（四）配备必要的计量、鉴定、辨认等设备设施；

（五）需要存放电子存储介质类物品的，应当配备防磁柜；

（六）其他必要的设备设施。

第二十一条 人民检察院办案部门人员需要查看、临时调用涉案财物的，应当经办案部门负责人批准；需要移送、处理涉案财物的，应当经检察长批准。案件管理部门对于审批手续齐全的，应当办理查看、出库手续并认真登记。

对于密封的涉案财物，在查看、出库、归还时需要拆封的，应当遵守本规定第十五条的要求。

第四章 涉案财物的处理

第二十二条 对于查封、扣押、冻结的涉案财物及其孳息，除按照有关规定返还被害人或者经查明确实与案件无关的以外，不得在诉讼程序终结之前上缴国库或者作其他处理。法律和有关规定另有规定的除外。

在诉讼过程中，对权属明确的被害人合法财产，凡返还不损害其他被害人或者利害关系人的利益、不影响诉讼正常进行的，人民检察院应当依法及时返还。权属有争议的，应当在决定撤销案件、不起诉或者由人民法院判决时一并处理。

在扣押、冻结期间，权利人申请出售被扣押、冻结的债券、股票、基金份额等财产的，以及扣押、冻结的汇票、本票、支票的有效期即将届满的，人民检察院办案部门应当依照《人民检察院刑事诉讼规则（试行）》的有关规定及时办理。

第二十三条 人民检察院作出撤销案件决定、不起诉决定或者收到人民法院作出的生效判决、裁定后，应当在三十日以内对涉案财物作出处理。情况特殊的，经检察长批准，可以延长三十日。

前款规定的对涉案财物的处理工作，人民检察院决定撤销案件的，由侦查部门负责办理；人民检察院决定不起诉或者人民法院作出判决、裁定的案件，由公诉部门负责办理；对人民检察院直接立案侦查的案件，公诉部门可以要求侦查部门协助配合。

人民检察院按照本规定第五条第二款的规定先行接收涉案财物，如果决定不予立案的，侦查部门应当按照本条第一款规定的期限对先行接收的财物作出处理。

第二十四条 处理由案件管理部门保管的涉案财物，办案部门应当持经检察长批准的相关文书或者报告，到案件管理部门办理出库手续；处理存入唯一合规账户的涉案款项，办案部门应当持经检察长批准的相关文书或者报告，经案件管理部门办理出库手续后，到计划财务装备部门办理提现或者转账手续。案件管理部门或者计划财务装备部门对于符合审批手续的，应当及时办理。

对于依照本规定第十条第二款、第十二条的规定未移交案件管理部门保管或者未存入唯一合规账户的涉案财物，办案部门应当依照本规定第二十三条规定的期限报经检察长批准后及时作出处理。

第二十五条 对涉案财物，应当严格依照有关规定，区分不同情形，及时作出相应处理：

（一）因犯罪嫌疑人死亡而撤销案件、决定不起诉，依照刑法规定应当追缴其违法所得及其他涉案财产的，应当按照《人民检察院刑事诉讼规则（试行）》有关犯罪嫌疑人逃匿、死亡案件违法所得的没收程序的规定办理；对于不需要追缴的涉案财物，应当依照本规定第二十三条规定的期限及时返还犯罪嫌疑人、被不起诉人的合法继承人；

（二）因其他原因撤销案件、决定不起诉，对于查封、扣押、冻结的犯罪嫌疑人违法所得及其他涉案财产需要没收的，应当依照《人民检察院刑事诉讼规则（试行）》有关撤销案件时处理犯罪嫌疑人违法所得的规定提出检察建议或者依照刑事诉讼法第一百七十三条第三款的规定提出检察意见，移送有关主管机关处理；未认定为需要没收并移送有关主管机关处理的涉案财物，应当依照本规定第二十三条规定的期限及时返还犯罪嫌疑人、被不起诉人；

（三）提起公诉的案件，在人民法院作出生效判决、裁定后，对于冻结在金融机构的涉案财产，由人民法院通知该金融机构上缴国库；对于查封、扣押且依法未随案移送人民法院的涉案财物，人民检察院根据人民法院的判决、裁定上缴国库；

（四）人民检察院侦查部门移送审查起诉的案件，起诉意见书中未认定为与犯罪有关的涉案财物；提起公诉的案件，起诉书中未认定或者起诉书认定但人民法院生效判决、裁定中未认定为与犯罪有关的涉案财物，应当依照本条第二项的规定移送有关主管机关处理或者及时返还犯罪嫌疑人、被不起诉人、被告人；

（五）对于需要返还被害人的查封、扣押、冻结涉案财物，应当按照有关规定予以返还。

人民检察院应当加强与人民法院、公安机关、国家安全机关的协调配合，共同研究解决涉案财物处理工作中遇到的突出问题，确保司法工作顺利进行，切实保障当事人合法权益。

第二十六条 对于应当返还被害人的查封、扣押、冻结涉案财物，无人认领的，应当公告通知。公告满六个月无人认领的，依法上缴国库。上缴国库后有人认领，经查证属实的，人民检察院应当向人民政府财政部门申请退库予以返还。原物已经拍卖、变卖的，应当退回价款。

第二十七条　对于贪污、挪用公款等侵犯国有资产犯罪案件中查封、扣押、冻结的涉案财物，除人民法院判决上缴国库的以外，应当归还原单位或者原单位的权利义务继受单位。犯罪金额已经作为损失核销或者原单位已不存在且无权利义务继受单位的，应当上缴国库。

第二十八条　查封、扣押、冻结的涉案财物应当依法上缴国库或者返还有关单位和个人的，如果有孳息，应当一并上缴或者返还。

第五章　涉案财物工作监督

第二十九条　人民检察院监察部门应当对本院和下级人民检察院的涉案财物工作进行检查或者专项督察，每年至少一次，并将结果在本辖区范围内予以通报。发现违纪违法问题的，应当依照有关规定作出处理。

第三十条　人民检察院案件管理部门可以通过受案审查、流程监控、案件质量评查、检察业务考评等途径，对本院和下级人民检察院的涉案财物工作进行监督管理。发现违法违规问题的，应当依照有关规定督促相关部门依法及时处理。

第三十一条　案件管理部门在涉案财物管理工作中，发现办案部门或者办案人员有下列情形之一的，可以进行口头提示；对于违规情节较重的，应当发送案件流程监控通知书；认为需要追究纪律或者法律责任的，应当移送本院监察部门处理或者向检察长报告：

（一）查封、扣押、冻结的涉案财物与清单存在不一致，不能作出合理解释或者说明的；

（二）查封、扣押、冻结涉案财物时，未按照有关规定进行密封、签名或者盖章，影响案件办理的；

（三）查封、扣押、冻结涉案财物后，未及时存入唯一合规账户、办理入库保管手续，或者未及时向案件管理部门登记，不能作出合理解释或者说明的；

（四）在立案之前采取查封、扣押、冻结措施的，或者未依照有关规定开具法律文书而采取查封、扣押、冻结措施的；

（五）对明知与案件无关的财物采取查封、扣押、冻结措施的，或者对经查明确实与案件无关的财物仍不解除查封、扣押、冻结或者不予退还的，或者应当将被查封、扣押、冻结的财物返还被害人而不返还的；

（六）违反有关规定，在诉讼程序依法终结之前将涉案财物上缴国库或者作其他处理的；

（七）在诉讼程序依法终结之后，未按照有关规定及时、依法处理涉案财物，经督促后仍不及时、依法处理的；

（八）因不负责任造成查封、扣押、冻结的涉案财物丢失、损毁或者泄密的；

（九）贪污、挪用、截留、私分、调换、违反规定使用查封、扣押、冻结的涉案财物的；

（十）其他违反法律和有关规定的情形。人民检察院办案部门收到案件管理部门的流程监控通知书后，应当在十日以内将核查情况书面回复案件管理部门。

人民检察院侦查监督、公诉、控告检察、刑事申诉检察等部门发现本院办案部门有本条第一款规定的情形的，应当依照刑事诉讼法和其他相关规定履行监督职责。案件管理部门发现办案部门有上述情形，认为有必要的，可以根据案件办理所处的诉讼环节，告知侦查监督、公诉、控告检察或者刑事申诉检察等部门。

第三十二条 人民检察院查封、扣押、冻结、保管、处理涉案财物，应当按照有关规定做好信息查询和公开工作，并为当事人和其他诉讼参与人行使权利提供保障和便利。善意第三人等案外人与涉案财物处理存在利害关系的，人民检察院办案部门应当告知其相关诉讼权利。

当事人及其法定代理人和辩护人、诉讼代理人、利害关系人对人民检察院的查封、扣押、冻结不服或者对人民检察院撤销案件决定、不起诉决定中关于涉案财物的处理部分不服的，可以依照刑事诉讼法和《人民检察院刑事诉讼规则（试行）》的有关规定提出申诉或者控告；人民检察院控告检察部门对申诉或者控告应当依照有关规定及时受理和审查办理并反馈处理结果。人民检察院提起公诉的案件，被告人、自诉人、附带民事诉讼的原告人和被告人对涉案财物处理决定不服的，可以依照有关规定就财物处理部分提出上诉，被害人或者其他利害关系人可以依照有关规定请求人民检察院抗诉。

第三十三条 人民检察院刑事申诉检察部门在办理国家赔偿案件过程中，可以向办案部门调查核实相关查封、扣押、冻结等行为是否合法。国家赔偿决定对相关涉案财物作出处理的，有关办案部门应当及时执行。

第三十四条 人民检察院查封、扣押、冻结、保管、处理涉案财物，应当接受人民监督员的监督。

第三十五条 人民检察院及其工作人员在查封、扣押、冻结、保管、处理涉案财物工作中违反相关规定的，应当追究纪律责任；构成犯罪的，应当依法追究刑事责任；导致国家赔偿的，应当依法向有关责任人员追偿。

第六章　附　则

第三十六条　对涉案财物的保管、鉴定、估价、公告等支付的费用，列入人民检察院办案（业务）经费，不得向当事人收取。

第三十七条　本规定所称犯罪嫌疑人、被告人、被害人，包括自然人、单位。

第三十八条　本规定所称有关主管机关，是指对犯罪嫌疑人违反法律、法规的行为以及对有关违禁品、危险品具有行政管理、行政处罚、行政处分权限的机关和纪检监察部门。

第三十九条　本规定由最高人民检察院解释。

第四十条　本规定自公布之日起施行。最高人民检察院 2010 年 5 月 9 日公布的《人民检察院扣押、冻结涉案款物工作规定》同时废止。

公安机关办理刑事案件适用查封、冻结措施有关规定*

第一章 总 则

第一条 为进一步规范公安机关办理刑事案件适用查封、冻结措施，加强人民检察院的法律监督，保护公民、法人和其他组织的合法权益，保障刑事诉讼活动的顺利进行，根据《中华人民共和国刑事诉讼法》及其他有关法律、法规、规章，制定本规定。

第二条 根据侦查犯罪的需要，公安机关依法对涉案财物予以查封、冻结，有关部门、单位和个人应当协助和配合。

本规定所称涉案财物，是指公安机关在办理刑事案件过程中，依法以查封、冻结等方式固定的可用以证明犯罪嫌疑人有罪或者无罪的各种财产和物品，包括：

（一）犯罪所得及其孳息；

（二）用于实施犯罪行为的工具；

（三）其他可以证明犯罪行为是否发生以及犯罪情节轻重的财物。

第三条 查封、冻结以及保管、处置涉案财物，必须严格依照法定的适用条件和程序进行。与案件无关的财物不得查封、冻结。查封、冻结涉案财物，应当为犯罪嫌疑人及其所扶养的家属保留必要的生活费用和物品。

严禁在立案之前查封、冻结财物。对于境外司法、警察机关依据国际条约、协议或者互惠原则提出的查封、冻结请求，可以根据公安部的执行通知办理有关法律手续。

查封、冻结的涉案财物，除依法应当返还被害人或者经查明确实与案件无关的以外，不得在诉讼程序终结之前作出处理。法律和有关规定另有规定的除外。

第四条 查封、冻结的涉案财物涉及国家秘密、商业秘密、个人隐私的，

---

　* 公安部会同有关部门和单位共同研究制定，2013 年 9 月 1 日最高人民法院、最高人民检察院、公安部等下达印发通知，本规定自印发之日起实施。

应当保密。

第二章　查　封

第五条　根据侦查犯罪的需要，公安机关可以依法查封涉案的土地、房屋等不动产，以及涉案的车辆、船舶、航空器和大型机器、设备等特定动产。必要时，可以一并扣押证明其财产所有权或者相关权益的法律文件和文书。

置于不动产上的设施、家具和其他相关物品，需要作为证据使用的，应当扣押；不宜移动的，可以一并查封。

第六条　查封涉案财物需要国土资源、房地产管理、交通运输、农业、林业、民航等有关部门协助的，应当经县级以上公安机关负责人批准，制作查封决定书和协助查封通知书，明确查封财物情况、查封方式、查封期限等事项，送交有关部门协助办理，并及时告知有关当事人。

涉案土地和房屋面积、金额较大的，应当经设区的市一级以上公安机关负责人批准，制作查封决定书和协助查封通知书。

第七条　查封期限不得超过二年。期限届满可以续封一次，续封应当经作出原查封决定的县级以上公安机关负责人批准，在期限届满前五日以内重新制作查封决定书和协助查封通知书，送交有关部门协助办理，续封期限最长不得超过一年。

案件重大复杂，确需再续封的，应当经设区的市一级以上公安机关负责人批准，在期限届满前五日以内重新制作查封决定书和协助查封通知书，且每次再续封的期限最长不得超过一年。

查封期限届满，未办理续封手续的，查封自动解除。

公安机关应当及时将续封决定告知有关当事人。

第八条　查封土地、房屋等涉案不动产，需要查询不动产权属情况的，应当经县级以上公安机关负责人批准，制作协助查询财产通知书。

侦查人员到国土资源、房地产管理等有关部门办理查询时，应当出示本人工作证件，提交协助查询财产通知书，依照相关规定办理查询事项。

需要查询其他涉案财物的权属登记情况的，参照上述规定办理。

第九条　国土资源、房地产管理等有关部门应当及时协助公安机关办理查询事项。公安机关查询并复制的有关书面材料，由权属登记机构或者权属档案管理机构加盖印章。

因情况特殊，不能当场提供查询的，应当在五日以内提供查询结果。

无法查询的，有关部门应当书面告知公安机关。

第十条 土地、房屋等涉案不动产的权属确认以国土资源、房地产管理等有关部门的不动产登记簿或者不动产权属证书为准。不动产权属证书与不动产登记簿不一致的，除有证据证明不动产登记簿确有错误外，以不动产登记簿为准。

第十一条 国土资源、房地产管理等有关部门在协助公安机关办理查封事项时，认为查封涉案不动产信息有误无法办理的，可以暂缓办理协助事项，并向公安机关提出书面审查建议，公安机关应当及时审查处理。

第十二条 查封土地、房屋等涉案不动产的，应当经县级以上公安机关负责人批准，制作协助查封通知书，明确涉案土地、房屋等不动产的详细地址、权属证书号、权利人姓名或者单位名称等事项，送交国土资源、房地产管理等有关部门协助办理，有关部门应当在相关通知书回执中注明办理情况。

侦查人员到国土资源、房地产管理等有关部门办理土地使用权或者房屋查封登记手续时，应当出示本人工作证件，提交查封决定书和协助查封通知书，依照有关办理查封事项。

第十三条 查封土地、房屋等涉案不动产的侦查人员不得少于二人，持侦查人员工作证件和相关法律文书，通知有关当事人、见证人到场，制作查封笔录，并会同在场人员对被查封的财物查点清楚，当场开列查封清单一式三份，由侦查人员、见证人和不动产所有权人或者使用权人签名后，一份交给不动产所有权人或者使用权人，一份交给公安机关保管人员，一份连同照片、录像资料或者扣押的产权证照附卷备查，并且应当在不动产的显著位置张贴公告，必要时，可以张贴制式封条。

查封清单中应当写明涉案不动产的详细地址、相关特征和置于该不动产上不宜移动的设施、家具和其他相关物品清单，注明已经拍照或者录像以及是否扣押其产权证照等情况。

对于无法确定不动产相关权利人或者权利人拒绝签名的，应当在查封笔录中注明情况。

第十四条 国土资源、房地产管理等有关部门对被公安机关依法查封的土地、房屋等涉案不动产，在查封期间不予办理变更、转让或者抵押权、地役权登记。

第十五条 对依照有关规定可以分割的土地、房屋等涉案不动产，应当只对与案件有关的部分进行查封，并在协助查封通知书中予以明确；对依照有关规定不可分割的土地、房屋等涉案不动产，可以进行整体查封。

第十六条 国土资源、房地产管理等有关部门接到协助查封通知书时，已经受理该土地、房屋等涉案不动产的转让登记申请，但尚未记载于不动产登记簿的，应当协助公安机关办理查封登记。

第十七条　对下列尚未进行权属登记的房屋，公安机关可以按照本规定进行查封：

（一）涉案的房地产开发企业已经办理商品房预售许可证但尚未出售的房屋；

（二）犯罪嫌疑人购买的已经由房地产开发企业办理房屋权属初始登记的房屋；

（三）犯罪嫌疑人购买的已经办理商品房预售合同登记备案手续或者预购商品房预告登记的房屋。

第十八条　查封地上建筑物的效力及于该地上建筑物占用范围内的建设用地使用权，查封建设用地使用权的效力及于地上建筑物，但建设用地使用权与地上建筑物的所有权分属不同权利人的除外。

地上建筑物和土地使用权的登记机构不是同一机构的，应当分别办理查封登记。

第十九条　查封车辆、船舶、航空器以及大型机器、设备等特定动产的，应当制作协助查封通知书，明确涉案财物的名称、型号、权属、地址等事项，送交有关登记管理部门协助办理。必要时，可以扣押有关权利证书。

执行查封时，应当将涉案财物拍照或者录像后封存，或者交持有人、近亲属保管，或者委托第三方保管。有关保管人应当妥善保管，不得转移、变卖、损毁。

第二十条　查封土地、房屋等涉案不动产或者车辆、船舶、航空器以及大型机器、设备等特定动产的，可以在保证侦查活动正常进行的同时，允许有关当事人继续合理使用，并采取必要保值保管措施。

第二十一条　对以公益为目的的教育、医疗、卫生以及福利机构等场所、设施，保障性住房，原则上不得查封。确有必要查封的，应当经设区的市一级以上公安机关负责人批准。

第二十二条　查封土地、房屋以外的其他涉案不动产的，参照本规定办理。查封共有财产、担保财产以及其他特殊财物的，依照相关规定办理。

第三章　冻　结

第二十三条　根据侦查犯罪的需要，公安机关可以依法冻结涉案的存款、汇款、证券交易结算资金、期货保证金等资金，债券、股票、基金份额和国务院依法认定的其他证券，以及股权、保单权益和其他投资权益等财产。

第二十四条 在侦查工作中需要冻结财产的，应当经县级以上公安机关负责人批准，制作协助冻结财产通知书，明确冻结财产的账户名称、账户号码、冻结数额、冻结期限、冻结范围以及是否及于孳息等事项，送交银行业金融机构、特定非金融机构、邮政部门、证券公司、证券登记结算机构、证券投资基金管理公司、保险公司、信托公司、公司登记机关和银行间市场交易组织机构、银行间市场集中清算机构、银行间市场登记托管结算机构、经国务院批准或者同意设立的黄金交易组织机构和结算机构等单位协助办理，有关单位应当在相关通知书回执中注明办理情况。

第二十五条 有关单位接到公安机关协助冻结财产通知书后，应当立即对涉案财物予以冻结，办理相关手续，不得推诿拖延，不得泄露有关信息。有关单位办理完毕冻结手续后，在当事人查询时可以予以告知。

第二十六条 冻结存款、汇款、证券交易结算资金、期货保证金等资金，或者投资权益等其他财产的期限为六个月。需要延长期限的，应当经作出原冻结决定的县级以上公安机关负责人批准，在冻结期限届满前五日以内办理续冻手续。每次续冻期限最长不得超过六个月。

对重大、复杂案件，经设区的市一级以上公安机关负责人批准，冻结存款、汇款、证券交易结算资金、期货保证金等资金的期限可以为一年。需要延长期限的，应当按照原批准权限和程序，在冻结期限届满前五日以内办理续冻手续。每次续冻期限最长不得超过一年。

冻结债券、股票、基金份额等证券的期限为二年。需要延长冻结期限的，应当经作出原冻结决定的县级以上公安机关负责人批准，在冻结期限届满前五日以内办理续冻手续。每次续冻期限最长不得超过二年。

冻结期限届满，未办理续冻手续的，冻结自动解除。

第二十七条 冻结涉案账户的款项数额，应当与涉案金额相当。不得超出涉案金额范围冻结款项。

第二十八条 冻结股权的，应当经设区的市一级以上公安机关负责人批准，冻结上市公司股权应当经省级以上公安机关负责人批准，并在协助冻结财产通知书中载明公司名称、股东姓名或者名称、冻结数额或者股份等与登记事项有关的内容。冻结股权期限为六个月。需要延长期限的，应当按照原批准权限和程序，在冻结期限届满前五日以内办理续冻手续。每次续冻期限最长不得超过六个月。

第二十九条 冻结保单权益的，应当经设区的市一级以上公安机关负责人批准，冻结保单权益期限为六个月。需要延长期限的，应当按照原批准权限和程序，在冻结期限届满前五日以内办理续冻手续。每次续冻期限最长不得超过六个月。

冻结保单权益没有直接对应本人账户的，可以冻结相关受益人的账户，并要求有关单位协助，但不得变更受益人账户，不得损害第三方利益。

人寿险、养老险、交强险、机动车第三者责任险等提供基本保障的保单原则上不得冻结，确需冻结的，应当经省级以上公安机关负责人批准。

第三十条　对下列账户和款项，不得冻结：

（一）金融机构存款准备金和备付金；

（二）特定非金融机构备付金；

（三）封闭贷款专用账户（在封闭贷款未结清期间）；

（四）商业汇票保证金；

（五）证券投资者保障基金、保险保障基金、存款保险基金；

（六）党、团费账户和工会经费集中户；

（七）社会保险基金；

（八）国有企业下岗职工基本生活保障资金；

（九）住房公积金和职工集资建房账户资金；

（十）人民法院开立的执行账户；

（十一）军队、武警部队一类保密单位开设的"特种预算存款"、"特种其他存款"和连队账户的存款；

（十二）金融机构质押给中国人民银行的债券、股票、贷款；

（十三）证券登记结算机构、银行间市场交易组织机构、银行间市场集中清算机构、银行间市场登记托管结算机构、经国务院批准或者同意设立的黄金交易组织机构和结算机构等依法按照业务规则收取并存放于专门清算交收账户内的特定股票、债券、票据、贵金属等有价凭证、资产和资金，以及按照业务规则要求金融机构等登记托管结算参与人、清算参与人、投资者或者发行人提供的、在交收或者清算结算完成之前的保证金、清算基金、回购质押券、价差担保物、履约担保物等担保物，支付机构客户备付金；

（十四）其他法律、行政法规、司法解释、部门规章规定不得冻结的账户和款项。

第三十一条　对金融机构账户、特定非金融机构账户和以证券登记结算机构、银行间市场交易组织机构、银行间市场集中清算机构、银行间市场登记托管结算机构、经国务院批准或者同意设立的黄金交易组织机构和结算机构、支付机构等名义开立的各类专门清算交收账户、保证金账户、清算基金账户、客户备付金账户，不得整体冻结，法律另有规定的除外。

第三十二条　办案地公安机关需要异地办理冻结的，应当由二名以上侦查人员持办案协作函、法律文书和工作证件前往协作地联系办理，协作地公安机关应当协助执行。

在紧急情况下，可以将办案协作函、相关法律文书和工作证件复印件通过传真、电传等方式发至协作地县级以上公安机关委托执行，或者通过信息化应用系统传输加盖电子签章的办案协作函、相关法律文书和工作证件扫描件。协作地公安机关收到材料后，经审查确定，应当在传来法律文书上加盖本地公安机关印章，及时到有关银行业金融机构执行冻结，有关银行金融机构应当予以协助。

第三十三条 根据侦查犯罪的需要，对于涉案账户较多，办案地公安机关需要对其集中冻结的，可以分别按照以下程序办理：

涉案账户开户地属同一省、自治区、直辖市的，应当由办案地公安机关出具协助冻结财产通知书，填写冻结申请表，经该公安机关负责人审核，逐级上报省级公安机关批准后，由办案地公安机关指派二名以上侦查人员持工作证件，将冻结申请表、协助冻结财产通知书等法律文书送交有关银行业金融机构的省、区、市分行。该分行应当在二十四小时以内采取冻结措施，并将有关法律文书传至相关账户开户的分支机构。

涉案账户开户地分属不同省、自治区、直辖市的，应当由办案地公安机关出具协助冻结财产通知书，填写冻结申请表，经该公安机关负责人审核，逐级上报公安部按照规定程序批准后，由办案地公安机关指派二名以上侦查人员持工作证件，将冻结申请表、协助冻结财产通知书等法律文书送交有关银行业金融机构总部。该总部应当在二十四小时以内采取冻结措施，并将有关法律文书传至相关账户开户的分支机构。

有关银行业金融机构因技术条件等客观原因，无法按照前款要求及时采取冻结措施的，应当向公安机关书面说明原因，并立即向中国银行业监督管理委员会或者其派出机构报告。

第三十四条 冻结市场价格波动较大或者有效期限即将届满的债券、股票、基金份额等财产的，在送达协助冻结财产通知书的同时，应当书面告知当事人或者其法定代理人、委托代理人有权申请出售、如期受偿或者变现。如果当事人或者其法定代理人、委托代理人书面申请出售或者变现被冻结的债券、股票、基金份额等财产，不损害国家利益、被害人利益、其他权利人利益，不影响诉讼正常进行的，以及冻结的汇票、本票、支票的有效期即将届满的，经作出冻结决定的县级以上公安机关负责人批准，可以依法在三日以内予以出售或者变现，所得价款应当继续冻结在其对应的银行账户中；没有对应的银行账户的，所得价款由公安机关在银行专门账户保管，并及时告知当事人或者其近亲属。

第四章 解除查封冻结

第三十五条 公安机关在采取查封、冻结措施后，应当及时查清案件事实，在法定期限内对涉案财物依法作出处理。

经查明查封、冻结的财物确实与案件无关的，应当在三日以内解除查封、冻结。

第三十六条 对查封、冻结的涉案财物及其孳息，应当制作清单，随案移送。对作为证据使用的实物应当随案移送，对不宜移送的，应当将其清单、照片或者其他证明文件随案移送。对于随案移送的财物，人民检察院需要继续查封、冻结的，应当及时书面通知公安机关解除原查封、冻结措施，并同时依法重新作出查封、冻结决定。

第三十七条 人民检察院决定不起诉并对涉案财物解除查封、冻结的案件，公安机关应当在接到人民检察院的不起诉决定和解除查封、冻结财物的通知之日起三日以内对不宜移送而未随案移送的财物解除查封、冻结。对于人民检察院提出的对被不起诉人给予行政处罚、行政处分等检察意见中涉及查封、冻结涉案财物的，公安机关应当及时予以处理或者移送有关行政主管机关处理，并将处理结果通知人民检察院。

第三十八条 公安机关决定撤销案件或者对犯罪嫌疑人终止侦查的，除依照法律和有关规定另行处理的以外，应当在作出决定之日起三日以内对侦查中查封、冻结的涉案财物解除查封、冻结。需要给予行政处理的，应当及时予以处理或者移交有关行政主管机关处理。

第三十九条 解除查封的，应当在三日以内制作协助解除查封通知书，送交协助查封的有关部门办理，并通知所有权人或者使用权人。张贴制式封条的，启封时应当通知当事人到场；当事人经通知不到场，也未委托他人到场的，办案人员应当在见证人的见证下予以启封。提取的有关产权证照应当发还。必要时，可以予以公告。

第四十条 解除冻结的，应当在三日以内制作协助解除冻结财产通知书，送交协助办理冻结的有关单位，同时通知被冻结财产的所有人。有关单位接到协助解除冻结财产通知书后，应当及时解除冻结。

第四十一条 需要解除集中冻结措施的，应当由作出冻结决定的公安机关出具协助解除冻结财产通知书，银行业金融机构应当协助解除冻结。

上级公安机关认为应当解除集中冻结措施的，可以责令下级公安机关解除。

第五章 协作配合

第四十二条 有关行政主管机关与公安机关在案件移送过程中，涉及查封、冻结涉案财物的，应当密切配合，加强协作，防止涉案财物发生转移、隐匿、损毁、灭失。

第四十三条 已被有关国家机关依法查封、冻结的涉案财物，不得重复查封、冻结。需要轮候查封、冻结的，应当依照有关部门共同发布的规定执行。查封、冻结依法解除或者到期解除后，按照时间顺序登记在先的轮候查封、冻结自动生效。

第四十四条 不同国家机关之间，对同一涉案财物要求查封、冻结的，协助办理的有关部门和单位应当按照送达相关通知书的先后顺序予以登记，协助首先送达通知书的国家机关办理查封、冻结手续，对后送达通知书的国家机关作轮候查封、冻结登记，并书面告知该涉案财物已被查封、冻结的有关情况。

第四十五条 查封、冻结生效后，协助办理的有关部门和单位应当在其他轮候查封、冻结的公安机关出具的查封、冻结通知书回执中注明该涉案财物已被查封、冻结以及轮候查封、冻结的有关情况。相关公安机关可以查询轮候查封、冻结的生效情况。

第四十六条 公安机关根据侦查犯罪的需要，对其已经查封、冻结的涉案财物，继续办理续封、续冻手续的，或者公安机关移送审查起诉，人民检察院需要重新办理查封、冻结手续的，应当在原查封、冻结期限届满前办理续封、续冻手续。申请轮候查封、冻结的其他国家机关不得以送达通知书在先为由，对抗相关办理续封、续冻手续的效力。

第四十七条 要求查封、冻结涉案财物的有关国家机关之间，因查封、冻结事项发生争议的，应当自行协商解决。协商不成的，由其共同上级机关决定；分属不同部门的，由其各自的上级机关协商解决。

协助执行的部门和单位按照有关争议机关协商一致后达成的书面意见办理。

第四十八条 需要查封、冻结的或者已被查封、冻结的涉案财物，涉及扣押或者民事诉讼中的抵押、质押或者民事执行等特殊情况的，公安机关应当根据查封、冻结财物的权属状态和争议问题，与相关国家机关协商解决。协商不成的，各自报请上级机关协商解决。

协助执行的部门和单位按照有关争议机关协商一致后达成的书面意见办理。

第六章 执法监督与法律责任

第四十九条 公安机关应当加强对办理刑事案件适用查封、冻结措施的执法监督。违法采取查封、冻结措施的，根据人民警察在办案中各自承担的职责，区分不同情况，分别追究案件审批人、审核人、办案人及其他直接责任人的责任。构成犯罪的，依法追究刑事责任。

需要异地办理查封、冻结措施的，应当严格办案协作的有关规定。违反办案协作的有关规定，造成严重后果的，按照前款规定处理。

第五十条 公安机关应当严格执行有关规定，建立健全涉案财物管理制度，指定专门部门，建立专门台账，对涉案财物加强管理、妥善保管。任何单位和个人不得贪污、侵占、挪用、私分、调换、抵押或者违反规定使用、处置查封、冻结的涉案财物，造成查封、冻结的涉案财物损毁或者灭失的，应当承担相应的法律责任。

第五十一条 当事人和辩护人、诉讼代理人、利害关系人对于公安机关及其侦查人员有下列行为之一的，有权向该机关申诉或者控告：

（一）对与案件无关的财物采取查封、冻结措施的；

（二）明显超出涉案范围查封、冻结财物的；

（三）应当解除查封、冻结不解除的；

（四）贪污、侵占、挪用、私分、调换、抵押、质押以及违反规定使用、处置查封、冻结财物的。

受理申诉或者控告的公安机关应当及时进行调查核实，并在收到申诉、控告之日起三十日以内作出处理决定，书面回复申诉人、控告人。发现公安机关及其侦查人员有上述行为之一的，应当立即纠正。

当事人及其辩护律师、诉讼代理人、利害关系人对处理决定不服的，可以向上级公安机关或者同级人民检察院申诉。上级公安机关发现下级公安机关存在前款规定的违法行为或者对申诉、控告事项不按照规定处理的，应当责令下级公安机关限期纠正，下级公安机关应当立即执行。必要时，上级公安机关可以就申诉、控告事项直接作出处理决定。人民检察院对申诉查证属实的，应当通知公安机关予以纠正。

第五十二条 公安机关办理刑事案件适用查封、冻结措施，因违反有关规定导致国家赔偿的，应当承担相应的赔偿责任，并依照《国家赔偿法》的规定向有关责任人员追偿部分或者全部赔偿费用，协助执行的部门和单位不承担赔偿责任。

第五十三条 国土资源、房地产管理等有关部门根据有关国家机关的协助查封通知书作出的协助查封行为，公民、法人或者其他组织不服提起行政诉讼的，人民法院不予受理，但公民、法人或者其他组织认为协助查封行为与协助查封文书内容不一致的除外。

第五十四条 根据本规定依法应当协助办理查封、冻结措施的有关部门、单位和个人有下列行为之一的，公安机关应当向有关部门和单位通报情况，依法追究相应责任：

（一）对应当查封、冻结的涉案财物不予查封、冻结，致使涉案财物转移的；

（二）在查封冻结前向当事人泄露信息的；

（三）帮助当事人转移、隐匿财产的；

（四）其他无正当理由拒绝协助配合的。

第五十五条 公安机关对以暴力、威胁等方法阻碍有关部门和单位协助办理查封、冻结措施的行为，应当及时制止。依法查处。

第七章　附　则

第五十六条 对查封、冻结、保管和处理涉案财物，本规定未规范的，依照《公安机关办理刑事案件程序规定》等有关规定办理。此前有关公安机关查封、冻结的规范性文件与本规定不一致的，以本规定为准。

第五十七条 本规定施行后适用查封、冻结措施的，按照本规定办理。本规定施行前已生效的查封、冻结措施，依照措施适用时的有关规定执行。

第五十八条 国家安全机关依照法律规定，办理危害国家安全的刑事案件适用查封、冻结措施的，适用本规定。

第五十九条 本规定的"有关国家机关"，是指人民法院、人民检察院、公安机关、国家安全机关，以及其他法律法规规定有权实施查封、冻结措施的行政机关或者具有管理公共事务职能的组织。

第六十条 本规定自印发之日起施行。

公安机关涉案财物管理若干规定[*]

第一章　总　则

第一条　为进一步规范公安机关涉案财物管理工作，保护公民、法人和其他组织的合法财产权益，保障办案工作依法有序进行，根据有关法律、法规和规章，制定本规定。

第二条　本规定所称涉案财物，是指公安机关在办理刑事案件和行政案件过程中，依法采取查封、扣押、冻结、扣留、调取、先行登记保存、抽样取证、追缴、收缴等措施提取或者固定，以及从其他单位和个人接收的与案件有关的物品、文件和款项，包括：

（一）违法犯罪所得及其孳息；

（二）用于实施违法犯罪行为的工具；

（三）非法持有的淫秽物品、毒品等违禁品；

（四）其他可以证明违法犯罪行为发生、违法犯罪行为情节轻重的物品和文件。

第三条　涉案财物管理实行办案与管理相分离、来源去向明晰、依法及时处理、全面接受监督的原则。

第四条　公安机关管理涉案财物，必须严格依法进行。任何单位和个人不得贪污、挪用、私分、调换、截留、坐支、损毁、擅自处理涉案财物。

对于涉及国家秘密、商业秘密、个人隐私的涉案财物，应当保密。

第五条　对涉案财物采取措施，应当严格依照法定条件和程序进行，履行相关法律手续，开具相应法律文书。严禁在刑事案件立案之前或者行政案件受案之前对财物采取查封、扣押、冻结、扣留措施，但有关法律、行政法规另有规定的除外。

第六条　公安机关对涉案财物采取措施后，应当及时进行审查。经查明确

---

* 公安部2015年7月22日印发，本规定自2015年9月1日起施行，2010年11月4日印发的《公安机关涉案财物管理若干规定》同时废止。

实与案件无关的，应当在三日以内予以解除、退还，并通知有关当事人。对与本案无关，但有证据证明涉及其他部门管辖的违纪、违法、犯罪行为的财物，应当依照相关法律规定，连同有关线索移送有管辖权的部门处理。

对涉案财物采取措施，应当为违法犯罪嫌疑人及其所扶养的亲属保留必需的生活费用和物品；根据案件具体情况，在保证侦查活动正常进行的同时，可以允许有关当事人继续合理使用有关涉案财物，并采取必要的保值保管措施，以减少侦查办案对正常办公和合法生产经营的影响。

第七条 公安机关对涉案财物进行保管、鉴定、估价、公告等，不得向当事人收取费用。

第二章 涉案财物的保管

第八条 公安机关应当完善涉案财物管理制度，建立办案部门与保管部门、办案人员与保管人员相互制约制度。

公安机关应当指定一个部门作为涉案财物管理部门，负责对涉案财物实行统一管理，并设立或者指定专门保管场所，对各办案部门经手的全部涉案财物或者价值较大、管理难度较高的涉案财物进行集中保管。涉案财物集中保管的范围，由地方公安机关根据本地区实际情况确定。

对于价值较低、易于保管，或者需要作为证据继续使用，以及需要先行返还被害人、被侵害人的涉案财物，可以由办案部门设置专门的场所进行保管。

办案部门应当指定不承担办案工作的民警负责本部门涉案财物的接收、保管、移交等管理工作；严禁由办案人员自行保管涉案财物。

第九条 公安机关应当设立或者指定账户，作为本机关涉案款项管理的唯一合规账户。

办案部门扣押涉案款项后，应当立即将其移交涉案财物管理部门。涉案财物管理部门应当对涉案款项逐案设立明细账，存入唯一合规账户，并将存款回执交办案部门附卷保存。但是，对于具有特定特征、能够证明某些案件事实而需要作为证据使用的现金，应当交由涉案财物管理部门或者办案部门涉案财物管理人员，作为涉案物品进行管理，不再存入唯一合规账户。

第十条 公安机关应当建立涉案财物集中管理信息系统，对涉案财物信息进行实时、全程录入和管理，并与执法办案信息系统关联。涉案财物管理人员应当对所有涉案财物逐一编号，并将案由、来源、财物基本情况、保管状态、场所和去向等信息录入信息系统。

第十一条 对于不同案件、不同种类的涉案财物，应当分案、分类保管。

涉案财物保管场所和保管措施应当适合被保管财物的特性，符合防火、防盗、防潮、防蛀、防磁、防腐蚀等安全要求。涉案财物保管场所应当安装视频监控设备，并配备必要的储物容器、一次性储物袋、计量工具等物品。有条件的地方，可以会同人民法院、人民检察院等部门，建立多部门共用的涉案财物管理中心，对涉案财物进行统一管理。

对于易燃、易爆、毒害性、放射性等危险物品，鲜活动植物，大宗物品，车辆、船舶、航空器等大型交通工具，以及其他对保管条件、保管场所有特殊要求的涉案财物，应当存放在符合条件的专门场所。公安机关没有具备保管条件的场所的，可以委托具有相应条件、资质或者管理能力的单位代为保管。

依法对文物、金银、珠宝、名贵字画等贵重财物采取查封、扣押、扣留等措施的，应当拍照或者录像，并及时鉴定、估价；必要时，可以实行双人保管。

未经涉案财物管理部门或者管理涉案财物的办案部门负责人批准，除保管人员以外的其他人员不得进入涉案财物保管场所。

第十二条　办案人员依法提取涉案财物后，应当在二十四小时以内按照规定将其移交涉案财物管理部门或者本部门的涉案财物管理人员，并办理移交手续。

对于采取查封、冻结、先行登记保存等措施后不在公安机关保管的涉案财物，办案人员应当在采取有关措施后的二十四小时以内，将相关法律文书和清单的复印件移交涉案财物管理人员予以登记。

第十三条　因情况紧急，需要在提取后的二十四小时以内开展鉴定、辨认、检验、检查等工作的，经办案部门负责人批准，可以在上述工作完成后的二十四小时以内将涉案财物移交涉案财物管理人员，并办理移交手续。

异地办案或者在偏远、交通不便地区办案的，应当在返回办案单位后的二十四小时以内办理移交手续；行政案件在提取后的二十四小时以内已将涉案财物处理完毕的，可以不办理移交手续，但应当将处理涉案财物的相关手续附卷保存。

第十四条　涉案财物管理人员对办案人员移交的涉案财物，应当对照有关法律文书当场查验核对、登记入册，并与办案人员共同签名。

对于缺少法律文书、法律文书对必要事项记载不全或者实物与法律文书记载严重不符的，涉案财物管理人员可以拒绝接收涉案财物，并应当要求办案人员补齐相关法律文书、信息或者财物。

第十五条　因讯问、询问、鉴定、辨认、检验、检查等办案工作需要，经办案部门负责人批准，办案人员可以向涉案财物管理人员调用涉案财物。调用结束后，应当在二十四小时以内将涉案财物归还涉案财物管理人员。

因宣传教育等工作需要调用涉案财物的，应当经公安机关负责人批准。

涉案财物管理人员应当详细登记调用人、审批人、时间、事由、期限、调用的涉案财物状况等事项。

第十六条 调用人应当妥善保管和使用涉案财物。调用人归还涉案财物时，涉案财物管理人员应当进行检查、核对。对于有损毁、短少、调换、灭失等情况的，涉案财物管理人员应当如实记录，并报告调用人所属部门负责人和涉案财物管理部门负责人。因鉴定取样等事由导致涉案财物出现合理损耗的，不需要报告，但调用人应当向涉案财物管理人员提供相应证明材料和书面说明。

调用人未按照登记的调用时间归还涉案财物的，涉案财物管理人员应当报告调用人所属部门负责人；有关负责人应当责令调用人立即归还涉案财物。确需继续调用涉案财物的，调用人应当按照原批准程序办理延期手续，并交由涉案财物管理人员留存。

第十七条 办案部门扣押、扣留涉案车辆时，应当认真查验车辆特征，并在清单或者行政强制措施凭证中详细载明当事人的基本情况、案由、厂牌型号、识别代码、牌照号码、行驶里程、重要装备、车身颜色、车辆状况等情况。

对车辆内的物品，办案部门应当仔细清点。对与案件有关，需要作为证据使用的，应当依法扣押；与案件无关的，通知当事人或者其家属、委托的人领取。

公安机关应当对管理的所有涉案车辆进行专门编号登记，严格管理，妥善保管，非因法定事由并经公安机关负责人批准，不得调用。

对船舶、航空器等交通工具采取措施和进行管理，参照前三款规定办理。

第三章　涉案财物的处理

第十八条 公安机关应当依据有关法律规定，及时办理涉案财物的移送、返还、变卖、拍卖、销毁、上缴国库等工作。

对刑事案件中作为证据使用的涉案财物，应当随案移送；对于危险品、大宗大型物品以及容易腐烂变质等不宜随案移送的物品，应当移送相关清单、照片或者其他证明文件。

第十九条 有关违法犯罪事实查证属实后，对于有证据证明权属明确且无争议的被害人、被侵害人合法财产及其孳息，凡返还不损害其他被害人、被侵害人或者利害关系人的利益，不影响案件正常办理的，应当在登记、拍照或者录像和估价后，报经县级以上公安机关负责人批准，开具发还清单并返还被害人、被侵害人。办案人员应当在案卷材料中注明返还的理由，并将原物照片、发还清单和被害人、被侵害人的领取手续存卷备查。

领取人应当是涉案财物的合法权利人或者其委托的人，办案人员或者公安机关其他工作人员不得代为领取。

第二十条　对于刑事案件依法撤销、行政案件因违法事实不能成立而作出不予行政处罚决定的，除依照法律、行政法规有关规定另行处理的以外，公安机关应当解除对涉案财物采取的相关措施并返还当事人。

人民检察院决定不起诉、人民法院作出无罪判决，涉案财物由公安机关管理的，公安机关应当根据人民检察院的书面通知或者人民法院的生效判决，解除对涉案财物采取的相关措施并返还当事人。

人民法院作出有罪判决，涉案财物由公安机关管理的，公安机关应当根据人民法院的生效判决，对涉案财物作出处理。人民法院的判决没有明确涉案财物如何处理的，公安机关应当征求人民法院意见。

第二十一条　对于因自身材质原因易损毁、灭失、腐烂、变质而不宜长期保存的食品、药品及其原材料等物品，长期不使用容易导致机械性能下降、价值贬损的车辆、船舶等物品，市场价格波动大的债券、股票、基金份额等财产和有效期即将届满的汇票、本票、支票等，权利人明确的，经其本人书面同意或者申请，并经县级以上公安机关主要负责人批准，可以依法变卖、拍卖，所得款项存入本单位唯一合规账户；其中，对于冻结的债券、股票、基金份额等财产，有对应的银行账户的，应当将变现后的款项继续冻结在对应账户中。

对涉案财物的变卖、拍卖应当坚持公开、公平原则，由县级以上公安机关商本级人民政府财政部门统一组织实施，严禁暗箱操作。

善意第三人等案外人与涉案财物处理存在利害关系的，公安机关应当告知其相关诉讼权利。

第二十二条　公安机关在对违法行为人、犯罪嫌疑人依法作出限制人身自由的处罚或者采取限制人身自由的强制措施时，对其随身携带的与案件无关的财物，应当按照《公安机关代为保管涉案人员随身财物若干规定》有关要求办理。

第二十三条　对于违法行为人、犯罪嫌疑人或者其家属、亲友给予被害人、被侵害人退、赔款物的，公安机关应当通知其向被害人、被侵害人或者其家属、委托的人直接交付，并将退、赔情况及时书面告知公安机关。公安机关不得将退、赔款物作为涉案财物扣押或者暂存，但需要作为证据使用的除外。

被害人、被侵害人或者其家属、委托的人不愿意当面接收的，经其书面同意或者申请，公安机关可以记录其银行账号，通知违法行为人、犯罪嫌疑人或者其家属、亲友将退、赔款项汇入该账户。

公安机关应当将双方的退赔协议或者交付手续复印附卷保存，并将退赔履行情况记录在案。

第四章　监督与救济

第二十四条　公安机关应当将涉案财物管理工作纳入执法监督和执法质量考评范围；定期或者不定期组织有关部门对本机关及办案部门负责管理的涉案财物进行核查，防止涉案财物损毁、灭失或者被挪用、不按规定及时移交、移送、返还、处理等；发现违法采取措施或者管理不当的，应当责令有关部门及时纠正。

第二十五条　公安机关纪检、监察、警务督察、审计、装备财务、警务保障、法制等部门在各自职权范围内对涉案财物管理工作进行监督。

公安机关负责人在审批案件时，应当对涉案财物情况一并进行严格审查，发现对涉案财物采取措施或者处理不合法、不适当的，应当责令有关部门立即予以纠正。

法制部门在审核案件时，发现对涉案财物采取措施或者处理不合法、不适当的，应当通知办案部门及时予以纠正。

第二十六条　办案人员有下列行为之一的，应当根据其行为的情节和后果，依照有关规定追究责任；涉嫌犯罪的，移交司法机关依法处理：

（一）对涉案财物采取措施违反法定程序的；

（二）对明知与案件无关的财物采取查封、扣押、冻结等措施的；

（三）不按照规定向当事人出具有关法律文书的；

（四）提取涉案财物后，在规定的时限内无正当理由不向涉案财物管理人员移交涉案财物的；

（五）擅自处置涉案财物的；

（六）依法应当将有关财物返还当事人而拒不返还，或者向当事人及其家属等索取费用的；

（七）因故意或者过失，致使涉案财物损毁、灭失的；

（八）其他违反法律规定的行为。

案件审批人、审核人对于前款规定情形的发生负有责任的，依照前款规定处理。

第二十七条　涉案财物管理人员不严格履行管理职责，有下列行为之一的，应当根据其行为的情节和后果，依照有关规定追究责任；涉嫌犯罪的，移交司法机关依法处理：

（一）未按照规定严格履行涉案财物登记、移交、调用等手续的；

（二）因故意或者过失，致使涉案财物损毁、灭失的；

（三）发现办案人员不按照规定移交、使用涉案财物而不及时报告的；

（四）其他不严格履行管理职责的行为。

调用人有前款第一项、第二项行为的，依照前款规定处理。

第二十八条 对于贪污、挪用、私分、调换、截留、坐支、损毁涉案财物，以及在涉案财物拍卖、变卖过程中弄虚作假、中饱私囊的有关领导和直接责任人员，应当依照有关规定追究责任；涉嫌犯罪的，移交司法机关依法处理。

第二十九条 公安机关及其工作人员违反涉案财物管理规定，给当事人造成损失的，公安机关应当依法予以赔偿，并责令有故意或者重大过失的有关领导和直接责任人员承担部分或者全部赔偿费用。

第三十条 在对涉案财物采取措施、管理和处置过程中，公安机关及其工作人员存在违法违规行为，损害当事人合法财产权益的，当事人和辩护人、诉讼代理人、利害关系人有权向公安机关提出投诉、控告、举报、复议或者国家赔偿。公安机关应当依法及时受理，并依照有关规定进行处理；对于情况属实的，应当予以纠正。

上级公安机关发现下级公安机关存在前款规定的违法违规行为，或者对投诉、控告、举报或者复议事项不按照规定处理的，应当责令下级公安机关限期纠正，下级公安机关应当立即执行。

第五章 附 则

第三十一条 各地公安机关可以根据本规定，结合本地和各警种实际情况，制定实施细则，并报上一级公安机关备案。

第三十二条 本规定自 2015 年 9 月 1 日起施行。2010 年 11 月 4 日印发的《公安机关涉案财物管理若干规定》（公通字［2010］57 号）同时废止。公安部此前制定的有关涉案财物管理的规范性文件与本规定不一致的，以本规定为准。

中国共产党纪律检查机关查办案件涉案款物管理暂行规定*

第一章 总 则

第一条 为规范中国共产党纪律检查机关（以下简称纪检机关）查办案件涉案款物的管理工作，根据《中国共产党纪律处分条例》、《中国共产党纪律检查机关案件检查工作条例》及其他党内法规，结合纪检机关查办案件的实际，制定本规定。

第二条 本规定所称涉案款物，是指可以证明违纪违法行为的款物和违纪违法所得的款物，包括现金、有价证券、支付凭证、房产、金银珠宝、文物古玩、字画、家具、电器、交通工具、通信工具等。

第三条 纪检机关查办案件中涉案款物的暂予扣留、封存以及移交、保管、处理，适用本规定。

第四条 涉案款物的管理必须依纪依法、准确及时、保管妥善、处置得当、手续完备。

第五条 纪检机关应当加强对涉案款物的管理和监督，有关部门各司其职、相互配合、相互监督。

第六条 任何部门和人员不得擅自使用、处理涉案款物。

第二章 涉案款物的暂予扣留、封存

第七条 案件检查部门或者调查组暂予扣留、封存涉案款物，应当填写暂予扣留、封存涉案款物呈批表，经案件检查部门或者调查组负责人审核并报纪检机关分管领导批准后执行。

紧急或者其他特殊情况，经案件检查部门或者调查组负责人审核批准，可以先予执行，但应当在执行后十个工作日内补办报批手续。

第八条 执行暂予扣留、封存涉案款物措施的案件承办人不得少于二人。

---

* 本规定于 2008 年 10 月 15 日由中国共产党纪律检查机关发布，自发布之日起施行。

执行时应当与原款物持有人或者保管人、见证人共同对暂予扣留、封存涉案款物当面逐件清点，当场填写暂予扣留、封存涉案款物登记表，分别由案件承办人、原款物持有人或者保管人、见证人签名或者盖章。

原款物持有人或者保管人无法或者拒绝在登记表上签名或者盖章的，承办人应当注明原因。

第九条　暂予扣留的金银珠宝、文物古玩、字画及其他贵重物品，除当场摄影、摄像或者制作谈话笔录外，案件检查部门或者调查组应当及时委托纪检机关指定的具有专业资质的鉴定机构进行鉴定并出具鉴定书，鉴定结果及时告知原物持有人或保管人。

因特殊原因不能及时进行鉴定的，可以先封存保管，条件允许时再进行鉴定。所需鉴定费用从办案经费中列支。

原物持有人或者保管人对鉴定机构的资质或者鉴定结果有异议，并提出重新鉴定的，经案件检查部门或者调查组负责人同意后，可以重新进行鉴定。

第十条　调查过程中认定不是违纪违法所得的款物或者不能证明违纪违法行为的款物的，经纪检机关分管领导批准，应当及时解除暂予扣留、封存措施。由案件检查部门或者调查组填写解除暂予扣留、封存款物清单，将解除暂予扣留、封存的款物发还原款物持有人或者保管人。发还时应当按清单与原款物持有人或者保管人当面清点，并办理签收手续。

第三章　涉案款物的移交

第十一条　案件检查部门或者调查组对涉案款物采取暂予扣留、封存措施后，应当及时与纪检机关财务（保管）部门办理移交手续。

特殊原因不能按时移交的，经纪检机关分管领导批准，可以由案件检查部门或者调查组暂时保管，但应当在特殊原因消除后十个工作日内办理移交手续。

第十二条　案件检查部门或者调查组与纪检机关财务（保管）部门办理移交手续前，必须明确专人负责统一保管涉案款物。

第十三条　在异地采取暂予扣留、封存措施，移交涉案款物确有困难的，经案件检查部门或者调查组负责人同意，可以委托当地纪检机关或者纪检部门保管。案件检查部门或者调查组应当出具委托书，并与受委托单位办理交接手续。涉案款物移交保管清单应当报双方案件监督管理部门或者其他相关职能部门备案。

第十四条　涉案款物移交保管时，案件承办人与保管工作人员均不得少于二人，案件承办人应当填写暂予扣留、封存涉案款物移交清单，经案件检查部门或者调查组负责人签字后与保管工作人员办理移交。保管工作人员应当对移交款物逐项核对，查验无误后双方在移交清单上签字。

第四章 涉案款物的保管

第十五条 涉案款物应当由纪检机关的财务部门集中统一保管。

未设财务部门的纪检机关，涉案款应当交由本级财政部门统一保管。涉案物品应当由纪检机关指定的部门集中统一保管。

第十六条 派驻（出）机构涉案款交由派出它的纪检机关财务部门统一保管；涉案物品由派驻（出）机构集中统一保管。

地方纪检机关派驻（出）机构集中统一保管涉案物品有困难的，可以由派出它的纪检机关财务部门统一保管。

第十七条 财务（保管）部门应当设立专用账户、专门场所，严格办理涉案款物交接手续，指定专人对涉案款物进行妥善保管，防止涉案款物的毁损和灭失。

第十八条 财务（保管）部门对案件检查部门或者调查组移交的涉案款，应当在复核无误后，开具专用收据交涉案款物移送承办人。

财务（保管）部门应当将涉案款设立明细账，及时存入银行专用账户，严格收付手续。

第十九条 财务（保管）部门对涉案物品应当建账设卡，注明案件名称、物品名称、移交时间及经办人等，做到一案一账，一物一卡。

小件物品可以根据物品种类分袋、分件、分箱设卡。对大件物品，应当集中保管或者委托有关专业部门封存保管。贵重小件物品应当装入透明袋封存。对交通工具、通信工具等需要定期保养和维护的物品要做好日常养护工作，防止损坏。

大宗物品、特殊物品应当指定有关专业部门进行封存保管。对危险品、违禁品应当按照有关规定及时送交有关部门，或者根据办案需要严格封存，不得以任何理由使用和扩散。

不宜长期保存的物品，可以与原物持有人协商或者按国家有关规定，经案件检查部门或者调查组负责人同意后，及时委托有关机构变卖或者拍卖，所得价款按本规定第十八条办理，并将清单、照片、变卖或者拍卖结果存入案卷归档，委托程序应当严格按照相关规定进行。

保管费用以及保管过程中发生的相关费用从办案经费中列支。

第二十条 具有数码特征或者其他特征并能证明案情的钱币、有价证券、支付凭证等，应当作为物证进行封存保管，并注明特征、编号、种类、面值、张数、金额等。

第二十一条 案件检查部门或者调查组在移送案件或者因案件需要调取暂予扣留、封存的涉案款物时，应当经纪检机关分管领导书面批准。加封的涉案款物启封时，案件承办人与保管工作人员应当同时在场，当面查验。归还时，应当重新封存，双方在封条上签字。

第五章 涉案款物的处理

第二十二条 案件检查部门向案件审理部门移送案件时，应当在调查报告中写明涉案款物数量、价值、保管情况等，提出对涉案款物的处理意见，并附涉案款物清单。

案件审理部门在审理案件时，应当对调查报告所列涉案款物与所附涉案款物清单是否相符、手续是否完备等情况进行审查，并在审理报告中写明对涉案款物的处理意见。

第二十三条 涉案款物的处理意见报经本级纪委常委会（未设常委的纪委会议）讨论决定后，案件审理部门应当及时以书面形式通知案件检查部门和案件监督管理部门或者其他相关职能部门，案件检查部门应当商机关财务（保管）部门于收到通知后六十日内执行完毕。

第二十四条 初核后认为不需要立案的，对初核对象主动上交，或者应当建议有关党组织或者单位责成初核对象退出的涉案款物，由案件检查部门提出书面处理意见，经纪检机关分管领导批准后办理。

第二十五条 纪检机关收缴涉案款物，应当在纪委常委会（未设常委的纪委会议）作出收缴决定后，由案件检查部门填写收缴款物清单，财务（保管）部门开具由财政部门统一印制的收据或者凭证，由两名承办人员负责及时送达涉案款物原持有人或者保管人。送达时，应当由涉案款物原持有人或者保管人在清单上签名或者盖章。

涉案款物原持有人或者保管人拒绝签名或者盖章的，案件承办人应当注明原因。

第二十六条 责令有关单位或者个人退赔的暂予扣留、封存的涉案款物，应当在纪委常委会（未设常委的纪委会议）作出责令退赔决定后，由案件检查部门填写责令退赔款物清单，及时送达，并由退赔单位负责人或者退赔人签名或者盖章。

退赔单位负责人或者退赔人拒绝签名或者盖章的，案件承办人应当注明原因。

第二十七条 应当上缴的违纪违法所得款项，由纪检机关财务（保管）部门按照处理决定所确认的数额，及时办理上缴国库手续。

有价证券和支付凭证由机关财务（保管）部门通过有关部门兑现后按照前款规定办理。

委托有关机构以拍卖或者其他公开方式变价处理的违纪违法物品，由机关财务（保管）部门负责分案登记造册，并填写涉案款物移送、处理登记表。处理所得款项应当上缴国库。

第二十八条 收缴、责令退赔中依法不应当退回（赔）或者由于客观原因无法退回（赔）的款物，应当上缴国库。

第二十九条 上缴国库或者返还有关单位和个人的暂予扣留、封存款物，有孳息的应当一并上缴或者退还。

第三十条 委托其他纪检机关或者纪检部门保管涉案款物的，案件检查部门应当及时将涉案款物的处理意见书面通知受委托保管单位，按照处理意见通知要求，对暂予扣留、封存的涉案款物进行相应处理。处理结果应当以书面形式报双方案件监督管理部门或者其他相关职能部门备案。

第三十一条 移送司法机关或者其它机关处理的案件，应当同时移送暂予扣留、封存的涉案款物以及涉案款物清单、已处理凭证等，并办理交接手续。

第六章　涉案款物的监督检查

第三十二条 纪检机关应当加强对涉案款物管理的监督检查，完善监督制约机制。

第三十三条 案件监督管理部门或者其他相关职能部门应当对管理过程中的文书使用和手续办理情况、涉案款物的保管和处理等情况定期进行监督检查，定期向本级纪检机关领导撰写专题情况报告。

第三十四条 涉案款物鉴定、拍卖机构的确定，纪检机关有规定的，按照规定执行；纪检机关没有规定的，由案件监督管理部门或者其他相关职能部门根据其资质、资格和专业技术水平等进行综合考察后指定。

第三十五条 案件监督管理部门或者其他相关职能部门应当对案件档案进行检查，确保所有涉案款物的处理文书存入档案。

第三十六条 涉案款物管理过程中使用的文书、表格统一由案件监督管理部门或者其他相关职能部门负责监制。

第三十七条 对移送司法机关并由司法机关认定与犯罪无关的涉案款物，

案件监督管理部门或者其他相关职能部门应当督促司法机关予以退回。

第七章　纪律责任

第三十八条　对监督检查过程中发现的违反规定的问题,案件监督管理部门或者其他相关职能部门应当责令纠正。对不纠正的,纪检机关要予以通报批评。违反纪律的,应当追究有关主管人员和直接责任人员的纪律责任。

第三十九条　任何部门和个人在涉案款物管理中违反有关规定,贪污、侵占、截留、挪用、私分、私存、调换、外借、压价收购涉案款物及其孳息的,应当追究有关主管人员和直接责任人员的纪律责任。

第四十条　保管不当造成涉案款物毁损或者灭失的,除按照国家有关规定给予赔偿外,视情节轻重,应当追究有关主管人员和直接责任人员的纪律责任。

第四十一条　不按时移交涉案款物或者不及时执行涉案款物处理决定,造成恶劣影响或者其他严重后果的,应当追究有关主管人员和直接责任人员的纪律责任。

第八章　附　则

第四十二条　本规定适用于县级以上纪检机关及其派驻(出)机构。

军委纪委可参照本规定制定有关规定,报中央纪委备案。

第四十三条　本规定要求填写的有关文书和单据,应当送案件监督管理部门或者其他相关职能部门备案,并存入案卷归档。

第四十四条　本规定由中央纪委负责解释。

第四十五条　本规定自发布之日起施行。凡此前有关涉案款物管理的规定与本规定不一致的,执行本规定。

司法部司法协助外事司
关于在与美国的刑事司法协助中采用有关证明格式的通知[*]

最高人民法院外事局、最高人民检察院外事局、公安部外事局并海关总署缉私局：

中美双方在《中美刑事司法协助协定》（见附件一）草签时的"会谈纪要"中曾就提取书证、证言和扣押物品作为证据的有效性进行证明（即"证明表格"）事初步达成协议（见附件二）。

现在，中美双方"中央机关"已经就采用有关的书证证明表格和执行活动证明程式的具体建议达成一致。为进一步规范执行刑事司法协助请求的程序并且使有关的执行活动尽可能符合请求国法律提出的程序性要求，现就上述证明表格和证明程式在随后办理的中美刑事司法协助案件中采用之事通知如下：

1. 当我国公安机关、走私犯罪侦查机关、检察机关、审判机关为办理涉美刑事案件而依据《中美刑事司法协助协定》向美方提出关于代为询问证人、提取书证或者扣押物品的请求时，我司作为中方"中央机关"的职能部门将自动在请求书中注明关于依照附件三1、2或者3列举的证明项目和程式制作有关文书的要求，并将上述有关证明格式附于我向美提出的请求书后。鉴此，我有关司法机关在向我司转交请求材料时，可不再随附上述表格。如果我方提出请求的机关认为需要在有关的证明程式中增加新的内容，应当在向我司提交的请求材料中做特别说明。

2. 当美方依据《中美刑事司法协助协定》向我方提出关于调取业务记录、调取公文书记录或者扣押物品的请求时，作为美方"中央机关"的美国司法部将在有关请求书中注明关于填写附件三4、5或者6表格的要求，我司在向我国执行机关转递请求材料时随转有关的证明表格中文本。请各执行机关在执行有关请求时注意按要求用中文填写所附表格。如果美方提出使用英文填写有关表格的特殊要求，将由我司负责按照中方执行机关填写的证明表格中文本进行翻译。

3. 如果我国提出协助请求的机关发现美方提供的执行结果未按要求履行有

---

* 本通知由司法部于 2005 年 8 月 10 日发布。

关的证明程式，可以通过我司要求美方予以补充。如果我国执行协助请求的机关未按要求填写有关的证明表格，我司将通知该执行机关予以补充。

4. 在特殊情况下，如果我国执行机关认为不能使用美方要求填写的证明表格，应当及时向我司说明情况，以便我司在答复请求时作出解释或者由我司根据《中美刑事司法协助协定》的规定对有关材料做附加证明。

5. 在执行美方的有关协助请求时，如果美方提供的表格份数不够，相关的执行机关可以按照本通知附件的样式根据需要复制有关的证明表格。

附件：

一、《中美刑事司法协助协定》

二、《会谈纪要》

三、中美双方确认的六个证明表格

1. 关于提取书证的要求（当中方是请求方时）

2. 关于代为询问证人的要求（当中方是请求方时）

3. 关于扣押物品的要求（当中方是指求方时）

4. 业务记录真实性证明书（当美方是请求方时）

5. 外国公文真实性证明书（当美方是请求方时）

6. 有关被扣押物品的证明书（当美方是请求方时）

中华人民共和国司法部司法协助外事司

二〇〇五年八月十日

附件一 （略）

附件二 （略）

附件三

与美国的刑事司法协助中应采用的证明格式 （当中方是请求方时）

1（中文版）

关于提取书证的要求
（当中方是请求方时）

在答复中方提出的提取书证的协助请求时，美方须出具：

一、提取过程记录，包括以下内容：

1. 所提取的文件在何单位、由何人保管；

2. 文件是原件还是复印件；

3. 提取的时间及地点；

4. 提取文件的执法或司法机构盖章或由至少两名提取文件的执法或司法人员签名。

二、认证，包括以下内容：

1. 经提供文件的文件保管人签名的声明，写明："我叫_____，我知道，如果我故意作出不真实陈述，将有可能依照美国法律负刑事责任；谨声明，此文件是原件（或原件的复印件）"；

2. 提取文件（原件或复印件）的执法或司法人员签名并注明取证的日期；

3. 就原件而言，认证应在原件以外另附单页；就复印件而言，认证应做在文件的最后一页上。

1（英文版）

When PRC is Requesting Party Requirements for Assistance in Taking Documentary Evidence

In response to a Chinese request for assistance in taking documentary evidence, the U. S. side shall provide the following:

Chinese side with a verbatim transcript of the questioning which shall meet the following requirements:

1. Record of the evidence-taking procedure, which will include:

a. Entity from which the document is sought and the custodian;

b. Whether the document is original or a copy;

c. Date and place evidence was taken; and

d. Seal of the law enforcement or judicial organ which performs the evidence taking or signature of at least two law enforcement or judicial officers who take the evidence; and

2. Authentication, which shall include:

a. A signed statement by the custodian from whom the document is sought as follows: "I, _____ , knowing that I will be subject to criminal liability under the laws of the United States if I intentionally make a false statement, declare that this document is an original (or a copy of the original)"; and

b. The signature of the law enforcement or judicial officer who takes the document (original or copy) and the date of the collection of the evidence.

c. For original documents, authentication shall be made on a separate piece of paper accompanying the original documents. For copies, the authentication shall be made on the last page of the document.

2（中文版）

关于代为询问证人的要求
（当中方是请求方时）

在答复中方提出的代为询问证人协助请求时，美方须向中方提供"询问笔录"，并须满足以下要求：

一、笔录应包括：

1. 根据中方提供的询问提纲所进行的询问的详细记录；

2. 询问的时间、地点、被询问人的基本情况、住所及电话号码；

3. 进行询问的执法或司法人员签名并注明日期。

二、询问需要由执法或司法人员二人以上进行，并注明执法或司法人员的所属部门及职务；

三、询问人须向被询问人告知其权利及如果在宣誓情况下故意作出不真实陈述应负的刑事责任；

四、在询问笔录的结尾处，要求被询问人写明："以上记录给我看过，与我所讲的一致"的字样，并由被询问人签名并注明日期；如被询问人拒绝作上述声明，询问人应写明，已向该人提出上述要求，但被该人拒绝，并由询问人签名并注明日期。

2（英文版）

When PRC is Requesting Party Requirements for
Assistance in Taking Testimony

In response to a Chinese request for assistance in taking testimony, the U. S. side shall provide the Chinese side with a verbatim transcript of the questioning which shall meet the following requirements:

1. The transcript shall

a. provide a detailed record of the questioning conducted in accordance with the questions provided by the Chinese side,

b. state the time and place of the questioning, basic condition of the questioned person and his or her address and telephone number, and

c. signature of the law enforcement or judicial officers who do the questioning, with the date.

2. Questioning shall be conducted by at least two law enforcement or judicial officers with their department and positions identified;

3. The questioner shall make clear to the questioned person his (or her) rights and criminal liability for an intentional false statement given under oath;

4. The questioned person shall be requested to provide a statement at the end of the transcript along the following lines: "I have read the above transcript, which is in conformity with what I have said" with his (or her) signature and the date. If the person declines the request for such a statement, the questioner shall provide a signed and dated statement that the request was made and that the questioned person declined to provide it.

3（中文版）

关于扣押物品的要求

（当中方是请求方时）

在答复中方提出的扣押在美国境内的物证或物品的协助请求时，美方提供给中方的答复文件中应包括以下内容：

一、扣押物品过程的记录

1. 所扣押物品在何单位、由何人保管；

2. 所扣押物品的特征、客观状态（大小、形状、颜色等）、数量等的描述；

3. 扣押的时间、地点；

4. 物品持有人（或保管人）签名；

5. 执行扣押的执法或司法机关盖章（或由执行扣押的执法或司法人员签名）并注明日期。

二、被扣押物品的全貌及细目照片 3–5 张。

三、认证，须由执行扣押的执法或司法人员在被扣押物品照片背面写有："此照片系所扣押物品的照片"的字样，并由其签名并注明日期。

3（英文版）

When PRC is Requesting Party Requirements for Assistance with Respect of Seized Items

In response to a Chinese request for assistance with respect of the seizure of material evidence or articles located in the U. S. , the following elements shall be included:

1. Record of items' seizure procedure:

a. Entity where the items are seized and the custodian;

b. Description of features, objective state (size, shape, color), and quantity of the seized items;

c. Date and place of the seizure;

d. Signature of the custodian (or who holds it); and

e. Seal of the law enforcement or judicial organ which executes the seizure (or the signature of the law enforcement or judicial officers who perform the seizure) and date.

2. Three to five pictures of the entire or parts of the seized article.

3. Authentication shall be accomplished by the law enforcement or judicial officers who perform the seizure writing at the back of the picture such language as "this is the picture of the seized items" with their signature and date.

与美国的刑事司法协助中应采用的证明格式（当美方是请求方时）

4（中文版）

业务记录真实性证明书

（当美方是请求方时）

我叫＿＿＿＿＿＿（姓名），我知道，如果我故意作出不真实的陈述，将有可能依照中华人民共和国的法律负刑事责任，谨声明如下：

我受雇于＿＿＿＿＿＿＿＿＿（向其调取文件的业务机构名称）。我的正式职务是＿＿＿＿＿＿。后附的每一项记录均为由＿＿＿＿＿＿（向其调取文件的业务机构名称）保管的原件或原件的复印件。

我进一步声明：

1. 此记录是由知情人（或通过该人转递的信息）在事件发生时或接近发生时所作出；

2. 此记录存在于正常经营的业务活动过程中；

3. 业务活动使此记录成为常规；

4. 如果此记录不是原件，则是原件的复印件。

签名：＿＿＿＿＿＿

日期和地点：＿＿＿＿＿＿＿＿＿＿

我证明，提取上述证据的过程合法，上述人员的签名属实。

签名：＿＿＿＿＿＿＿＿（提取证据的司法人员）

日期和地点：＿＿＿＿＿＿＿＿＿＿＿＿

4（英文版）

When U. S. is Requesting Party CERTIFICATE OF AUTHENTICITY OF BUSINESS RECORDS

I, _____ (name) _____ , knowing that I will be subject to criminal liability under the laws of the People's Republic of China for an intentionally false statement declare that:

I am employed by _____ (name of business from which documents are sought) _____ in the position of _____ (official title) _____ _____. Each of the records attached hereto is the original or a duplicate of the original record in the custody of _____ (name of business from which documents are sought) _____.

I further state that:

(A) such records were made, at or near the time of the occurrence of the matters set forth, by (or from information transmitted by) a person with knowledge of those matters;

(B) such records were kept in the course of a regularly conducted business activity;

(C) the business activity made such records as a regular practice; and

(D) if any such record is not the original, it is a duplicate of the original.

_____ (signature) _____

_____ (date and place) _____

I hereby attest that the above-mentioned evidence is taken lawfully and the signature of the above person is genuine.

_____ (signature of judicial officer who takes the evidence) _____ _____ (date and place) _____

5（中文版）

外国公文真实性证明书
（当美方是请求方时）

我叫＿＿＿＿＿＿（姓名），我知道，如果我故意作出不真实的陈述，将有可能依照中华人民共和国的法律负刑事责任，谨声明如下：

1. 我在＿＿＿＿＿＿＿＿＿＿＿＿（政府部门）任职。在履行职务中，我被授权保管官方记录；

2. 我的职务是＿＿＿＿＿＿＿＿（正式职衔）；

3. 在我的职权范围内，我提供了由＿＿＿＿＿＿（政府部门）保管的记录的真实而确切的副本；

4. 副本列举如下，并附于本证明之后。

文件名称：

签名：＿＿＿＿＿＿

日期和地点：＿＿＿＿＿＿＿＿＿＿＿＿＿＿＿

我证明，提取上述证据的过程合法，上述人员的签名属实。

签名：＿＿＿＿＿＿（提取证据的司法人员）

日期和地点：＿＿＿＿＿＿＿＿＿＿＿＿＿＿＿

5（英文版）

When U. S. is Requesting Party CERTIFICATE OF
AUTHENTICITY OF FOREIGN PUBLIC DOCUMENTS

I, the undersigned, _____ (name) _____ , knowing that I will be subject to criminal liability under the laws of the People's Republic of China for an intentionally false statement declare that:

(1) I work for _____ (government department and office) _____ _____ and in the course of its functions I am authorized to maintain official records.

(2) My position is _____ (official title) _____ _____

(3) In my official capacity, I have caused the production of true and accurate copies of records maintained by _____ (government department) _____ .

(4) Those copies are enumerated below and attached.

Title of Documents:

_____ (signature) _____

_____ (date and place) _____

I, the undersigned, attest that the above-mentioned evidence is taken lawfully and the signature of the above person is genuine.

_____ (signature of judicial officer who takes the evidence) _____

_____ (date and place) _____

6（中文版）

有关被扣押物品的证明书
（当美方是请求方时）

我叫_____（姓名），我知道，如果我故意作出不真实的陈述，将有可能依照中华人民共和国的法律负刑事责任，谨声明如下：

我正式的政府职位是_____（官方职务）。我于_____（日期）在_____（地点）从_____（人名或机构名）处收到了下列扣押物品。我于_____（日期）在_____（地点）将下列扣押物品原样（如有变化，则说明如下）交给了_____（人名或机构名）。

物品说明：

在我保管时物品状况的改变情况：

签名_____　日期_____

部门负责人签名（或加盖本部门公章）：_____

6（英文版）

When U. S. is Requesting Party CERTIFICATE
WITH RESPECT TO SEIZED ITEMS

I, the undersigned, _____ (name) _____ , knowing that I will be subject to criminal liability under the laws of the People's Republic of China for an intentionally false statement declare that: My official government position is _____ _____ (official title) _____ .

I received custody of the items listed below from _____ (name of person or entity) _____ on _____ (date) _____ ___ , at _____ (place) _____ . I relinquished custody of the items listed below to _____ (name of person or entity) _____ on _____ (date) _____ , at _____ (place) _____ in the same condition as when I received them (or, if different, as noted below) .

Description of items:

Changes in condition while in my custody:

_____ (signature) _____

_____ (date) _____

_____ (signature of person in charge of the department/seal of the department) _____

最高人民法院关于人民法院办理海峡两岸
送达文书和调查取证司法互助案件的规定*

为落实《海峡两岸共同打击犯罪及司法互助协议》（以下简称协议），进一步推动海峡两岸司法互助业务的开展，确保协议中涉及人民法院有关送达文书和调查取证司法互助工作事项的顺利实施，结合各级人民法院开展海峡两岸司法互助工作实践，制定本规定。

一、总　则

第一条　人民法院依照协议，办理海峡两岸民事、刑事、行政诉讼案件中的送达文书和调查取证司法互助业务，适用本规定。

第二条　人民法院应当在法定职权范围内办理海峡两岸司法互助业务。

人民法院办理海峡两岸司法互助业务，应当遵循一个中国原则，遵守国家法律的基本原则，不得违反社会公共利益。

二、职责分工

第三条　人民法院和台湾地区业务主管部门通过各自指定的协议联络人，建立办理海峡两岸司法互助业务的直接联络渠道。

第四条　最高人民法院是与台湾地区业务主管部门就海峡两岸司法互助业务进行联络的一级窗口。最高人民法院台湾司法事务办公室主任是最高人民法院指定的协议联络人。

最高人民法院负责：就协议中涉及人民法院的工作事项与台湾地区业务主管部门开展磋商、协调和交流；指导、监督、组织、协调地方各级人民法院办理海峡两岸司法互助业务；就海峡两岸调查取证司法互助业务与台湾地区业务主管部门直接联络，并在必要时具体办理调查取证司法互助案件；及时将本院和台湾地区业务主管部门指定的协议联络人的姓名、联络方式及变动情况等工

---

* 2010年12月16日由最高人民法院审判委员会第1506次会议通过，2011年6月25日起施行。

作信息通报高级人民法院。

　　第五条　最高人民法院授权高级人民法院就办理海峡两岸送达文书司法互助案件，建立与台湾地区业务主管部门联络的二级窗口。高级人民法院应当指定专人作为经最高人民法院授权的二级联络窗口联络人。

　　高级人民法院负责：指导、监督、组织、协调本辖区人民法院办理海峡两岸送达文书和调查取证司法互助业务；就办理海峡两岸送达文书司法互助案件与台湾地区业务主管部门直接联络，并在必要时具体办理送达文书和调查取证司法互助案件；登记、统计本辖区人民法院办理的海峡两岸送达文书司法互助案件；定期向最高人民法院报告本辖区人民法院办理海峡两岸送达文书司法互助业务情况；及时将本院联络人的姓名、联络方式及变动情况报告最高人民法院，同时通报台湾地区联络人和下级人民法院。

　　第六条　中级人民法院和基层人民法院应当指定专人负责海峡两岸司法互助业务。

　　中级人民法院和基层人民法院负责：具体办理海峡两岸送达文书和调查取证司法互助案件；定期向高级人民法院层报本院办理海峡两岸送达文书司法互助业务情况；及时将本院海峡两岸司法互助业务负责人员的姓名、联络方式及变动情况层报高级人民法院。

三、送达文书司法互助

　　第七条　人民法院向住所地在台湾地区的当事人送达民事和行政诉讼司法文书，可以采用下列方式：

　　（一）受送达人居住在大陆的，直接送达。受送达人是自然人，本人不在的，可以交其同住成年家属签收；受送达人是法人或者其他组织的，应当由法人的法定代表人、其他组织的主要负责人或者该法人、其他组织负责收件的人签收。

　　受送达人不在大陆居住，但送达时在大陆的，可以直接送达。

　　（二）受送达人在大陆有诉讼代理人的，向诉讼代理人送达。但受送达人在授权委托书中明确表明其诉讼代理人无权代为接收的除外。

　　（三）受送达人有指定代收人的，向代收人送达。

　　（四）受送达人在大陆有代表机构、分支机构、业务代办人的，向其代表机构或者经受送达人明确授权接受送达的分支机构、业务代办人送达。

　　（五）通过协议确定的海峡两岸司法互助方式，请求台湾地区送达。

　　（六）受送达人在台湾地区的地址明确的，可以邮寄送达。

（七）有明确的传真号码、电子信箱地址的，可以通过传真、电子邮件方式向受送达人送达。

采用上述方式均不能送达或者台湾地区当事人下落不明的，可以公告送达。

人民法院需要向住所地在台湾地区的当事人送达刑事司法文书，可以通过协议确定的海峡两岸司法互助方式，请求台湾地区送达。

第八条 人民法院协助台湾地区法院送达司法文书，应当采用民事诉讼法、刑事诉讼法、行政诉讼法等法律和相关司法解释规定的送达方式，并应当尽可能采用直接送达方式，但不采用公告送达方式。

第九条 人民法院协助台湾地区送达司法文书，应当充分负责，及时努力送达。

第十条 审理案件的人民法院需要台湾地区协助送达司法文书的，应当填写《〈海峡两岸共同打击犯罪及司法互助协议〉送达文书请求书》附录部分，连同需要送达的司法文书，一式二份，及时送交高级人民法院。

需要台湾地区协助送达的司法文书中有指定开庭日期等类似期限的，一般应当为协助送达程序预留不少于六个月的时间。

第十一条 高级人民法院收到本院或者下级人民法院《〈海峡两岸共同打击犯罪及司法互助协议〉送达文书请求书》附录部分和需要送达的司法文书后，应当在七个工作日内完成审查。经审查认为可以请求台湾地区协助送达的，高级人民法院联络人应当填写《〈海峡两岸共同打击犯罪及司法互助协议〉送达文书请求书》正文部分，连同附录部分和需要送达的司法文书，立即寄送台湾地区联络人；经审查认为欠缺相关材料、内容或者认为不需要请求台湾地区协助送达的，应当立即告知提出请求的人民法院补充相关材料、内容或者在说明理由后将材料退回。

第十二条 台湾地区成功送达并将送达证明材料寄送高级人民法院联络人，或者未能成功送达并将相关材料送还，同时出具理由说明给高级人民法院联络人的，高级人民法院应当在收到之日起七个工作日内，完成审查并转送提出请求的人民法院。经审查认为欠缺相关材料或者内容的，高级人民法院联络人应当立即与台湾地区联络人联络并请求补充相关材料或者内容。

自高级人民法院联络人向台湾地区寄送有关司法文书之日起满四个月，如果未能收到送达证明材料或者说明文件，且根据各种情况不足以认定已经送达的，视为不能按照协议确定的海峡两岸司法互助方式送达。

第十三条 台湾地区请求人民法院协助送达台湾地区法院的司法文书并通过其联络人将请求书和相关司法文书寄送高级人民法院联络人的，高级人民法院应当在七个工作日内完成审查。经审查认为可以协助送达的，应当立即转送有关下级人民法院送达或者由本院送达；经审查认为欠缺相关材料、内容或者认为不宜协助送达的，高级人民法院联络人应当立即向台湾地区联络人说明情况并告知其补充相关材料、内容或者将材料送还。

具体办理送达文书司法互助案件的人民法院应当在收到高级人民法院转送的材料之日起五个工作日内，以"协助台湾地区送达民事（刑事、行政诉讼）司法文书"案由立案，指定专人办理，并应当自立案之日起十五日内完成协助送达，最迟不得超过两个月。

收到台湾地区送达文书请求时，司法文书中指定的开庭日期或者其他期限逾期的，人民法院亦应予以送达，同时高级人民法院联络人应当及时向台湾地区联络人说明情况。

第十四条 具体办理送达文书司法互助案件的人民法院成功送达的，应当由送达人在《〈海峡两岸共同打击犯罪及司法互助协议〉送达回证》上签名或者盖章，并在成功送达之日起七个工作日内将送达回证送交高级人民法院；未能成功送达的，应当由送达人在《〈海峡两岸共同打击犯罪及司法互助协议〉送达回证》上注明未能成功送达的原因并签名或者盖章，在确认不能送达之日起七个工作日内，将该送达回证和未能成功送达的司法文书送交高级人民法院。

高级人民法院应当在收到前款所述送达回证之日起七个工作日内完成审查，由高级人民法院联络人在前述送达回证上签名或者盖章，同时出具《〈海峡两岸共同打击犯罪及司法互助协议〉送达文书回复书》，连同该送达回证和未能成功送达的司法文书，立即寄送台湾地区联络人。

四、调查取证司法互助

第十五条 人民法院办理海峡两岸调查取证司法互助业务，限于与台湾地区法院相互协助调取与诉讼有关的证据，包括取得证言及陈述；提供书证、物证及视听资料；确定关系人所在地或者确认其身份、前科等情况；进行勘验、检查、扣押、鉴定和查询等。

第十六条 人民法院协助台湾地区法院调查取证，应当采用民事诉讼法、刑事诉讼法、行政诉讼法等法律和相关司法解释规定的方式。

在不违反法律和相关规定、不损害社会公共利益、不妨碍正在进行的诉讼程序的前提下，人民法院应当尽力协助调查取证，并尽可能依照台湾地区请求的内容和形式予以协助。

台湾地区调查取证请求书所述的犯罪事实，依照大陆法律规定不认为涉嫌犯罪的，人民法院不予协助，但有重大社会危害并经双方业务主管部门同意予以个案协助的除外。台湾地区请求促使大陆居民至台湾地区作证，但未作出非经大陆主管部门同意不得追诉其进入台湾地区之前任何行为的书面声明的，人民法院可以不予协助。

第十七条 审理案件的人民法院需要台湾地区协助调查取证的，应当填写《〈海峡两岸共同打击犯罪及司法互助协议〉调查取证请求书》附录部分，连同相关材料，一式三份，及时送交高级人民法院。

高级人民法院应当在收到前款所述材料之日起七个工作日内完成初步审查，并将审查意见和《〈海峡两岸共同打击犯罪及司法互助协议〉调查取证请求书》附录部分及相关材料，一式二份，立即转送最高人民法院。

第十八条 最高人民法院收到高级人民法院转送的《〈海峡两岸共同打击犯罪及司法互助协议〉调查取证请求书》附录部分和相关材料以及高级人民法院审查意见后，应当在七个工作日内完成最终审查。经审查认为可以请求台湾地区协助调查取证的，最高人民法院联络人应当填写《〈海峡两岸共同打击犯罪及司法互助协议〉调查取证请求书》正文部分，连同附录部分和相关材料，立即寄送台湾地区联络人；经审查认为欠缺相关材料、内容或者认为不需要请求台湾地区协助调查取证的，应当立即通过高级人民法院告知提出请求的人民法院补充相关材料、内容或者在说明理由后将材料退回。

第十九条 台湾地区成功调查取证并将取得的证据材料寄送最高人民法院联络人，或者未能成功调查取证并将相关材料送还，同时出具理由说明给最高人民法院联络人的，最高人民法院应当在收到之日起七个工作日内完成审查并转送高级人民法院，高级人民法院应当在收到之日起七个工作日内转送提出请求的人民法院。经审查认为欠缺相关材料或者内容的，最高人民法院联络人应当立即与台湾地区联络人联络并请求补充相关材料或者内容。

第二十条 台湾地区请求人民法院协助台湾地区法院调查取证并通过其联络人将请求书和相关材料寄送最高人民法院联络人的，最高人民法院应当在收到之日起七个工作日内完成审查。经审查认为可以协助调查取证的，应当立即转送有关高级人民法院或者由本院办理，高级人民法院应当在收到之日起七个工作日内转送有关下级人民法院办理或者由本院办理；经审查认为欠缺相关材料、内容或者认为不宜协助调查取证的，最高人民法院联络人应当立即向台湾地区联络人说明情况并告知其补充相关材料、内容或者将材料送还。

具体办理调查取证司法互助案件的人民法院应当在收到高级人民法院转送的材料之日起五个工作日内，以"协助台湾地区民事（刑事、行政诉讼）调查取证"案由立案，指定专人办理，并应当自立案之日起一个月内完成协助调查取证，最迟不得超过三个月。因故不能在期限届满前完成的，应当提前函告高级人民法院，并由高级人民法院转报最高人民法院。

　　第二十一条　具体办理调查取证司法互助案件的人民法院成功调查取证的，应当在完成调查取证之日起七个工作日内将取得的证据材料一式三份，连同台湾地区提供的材料，并在必要时附具情况说明，送交高级人民法院；未能成功调查取证的，应当出具说明函一式三份，连同台湾地区提供的材料，在确认不能成功调查取证之日起七个工作日内送交高级人民法院。

　　高级人民法院应当在收到前款所述材料之日起七个工作日内完成初步审查，并将审查意见和前述取得的证据材料或者说明函等，一式二份，连同台湾地区提供的材料，立即转送最高人民法院。

　　最高人民法院应当在收到之日起七个工作日内完成最终审查，由最高人民法院联络人出具《〈海峡两岸共同打击犯罪及司法互助协议〉调查取证回复书》，必要时连同相关材料，立即寄送台湾地区联络人。

　　证据材料不适宜复制或者难以取得备份的，可不按本条第一款和第二款的规定提供备份材料。

五、附　则

　　第二十二条　人民法院对于台湾地区请求协助所提供的和执行请求所取得的相关资料应当予以保密。但依据请求目的使用的除外。

　　第二十三条　人民法院应当依据请求书载明的目的使用台湾地区协助提供的资料。但最高人民法院和台湾地区业务主管部门另有商定的除外。

　　第二十四条　对于依照协议和本规定从台湾地区获得的证据和司法文书等材料，不需要办理公证、认证等形式证明。

　　第二十五条　人民法院办理海峡两岸司法互助业务，应当使用统一、规范的文书样式。

　　第二十六条　对于执行台湾地区的请求所发生的费用，由有关人民法院负担。但下列费用应当由台湾地区业务主管部门负责支付：

　　（一）鉴定费用；

　　（二）翻译费用和誊写费用；

　　（三）为台湾地区提供协助的证人和鉴定人，因前往、停留、离开台湾地区所发生的费用；

　　（四）其他经最高人民法院和台湾地区业务主管部门商定的费用。

　　第二十七条　人民法院在办理海峡两岸司法互助案件中收到、取得、制作的各种文件和材料，应当以原件或者复制件形式，作为诉讼档案保存。

第二十八条 最高人民法院审理的案件需要请求台湾地区协助送达司法文书和调查取证的,参照本规定由本院自行办理。

专门人民法院办理海峡两岸送达文书和调查取证司法互助业务,参照本规定执行。

第二十九条 办理海峡两岸司法互助案件和执行本规定的情况,应当纳入对有关人民法院及相关工作人员的工作绩效考核和案件质量评查范围。

第三十条 此前发布的司法解释与本规定不一致的,以本规定为准。

最高人民法院、最高人民检察院
关于适用犯罪嫌疑人、被告人逃匿、死亡案件
违法所得没收程序若干问题的规定[*]

为依法适用犯罪嫌疑人、被告人逃匿、死亡案件违法所得没收程序，根据《中华人民共和国刑事诉讼法》《中华人民共和国刑法》《中华人民共和国民事诉讼法》等法律规定，现就办理相关案件具体适用法律若干问题规定如下：

第一条　下列犯罪案件，应当认定为刑事诉讼法第二百八十条第一款规定的"犯罪案件"：

（一）贪污、挪用公款、巨额财产来源不明、隐瞒境外存款、私分国有资产、私分罚没财物犯罪案件；

（二）受贿、单位受贿、利用影响力受贿、行贿、对有影响力的人行贿、对单位行贿、介绍贿赂、单位行贿犯罪案件；

（三）组织、领导、参加恐怖组织，帮助恐怖活动，准备实施恐怖活动，宣扬恐怖主义、极端主义、煽动实施恐怖活动，利用极端主义破坏法律实施，强制穿戴宣扬恐怖主义、极端主义服饰、标志，非法持有宣扬恐怖主义、极端主义物品犯罪案件；

（四）危害国家安全、走私、洗钱、金融诈骗、黑社会性质的组织、毒品犯罪案件。

电信诈骗、网络诈骗犯罪案件，依照前款规定的犯罪案件处理。

第二条　在省、自治区、直辖市或者全国范围内具有较大影响，或者犯罪嫌疑人、被告人逃匿境外的，应当认定为刑事诉讼法第二百八十条第一款规定的"重大"。

第三条　犯罪嫌疑人、被告人为逃避侦查和刑事追究潜逃、隐匿，或者在刑事诉讼过程中脱逃的，应当认定为刑事诉讼法第二百八十条第一款规定的"逃匿"。

犯罪嫌疑人、被告人因意外事故下落不明满二年，或者因意外事故下落不

---

* 2016年12月26日最高人民法院审判委员会第1705次会议、最高人民检察院第十二届检察委员会第59次会议通过，自2017年1月5日起施行。

明，经有关机关证明其不可能生存的，依照前款规定处理。

第四条 犯罪嫌疑人、被告人死亡，依照刑法规定应当追缴其违法所得及其他涉案财产的，人民检察院可以向人民法院提出没收违法所得的申请。

第五条 公安机关发布通缉令或者公安部通过国际刑警组织发布红色国际通报，应当认定为刑事诉讼法第二百八十条第一款规定的"通缉"。

第六条 通过实施犯罪直接或者间接产生、获得的任何财产，应当认定为刑事诉讼法第二百八十条第一款规定的"违法所得"。

违法所得已经部分或者全部转变、转化为其他财产的，转变、转化后的财产应当视为前款规定的"违法所得"。

来自违法所得转变、转化后的财产收益，或者来自已经与违法所得相混合财产中违法所得相应部分的收益，应当视为第一款规定的"违法所得"。

第七条 刑事诉讼法第二百八十一条第三款规定的"利害关系人"包括犯罪嫌疑人、被告人的近亲属和其他对申请没收的财产主张权利的自然人和单位。

刑事诉讼法第二百八十一条第二款、第二百八十二条第二款规定的"其他利害关系人"是指前款规定的"其他对申请没收的财产主张权利的自然人和单位"。

第八条 人民检察院向人民法院提出没收违法所得的申请，应当制作没收违法所得申请书。

没收违法所得申请书应当载明以下内容：

（一）犯罪嫌疑人、被告人的基本情况；

（二）案由及案件来源；

（三）犯罪嫌疑人、被告人涉嫌犯罪的事实及相关证据材料；

（四）犯罪嫌疑人、被告人逃匿、被通缉、脱逃、下落不明、死亡的情况；

（五）申请没收的财产的种类、数量、价值、所在地以及已查封、扣押、冻结财产清单和相关法律手续；

（六）申请没收的财产属于违法所得及其他涉案财产的相关事实及证据材料；

（七）提出没收违法所得申请的理由和法律依据；

（八）有无利害关系人以及利害关系人的姓名、身份、住址、联系方式；

（九）其他应当载明的内容。

上述材料需要翻译件的，人民检察院应当将翻译件随没收违法所得申请书一并移送人民法院。

第九条 对于没收违法所得的申请，人民法院应当在三十日内审查完毕，并根据以下情形分别处理：

（一）属于没收违法所得申请受案范围和本院管辖，且材料齐全、有证据证明有犯罪事实的，应当受理；

（二）不属于没收违法所得申请受案范围或者本院管辖的，应当退回人民检察院；

（三）对于没收违法所得申请不符合"有证据证明有犯罪事实"标准要求的，应当通知人民检察院撤回申请，人民检察院应当撤回；

（四）材料不全的，应当通知人民检察院在七日内补送，七日内不能补送的，应当退回人民检察院。

第十条 同时具备以下情形的，应当认定为本规定第九条规定的"有证据证明有犯罪事实"：

（一）有证据证明发生了犯罪事实；

（二）有证据证明该犯罪事实是犯罪嫌疑人、被告人实施的；

（三）证明犯罪嫌疑人、被告人实施犯罪行为的证据真实、合法。

第十一条 人民法院受理没收违法所得的申请后，应当在十五日内发布公告，公告期为六个月。公告期间不适用中止、中断、延长的规定。

公告应当载明以下内容：

（一）案由、案件来源以及属于本院管辖；

（二）犯罪嫌疑人、被告人的基本情况；

（三）犯罪嫌疑人、被告人涉嫌犯罪的事实；

（四）犯罪嫌疑人、被告人逃匿、被通缉、脱逃、下落不明、死亡的情况；

（五）申请没收的财产的种类、数量、价值、所在地以及已查封、扣押、冻结财产的清单和相关法律手续；

（六）申请没收的财产属于违法所得及其他涉案财产的相关事实；

（七）申请没收的理由和法律依据；

（八）利害关系人申请参加诉讼的期限、方式以及未按照该期限、方式申请参加诉讼可能承担的不利法律后果；

（九）其他应当公告的情况。

第十二条 公告应当在全国公开发行的报纸、信息网络等媒体和最高人民法院的官方网站刊登、发布，并在人民法院公告栏张贴。必要时，公告可以在犯罪地、犯罪嫌疑人、被告人居住地或者被申请没收财产所在地张贴。公告最后被刊登、发布、张贴日期为公告日期。人民法院张贴公告的，应当采取拍照、录像等方式记录张贴过程。

人民法院已经掌握境内利害关系人联系方式的，应当直接送达含有公告内容的通知；直接送达有困难的，可以委托代为送达、邮寄送达。经受送达人同意的，可以采用传真、电子邮件等能够确认其收悉的方式告知其公告内容，并记录在案；人民法院已经掌握境外犯罪嫌疑人、被告人、利害关系人联系方式，经受送达人同意的，可以采用传真、电子邮件等能够确认其收悉的方式告知其公告内容，并记录在案；受送达人未作出同意意思表示，或者人民法院未掌握境外犯罪嫌疑人、被告人、利害关系人联系方式，其所在地国（区）主管机关明确提出应当向受送达人送达含有公告内容的通知的，受理没收违法所得申请案件的人民法院可以决定是否送达。决定送达的，应当将公告内容层报最高人民法院，由最高人民法院依照刑事司法协助条约、多边公约，或者按照对等互惠原则，请求受送达人所在地国（区）的主管机关协助送达。

第十三条　利害关系人申请参加诉讼的，应当在公告期间内提出，并提供与犯罪嫌疑人、被告人关系的证明材料或者证明其可以对违法所得及其他涉案财产主张权利的证据材料。

利害关系人可以委托诉讼代理人参加诉讼。利害关系人在境外委托的，应当委托具有中华人民共和国律师资格并依法取得执业证书的律师，依照《最高人民法院关于适用〈中华人民共和国刑事诉讼法〉的解释》第四百零三条的规定对授权委托进行公证、认证。

利害关系人在公告期满后申请参加诉讼，能够合理说明理由的，人民法院应当准许。

第十四条　人民法院在公告期满后由合议庭对没收违法所得申请案件进行审理。

利害关系人申请参加及委托诉讼代理人参加诉讼的，人民法院应当开庭审理。利害关系人及其诉讼代理人无正当理由拒不到庭，且无其他利害关系人和其他诉讼代理人参加诉讼的，人民法院可以不开庭审理。

人民法院对没收违法所得申请案件开庭审理的，人民检察院应当派员出席。

人民法院确定开庭日期后，应当将开庭的时间、地点通知人民检察院、利害关系人及其诉讼代理人、证人、鉴定人员、翻译人员。通知书应当依照本规定第十二条第二款规定的方式至迟在开庭审理三日前送达；受送达人在境外的，至迟在开庭审理三十日前送达。

第十五条　出庭的检察人员应当宣读没收违法所得申请书，并在法庭调查阶段就申请没收的财产属于违法所得及其他涉案财产等相关事实出示、宣读证据。

对于确有必要出示但可能妨碍正在或者即将进行的刑事侦查的证据，针对该证据的法庭调查不公开进行。

利害关系人及其诉讼代理人对申请没收的财产属于违法所得及其他涉案财

产等相关事实及证据有异议的，可以提出意见；对申请没收的财产主张权利的，应当出示相关证据。

第十六条 人民法院经审理认为，申请没收的财产属于违法所得及其他涉案财产的，除依法应当返还被害人的以外，应当予以没收；申请没收的财产不属于违法所得或者其他涉案财产的，应当裁定驳回申请，解除查封、扣押、冻结措施。

第十七条 申请没收的财产具有高度可能属于违法所得及其他涉案财产的，应当认定为本规定第十六条规定的"申请没收的财产属于违法所得及其他涉案财产"。

巨额财产来源不明犯罪案件中，没有利害关系人对违法所得及其他涉案财产主张权利，或者利害关系人对违法所得及其他涉案财产虽然主张权利但提供的相关证据没有达到相应证明标准的，应当视为本规定第十六条规定的"申请没收的财产属于违法所得及其他涉案财产"。

第十八条 利害关系人非因故意或者重大过失在第一审期间未参加诉讼，在第二审期间申请参加诉讼的，人民法院应当准许，并发回原审人民法院重新审判。

第十九条 犯罪嫌疑人、被告人逃匿境外，委托诉讼代理人申请参加诉讼，且违法所得或者其他涉案财产所在地国（区）主管机关明确提出意见予以支持的，人民法院可以准许。

人民法院准许参加诉讼的，犯罪嫌疑人、被告人的诉讼代理人依照本规定关于利害关系人的诉讼代理人的规定行使诉讼权利。

第二十条 人民检察院、利害关系人对第一审裁定认定的事实、证据没有争议的，第二审人民法院可以不开庭审理。

第二审人民法院决定开庭审理的，应当将开庭的时间、地点书面通知同级人民检察院和利害关系人。

第二审人民法院应当就上诉、抗诉请求的有关事实和适用法律进行审查。

第二十一条 第二审人民法院对不服第一审裁定的上诉、抗诉案件，经审理，应当按照下列情形分别处理：

（一）第一审裁定认定事实清楚和适用法律正确的，应当驳回上诉或者抗诉，维持原裁定；

（二）第一审裁定认定事实清楚，但适用法律有错误的，应当改变原裁定；

（三）第一审裁定认定事实不清的，可以在查清事实后改变原裁定，也可以撤销原裁定，发回原审人民法院重新审判；

（四）第一审裁定违反法定诉讼程序，可能影响公正审判的，应当撤销原裁定，发回原审人民法院重新审判。

第一审人民法院对于依照前款第三项规定发回重新审判的案件作出裁定后，第二审人民法院对不服第一审人民法院裁定的上诉、抗诉，应当依法作出裁定，不得再发回原审人民法院重新审判。

第二十二条 违法所得或者其他涉案财产在境外的，负责立案侦查的公安机关、人民检察院等侦查机关应当制作查封、扣押、冻结的法律文书以及协助执行查封、扣押、冻结的请求函，层报公安、检察院等各系统最高上级机关后，由公安、检察院等各系统最高上级机关依照刑事司法协助条约、多边公约，或者按照对等互惠原则，向违法所得或者其他涉案财产所在地国（区）的主管机关请求协助执行。

被请求国（区）的主管机关提出，查封、扣押、冻结法律文书的制发主体必须是法院的，负责立案侦查的公安机关、人民检察院等侦查机关可以向同级人民法院提出查封、扣押、冻结的申请，人民法院经审查同意后制作查封、扣押、冻结令以及协助执行查封、扣押、冻结令的请求函，层报最高人民法院后，由最高人民法院依照刑事司法协助条约、多边公约，或者按照对等互惠原则，向违法所得或者其他涉案财产所在地国（区）的主管机关请求协助执行。

请求函应当载明以下内容：

（一）案由以及查封、扣押、冻结法律文书的发布主体是否具有管辖权；

（二）犯罪嫌疑人、被告人涉嫌犯罪的事实及相关证据，但可能妨碍正在或者即将进行的刑事侦查的证据除外；

（三）已发布公告的，发布公告情况、通知利害关系人参加诉讼以及保障诉讼参与人依法行使诉讼权利等情况；

（四）请求查封、扣押、冻结的财产的种类、数量、价值、所在地等情况以及相关法律手续；

（五）请求查封、扣押、冻结的财产属于违法所得及其他涉案财产的相关事实及证据材料；

（六）请求查封、扣押、冻结财产的理由和法律依据；

（七）被请求国（区）要求载明的其他内容。

第二十三条 违法所得或者其他涉案财产在境外，受理没收违法所得申请案件的人民法院经审理裁定没收的，应当制作没收令以及协助执行没收令的请求函，层报最高人民法院后，由最高人民法院依照刑事司法协助条约、多边公约，或者按照对等互惠原则，向违法所得或者其他涉案财产所在地国（区）的主管机关请求协助执行。

请求函应当载明以下内容：

（一）案由以及没收令发布主体具有管辖权；

（二）属于生效裁定；

（三）犯罪嫌疑人、被告人涉嫌犯罪的事实及相关证据，但可能妨碍正在或者即将进行的刑事侦查的证据除外；

（四）犯罪嫌疑人、被告人逃匿、被通缉、脱逃、死亡的基本情况；

（五）发布公告情况、通知利害关系人参加诉讼以及保障诉讼参与人依法行使诉讼权利等情况；

（六）请求没收违法所得及其他涉案财产的种类、数量、价值、所在地等情况以及查封、扣押、冻结相关法律手续；

（七）请求没收的财产属于违法所得及其他涉案财产的相关事实及证据材料；

（八）请求没收财产的理由和法律依据；

（九）被请求国（区）要求载明的其他内容。

第二十四条 单位实施本规定第一条规定的犯罪后被撤销、注销，单位直接负责的主管人员和其他直接责任人员逃匿、死亡，导致案件无法适用刑事诉讼普通程序进行审理的，依照本规定第四条的规定处理。

第二十五条 本规定自 2017 年 1 月 5 日起施行。之前发布的司法解释与本规定不一致的，以本规定为准。

附　录

海峡两岸共同打击犯罪及司法互助协议 *

为保障海峡两岸人民权益，维护两岸交流秩序，海峡两岸关系协会与财团法人海峡交流基金会就两岸共同打击犯罪及司法互助与联系事宜，经平等协商，达成协议如下：

第一章　总　则

一、合作事项

双方同意在民事、刑事领域相互提供以下协助：

（一）共同打击犯罪；

（二）送达文书；

（三）调查取证；

（四）认可及执行民事裁判与仲裁裁决（仲裁判断）；

（五）移管（接返）被判刑人（受刑事裁判确定人）；

（六）双方同意之其他合作事项。

二、业务交流

双方同意业务主管部门人员进行定期工作会晤、人员互访与业务培训合作，交流双方制度规范、裁判文书及其他相关资讯。

三、联系主体

本协议议定事项，由各方主管部门指定之联络人联系实施。必要时，经双方同意得指定其他单位进行联系。

本协议其他相关事宜，由海峡两岸关系协会与财团法人海峡交流基金会联系。

第二章　共同打击犯罪

四、合作范围

双方同意采取措施共同打击双方均认为涉嫌犯罪的行为。

---

* 本协议于 2009 年 4 月 26 日签署，自签署之日起各自完成相关准备后生效，最迟不超过六十日。

双方同意着重打击下列犯罪：

（一）涉及杀人、抢劫、绑架、走私、枪械、毒品、人口贩运、组织偷渡及跨境有组织犯罪等重大犯罪；

（二）侵占、背信、诈骗、洗钱、伪造或变造货币及有价证券等经济犯罪；

（三）贪污、贿赂、渎职等犯罪；

（四）劫持航空器、船舶及涉恐怖活动等犯罪；

（五）其他刑事犯罪。

一方认为涉嫌犯罪，另一方认为未涉嫌犯罪但有重大社会危害，得经双方同意个案协助。

五、协助侦查

双方同意交换涉及犯罪有关情资，协助缉捕、遣返刑事犯与刑事嫌疑犯，并于必要时合作协查、侦办。

六、人员遣返

双方同意依循人道、安全、迅速、便利原则，在原有基础上，增加海运或空运直航方式，遣返刑事犯、刑事嫌疑犯，并于交接时移交有关证据（卷证）、签署交接书。

受请求方已对遣返对象进行司法程序者，得于程序终结后遣返。

受请求方认为有重大关切利益等特殊情形者，得视情决定遣返。

非经受请求方同意，请求方不得对遣返对象追诉遣返请求以外的行为。

第三章　司法互助

七、送达文书

双方同意依己方规定，尽最大努力，相互协助送达司法文书。

受请求方应于收到请求书之日起三个月内及时协助送达。

受请求方应将执行请求之结果通知请求方，并及时寄回证明送达与否的证明资料；无法完成请求事项者，应说明理由并送还相关资料。

八、调查取证

双方同意依己方规定相互协助调查取证，包括取得证言及陈述；提供书证、物证及视听资料；确定关系人所在或确认其身份；勘验、鉴定、检查、访视、调查；搜索及扣押等。

受请求方在不违反己方规定前提下，应尽量依请求方要求之形式提供协助。

受请求方协助取得相关证据资料，应及时移交请求方。但受请求方已进行侦查、起诉或审判程序者，不在此限。

九、罪赃移交

双方同意在不违反己方规定范围内，就犯罪所得移交或变价移交事宜给予协助。

十、裁判认可

双方同意基于互惠原则，于不违反公共秩序或善良风俗之情况下，相互认可及执行民事确定裁判与仲裁裁决（仲裁判断）。

十一、罪犯移管（接返）

双方同意基于人道、互惠原则，在请求方、受请求方及被判刑人（受刑事裁判确定人）均同意移交之情形下，移管（接返）被判刑人（受刑事裁判确定人）。

十二、人道探视

双方同意及时通报对方人员被限制人身自由、非病死或可疑为非病死等重要讯息，并依己方规定为家属探视提供便利。

第四章 请求程序

十三、提出请求

双方同意以书面形式提出协助请求。但紧急情况下，经受请求方同意，得以其他形式提出，并于十日内以书面确认。

请求书应包含以下内容：请求部门、请求目的、事项说明、案情摘要及执行请求所需其他资料等。

如因请求书内容欠缺致无法执行请求，可要求请求方补充资料。

十四、执行请求

双方同意依本协议及己方规定，协助执行对方请求，并及时通报执行情况。

若执行请求将妨碍正在进行之侦查、起诉或审判程序，可暂缓提供协助，并及时向对方说明理由。

如无法完成请求事项，应向对方说明并送还相关资料。

十五、不予协助

双方同意因请求内容不符合己方规定或执行请求将损害己方公共秩序或善良风俗等情形，得不予协助，并向对方说明。

十六、保密义务

双方同意对请求协助与执行请求的相关资料予以保密。但依请求目的使用者，不在此限。

十七、限制用途

双方同意仅依请求书所载目的事项，使用对方协助提供之资料。但双方另有约定者，不在此限。

十八、互免证明

双方同意依本协议请求及协助提供之证据资料、司法文书及其他资料，不要求任何形式之证明。

十九、文书格式

双方同意就提出请求、答复请求、结果通报等文书，使用双方商定之文书格式。

二十、协助费用

双方同意相互免除执行请求所生费用。但请求方应负担下列费用：

（一）鉴定费用；

（二）笔译、口译及誊写费用；

（三）为请求方提供协助之证人、鉴定人，因前往、停留、离开请求方所生之费用；

（四）其他双方约定之费用。

第五章　附　则

二十一、协议履行与变更

双方应遵守协议。

协议变更，应经双方协商同意，并以书面形式确认。

二十二、争议解决

因适用本协议所生争议，双方应尽速协商解决。

二十三、未尽事宜

本协议如有未尽事宜，双方得以适当方式另行商定。

二十四、签署生效

本协议自签署之日起各自完成相关准备后生效，最迟不超过六十日。

本协议于四月二十六日签署，一式四份，双方各执两份。

海峡两岸关系协会　　　　　　　　　财团法人海峡交流基金会

　会长　陈云林　　　　　　　　　　　董事长　江丙坤